Oberitalien

Nana Claudia Nenzel

Inhalt

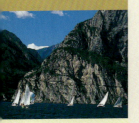

Wissenswertes über Oberitalien

›Italia Settentrionale‹ – vielfältiges Oberitalien	12
Steckbrief Oberitalien	14
Natur und Umwelt	16
Wirtschaft, Soziales und aktuelle Politik	24
Zeittafel Geschichte	28
Gesellschaft und Alltagskultur	30
Architektur und Kunst	34
Essen und Trinken	40
Kulinarisches Lexikon	48

Wissenswertes für die Reise

Informationsquellen	52
Reise- und Routenplanung	56
Anreise und Verkehr	63
Unterkunft	66
Sport und Aktivurlaub	67
Einkaufen	69
Ausgehen	70
Reisekasse und Reisebudget	71
Reisezeit und Ausrüstung	73
Gesundheit und Sicherheit	74
Kommunikation	75

Unterwegs in Oberitalien

Kapitel 1 Südtirol-Trentino

Auf einen Blick: Südtirol-Trentino	80
Das Eisacktal	82
Sterzing	82
Brixen	83
Abstecher ins Pustertal	86

Naturpark Schlern	87
Richtig Reisen-Tipp: Museum Ladin	87
Bozen	88

Das Etschtal 94
Im Burggrafenamt 94
Meran 94
Weinstraße im Süden Südtirols 98
Richtig Reisen-Tipp:
   Burgen und Schlösser rund um Meran 99

Trentino 102
Trento 102
Cembratal 108
Richtig Reisen-Tipp: Dürers Wanderweg 109
Rovereto 111
In der Vallagarina 116

Kapitel 2 Aosta-Tal

Auf einen Blick: Aosta-Tal 120
Von Aosta-Stadt zum Mont Blanc 122
Aosta-Stadt 122
Val di Cogne 128
Richtig Reisen-Tipp: Spitzen klöppeln 129
Parco Nazionale del Gran Paradiso 132
Durchs Hauptal zum Mont Blanc 132
Richtig Reisen-Tipp: Gondelfahrt am Mont Blanc 135

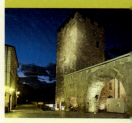

Von Aosta-Stadt nach Osten 136
Im Hauptal unterwegs 136
Richtig Reisen-Tipp: Naturpark Monte Avic 140
Gressoneytal 140

Kapitel 3 Piemont

Auf einen Blick: Piemont 148
Turin 150

Der Süden des Piemont 161
Rundfahrt durch das Weinland 161
Cuneo und der Süden 172
Richtig Reisen-Tipp: Radtour zu den Quellen des Po 173

Inhalt

Rund um den Lago Maggiore	176
Am Lago Maggiore	176
Varese und Umgebung	184
Orta-See	185

Kapitel 4 Ligurien

Auf einen Blick: Ligurien	190
Genua	192
Richtig Reisen-Tipp: Die schönsten Ausblicke auf Genua	198
Von Genua nach Westen	203
An der Palmenriviera	203
An der Blumenriviera	211
Richtig Reisen-Tipp: Bussana Vecchia	214
Von Genua nach Osten	218
Am Golf von Tigullio	218
Richtig Reisen-Tipp: Wanderung von Camógli nach Portofino	222
Richtig Reisen-Tipp: Madonna di Montallegro	224
Cinque Terre und der ›Golf der Poeten‹	227

Kapitel 5 Lombardei

Auf einen Blick: Lombardei	238
Mailand	240
Das ›Zweistromland‹ von Pavia	250
Pavia	250
Im ›Zweistromland‹	254
Richtig Reisen-Tipp: Von Pavia über Bereguardo nach Vigévano	255
Die östliche Lombardei	259
Cremona	259
Richtig Reisen-Tipp: Die Stadt der Geigenbauer	262
Sabbioneta	264
Mantua	266
Vom Comer See nach Bergamo	272
Como	273
Am Comer See	276
Bergamo	281

Vom Iseo-See über Brescia zum Gardasee	286
Rund um den Iseo-See	286
Richtig Reisen-Tipp:	
Gabriella, eine Fischköchin aus Clusane	292
Brescia	293
Richtig Reisen-Tipp: Le Torbiere und die Franciacorta	294
Richtig Reisen-Tipp:	
Die keltische Rose aus der Val Camonica	297
Der Gardasee	297

Kapitel 6   Emilia Romagna

Auf einen Blick: Emilia Romagna	308
Die Provinzen Piacenza und Parma	310
Piacenza	310
Richtig Reisen-Tipp:	
Von Piacenza über Bóbbio nach Castell'Arquato	314
Auf dem Weg nach Parma	315
Parma	318
Richtig Reisen-Tipp: November Porc	320
Reggio nell'Emilia und Módena	323
Reggio nell'Emilia	323
Umgebung von Reggio nell'Emilia	326
Richtig Reisen-Tipp: Il Cristo del film!	328
Módena	328
Richtig Reisen-Tipp: Acetaia Pedroni bei Nonántola	331
Carpi	332

Bologna und Umgebung	334
Bologna	334
Unterwegs in Richtung Adria	342
Von Faenza bis zur Adria	344
Auf dem Weg zur Küste	344
An der Adria	349
Richtig Reisen-Tipp:	
Amarcord – ich erinnere mich …	350
Unterwegs nach Ravenna	353
Ravenna	356
Provinz Ferrara	360
Comácchio und seine Lagune	360
Pomposa	363

Inhalt

Ferrara	363
Richtig Reisen-Tipp: Stadt der Radfahrer	367

Kapitel 7 Venetien

Auf einen Blick: Venetien	370
Verona und Umgebung	372
Verona	372
Nördlich von Verona	377
Richtig Reisen-Tipp: Durch die Valpolicella	379
Vicenza und Umgebung	380
Vicenza	380
Richtig Reisen-Tipp: Riviera Bérica	382
In den Monti Bérici	384
Im Norden von Vicenza	385
Die Provinzen Padua und Rovigo	389
Padua	389
Abstecher in die Euganeischen Hügel	393
Richtig Reisen-Tipp:	
Rundtour durch die Colli Euganei	394
Monselice	395
Rovigo	396
Rundfahrt durch das Po-Delta	398

Provinz Venedig	400
Chióggia	400
Venedig	403
Fahrt über den Brenta-Kanal	415
Portogruaro	418
Die Nordprovinzen Treviso und Belluno	420
Treviso	420
Die Provinz Treviso	423
Die Provinz Belluno	427
Richtig Reisen-Tipp: Das Weinland des Prosecco	429

Kapitel 8 Friaul-Julisch Venetien

Auf einen Blick: Friaul-Julisch Venetien	436
Karnien und der Norden	438
Karnien	438

Richtig Reisen-Tipp: Via Julia Augusta	441
Richtig Reisen-Tipp: Fahrt über den Pura-Pass	442
Der Norden von Friaul	442

Rund um Udine und ans Meer 446
Udine 446
Im Norden von Udine 450
Von Udine ans Meer 455
Richtig Reisen-Tipp: Valle Cavanata 457
Grado 458

Rund um Gorízia 461
Gorízia (Görz) 461
Cormóns 464
Gradisca d'Isonzo 466

Triest und sein Karst 467
Triest 467
Rund um Triest 477

Register 480
Abbildungsnachweis/Impressum 520

Themen

Das große Thetysmeer, die Alpen und die Seen	18
Die acht Regionen Oberitaliens	26
Oberitalien als Standort der Moderne	37
Piemonteser Weine und Schnäpse	42
Bataille des Reines	127
Vom Wehrturm zum Castello	138
Cafés haben Tradition	158
Land der Dichter und Denker	164
Alta Via	228
Auf Verdis Spuren	319
Venedig ist anders	409
Heimsuchung: das Erdbeben und seine Folgen	445

Inhalt

Alle Karten auf einen Blick

Südtirol-Trentino: Überblick	80
Bozen: Cityplan	91
Trento: Cityplan	105
Dürerweg	109
Aosta-Tal: Überblick	120
Piemont: Überblick	148
Turin: Cityplan	153
Zu den Quellen des Po	173
Ligurien: Überblick	190/191
Genua: Cityplan	194
Lombardei: Überblick	238
Mailand: Cityplan	242/243
Emilia Romagna: Überblick	308
Bologna: Cityplan	336
Venetien: Überblick	370
Verona: Cityplan	374/375
Durch die Valpolicella	379
Venedig: Cityplan	404/405
Friaul-Julisch Venetien: Überblick	436
Triest: Cityplan	473
Reiseatlas Oberitalien	486

Auch für Italiener unverzichtbar:
die Kommunikation per Handy

Willkommen auf einem der schönsten Plätze Italiens, der Piazza del Comune in Cremona

Wissenswertes über Oberitalien

›Italia Settentrionale‹ – vielfältiges Oberitalien

Bei der Größe Oberitaliens zwischen dem Aosta-Tal im Westen und dem Friaul im Osten ist es zwar nicht erstaunlich, wie vielfältig sein Gesicht ist, jedoch überraschen die teilweise noch fast unberührten Landschaften einerseits und die schönen, an Kunstschätzen reichen Städte des andererseits zum Teil stark industrialisierten Nordens viele Reisende!

Acht der 20 Regionen Italiens teilen sich Oberitalien, Italia Settentrionale, also den Norden des Landes. Ganz im Norden Südtirol-Trentino, dann weiter von West nach Ost: Aosta-Tal, Piemont und Ligurien, Lombardei und Emilia Romagna, Venetien und Friaul-Julisch Venetien. Natürlich käme niemand auf den Gedanken, ganz Oberitalien auf einmal zu bereisen. Wer Badeferien an der Küste verbringen und das Landesinnere nur auf Ausflügen bzw. auf der Durchreise erleben möchte, hat die Wahl zwischen der ligurischen Riviera im Westen und der Adriaküste Friaul-Julisch Venetiens, Venetiens oder der Emilia Romagna im Osten.

Bereits an der Riviera beginnt die Qual der Wahl: ob Riviera Ponente – westlich von Genua bis zur französischen Grenze – oder Riviera Levante zwischen Genua und La Spezia nahe der toscanischen Grenze. Genua aber muss sein, wenigstens für einen Tag. Im Westen sind San Remo und Alassio gute Adressen, länger zu bleiben; entlang der sogenannten Blumenriviera aber ist das Hinterland durch wahre Glashaus- und Plastiklandschaften verschandelt, ziehen sich Autobahn und Bahnlinie z. T. allzu nahe an der Küste entlang.

Unter dem Gesichtspunkt der Landschaftsgestaltung unproblematischer ist östlich Genuas das Gebiet zwischen Camógli und Portofino: Es ist von einer Halbinsel geschützt, und hinter Rapallo zieht sich die Autobahntrasse zurück, während die Bahnlinie häufig im Berg verschwindet. Das Gebirge wiederum fällt hier so steil ins Meer, dass ab Sestri Levante die Straße weichen muss: Die schönen Cinque Terre sind untereinander nicht per Auto erreichbar, es bleibt die kurze Bahnfahrt, das Boot – oder der Wanderausflug.

An der Adria bietet sich die inselreiche friulanische Küste als Standort an, etwa Grado oder Lignano und Bibione. Dann die kilometerlangen Sandstrände von Cáorle auf halber Strecke vor dem ebenfalls beliebten Lido di Jésolo an der offenen Seeseite von Venedig, in dessen verschmutzter Lagune man besser nicht badet. Bei Venezianern wie bei langjährigen Gästen beliebt sind der Lido di Venezia direkt gegenüber der Lagunenstadt und die südliche Nachbarinsel Pellestrina.

Die romagnolische Küste schließlich bietet nördlich und südlich von Ravenna die bekanntesten Adriabadeorte. Stellvertretend für alle Orte mit sehr guter Infrastruktur, also auch einer ausgewogenen Hotellerie, seien Milano Marittima/Cervia, Cesenático, Rimini und Riccione genannt. Ausflüge ins Hinterland sind von allen Seebädern aus kein Problem.

Wer nicht der Badefreuden wegen nach Oberitalien reist, dem seien zwei hervorragende Ausgangspunkte empfohlen, berühmte italienische Kurorte, deren ausgewogene Hotellerie und günstige geografische Lage eine ideale Kombination bieten: In Venetien, gleich bei Padua und zu Füßen der Euganeischen Hügel liegt Abano Terme (mit den benachbarten Kurorten Galzignano und Montegrotto Terme). Schnell gelangt man von hier nach Venedig, an den Brenta-Kanal, nach Padua, Montagnana und Este etwa, nach Vicenza und Verona, nach Treviso und Bassano del Grappa, nach Rovigo und Ferrara und auch nach Bologna und Ravenna. Und mitten in der Emilia Romagna befindet sich der zweite empfehlenswerte Standort: Salsomaggiore Terme, von wo aus fast alle wichtigen Städte der Po-Ebene zu erreichen sind, die zwischen den Oberitalienischen Seen und dem Tosco-Emilianischen Apennin liegen: Parma, Reggio nell'Emilia und Módena, Mantua, Cremona, Piacenza und Pavia.

Ein besonderer Magnet für Italienfreunde, die speziell Interesse am Leben sowie an der Kunst und Kultur urbaner Zentren haben, sind die oberitalienischen Städte. Jede auf ihre Art eine Attraktion, ob Industriemetropolen wie Mailand, von wo aus in rund 50 km Umkreis nach Norden Comer See, Lago Maggiore und Lugano erreichbar sind, oder Turin, Bologna oder Kulturzentren wie Parma und Venedig, Triest und Cremona, die schöne Stadt Bergamo im Nordosten, Pavia im Süden, Novara im Westen, und, und …

Wer die Seen liebt, wird sich bei der Wahl in Oberitalien schwer tun: Zur recht ausgewogenen Hotellerie kommt hier ein großes Angebot an Ferienwohnungen und -häusern. Surfer werden sich zwischen dem Garda- und dem Iseo-See entscheiden müssen. Zumindest landschaftlich am ›italienischsten‹ ist wohl der Gardasee mit seinen Ölbäumen und den offenen Zitronenhäusern von Limone und Gargnano, in wahre Parklandschaften eingebettet wirken Comer See und Lago Maggiore. Weniger bekannt, aber nicht minder reizvoll, sind die kleineren Seen in der Umgebung von Varese und schließlich der freundliche, inzwischen wieder einladend saubere Orta-See ganz im Westen hinter der lombardischen Grenze, also bereits im Piemont.

Freunde intakter Natur und bodenständiger Kultur sollten den Norden Venetiens mit den altbajuwarischen Enklaven von Sette und Tredici Comuni wählen oder Südtirols ladinische Täler (mit großartigem Museum). Oder sich für das abwechslungsreiche Aosta-Tal entscheiden und ihr Quartier in einem der Seitentäler aufschlagen, etwa im auch deutschsprachigen Gressoney- oder im französisch-provenzalisch angehauchten Cogne-Tal.

Ein besonders interessantes Gebiet ist die einst durch Erdbeben erschütterte und zuerst fast nur dadurch außerhalb Italiens bekannt gewordene Region Friaul-Julisch Venetien. Heute eine Musterregion – wirtschaftlich gesehen. Die Alpen im Norden, zahlreiche Flüsse im Inneren, von Lagunen zerfressene Küstenstreifen mit schönen Badeorten im Süden und wunderschön wieder aufgebaute Städte. Die Großstadt Triest gebärdet sich eher österreichisch denn italienisch und besitzt ein slowenisches Hinterland. Auch kulinarisch ist das Gebiet ein Erlebnis. Ganz zu schweigen von den berühmten Friulaner Weinen!

Wanderparadies Südtirol

Steckbrief Oberitalien

Daten und Fakten
Name: Italienische Republik, Repubblica Italiana

Fläche: 301 336 km²
Hauptstadt: Rom

Amtssprachen: Italienisch, aber in den autonomen Regionen Oberitaliens auch Deutsch (Südtirol und Friaul-Julisch Venetien), Französisch-Provenzalisch (Aosta-Tal), Slowenisch (Triest und Goŕizia), Friulanisch (Friaul) bzw. Ladinisch (Südtirol).

Einwohner: 57,6 Mio.
Bevölkerungswachstum: 0,1 %
Lebenserwartung: 79 Jahre
Analphabetenrate: 1–2 %
Zeitzone: MEZ
Landesvorwahl: 00 39
Internet-Kennung: .it

Landesflagge: dreifarbig, grün-weiß-rot, längs gestreift. Die in Anlehnung an die französische Flagge ebenfalls *tricolore* genannte Fahne erlebte ihre Geburtsstunde am 7. Januar 1797 in Reggio nell'Emilia, damals noch quer gestreift. Die *tricolore* ist für viele Italiener (ebenso wie die Nationalhymne) ein innig geliebtes Symbol.

Geografie

Das über mehr als zehn Breitengrade lang gezogene Italien in Form eines schräg gestellten Stiefels erstreckt sich von den Alpen über die flache Po-Ebene bis an die Stiefelspitze mit dem vorgelagerten Sizilien. Daher weist das Land kein einheitliches Klima auf.

Von der Gesamtfläche Italiens liegen fast 120 000 km² in Oberitalien, das sind etwa 40 % der Landesfläche. Aber 45 % aller Italiener leben hier: rund 26 Mio. Die acht Regionen Oberitaliens sind abgesehen von Südtirol-Trentino und dem Aosta-Tal sehr dicht besiedelt, am dichtesten die Lombardei mit 380 Einwohnern je km² und Ligurien mit 300.

Im Norden wird Oberitalien von der rund 4000 m hohen **Alpenkette** begrenzt, die im Westen im Mont Blanc (4810 m) gipfelt, im Süden vom bis zu 2165 m (Monte Cimone bei Abetone/Toscana) aufsteigenden Tosco-Emilianischen Apennin. Im Westen bilden die insgesamt etwas niedrigeren **Apuanischen Alpen** die Grenze, sie ziehen sich als Schutzschild gegen die Nordwinde, als See-Alpen, bis zur französischen Grenze. Von den Gebirgszügen, also sowohl vom Norden als auch vom Süden, ergießen sich zahlreiche Flüsse und Bäche in die lange und teils bis zu 2 km breite **Po-Ebene.** Andere große Flüsse wie **Etsch** (Italiens schnellster Fluss!), **Brenta** und **Piave** erreichen das Meer nördlich des **Po-Deltas,** der **Reno** südlich der Lagune von Comácchio. Kein Wunder, dass die nördliche Adriaküste so zahlreiche, zerfranste Deltagebiete, eine solche Landschaftsvielfalt zwischen Land und Meer aufweist!

Geschichte

Erste kulturelle Zeugnisse (1800–1600 v. Chr.) sind Kupferdolche der Remedello-Kultur aus der frühen Metallzeit, gefolgt von Funden der Terrama-Kultur aus der Bronzezeit (bis 1200 v. Chr.). Danach indogermanische Einwanderungen, ab 1000 v. Chr. wandern illyrische Veneter ein; Ausbreitung der indogermanischen Villanova-Kultur.

Mit dem Mailänder Edikt 313 endet die Christenverfolgung. 568 bis 774: Langobardenreich, Karl d. Gr. schlägt in etwa das Gebiet des heutigen Oberitalien Frankreich zu (744), danach Machtkämpfe zwischen karolingischen Herrschern sowie lokalen Fürsten. 951: Eingliederung des Gebietes in das Herzogtum Bayern. 1091: Lombardischer Bund der oberitalienischen Städte gegen Heinrich IV., danach ständige Machtkämpfe zwischen Kaiser und selbstständigen Stadtstaaten.

12. Jh.: Stabilisierung der Seerepubliken Venedig und Genua, die sich untereinander und mit Pisa sowie Amalfi bekriegen. Ab 1381 Vorherrschaft Venedigs im östlichen Mittelmeer und in Oberitalien bis kurz vor Mailand, 1714 Verlust der Besitzungen nach dem Türkenkrieg. Mantua und die Lombardei fallen an die österreichischen Habsburger, 1821 bis 1861 Freiheits- und Einigungsbewegung Italiens zum Königreich (Risorgimento). 1946: Gründung der Republik, 1948: Verfassung und Gebietsreformen.

EU-Gründungsmitglied und NATO-Mitglied, im Irak-Krieg gegen den Wunsch vieler Italiener auf amerikanischer Seite aktiv. 2006: Parlamentsneuwahlen.

Staat und Politik

Italien ist seit 1948 eine **Republik**. Das Parlament besteht aus dem Abgeordnetenhaus (Casa dei Deputati) mit 630 und dem Senat (Senato della Repubblica) mit 325 Mitgliedern. Alle fünf Jahre wird das Parlament, alle sieben Jahre das Staatsoberhaupt laut Verfassung neu gewählt – doch gilt Italien als das Land mit dem häufigsten Regierungswechsel in Europa. Seit 2008 regiert erneut Silvio Berlusconi (Mitte Rechts) das Land; Staatsoberhaupt ist seit 2006 Giorgio Napolitano.

Italien ist politisch in 20 **Regionen** eingeteilt, davon bilden acht Regionen das sogenannte Oberitalien: Südtirol-Trentino ganz im Norden, von West nach Ost Aosta-Tal und Piemont, Ligurien und Lombardei, Emilia Romagna und Venetien sowie Friaul-Julisch Venetien.

Wirtschaft und Tourismus

Der Anteil der Erwerbspersonen liegt in Italien bei 40 %, die **Arbeitslosenquote** bei 7,8 % (im Trentino aber bei nur 4,4 %). Nur rund 5 % der Italiener arbeiten in der Landwirtschaft, knapp 32 % in der Industrie und knapp 63 % im Dienstleistungsbereich, zu dem auch der arbeitsintensive Tourismussektor gehört, der für die Wirtschaft Oberitaliens eine immer größere Rolle spielt.

Bevölkerung und Religion

Rund 1,7 Mio. der insgesamt 57,6 Mio. Italiener sind Sarden, 750 000 Rätoromanen (Friulaner und 30 000 Ladiner), 300 000 Deutsch sprechende Südtiroler, 200 000 Franco-Provenzalen in Aosta-Tal und Piemont, 90 000 Albaner in Kalabrien, 53 000 Slowenen in Friaul-Julisch Venetien und 15 000 Griechen in Apulien.

Die **Bevölkerungsdichte** in Italien beträgt ca. 191 Einw./km².

Über 90 % der Italiener sind **Katholiken**, 50 000 **Protestanten** und 30 000 bekennen sich zum **jüdischen Glauben**.

Natur und Umwelt

Von Nord nach Süd zwischen den Alpenriesen bis zur brettflachen Po-Ebene, von West nach Ost zwischen dem höchsten Berg Europas, dem Mont Blanc an der Staatsgrenze mit Frankreich, und den Karnischen Alpen im Grenzgebiet zwischen Österreich, Slowenien und dem italienischen Friaul breitet sich Oberitalien aus.

Die Landschaften

Alpine Regionen

Mehrere Dreitausender bilden die Nordgrenze Oberitaliens zu Österreich und der Schweiz, Europas höchster Berg, der Mont Blanc, mit (nach neuesten Messungen durch Eisschmelze nur noch) 4808,45 m die Nordwestgrenze zu Frankreich. Hier liegen beliebte Skigebiete, teilweise mit Sommerskilauf auf den Gletschern. Allesamt sind sie aber auch herrliche Sommerfrischen mit meist gut erhaltener und gepflegter dörflicher Infrastruktur, weiten Almen und prachtvoller Vegetation.

Zu den alpinen Regionen Oberitaliens zählen im Norden erst einmal **Südtirol-Trentino,** dann von West nach Ost das **Aosta-Tal,** der **Norden Piemonts** und **Venetiens** sowie Friauls Nordgebiet, also **Karnien.** Doch dort, wo der Mensch sich die Erde zum Wohl des Wintersports allzu sehr untertan gemacht hat, wurde der Natur teilweise übel mitgespielt. Irreparabel sind beispielsweise die Schäden im oberen Gressoney-Tal des ansonsten so idyllischen Aosta-Gebiets: durch Seilbahnen verdrahteter Himmel, steinige Kuppen ohne eine einzige Grasnarbe, im Sommer leere oder abgelassene Stauseen, verlassene Hütten.

Südtirol-Trentino, das Aosta-Tal, der Norden Venetiens und Friauls betreiben intensive **Almwirtschaft,** die durch den Tourismus nicht etwa an Bedeutung verloren, sondern sogar erheblich gewonnen hat. Man hat es verstanden, die landwirtschaftlichen Produkte, dort speziell von den Almen, Gewinn bringend zu vermarkten. **Agriturismo** als Almwirtschaft in Verbindung mit **Ferien auf dem Bauernhof** bzw. auf der Alm findet enormen Anklang. Auch wenn man sich die ›Natur pur‹ ordentlich bezahlen lässt … An erster Stelle steht die Milchwirtschaft mit der Käseproduktion. Auch Kleinstalmbetriebe produzieren – gerne vor den Augen der Gäste – eigenen Käse, zwar mit modernen Hilfsmitteln wie Schwenkarm für den schweren Kupferkessel, aber doch noch über flackerndem Feuer.

Die Oberitalienischen Seen

Zwischen dem Alpenkamm und der Po-Ebene liegen die Oberitalienischen Seen, die größten des Landes und sicher seine schönsten. Sie gehören zu den besonderen landschaftlichen Sehenswürdigkeiten der Region, die in Seenähe großen Parks gleichen, insbesondere die Gebiete rund um Lago Maggiore und Comer See. Und große, umweltverschmutzende Städte liegen meist weit genug entfernt.

Eher wild zeigt sich der größte unter ihnen, der Gardasee: so naturbelassen wie möglich – seit das Brescianer Gebiet am Westufer sowie das Veroneser Monte-Baldo-Massiv im Osten zu Naturparks erklärt wurden. Kein Wunder, dass der Gardasee in der Beliebtheit bei Reisenden aus dem deutschen Sprachraum kaum zu schlagen ist. Verspricht er doch gleich nach der Ankunft an seinem noch trentinischen Nordzipfel Wärme und südliches Flair angesichts der hier prächtig gedeihenden Zitrus- und Olivenbäume.

Die Landschaften

Auch die kleineren Seen haben ihren besonderen Charme, speziell der Iseo-See zwischen Garda- und Comer See mit der am höchsten gelegenen Insel in einem europäischen Binnensee. Wie alle anderen Seen Oberitaliens besitzt auch er im Süden sanft gewellte Endmoränenhügel, die Franciacorta. Dieser Landstrich ist ebenso wie die südliche Gardasee-Region ein hervorragendes Anbaugebiet für edle Weine.

Allen Seen gleich sind jedoch die Berghänge im Norden und die Hügel im Süden – und zwischen ihnen hat man den Boden, wo möglich, landwirtschaftlich genutzt.

Die Po-Ebene

Der längste Fluss Italiens entspringt in 2002 m Höhe im Piemont, also ganz im Westen Oberitaliens, und ergießt sich nach 652 km im Osten in die Adria. Auf seinem Weg zum Meer durchfließt der Po das Piemont, die Lombardei, formt fast durchgehend die lange Grenze zwischen der Emilia Romagna und Venetien, wo er am Ende ein riesiges, völlig zerfranstes **Delta** bildet – zusammen mit der Etsch, die aus den trentinischen Alpen kommt und etwas weiter nördlich in die Adria mündet.

Das Einzugsgebiet des Pos bedeckt eine Fläche von rund 75 000 km². Der größte Teil davon, gut 50 000 km² auf einer Länge von rund 500 km und einer Breite von 50 bis 120 km, die **Padania,** wird vom Po und seinen zahlreichen Zuflüssen geprägt. Aber auch von einer großen Anzahl Kanälen und Dammwegen bzw. Straßen mit weit auseinander liegenden Gehöften für die Bewirtschaftung des fruchtbaren Landes. Diese sogenannte abgesunkene Vortiefe der Alpen ist mit mehrere tausend Meter tiefem tertiären und quartären Sediment gefüllt, am Alpenrand liegen darauf breite Schotter- und Sandterrassen, zu Füßen des Tosco-Emilianischen Apennin schmalere. Soweit die sogenannte **Alta Pianura.** Die südlich davon liegende **Bassa Pianura** bildet die feuchte Schwemmlandzone.

In klimatischer Hinsicht bildet die Padania den Übergang vom mitteleuropäischen zum mediterranen Klima Südeuropas, was warme Sommer und kalte, nebelreiche Winter bedeutet, je näher am Fluss, desto nebliger. Der Hauptniederschlag fällt im Frühjahr und Herbst, dann heißt es oft noch immer ›Land unter‹! Andererseits braucht die Landwirtschaft, natürlich kontrolliert, viel Wasser, insbesondere der in der Schwemmlandzone intensive Reisanbau. Wie mit dem Lineal gezogen sind die Rechtecke, von kleinen Dämmen eingerahmt, in denen ›schwimmend‹ Reis angebaut wird. Endlos sind die Reisfelder im oberen Lauf des Flusses im Piemont, immer noch unendlich in der westlichen Lombardei bei Vigévano. Weiter im Osten, Richtung Delta in Venetien und in der Emilia Romagna, überwiegt der Mais – Polenta heißt hier das Zauberwort in der Küche.

Des Weiteren werden vor allem Zuckerrüben und Weizen angebaut, sind große Obstkulturen angelegt. Maulbeerbäume und Pappeln umrahmen die Felder. Letztere begrenzen auch die Dämme, kilometerlang in Reih und Glied. Sie helfen das Land zu trocknen und bieten schnell wachsendes, wenn auch weniger wertvolles Holz, doch ausreichend für die Papierindustrie. Die Pappeln haben fast Symbolcharakter für die Padania.

Dennoch ist der Landstrich geprägt vom **Hochwasser,** im Allgemeinen im Herbst und Frühjahr und speziell am Unterlauf des Po, wenn die Zuflüsse ihre großen Wassermengen von den oft reichlichen Niederschlägen in den Fluss ergießen. Kein Wunder daher, dass sich keine geregelte Schifffahrt auf dem Po entwickeln konnte. Venedig und seine kleine Schwester Chióggia sind durch Kanäle mit dem großen Strom verbunden, diese sind z. T. schiffbar.

Am schlimmsten vom Hochwasser bedroht ist das Gebiet des alten Po-Deltas, in der inneren **Polesine** (Provinz Rovigo im Südosten Oberitaliens). Hier trennen fünf Po-Arme trockengelegte Sümpfe und Sandebenen voneinander. Jenseits des Strandwallbereiches wuchs das Po-Delta seit dem Mittelalter um rund 7 km und die von den Flussarmen mitgeführten Sedimente trugen dazu bei, dass zwar viel Land gewonnen wurde,

Natur und Umwelt

Das große Thetysmeer, die Alpen und die Seen

Sichtbare Beweise, dass der Alpenraum früher von einem riesigen Meer bedeckt war, sind die maritimen Fossilien. Als Zeugen der Eiszeiten gelten sämtliche Oberitalienische Seen vom Lago Maggiore im Westen bis zum Gardasee im Osten sowie die sanft gewellten Endmoränenhügel im Süden, von den Eismassen vorgeschoben.

Dort, wo sich heute die Alpen mehr als 4800 m in den Himmel recken, bedeckte bis vor etwa 70 Mio. Jahren das ursprüngliche Thetysmeer die Erdkruste. Seit 200 Mio. Jahren (Trias) wurden Sedimente in das untermeerische Ablagerungsbecken gespült und bildeten dort allmählich die ersten Anzeichen eines Gebirges. Durch Strömungen im tieferen Erdmantel bewegten sich die Afrikanische und die Eurasische Kontinentalplatte aufeinander zu, der Druck hob im Alttertiär (vor 65–30 Mio. Jahren) allmählich die Spitzen der heutigen Alpen aus dem Meer.

Ob der Druck aus dem Süden die Alpen auffaltete oder sich Teile der Kontinente übereinander schoben und Gestein zu Gebirgen türmten, ist noch in der Diskussion. Die Deckentheorie, das chaotische Über- und Untereinander von Felsen und erstarrtem Meeresschlamm (Deckengebirge) gewann an Beachtung, als Gesteinsschichten aus dem Jura (vor etwa 180 Mio. Jahren) über viel jüngerem Gestein aus dem Tertiär (vor etwa 65 Mio. Jahren) entdeckt wurden.

Den Faltungen und Aufwerfungen folgten starke vulkanische Tätigkeiten, die den Druck erhöhten, den Meeresboden aufrissen und ihn zusammen mit der Magma in Jahrmillionen Tausende Meter nach oben hoben. Mit dem Meeresgrund schoben sich Trilliarden kleinster Meeresbewohner wie Korallen, Amoniten, Weichtiere und Moostierchen aus dem Meer, eingeschlossen und in Stein verwandelt. Sie begegnen uns heute als bewundernswerte Fossilien bei Wanderungen oder beim Besuch paläontologischer Museen.

Zeuge der vulkanischen Ergüsse ist z. B. die große Platte aus Quarzporphyr, die sich unter den Dolomiten von Meran über Bozen bis in die Valsugana ausbreitet. Heute werden die dunklen Porphyrplatten besonders gerne beim Bau von Gehwegen und Höfen genutzt.

Vor 40 Mio. Jahren war der Druck der Magma erloschen. Doch die Bewegungen im Erdinneren, die Kraft der Verschiebungen kontinentaler Platten sind geblieben. Diese Kräfte setzen sich bis heute fort, was in relativ häufigen tektonischen Bewegungen, als Erdbeben, zu spüren ist.

Vor 15 bis 6 Mio. Jahren zog sich das Meer zurück, der Wasserspiegel des Mittelmeers war gesunken, riesige Gebirge standen in einer dichten Salzlake. Erst vor 5 Mio. Jahren füllte sich das Mittelmeerbecken wieder, durch den Druck des Atlantiks war der Gibraltar-Damm, die einstige Verbindung von Afrika mit Europa, geborsten. Die Veränderung des Klimas brachte sintflutartige Regen, in den durch Aufwerfungen und Berstungen gebildeten Schluchten tobten wilde Bäche und bohrten sich tief in den zerklüfteten Fels.

Doch vor rund 500 000 Jahren, mit Beginn der Eiszeiten, ließ drastische Kälte die Gewässer erstarren, Gletscher schoben sich von den Alpen nach Norden und Süden, alle Senken und Täler waren mit Eis bedeckt. Die Massen der kantigen Gletscherbänke schrubbten und schabten entlang der Bergflanken, glät-

Thetysmeer, Alpen und Seen

Thema

teten die aus der bis 2000 m dicken Schicht herausragenden Berggipfel, rissen Widerstand bietende Felsen mit. Diese Felsbrocken kratzten breite Rillen in den Muschelkalk, Findlinge blieben an Kanten und in Wannen hängen. Das nachschiebende Eis drehte die Steine, die sich in den Berg gruben, Millionen Jahre rotierten und sich allmählich zu Kugeln formten, die weiter in ihrer selbstgeschaffenen Grotte am Fels schmirgelten. Solche Gletschermühlen leisteten gigantische Arbeit.

Das abgelöste Geschiebe, Berge von Schotter, wurde von den Gletschern weit in den Süden getragen und bildete dort wie ein Amphitheater die Moränenlandschaften der Oberitalienischen Seen, die vielen sanften Hügel, heute günstiger Untergrund für einen guten Wein.

Vor etwa 10 000 Jahren begann das Ende der letzten, der Würm-Eiszeit, zogen sich die Gletscher langsam zurück, gaben Kessel und Täler frei. In den Bergen schmolz das Eis, und Wasser schoss durch Schluchten und Felsrisse abwärts, formte die Täler neu, füllte die Senken zwischen den Gebirgsmassiven, gestaut von den am Fuß der weichenden Gletscher abgelagerten Geröllhügel. Höher und höher stieg der Wasserspiegel, bis er endlich durch seinen Druck einen Ablauf fand. Die Oberitalienischen Seen sind plastische Beispiele für die Auswirkungen dieses geologischen Schauspiels. Der vom Tal der Sarca gespeiste Gardasee wurde vom Halbrund der Moränenhügel in der Lugana 52 km tief in Richtung Gebirge gestaut, der Mincio brach sich bei Peschiera den Weg nach Süden. Die Moränen der Franciacorta stauten den Iseo-See und im Tal der Adda bildete sich durch den Moränendamm in der Brianza, der Sommerfrische der Mailänder, der zweiarmige Comer See. Ein Teil des Schmelzwassers driftete von der Adda westwärts und füllte den Luganer See. Im Tal des Ticino wurde der etwa 66 km lange Lago Maggiore von der Moränenlandschaft um Sesto Calende und vom Varesotto gestoppt.

Steile Felsformationen bei Riva del Garda

Natur und Umwelt

doch liegen die flachen Felder teilweise rund 6 m unter Meereshöhe, können also nur durch **Dämme** geschützt werden. Besonders markant ist in diesem Deltabereich das Land zwischen Etsch und Po: Dämme und Kanäle liegen mehrere Meter höher als das bewirtschaftete Land, die meist kleinen Bauernhäuser scheinen sich in ihrem Schatten zu ducken. Man denkt lieber nicht darüber nach, was geschehen könnte, würde ein Damm brechen …

Jedenfalls gilt die Zähmung des Po als die größte Leistung der Landschaftsarchitektur in Oberitalien. Die hohen, pyramidenartig zum Fluss hin aus der flachen Landschaft aufsteigenden Dämme gehören zu den bedeutenden gestalterischen Aspekten Oberitaliens. Das größte Werk des Menschen jedoch bleiben die Trockenlegungen, die **Landgewinnung**, wie sie bereits von den kirchlichen Orden, vor allem von den Benediktinern ab dem 9. Jh., in Angriff genommen wurde, speziell in der Provinz Ferrara.

Seealpen und Tosco-Emilianischer Apennin

Gemeint ist ein und derselbe Gebirgszug, der Apennin, der jedoch unter verschiedenen Namen bekannt ist: Im Westen trennen die **Seealpen** (eigentlich Ligurischer Apennin) das Piemont und Ligurien voneinander, schützen Letzteres vor kalten Nordwinden – auch wenn die Bergkette selten 1500 m übersteigt. Sie ist ausschlaggebend dafür, dass Ligurien zu den wärmsten Regionen Oberitaliens zählt: 18 bis 20 Grad und strahlender Sonnenschein sind hier auch zur Weihnachtszeit nicht selten.

Nach Osten zu trennt der **Tosco-Emilianische Apennin** Oberitalien, genauer: die Emilia Romagna von der südlich davon beginnenden Toscana. Seine grasbedeckten Hänge in den tieferen Regionen bieten gutes Weideland, wichtig sowohl für die Milchwirtschaft und die damit einhergehende Käseherstellung (Stichwort Parmesan) als auch für die Schinkenproduktion (Stichwort Parmaschinken). Was wenige wissen: Die Qualität des Schinkens hat etwas mit dem Käse zu tun, denn besonders schmackhaften Schinken versprechen die Schweine, die mit Molke gefüttert wurden, dem ›Abfallprodukt‹ bei der Käseherstellung.

Thermalquellen entspringen im Tosco-Emilianischen Apennin, deren Wasser in mehreren Kurorten Heil bringend genutzt wird. Der berühmteste Kurort ist hier mit Sicherheit Salsomaggiore Terme, seit Sophia Loren im Nobelort nach mehreren Behandlungen den lang gehegten Kinderwunsch erfüllt bekam. Ein fast mondäner Thermalort, dessen gute Infrastruktur auch für große Veranstaltungen genutzt wird, z. B. bei der alljährlichen Misswahl.

Flora und Fauna

Bei der Größe der Region ist es nicht verwunderlich, dass der Reichtum an Flora und Fauna in diesem Gebiet zwischen der Alpenregion und den Flusslandschaften im Süden kaum zu überbieten ist. Dazwischen liegen Hügellandschaften, die trotz der häufig intensiven landwirtschaftlichen Nutzung zum großen Teil noch zumindest mit Sekundärwald bedeckt sind.

Über und unter der Baumgrenze

Jenseits der Waldgrenze springt der **Alpensteinbock** über die Felsen, ernährt sich in der kargen Vegetation überwiegend von Flechten und Moosen. Unterhalb der Baumgrenze leben **Schneehase** und **Steinhuhn**, finden sich schon reichlich **Kräut**er und **Blumen** wie Roter Steinbrech, Mannsschild, Alpenstraußgras und Zwergmiere. Auch das selten gewordene Edelweiß lugt hier aus den Bergspalten. Auf den Almweiden tummeln sich nach ihrer zeitweisen Gefährdung wieder zahlreiche **Gämsen**, rund 2000 sind es beispielsweise im Parco Nazionale di Dolomiti Bellunesi. In manchen Naturparks, z. B. im Adamello-Brenta-Naturpark, streift noch der **Braunbär** durchs Gehölz, teilt sich das Revier mit **Wolf, Fuchs, Reh, Dachs** und **Marder.** Im Grasland bauen auch die pfeifenden **Murmeltiere** ihre Höhlen.

Flora und Fauna

Begegnung der besonderen Art …

Hier blühen im Sommer **Alpenaster, Alpenveilchen** (Cyclamen), **Sonnenröschen** und **Enzian.** Manche Tierarten wechseln auch in den tiefer liegenden Wald aus Fichte, Lärche und Latsche, wo die Alpenrose ihr kurzstieliges Buschbett ausbreitet.

Wo die Berge niedriger werden, blühen mehrere Enzianarten, gelb leuchten der **Berghahnenfuß** und die **Trollblume**. Die **Alpenanemone,** die nach der Blüte einen silbernen Schopf aus zarten, langen Haaren bildet, wetteifert mit der Felsenbirne, deren Blüten bei tief liegenden Ästen wie Edelweiß aus dem Gras wachsen, deshalb auch Edelweißstrauch genannt.

Der **Hirsch** wandert sogar abwärts bis in das Flachland, durchstreift die Buchen- und Eichenwälder. Dort haben sich Orchideen angesiedelt, so die rosarote Kugelorchis, der Große Händelwurz und das Knabenkraut. Wo der Wald mit Kastanien gemischt ist, sucht das Wildschwein nach Futter. In Landschaften mit den der Akazie ähnelnden Robinien sucht der witzige **Wiedehopf** nach Ameisenpuppen, begleitet von der Musik der Zikaden.

Mediterrane Vegetation

Südlich des Alpenbogens, vor allem im Bereich der Oberitalienischen Seen sorgt das über die Po-Ebene nordwärts ziehende **Mit-**

Natur und Umwelt

telmeerklima** für eine besonders reiche Vegetation. Zusammen mit der Wärmespeicherung der Seen gedeihen hier Agaven, Lorbeer, Palmen, Zypressen und Zitronen, zeigen Azaleen, Hibiskus, Kamelien, Magnolien, Oleander, Rhododendren und die weidenartige Akazie – im Blumenhandel als Mimose angeboten – ihre bunte Pracht. In landwirtschaftlich genutzten Gebieten reifen bei diesen Temperaturen **Wein, Obst** und **Oliven** von hoher Qualität, über den Seen gedeihen **Esskastanien** mit ihren knackigen Früchten, den Maronen. In den Städten ist das milde Klima sogar für **Exoten** geeignet, etwa für die aus Myanmar (Burma) und Sri Lanka (Ceylon) stammende Kreppmyrte (Lagerstroemia indica), deren zerknitterte, rosafarbenen bis hellvioletten Blüten z. B. in Meran und Bozen die Straßen zieren. Wegen des glatten Stammes wird der Baum volkstümlich auch ›Affenrutschbaum‹ genannt.

Bewohner in der Luft und zu Wasser

Auch in den Lüften gibt es viel zu entdecken. Der von der Ausrottung bedrohte **Steinadler** segelt wieder dank der Initiative von Naturschützern über den Bergkämmen. Ebenso konnte der **Bartgeier** wieder angesiedelt werden, der **Gänsegeier** ist selten geworden, der **Fichtenkreuzschnabel,** der mit seiner krummen Schnabelspitze reife Tannenzapfen knackt, hat sich in den Bergwäldern durchgesetzt. Auch die **Alpendohle** aus der Familie der Krähen lässt sich von den Aufwinden nach oben tragen, an Bergbächen und Stauseen hüpft die lustige Bergstelze. An Felsen und Mauern der wärmeren Gebiete sonnen sich **Eidechsen,** aus altem Gemäuer huschen gelegentlich scheue **Skorpione** über den Weg, deren Stich dem einer Wespe ähnelt. Scheu sind auch die **Schlangen,** sie verschwinden bei der leichtesten Erschütterung. Meistens handelt es sich um harmlose Nattern, giftig ist lediglich die seltene Kreuzotter und die noch seltenere Aspisviper.

In den Sumpflandschaften der Flüsse und Lagunen kreischen die **Möwen,** die schneeweißen **Seidenreiher** mit der ›modischen‹ Federlocke am Hinterkopf sind zu sehen, **Teichrohrsänger** und **Drosselrohrsänger** wetteifern mit ihrem Gesang, Fischreiher kommen von der Küste Kroatiens, um in den Gewässern des östlichen Oberitalien Nahrung zu suchen. Ihr Konkurrent ist der dunkel gefiederte **Kormoran,** der bunte **Eisvogel** begnügt sich mit kleineren Fischen, die er in seinen in die Uferböschung gegrabenen Tunnel trägt. Bei den kleinsten Störungen verschwinden die Enten im Röhricht, die **Zwergtaucher** unter der Wasseroberfläche.

Für seinen **Fischreichtum** ist vor allem der Gardasee bekannt. In seinem sauberen Wasser tummeln sich Aale, Felchen, Flussbarsch und Flusskrebse, Forellen, Hechte, Karpfen, Schleien und die Seelotte. Sogar Sardinen gibt es im Süßwassersee, ein Überbleibsel des einst bis an die Alpen reichenden Meeres. Reich an Fischen und anderen Meerestieren ist auch die Lagunenlandschaft an der Adria zwischen Venedig und Ravenna. Wo sich Flamingos kleine Krebstiere aus dem salzigen Wasser herausfiltern, ernähren sich Fische und manche Vögel von Krabben, Muscheln, Ringelwürmern und Schnecken. Flunder, Goldbrasse, Meeräsche und Seebarsch sind die wichtigsten Fische der Lagunen. Noch wichtiger für die Fischwirtschaft ist dort der Aal, bekannt durch die ungeheure Leistung der Weibchen.

National- und Naturparks

Oberitalien ist reich an ausgewiesenen Nationalparks und Naturschutzgebieten. Vier Nationalparks, also besonders geschützte Gebiete mit strengen Auflagen für die Bevölkerung und die Forstämter, sind **Gran Paradiso** um den 4061 m hohen, gleichnamigen Bergriesen im Grenzgebiet zwischen Aosta-Tal und Piemont, **Valgrande** am Monte Zeda (2156 m) in der Lombardei, das **Stilfser Joch** um den 3764 m hohen Monte Cevedale in Südtirol sowie die **Dolomiti Bellunesi** in Venetien.

Zahlreich sind die **übrigen Naturschutzzonen,** sozusagen der zweiten, nicht minder wichtigen Kategorie. Zu den schönsten gehören der Parco Natura della Valle del Ticino etwa zwischen Varese und Pavia in der Lombardei, dort auch die Valtellina ganz im Norden der Region. Weiter östlich sind der Parco Naturale dell'Adamello und Adamello-Brenta geschützt, Teil der grandiosen Brenta-Gruppe. Ganz im Osten schließlich der Naturpark im Etsch- und Po-Delta mitsamt dem Bosco della Mesola sowie südlich davon die Salinen von Comácchio und die Mündung des Gorino mit den Dünen und Inseln.

Als **Regionalparks** geschützt sind aber auch Gebiete an den Seen, vor allem ein kleines Reservat am Monte Baldo (im Osten des Gardasees) sowie der Parco Regionale Alto Garda Bresciano am Westufer des Gardasees.

Neues Bewusstsein im Umweltschutz

»In Mailand laufen schon die Hunde mit Schutzmaske herum«, »Turin erstickt in Abgasen«, »Grundwasser nicht mehr trinkbar«, »Algenplage an der Adria«, »Der Po, ein sterbender Fluss« – die Reihe der Schlagzeilen, die Italien in den letzten Jahren machte und sicher noch eine Weile machen wird, ließe sich endlos fortsetzen. Bella Italia ist in Gefahr, in Abgasen und Abwasser zu ersticken. Kein Wunder, dass die Legambiente, der italienische Naturschutzbund, sich über einen regen Zustrom von Mitgliedern freuen kann.

Italiens größtem Strom droht der Kollaps

Die Situation in Stichworten: Der **Po**, Italiens größter Strom und Landschaftsgestalter in Oberitalien, liegt in den letzten Zuckungen, wenn nicht sehr bald etwas geschieht. Da kann man sich an der Adriaküste mit dem Vorreiter Emilia Romagna noch so sehr anstrengen, Ringkanalisationen, Strandreinigung etc. zu forcieren. Wenn Turin und Mailand ihre **Abwässer** weiterhin nicht zur Genüge geklärt in ihre ›Hausflüsse‹ Richtung Po oder direkt in diesen abschicken, aber auch in den Schweineställen der Emilia Romagna keine Kläranlagen installiert werden, stirbt der Po – und mit ihm eine Agrar- und Ferienlandschaft ohnegleichen.

Pestizide, die in den von Landwirtschaft lebenden Regionen des breiten Po-Bettes noch immer in erheblichen Mengen eingesetzt werden, haben zeitweise das Grundwasser erreicht und es schlichtweg vergiftet. 2 Mio. Menschen sollen davon direkt betroffen sein, sie bekommen im Sommer rationiertes Trinkwasser per Tankwagen.

Verkehrsfreie Stadtzentren – Bühne frei für die Passegiata

Viele Großstädte ersticken in **Abgasen,** in der breiten Po-Ebene schlimmer als anderswo, weil sich dort lange eine Dunstglocke hält, die keine Abluft ermöglicht. Deshalb: Die Autos müssen generell aus dem Stadtzentrum raus! Das allerdings hat man in Italien schon lange besser verstanden als anderswo: Fast alle historischen Stadtzentren sind verkehrsfrei, zumindest ist dort das Fahren auf Zulieferer, Anwohner und öffentliche Dienste beschränkt. Sogar in Mailand hat man das – fast – erreicht. Parma ist eines der schönsten Beispiele: Man kommt zum Domplatz erst gar nicht mit einem Wagen vor – also bestimmen Fahrräder das Stadtbild, und die Menschen haben ihre Freiräume wieder, ihre Plätze und Straßen für die nachmittägliche und abendliche Bummelzeit, für die *passeggiata*. Wenige Stadtväter, z. B. in Brescia, drücken ein Auge zu, wenn es Touristenwagen sind: Sie dürfen bis ins Herz der Stadt vordringen. Und: An gefährdeten Tagen dürfen nur Fahrzeuge mit geraden oder ungeraden Schildern einfahren, an manchen Tagen überhaupt keine, speziell sonntags.

Erbarmungslos sind schon lange die Ordnungshüter etwa rund um den Gardasee: Ohne Sondergenehmigung lassen sie in den meisten Orten niemanden ins Zentrum, an den See, das Auto muss draußen bleiben. So bleibt Einheimischen wie auch Urlaubern wenigstens ein Stück Stadt erhalten, das frei ist von stinkenden und lärmenden Fahrzeugen.

Wirtschaft, Soziales und aktuelle Politik

Oberitalien ist das am höchsten entwickelte Gebiet des Stiefellandes. Zentrum der wirtschaftlichen wie der finanziellen Macht ist Mailand inklusive der gesamten Region Lombardei. Gefolgt vom Piemont mit der einstigen FIAT-Metropole Turin, der Emilia Romagna mit Bologna, Venetien mit dem Magnet Venedig.

Reicher Norden – armer Süden?

Das berühmt-berüchtigte **Nord-Süd-Gefälle** Italiens nimmt seinen Ausgang in der Lombardei mit dem Zentrum Mailand, das über die Autobahn auf schnurgerader Strecke mit dem zweiten pochenden wirtschaftlichen Herzen im Osten, nämlich Bologna, und im Westen mit – dem kaum noch von FIAT geprägten – Turin verbunden ist. Dennoch gewinnt auch hier der Tourismus immer mehr an Bedeutung. Generell ist Italien in den 1990er-Jahren – nicht zuletzt dank der Wirtschaftskraft des Nordens – zur viertgrößten Industrienation des Westens aufgestiegen, in den ersten Jahren nach der Jahrtausendwende jedoch wieder auf die siebte Stelle zurückgefallen. Um beim Export mithalten zu können, wurde bereits 1983 der sogenannte historische Kompromiss zwischen Gewerkschaften und Unternehmen abgeschlossen: Die Gewerkschaften verzichten auf automatische Lohnsteigerungen, der Staat übernimmt bei ›problematischen‹ Betrieben einen Teil der Lohn- und Lohnzusatzkosten. Die Folge war eine Senkung der Inflationsrate.

Die Wirtschaftsprobleme sind, auch wenn man es den Menschen auf der Straße selten ansieht, nicht von der Hand zu weisen: Die Stärke des italienischen **Exports** liegt traditionell bei Kleidung, Schuhen und Möbeln. Die hohen Lohnkosten und die Konkurrenz durch Billigprodukte aus Asien jedoch bedrohen den Markt. Die Automobil- und die Elektrowerkzeugindustrie hat bereits seit den 1980er-Jahren Marktanteile verloren, verschlimmert noch gleich zu Beginn des 21. Jh. durch die inzwischen gestoppte Fiat-Krise. Dafür mussten auch noch die Importe von Ausrüstungsgütern gesteigert werden – überdurchschnittlich.

Die EU ist insgesamt der wichtigste Handelspartner Italiens (56,9 % Import und 53,5 % Export), davon ist Deutschland die Nummer eins mit 18 % Import und 14 % Export.

4,9 % der Beschäftigten in Italien arbeiten in der Land- und Forstwirtschaft sowie in der Fischerei (in Deutschland die Hälfte davon), 32,2 % in der Industrie bzw. im produzierenden Gewerbe, 62,8 % in Handel, Verkehr und Dienstleistungen (in beiden Sparten liegt der Anteil ähnlich wie in Deutschland: 33,1 % bzw. 64,3 %). Die **Arbeitslosenrate** liegt landesweit im Durchschnitt bei 7,8 %, sie ist im Norden des Landes niedriger (2–5 %) als im Süden, siehe Nord-Süd-Gefälle. Ein echt ›italienisches‹ Problem, mit dem sich inzwischen aber auch andere EU-Länder, etwa die Bundesrepublik, befassen müssen, ist die Schattenwirtschaft, die **Schwarzarbeit**.

Italien ist ein Land ohne Kernkraftwerke, bei der Einfahrt vieler Städte, vor allem kleiner Ortschaften auf dem Land liest man daher die stolze Angabe *Zona denuclearizzata*, atomkraftfreie Zone (inzwischen z. T. auch frei von genmanipuliertem Anbau). Die Energie bezieht Italien aus seinen Wasserkraftwerken und aus importiertem Erdgas, das bis in die

Reicher Norden – armer Süden?

kleinsten Gemeinden geleitet wird. Sonst sind noch immer die recht teuren *bombole*, Gasflaschen, in Gebrauch, denn in Italien wird am liebsten mit Gas gekocht. Erstaunlicherweise ist erneuerbare Energie ein stark vernachlässigtes Thema, schließlich wäre es doch kein Problem, in diesem sonnenreichen Land Sonnenkollektoren auf die Hausdächer zu montieren oder anderweitig die solare Kraft zu nutzen. Oder Windräder aufzustellen.

Ein paar weitere interessante Wirtschaftsaspekte: Nach der Volksrepublik China ist Italien der zweitwichtigste Produzent von Wollstoffen (841 gegenüber 530 Mio. m^2; zum Vergleich: Deutschland produziert 56 Mio. m^2). An neunter Stelle liegt Italien bei der Rohstahl-Produktion (25,946 Mio. t) gegenüber dem Vorreiter VR China mit 181,552 Mio. t (zum Vergleich Deutschland: 44,999 Mio. t). Dann aber der Wein: Hier steht Italien weltweit mit 9,2 Mio. t an erster Stelle und lässt sogar Frankreich weit hinter sich (7,8 Mio. t). Erstaunen mag die Tatsache, dass Deutschland bei der Milchproduktion weit vor Italien liegt: mit 28,3 Mio. t gegenüber 11,9 Mio. t. Kein Wunder, dass man so viele Milchtanks über den Brenner rollen sieht! Und kein Wunder daher, dass man für Milch, Joghurt u. Ä. (allerdings nicht für Käse) in Italien fast doppelt so viel zahlt wie in Deutschland.

Generell verlief die **Konjunkturentwicklung** des Landes in den letzten Jahren relativ ungünstig. Nicht alles ist hausgemacht, die Schwäche ist nicht zuletzt auf die gleiche Situation bei den wichtigsten Handelspartnern Deutschland und Frankreich zurückzuführen: Rückgang der Exporte um 3,9 %. Da zudem die Reallöhne stagnierten, stieg der Privatverbrauch um nur 1 % und die Inflationsrate auf angeblich 2,8 %. Zwar hat die Zunahme im Dienstleistungssektor einiges kompensieren können, aber eben nur wenige der Arbeitsplätze, die in der Industrie, der Bau- und in der Landwirtschaft verloren gegangen sind. Als Grund dafür nennen Experten die veralteten Strukturen und zu wenig Hochtechno-

FIAT gehört zu Oberitalien – und wenn es ein betagter Cinquecento ist

25

Wirtschaft, Soziales und Politik

Die acht Regionen Oberitaliens — Thema

Im Norden die autonome Doppelregion Südtirol-Trentino, im Schatten der Alpenriesen das autonome Aosta-Tal und das Piemont sowie hinter den Seealpen Ligurien. Die großen Oberitalienischen Seen gehören zur Lombardei, die sich im Süden die Po-Ebene mit der Emilia Romagna und Venetien teilt; ganz im Osten: das autonome Friaul-Julisch Venetien.

Südtirol-Trentino

Autonome Doppelregion im Norden des Gebietes mit Deutsch und Italienisch als Amtssprachen. Regionalhauptstadt ist Trient; die Hauptstädte der beiden Provinzen Bozen (Bolzano) und Trient (Trento) wechseln sich als Regierungssitz ab. Rund 300 000 der Südtiroler sind deutschsprachig.

Stichworte: 13 618 km^2 Fläche, ungefähr 936 000 Einwohner.

Aosta-Tal

Aosta-Tal im Nordwesten besitzt weitgehende Autonomie. Als zweite Landessprache wird das Französisch-Provenzalische (Minoritäten: Walser mit einer deutschen Mundart) gesprochen. Die zweitkleinste italienische Region ist nicht in Provinzen eingeteilt.

Stichworte: Hauptstadt Aosta, 3262 km^2 Fläche, rund 120 000 Einwohner.

Piemont

Die zweitgrößte italienische Region ist in die Provinzen Alessandria, Asti, Cuneo, Novara, Turin und Vercelli eingeteilt.

Stichworte: Hauptstadt Turin, 25 399 km^2 Fläche, 4,3 Mio. Einwohner.

Ligurien

Die Provinzen Genua, Impéria, La Spezia und Savona bilden die an Frankreich grenzende Region Ligurien.

Stichworte: Hauptstadt Genua, 5413 km^2 Fläche, 1,6 Mio. Einwohner.

Lombardei

Die an Seen und Flüssen reichste Region Italiens – sie ist wohl als solche auch eine der unbekanntesten des Landes – teilt sich in die Provinzen Bergamo, Brescia, Como, Cremona, Mailand, Mantua, Pavia, Sóndrio und Varese.

Stichworte: Hauptstadt Mailand, 23 834 km^2 Fläche, knapp 9,1 Mio. Einwohner.

Emilia Romagna

Die Doppelregion besteht aus neun Provinzen: Bologna, Ferrara, Forli-Cesena, Módena, Parma, Piacenza, Ravenna, Reggio nell'Emilia und Rimini.

Stichworte: Hauptstadt Bologna, 22 124 km^2 Fläche, 4 Mio. Einwohner.

Venetien

Die weitläufige Provinz gliedert sich in die Provinzen Belluno, Padua, Rovigo, Treviso, Venedig, Verona und Vicenza.

Stichworte: Hauptstadt Venedig, 18 378 km^2 Fläche, 4,5 Mio. Einwohner.

Friaul-Julisch Venetien

Die Doppelregion genießt weitgehende Autonomie; zweite Landessprache ist das Slowenische. Rund 35 000 Slowenen leben in der Region. Die zweitkleinste Region Oberitaliens ist in die Provinzen Gorízia, Pordenone, Triest und Udine eingeteilt.

Stichworte: Hauptstadt Triest, 7846 km^2 Fläche, 1,2 Mio. Einwohner.

logie. Als dringend notwendig wurden zudem Reformen im Steuer- und im Rentensystem erkannt – man kommt sich vor wie nördlich der Alpen in Deutschland! Erste Reformgesetze haben bereits 2003 für Unruhe und Protestaktionen der Gewerkschaften gesorgt, denn zumindest die Altersruhegrenze soll heraufgesetzt werden: auf 65 Jahre für Männer und 60 Jahre für Frauen.

Aktuelle Politik

Silvio Berlusconi, der Medienmogul Italiens und wohl reichste Mann des Landes, wurde 2006 nach einem aufregenden Kopf-an-Kopf-Rennen von Romano Prodi, der bereits einmal kurz die italienischen Staatsgeschäfte geführt hatte, abgelöst. *Il professore*, wie Prodi gerne tituliert wird, führte damit die 60. Regierung Italiens nach dem Zweiten Weltkrieg an, die von seinem schwierigen Mitte-Links-Bündnis *L'Unione* getragen wurde. Sein Wahlprogramm sah folgende Änderungen vor: Stärkung der sozialen Gerechtigkeit, Förderung von Familie, Erziehung und Bildung sowie die Entlastung der Lohnempfänger von zu hohen Sozialleistungen. Außerdem sollten gleichgeschlechtliche Paare juristisch besser gestellt werden. Gleich nach der Amtseinführung begann Prodi wie versprochen mit der Rückführung großer Teile der italienischen Soldaten aus dem Irak, ebenso mit der Reduzierung der italienischen ISAF-Truppe in Afghanistan. 2007 erfolgte die Gründung des *Partito Democratico* (PD) durch Roms linksgerichteten Bürgermeister Walter Veltroni, der sich 2008, nach Prodis Resignation, zum Präsidentschaftskandidaten aufstellen ließ. Doch bei den Neuwahlen im April 2008 wurde Silvio Berlusconi zum dritten Mal (!) Regierungschef Italiens.

Welterbe

Das 2004 in Kraft getretene, sehr kontrovers betrachtete italienische Landschafts- und Denkmalschutzgesetz sieht vor, dass Privatpersonen Kulturgüter erwerben dürfen. Voraussetzung ist natürlich, dass sie für deren Pflege, mögliche Restaurierung und Erhalt sorgen. Kritiker gaben zu bedenken, dass so der Verschleuderung des italienischen Kulturerbes Tür und Tor geöffnet würde. Andererseits hat der italienische Staat, im Besitz der weltweit gesehen meisten Denkmäler, die Grenzen seiner finanziellen Belastbarkeit erreicht und ist nicht in der Lage, für den Erhalt der Kirchen, Museen, Paläste etc. zu sorgen. Die Möglichkeit, für Privatpersonen wie für Firmen, Investitionen dieser Art steuerlich abzusetzen, ist allerdings nicht mehr Anreiz genug, sich der verfallenden Denkmäler anzunehmen. Schließlich führt Italien mit 41 Objekten bereits vor Spanien mit 39 und Deutschland mit 32 allein schon die Liste der als Welterbe geschützten Denkmäler an.

So haben die von der Unesco als Welterbe anerkannten Denkmäler und Landschaften Italiens auch für den italienischen Geschmack derart überhand genommen – schließlich geht mit der Ernennung die Verpflichtung einher, sich dieser Auswahl besonders anzunehmen –, dass das nationale Komitee beschlossen hat, nur mehr ein Objekt pro Jahr zuzulassen.

… in Oberitalien

Allein in **Oberitalien** gehören **15 Sehenswürdigkeiten zum Welterbe;** von West nach Ost: die Residenzen des Königshauses Savoyen in Turin, Sacri Monti in Piemont und Lombardei, die Altstadt von Genua, die Kulturlandschaft Portovénere und die Cinque Terre, in Mailand Santa Maria delle Grazie mit dem ›Abendmahl‹ von Leonardo da Vinci, die Modellsiedlung Crespi d'Adda, die Felszeichnungen der Valcamonica, das historische Zentrum Veronas, in Módena die Kathedrale, die Torre Civica und die Piazza Grande, Vicenza und die Villen Palladios, der Botanische Garten von Padua, Venedig und seine Lagune, die archäologischen Stätten und die Basilika des Patriarchen mit ihren Bodenmosaiken in Aquilea, ganz Ferrara als die Stadt der Renaissance, die frühchristlichen Baudenkmäler und Mosaiken von Ravenna.

Zeittafel Geschichte

218 v. Chr.	Hannibal und mit ihm verbündete keltische Insubrer ziehen durch Oberitalien gegen Rom.
313 n. Chr.	Mailänder Edikt: Ende der Christenverfolgung durch Kaiser Konstantin.
452	Plünderung Mailands durch die Hunnen.
568–774	Langobardenreich, Eroberung durch Karl d. Gr., der in etwa das Gebiet des heutigen Oberitalien seinem Frankenreich zuschlägt (744).
744–951	Machtkämpfe in ganz Oberitalien: Karolingische Kaiser und Könige sowie einheimische Fürsten schlagen sich um das Gebiet.
899	Einfall der Ungarn.
951	Unterwerfung durch Otto d. Gr., Eingliederung Oberitaliens in das Herzogtum Bayern (= Mark Verona und Friaul).
1036–1075	Erstmals Auflehnung Mailands gegen Kaiser Heinrich II.
1091	Lombardischer Bund der oberitalienischen Städte gegen Heinrich IV.: Von nun an sind die Stadtstaaten ständige Gegner der kaiserlichen Machtansprüche.
1154–1177	Friedrich I. Barbarossa zieht mehrmals gegen die Städte, 1158 und 1162 Belagerung Mailands, zuletzt Zerstörung und schneller Wiederaufbau mit Hilfe der anderen Stadtstaaten. 1176 wird Barbarossa vom lombardischen Bund bei Legnano besiegt.
1183	Freiheit der oberitalienischen Städte durch Zugeständnisse Barbarossas.
12. Jh.	Die Seerepubliken San Marco/Venedig und Genua erringen eine wirtschaftliche Monopolstellung im Byzantinischen Reich.
Ab 1250	Existenz selbstständiger Kleinstaaten, mit bedeutenden Fürstengeschlechtern wie den Gonzaga in Mantua und den Visconti in Mailand, die ihre Macht über die Lombardei hinaus in das Gebiet des heutigen Umbrien, nach Venetien und in die Toscana ausdehnen.
13./14. Jh.	Die vier Seerepubliken Italiens (Genua, Venedig, Pisa und Amalfi) gelangen zu erheblicher Macht; in Oberitalien bekriegen sich Venedig und Genua.
1298	Sieg der Seerepublik Genua über die Seerepublik Venedig.
1380	Sieg der Seerepublik Venedig über die Seerepublik Genua.
1381	Frieden von Turin: Anerkennung der venezianischen Vorherrschaft im östlichen Mittelmeer.
1450	Mailand wird Herzogtum unter Francesco Sforza, dem Schwiegersohn des letzten Visconti.
1453	Fall von Konstantinopel und damit Verlust der Kolonien Genuas am Schwarzen Meer und Chios.
1454	Frieden von Lodi: Venedig dehnt die Grenzen seiner Terraferma bis zur Adda aus (Grenze mit Mailand).

Krieg zwischen Habsburgern und Franzosen um die Macht in Europa.	**1494**
Besetzung Mailands durch Ludwig XII., der bis 1512 Herzog von Mailand bleibt.	**1499**
Kaiser Karl V. überträgt das Herzogtum Mailand seinem Sohn Philipp II. Bis 1700 bleibt es der spanischen Krone ›verbunden‹.	**1540**
Spanischer Erbfolgekrieg um die Nachfolge Karls II. (letzter habsburgischer König von Spanien).	**1701–1714**
Unterwerfung der Lombarden durch Napoleon Bonaparte.	**1796**
Schlacht bei Marengo, Sieg Napoleons über die Österreicher.	**1800**
Ausrufung der Italienischen Republik, Napoleon ist ihr Präsident, ein Jahr später Krönung zum Kaiser in Paris und in Mailand zum König von Italien, genauer der Lombardei, Liguriens und Venetiens.	**1802**
Oberitalienische Freiheitsbewegung des Risorgimento zur Einigung Italiens als Königreich.	**1821–1861**
Gründung der Republik am 2. Juni.	**1946**
Weitergehende Autonomie der Lombardei, Venetiens, der Emilia Romagna, Liguriens und des Piemont; Südtirol-Trentino, das Aosta-Tal und Friaul-Julisch Venetien behalten ihre volle Autonomie.	**1977**
Grüne ziehen erstmals ins italienische Parlament ein, in Oberitalien in besonders großer Zahl in Venedig und der Emilia Romagna.	**1987**
Beginn der groß angelegten Ermittlungen gegen die Korruption in Politik, Wirtschaft und Verwaltung; zahlreiche ›Köpfe rollen‹.	**1992**
Änderung der Verfassung durch ein neues Wahlrecht. Die Provinz- und Kommunalwahlen im November/Dezember bescheren den durch Bestechungsaffären angekratzten Parteien der langjährigen Regierungskoalition schwere Niederlagen.	**1993**
Dezentralisierung der Regierungsgeschäfte, um die Regionen zu stärken – Vorbereitung auf ein Europa der Regionen.	**1997**
Das ›Heilige Jahr‹ veranlasst ganz Italien, auch im Norden intensive ›Schönheitspflege‹ zu betreiben.	**2000**
Auch Italien führt den Euro als Währung ein.	**2002**
Die wirtschaftlichen Probleme des FIAT-Konzerns treffen ganz Italien. Der Lebensmittelkonzern Parmalat sorgt für den größten Bilanzskandal in der europäischen Wirtschaftsgeschichte.	**2003**
Genua wird europäische Kulturhauptstadt.	**2004**
Italien führt das Rauchverbot in Bars und Restaurants ein.	**2005**
Turin ist Austragungsort der Olympischen Winterspiele.	**2006**
Parlamentsneuwahlen. Die Mitte-Rechts-Regierung Silvio Berlusconis wird von Romani Prodi (Mitte-Links) abgelöst.	**April 2006**
Parlamentsneuwahlen. Zum dritten Mal wird der Medienmogul Silvio Berlusconi zum Regierungschef Italiens gewählt.	**April 2008**

Gesellschaft und Alltagskultur

Sie leben gerne gut und legen Wert auf ein attraktives, individuelles Erscheinungsbild. Vor allem die ›Nordlichter‹ Italiens, die sich speziell in den großen Industriezentren des höchsten Lebensstandards im Lande erfreuen – es sich also normalerweise auch leisten können.

Das am höchsten industrialisierte Gebiet Italiens, das dennoch reich an Landwirtschaftsflächen, Alpenriesen und Naturparks ist, besitzt auch den **höchsten Lebensstandard des Landes.** Das sprichwörtliche wirtschaftliche Gefälle von Nord nach Süd beginnt genau hier. Auch die **Schulbildung** ist höher als im Durchschnitt Italiens, die zahlreichen Universitäten prägen mit ihren Studenten vielfach das städtische Leben. Und die Großfamilie gehört zumindest in den Städten der Vergangenheit an; höchstens auf dem Lande umsorgt noch immer die Großmutter den Nachwuchs, damit die Eltern in Ruhe studieren oder arbeiten können.

Der Stiefelstaat ist eines der **geburtenschwächsten Länder Westeuropas.** Lediglich 1,27 Babys bringt jede Frau in Italien durchschnittlich zur Welt – nur in der Emilia Romagna ist man stolz auf neuerdings mehr Kinder pro Familie. Viele Frauen bevorzugen inzwischen eine ordentliche Ausbildung und dann Erfolg im Beruf, ohne die vielleicht entstehenden Zwänge einer Ehe, geschweige denn durch Nachwuchs. Partnerschaft ohne Ehering gehört zum Alltag im einst so streng katholischen Land, jedes zweite junge Paar lebt in wilder Ehe. Und immer mehr Männer ziehen es vor, bei der heiß geliebten *mamma* zu bleiben. Mehr als 70 % aller Unverheirateten unter 30 Jahren leben noch bei der Mutter, doch werden sie immer älter und bleiben immer länger. Ein weiterer Grund für den ausbleibenden Nachwuchs: Es fehlen Betreuungseinrichtungen. Während etwa in Frankreich 40 % der unter Dreijährigen tagsüber in einer Krippe untergebracht sind, gibt es in Italien für nur rund 5 % der Knirpse staatlich finanzierte Krippenplätze.

Mentalität und Lebensweise

Erstaunen mag auch, wie sehr sich die Bewohner der acht Regionen in ihrer Art voneinander unterscheiden, wie sie ihre Tradition und Gegenwart, ihre Mentalität und Lebensweise eigenständig, ja geradezu eigensinnig bewahren und pflegen, was manche vielleicht eher im Süden Italiens vermuten würden. Die Unterschiede sind teilweise recht groß und es werden durchaus ›Feindschaften‹ gepflegt, zumindest aber Vorurteile. Wir wollen nicht verallgemeinern – aber hilfreich könnte die Darstellung der möglichen Besonderheiten dem Reisenden schon sein, falls er mit seiner Gastregion bzw. deren Bewohnern nicht so recht klarkommen oder sich über manche Reaktionen wundern sollte.

Die **Ligurer** gelten als die ›Schotten‹ oder ›Schwaben‹ Italiens, Anekdoten über diese drei Gruppen ähneln sich verblüffend. Wortkarg sind die Ligurer auch noch, und möglichst darauf bedacht, Vorteile für sich selbst zu erzielen – sagen die anderen.

Dafür sind die **Lombarden,** vor allem natürlich die Mailänder, so großspurig-großzügig, dass sie, wo sie auch aufkreuzen, die Preise verderben. Sie haben meist mehr Geld als Menschen anderer Regionen und können sich dann – im Verhältnis zu den anderen –

eben mehr leisten. Die geschäftigen Mailänder sind andererseits auf Rom am allerwenigsten gut zu sprechen: »Wir hier oben machen die Arbeit, und die da unten wollen uns sagen, wie regiert werden soll!«

Die stolzen **Piemonteser** gelten als die Preußen Italiens, Organisation geht ihnen über alles! Und in Turin ist der Modeberuf seit Generationen Jurist. Nirgendwo im Lande wird vielleicht so gründlich aufs Korrekte geschaut, wobei die Freundlichkeit keineswegs auf der Strecke bleibt.

Die Menschen aus den Hochtälern des **Friaul** sind ruhig und freundlich; mit ihren Landsleuten am Südende der eigenen Region, vor allem mit den **Triestinern**, sind sie allerdings gar nicht gut Freund. Sie würden sich großspurig gebärden, als Regionalhauptstadt sei Triest ohnehin ein Fehlgriff, so ›österreichisch‹ und so weit weg, fast im alten Jugoslawien, und den Autofahrern im Friaul sind die ›Flachland-Tiroler‹ von Triest (und Gorízia) ein Graus, weil sie die schmalen, kurvenreichen Bergstraßen verstopfen, vom Autofahren hätten sie nämlich keine Ahnung …

Zurückhaltung und Höflichkeit sagen die einen den **Venezianern** nach, heitere Liebenswürdigkeit die anderen. Den Stadt-Venezianern. Die ›Landbevölkerung‹ Venetiens, bäuerlich und traditionsbewusst, gilt als gastfreundlich und lebensfroh, ohne daraus viel Aufhebens zu machen.

Die Romagnolen »besitzen wahrscheinlich den ungünstigsten Ruf unter allen Landschaften der Halbinsel«, behauptete Harald Keller in seinen ›Kunstlandschaften Italiens‹. Sie gelten als besonders verwegener Menschenschlag, »heißblütig, händelsüchtig und brutal«, lauter Aufwiegler, Revolutionäre – wenn es sein musste. Im *Risorgimento*, der Bewegung zur Einigung Italiens, spielte die Romagna bereits 1838 eine führende Rolle, und schnell öffneten sich ihre Bewohner allen sozialpolitischen Ideen der Neuzeit. Die Romagnolen erzählen gerne, woran man als Fremder erkennen könne, ob man, von Mailand etwa entlang der Via Emilia Richtung Adria reisend, noch in der Emilia sei oder schon in der Romagna: Gestehe man seinen Durst, bitte um Wasser und bekomme es gereicht, sei man noch in der Emilia. Doch wer dann Wein zu trinken bekäme, könne sich glücklich schätzen, bereits in der Romagna angelangt zu sein.

Sprache, Minderheiten und Randgruppen

Generell wird in Oberitalien Italienisch gesprochen. Doch in den autonomen Regionen Aosta-Tal und Friaul-Julisch Venetien sowie in Südtirol ist eine zweite Amtssprache gültig: das Französisch-Provenzalische im Aosta-Tal (wo außerdem noch das Walserdeutsch gesprochen wird), das Slowenische in Julisch Venetien sowie das Tirolerdeutsch in Südtirol. Die zweite Amtssprache in Südtirol ist auf die relativ neue Geschichte zurückzuführen.

In einigen kleineren Gebieten Oberitaliens haben sich weitere Sprachen erhalten können, ›importiert‹ von Einwanderern aus dem Norden Europas, z. T. bereits im 12./13. Jh. Ihre Sprache und Traditionen wurden immer gepflegt und in den letzten Jahrzehnten, verstärkt durch regionale Förderung, zu einem wichtigen Kulturgut. In Venetien sind es die Altbajuwaren der Hochebene von Asiago (Sette Comuni) nördlich von Vicenza und die Tredici Comuni in den Bergen nördlich von Verona. In beiden Fällen besitzen sie eigene Kulturzentren und Museen, die einen regen Austausch mit anderen Minderheiten pflegen und zahlreiche Publikationen aufweisen.

Die aus dem oberen (Schweizer) Wallis stammenden und ihre eigene Sprache sprechenden Walser im Gressoney des Aosta-Tals pflegen noch sichtbar ihre Traditionen. Sie tragen ihre bunt bestickten Trachten und sprechen das Walserdeutsch, ein Hochalemannisch, das man auch im Piemont in den beiden Tälern Valsésina und Valle Anzasca sowie im Formazza-Tal und im Dorf Rimella (Provinz Vercelli) findet.

Die Rätoromanen kann man zwar nicht mehr als Randgruppen bezeichnen, aber sie leben weiterhin gerne traditionell. Insgesamt sind es rund 750 000 in Oberitalien, davon 30 000 La-

Gesellschaft und Alltagskultur

diner im alpinen Grenzgebiet zwischen Südtirol und Venetien, der große Rest sind Friulaner. Daneben leben rund 53 000 Slowenen in Julisch Venetien, vor allem in Gorízia und Triest. In Südtirol werden rund 300 000 Deutschsprachige gezählt, im Aosta-Tal und im Piemont rund 200 000 Franco-Provenzalen.

Feste und Veranstaltungen

Trotz Geschäftstüchtigkeit und weltmännischem Gebaren sind auch die Oberitaliener im Allgemeinen traditionsbewusst und pflegen mit Inbrust ihre Feste, ob historische oder religiöse, meist eingebettet in die landschaftliche oder urbane Kulisse.

Eine Mischung von beidem bietet Venedig als Lagunenstadt, eine grandiose Kulisse für große festliche Veranstaltungen wie die **Regata delle Repubbliche Marinare,** ein Bootsrennen unter den Mannschaften der vier historischen Seerepubliken Amalfi (Kampanien) und Pisa (Toscana) sowie aus Oberitalien Venedig und Genua. Sie wird jeweils im September abwechselnd an einem der vier Standorte ausgetragen, also im Prinzip alle vier Jahre in Venedig. Im Prinzip, weil sich das wegen anderer bedeutender Ereignisse wie beispielsweise Wahlen ändern kann.

Ebenfalls im September (meist am ersten Sonntag) findet die **Regata Storica** in Venedig statt. Sie erinnert daran, dass Königin Caterina Cornaro die Insel Zypern 1489 als Schenkung an Venedig gab. Ein Bootscorso mit 160 prächtig gekleideten Teilnehmern auf 21 Gondeln zieht durch die Lagune.

Fast noch prächtiger fällt Venedigs größtes religiöses Fest aus, das Erlöserfest am dritten Wochenende im Juli. Die **Festa del Redentore** findet zwischen San Marco und der Erlöserkirche auf der Giudeca statt, die dort zum Dank für die Erlösung von der Pest 1578 errichtet wurde. Die Prozession führt über eine Brücke aus geschmückten Plattformen, ursprünglich waren es Gondeln. Den Abschluss am Samstag bildet ein riesiges Feuerwerk, am Sonntag finden drei Regatten statt.

Und mit noch einer weiteren Besonderheit wartet Venedig auf: dem quasi monatelang gefeierten **Carnevale.** Auch wenn er für manche Kenner allzu touristisch vermarktet wird,

Das Handy – unverzichtbares Equipment

Feste und Veranstaltungen

dem besonderen Flair des venezianischen Karnevals können sich wenige entziehen.

Ebenfalls in Venetien feiert das Städtchen Maróstica alle zwei Jahre (an den geraden Jahreszahlen) am zweiten Sonntag im September die **Partita degli Scacchi,** ein historisches Schachspiel, das mit lebenden Figuren nachgestellt wird: zur Erinnerung an eine Fehde, die auf dem Schachbrett entschieden wurde. Den Rahmen bilden Menschen in Renaissance-Kostümen, und in den Restaurants des hübschen Städtchens zwischen den beiden Festungen werden kulinarische Renaissance-Spezialitäten angeboten.

Vom 20. bis 26. Juni dauern in Trento die **Feste Vigiliane** mit den unterschiedlichsten Veranstaltungen zu Ehren des Stadtpatrons San Vigilio. Menschen in prächtigen, aufwendig gearbeiteten Renaissance-Kostümen ziehen durch die schöne Stadt mit ihren farbigen Fassadenbildern. Den Abschluss bildet die **Mascherata dei Giusi e dei Gobi:** Die Gobi, das sind die Trentiner, kämpfen auf dem Domplatz gegen die Giusi, die belagernden Bürger von Feltre (Venetien) um den riesigen Kessel mit Polenta. Denn wer den Maisbrei hatte, brauchte keinen Hunger zu leiden, was im Belagerungsfall lebenswichtig war. Zum Schluss wird die Polenta an Mitwirkende und auch Zuschauer verteilt.

Einen Wettkampf ganz anderer Art lieben die Valdostaner, die Bewohner des Aosta-Tales, und dieser beschäftigt sie ein halbes Jahr lang: die **Bataille des Reines,** den Kampf der Königinnen – welche in diesem Fall die prächtigsten Valdostaner Kühe sind, die an drei regionalen Wettbewerben teilnehmen; sie nehmen 19 Termine an verschiedenen Orten der Region wahr. Klar, dass die Valdostaner Bauern zu den aufgeregtesten Zuschauern gehören, aber auch unbeteiligte Zuschauer sind von der unglaublichen Kraft und Intelligenz der großen Kühe begeistert. Siegerin ist die Kuh, die ihrer Gegnerin im wahrsten Sinne des Wortes die Stirn bieten kann: Es wird so lange Stirn an Stirn geradezu sanft gedrückt, ohne sich gegenseitig zu verletzen, bis eine der beiden Kühe aufgibt und abdreht. Die Siegerin erhält ein kostbares Glockenband.

Kulturelle Veranstaltungen

Die wohl bedeutendste kulturelle Veranstaltung in Oberitalien findet alle zwei Jahre in Venedig statt: die **Kunst-Biennale** (2007 etc.) auf dem speziell dafür geschaffenen Gelände im nördlichen Bereich der Lagunenstadt. Hier verschaffen sich Kunstschaffende wie interessierte Besucher einen Überblick über die weltweite aktuelle Kunstszene. Jährlich findet dagegen das relativ kurze (zehn Tage Ende Aug./Anfang Sept.) **Filmfestival Venedig** statt, nach Cannes und Berlin das wahrscheinlich drittwichtigste der Welt.

Nicht genug: Venedigs Biennale organisiert auch das Internationale Theaterfestival, das Festival zeitgenössischer Musik sowie eine internationale Architekturmesse und neuerdings das Internationale Festival für zeitgenössischen Tanz – insgesamt rund an 70 Präsentationen und 30 Veranstaltungen jährlich.

Musik ist Trumpf

Vielfältig sind die musikalischen Höhepunkte im oberitalienischen Kulturjahr. Mit der feierlichen Wiedereröffnung von **Venedigs La Fenice** mit Verdis ›La Traviata‹ ist zugleich die längere Zeit skandalumwitterte **Mailänder Scala** von Platz 1 der beliebtesten Reiseziele für Musikfreunde verdrängt worden. Ein touristischer Magnet nicht nur für Kenner bleiben die sommerlichen Opern in der römischen **Arena von Verona.** Zu den Leckerbissen für Spezialisten gehören die musikalischen Aufführungen in **Parma,** ganz im Dunstkreis von Verdi, auf dessen Spuren man eine Landpartie genießen kann. Etwa nach Roncole Verdi mit seinem zauberhaften kleinen Theater.

Überhaupt findet man in Oberitalien in erstaunlich vielen, auch in kleineren Städten ein **Theater,** teils noch mit barocker Ausstattung oder erst in der Nachfolge der Mailänder Scala klassizistisch wie in Triest oder Piacenza.

Ganz anderer Art, sozusagen der aktuellen Szene zugewandt, ist das bereits in die Jahre gekommene und doch nach wie vor gut besuchte **Schlagerfestival von San Remo.**

Architektur und Kunst

Im reichen Norden Italiens hinterließen die größten Kunstschaffenden ihre Werke in den historischen Zentren der Städte. Hier ist auch die moderne Szene zu Hause, ob Malerei und Skulptur, Architektur und Design, Theater und Musik. Doch auch kleinere Ortschaften machen mit interessanten Kulturprogrammen von sich reden.

Spätantike, Frühromanik und Romanik

Ravenna mit seinen mosaikgeschmückten Kirchen und Grabmälern (4./5. Jh.) gehört zu den Wegbereitern der spätantiken Kunst in Oberitalien, ganz in der Nachfolge von Byzanz, geprägt vom geistig-religiösen Zweikampf zwischen Arianern und Katholiken. Dicht gefolgt von den frühromanischen Bauwerken von Aquilea und später Grado, wohin die Patriarchen aus Sicherheitsgründen fliehen mussten. Zu den Meisterwerken der Romanik zählen in Oberitalien die Kapitele des Kreuzganges von Sant'Orso in Aosta. Doch auch hinsichtlich großer Bauwerke prägen die Steinmetzen, speziell die Comasken oder Magistri Comacini, Baumeister aus Como, die oberitalienische Kunstlandschaft, und dies bereits ab ihrem Zusammenschluss 643, am stärksten jedoch im 12. Jh.

Gotik und Renaissance

In zunehmendem Maße treten einzelne Künstlerpersönlichkeiten in den Vordergrund, die im Auftrag der herrschenden Familien arbeiten und z. T. ganze Städte nach ihrem Ideal schaffen. Dies fällt vor allem in der Gotik auf, die sich besonders anschaulich im Mailänder Dom mit seinem reichen Figuren- und Bauschmuck zur Höchstform entfaltete. Als Maler tat sich **Giotto di Bondone** (1267–1337) hervor, weil er die starre Haltung seiner Gestalten auflöste und diese in Landschaften oder Bauwerke einband (Scrovegni-Kapelle, Padua um 1300). In Venedig entstand Anfang des 14. Jh. eine Sonderform, wie sie sich etwa in der Ca'd'Oro und am Dogenpalast zeigt (u. a. mit so filigranen spitzbogigen Fensterreihen, als sollten die Außenflächen völlig aufgelöst werden). Als bedeutender Repräsentant der sogenannten internationalen Gotik gilt **Gentile da Fabriano** (um 1370–1427), der durch sein Wirken in Venedig und Brescia die Malerei Oberitaliens stark beeinflusste. So war er u. a. Lehrmeister des Venezianers **Jacopo Bellini** (1400–70). Seine Fresken sind bis auf die ›Madonna‹ im Dom von Orvieto (Umbrien) verloren gegangen; als sein Hauptwerk gilt das Tafelbild ›Anbetung der Könige‹ (Uffizien, Florenz).

Produktiver als die Gotik war die Renaissance für das Erscheinungsbild italienischer Städte und die Kunst. Die Wiederentdeckung der Antike in Geisteswelt, Musik, Architektur und Bildender Kunst brachte einzigartige Schätze hervor.

Leon Battista Alberti (1404–72) aus Genua war ein großer Humanist, Gelehrter und Künstler und einer der führenden Köpfe der italienischen Frührenaissance (Gesamtkonzept der Stadt Pienza, Neubauplanung des Petersdoms, Planung von San Francesco in Rimini 1446, San Sebastiano in Mantua ab 1460 sowie Sant'Andrea in Mantua ab 1470).

Auch **Andrea Mantegna** (1431–1506) aus Isola di Carturo zwischen Padua und Vicenza war einer der bedeutendsten Vertreter der

Gotik und Renaissance

Frührenaissance. 1459 wurde er von Ludovico Gonzaga an dessen Hof nach Mantua gerufen, wo er Gelegenheit hatte, die in Florenz eingeführte Perspektivlehre weiter auszubauen. Seine Bilder sind auffällig herb und streng plastisch (Hauptwerk: die Fresken der ›Camera degli Sposi‹ im Palazzo Ducale von Mantua, 1474 vollendet). In seiner Spätzeit schuf er in Mantua um 1492 die neun Bilder ›Triumph Caesars‹ (jetzt in Hampton Court), die ›Madonna della Vittoria‹ 1495/96 und die Allegorien ›Parnass‹ 1497 sowie den ›Sieg der Tugend‹ um 1502 (alle im Louvre, Paris).

Der Venezianer **Giovanni Bellini** (1432–1516) war ein Schwager Mantegnas, bei dem er bereits in Padua in die Lehre ging und von dem er anfänglich den plastischen Malstil übernahm. Dann wurden seine Altarbilder (u. a. 1488 für die Frari-Kirche und 1505 ›Santa Conversazione‹ in Zaccaria, Venedig) sowie kleine Andachtsbilder in ihren Farben weicher und harmonischer. Er gilt als der Hauptmeister der venezianischen Malerei der Frührenaissance.

Giorgio da Castelfranco, genannt **Giorgione** (1477/78–1510), aus dem venetischen Castelfranco ging in Venedig bei Giovanni Bellini in die Lehre. Dort schuf er auch seine Hauptwerke, vor allem Fassadenfresken an Palästen, speziell am Fondaco dei Tedeschi (1508; bis auf wenige Reste zerstört, aber in Stichen von Antonio Maria Zanetti von 1760 zu sehen). Eines seiner vor Ort erhaltenen Bilder ist das Altarbild mit dem hl. Ritter Liberalis und dem hl. Franziskus im Dom von Castelfranco (um 1504/5). Lichtgesättigte Farben, flüssige Malweise und persönliche Bildthemen machten Giorgione zum Wegbereiter der Hochrenaissance. Er liebte außerdem die Einbeziehung der Landschaft in seine Themen.

Auch der in Pieve di Cadore geborene Venezianer Tiziano Vecelli oder Vecellio, genannt **Tizian** (um 1478/90–1576), lernte bei Giovanni Bellini in Venedig. Giorgione half er bei den Fresken an den Palästen des Fondaco dei Tedeschi und entwickelte dann seinen eigenen Stil kraftvoller, bewegter Kompositionen. Ruhig dagegen sind seine Bilder aus den 1530er-Jahren; in prachtvollen, abgestuften Farben ist das Stoffliche wiedergegeben. In den 1550er-Jahren dagegen, im Alterswerk, herrscht eher durchgeistigte Gelöstheit. In Venedigs Kirche Santa Maria Gloriosa dei Frari hängen seine dramatische ›Himmelfahrt Mariä‹ (1516–18) und die ›Madonna del Pesaro‹ (1519–26). Tizians berühmteste Werke aber sind in alle Winde verstreut, zieren die bedeutendsten Museen der Welt, in Venedig immerhin auch die Accademia (›Tempelgang Mariä‹, 1534–38).

Tizian arbeitete außer in Venedig auch an den großen herzöglichen Höfen Oberitaliens, ab 1516 für Alfonso d'Este in Ferrara (Ovids ›Fasti‹) und ab 1523 für dessen Neffen Federico II Gonzaga in Mantua. Durch Vasari lernte er den Manierismus kennen. Sein Spätwerk ist geprägt von mythologischen Bildern sowie von religiösen Motiven, die er für Philipp II. von Spanien schuf (ab 1553). Seine Bilder werden im Alter skizzenhafter, die Komposition entsteht aus der Farbe heraus. – In die Kunstgeschichte eingegangen ist auch ›seine‹ Farbe, das Tizian-Rot.

Girolamo Romanino (1487–1559) aus Brescia orientierte sich in Venedig an Giorgione und dem jungen Tizian und schuf kühne, naturalistische Bildkompositionen in leuchtenden Farben. Ein wunderbares Werk Romaninos ist im Norden des Iseo-Sees am Ortsrand von Pisogne erhalten geblieben: die gesamte Freskierung der Kirche Santa Maria della Neve.

Antonio Allegri aus dem emilianischen Correggio, genannt **Correggio** (um 1489–1534), wurde stark von Mantegna, aber auch von Leonardo da Vinci, Michelangelo und Raffael beeinflusst. Seine religiösen und mythologischen Bilder sind von heiter-sinnlicher Schönheit, ihre stark bewegte Komposition lässt schon den Barock erahnen. Seine Gemälde zeigen den betonten Kontrast von Hell-Dunkel, seine Fresken eine geradezu kühne Perspektive (Kuppel von San Giovanni Evangelista in Parma, 1526–30).

Giulio Pippo, nach seiner Geburtsstadt Rom **Giulio Romano** (1499–1546) genannt, war ab 1524 Baumeister und Maler des Herzogs Federico II Gonzaga in Mantua. Als

Architektur und Kunst

Hauptwerk des Raffael-Schülers gilt die Ausmalung des Palazzo Tè in Mantua (ab 1526).

Francesco Mazzola aus Parma, genannt **Parmigianino** (1503–40), von der Schule Raffaels und Correggios beeinflusst, wurde in seiner eigenen, Spannung erfüllten Darstellungsweise zum Vorbild für die oberitalienischen Manieristen. Seine Hauptwirkungsorte waren Parma und Bologna.

Den Venezianer Jacopo Robusti, genannt **Tintoretto**, ›der kleine Färber‹ (1518–94), beeinflusste zuerst Tizian, dann Michelangelo. Er schuf großformatige, ausdrucksstarke religiöse Bilder mit häufig kühn verkürzten Gestalten und bewegten Kompositionen mit großer Tiefenwirkung. In Venedig hinterließ er zahlreiche Werke: in Santa Maria della Salute die ›Hochzeit zu Kanaa‹ (1561), in San Polo das ›Abendmahl‹ (1565–70), in San Giorgio Maggiore das ›Abendmahl‹ (1592–94) und in der Scuola di San Rocco sein Hauptwerk, die Deckengemälde in der Sala dell'Albergo (1565/66) und die alt- und neutestamentlichen Szenen in den großen Sälen (1575–82).

Paolo Caliari nannte sich selbst nach seiner Heimatstadt Verona **Veronese** (1528–88), doch überwiegend arbeitete er in Venedig (ab 1553). Er schaffte den Übergang von der Renaissance zum Barock, ohne die ›Zwischenstufe‹ des Manierismus. Seine großen biblischen und mythologischen Darstellungen zeigen klassische Architektur mit leuchtendprunkvoll gekleideten Menschen: Das Deckengemälde ›Triumph Venedigs‹ (1575–77) im Dogenpalast gilt als die erste bildliche Verherrlichung der Seerepublik. Von großer Heiterkeit sind seine illusionistischen Decken- und Wandfresken in Palladios Villa Bárbaro in Masèr bei Vicenza (um 1561).

Andrea di Pietro, genannt **Palladio** (1508–80), gilt als der Begründer der sogenannten klassizistischen Richtung der Spätrenaissance in der Architektur. Ab 1545 wirkte er in Vicenza, ab 1560 in Venedig. Seine architektonischen Lehrbücher, basierend auf Aufzeichnungen und Vermessungen römischer Bauten durch den Architekturtheoretiker Vitruv, dienten bis zum Ende des 18. Jh. als Maßstab für die Kenntnis antiker Bauregeln. Seine Bauten in Vicenza (die sogenannte Basilica ab 1549, Palazzo Chiericati ab 1551) und in der Lagune von Venedig (San Giorgio Maggiore 1544–79), vor allem seine berühmten Villen (Capra La Rotonda in Vicenza, 1566/67, von Scamozzi vollendet, sowie Bárbaro in Masèr um 1560/61) sollten Vorbild für ganz Europa, später auch für die Gutshäuser der amerikanischen Südstaaten werden.

Der Vicentiner **Vincenzo Scamozzi** (um 1552–1616) führte Palladios Klassizismus fort, indem er u. a. zwei seiner Hauptwerke vollendete (die Villa Capra und das Teatro Olimpico in Vicenza). Die eigenständigen Werke des Baumeisters und Architekturtheoretikers (›Idea dell'Architettura universale‹, 1615) sind in Vicenza die Palazzi Trissino-Trento (1577), Trissino-Baston (1592) und Porto-Breganze; in Venedig die Neuen Prokuratien (ab 1583) und die Vollendung der Markusbibliothek Sansovinos (1583–88); bei Longhino die Villa Pisano (1576–78).

Vom Barock bis in die Neuzeit

Zur höchsten Entfaltung brachte den oberitalienischen Barock der in Módena gebürtige **Guarino Guarini** (1624–83). In Turin jedenfalls hinterließ er seine Hauptwerke: die ehemalige Theatinerkirche San Lorenzo (1668–87), die Cappella del Santissimo Sudario und Santa Sindone (ab 1668) sowie den Palazzo Carignano (1680).

Auch im 18. Jh. war Venedig führend in der Malerei, vor allem wegen der venezianischen Stadtansichten, die in großer Zahl Giovanni Antonio Canal, genannt **Canaletto** (1697–1768), und **Francesco Guardi** (1712–93) schufen.

Der in Venedig geborene Maler **Giambattista Tiepolo** (1696–1770) gilt als der letzte überragende Meister venezianischer Kunst. Er hinterließ großartige Freskenzyklen von geradezu transparenter Farbenpracht in Kirchen, Schlössern, Villen und Stadtpalästen in zahlreichen Städten Oberitaliens wie Mailand und Bergamo, Vicenza, Montecchio Mag-

Standort der Moderne

Oberitalien als Standort der Moderne — Thema

Museen für zeitgenössische Kunst haben sich vor allem im Norden Italiens etabliert, insbesondere in Turin, das sich selbst gerne als die ›Hauptstadt der Avantgarde‹ bezeichnet. So scheut man sich auch nicht, Lichtinstallationen inmitten barocker Paläste aufzubauen und die Stadt zur Kulisse moderner Kunst zu machen.

Seit der Restaurierung des stadtnahen Castello di Rivoli werden dort neben den permanenten Kunstwerken Ausstellungen der Moderne gezeigt (in der sog. Manica Lunga, dem ›langen Ärmel‹), die in der Kunstszene zu einem Begriff geworden sind. 2005 wurde einem der bedeutendsten italienischen Künstler der Moderne eine eigene Stiftung gewidmet, dem in Mailand geborenen Mario Merz (1925–2003). Der Autodidakt, der eigentlich Mediziner werden sollte, betrat die Szene 1953 mit abstrakt-expressionistischen Werken und wurde zum Hauptvertreter der sog. Arte Povera, aus den ›einfachen Kunst‹ aus natürlichen und Tecno-Materialien, er schuf Bilder und Installationen gleichermaßen. Am bekanntesten dürften seine Neonlichter und Iglus (ab 1968) sein.

Zu den neuesten Zentren moderner und zeitgenössischer Kunst zählt sich – ebenfalls in Turin – das GAM (Galleria Civica d'Arte Moderna e Contemporanea) und in Rovereto das MART (Museo di Arte Contemporanea di Rovereto e Trento).

Einen ersten Überblick über die zeitgenössische Kunst aus Norditalien im Ausland vermittelte 1991/92 die Ausstellung ›La Scena‹ im Museum moderner Kunst in Wien – mit Werken von den meist in den 1960er-Jahren geborenen Künstlern wie Stefano Arienti, Marco Cingolani (beide 1961), Antonio Catelani (1962), Daniela De Lorenzo (1959), Mario Della Vedova (1958), Marco Formento (1965), Massimo Kaufmann (1963), Amedeo Martegani (1963), Marco Mazzuconi (1963), Liliana Moro (1961), Bernhard Rüdiger (1964) und Ivano Sossella (1963) sowie Adriano Trovato (1960). Die meisten von ihnen stammen aus der Lombardei, leben und arbeiten in Mailand.

Allen gemeinsam war und ist die Ablehnung jeglicher Klassifizierung nach kunstgeschichtlichen Kriterien und Stilrichtungen. Sie wollen Kunst schaffen, ohne über Kunst nachzudenken, fühlen sich keinem Stil noch Trend verpflichtet. Sie werden gerne als »radikal zeitgenössisch« bezeichnet, »ihr Verhalten wehrt sich leidenschaftlich gegen jeden Vergleich mit der Vergangenheit« (Katalogtext der Ausstellung, s. o.).

Im Jahr 2000 wurde in Rovereto das MART eingeweiht, dessen Grundstock zwei der bedeutendsten modernen bzw. zeitgenössischen Sammlungen bilden: die Collezione Giovanardi mit 90 Hauptwerken des beginnenden 20. Jh. als Dauerleihgabe sowie die VAF-Sammlung des deutschen Industriellen Volker Feierabend bzw. seiner Stiftung mit 1200 Werken. Daneben befinden sich auch die Hauptwerke von Fortunato Depero (1892–1960) im MART, weil das Museo Depero für längere Zeit wegen Restaurierung geschlossen bleiben dürfte. Depero, in seiner Vielfalt ein typischer Vertreter seiner Zeit, war Bildhauer, Grafiker und Designer für Werbung und Gebrauchsgegenstände zugleich. Schwerpunkt der Sammlung Giovanardi sind u. a. Werke von Giorgio Morandi, Filippo de Pisis, Massimo Campigli, Osvaldo Licini und Arturo Tosi.

Architektur und Kunst

giore und Strà. Fast noch ein Geheimtipp ist die Ausmalung der Bischofsresidenz von Udine, bekannter dürfte dagegen das Deckenfresko im Treppenhaus der Würzburger Residenz sein.

In der Architektur kommt im 18. Jh. der Klassizismus zur vollen Entfaltung: **Filippo Juvarra** (1678–1736) etwa lernte in Rom bei Fontana, wurde 1714 zum königlichen Architekten ernannt und nach Turin berufen, wo er seine Hauptwerke schuf: Schloss Venaria Reale (ab 1714), Schloss Stupinigi (ab 1729), die Votivkirche La Superga bei Turin (1717–31), San Filippo (1722) und vor allem den Palazzo Madama (ab 1718).

Der Klassizismus setzt sich in der Architektur im 19. Jh. fort. In der Bildhauerkunst überragt **Antonio Canova** (1757–1822), aus der Nähe von Bassano, mit seinen Marmorplastiken. Er gilt als der vielseitigste Vertreter seiner Zunft. In Venedig befindet sich in der Accademia sein Werk ›Dädalus und Ikarus‹ von 1779. Im selben Jahr ging er nach Rom, wo er ab 1802 Oberaufseher der Kunstdenkmäler des Kirchenstaates wurde. Während der Zeit Napoleons schuf er mehrere idealisierende Bildnisse des Kaisers und seiner Familie, setzte jedoch 1815 die Rückgabe der von den Franzosen aus Rom geraubten Kunstwerke durch.

Architektur und Design

Nach dem Zweiten Weltkrieg faszinierte vor allem das technisch Machbare. Von Mailand aus hat **Pier Luigi Nervi** (1891–1979) gezeigt, wie man beim Bauen Ingenieursleistung mit fantasievoller Formgestaltung kombinieren kann, etwa in seinen Stahlbetonkonstruktionen (die Ausstellungshallen von Turin, 1948–50, im Pirelli-Gebäude in Mailand, 1955–57, sowie in der Ausstellungshalle Palazzo del Lavoro in Turin, 1961). Außerdem arbeitete er in Florenz am Stadion mit (1930–32) und in Paris am Unesco-Gebäude (1953–57).

Die Architektengruppe **Banfi, Belgiojoso, Peressuti und Rogers** (BBPR) bemüht sich in Mailand gleichzeitig um eine ökonomische Architektur.

Zu Beginn des 21. Jh. erregt Piemonts Regionalhauptstadt Turin Aufsehen: mit dem totalen Umbau des städtischen Verkehrs (U-Bahn-Bau, Rückstufung des Hauptbahnhofs u. Ä.) und spektakulären Bauten für die Olympischen Winterspiele in der Stadt 2006. Bekannte internationale Architekten arbeiten an den Planungen, so **Gae Aulenti, Arata Isozaki** und **Massimiliano Fuksas** und allen voran **Renzo Piano** (s. u.) – allesamt Garanten für ein avantgardistisches Ergebnis.

Er hat die Welt erobert: der 1937 in Genua geborene **Renzo Piano**, ohne den keine avantgardistische Architektur auszukommen scheint, ein Überflieger, der große, immer auffällige Strukturen schafft, wie das einer fliegenden Untertasse ähnliche San-Nicola-Fußballstadion von Bari oder die Kirche für Padre Pio in San Giovanni Rotondo, beide in Apulien, aber auch den Kansai Airport im fernen japanischen Osaka. Auch das Centre Pompidou in Paris ist sein Projekt. Und natürlich hat er auch in Oberitaliens Städten Zeichen gesetzt, speziell in seiner Geburtsstadt Genua mit Glaskugel und dem Kranaufzug am Hafenbecken. In Turin arbeitet er seit 1989 am Umbau des historischen Fiat-Werkes Lingotto. Auf dem Dach des Gebäudes hat er einen kugelförmigen Konferenzraum als Aussichtspavillon direkt neben dem Hubschrauberlandeplatz für die Manager geschaffen. Auch die beiden sehr unterschiedlichen Hotels der Méridien-Kette (das Lingotto und das Art & Tec) – vom Rohbau bis zum kleinsten Detail der Einrichtung – sind sein Werk. Denn Architektur und Design – die Grenzen sind verwischter denn je. Wenn große Architekten bauen, dann ist ihre Vision das Ganze. Renzo Piano, dessen Werkliste endlos zu sein scheint, gilt zudem als Vorreiter des High Tech in der Architektur, Technologie prägt seinen Baustil, Funktionsvielfalt bestimmt sein architektonisches Œuvre.

Auch der 1952 in Bozen geborene **Matteo Thun,** der seit 1978 in Mailand lebt und arbeitet und 1981 die Designergruppe Memphis gründete, denkt immer ganzheitlich und

Handwerk

Renzo Pianos ›gläsernes Terrarium‹, ›La Bolla‹, im Hafen von Genua

baut Hotels der besonderen Art. Sein Credo ist »Wohnen heißt: zu sich selbst kommen, aber nicht zu Besuch.« In diesem Sinne will er seine Heimat Südtirol verändern. Zu den neuesten Werken des 2004 in New York in die Hall of Fame aufgenommenen Stararchitekten und Designers zählen drei Werke bei Meran: das bei den Einheimischen umstrittene Hotel auf dem Vigiljoch, die zauberhafte Residence La Pergola (beide 2004) in Algund sowie die neue Therme von Meran (2005), deren Innendesign ebenfalls seine Handschrift trägt: als »Naturoase im Herzen der Stadt«, die »über Materialien und Formen die Erinnerung wachruft an die Jahrmillionen alte Kraft des Wassers«.

Handwerk gleich Kunst zum Anfassen

Mangel und Einfachheit als Stilelement, die sogenannte Arte Povera, gegen Ende der 1960er-Jahre auf dem Vormarsch, hat im 20. Jh. sowohl die italienische Kunst als auch das Handwerk zur Entwicklung einer neuen Ästhetik benutzt. Mit so großem Erfolg, dass kaum noch jemand ohne italienisches Design auch in den einfachsten Dingen des Alltags auszukommen scheint.

Die Region Lombardei ist auch hierbei ein Vorreiter: An die 250 000 Handwerksbetriebe sind hier registriert, und damit 18 % aller italienischen Betriebe überhaupt.

Essen und Trinken

Wer ganz Oberitalien bereist, wird bald feststellen, wie groß die kulinarischen Unterschiede zwischen den acht Regionen, ja innerhalb dieser zwischen den einzelnen Provinzen sein können. Das gilt ebenso für die Vielfalt und Qualität der Weine. Eine Reise durch das Gebiet kann also auch zu einem kulinarischen Erlebnis werden.

Küchen der Regionen

Südtirol und Trentino

Während die Trentiner eine typisch norditalienische Küche lieben (gerne mit Polenta als Beilage), ist die Küche Südtirols ihren Tiroler Wurzeln verhaftet geblieben. Hier wie dort verspeist man mit Vorliebe **Teigwaren** – aber in Südtirol vor allem mit Butter zubereitet, während man weiter südlich Olivenöl bevorzugt. Generell ist Südtirols Küche eine deftig-bäuerliche geblieben. Auf der Speisekarte findet man unter den **Vorspeisen** saure Knödel und sauren Kalbskopf oder Ochsenmaulsalat ebenso wie eine Südtiroler Speckplatte und/oder Kaminwurzen, aber auch gerne **Suppen:** Frittaten- (mit dünnen Eierpfannkuchen-Streifen), Grießnockerln- und Speckknödelsuppe oder die herzhafte Vinschgauer Brot- und die Südtiroler Weinsuppe. Ferner Spinat-, Steinpilz-, Speck- oder Ultener **Knödel**, natürlich auch **Schlutzkrapfen**, also mit Spinat gefüllte Teigtaschen von bester Qualität, ebenso **Spinat-Gnocchi**. Von April bis Juni gibt es **Spargel** (besonders gut: der Spargel aus Terlan).

Fleisch spielt die Hauptrolle als Speck, was hier gleichbedeutend ist mit einem sehr würzigen, luftgetrockneten Schinken, der mit Vorliebe als Marend serviert wird, eine Art Brotzeit. Sonst gibt es Gulasch in allen Variationen und im Herbst viel **Wild** und dazu oder als Extragericht Waldpilze. Viele Bäche durchfließen das Land – **Forellen** gibt's daher in Mengen und sie werden recht fantasievoll zubereitet. Das **Brot** ist deftig: knackig das Völser Schüttelbrot, das lange gelagert werden kann, gut gewürzt der Vinschgauer (eine Art Fladen mit Kümmel und Anis). – Unter den **Süßspeisen** überwiegen Teigwaren als süße Knödel oder Krapfen sowie Grießnudeln oder schwimmend ausgebackene ›Kiechl‹. Wien ist nicht weit, geistig zumindest, daher sind Strudel aller Art sehr beliebt.

Besonders beliebt sind die **trentinischen Käsesorten,** die auf den Almen (*malga*, Pl. *malghe*) der Alpenbauern hergestellt werden. Ein Bild über die große Auswahl kann man sich Anfang April bei der Käsemesse La Casolara in Trient machen.

Zu den **Spitzenweinen** Südtirols zählen der trockene Sauvignon (Weißwein) und der Gewürztraminer. Eine Südtiroler Marend wird am besten von einem Rotwein begleitet, etwa dem St. Magdalener, Blauburgunder, Grauvernatsch oder Lagrein, den es als Lagreinkretzer (hellrot und frisch im Geschmack) und dunkel (vollsamtig rund) gibt. Schließlich: Ohne ein **Schnäpschen** kommt die deftige Küche als Abrundung selten aus … Das gilt auch im Trentino, das im übrigen Spitzenweine liefert, insbesondere trockene Weißweine (hervorragend: der Müller-Thurgau aus dem Cembra-Tal), Sekte (nach Champagner-Art) und Schnäpse (Grappa).

Aosta-Tal und Piemont

Milch und **Käse** spielen in der deftigen Küche des Aosta-Tales eine große Rolle. Das Essen wird am liebsten sehr heiß serviert, fri-

Küchen der Regionen

sches **Brot** aus dem Backofen, **Rindfleisch, Wild.** Dazu wird viel Butter gegessen, Milch und **Wein** getrunken. Dieser auch gerne heiß, nämlich als *caffè valdostano* aus einer hölzernen *grolla*, einem mehrmündigen Gefäß, das auch durch seinen Inhalt schnell für eine fröhliche Atmosphäre sorgt, besteht er doch aus kochend heißem Rotwein, sehr wenig Kaffee, starkem Grappa, Zucker, Zitronenschale und Gewürzen …

Jedes der kleinen Seitentäler hat seine eigenen **Spezialitäten** hervorgebracht, die teilweise aus dem Piemont übernommen wurden: *polenta concia*, Hase, Murmeltier und Gemse, die *fonduta* aus dem unvergleichlichen, milden bis herben Käse *fontina valdostana*. Natürlich wird auch Pasta mit *fontina* gegessen, etwa als *gnocchi alla fontina*. Andere Käsesorten sind frische milde und kräftigere gelagerte *tome* sowie der rosa-geräucherte *salignon*. Weitere Spezialitäten sind *carbonade* aus gesalzenem Fleisch mit Rotwein, *mocetta* aus Ziegen- oder Gemsenfleisch. Forellen aus den zahlreichen Bächen werden am liebsten mit Butter zubereitet. Waldpilze und Würste gehören ebenfalls in die Aosta-Küche.

Auch **Süßes** fehlt nicht, vor allem mit leckerem Honig zubereitet, oder die *tegole d'Aosta*, die *torcetti di Saint Vincent* und die Sahnecreme namens *blanc manger*. Dazu drei berühmte **Rotweine** wie Donnaz, Torretta und Enfer sowie vier seltene **Spitzenweine**: Petit Rouge, Sang des Salasses, Gamay, Reserve des Chanoines; drei **Dessertweine** wie Montouvert, Malvasia di Nus, Moscato di Chambave runden das Angebot nur fast ab, denn es folgen noch als Schnäpse gegen Kälte und zu fettes Essen: **Grappa** und **Genepy des Alpes.**

Reis scheint im Piemont die Hauptsache zu sein! Und die Nähe zu bzw. die lange Bindung an Frankreich ist in der traditionellen Küche des Piemont unverkennbar. Das bedeutet hier eine einzigartige Verschmelzung von nahrhafter und verfeinerter Küche. Wichtige Grundlage sind **Butter** und **Wein**, natürlich auch in den raffinierten Saucen, **Rindfleisch** und **Bergwild, Spargel** und eine schmale Artischockensorte *(karde)*, süße Paprikaschoten, auch **Fisch** aus den Bächen, **Frösche** aus den Reisfeldern und die berühmten weißen **Trüffel** als Krönung (teuer!). Neben Reis wird gerne **Polenta** gegessen, selten gibt es Nudeln, und wenn, dann fast nur als handgemachte, **frische Pasta.** Beliebte **Spezialitäten** sind: *Brasati al Barolo* (in Barolo-Wein gegartes Rindfleisch), geschmortes Wild, Huhn *alla marengo*.

Die **berühmteste Spezialität** des Piemont, der Armut der Bauern in früheren Zeiten entsprungen, ist die *bagna cauda*, eine Sauce aus einfachsten und sehr gesundheitsfördernden Zutaten: Knoblauch, Anchovis und zerdrückten Kapern, mit Öl und Essig vermischt, mit Pfeffer gewürzt und erhitzt. Man lässt sie nach dem vorsichtigen Garen zum Essen in einem Tongefäß mit Stövchen mitten auf dem Tisch, darin wird frisches Gemüse wie Paprika gedippt. Man kann die *bagna cauda* auch kalt genießen, etwa über gebackenen Paprikaschoten. Dazu trinken die Piemonteser mit Vorliebe einen **Barbera** aus dem Monferrato.

Beliebte **Käsesorten** sind *tome*, *robiole*, *formagette* aus Schafsmilch, *erborinati* mit Streifen aus grünem Käse, alle relativ mild, von würziger Schärfe dagegen und nicht jedermanns Geschmack sind der *bross*, die *tomini elettrici*, der *frachet*. Dazu das herrliche Piemonteser Brot und knackige **Grissini** aus Turin. Diese weltberühmten *grissini torinesi*, die kleinen Teigstäbchen, sind keine Fabrikware, sondern werden hier nach alten Rezepten per Hand hergestellt: dünne und bis zu 80 cm lange Stäbe, die sich krümmen und zu beiden Enden hin etwas unförmig eingedickt sind. – Zum **Nachtisch** wird gerne feines Gebäck gegessen, Kekse vor allem, Pralinen, eben etwas aus Schokolade, ohne die ein Turiner nicht auszukommen scheint. Ebenso wenig wie ohne einheimischen Wein.

Ligurien

Das Rivieraklima ist so mild, dass schon früh Blumen, Obst und Gemüse gepflückt bzw. geerntet werden können. Sogar Zitrusfrüchte gedeihen hier in freier Natur. Es duftet nach

Essen und Trinken

Piemonteser Weine und Schnäpse — Thema

Mindestens 40 Spitzenweine zählt man im Piemont, in der Hauptsache schwere Rotweine, die lange gelagert werden dürfen, Süß- und Schaumweine wie Malvasia oder die Asti-Weine, berühmte Wermutweine. Nicht zu vergessen der starke Grappa di Barolo, der traditionelle Genever Genepì und verschiedene Liköre.

Der **Barbera d'Alba** ist ein kräftiger Rotwein mit starker Körperlichkeit. Als junger Wein ist er intensiv rubinrot, bekommt später eine granatrote Farbe, wobei sein Geschmack immer voller und harmonischer wird.

Granatrot mit orangefarbenen Reflexen im Glas, die nach längerer Reifung immer stärker werden, ist der **Barbaresco**, dessen erste Flasche wohl auf das Jahr 1870 zurückgeht. Er wird aus Nebbiolo-Trauben gewonnen, die in Langhe und Roero dem Wein eine besondere Weichheit und ein Bouquet verschaffen, die erst nach einer zweijährigen Lagerung zur Entfaltung kommen. Zu 95 bis 98 % wird der Roero-Wein aus Nebbiolo-Reben gewonnen, er ist von rubinroter Farbe und mehr oder weniger intensivem Geschmack. Er darf erst ab dem 1. Juni des auf die Lese folgenden Jahres verkauft werden.

In den Langhe wächst der **Dolcetto** aus den kleinen Dolcetto-Reben, die auch als Tafeltrauben sehr schmackhaft sind und kühlere und windigere Hügel vertragen. Der Wein wird fruchtig, herb und trocken (der Name ›Dolcetto‹ irritiert), mit starkem Bouquet, ist rubinrot bis leicht violett. Als junger Wein bewahrt der Dolcetto den vollen Fruchtgeschmack und den Duft der Trauben.

Die Weißweine werden hauptsächlich aus der Muscateller-Traube gewonnen, die in der Umgebung von Santo Stefano Belbo und in der Provinz Cuneo weit verbreitet ist. Heugelb oder leicht goldfarben, meist süß und aromatisch mit viel Charakter sind die Weine, deren Gebiet durch den **Asti Spumante,** der dort hergestellt wird, geradezu Weltruhm genießt.

Der König der Weine des Piemont ist aber unbestritten der **Barolo,** den es übrigens nicht jedes Jahr gibt: Mancher braucht nämlich eine längere Lagerung, dann wird dieser Jahrgang eben zeitweise übersprungen. Würdevoll und kräftig ist dieser Spitzenwein der Langhe, dennoch samtig und mit delikatem Bouquet, das er allerdings erst nach einer Reifung von mindestens drei Jahren erreicht. Zu Beginn ist der Barolo geradezu rau im Geschmack, obwohl er auch als solcher seine Freunde gefunden hat.

Küchen der Regionen

wilden **Kräutern** wie Rosmarin und Salbei und vor allem nach Basilikum. Ob Fisch-, Fleisch-, Gemüsegerichte oder Pasta – alles wird mit Kräutern zubereitet. Die Wälder geben Kastanien, Pinien und Wacholder her sowie Pilze und Trüffel (weiß und schwarz).

Sauce aller Saucen ist der weltberühmte **Pesto** aus Basilikum, Petersilie, Knoblauch, trockenem Schafskäse, manchmal auch mit Pinienkernen abgerundet und wie alle anderen Saucen Liguriens mit Olivenöl angemacht: Die *aggiata* besteht hauptsächlich aus Knoblauch, der *maro* aus frischen Feldbohnen, der *zemin* aus Tomaten und vielen duftenden Kräutern. Spezialsaucen werden dann noch, wieder mit Öl angerührt, auch aus Pilzen, Artischocken, Pistazien, Nüssen und – dem Meer vor der Haustür sei Dank – aus Sardellen und Austern zubereitet.

Pasta wird in Ligurien gefüllt bevorzugt, als appetitanregende Happen werden kleine salzige Pizzen mit Kräutern serviert. Und es ist die Region, in der man sich an **Fischen** satt essen kann, an **Meeresfrüchten** und auch an **Krustentieren.** Man liebt die kleinen in der Hand gerebelten, kurzen *trofie in pesto* oder die schmalen *trenette col pesto*, im Ofen gebackenen *farinata* aus Kichererbsen und Getreide, Risotto mit Fisch und Kräutern sowie Fischsuppe, salziges Gebäck wie *focaccia.* Als Fischgericht vielleicht ein *bagnun di alici* (Sardellen), Stockfisch, gemischter Salat dazu oder ein *cordiggion* mit Kronsardinen. Zum Nachtisch Kastanien- oder Nusstorte, ausgebackene Süßspeisen oder recht rustikale *biscotti del lagaccio* mit würzigen Fenchelsamen.

Auf festlichen Tafeln findet man gefüllte *pansoti, ravioli* oder *corzetti* aus Eiernudelteig mit Sauce, *capon magro* aus Fisch und Gemüse, *torta pasqualina* (Blätterteigpastete mit Mangold oder Spinat und Eiern gefüllt). Dann *dattei, tartufi* und *muscoli* (Moluskeln) aus dem Meer – gedämpft, als Suppe oder gefüllt. Nicht fehlen dürfen auch **Waldpilze** und vom Kalb *cima di vitello ripiena* sowie *stecchi fritti,* gefüllte Salatköpfe. Als **Dessert** die zartbitteren ligurischen *agrumen chinotti* in süßem Sirup, im Rohr gebackene gefüllte Pfirsiche, eierschaumleichte *schiumette* und *spongata*.

Die **Weine** Liguriens sind meistens weiß und herb, werden nur in kleinen Mengen erzeugt und sind daher fast immer wirklich ›handverlesen‹, ob die DOC-Weine oder die unbekannten *nostralini,* die natürlich in jedem Dorf anders schmecken. Trockene Weißweine sind der Vino delle Cinqueterre sowie Limassina, Pigato und Campochiese, Vermentino und Coronata, Cortese und Massarda, Morasca und Piematone, Polcevera und Sarticola sowie Val di Magra. Die süßen Dessertweine werden aus den gleichen Reben als Trockenbeerenauslese gewonnen. Und Rotweine: Rossese di Dolceácqua und San Biagio, Barbarossa und Dolcetto, Brachetto di Albenga. Ein Dessertwein ist der kostbare Sciacchetrà der Cinqueterre.

Lombardei und Emilia Romagna

Der als schlichtweg fett und gut genannten lombardischen Küche hat die Welt den **Risotto** zu verdanken. Der Reis muss dafür dick (wie Milchreis), aber länglich sein und einen hellen Kern besitzen. Mailänder Risotto wird immer mit etwas Flüssigkeit serviert, ist aber dennoch sehr kernig im Geschmack, der ebenso wie die gelbe Farbe von einem sehr guten Safran kommt. Das **Mailänder Schnitzel** ist heute unter dem Namen ›Wiener Schnitzel‹ eher populär.

Der **Ossobuco,** die lombardische Kalbshaxe, wird (schon vom Metzger) in Scheiben geschnitten, mit Gemüse und Gewürzen in Wein gegart. Ab Mai ist **Lachsforellen**saison an den Oberitalienischen Seen (inzwischen ganzjährig gezüchtet), wo die zarten, rosafleischigen Fische ›blau‹ oder ›kross gegrillt‹ auf der Speisekarte stehen.

In den Provinzen Bergamo und Brescia liebt man zu fast allem **Polenta,** in Bergamo gelegentlich noch ebenso zu Singvögeln wie im Brescianischen zum **Spiedo,** dem auf keinem Fest oder am Wochenende entbehrlichen langen Spieß aus Fleisch, dicken Kartoffelscheiben und frischem Salbei. Echte Hausmannskost und nicht ganz leicht ist die **Cazzoeula,** ein Eintopf aus Schweinefleisch und Wirsing.

Essen und Trinken

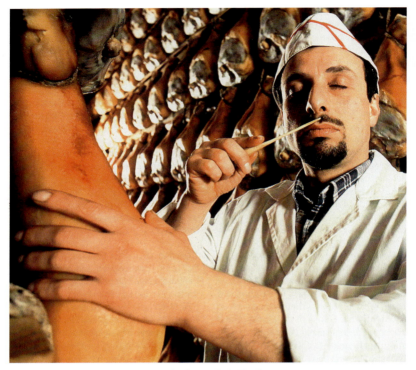

Hält er der Probe stand? Parmaschinken gilt als Delikatesse

Der weltberühmte **Gorgonzola,** der würzige und vielfach nachgeahmte Schimmelkäse aus Gorgonzola bei Mailand, muss zimmerwarm, leicht fließend serviert werden, nur so schmeckt er richtig. Auch andere hervorragende **Käsesorten** stammen aus der Lombardei: *bel paese, taleggio* und *grana lodigiano* (aus Lodi) – ob jung, mittelalt oder gereift: eine Köstlichkeit!

Die bekanntesten und wohl besten **Weine** der Lombardei werden im Oltrepò Pavese südlich von Pavia angebaut, dicht gefolgt von der Franciacorta südlich des Iseo-Sees, wo auch beste Schaumweine nach der *méthode champenoise* hergestellt werden.

In der Emilia Romagna stehen **frische Teigwaren** auf jeder Speisekarte guter Restaurants und kleiner Trattorien, die etwas auf die Tradition geben: *tagliatelle, cappelletti, strozzapreti, tortellini, passatelli* und wie sie sonst noch genannt werden. Vorweg gibt es aber **Antipasto:** Gemüse, Würste, Pilze und alles, was man sonst noch in Öl und/oder Essig und Gewürzen einlegen kann. Das Fleisch – Schwein, Lamm, Kaninchen oder Rind und Kalb – wird mit Vorliebe auf dem Holzkohlengrill zubereitet. **Spezialitäten** sind die *salama da sugo,* eine lange gekochte Presswurst mit Kartoffelbrei (in Ferrara), oder die *porchetta,* das ganze mit Kräutern gefüllte Spanferkel in knuspriger Haut. Im Apennin haben natürlich **Wildbret** und **Pilze** Tradition, am besten nur mit Brot aus Ferrara oder *piadina,* einem Fladenbrot aus Mehl, Wasser, Salz und Schmalz, auf einer heißen Ton- oder Eisenplatte gebacken.

An der Küste der Romagna gehören unbedingt **Fischgerichte** und **Meeresfrüchte**

Küchen der Regionen

(Muscheln und Miesmuscheln, Meeresspinnen und Jakobsmuscheln vor allem) zu den Spezialitäten: Teigwaren mit Fisch und Meeresfrüchten, Reis mit Meeresfrüchten *(alla marinara)*, Grillplatten. In der Lagune von Comácchio werden **anguille,** Aale, gezüchtet und gerne gegrillt gegessen.

Den **Parmaschinken** und die **Wurstspezialitäten** der Region genießt man entweder als *antipasto* oder zwischendurch in einem hauchdünnen, heißen Fladenbrot zusammen mit Käse *(piadina).* Der *culatello di Zibello,* ein besonders aufwendig verarbeiteter Schinken, zählt zu den kostbarsten *antipasti,* die angeführt werden vom Parmaschinken, der fast schon ein Kult ist und nur von einheimischen Schweinen stammen sollte, die mit der Molke der Kühe des Nachbarbetriebes gefüttert wurden. Vielleicht derselben Kühe, aus deren Milch der noch berühmtere **Parmesankäse** hergestellt wird. Ebenso Kult sind drei weltberühmte Weine der Emilia Romagna: der rote **Sangiovese** sowie die Weißweine **Albana** und **Trebbiano.**

Venetien und Friaul

Risi e bisi, nämlich Reis und Erbsen, sowie *fegato alla veneziana,* also Kalbsleber mit Zwiebeln, das ist wahrlich nicht alles, was die venezianische Küche zu bieten hat. Ob in kleinen Trattorien der Euganeischen Hügel oder in einem feinen Restaurant am Brenta-Kanal – selten wird man in Venetien enttäuscht werden. Rückgrat der einfachen venezianischen Küche sind **Reis** und **Mais,** sonst ist sie recht fantasievoll, kann sie doch aus der reichen Landschaft zehren: Venetien hat das Meer, die Lagunen, Flüsse und Seen, Wälder, Wiesen und Hügellandschaften. Aber auch die Alpenregion im Norden, die für den Nachschub an Wild und Pilzen sorgt.

Das Meer liefert der venezianischen Küche die **Krabben** und eine Muschelart namens **Meerestrüffel** (für den *tartufo di mare crudo* etwa), die Lagune von Chióggia (bei Sottomarina vor allem) **Austern** aus Zuchtfarmen. Ein Krustentier aus der Gegend ist der *grancevola,* ein zarter Meeresbewohner mit einem merkwürdigen Namen ist die *cigalla del mare,* die Meeresheuschrecke. Dann gibt es noch die **Seeschnecken** *garusili,* röhrenförmige Muscheln namens *cape longhe* und **Sardinen** in Unmengen, die mit Vorliebe sauer eingelegt werden *(alici).*

Zu einem venezianischen **Antipasto** gehören eingelegte Artischockenherzen und sauer eingelegtes Gemüse, eine Kostbarkeit dazu ist der luftgetrocknete Schinken von San Daniele oder der noch zartere aus Montagnana.

Als **Hauptgericht** werden geboten: kurz geschnittene Nudeln aus dunklem Mehl *(bigoli),* mit Kürbis gefüllte Teigtaschen wie *casonzei* oder *gnocchi* oder in einer guter, saftiger *risotto,* gerne mit Meeresfrüchten oder Geflügelleber. Auch *spezzatino,* ein Kalbsgulasch, mögen die Venezianer, mit Polenta. Ein Stück Hähnchen, kross in Butter gebraten, wird am liebsten ohne Zutaten gegessen – auf dem Beiteller gibt es höchstens ein wenig zartes Gemüse aus der Lagunenlandschaft oder einen Radicchiosalat. Fast unbezahlbar ist der winterliche, lange rötliche **Radiccio aus Treviso,** der roh oder gebacken bzw. gedämpft zubereitet wird.

Die **Nachspeisen** haben eindeutig orientalisch-süßen Beigeschmack, ob aus dem massigen *mascarpone* (Käsecreme, wie man sie für Tiramisu nimmt) oder auf Baiser-Basis zubereitet, z. B. die *meringata* mit viel Vanille. *Frutta cotta* sind gekochte Früchte, ganz belassen und vorsichtig in Zuckersirup gegart, sehr lecker und kalorienreich.

Und schließlich die **Weine:** Am Gardasee, der im Osten an die Region Venetien grenzt, wachsen der Bardolino und der Valpolicella, im Norden die Trentiner Merlot und Cabernet, die aber auch in der Gegend von Treviso und Vicenza gedeihen; Sonderlagen findet man im Süwesten des Gardasees und in seinem Süden: u. a. den roten Groppello, den weißen herben Garda Classico und den weißen Lugana. Einer der bekanntesten Weißweine der Region, der Soave, wächst nahe Verona gleich hinter der Valpolicella. Bei Kennern beliebt sind die Weine der Euganeischen Hügel: Pinot Bianco, Pinot Grigio, Rosso und Verduzzo; nicht zu vergessen: der **Prosecco.**

Essen und Trinken

Fogolar (oder *focolar*) nennt man die friulische Feuerstätte, das ›Herz‹ des typischen Hauses, das dem Reisenden in echten Friaul-Restaurants begegnen wird, ebenso wie die Freude am Echten, Unverfälschten. Vielleicht passt hier zum Essen auch noch der durchaus positiv gemeinte Begriff ›altertümlich‹. Hauptbestandteile der Speisen sind Mais und Bohnen, Gemüse und aromatische Kräuter, viel Schweinefleisch und Wild, und natürlich Fische aller Art.

Verfremdet, was historisch und geografisch bedingt ist, wird die venezianische Küche durch Slowenien, Österreich, Ungarn und sogar Griechenland – schließlich sind Triest (und Gorízia) mit dem slowenischen Hinterland und einer langen Geschichte als Scharnier zwischen Mitteleuropa und dem Balkan so multikulturell wie kaum andere Städte im Norden Italiens. Die Teigwaren werden meist süßlich gefüllt. Es gibt viel **Risotto** und **Polenta,** Gemüse-, Mais-, Gersten- und Mehl**suppen,** in Brühe oder gar Milch gekocht. Ein paar Spezialitäten: die kräftige Triestiner *Iota*, Gemüsesuppe aus frischem Mais, Bohnensuppe und die friulische *bisna*, der *borèto* aus Grado und andere **Fischsuppen.** Außer **Wild-** und **Schweinefleisch**gerichten gibt es hier noch stark gewürzte Braten, im Ofen gebackene Leber, Gänse und anderes Geflügel, *squazetto* aus Lammfleisch, Kalbshaxe im Rohr.

Stars sind die **Schinken-** und **Wurstwaren,** allen voran der San-Daniele-Schinken, gefolgt vom geräucherten *sauris* aus Carnia im Norden der Region und dem im Rohr gebackenen Schinken aus Triest (ähnlich dem Prager Schinken). Unter den Wurstwaren erwähnenswert: die *sopresse* und der kräftige *musetto*, den man in allen deftigen Suppen der Region wiederfindet. *Montasio*, der feinste Käse der Region, kommt ebenfalls aus Carnia und ist frisch oder gelagert gleichermaßen gut. Ein Molkenkäse ist die *puina*, die es auch geräuchert gibt, beliebt ist der **Pecorino,** den man hier auch mit Sardellen anmacht.

Die **Süßwaren** zeigen ebenfalls die mitteleuropäische ›Einstellung‹ der Region, gerne mit Obst, Rosinen, kandierten Früchten oder Schokolade gefüllt: aus Cividale del Friúli die *gubàna*, aus Triest der *strucòlo*, Mohnfladen u.a.m. – Die **Wein-** und **Pflaumenschnäpse** sind berühmt-berüchtigt, meist trocken die Weißweine: Pinot Bianco und Grigio, Verduzzo, Prosecco, Sauvignon, weniger trocken der Malvasia und der Tocai, Silvaner, Ramandolo, Traminer. Verduzzo dolce zum Dessert, auch die venetischen Schaumweine **Prosecco** und **Refosco.**

Von der Bar zum feinen Restaurant

Wer durch Italien reist, sollte sich mit den unterschiedlichen Einkehrmöglichkeiten vertraut machen. So ist die italienische **Bar** anders, als man sie von Mittel- oder Nordeuropa kennt, ein Stehlokal (einfach bis exklusiv), an dessen Theke man neben dem *caffè* (Espresso) auch alkoholische Drinks zu zivilen Preisen bekommt, ebenso Gebäck und Sandwiches (*panini* oder *tramezzini,* die Dreieckschnitten). Achtung: *Al banco,* also im Stehen an der Theke, sind die Preise normal, *alla tavola,* so man sitzen möchte, können sie je nach Ausstattung und Lage des Lokals enorm in die Höhe schnellen. Dann kann ein kurzer Espresso bis zu 3 oder 6 € kosten. Das gilt vor allem für die Großstädte und die begehrtesten Plätze wie Venedigs Piazza San Marco. In immer mehr Bars kann man auch ein *primo* haben, also ein Nudelgericht, oder einen Salat.

In Mode sind neuerdings *aperitivi* gekommen: Meistens nur vor dem Abendessen, also zwischen 18 bzw. 18.30 und 20 bzw. 21 Uhr (in manchen Bars aber auch mittags), werden zu den bestellten Getränken – ohne Aufpreis – kleine Häppchen gereicht, die in manchen Bars (speziell in größeren Städten) freilich zu einer Mahlzeit ausufern können. Manche Lokale bauen die Leckereien, die ständig nachgereicht werden, nur an der langen Bartheke auf. Die besten **Aperitivibars** sprechen sich bei den Einheimischen schnell herum, man sollte sich nach ihnen erkundigen.

Wer gutes Essen im Stehen (z. T. auch an Tischen) einnehmen möchte, findet Gegrilltes und köstliche Beilagen in einer **Rosticceria**

Bars und Restaurants

(Garküche, Schnellimbiss). Man kann das Essen auch mitnehmen. Vorsicht: Rosticcerie sind ›in‹ und haben sich vielerorts zu Delikatessläden mit hohen Preisen entwickelt. Ähnlich sind die selten gewordenen Lokale **Tavola Calda,** in denen es vorgefertigte einfache Gerichte gibt, im Stehen vor Ort zu essen oder zum Mitnehmen.

Die **Pizzeria** findet zum Leidwesen der Restaurantbesitzer Anklang und erlebt zurzeit auch in den großen oberitalienischen Städten einen Boom. Man kann die Pizza im Stück *(al taglio)* mitnehmen oder im Lokal essen, wo meist ein kleineres *coperto* verlangt wird (daher nur Papierservietten bzw. kein Brot). Zahlreiche Pizzerien sind allerdings zur Ristorante-Pizzeria avanciert, bieten also beides an – oder umgekehrt: Restaurants servieren auch Pizza.

Die **Osteria,** in die man ursprünglich sein eigenes Essen mitbrachte und nur den Wein bestellte, gibt es praktisch nicht mehr. Dafür avancierte die schöne Lokalart mit lokalen Spezialitäten immer mehr zu einer raffinierten Adresse, weil es schick geworden ist, auf langsames Essen und Genießen zu setzen. Die ›Erfinderin‹, die Bewegung des Slow Food, die jährlich den lobenswerten Band ›Osterie d'Italia‹ herausgibt, ist sicher auch ein wenig schuld daran, dass es kaum noch preiswerte Osterie gibt.

Auf die Bezeichnung **Trattoria,** was früher für eine Familien-Institution stand, in der man von der *mamma* mit einfacher, aber schmackhafter Kost bekocht und von anderen Familienmitgliedern bewirtet wurde, ist kein Verlass mehr. So nennen sich auch besonders teure (Mode-)Restaurants, wenn sie sich den Anschein von Tradition geben wollen. In Oberitaliens Städten findet man jedoch noch überraschend urige Trattorien mit lokaler Küche und speziell in der Emilia Romagna häufig noch handgemachter Pasta.

Generell gilt leider: Die **Preise** in den **Ristoranti** und den meisten anderen oberitalienischen Lokalen sind in den letzten Jahren erheblich gestiegen. Zwar gibt es meist gute bis sehr gute Qualität, doch die ist speziell in den Touristenzentren und den Großstädten teuer.

Und am *coperto* (Gedeckpreis) kommt man in Italien fast nicht mehr vorbei – es sei denn bei Festpreismenüs. Ein Obulus von 1,50 bis 5 € und mehr signalisiert die Preislage der Restaurants. Dafür gibt es – meistens – einen frisch gedeckten Tisch, (Stoff-) Servietten und Brot/Grissini.

Verhalten im Restaurant

Seit 2005 besteht in Italien absolutes **Rauchverbot** in Bars, Cafés und Restaurants – es sei denn, es gibt zusätzliche, speziell belüftete Räume oder Plätze im Freien, was im Sommer ja meistens kein großes Problem ist. **Trinkgeld** geben die Italiener entweder gar nicht oder sehr großzügig; bei einfacheren Lokalen erwartet man höchstens, dass die Rechnung aufgerundet wird, in feinen etwa 10 % Aufschlag.

In den Städten und feinen Urlaubsorten wird vom Gast erwartet, dass er zumindest abends – auch über einer Jeans – eine Jacke trägt oder dabei hat. Sonst werden auch die Italiener selbst immer legerer.

Frühstück gibt es in den Hotels zu unterschiedlichen Zeiten: in Ferienhotels meist von 8 bis 10 oder 10.30 Uhr, in den Städten für Geschäftsreisende eher schon ab 7 bis 10 Uhr. Mittagessen wird in Südtirol meist ab 12.30 Uhr eingenommen, **Abendessen** z. T. bereits ab 18 Uhr. Das kennt man in ›Rest-Italien‹ so nicht. **Mittagstisch** gibt es normalerweise von 13 bis 14 oder 15, Abendessen ab 20 Uhr.

Märkte

Gute Einkaufsmöglichkeiten für unterwegs bzw. für Mieter von Ferienwohnungen findet man auf den auch bei Einheimischen beliebten Wochenmärkten; in den größeren Städten werktäglich vormittags meist auf den Hauptplätzen. **Besonders schön** sind die Märkte von Verona und Venedig (vor allem der Fischmarkt), Padua, Mantua und La Spezia (auch hier: toller Fischmarkt!) sowie rund um den Gardasee, wo man vielfach u. a. Obst und Gemüse, Fleisch und Fisch von lokalen Anbietern findet. Dann herrscht allerdings größte Parkplatznot und die Zufahrtsstraßen sind meist verstopft.

Kulinarisches Lexikon

Allgemeines

Herr Ober!	Cameriere!
Fräulein	Cameriera!
Was wünschen Sie?	Cosa desidera?
Ich möchte gerne ...	Vorrei ...
Guten Appetit!	Buon appetito!
Prost!	Alla sua! oder auch: Cin cin!
Noch etwas?	Qualcos'altro?
Nein, danke!	Grazie no!
Kann ich die Rechnung bekommen?	Il conto per piacere!
Behalten Sie den Rest.	Il resto è per Lei.
Akzeptieren Sie Kreditkarten?	Accettate carta di credito?
Frühstück	piccola colazione
Imbiss	spuntino
Mittagessen	pranzo
Abendessen	cena
Tagesgericht	piatto del giorno
Tagesmenü/ Touristenmenü	menu del giorno/ menu turistico

Vorspeisen und Beilagen

Vorspeisen und Beilagen (s. u.) sind in vielen Fällen identisch, weshalb es auch häufig Vorspeisen- und Beilagenbüfetts gemeinsam gibt; man wird als Gast gebeten, sich am Büfett selbst zu bedienen.

Brot	pane
gefüllte Muscheln	cozze ripiene
gegrillte Auberginen	melanzane alla griglia
gegrillte Zucchini	zucchine alla griglia
gemischte Vorspeisen	antipasti misti
gemischte Vorspeisen aus dem Meer	antipasti del mare
gemischtes geschmortes Gemüse	pepperonata
Kalbsbraten mit Thunfischpaste	vitello tonnato
Rauke	rucola
Radicchio (aus Verona, Treviso etc.)	radicchio veronese, trevigiano
sauer eingelegte Sardinen	alici
Tintenfischsalat	insalata di polipo/ polpo

Fisch und Fleisch

Aal	anguilla
Austern	ostrice
Barsch	pesce persico
Braten	arrosto
Brust	petto
Dorsch	bacallà, merluzzo
Fisch	pesce
Fleisch	carne
Garnelen	gamberi
Gulasch	spezzatino
Hammel	castrato
Hummer	astice
Kalb	vitello
Keule	coscia/cosciotto
Lachs	salmone
Lamm	agnello
Miesmuscheln	cozze
Rind	manzo
Schinken	prosciutto
Schwein	maiale, porco
Seezunge	sogliola
Tintenfisch	seppia
Wurst	salame
Wurstwaren	salumi

Geflügel und Wild

Ente	anatra
Gans	oca
Hase	lepre
Hähnchen	pollo
Kaninchen	coniglio
Perlhuhn	faraona
Pute	tacchino
Rebhuhn	pernice
Reh	capriolo
Wachtel	quaglia
Ziege	capra

Gemüse und Beilagen

(s. auch links Vorspeisen und Beilagen)

Beilagen	contorno
Blumenkohl	cavolfiore
Bohnen	faggioli, fave
Erbsen	piselli
Gurke	cetriolo
Kartoffeln	patate
Mohrrübe	carota
Kohl	cavolo
Zwiebel	cipolla

Nachspeisen, Süßes und Obst

Nachspeisen	dessert
Süßspeisen	dolci
gestürzte Sahnecreme	panna cotta
Obstsalat	macedonia
Torte/Obsttorte	torta/torta di frutta (crostata)

Getränke

Bier	birra
Branntwein	grappa
Fassbier	birra alla spina
Flasche	bottiglia
Glas	bicchiere
Kaffee	caffè
kalt	freddo
Likör	liquore
Milch	latte
Rotwein	vino rosso
Saft	succo
Sekt	spumante
Tasse	tazza
Tee	tè
Wasser	acqua
Wein	vino
herb	seco
süß	amabile, dolce
stark	forte
warm	caldo
Zucker	zucchero
mit/ohne	con/senza

Typische Gerichte

Brotteigfladen	focaccia (Ligurien)
Felchen, Renke	coregone, lavarello (Seen)
Fischplatte	fritto/grigliata di pesce
Fleischspieß	spiedo bresciano (Provinz Brescia)
Kalbsgulasch	spezzatino di vitello
Kalbhaxe in Scheiben	ossobuco alla milanese (Lombardei)
Kalbsleber mit Zwiebeln	fegato alla veneziana (Venedig)
Maisbrei m. Käse etc.	polenta
Maisbrei mit Kalbsgulasch	Polenta con usei (Bergamo)
Mailänder (Kalbs-)Schnitzel	scaloppina alla milanese
Meeresheuschrecken	cigalle del mare (Venetien)
Obstkuchen	crostata (di frutta)
Reis mit Erbsen	risi e bisi (Venedig)
rosafarbene Forelle	trota salmonata (Gardasee)
safrangelbes Reisgericht	risotto milanese (Mailand)
salziger Blätterteigkuchen	torta pasqualina
Sardinen, sauer eingelegt	sarde al saór (Venedig)
Schinken aus San Daniele/Saúris	prosciutto di San Daniele/Saúris (Friaul)
Schinken aus Montagnana	prosciutto di Montagnana (Venetien)
Schleie mit Polentafüllung	tinca ripiena con polenta (Iseo-See)
Sauce aus Knoblauch, Anchovis u. a.	bagna cauda (Piemont)
Steinpilze	funghi porcini
Stockfisch	baccalà (Venetien, Friaul)
Weihnachtskuchen	panettone
Wurst-, Schinken-, Käsebrett	tagliera di salumi/formaggio

Salute!

Wissenswertes für die Reise

Informationsquellen

Oberitalien im Internet

www.enit.de – allgemeine Informationen über ganz Italien; auch **www.enit.it** – mit guten Links zu Unterkünften, auch Hotels einzeln abzurufen, zu Sehenswürdigkeiten, alles für die Reisevorbereitung, Wetter.

Nach Regionen unterteilt (Beispiel):
www.regione.veneto.it – für jede Region den Regionalnamen in italienischer Schreibweise eingeben; gute Links zu den Regionalregierungen ebenso wie zu touristischen Tipps, Adressen etc.

Nach Provinzen unterteilt (Beispiel):
www.provincia.verona.it – jeweils für jede Provinz in italienischer Schreibweise; allgemeine Informationen aus Politik, Wirtschaft etc. sowie Tourismus mit weiteren Links zu Sehenswürdigkeiten, Hotels u. a.

Nach Gemeinden unterteilt (Beispiel):
www.comune.verona.it – jeweils den Namen der Provinzhauptstadt in italienischer Schreibweise eingeben; meist hervorragende Links sowohl zur Gemeindeverwaltung als zu touristisch interessanten Adressen, Unterkünften, Restaurants, Sehenswürdigkeiten, Festen; Presseberichte, offizielle Bekanntmachungen/Ankündigungen etc.
www.comune.garda.vr.it – jeweils den Namen der Gemeinde in italienischer Schreibweise mit dem Kürzel der Provinz eingeben; Beispiel s. o.

Allgemeine Reisevorbereitung

www.alitalia.de – Alitalia-Informationen
www.airdolomiti.it – Air Dolomiti, Partner-Fluglinie der Deutschen Lufthansa, mit den wichtigsten Flugverbindungen zwischen Deutschland und Italien
www.autostrade.it – Zustandsbericht der italienischen Autobahnen
www.trenitalia.it – Auskunft der italienischen Staatsbahnen; auch direkte Buchungsmöglichkeiten
www.camping.it – Campingplätze in Italien; zur Beurteilung s. ADAC-Campingführer Südeuropa
www.ostellionline.org – die organisierten Jugendherbergen Italiens
www.termeitaliane.com – Informationen über die organisierten Thermen
www.agriturist.it sowie **www.terranostra.it** – Urlaub auf dem Bauernhof; Verkauf landwirtschaftlicher Produkte u. Ä., auch nach Regionen aufgeteilt
www.teatrionline.it – Theater-Links
www.italiafestival.it – Festivals, Veranstaltungen in Italien
www.museionline.it oder **www.museionline.com** – die meisten Museen Italiens mit Kurzbeschreibung und Öffnungszeiten sowie aktuelle Ausstellungen
www.beniculturali.it – Informationen über aktuelle kulturelle Veranstaltungen
www.labiennale.org – alles über die Biennale in Venedig
www.federgolf.it – alles über die Golfplätze der Vereinigung, also der meisten im Lande; zu anderen Sportarten siehe die Links über www.enit.de
www.paginegialle.it – Gelbe Seiten für Geschäftsadressen, Hotels etc.

Webadressen für ausgewählte Hotelketten und Kooperationen mit besonderem Flair:
www.romantikhotels.de
www.abitarelastoria.it
www.relaischateaux.com
www.bramafam.com
www.designhotels.de
www.charmerelax.com

Fremdenverkehrsamt

Ausführliches Informationsmaterial und recht gute Straßenkarten von ganz Italien oder einzelnen Regionen kann man im deutschsprachigen Raum am besten bei den Büros des Staatlichen Italienischen Fremdenverkehrsamtes ENIT abrufen (s. u.).

Für **Prospektbestellungen** gilt für Deutschland, Österreich und die Schweiz die kostenlose Servicenummer 008 00 00 48 25 42.

Büros in Deutschland
Neue Maizer Str. 26
60311 Frankfurt/M.
Tel. 069/23 74 34
Fax 069/23 28 94
enit-ffm@t-online.de

Friedrichstraße 187
10117 Berlin
Tel. 030/247 83 97
Fax 030/247 83 99
enit-berlin@t-online.de

Prinzregentenstr. 22
80538 München
Tel. 089/530 36 09
Fax 089/53 45 27
enit-muenchen@t-online.de

... in Österreich
Kärntnerring 4
1010 Wien
Tel. 01/505 16 30 12 und 505 16 39
Fax 01/505 02 48
delegation.wien@enit.at

... in der Schweiz
Uraniastraße 32
8001 Zürich
Tel. 044 211 79 17
Fax 044 211 38 85
enit@bluewin.ch

... in Oberitalien
Südtirol
Südtiroler Marketing
Pfarrplatz 11/12
39100 Bozen
Tel. 04 71 41 38 08
Fax 04 71 41 38 99
www.hallo.com

Trentino
Azienda per la Promozione Turistica del Trentino
Via Romagnozi 3
38100 Trento
Tel. 04 61 49 73 53
Fax 04 61 26 02 77
www.trentino.to

Aosta-Tal
Assessorato Regionale al Turismo
Piazza Narbonne 3
11100 Aosta
Tel. 01 65 23 77 27
Fax 016 53 46 57
www.regione.vda.it/turismo

Piemont
Assessorato Regionale al Turismo
Via Avogardo 30, 10121 Torino
Tel. 01 14 32 11 11
Fax 01 14 32 24 40
www.regione.piemonte.it/turismo

Ligurien
Assessorato al Turismo
Via D'Annunzio 64
16121 Genova
Tel. 01 05 48 55 53
Fax 01 05 70 42 16
www.regione.liguria.it

Lombardei
Assessorato Regionale al Turismo
Via Sassetti 32
20124 Milano
Tel. 026 75 61
Fax 026 76 25 62 92
www.inlombardia.it

Emilia Romagna
Assessorato Regionale al Turismo
Via Aldo Moro 30
47900 Bologna
Tel. 051 28 33 53, Fax 051 28 33 80

APT Servizi Emilia Romagna
Piazzale Fellini 3
47037 Rimini
Tel. 054 43 01 91, Fax 05 41 43 01 51
www.apt.emiliaromagnaturismo.it

Venetien
Assessorato Regionale al Turismo
Palazzo Balbi
Dorsoduro 3901
30123 Venezia
Tel. 04 12 79 28 32, Fax 04 12 79 28 60
www.turismo.regione.veneto.it

Friaul-Julisch Venetien
Direzione Regionale del Turismo
Viale Miramare 19
34135 Trieste
Tel. 04 03 77 57 47, Fax 04 03 77 57 96
www.regione.fvg.it

Diplomatische Vertretungen

Italienische Botschaft
… in Deutschland
Dessauerstraße 28/29, 10963 Berlin
Tel. 030/25 44 00, Fax 030/25 44 01 20
www.botschaft-italien.de

… in Österreich
Rennweg 27, 1030 Wien
Tel. 01/712 51 21, Fax 01/715 40 30
www.ambvienna.esteri.it

… in der Schweiz
Elfenstraße 14, 3006 Bern
Tel. 031/350 07 77, Fax 03 13 50 07 11
www3.itu.int/embassy/italy

Botschaften in Italien
Deutsche Botschaft
Via San Martino della Battaglia 4
00185 Rom
Tel. 06 49 21 31, Fax 064 45 26 72

Deutsches Generalkonsulat in Oberitalien
Via Solferino 40, 20121 Mailand
Tel. 026 23 11 01, Fax 026 55 42 13
(für Venetien, Friaul-Julisch Venetien, Emilia Romagna, Piemont, Ligurien)

Nur per Telefon oder Fax erreichbar:
Deutsches Honorarkonsulat in Bozen:
Tel. 04 71 97 21 18, Fax 04 71 97 57 79
(für Südtirol)

Österreichische Botschaft
Via Pergolesi 30, 0198 Rom
Tel. 068 55 82 41, Fax 068 54 32 86

**Österreichische Generalkonsulate
in Oberitalien**
Via Tranquillo Cremona 27/1
20145 Mailand
Tel. 024 81 20 66, Fax 02 48 00 96 30
(für Lombardei, Südtirol-Trentino, Piemont, Aosta-Tal und die Provinz Padua)

Via Fabio Filzi 1
34142 Triest
Tel. 040 63 16 88, Fax 040 36 41 97
(für Friaul-Julisch Venetien, Venetien, Emilia Romagna außer Provinz Parma)

Botschaft der Schweiz
Via Barnaba Oriani 61
00197 Rom
Tel. 06 80 95 71, Fax 068 08 85 10

**Schweizerische Generalkonsulate
in Oberitalien**
Via Palestro 2
20121 Mailand
Tel. 027 77 91 61, Fax 02 76 01 42 96

Piazza Brignole 3/6
16122 Genua
Tel. 010 54 54 11, Fax 010 54 54 12 40

**Schweizerisches Konsulat
in Oberitalien**
Dorsoduro 810/Campo S. Agnese
30123 Venedig
Tel. 04 15 22 59 96, Fax 04 15 23 94 00

Karten

Einen guten Überblick über das gesamte Reisegebiet gibt die Shell-Länderkarte Italien-Nord; für die einzelnen Regionen eignen sich z. B. die Generalkarten Extra, Blatt 1–6 (Maßstab 1:200 000) von MAIRDUMONT.

Lesetipps

Belletristik/Reiseerzählungen

Giorgio Bassani: Il giardino dei Finzi-Contini. Turin 1962, dt. (Die Gärten der Finzi-Contini) München 1963. Taschenbuchausgabe bei Wagenbach, Berlin.
ders.: Cinque storie ferraresi. Turin 1956, dt. (Ferrareser Geschichten) München 1964. Taschenbuchausgabe bei Piper, München.
Alberto Bevilacqua: La donna delle meraviglie. Cremona 1984, dt. (Die Frau der Wunder) Köln 1986.
Giacomo Cacciapaglia: Deutschsprachige Schriftsteller und Venedig (Ital./Deutsch). Venedig 1985.
Umberto Eco: Il nome della rosa. Mailand 1980, dt. (Der Name der Rose) München 1982. Taschenbuchausgabe bei dtv, München.
Johann Wolfgang von Goethe: Italienische Reise 1786–88, Erster und Zweiter Teil. Weimar. Taschenbuchausgabe z. B. dtv, München.
Paul Heyse: Novellen vom Gardasee. 1902. Eine venezianische Nacht. 1901.
Primo Levi: Se non ora, quando? Mailand 1982, dt. (Wann, wenn nicht jetzt?) 1986. Taschenbuchausgabe bei dtv, München.
Alessandro Manzoni: I promessi sposi. Mailand 1827, dt. (Die Verlobten) 1913. Taschenbuchausgabe bei dtv, München.

Sachbuch

Lydia L. Dewiel: Lombardei und Oberitalienische Seen. Köln 2001.
Thorsten Droste: Venedig. Köln 2005.
Bernard Janin: Le Val d'Aoste. Tradition e Renouveaux. Aosta 1980.
Bernd Lammerer: Wege durch Jahrmillionen. Geologische Wanderungen zwischen Brenner und Gardasee. München, 2. Aufl. 1991 (vergriffen; nur in Bibliotheken).
Giuseppe Marcenaro: Viaggiatori Stranieri in Liguria. Recco 1987.
Doris und Arnold E. Maurer: Literarischer Führer durch Italien. Frankfurt 1988 (vergriffen; nur in Bibliotheken).
Andreas Modery: So blüht Südtirol. Bozen 2005.
Nana Claudia Nenzel: Reisen für Genießer Gardasee. Köln 2003.
Nana Claudia Nenzel: Reisetaschenbuch Gardasee. Ostfildern 2006.
Ida Leinberger/Walter Pippke: Gardasee, Verona, Trentino. Köln 2. Aufl. 2000.
dies.: Südtirol. Köln 2003.
Guido Piovene: Viaggio in Italia, 1957, dt. (18-mal Italien) 1968 (vergriffen; nur in Bibliotheken).
Oskar Stammler: Romagna. Geschichten und Bilder einer italienischen Landschaft. Stuttgart 1975 (vergriffen; nur in Bibliotheken).
Heidemarie Stücher Manzalini/Pier Giorgio Oliveti: Emilia Romagna. Köln, 5. Aufl. 2001.
Wundram/Pape/Marton: Palladio. Köln 1988.

Reise- und Routenplanung

Oberitalien als Reiseland

Die große Attraktivität der acht Regionen Oberitaliens liegt in ihrer **geografischen und geologischen Vielfalt** begründet, die von vornherein interessante Landschaften verspricht. Angefangen bei den Alpen mitsamt der Ostflanke des Mont Blanc, dem mit mehr als 4800 m höchsten Berg Europas im Nordwesten, die sich bis in den Osten des Gebietes ins Karnische an der Grenze zu Slowenien hinziehen und Italien von Mittel- und Nordeuropa trennen. Oder sie damit verbinden.

Auch die im Süden angrenzende Padania, die Po-Ebene, durchzieht nahezu alle Regionen zwischen Piemont im Westen und Venetien im Osten. Davor bilden die großen Flüsse Po, Etsch und Brenta ein riesiges Delta, das die Küste zwischen Venetien und der nördlichen Emilia Romagna formt und in der Lagune von Venedig sein nördliches Pendant findet. Zerrissene Landschaften, teilweise ohne sichtbare Übergänge zwischen Wasser und Land. Große Teile der Lagunen sind Naturschutzgebiete mit einem immensen Reichtum an Flora und Fauna – ein **Paradies für Naturfreunde**.

Südlich der Padania erheben sich sanfte Hügel wie die Colli Euganei südlich von Padua oder die Colli Berici südlich von Vicenza – weinselig die einen, bewaldete Sommerfrischen die anderen.

Nördlich der Padania liegen zwischen Alpenfuß und Endmoränenhügeln die Oberitalienischen Seen, die zu den beliebtesten Reisezielen der ›Nordlichter‹ zählen. Viele von ihnen haben sich hier für immer niedergelassen, denn wo findet man sonst noch so viel *Italianità* so nahe am alten Zuhause? Das gilt für den Lago Maggiore wie für den Comer See, erst recht für den Gardasee, den größten Oberitaliens.

Wer **lebendige Städte** erleben möchte, ohne sich in seiner Mentalität allzu sehr umstellen zu müssen, wird in Oberitalien leicht fündig. Sogar so geschäftige Städte wie Mailand und Turin, Bologna und Brescia entpuppen sich schnell als Kulturstädte ersten Ranges. Ganz zu schweigen von den bekannten Kulturmetropolen, die mit immer spektakuläreren kulturellen Veranstaltungen locken: das an sich schon attraktive Venedig mit seiner Biennale oder Verona mit der Opernsaison in der Arena, vielleicht noch Genua, Bologna und Triest. Dazwischen bescheidenere Städte, die unter Kennern seit langem zu den Pflichtstationen einer Italienreise gehören, wie Parma und Umgebung wegen Verdi und seiner Musik, Vicenza wegen Palladios Villen.

Von besonderem Interesse können die noch **lebendig erhaltene Kultur und Sprache** in den autonomen Regionen Oberitaliens sein, im Aosta-Tal ebenso wie in Südtirol, Venetien und Friaul-Julisch Venetien. Genau deshalb haben sie schließlich ihre Autonomie erhalten, weil sich hier auch Zwei-, ja z. T. sogar Dreisprachigkeit erhalten hat. Man begegnet Französisch-Provenzalischem ebenso wie dem Walser-Deutsch im Aosta-Tal, dem Tiroler-Deutsch und dem Ladinischen in Südtirol, altbairischen Dialekten in den Tredici und den Sette Comuni im Norden Venetiens und in Karnien, weiter südlich neben der italienischen Sprache dem Slowenischen und dem Deutschen.

Reisen unter einem bestimmten Motto

Übrigens ist Oberitalien, das wirtschaftlich stärkste Gebiet des Landes, tagtäglich Ziel von Geschäftsreisenden. Nicht wenige von ihnen haben entdeckt, wie leicht sich eine Dienstreise mit einem **kulturellen Besuch** verbinden lässt. Hotels in den Wirtschaftsmetropolen haben längst erkannt, dass sie Gäste halten, ja zum Wiederkehren bewegen können, wenn sie für sie z. B. Theater- oder Opernkarten besorgen oder auf interessante Ausstellungen und andere Veranstaltungen hinweisen.

Ganz im Sinne des veränderten Reiseverhaltens, nämlich statt langer Ferienaufenthalte lieber kürzere, dafür mehrere Reisen im Jahr zu unternehmen, bieten sich gerade **Städtereisen** an. Dabei werden auch von Reiseveranstaltern verstärkt kleinere Kulturstädte, die einen großen Beitrag zum immensen Reichtum an historischen wie kunsthistorischen Kleinodien leisten, angeboten.

Oder die immer beliebteren **kulinarischen Reisen**, oft mit einem festen Thema wie zur Trüffelmesse ins piemontesische Alba oder zu einem ›Emilia Porc‹-Wochenende in die Po-Ebene oder zur kleinen, aber feinen Veranstaltung ›Salò Golosa‹ an den Gardasee – sozusagen zum ›Schlemmermaul Salò‹ am Westufer des Gardasees.

Dann wären noch die **Sportveranstaltungen** zu nennen. Der Motorsport beispielsweise kennt zwei große Ereignisse, den Großen Preis von Italien in Monza (nördl. von Mailand) und den Großen Preis von San Marino (in Imola). Zwischen Rom und Brescia findet im Frühsommer die Mille Miglia statt, das Oldtimer-Rennen, Bogliaco am Gardasee ist Anfang September Austragungsort der größten Segelregatta in einem Binnensee, der Centomiglia.

Was ist sehenswert?

Südtirol-Trentino

In Südtirol stehen so viele Burgen und Schlösser, die öffentlich zugänglich sind, dass man Mühe haben dürfte, sie alle zu besichtigen. In manchen von ihnen kann man übernachten und/oder sich kulinarisch verwöhnen lassen. Anders im Trentino, dort befinden sich die meisten Burgen in Privatbesitz und bleiben den Reisenden verschlossen. Doch diejenigen, die zugänglich sind, zählen zum Imposantesten der gesamten Region: etwa das Castello di Buonconsiglio mitten in Trento oder nahe Rovereto das Schloss Beseno.

Das Weinland Südtirol bietet sich für Reisen entlang der südlichen Weinstraße an. Sie führt zu gut erhaltenen Städtchen und Dörfern im Überetscher Stil und zu Weinproben, ob in den diversen Weinkellern oder in Restaurants und Schänken bei deftiger lokaler Kost. Auch im Trentino, speziell im Cembra-Tal, genießt man den guten Tropfen, hier den Müller-Thurgau. Möglich ist das beim Bauern, der ihn anbaut, in der *cantina* auf einem größeren Weingut oder im Restaurant, auch hier bei nicht weniger deftiger Kost.

Aosta-Tal

Auch das Aosta-Tal könnte als das Land der Burgen und Schlösser gelten, mit prachtvollen Festungen, die das Hauptal zu schützen hatten und daher im Zickzack aufgebaut wurden. In der Regionalhauptstadt begegnet man imposanten römischen Zeugnissen. Die kleine Region inmitten der höchsten Berge der Alpen ist mit zahlreichen Seitentälern gesegnet, dem wunderbaren Naturschutzgebiet des Gran Paradiso, das es sich mit dem Piemont teilt – und mit dem Mont Blanc.

Piemont

Piemonts Hauptstadt, Turin, verändert sich gerade im großen Stil, nicht zuletzt dank der Olympischen Winterspiele 2006. Aus der einstigen Arbeiterstadt um das FIAT-Werk wird eine Stadt der Kommunikation und Technologie – für Freunde zeitgenössischer Kunst interessanter denn je. Mit großartigen neuen Hotels bester Designerschule, die perfekt zum neuen Image der Stadt passen. Umgeben von den Schlössern der Savoyer und im Besitz des viel besuchten Filmmuseums. Und mit der größten Anhäufung historischer Cafés in der Metropole der Schokolade …

Landschaftlich bietet das Piemont im Norden den Gran Paradiso (s. o., Aosta-Tal), im Süden das Weinland, das die Region weltbekannt gemacht hat, mit schweren roten Tropfen wie Barolo und Barbera, aber auch perlendem Asti. Alba kennt jeder Feinschmecker dank der kostbaren weißen Trüffel, dabei ist es auch ohne Trüffel ein zauberhaftes kleines Städtchen, ebenso wie Cuneo mit seinen langen Bogengängen im Südwesten der Region.

Im Nordosten teilt sich die Region ihren größten See mit der Lombardei, den Lago Maggiore, den vielleicht schönsten unter den großen Seen Oberitaliens. Er steht in scharfem Wettbewerb mit dem Gardasee, der in der Beliebtheit bei deutschen Urlaubern kaum zu schlagen ist. Dazwischen liegen Comer und Iseo-See, von großartigen Parks umgeben der eine, mit der höchsten Insel in einem europäischen See der andere.

Lombardei

Mailand, die Wirtschaftsmetropole und Regionalhauptstadt der Lombardei, ist ein bedeutender Handels- und Messeplatz. Aber auch eine wichtige Kulturmetropole – mit einem der bedeutendsten Opernhäuser der Welt, der Scala, und der Brera, einer der wichtigsten Kunstgalerien und -akademien Italiens. Auch ein Zentrum der Mode und des Designs ist Mailand, viele Modeschöpfer und Stararchitekten/Designer leben und arbeiten hier. In einer Stadt, die noch stark von ihrer historischen Bausubstanz geprägt ist – und von monströsen neuen Stadtteilen, die sie umgeben. Mailands Wirtschaftsraum ist so wichtig, dass er über zwei Flughäfen verfügt.

Zur Lombardei gehören weitere Städte, deren historische Zentren zu den schönsten Italiens zählen: Bergamo mit der Altstadt auf einem Hügel, die Geigerstadt Cremona und die Stadt der Gonzaga, Mantua, mit seinen drei hintereinander liegenden, großartigen Plätzen und dem Palazzo Tè am Rande, einem Hauptwerk des begnadeten Giulio Romano. Oder kleinere Kunststädte wie Pavia mit der nahen Certosa, einem Schatzkasten gleich mit ihren zarten marmornen Inkrustationen an Fassade und Altären.

Emilia Romagna

Nicht weit davon liegt in der Emilia Romagna das gastfreundliche Piacenza, dann folgen entlang der römischen Via Emilia Fidenza und Parma, Reggio und die schönen Seitentäler in den Tosco-Emilianischen Apennin hinein. Eines davon wurde durch Canossa südlich von Reggio (wo die italienische Tricolore geboren wurde) berühmt bzw. durch den Gang nach Canossa. Gleich hinter Módena breitet sich »rot, fett und gebildet« die Regionalhauptstadt Bologna mit der ältesten Universität Europas aus. In ihrem Norden liegt Ferrara, die schöne Stadt der Este, in ihrem Osten, schon fast an der Adria, Ravenna, die Stadt der Mosaiken. Nördlich davon die große und durch Aufzucht fischreiche Lagune von Comácchio und die Ferrareser Badestrände, nach Süden hin wie Perlen an einer Schnur die Badestrände um Rimini: Cèrvia und Cesenático, Rimini und Riccione.

Venetien

Nördlich der zerrissenen Deltalandschaft von Po und Etsch liegt das hübsche Chióggia, Klein-Venedig genannt, vor der großen Lagune von Venedig; im Hinterland erstreckt sich die fast unbekannte Provinz von Rovigo, dabei hat sie einige Juwelen der venetischen Villenarchitektur aufzuweisen. Nördlich dieser Provinz prägen die Euganeischen Hügel mit ihren rundlichen Formen die Landschaft, die Thermalquellen sprudeln lässt und zumindest einen Kurort von Weltrang mit dem Heil bringenden Wasser beliefert: Abano Terme. Doch kleine zauberhafte Städtchen laden auch hier zum Verweilen ein: etwa Este, Monselice und Montagnana.

Der Etsch auf ihren Ursprung zu nach Norden folgend kommt man nach Verona, der Stadt der Römer und der Skaliger und der römischen Arena mit dem allsommerlichen Opernfestival. Zu ihr gehören die weinselige Valpolicella und der Osten des Gardasees mit den hübschen Skaliger-Kastellen. Vicenza, die

Stadt Palladios und des Goldes, wie sie wegen der erfolgreichen Goldmessen genannt wird, ist in östlicher Richtung nur einen Katzensprung entfernt. Das Gleiche gilt für Padua, die quirlige Markt- und Studentenstadt mit einem der Hauptwerke Giottos, der Cappella degli Scrovegni, für die man sich Wochen vorher anmelden muss, um Giottos Fresken bewundern zu dürfen. Padua ist durch den Brenta-Kanal, gesäumt mit palladianischen Villen, mit Venedig verbunden. Doch vorher lockt im Norden Treviso, die Stadt der Kanäle – und des teuersten winterlichen Radicchio. Vielleicht auch noch Bassano del Grappa, Cittadella und Asolo, die Stadt der Leonore Duse, die als d'Annunzios Muse in die Geschichtsbücher eingegangen ist.

Keine Frage, dass Venedig und seine Laguneninseln sowie die vorgelagerten Lidi unbedingt auf dem Programm stehen sollten, eigentlich aber eine Extra-Tour verdienen. Das gilt allerdings auch für den Norden der Region, die sich hier in die Alpen hoch hinaufzieht und mehr als ›nur‹ Wintersportorte zu bieten hat.

Friaul-Julisch Venetien

Der Übergang von Venetien nach Friaul-Julisch Venetien ist fließend. Gleich hinter dem hübschen, bescheidenen Beamtenstädtchen Portogruaro kommt man nach Aquilea, dem ersten Sitz der Patriarchen, mit den wohl schönsten Bodenmosaiken Oberitaliens. Dann geht es zum zweiten Sitz: Grado mit seinem winzigen, aber umso schöneren historischen Kern und einer langen Fischertradition, ein Badeort mit besonderem Charme. Hauptstadt der autonomen Region ist Triest, das sich gerne als Scharnier zwischen Mitteleuropa und dem Mittelmeer versteht, mit fast großspurigen Palästen und einer multikulturellen Bevölkerung. Im Hinterland warten der Karst und die slowenisch-italienische Stadt Gorízia mit einem etwas verschlafenen Charakter. Zentrum der Weinproduktion der Colli Orientali ist das nahe Cormóns, nördlich davon bleibt das kleine Cividale del Fríuli am Natisone-Fluss, in den die markante Teufelsbrücke einen Fuß gestellt hat, immer etwas geheimnisvoll.

Die Provinzhauptstadt Udine hat stets Venedig nachgeeifert, mit venezianischen Palästen und der Kopie des Glockenturms vom Markusplatz. Auch in der 1976 vom verheerenden Erdbeben erschütterten Region um Gimona und Venzone ist das Venezianische nicht zu leugnen, erst recht nach dem meist gelungenen Wiederaufbau. Zum Gruseln kommt man jetzt nach Venzone, um die Mumien zu sehen, die schon Napoleon bewundert haben soll.

Mit dem Zentrum Tolmezzo, das sich ebenfalls nach dem Erdbeben wieder zu einem wahren Marktzentrum herausgeputzt hat, bildet Karnien den Norden Friaul-Julisch Venetiens, mit dem zweigeteilten Saúris als einladender Sommerfrische inmitten noch wirklich intakter Natur.

Wie reist man?

Oberitalien eignet sich nicht dazu, in wenigen Tagen bereist zu werden – das ist allein wegen der Entfernungen schlicht unmöglich! Fast genauso unmöglich wäre es, sich das riesige Gebiet für eine große Tour vorzunehmen – und sei es für drei oder vier oder auch mehr Wochen. Ideal ist es, sich Oberitalien in Gebiete aufzuteilen, ja sogar in ›Themen‹ wie Städtereisen, Badeaufenthalt an Adria im Osten oder Riviera im Westen, jeweils mit Kulturausflügen ins Hinterland, Aufenthalt an einem der Oberitalienischen Seen oder in der Sommerfrische der Alpenregion.

Städtetouren

Oberitaliens Städte sind z. T. so interessant und sehenswert, dass man durchaus einige Kurztrips planen sollte, also jede Stadt einzeln anschauen kann, wie vielfach von Spezialveranstaltern (s. S. 61) angeboten wird, oder ein paar Städte in eine Route zu fädeln, was man hier hervorragend mit der Bahn bewältigen kann (s. S. 65). Denn mit dem eigenen Fahrzeug hat man meistens nur Probleme: seltene und z. T. sehr teure, nicht immer bewachte Parkplätze und Garagen; am besten geeignet sind Hotelgaragen, weil sich kein Hotelier seine Gäste verärgern möchte.

Schöne Aufenthaltsorte

Eine schöne Annäherung an Oberitalien wäre auch ein **Badeaufenthalt** an der Adria im Osten oder an der Riviera im Westen. So lassen sich Erholungstage wunderbar mit **Ausflügen ins Hinterland** kombinieren, vielfach werden diese von den lokalen Reisebüros oder sogar von den Touristenämtern angeboten, ideal für das erste Kennenlernen.

Im Westen erschließt die Bahn in dichtem Takt die gesamte **Riviera** zwischen Ventimiglia und La Spezia – mit Genua im Mittelpunkt und den schönen Cinque Terre im Osten. Die Orte dieser bizarren Landschaft sollte man entweder zu Fuß oder tatsächlich nur mit der Bahn besuchen, ohne mühsame Stichstraßen fahren zu müssen, an deren Ende Einfahrtverbote und hohe Parkgebühren warten. Weitere Ausflüge lassen sich mit der Cinque Terre Card per Bahn, Bus und sogar Boot durchführen. Auch im Osten wird die **Adriaküste** zwischen Ravenna und Riccione mit vielen Haltepunkten und dichtem Fahrplan von Bahn und Bussen erschlossen, die u. a. auch gute Anbindungen nach Ferrara (und weiter nach Padua, Venedig oder Verona) und Bologna (auf der Strecke nach Mailand) bieten.

Besonders geeignete Aufenthaltsorte bieten die **Oberitalienischen Seen**, die allesamt über eine hervorragende Infrastruktur verfügen. Vor Ort werden hier Ausflüge ins Hinterland oder Rundfahrten um die Seen angeboten; auch thematische wie beispielsweise zu **Weinproben**, ins **Theater/Konzert** oder in die **Oper** – so vom Gardasee zur Arena nach Verona oder nach Gardone zum Vittoriale. Vom Gardasee aus ist man mit Wagen oder Bus, im Süden auch mit der Bahn schnell in Verona oder sogar Venedig, in Brescia oder Mailand. Von Como am gleichnamigen See ist es ein Katzensprung mit der Spezialbahn nach Mailand, vom Lago Maggiore hat man im Nu u. a. Turin erreicht.

Auch von den **großen Kurorten** aus wie Abano oder Salsomaggiore Terme ist man schnell in einer sehenswerten Stadt angekommen: von Abano mit dem Bus über Padua in Venedig in etwa 1–1,5 Stunden (ohne Parkplatzprobleme!), von Salsomaggiore in der Hälfte der Zeit im schönen Parma.

Ideale Standorte als **Sommerfrische** bieten die Hochtäler der Alpenregion. Großartige Standorte sind das Aosta-Tal mit seinen so unterschiedlichen Seitentälern; die Hochebenen Venetiens (z. B. von Asiago) mit ihren ausgedehnten Almgebieten ebenso wie Friauls Karnien mit dem hübschen Saúris im Zentrum. Altbewährt und seit langem beliebt sind Südtirol und Trentino, auch im Sommer gut zu ertragen, wenn man in die höheren Täler aufsteigt: ins trentinische Cembra-Tal etwa.

Tipps für die Reiseorganisation

Auf eigene Faust unterwegs

Normalerweise wird man Oberitalien mit dem **Pkw** bereisen, ob dem eigenen oder – bei Fluganreise – dem geliehenen. **Mietwagen** muss man je nach Reisezeit sehr frühzeitig reservieren. Ideal für Städtereisen, so man sie selbst organisieren möchte, sind die **Billigflugangebote**, z. B. zum lombardischen Bergamo, das recht zentral liegt. Generell sind – außer im Fall Mailand und Triest – die Flughäfen recht stadtnah, die **Anbindung** mit Bus oder Bahn somit günstig.

Wichtige Flughäfen in Oberitalien:
Bolzano, Torino Casale, Milano Malpensa (im Westen), Milano Linate (im Osten), Bergamo Orio Al Serio, Verona Villafranca, Treviso Sant'Angelo, Venezia Marco Polo, Trieste Ronchi dei Legionari, Genova Cristoforo Colombo, Bologna Marconi, Forlì L. Ridolfi, Rimini Miramare.

Wer aus dem Norden mit dem eigenen Pkw anreisen möchte, kann dies bei rechtzeitiger Buchung auch bequem mit den **Autoreisezügen** der Bundesbahn tun (s. S. 63f.).

Spezialveranstalter

Spezialisten für Italienreisen gibt es mehrere Hunderte, da ist es nicht einfach, die Spreu vom Weizen zu trennen. Jedoch bieten die meisten von ihnen eher so gängige Gebiete wie die Toscana an als ein an sich amorphes Gebiet wie das große Oberitalien. Ausnahme: die immer beliebter werdenden Städtereisen und die Themenreisen wie Kulinarisches oder Musikalisches, also Schlemmertouren und Fahrten zu den großen Opern. Eine der beliebtesten Fahrten gilt der Arena von Verona, sogar Nachtfahrten mit dem Bus sind möglich oder Fahrten inkl. Übernachtung in Abano – weil während der Opernsaison in und um Verona herum kein Gästebett frei bleibt.

Ausführliche Informationen über die Reiseveranstalter gibt es auf der Webseite von ENIT (links im grünen Feld anklicken), wo man die Spezialisten nach Ziel/Stadt, Reiseart, Sport- oder Kulturveranstaltung u.a.m. auswählen kann. Praktisch alle sind online und/oder über Reisebüros zu buchen.

Busreisende finden thematische wie Schlemmerreisen zu bestimmten Veranstaltungen oder zur Oper nach Verona z. B. bei Teambus (www.teambus.de).

Bewährt haben sich spezielle Anbieter für **Studienreisen** wie Studiosus Reisen (www.studiosus.de), mit dem wohl fundiertesten Italien-Angebot, das auch für Individualreisende zusammengestellt werden kann.

Der Spezialist für **Musikreisen** nach Italien dürfte Internationale Theater- und Musikreisen Rainer J. Beck sein (Hansastr. 17, 80686 München, Tel. 089/57 40 34, Fax 089/57 40 37, www.musikreisen-beck.de).

Sehr gut organisierte **Wanderreisen** bietet die Alpinschule Innsbruck an (www.asi.at) – ideal für die erste Begegnung mit den Wanderrevieren, die es von einfach bis alpin gibt.

Ein wichtiges Thema für **Kulturreisende:** die örtlichen Fremdenführer. Meistens sind sie in Italien nach strengen Richtlinien organisiert, fast überall kann man Deutsch sprechende Führer buchen. Infos über **zuverlässige Fremdenführer** (meist auf Kunst und Kultur eingestellt, weniger auf aktuelle Themen) erteilen die Touristen-Informationsstellen. Oder man wendet sich für die gründliche Organisation einer längeren Reise an:

Sindacato Nazionale delle
Guide Turistiche
Via Santa Maria alle Fornaci 8, Rom
Tel. 066 39 04 09, Fax 06 63 06 01
www.centroguideroma.org

Touristisch versierte **Dolmetscher:**
O.S.I.T. Organizzazione Sindacale
Interpreti Turistici
Via Luigi Gadola 1, Rom
Tel. 062 30 41 01, Fax 062 30 20 47
www.guideroma.com, www.guideroma.org

Reisen mit Kindern

Keine Frage, dass die flach abfallenden Sandstrände an der Riviera wie an der Adria ideal für Ferien mit Kindern sind. Die Adria sogar noch mehr als die Riviera, weil es dort eher die **großen Ferienanlagen** gibt – meist aus Campingplätzen entstanden und doch längst mehr als das sind: mit Bungalows und teils angegliedertem Hotel, mit mehreren Pools trotz Strandnähe und vielen Aktivitäten, die Kindern Spaß bereiten.

Hoch hinaus! Kein Problem für Kinder – und noch dazu vor einer Traumkulisse

Wer es ruhiger mag, kann sich ein einsames **Ferienhaus** mieten. Oder ein spezielles **Familienhotel** buchen, Kinderbetreuung inbegriffen (diverse Spezialkataloge von ENIT bzw. den speziellen Hotelvereinigungen). Vorreiter dürfte die Emilia Romagna mit zahlreichen Familienhotels an der Adria sein. Viele bieten *All inclusive*, was die Reisekasse erheblich entlasten kann. Obwohl es in Italien **selten Kindermenüs** gibt, dürfte man mit dem Essen kaum Probleme haben: Ein Teller Spaghetti oder eine Pizza lieben Kinder immer – und das Eis hinterher sowieso ...

Vor allem an der Adria, etwas bescheidener an der Riviera, findet man **Reiterhöfe** oder Landgüter mit Reitbetrieb in Strandnähe.

Reisende mit Handicap

Die Städte in der weiten Po-Ebene Oberitaliens sind im Allgemeinen hervorragend dazu geeignet, auch mit dem Rollstuhl erkundet zu werden, weil sie flach angelegt sind und außerdem große Fußgängerzonen aufweisen.

Immer mehr oberitalienische Städte senken ihre Bürgersteige an den Kreuzungen ab, und jedes neue bzw. umgebaute Hotel muss je nach Kategorie über mindestens zwei Behindertenzimmer verfügen.

Außerdem sorgen sich auch die Museen um gehbehinderte Besucher, indem fast durchweg Treppenaufzüge oder normale Aufzüge installiert wurden.

Anreise und Verkehr

Einreise- und Zollbestimmungen

Für die Anreise nach Italien benötigen EU-Bürger sowie Schweizer einen gültigen **Personalausweis**, auch wenn an den Grenzen kaum noch kontrolliert wird. In den Hotels jedoch muss immer ein Personalausweis oder Pass vorgelegt werden. Autofahrer benötigen ihren **nationalen Führerschein** und sollten für alle Fälle eine **Grüne Versicherungskarte** dabeihaben. Pflicht ist die Mitnahme der Grünen Versicherungskarte für die Anreise über die Schweiz, in Italien kann sie bei Verkehrskontrollen oder bei einem Unfall nützlich werden.

Für die Einreise aus EU-Ländern nach Italien gelten die **EU-Zollbestimmungen** (das gilt allerdings nicht für Waren aus Nicht-EU-Ländern).

Anreise

... mit dem Flugzeug

Internationale Flughäfen in Oberitalien sind Mailand, Bologna, Genua und Venedig sowie Ronchi (für Triest). **Linienflüge** zu und zwischen den großen Städten Oberitaliens führen Alitalia und Air Dolomiti (in Zusammenarbeit mit der Deutschen Lufthansa) durch, es gibt auch **Billigflüge**, z. B. nach Bergamo-Orio (Ryan Air, TUIfly), außerdem Malpensa für die Oberitalienischen Seen nördlich von Mailand. Bedeutende Flughäfen sind außerdem Turin und im Sommer Rimini bzw. Forlì für die Adria. Von regionaler Bedeutung sind Verona, Reggio nell'Emilia und Treviso.

Adressen im Internet:
www.alitalia.it, www.airdolomiti.it,
www.ryanair.com, www.tuifly.com

... mit der Bahn

Hervorragend sind die Bahnverbindungen durch die Schweiz über Como nach Mailand (Eisenbahnknotenpunkt auch für Wirtschaftsgüter zwischen Italien und Europa nördlich der Alpen). Von dort gibt es Anschlüsse über Pavia und Genua an die West- und Ostriviera Liguriens im Süden, nach Turin und damit ins Piemont im Westen, nach Brescia, Verona, Vicenza, Padua, Venedig und Triest im Osten sowie nach Piacenza, Fidenza, Parma, Reggio nell'Emilia, Bologna, Imola, Faenza, Cesena, Rimini und Riccione im Südosten.

Eine andere Streckenführung geht über den Brenner, also München – Innsbruck – Bozen und Trento nach Verona mit Abzweigungen westlich Richtung Mailand und weiter, nach Osten Richtung Vicenza, Padua und Venedig sowie nach Süden Richtung Bologna mit Abzweigungen nach Nordwesten Richtung Mailand und Seen sowie nach Südosten Richtung Adriaküste.

Auskünfte über alle Bahnstrecken in Italien gibt es online unter www.trenitalia.it oder innerhalb Italiens zum Ortstarif unter Tel. 89 20 21 (Call Center).

Wer aus dem Norden mit dem eigenen Pkw anreisen möchte, kann dies bei rechtzeitiger Buchung auch bequem mit den **Autoreisezügen** der Deutschen Bundesbahn tun; sie fahren während der Hauptferienzeit von Mai bis September. Abfahrt meistens nachts, Ankunft frühmorgens, z. B.:

München-Ost – Rimini; Neu-Isenburg – Verona; Hamburg-Altona – Hannover – Bozen – Verona; Köln – Verona; Berlin-Wannsee – Verona; Hannover – Köln – Neu-Isenburg – Bologna; Berlin-Wannsee – Bologna, Hannover – Köln – Alessandria.

DB Auto-Zug GmbH
Königswall 21
44137 Dortmund
www.dbautozug.de

Man kann auch innerhalb Italiens den Autoreisezug benutzen, Infos unter:

Auriga Travel
Via Rovino 51
I-39100 Bozen
Tel. 00 39/04 71 93 02 01
Fax 00 39/04 71 20 16 20

... mit dem eigenen Fahrzeug

Für Reisende aus Deutschland und Österreich empfiehlt sich die Strecke über Innsbruck und die Brennerstraße bzw. -autobahn A 22 nach Bozen, Trento und Verona.

Aus der Schweiz gelangt man über den Sankt-Gotthard-Pass nach Bellinzona, Lugano, Como, von Lausanne aus durch den Großen Sankt-Bernhard-Tunnel oder im Hochsommer über den Großen Sankt-Bernhard-Pass ins Aosta-Tal. Von Genf aus fährt man normalerweise durch den Mont-Blanc-Tunnel über Chamonix und Courmayeur ebenfalls nach Aosta zur A5, die am Mont-Blanc-Tunnel, also an der Grenze zu Frankreich, beginnt.

Die italienischen **Autobahnen** sind im Allgemeinen in hervorragendem Zustand – aber gebührenpflichtig. Die Landstraßen sind ebenfalls meistens sehr gut ausgebaut, das Straßennetz ist dicht. Bei der Planung der Anreise ist die geringe Anzahl von **Brücken** in der Po-Ebene zu berücksichtigen.

Die vielleicht **schönsten Strecken** nach Oberitalien sind meist nur im Sommerhalbjahr befahrbar und führen z. B.
- von der Brennerautobahn bei Klausen/Chiusa ins Grödnertal und bis nach Cortina d'Ampezzo und von dort Richtung Belluno nach Süden bis Venedig,
- von Landeck über den Stilfserpass zum gleichnamigen Nationalpark Richtung Tirana in die Valtellina, wo man ostwärts nach Edolo gelangt und von dort nach Süden abbiegt, nach Capo di Ponte Richtung Iseo-See,
- westwärts über Sóndrio bis zum Comer See, an dessen Ostufer oder Westufer entlang man entweder nach Lecco oder nach Como fährt,
- von Zürich über Chur und St. Moritz erreicht man durch den Julierpass und über Chiavenna oder über den Sankt-Bernhard-Pass den Comer See,
- ebenfalls über St. Moritz gelangt man durch das Poschiavo-Tal über den Bernina-Pass nach Tirano und Sóndrio Richtung Comer oder Iseo-See,
- auch die Strecke von der Schweiz über den Simplon-Pass zum Lago Maggiore hat ihre Reize.

Autobahngebühren

Die ausgezeichnet ausgebauten italienischen Autobahnen sind zwar gebührenpflichtig, aber kurze Strecken, etwa Umgehungsstraßen großer Städte, sind manchmal gebührenfrei befahrbar. Mit der **Viacard,** die bei den Automobilclubs, an den Grenzen und bei einigen italienischen Banken erhältlich ist, erspart man sich die Kleingeldsuche.

Tanken

In Oberitalien dürfte man kein Normalbenzin mehr finden, man tankt grundsätzlich Super bzw. Diesel. Die Preise liegen etwas höher als in Deutschland und der Schweiz, weit höher als in Österreich. Immer mehr Tankstellen stellen auf Selbstbedienung um, sodass man nicht nur an den Autobahnen den 24-Stunden-Service hat. Ansonsten sind die Öffnungszeiten gewöhnungsbedürftig. Vor 8 Uhr früh braucht man normalerweise keine Tankstelle anzufahren, die Mittagspause dauert meistens von 12.30 bis 15.30/16 Uhr und abends wird gegen 19 Uhr geschlossen. Wer außerdem beispielsweise sonntags Dienst hatte, schließt am Montag etc.

Verkehrsregeln

Italien hat einige besondere Verkehrsbestimmungen, die von den deutschen abweichen:
Es gelten folgende **Geschwindigkeitsbegrenzungen:** in den Ortschaften 50 km/h, auf den vierspurigen Hauptstraßen außerhalb

110 km/h, auf den Neben- und Gemeindestraßen 90 km/h und auf den Autobahnen 130 km/h, auf sechsspurigen Autobahnen, falls angeschlagen, auch 150 km/h; auf der Strecke Brenner – Bozen max. 110 km/h. Pkw mit Anhänger oder Wohnwagen dürfen außerhalb geschlossener Ortschaften höchstens 80 km/h, auf Autobahnen max. 110 km/h fahren.

Abblendlicht muss außerhalb der Ortschaften auch am Tag eingeschaltet werden.

An schwarzgelb markierten Bordsteinen ist das **Parken** verboten, an blau markierten Plätzen ist die Parkzeit beschränkt und muss bezahlt werden (Automaten).

Vor dem Anhalten muss man **blinken,** ebenfalls beim Überholen.

Fahren unter Alkoholeinfluss ist grundsätzlich verboten, die **Promillegrenze** liegt bei 0,5, bei Überschreiten drohen Gefängnis, eine hohe Geldstrafe und der Entzug des Führerscheins.

Anschnallen ist zwar Pflicht, doch kaum ein Italiener hält sich innerorts daran, auf Überlandstraßen schon eher. Man sollte es ihnen nicht gleichtun, denn auch hierfür sind die Strafen saftig.

Im Wagen ist grundsätzlich eine **Sicherheitsweste** mitzuführen, die man beim Anhalten auf Überlandstrecken immer gleich anlegen muss.

Verkehrsmittel im Land

Bahn

Innerhalb Italiens ist die Reise per Bahn zumindest zwischen den größeren Städten, z. B. den Regional- bzw. Provinzhauptstädten zu empfehlen, zwischen denen vor allem für den Berufsverkehr (Rushhour meiden) sehr gute Bahnverbindungen bestehen: Beispielsweise vom Brenner kommend mit dem IC nach Bozen und Trient, Rovereto und Verona, hier entweder weiter nach Osten, also nach Vicenza, Padua und Venedig, Anschluss nach Triest. Von Verona nach Süden ist man schnell in Bologna angelangt und erreicht damit alle Städte entlang der Via Emilia bis nach Rimini, also die Adria. Von Bologna nach Westen geht es nach Módena, Parma, Piacenza und Mailand, das auch über eine direkte Verbindung von Verona erreichbar ist (oder von der Schweiz her über Como). Mailand wird gerade durch eine transkontinentale neue Schnellbahntrasse mit Turin verbunden. Altbewährt ist die Strecke Mailand – Genua, und von dort fährt die Bahn die ganze Riviera westlich Richtung San Remo und Frankreich und östlich Richtung La Spezia und Toscana ab.

Bus etc.

Innerstädtisch (falls man als Reisender nicht lieber zu Fuß die interessanten Zentren entdeckt) ist der **Linienbusverkehr** dicht, in Mailand sind die **U-Bahn** und vor allem die kurzen, flinken **Straßenbahnen** sehr beliebt. Vororte sind ebenfalls per **Bus** erreichbar. Genauere Angaben s. Routenteil ab S. 76.

Besonders lohnend sind in den großen Kulturstädten, die auf Tourismus setzen, die **Cards** (beispielsweise Venice Card, Verona Card, Torino Card), mit denen man nicht nur die meisten Museen u. a. Sehenswürdigkeiten kostenlos oder zu ermäßigten Preisen besuchen kann, sondern auch die örtlichen Verkehrsmittel benutzen kann. Im Falle Verona gilt die Card sogar für den Busausflug an den Gardasee! Die Venice Card erlaubt natürlich auch die Fahrt mit den *vaporetti*.

Da die Cards für einen Tag bis zu – in manchen Städten – einem Jahr gültig sind, sollte man sich vor der Reise z. B. im Internet informieren, ob die ausgewählten Städte sie anbieten; man kann sie meistens online buchen. Vielfach gibt es für Kinder auch bei den Cards eine **Ermäßigung** oder sie sind bis zu einem bestimmten Alter in der Eltern-Card miteinbezogen.

Unterkunft

Hotels bucht man inzwischen am einfachsten über das Internet bzw. die Webseite der ausgewählten Häuser (s. auch ENIT-Webseiten S. 53f.). Wer sich jedoch auf Expertenwissen verlassen möchte, findet normalerweise Hilfe in seinem bewährten Reisebüro oder bei Zentralstellen wie der IHZ (Italia Hotel Zentrale), ww.ihz.net.

Auch Reiseveranstalter (s. S. 61) bieten z. T. für Individualreisende die Buchung von Unterkünften an, ob Hotels oder Ferienwohnungen und Apartments.

Ferienhäuser und -wohnungen

Einige Reiseveranstalter haben ein besonders großes Sortiment an Ferienhäusern in den einzelnen Regionen Oberitaliens im Programm, aber bei weitem noch nicht so viele wie in der Toscana. Am ehesten findet man Ferienwohnungen an der Riviera und an der Adriaküste sowie an den Oberitalienischen Seen, beispielsweise bei der TUI und bei LTU/ITS.

Außerdem geben auch die Fremdenverkehrsorganisationen spezielle Kataloge für Ferienwohnungen heraus, die man unentgeltlich bestellen kann. Darin sind meist auch **Zimmer mit Frühstück (B & B)** aufgeführt; bei kleineren Städten oder Gebieten sind alle Unterkunftsarten zusammengefasst, also auch Hotels, Jugendherbergen und Campingplätze.

Ferien auf dem Bauernhof

Im Internet finden sich vor allem für Ferien auf dem Bauernhof gute Adressen unter den einzelnen Regionen oder auch bei deren Zentralen (www.terranostra.it oder www.agriturismo.it, auch in Deutsch), sonst in den Katalogen bzw. den Webseiten der Regionen, Provinzen oder Kommunen unter *agriturismo*.

Jugendherbergen

Jugendherbergen liegen in Italien häufig sehr zentral, sind z. T. in historischen Gebäuden untergebracht und recht komfortabel modernisiert. Bis zu drei Tagen kann man normalerweise an jedem Ort wohnen, und nicht immer ist ein Jugendherbergsausweis nötig.

Auskunft und eine genaue Beschreibung der Häuser findet man unter: www.ostellionline.org.

Hotels

Große Hotels in den Wirtschaftsmetropolen Oberitaliens, aber auch kleinere, bieten für das Wochenende vielfach besonders günstige Pauschalarrangements für zwei oder gar drei Nächte an, meist z. B. unter der Bezeichnung ›Torino Weekend‹ u. Ä. Man kann dann 30 bis 50 % des Übernachtungspreises sparen und wird oft sogar noch mit einem Begrüßungsmenü oder zumindest -cocktail empfangen.

Interessante Arrangements findet man auch in den Katalogen von Relais & Chateaux und Romantik-Hotels (s. Webadressen S. 52).

Campingplätze

Vor allem an der Adria findet man eine hervorragende Auswahl an Campingplätzen, die Feriendörfern gleichen und so ziemlich alles anbieten, was man für unbeschwerte Ferien benötigt, ob im Zelt oder Homemobil, in der Hütte oder im Hotel.

Genaue Beschreibungen findet man u. a. im ›Hallwag-Campingführer Europa Süd‹. Für

Sport und Aktivurlaub

alle Aktivitäten findet man gute Webseiten beim **Comitato Nazionale Italiano** (www.coni.it) mit Links zu sämtlichen Sportorganisationen (nicht nur zu italienischen, auch zu internationalen). Und eine hervorragende Adresse für alle sportlichen Veranstaltungen in Italien ist www.sport.it. Oder man schaut unterwegs in die rosafarbene ›Gazzetta dello Sport‹.

Wassersport

Baden

Die vielleicht **schönsten Strände** Oberitaliens hat die obere Adria zu bieten. Nordöstlich von Venedig liegen Cáorle (mit zwei wundervollen, breiten Stränden) und Lido di Jesolo, darauf folgt das dreigeteilte Lignano; südlich der Lagunenstadt bzw. dem Po-Delta die Lidi von Ferrara und Ravenna mit ausgedehnten Pinienwäldern als schattigem Rand. Weiter südlich stößt man auf Cesenático und natürlich Rimini und Riccione, wo seit mehr als anderthalb Jahrhunderten Badekultur gepflegt wird. Mit den bunten *bagni*, die sich in den letzten Jahren zu wahren **Wellness-** und **Spaßoasen** entwickelt haben, vor allem aber auch mit zumeist guten Bars und Restaurants.

An der Riviera gilt nach wie vor der beliebte Strand von Alássio als Zugpferd; es gibt aber auch kleine Schönheiten unter den Stränden wie etwa Laiguélia oder Varigotti mit seinen fast orientalisch anmutenden, bunten Häusern.

Segeln, Surfen und Tauchen

Der Gardasee ist bekanntermaßen ein fantastisches Revier für alle Wassersportarten, für die man Wind und Wellen benötigt. **Segler** zieht es Anfang September dorthin zur größten Regatta auf einem Binnensee überhaupt, und **Surfer** belagern vom Frühjahr bis zum Spätherbst den Norden des Sees, weil sie hier die besten Reviere finden mit ›pünktlichen‹ Winden, nach denen man die Uhr stellen könnte.

Weitere Informationen gibt es bei den einzelnen Verkehrsämtern oder bei der:
Federazione Italiana Vela
(Italienischer Yacht- und Segelverband)
Viale Brigata Bisagno 2–17
16129 Genova
Tel. 010 54 45 41, Fax 010 59 28 64
www.federvela.it

Auch die Tauchstationen und -lehrer sind organisiert, Anfragen beim Italienischen Verband für Tauchsport:
Federazione Italiana Attività Subacque
Via Macchi 38, 20124 Milano
Tel. 026 70 50 05, www.fias.it

Wichtig zu wissen: An den Oberitalienischen Seen ist der **Motorbootsport** stark eingeschränkt, schließlich soll man sich hier erholen und/oder segeln oder surfen, aber keinem lauten Motorengeräusch und auch keiner Gefahr beim Schwimmen ausgesetzt sein.

Wandern, Klettern & Gleitschirmfliegen

Wandern

Da Wandern zu den Hauptaktivitäten von Urlaubern in den Alpenregionen Italiens wie an den Oberitalienischen Seen gehört, könnte der Kontakt zum lokalen Alpenverein interessant sein, erhältlich über den Italienischen Alpenverein:

Club Alpino Italiano (C.A.I.)
Sede Centrale Via E. Petrella 19
20124 Milano
Tel. 022 05 72 31
Fax 022 05 72 32 01
www.cai.it

Im Aosta-Tal wird neben dem Wandern das **Biwakieren** am Mont Blanc ganz groß geschrieben.

Klettern
Berühmte Klettersteige gibt es in den Dolomiten; die größte Veranstaltung für Kletterer findet jedoch im Norden des Gardasees statt, bei Arco; Infos: www.comune.arco.tr.it.

Gleitschirm- & Drachenfliegen
Wegen günstiger Winde wird dieser immer beliebtere Sport u. a. in den Belluneser Alpen, am Monte Baldo und auf der Hochebene von Asiago ausgeübt. Infos: www.coni.it.

Golf

Golfer finden eine große Anzahl wunderschöner Golfplätze im Norden Italiens, die meisten sind organisiert in der **Federazione Italiana Golf,** dem Italienischen Golfverband, Viale Tiziano 74, 00196 Roma, Tel. 063 23 18 25, Fax 063 22 02 50, www.federgolf.it. Die meisten Golfplätze findet man (im Internet nach Regionen eingeteilt) in der Lombardei (rund 50) und im Piemont (mehr als 30) sowie in Venetien und in der Emilia Romagna (jeweils mehr als 20).

Radsport

Groß ist die Begeisterung der Italiener für den Radsport, schließlich findet hier unter massiver Anteilnahme der Zuschauer der **Giro d'Italia** statt, das zweitwichtigste Radsportereignis nach der Tour de France. So sind Autofahrer nicht nur an Wochenenden, aber dann extrem, auf vorsichtige Fahrweise bedacht, denn überall sind Radfahrer unterwegs, speziell in den Hügel- und Bergregionen.

Für **Radausflüge** eignen sich nahezu alle Regionen Oberitaliens, man kann fast überall Räder mieten. Besonders Sportliche finden rund um den Gardasee hervorragende Reviere für **Mountainbike-Touren** und entsprechende Wettbewerbe. Sonst bieten die Regionen in der flachen Padania – sehr schön am Po entlang – spezielle Radtouren an, und die meisten Städte gelten ohnehin als Domäne der Radfahrer, die sich manchmal leider überhaupt nicht um den restlichen Straßenverkehr kümmern ... Generelle Informationen über die **Federazione Ciclistica Italiana FCI** unter www.coni.it.

Skifahren

Das Skifahren in den Alpenregionen hat Tradition. **Berühmteste Skigebiete** Oberitaliens sind die Dolomiten mit dem Kronplatz (Südtirol) und Madonna di Campiglio (Trentino), Cortina d'Ampezzo (Veneto), die Veltliner Alpen der Lombardei mit den Skizentren Aprica und Bormio sowie in Livigno. Dann gibt es natürlich die **Gletscher-** und damit auch **Sommerskigebiete:** im Aosta-Tal gleich dreimal, am Mont Blanc, am Matterhorn (Cervino) und am Monte Rosa.

Zuschauersport

Italiener lieben **Fußball** – auch aus der Zuschauerperspektive. Läuft ein wichtiges Spiel, ist kein Kellner oder Hotelangestellter wirklich ansprechbar ... Die wichtigsten Fußballstadien des Reisegebietes stehen in Turin, Mailand, Verona, Udine, Genua und Bologna.

Und natürlich lieben Italiener den **Motorsport** – Schumi sei Dank, der für sie den roten Ferrari zum Inbegriff des Rennsports machte. Die wichtigsten **Rennen** finden im lombardischen Monza nördlich von Mailand statt (Großer Preis von Italien) sowie bei Imola in der Emilia Romagna (Großer Preis von San Marino).

Einkaufen

Märkte

Oberitaliens Regionen sind eine Fundgrube für gute bzw. Spezialeinkäufe. Angefangen bei kulinarischen Genüssen bis hin zu Möbeln, etwa in der Metropole des Designs, Mailand. Großes Vergnügen bereiten die Märkte, speziell die Wochenmärkte, die es praktisch in jeder Stadt gibt. Besonders reichhaltig ist das Angebot auf den *mercati* rund um die Seen, wo sich so mancher Tourist einen Wochenplan anlegt, um die besten Märkte zu besuchen, auf denen es neben Lebensmitteln auch Kleidung, u. a. Wäsche, zu kaufen gibt. Einer der ganz großen und interessantesten Märkte findet in **Carpi** statt, **weitere** wundervolle Märkte locken in Mantua sowie in **Alba,** hier speziell zur Trüffelzeit.

Wein und Delikatessen

Weinstraßen abzufahren gehört sicher bei vielen zum Reiseprogramm – inkl. Besuch von Weingütern und *cantine* fürs Verkosten und den Einkauf vor Ort. Besonders zahlreich sind sie in Südtirol (Traminer und Gewürztraminer) und dem Trentino (Müller-Thurgau), im Piemont (Barbera und Barolo) und in der Lombardei (handgeschüttelter Sekt in der Franciacorta), in der Emilia Romagna (Sangiovese), in Venetien (Valpolicella, Soave und die perlenden Weine der Valdobbiadene) und Friaul-Julisch Venetien (Colli Orientali del Friuli mit dem weißen Tocai oder dem roten Reforsco, Cabernet franc u. a.) und – vielleicht eine Überraschung – auch im Aosta-Tal (Enver).

Rohen **Schinken** kaufen Kenner in Parma oder in San Daniele del Friuli, in Montagnana oder gar im nördlichen Friaul in Saúris den leicht geräucherten und erst dann luftgetrockneten. **Käse** wird im ganzen Land angeboten. Angefangen beim Parmigiano Reggiano, aus dem nicht nur die Namen gebenden Provinzen Parma und Reggio nell'Emilia einen Kult machen, sondern der in weiten Teilen des Landes unter den verschiedensten Bezeichnungen produziert wird. Aus der Gegend rund um Mailand stammen Gorgonzola und Taleggio und von den Hochebenen des Alpenraums würzige Käsesorten wie der Asiago (am besten direkt von der Alm), der Toma aus dem Aosta-Tal und dem Piemont und, und ...

Eine teure Delikatesse ist der **Aceto Balsamico Tradizionale di Módena,** der Balsamico-Essig, weil er sehr aufwendig produziert wird und nichts zu tun hat mit dem, was man gemeinhin im Supermarkt einkauft. **Olivenöl** bester Güte kauft man in Oberitalien am besten am Gardasee und in Ligurien.

Einkaufstipps

Bologna ist nicht nur eine hervorragende Bezugsadresse für Mode – im Herzen des historischen Zentrums befindet sich eine Einkaufsstraße, die Via Pescherie Vecchie mit Nebengassen, die einem Schlemmerparadies gleicht – wie diejenige nahe Mailands Domplatz: Via Speronai und Via Spadari. Denn **Mailand** ist nicht nur ideal für Modebewusste, sondern auch für Genießer. Doch nicht nur Großstädte haben etwas zu bieten, sondern auch kleine beliebte historische Städtchen wie z. B. **Vigévano** (Lombardei), das für seine Schuhindustrie bekannt ist. Oder **Faenza,** traditionell für seine Porzellanwerkstätten berühmt. Und **Comos** Seidengeschäfte sind ein Begriff, war es doch früher ein Zentrum der Seidenindustrie.

Öffnungszeiten

Geschäfte haben unterschiedliche Öffnungszeiten, meist Mo-Sa 8.30/9–12.30, 15.30–19.30, im Sommer nachmittags 16–20 Uhr, in Ferienorten während der Saison häufig viel länger und auch sonn- und feiertags.

Ausgehen

Das Leben spielt sich auch am Abend vielfach im Freien ab

Passeggiata & Co.

Im Allgemeinen tun es die Touristen den Italienern nach, die vor allem im Sommer die langen Abende gerne auf der nächsten oder beliebtesten Piazza ihres Stadtteils oder eines nahen Ortes verbringen, bei einem Drink und guten Gesprächen im Freundes- oder Familienkreis.

In den großen Regionalhauptstädten (Mailand und Bologna, Turin und Genua) findet man das übliche Nachtleben mit **Nachtclubs** für die reiferen Jahrgänge und **Diskotheken** eher für die Jugend. Das gilt auch für die beliebtesten Strandorte und einige Ferienorte an den Seen während der sommerlichen Saison. Über die **aktuellen Adressen** informieren die Touristenbüros, einige Tipps finden Leser auch im Routenteil, doch ändert sich die Szene ständig.

Hotelbars gelten ebenfalls als beliebte Treffs, manchmal mit Live-Pianomusik. In den Weinanbauregionen bieten sich natürlich die **Weinlokale** für einen Besuch sowohl zum Abendessen als auch für einen genüsslichen Probierabend an. Speziell in Südtirol ist das **Törggelen** (s. S. 95) im Herbst von Kneipe zu Kneipe üblich, dies normalerweise eher am Nachmittag, wenn der junge Wein ausgeschenkt wird.

Auch **Bierlokale**, *birrerie*, erfreuen sich großen Anklangs bei der italienischen Jugend, weil diese die informelle Atmosphäre schätzen; hier kann man normalerweise nur Bier trinken oder auch Kleinigkeiten dazu essen.

Kinobesuche verlegen die Italiener eher auf die kühlere Jahreszeit, es laufen im Prinzip die gleichen Filme wie nördlich der Alpen. Auch das **Theater** hat üblicherweise seine Saison im Winterhalbjahr, die **Oper** dagegen im Sommer, insbesondere, wenn sie eine Freilichtkulisse hat wie die Arena von Verona, um die wohl bekannteste zu nennen.

Reisekasse und Reisebudget

Was kostet eine Reise nach Oberitalien?

Oberitalien ist ein **teures Reisegebiet,** das lässt sich einfach nicht leugnen. Wer auf die Reisekasse achten muss, sollte auf keinen Fall einfach losfahren, ohne vorher die seinem Budget entsprechende Unterkunft vorgebucht zu haben. Etwa in einer Jugendherberge (s. S. 66) oder auf einem Campingplatz, denn wildes Campieren ist fast überall in Italien verboten.

Einzelzimmer sind verhältnismäßig – wie überall in Europa – übertäuert, zu zweit muss man aber auch mit 100 € pro Tag für **Übernachtung** mit Frühstück rechnen, will man vernünftig wohnen. Eine Ausnahme sind Orte, die ein Überangebot an Betten aufweisen, was durchaus z. B. an der Adriaküste und sogar in Rimini & Co. der Fall sein kann (Doppelzimmer mit Frühstück ab rund 50 €). Teuer kann es auch auf dem Land werden, soll das Wohnen im Agriturismo auch Vergnügen bereiten. Verhältnismäßig günstig ist die Halb- bzw. Vollpension in den Ferienorten, die zur Hochsaison meist nur solche ›Pakete‹ anbieten, weil die Italiener sie selbst traditionell bevorzugen. Die Übernachtung mit Halbpension kostet pro Person in der Mittelklasse 50 bis 70 €, nach oben hin ist die Skala offen …

Bei den ›**Nebenkosten**‹ kommt es darauf an, ob man sich für ›normale‹ Orte und ›normale‹ Plätze entscheidet – oder unbedingt auf der Piazza San Marco von Venedig oder in der Galleria Vittorio Emanuele II in Mailand einen *caffè* trinken möchte. An der Bar gibt es ihn für weniger als 1 €, die Preise am Tisch auf der Piazza schnellen leicht auf 2 und 3 und bis auf 5 € hoch. Überraschende Ausnahmen gibt es z. B. in den netten Orten des Garda- oder Iseo-Sees, sogar direkt am See. Allerdings erhält man auch dort einen schönen, üppigen Eisbecher selten unter 5 €. **Essen gehen im Restaurant** kann Beträge in Schwindel erregender Höhe erreichen, unter 25 € gibt es selten ein ganzes Menü (ohne Getränke) – aber wer nimmt das heute noch! Andererseits gibt es immer mehr Mittagessen (*pranzo di lavoro*, in Touristengebieten *Menu turistico* genannt) zu Festpreisen, in unserem Reisegebiet normalerweise ab 12 €; darauf achten, ob die **Getränke** inklusive sind, das gibt es nämlich auch!

Die **Eintrittsgebühren** zu den Sehenswürdigkeiten, inzwischen gehören auch viele Kirchen dazu, sind sehr unterschiedlich, das kann von 1 bis zu 10 € ausmachen. Unbedingt sollte man nach **Sammeltickets** fragen, die viele Städte auflegen, z. T. in Verbindung mit einer eigenen Card, also z. B. Torino Card, Trento Card etc.

Diese ermöglichen in der Regel auch **kostenlose Fahrten mit den öffentlichen Verkehrsmitteln** oder gar eine Stadttour innerhalb der gebuchten Zeit von einem bis zu drei Tagen o. Ä. Erfreulich ist, dass der Eintritt für EU-Bürger unter 18 bzw. ab 65 Jahren in staatlichen Museen und Schlössern kostenlos ist. Die Benutzung der öffentlichen Verkehrsmittel ist generell günstiger als nördlich der Alpen.

Sperrung von EC-und Kreditkarten bei Verlust oder Diebstahl*:

0049-116 116

oder 0049-30 4050 40509
(* Gilt nur, wenn das ausstellende Geldinstitut angeschlossen ist, Übersicht: www.116116.eu)
Weitere Sperrnummern:
– MasterCard: 0049-69-79 33 19 10
– VISA: 0049-69-79 33 19 10
– American Express: 0049-69-97 97 1000
– Diners Club: 0049-69-66 16 61 23
Bitte halten Sie Ihre Kreditkartennummer, Kontonummer und Bankleitzahl bereit!

In den Bagni werden Liegen und Sonnenschirme zur Verfügung gestellt – ein nicht immer ganz preiswertes Vergnügen

Geld

Reisende aus der Schweiz können an den vielen **Wechselautomaten** der Banken mit der Kredit- oder Scheckkarte Geld abheben oder auch Bargeld tauschen.
Das ist natürlich auch an **Bankschaltern** möglich, dort muss der Ausweis vorgelegt werden. Wechselstuben haben i. Allg. durchgehend geöffnet, auch an der **Hotelrezeption** kann in der Regel gewechselt werden.

Öffnungszeiten der Banken
Mo–Fr 8.30–13.20, 14.45–15.45 Uhr; in den Ferienorten häufig länger, manchmal auch samstags.

Trinkgeld

Im Restaurant gibt man bis 10 % des Rechnungsbetrages, im Taxi aufgerundet um etwa 10 %. Im Hotel erhält das Zimmermädchen pro Gast und Woche je nach Hotelkategorie mindestens 5 €, der Gepäckträger pro Gepäckstück 1 €, das Personal an der Rezeption, falls Sonderwünsche erfüllt wurden, in der gehobenen Kategorie ab 10 €.

Reisezeit und Ausrüstung

Klima und Reisezeit

Kaum jemand reist im Winter nach Oberitalien, es sei denn, um Wintersport zu treiben – und dann bleibt kaum Zeit für Ausflüge in die Umgebung, für Stadterkundungen oder für andere kulturelle Unternehmungen. Dieser Band spricht aber Reisende an, die sich für Land und Leute und deren Kultur interessieren. Diese sollten auch den Hochsommer meiden, wenn in der alles bestimmenden Padania, der Po-Ebene, Hitze und Schwüle das Leben unerträglich machen. Etwas anders ist es, wenn man die Kulturreise mit einem Badeaufenthalt kombinieren oder die Strandferien mit interessanten Ausflügen aufwerten möchte. Oder wenn man im Norden Oberitaliens zu bleiben plant, im Norden der Doppelregion Südtirol-Trentino, im Aosta-Tal und in Karnien im Norden Friauls. Hier sind die Sommermonate vielleicht die schönste **Reisezeit,** mit blühenden Wiesen auf einladenden, bewirtschafteten Almen sowie angenehm temperierten Städtchen. Und wer will, kann auf die Gletscher aufsteigen und sogar Sommerskilauf betreiben.

Für die reine Kulturreise aber bleiben eigentlich nur Frühjahr und Herbst, will man seine Reise auch klimatisch genießen. Mit Ausnahme Liguriens: Die See-Alpen schaffen in der Region auch im Winter ein besonders mildes Klima. Sonnig-warme Dezembertage sind keine Seltenheit, weil die Berge die sichelförmige Region um den weiten Golf von Genua vor den Nordwinden schützen.

Bei der Größe Oberitaliens ist es nicht verwunderlich, dass das **Klima** so unterschiedlich ist. Die meisten Niederschläge fallen zwischen Oktober und März, aber auch verregnete Mai- und Junitage sind keine Seltenheit.

Bei der Reiseplanung sollte man daran denken, dass in den Alpen manche **Pässe** bis ins späte Frühjahr hinein geschlossen sind, am sichersten ist dann noch immer der Brenner. Oder man benutzt die großen Tunnel unter den Alpenpässen: ins Aosta-Tal im Westen entweder über Frankreich durch den Mont Blanc oder aus der Schweiz kommend über den Großen Sankt Bernhard, im Osten über Österreich durch den Tauerntunnel direkt ins Friaul.

Kurzentschlossene finden die **Wetterberichte und -vorhersagen** im Internet unter www.wetter.de bzw. unter den einzelnen Gemeinde- oder Regionaladressen.

Kleidung und Ausrüstung

Noch immer kleiden sich die eigentlich sehr modebewussten Italiener vor allem in den großen Städten gerne formell, speziell am Abend und bei Restaurantbesuchen. Bei den Herren reicht aber eine ordentliche Jacke über gepflegter Jeans aus; Damen tun sich leichter, es gibt fast keine Kleidervorschriften für sie. Auch für den Theaterbesuch takelt sich in Italien kaum noch jemand auf, dann schon eher für die Oper, wenn man gesehen werden möchte.

Klimadaten Venedig

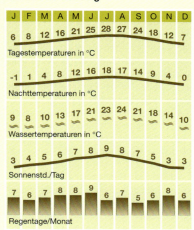

Gesundheit und Sicherheit

Gesundheit

Apotheken

Für Reisen nach Italien braucht man keine besondere Gesundheitsvorsorge zu beachten. Wer bestimmte Medikamente benötigt, sollte zwar für genügend Vorrat sorgen, aber man bekommt hier in der Apotheke **(farmacia;** auch Nachtdienst vorhanden) praktisch alles. Dasselbe gilt für diejenigen, die sich vor Insektenstichen schützen müssen. Eine kleine Reiseapotheke mit Mitteln gegen eine eventuelle Unverträglichkeit von Speisen mit Olivenöl kann ebenfalls hilfreich sein. Und bei Reisen im Hochsommer den Sonnenschutz nicht vergessen!

Italienische Apotheker sind sehr gut ausgebildet und ersparen bei kleinen Problemen den Arztbesuch.

Öffnungszeiten der Apotheken

Apotheken haben unterschiedliche Öffnungszeiten, meist ist aber Mo–Sa 8.30–12.30 und 15.30–19.30 sowie im Sommer nachmittags 16–20 Uhr geöffnet. In Ferienorten halten sie während der Saison häufig viel länger geöffnet, oft auch sonn- und feiertags.

Ärztliche Versorgung

Der Auslandskrankenschein (Formular E 111), den gesetzlich Krankenversicherte bislang vorlegen mussten, wenn sie den Arzt im *Ambulatorium* aufsuchen wollten, wird zurzeit schrittweise von der **Europäischen Krankenversicherungskarte** abgelöst.

Schweizer Staatsbürger hingegen werden wie Privatpatienten behandelt, sie müssen die Arztrechnung gleich zahlen und können sie dann mit ihrer Kasse zu Hause verrechnen.

Während der Hochsaison gibt es fast überall speziell für Touristen einen **kostenlosen Arztdienst,** der aber nicht sehr weitreichend ist. Am besten ist es, vorsorglich eine private (auch kurzfristige) **Reisekrankenversicherung** abzuschließen. Ein eventuell notwendiger und kostspieliger Krankenrücktransport nach Deutschland ist dadurch abgedeckt – ebenso wie schmerzstillende **Zahnbehandlungen,** deren Kosten in der Regel sonst nur stark eingeschränkt oder gar nicht übernommen werden.

In vielen Ferienorten gibt es auch **Deutsch sprechende Ärzte;** Auskunft im Hotel oder beim Fremdenverkehrsamt. Der **medizinische Standard** entspricht in etwa dem mitteleuropäischen.

Wasser

Das **Trinkwasser** in den Hotels ist normalerweise einwandfrei, aber Italiener trinken immer nur **Mineralwasser,** am liebsten ohne Kohlensäure. Man bestellt *acqua minerale con gas* (mit Kohlensäure), *frizzante* (perlend) oder *naturale* (ohne Kohlensäure).

Notruf

Landesweit erreicht man gebührenfrei Polizei, Feuerwehr und Notarzt über die in der EU allgemein gültige Rufnummer 112 und den Straßenhilfsdienst des Italienischen Automobilclubs ACI (kostenlos für Partnerclub-Mitglieder) unter Tel. 80 31 16.

Sicherheit

Leider sind Autodiebstahl, Autoaufbruch, Taschendiebstahl u. Ä. auch in Italien noch immer ein leidiges Kapitel. Insbesondere zur hochsommerlichen Reisezeit und in den wichtigsten touristischen Zentren wie in den Großstädten und Badeorten ist Vorsicht geboten.

Die größte Sicherheit bieten Hotelgaragen, meist kosten sie extra. Auf keinen Fall zu viel Bargeld mitnehmen und auf die Kreditkarten achten!

Kommunikation

Internetcafés

Sie schießen wie Pilze aus dem Boden, aktuelle Adressen bekommt man am besten vor Ort. Doch inzwischen kann man als Reisender fast auf sie verzichten, bieten doch praktisch alle Hotels eine Internetecke für ihre Gäste bzw. immer mehr einen eigenen Internetanschluss auf dem Zimmer.

Wer dennoch ein Internetcafé sucht, findet die organisierten Anbieter unter www.worldinternetcafes.de/Europe/Italy.

Post

Normalpost und Postkarten müssen mit 0,41 € frankiert werden, mit der schnelleren *posta prioritaria* (2–3 Tage) mit 0,62 €. **Briefmarken** erhält man in Tabakläden *(tabacchi)*, bei den Postkartenverkäufern und manchmal auch im Hotel. **Briefkästen** sind rot, in manchen Orten rot und blau für die Eilbeförderung sowie blau für das Ausland.

Öffnungszeiten der Postämter

Mo-Sa 8.15–14 Uhr, Hauptpostämter auch länger, in kleineren Orten oft nur bis 12 Uhr oder stundenweise.

Telefonieren

In Italien sind die **Telefonzellen** mit Kartenapparaten ausgestattet; Telefonkarten verkaufen die Tabakläden, Hotelrezeptionen und Zeitungskioske sowie die Telecom-Stellen, die an wichtigen Punkten zu finden sind.

Wer mit dem **Handy** telefonieren möchte, sollte sich vor der Reise bei seinem Betreiber erkundigen, wer sein Partnerbetreiber in Italien ist (z. B. TIM, Winds oder Vodafone). Durch das sogenannte Roaming, das man kostenlos einrichten kann, sind die Gebühren dann niedriger.

Internationale Vorwahlen

Italien	00 39
Deutschland	00 49
Schweiz	00 41
Österreich	00 43

Gespräche nach Italien

Landesvorwahl plus Rufnummer mit der Null wählen (Handynummern haben jetzt generell keine Null mehr in der Vorwahl).

Gespräche ins Ausland

Landesvorwahl plus Ortsvorwahl ohne die Null plus Rufnummer wählen.

Telefonieren in Italien

Neun- oder zehnstellige Teilnehmernummer wählen.

Telefonauskunft

Innerhalb Italiens je nach Anbieter; Telecom: 12

Fernsehen

Kaum zu glauben, aber dort, wo man keine deutschen Touristen in großer Zahl erwartet, wird den wenigen kaum ein deutscher Fernsehsender per Satellit geboten. Sogar in den Geschäftsmetropolen wie Mailand oder Turin findet man selbst in großen Hotels nur selten diesen Service.

Zeitungen und Zeitschriften

Deutschsprachige Zeitungen und Zeitschriften sind in den Küstenorten während der Saison aktuell erhältlich, ebenso in den großen Städten wie Mailand, Bologna und Venedig, zumindest an den Bahnhöfen und Flughäfen. Dasselbe gilt für die wichtigsten Orte rund um die international besuchten Seen.

Eine Wohltat: Pause in Sirmione

Unterwegs in Oberitalien

Holzschuhmacher im Sarntal

Kapitel 1

Südtirol-Trentino

Auf einen Blick: Südtirol-Trentino

Alpen, einladende Städtchen, Burgen und Schlösser

Südtirol-Trentino ist das wichtigste Durchreisegebiet für die meisten ›Nordlichter‹, dazu eine ausnehmend schöne und interessante Region, inzwischen nicht nur bei deutschen, sondern vor allem auch bei italienischen Touristen aus den südlich gelegenen Regionen beliebt. Alle wissen es zu schätzen, dass man hier in seiner Sprache verstanden wird. Schließlich ist zumindest Südtirol zwei-, mit dem Ladinischen sogar dreisprachig.

Das ist aber bei weitem nicht der einzige Grund für die stetig wachsende Beliebtheit der Region. Zuwachsraten erleben vor allem die Skiorte der Brenta- und Ortlergruppe, das Latemar- und weiter nordöstlich das Marmoladagebiet, beide geografisch sowohl Südtirol wie dem Trentino zugehörig, sowie die Skiorte am Sellajoch. Allein zu Südtirol gehören die Skigebiete um den Kronplatz (Pustertal), die Seiser Alm (Grödnertal) und ganz im Nordwesten das Gletscherskigebiet am Ende des Schnalstals.

Im Sommerhalbjahr bieten die Berge herrliche Wanderreviere jeden Schwierigkeitsgrades und großartige Landschaften, Almen voller Wildblumen, reißende Bäche, verlockende Seen. Dazu die historischen Städtchen mit ihrer vielfach erhaltenen Bausubstanz, durch Fußgängerzonen geschützt, die zum Bummeln und Einkehren einladen. Ebenso wie die Weinschänken entlang der Weinstraßen im südlichen Südtirol.

Renaissance, Musik und weinselige Täler

Zum Ärger ihrer Touristiker scheint die autonome Provinz Trentino ganz im Schatten ihrer großen Nachbarin Südtirol zu stehen. Aber das täuscht: Die heiterere Provinz der Doppelregion, offener und dem Süden näher, hat inzwischen ebenfalls ihre Freunde gefunden.

Trento, die Provinzhauptstadt, zeigt sich – überraschend im fast hohen Norden Italiens – in bester Renaissance-Architektur. In Rovereto ist die Bedeutung der einstigen Handelsstadt zwischen Nord- und Südeuropa all-

80

gegenwärtig. Außerdem hat die Stadt den Besuch des jungen Mozart perfekt zu vermarkten verstanden, Musik steht auf dem Festprogramm, Musik ertönt im Sommer auf den Plätzen und aus den Palästen der hübschen Stadt, aber auch auf den umgebenden Schlössern und auf historischen Weingütern.

Naturliebhaber kommen in den Seitentälern auf ihre Kosten, hier finden sie Badeseen und Wildbäche, Naturattraktionen wie die Erdpyramiden von Segonzano. Ausflüge führen zu trutzigen Burgen. Außerdem wächst hier guter Wein, gedeihen leckere Apfelsorten. Und auf dem Land entdeckt man immer mehr Möglichkeiten für ›Ferien auf dem Bauernhof‹.

Highlights

1 **Die Weinstraße im Süden Südtirols:** Malerische Weinberge in idyllischer Landschaft runden das kulinarische Erlebnis ab (s. S. 98ff.).

2 **Die Erdpyramiden von Segonzano:** Überbleibsel der letzten Eiszeit in großartig wilder Berglandschaft des Trentino (s. S. 111).

Empfehlenswerte Routen

Vom Gadertal über das Würzjoch nach Brixen: schmale, atemberaubend schöne Passstraße durch ladinisches Gebiet (s. S. 87).
Von Völs nach Seis und Kastelruth: großartige Panoramastrecke, die Seiser Alm im Visier (s. S. 88).
Cembratal: zu Apfelplantagen und Weinpergolen, Naturattraktionen und einsamen Dörfern (s. S. 108ff.).
In der Vallagarina: Durch das Trentiner Land der Burgen und Weinorte, die den wichtigsten Teil der Trentiner Weinstraße ausmachen, führt diese schöne Route (s. S. 116f.).

Reise- und Zeitplanung

Für Südtirol-Trentino sollten mind. zwei Wochen eingeplant werden, will man das gesamte Gebiet halbwegs in Ruhe erkunden.

Richtig Reisen-Tipps

Museum Ladin im Gadertal: In St. Martin in Thurn bewahrt das interessante Museum Sprache und Kultur der Ladiner in einer Burg in großartiger Berglandschaft (s. S. 87).

Burgen und Schlösser Südtirols: wo man wohnen und einkehren kann (s. S. 99).

Auf den Spuren Dürers durch das Cembra-Tal: Der Dürerweg bringt den Reisenden zu den Vorlagen für Dürers Bilder. Entsprechende Tafeln zeigen die Bilder und erklären das Original oder das, was davon übrig geblieben ist (s. S. 109).

Aus München/Innsbruck kommend, kann man die Brennerstraße durch das Eisacktal fahren und dabei wenigstens Sterzing und Brixen besichtigen. Oder – nur im Sommer – hinter Sterzing über das 2211 m hohe Penser Joch ins Penser- und weiter ins Sarntal, um vom Norden her Bozen zu erreichen. Von der Brennerstraße erschließen sich einem im Osten mehrere Seitentäler. Ganz gleich, welche Strecke man wählt, an einem Tag ist man auch inkl. der Besichtigungen (aber ohne die Seitentäler) in Bozen angelangt.

Für Bozen sollte man einen ganzen Tag einplanen, für Meran reicht ein halber Tag, es sei denn, man möchte die neue Therme ausprobieren oder entlang der Sommerpromenade spazieren.

Für die Weinstraße Südtirols sollte mind. ein Tag veranschlagt werden, für die Besichtigung der zugänglichen Burgen und Schlösser ebenfalls (Kombinieren möglich).

Der Etsch folgend kommt man entlang der alten Brennerstraße ins Trentino, wo Trento und Rovereto jeweils einen Tag verdienen. Ein Ausflug ins Cembratal oder an den Gardasee kostet jeweils mindestens einen Tag.

Das Eisacktal

Reiseatlas S. 5/6

Die Alpenprovinz, die sich vom Brenner schnell nach Süden fast auf Meereshöhe absenkt, ist klimatisch wie landschaftlich sehr abwechslungsreich. Kleine historische Städte mit interessanten Sehenswürdigkeiten ziehen die Weiterfahrt entlang dem Eisacktal in die Länge. Und die Seitentäler wollen auch entdeckt werden.

Mit dem 1375 m hohen Alpenpass Brenner, der Grenzstation mit Österreich, beginnt Südtirol. Majestätische Alpenkämme mit ihren Gletschern umrahmen und gestalten den Norden und Westen der Region, alle sind um die 3500 m hoch: Stubaier und Ötztaler Alpen sowie die Zillertaler Alpen, die Ortlergruppe, Presanella und Adamello.

Die Eisack fließt vom Brenner über Sterzing und Brixen nach Süden, wo sie bei Bozen auf die vom Nordwesten kommende Etsch (ital. Adige) stößt.

Die Seitentäler sind wahre Wanderparadiese, von besonderer Schönheit sind die großen Hochebenen mit ihren umgebenden Dörfern in rund 1000 m Höhe südlich des Grödnertales oder der Ritten (1221 m) oberhalb von Bozen, also echte Sommerfrischen.

Die Städte entlang dem Eisacktal sind ein Dorado für den Einkaufsbummel. Nicht zu vergessen ihre historischen Sehenswürdigkeiten, sei es im relativ engen Sterzing oder dem großzügigeren Brixen, erst recht in der (außer an Sonntagen) lebhaften Regionalhauptstadt Bozen.

Sterzing (Vipiteno)

Reiseatlas: S. 5, B 1

Das nette kleine Sterzing (rund 5800 Ew.) in 848 m Höhe ist gut für eine Kaffeepause oder gar für eine Übernachtung im winzigen alten Ortskern. Er bewahrt im Wesentlichen das Altstadtbild des 15. Jh. Mit gotischen Bürgerhäusern, die zeigen, dass viele Bewohner durch den Handel mit Erz (Silber!) und allen Folgegeschäften reich wurden. Es sind schmale, aber tiefe Häuser mit großen Einfahrten für die Fuhrwerke, sie bilden eine wunderbare Folge von abgestuften Fassaden und haben fast durchweg zierliche Erker; vielfach hängen kunstvoll geschmiedete und bemalte Wirtshausschilder in die engen Hauptgassen hinein – deren Mitte der 46 m hohe **Zwölferturm** (1468–73), das Wahrzeichen der Stadt, schmückt.

Mittelalterlich krumm schlängelt sich die **Altstadt** nach Norden, hinter dem Zwölferturm zeigt die **Neustadt** mit einer Laubenseite geradeaus nach Süden. Wie ein gotisches Haus von innen aussieht, kann man werktags zu den Schalterstunden im Gebäude der **Raiffeisenkassen Wipptal** (Neustadt 9) sehen. Schmuckstück der Neustadt ist das gotische **Rathaus** (1468–73), in dessen Obergeschoss der Ratsherrensaal völlig mit dunklem Holz ausgekleidet ist (Mo–Do 8.15–12.30, 17–17.30, Fr 8.15–12.30 Uhr).

Die größte Attraktion der Altstadt hingegen ist die **Spitalkirche zum Heiligen Geist**: Die Wände des Hauptschiffes der ältesten Kirche Sterzings aus dem 14. Jh. sind vollständig mit Fresken ausgemalt, die Altarwand mit der ›Heimsuchung‹, ›Verkündigung‹, ›Kreuztragung‹ und ›Auferstehung‹, die linke Seitenwand u. a. mit dem ›Kindermord zu Bethlehem‹ und dem ›Zug der Heiligen Drei Könige‹,

Brixen

von düsterer Farbigkeit ist an der Westwand das ›Jüngste Gericht‹. Allesamt wohl – nicht gesichert – ein Werk des Johann von Bruneck kurz nach 1400 (Mo–Fr 8.30–12, 14.30–18, Sa 8.30–12 Uhr).

Im Süden der Stadt erhebt sich in Freienfeld **Schloss Reifenstein** (12. Jh.), eines der ältesten Schlösser Südtirols, das zudem sehr gut erhalten ist (Führungen April–Okt., Sa–Do 10.30, 14, 15, 15. Juli–15. Sept. auch 16 Uhr).

Tourismusverein: 39049 Sterzing (BZ), Stadtplatz 3, Tel. 04 72 76 53 25, Fax 04 72 76 54 41, www.sterzing.com.

Die ausgewählten Hotels sind auch für ihre **gute Küche** bekannt (Speckknödel mit Kraut, Leber- und Spinatknödel, Wild, Gulasch) und besitzen Parkplätze.
Stafler: Mauls 10, 39040 Freienfeld (BZ), Tel. 04 72 77 11 36, Fax 04 72 77 10 94, www.stafler.com. Traditionsreiches Romantikhotel an der alten Brennerstraße südlich von Sterzing, mit schönen Gaststuben, Innenpool, Tennis, Garten; eigene Landwirtschaft. 36 Zimmer, etwas renovierungsbedürftig; **verfeinerte Eisacktaler Küche.** DZ/ÜF 100–192 €, 4-Gang-Menü 37 €, Spezialitätenmenü 69 €.
Schwarzer Adler: Stadtplatz 1, Tel. 04 72 76 40 64, Fax 04 72 76 65 22, www.schwarzer adler.it. Sterzings erste Adresse in historischem Haus im Zentrum, modernes Rückgebäude, mit großzügigen 33 Zimmern und mehreren gemütlichen Stuben, Innenpool, **Restaurant.** DZ/ÜF 110–120, Menü 19/25 €.
Lilie: Neustadt 49, Tel. 04 72 76 00 63, Fax 04 72 76 27 49, www.hotellilie.it. Modernes Hotel in renoviertem gotischen Haus im Zentrum mit **Restaurant;** 15 Zimmer, DZ/ÜF 100–124 €, Menü 25/49 €.
Post: Neustadt 14, Tel. 04 72 76 02 01, Fax 04 72 76 21 59, www.gasthof-post.it. Zauberhaftes kleines Hotel im Zentrum, viel dunkles Holz, **elegantes Restaurant,** 13 Zimmer, z. T. mit Erker. DZ/ÜF 70 €, 3–4-Gang-Menü 16–20 €, sonst à la carte.

Berühmt ist Sterzing für den hier produzierten **Joghurt.**

Mit der Autorin unterwegs

Die Lauben
In **Brixen** gleich zweimal, die Großen und die Kleinen Lauben (s. S. 84f.), außerdem in **Bozen** (s. S. 90f.) – sie zeugen von der wirtschaftlichen Bedeutung der Kaufleute in den Städten zwischen Nord- und Südeuropa.

Übernachten im Würzjochhaus
Berghotel inmitten herrlicher Dolomitennatur – ein Naturerlebnis zum tief Durchatmen (s. S. 87).

Zu Gast beim Ötzi
Im Südtiroler Archäologiemuseum in Bozen sind die weltberühmte **Mumie des Mannes aus dem Eis,** seine Kleider und seine Ausrüstung ausgestellt (s. S. 90).

Joghurttage: zweite Hälfte Juli; überall gibt es Joghurt-Gerichte sowie Unterhaltungsprogramme (Pauschalangebote!).
Eisacktaler Kost: zwei Wochen im März; traditionelle Restaurants bieten Eisacktaler Spezialitäten an und die Hotels Pauschalen dazu.
Weihnachtsmarkt: Ende Nov.–8. Jan.
Laternenparty: Mitte Juni–Ende Aug. jeden Mi 9–23/24 Uhr; mit buntem gastronomischen Angebot, Musik und Handwerk.

Golf Club Sterzing: 3 km nördlich bei Burg Reifenstein, 7 Loch, Mitte April–Ende Okt. Tel. 335 28 45 38, www.sterzing.golf.bz.it.
Wintersport: Sterzing ist ein beliebter Après-Ski-Ort zu Füßen des Rosskopf, der per Seilbahn (oder zu Fuß) in 5–10 Min. erreichbar ist.

Brixen (Bressanone)

Reiseatlas: S. 5, C 1

Brixen ist im Zentrum den Fußgängern vorbehalten, sodass man den Wagen am besten in der Parkgarage Zentrum stehen lässt. Zwar ist das 18 500 Einwohner zählende Städtchen

Das Eisacktal

Mit den Augen eines Engels: Blick in die Kirche von Kloster Neustift

in 559 m Höhe im Kern klein, aber sehr einladend. Tirols älteste Stadt, 901 erstmals urkundlich erwähnt, war vom ausgehenden 10. Jh. bis 1964 Bischofssitz.

Den stets blumengeschmückten, großzügigen Domplatz gestalten **Rathaus** (gotisch mit Umbauten von 1896) und **Domkomplex** (tgl. 9–12, 15–18 Uhr). Der ursprünglich ottonische Bau wurde um 1200 romanisch umgestaltet, später im Barock (1745–54) umgebaut und von Paul Troger freskiert. Den Hochaltar schuf Theodor Benedetti, die klassizistische Vorhalle Jakob Pirchstaller (1783). Die größte Sehenswürdigkeit dürfte aber der wunderschöne spätromanisch-gotische Kreuzgang mit seinen Fresken sein. Diese dokumentieren farbenfroh und anschaulich die mittelalterliche Entwicklung der Malerei im 14. und 15. Jh. (kostenlose Führungen durch den Kreuzgang von Ostern bis Allerheiligen werktags 10.30 und 15 Uhr).

Nördlich des Domes befindet sich die **Pfarrkirche St. Michael,** ursprünglich ein romanischer Bau des 11. Jh., dann mit Fresken des Troger-Schülers Josef Hautzinger barockisiert. Der Kirche gegenüber fällt die schöne, dunkle Fassade eines Palastes auf: das **Pfaundlerhaus**, ein bürgerliches Wohnhaus der Gotik mit vorgesetzter reicher Renaissancefassade des 16. Jh.

In der südwestlichsten Ecke der Stadtmauer liegt, wie eine Bastion situiert, die **Fürstbischöfliche Burg.** Tatsächlich wurde sie bereits im 13. Jh. als feste Burg errichtet und während der folgenden Jahrhunderte um- und ausgebaut, bis sie Graf Künigl 1707 bis 1710 in ihrer heutigen Form vollenden ließ. Besonders schön ist der Renaissancehof mit dem Habsburger-Stammbaum; die Terrakottafiguren stammen von Hans Reichle (um 1595). In der Burg ist seit 1901 das **Diözesan- und Krippenmuseum** untergebracht, das in 70 Räumen einen repräsentativen Querschnitt durch die sakrale Kunst Südtirols zeigt (15. März–31. Okt. Di–So 10–17 Uhr).

Brixen ist auch für Bummler einladend, besitzt es doch gleich zwei Laubengänge – die **Großen** und die **Kleinen Lauben.** Ein richtig

Brixen

gemütlicher Ort in diesem tausendjährigen Bischofsstädtchen, wo die nettesten Geschäfte und die urigsten Lokale stehen, kleine Erkerfenster in den oberen Etagen der Häuser den Überblick über die gesamte Gasse ermöglichen. Und über allem wacht die **Plose,** Brixens Haus- und Skiberg.

Abstecher zu den Klöstern Neustift und Säben

Hinter einem kleinen Bergrücken liegt nördlich von Brixen das Augustiner Chorherrenstift **Neustift (Novacella),** dem Weinberge bis Eppan und einiges mehr gehören. Die 1700 barockisierte Klosterkirche (vor 1157) und die Bibliothek können besichtigt werden. Nur die 20 000 schönsten und ältesten Bände (ab der Klostergründung 1142 bis ca. 1700) finden sich in der eigentlichen, 1770 von Sartori erbauten Bibliothek – mehr als 50 000 in angrenzenden Räumen.

Neustift besitzt den einzigen Klosterladen Südtirols, dafür ist er umso reicher bestückt, insbesondere mit den klostereigenen Weinen. Man kann im Stiftskeller einkehren bei Südtiroler Jausen, Kuchen und Kaffee sowie an den Stiftsführungen durch Kirche und Pinakothek, Bibliothek und den größten Stiftsgarten südlich des Brenners teilnehmen (werktags ab 10 Pers. 10, 11, 14, 15 und 16, im Sommer auch 12 und 13, Nov.– Ostern, auch für Einzelbesucher, nur 11 und 15 Uhr).

Gegenüber von Klausen (Chiusa), zu dem es gehört, erhebt sich unübersehbar **Kloster Säben (Sabiona).** Schon um 600 sind die Bischöfe von Säben nachweisbar, die um 965 nach Brixen übersiedelten. Durch Klausens Ortskern geht es vom südlichen Stadtplatz hinauf an Burg Branzoll vorbei, bis nach ca. 20 Min. der frühbarocke Zentralbau der Liebfrauenkirche (17. Jh.) erreicht ist. Weiter oben folgt das wenig später errichtete Benediktinerinnenkloster mitsamt Teilen der früheren mittelalterlichen Burg und der Klosterkirche. Ganz oben thront die Heiligkreuzkirche. Das Kloster selber kann zwar wegen Klausur nicht besichtigt werden, doch Gnadenkapelle, Kreuzkirche und Klosterkirche sind täglich von 8 bis 17/18 Uhr geöffnet.

Tourismus-Verein: 39042 Brixen (BZ), Bahnhofstraße 9, Tel. 04 72 83 64 01, Fax 04 72 83 60 67, www.brixen.org.
Tourismusverband Eisacktal: Großer Graben 26/a, Tel. 04 72 80 22 32, Fax 04 72 80 13 15, www.eisacktal.org.

Elephant: Weißlandstraße 4, Tel. 04 72 83 27 50, Fax 04 72 83 65 79, www.hotelelephant.com. Das Traditionshaus Brixens mit einer langen Liste illustrer Gäste, stilvollen Salons und 44 Zimmern, z. T. in der Dependance über die Straße, Park mit Pool; **Restaurant.** DZ/ÜF 140–200, Juniorsuiten 243 €.
Goldene Krone: Stadelgasse 4, Tel. 04 72 83 51 54, Fax 04 72 83 50 14, www.goldene krone.com. Total umgebautes Hotel zwischen Obstgärten und der ruhigen Fußgängerzone mit 44 modernen Zimmern und Suiten, Wellnessabteilung im lichten Obergeschoss und **Vitalküche;** Garage. DZ/ÜF 114–194 €.
Tallero: Altenmarktgasse 35, Tel. 04 72 83 05 77, Fax 04 72 20 12 04, www.tallero.it. Zentrales Stadthotel mit 19 schlicht-modernen Zimmern; nur Frühstück. DZ/ÜF 88–96 €.
Pension Mayrhofer: Trattengasse 17, Tel. 04 72 83 63 27, Fax 04 72 20 01 72, www.mayrhofer.it. Liebevoll geführte Pension im ruhigen Zentrum mit 12 kleinen Zimmern; abends kocht der Hausherr. DZ/ÜF 72–80 €.

Am Domplatz findet man Cafés und Eisdielen mit Tischen im Freien wie das kleine **La Piazza.**
Fink: Kleine Lauben 4, Tel. 04 72 83 48 83; Küche 11–22 Uhr, Ruhetage Di Abend und Mi. Im Erdgeschoss Café, im Obergeschoss an fein gedeckten Tischen wie eh und je Eisacktaler Kost mit hausgemachter Pasta und Obst aus dem eigenen Garten. Menü ab 31 €.
Oste Scuro-Finsterwirt: Domgasse 3, Tel. 04 72 83 53 43; Ruhetage So Abend, Mo. Das wohl bekannteste Traditionslokal Brixens mit holzgetäfelten Tiroler Stuben, Butzenscheibenfenstern, Tiroler Küche. Menü ab 35 €.

 Große und **Kleine Lauben** sind ideale Einkaufsgassen vor allem für Südtiro-

Das Eisacktal

ler **Kulinaria**. Außerdem finden an leider etwas unübersichtlichen Terminen (beim Verkehrsamt fragen) **Bauernmärkte, biologische Märkte** und der traditionelle **Monatsmarkt** statt sowie Floh- und Kinderflohmarkt.

Altstadtfest: vorletztes Wochenende im Aug. alle zwei Jahre (2008, 2010 usf.) Fr 16–24 sowie Sa, So 9–24 Uhr mit Musik und kulinarischen Ständen, Puppentheater und Bastelecken, Fackelumzug und Zapfenstreich um Mitternacht.

Acquarena: tgl. 9–22 Uhr. Brixens größte Attraktion, eine 365 Tage im Jahr geöffnete, 5000 m² große Badelandschaft in heller moderner Architektur, direkt beim historischen Zentrum, mit Pools, Sauna und großzügigem Freizeitangebot für Groß und Klein sowie Restaurant. Auch **Fahrradverleih** vorhanden.

Wandern: Jeden Do werden im Sommer vom Tourismusverein geführte Bergwanderungen und jeden Di geführte Nordic-Walking-Touren durchgeführt.

Abstecher ins Pustertal

Reiseatlas: S. 6, D–F 1

Bruneck (Brunico)

Von Brixen lohnt ein Abstecher in das ursprünglich idyllische, heute aber stark befahrene Pustertal. Der Hauptort Bruneck, 835 m hoch (13 700 Ew.), ist nach 30 km erreicht. Er zeigt sich schön mittelalterlich erhalten, vom **Schloss** der Brixener Bischöfe bewacht, den 2272 m hohen Kronplatz im Visier. Bruneck ist ein begehrter Wintersportort, aber auch als Sommerfrische gefragt und daher mit modernen Fremdenverkehrseinrichtungen ausgestattet.

Wichtigstes Ausflugsziel für diejenigen, die sich für die Früh- und mittelalterliche Geschichte interessieren, ist aber die nahe **Sonnenburg** (Castelbadia), das älteste Frauenkloster Tirols (ab 1039), kurz vor Bruneck, nördlich von St. Lorenzen gelegen. Heute beherbergen die historischen Mauern ein nettes Hotel, und nur, wer darin wohnt, kann sich in Ruhe umschauen. Im früheren Klostergebäude fand man unter dickem Putz wunderschöne Fresken, auch die Wappen der Äbtissinnen, und herrliche gotische Gewölbe. Außerdem konnten Reste der Kirche sowie die Krypta und Teile des Kreuzgangs freigelegt und wiederhergestellt werden.

Schloss Sonnenburg: 39030 St. Lorenzen bei Bruneck (BZ), Tel./Fax 04 74 47 99 99, www.sonnenburg.com. Angenehmes Hotel in der früheren Klosteranlage (s. o.) in herrlicher Alleinlage, mit individuellen Zimmern (z. B. Stube der Äbtissin), Suiten und Apartments; Felsenpool, **Restaurant** in holzgetäfelten Stuben. DZ/ÜF 100–240 €.

Toblach (Dobbiaco)

30 km östlich von Bruneck liegt kurz vor der Grenze zu Österreich im **Hochpustertal** Toblach (3300 Ew.) in 1256 m Höhe. Doch der Ort ist nicht nur bei Sommerfrischlern und Skifahrern ein beliebtes Ziel. Er macht durch die **Gustav-Mahler-Woche** (meist in der letzten Juliwoche) von sich reden. Sie bringt interessante Gäste aus aller Welt und natürlich Musikgrößen ins ferne Tal. Auf dem Programm stehen nicht nur Werke des Sohnes unbemittelter jüdischer Eltern aus Böhmen, sondern auch Musik aus Mahlers Umfeld, hauptsächlich österreichisch-ungarischer Provenienz, sowie Vorträge, Diskussionen, Symposien. Mahler gilt als ausgesprochener Ferienkomponist, er komponierte fast alle seine Werke in Ferienorten, u. a. ab 1908 in Toblach. Das **Komponierhäuschen** im Trenkerhof kann in Alt-Schulderbach besichtigt werden (Tel. 04 74 97 21 32).

Vom Pustertal ins Gadertal
Reiseatlas: S. 6, D 1–2

Knapp 15 km sind es von Bruneck am Gaderbach entlang bis **St. Martin in Thurn,** eine der Top-Sehenswürdigkeiten im Land der Ladiner. Auf einem sanft geformten Hügel hockt das **Ciastel de Tor**, wie das Schloss (13. Jh.) 300 m über dem Dorf auf Ladinisch heißt. In ihm ist das **Museum Ladin** untergebracht (s. Richtig Reisen-Tipp rechts).

 Im **Museum** findet man eine Liste der Unterkunftsmöglichkeiten in der näheren Umgebung.

Vom Gadertal über das Würzjoch zurück nach Brixen

Von **St. Martin in Thurn** kann, wer gerne enge Passstraßen und viele Kurven fährt, über das **Würzjoch** (2004 m) und das **Kofer Joch** (1863 m), an Afers und St. Andrä vorbei den Weg zurück Richtung Brixen einschlagen (ca. 40 km). Man genießt die herrliche Natur inmitten der Dolomiten – mal im Westen Brixens Hausberg Plose im Visier, aber immer öfter die nahen Bergriesen der Geisler Gruppe im Süden. Weite Almen im Wechsel mit dichten Wäldern, Einzelgehöfte und Bergweiler – alles in allem ein Naturerlebnis zum tief Durchatmen.

Würzjochhütte (Ütia de Börz): Tel. 04 74 52 00 66, Fax 04 74 59 01 77, www.passodelleerbe.it. Einstige Schutzhütte, heute eher Berghotel mit 24 komfortablen Zimmern, alles mit Holz eingerichtet, **gutes Restaurant.** HP pro Person 55–70 €.

Naturpark Schlern

Reiseatlas: S. 5, C 2

Völs am Schlern (Fiè allo Sciliar)

Südtirol verfügt über eine große Anzahl an Panorama-Orten – doch Völs am Schlern gehört zu den absoluten Highlights. Der sehr traditionell gebliebene Ort, der dennoch eine florierende Fremdenverkehrswirtschaft pflegt, ist herrlich gelegen: in 880 m Höhe, mit der 2009 m hohen und mit 50 km² größten Alm Europas, der **Seiser Alm** im Rücken. Davor ragt geradezu vorwitzig der 2563 m hohe, flache **Schlern** aus dem Dolomitenverbund, daneben eine kleine, gezackte, Nadeln ähnelnde Felsgruppe – ein begehrtes Kletterziel für Könner. Der schier unglaubliche Rundblick

Richtig Reisen-Tipp: Museum Ladin

In Bildern und Fundstücken, Modellen und nachgestellten historischen Szenen werden **Geschichte und Leben der Ladiner** (Rätoromanen) von einst bis heute dargestellt, die Wechselbeziehung zwischen Landschaftsformen und Lebensweise beleuchtet (Palmsonntag–31. Okt. Di–Sa, im Aug. auch Mo 10–18, So 14–18, Dez.–Palmsonntag Mi–Fr 14–18 Uhr; www.museumladin.it). Auch Kindern dürfte dieses Museum Vergnügen bereiten, u. a. dank der raffinierten Audioguide-Technik. Ganz Kleine von vier bis sieben Jahren werden im Hochsommer jeden Donnerstagnachmittag mit Geschichten und Sagen aus den Dolomiten unterhalten, außerdem wird auf dem speziell dafür eingerichteten Platz gegrillt.

in die Alpenwelt und über das Eisacktal entschädigt für die Mühe.

Im Süden liegt der **Rosengarten** – aus lauter Nadeln, wie es scheint, und so schön, dass sich seit Jahrhunderten Sagen um ihn ranken. Der Zwergenkönig Laurin soll hier gefangen genommen und verschleppt worden sein. Er verwünschte die Rosen, deren Pracht ihn verraten hatte. In Zukunft sollten sie weder bei Tag noch bei Nacht zu sehen sein. Laurin aber hatte die Dämmerung vergessen – und so glühen sie nun umso prächtiger rosa bis violett in den Felsen des Rosengartens.

Touristen-Information: Bozener Str. 4, 39050 Völs am Schlern (BZ), Tel. 04 71 72 50 47, Fax 04 71 72 54 88, www.fie.it.

 Turm: Kirchplatz 9, Tel. 04 71 72 50 14, Fax 04 71 72 54 74, www.turmhotel.it. Seit vielen Jahren Vorreiter in der Hotellerie und Gastronomie des Dorfes und des Eisacktals, im ehemaligen Gerichtsturm mitsamt Anbauten, z. T. aus dem Felsen gesprengtes Hotel, meist großzügige 42 Zimmer und Suiten, inzwischen mit Designermöbeln und

Das Eisacktal

zeitgenössischer Kunst ausgestattet. Pool und Garage, **Restaurant mit kreativer Tiroler Küche**. Im Winter zeitweise geschl. DZ/ÜF 150–330 €; Degustationsmenü mit passenden Weinen 65 €; Schnupperangebote.
Völser Hof: Schlossgasse 1, Tel. 04 71 72 54 21, Fax 04 71 72 56 02, www.voelserhof.it; Nov.–20. Dez. geschl. Typisches Berghotel mit junger Führung in der Dorfmitte, 30 großzügige Zimmer, hübsche Gemeinschaftsräume; **Restaurant** und Parkplatz. Restaurant nur Juni–Okt. DZ/ÜF 90–170 €, Menü ab 30 €.

Das Gebiet wird durch die **Umlaufbahn** (Pendelbusse im 15- bzw. 30-Min.-Takt) perfekt erschlossen, die einen auch direkt auf die Seiser Alm bringt (Privatstraße); Infos auch in den Hotels.

Von Völs nach Seis und Kastelruth

Nach **Seis**, ital. Siusi, in 998 m Höhe schlängelt sich eine wunderschöne Bergstraße teils durch den Wald, teils offen für herrliche Panoramablicke ins Eisacktal, vorbei an **Kastelruth** (ital. Castelrotto), bereits 1060 m hoch. Von Seis kann man mit der Umlaufbahn einen kleinen, aber lohnenden Schlenker von kaum 10 km auf die **Seiser Alm** machen. Von Seis aus kann man aber auch wieder das Eisacktal anpeilen und kommt unten nach schneller Fahrt in **Waldbruck** (Ponte Gardena) an.

Bozen

Reiseatlas: S. 5, B 2; **Cityplan**: S. 91
Bei der Einfahrt in die Hauptstadt der Provinz stellt sich unweigerlich die Frage: Dies soll die viel besungene Stadt Walthers von der Vogelweide sein? Stinkend und lärmend, im Verkehr erstickend, zeigt sich ihre Peripherie, egal, von welcher Seite man kommt. Nur das Zentrum konnte seinen liebenswerten Kleinstadtcharakter erhalten. Noch ist man im Norden, und schon erspürt man den Süden – eine harmonische Symbiose.

Im 97 000 Einwohner zählenden Bozen leben heute mehr Italiener (76 %) als Deutschstämmige. Spürbar in den Einkaufsgewohnheiten: täglicher Obst- und Gemüsemarkt im besten italienischen, Shopping im internationalen Sinne. Neben Tiroler Cafés und Restaurants locken italienische Bars und Pizzerien. In den zünftigen, preiswerteren Lokalen in der Bindergasse treffen sich jedoch noch immer Bergler aus der Umgebung, lebt die Tradition der Bozner Küche fort. Nette Restaurants in alten Mauern zeigen, dass man sich in der Stadt auch kulinarisch fit gehalten hat.

Rund um den Waltherplatz

Am **Waltherplatz** 1 steht das Denkmal (von 1889) für den größten deutschen Lyriker des Mittelalters, Walther von der Vogelweide (ca. 1170–1230). Er soll in diesem Land der Burgen, das gleichgesetzt wird mit dem Land der Minnesänger, geboren worden sein.

Bozen

›Sagenhaft‹: der Rosengartenweg

Die **Pfarrkirche Unsere Liebe Frau vom Moos** 2 (tgl. 7–19 Uhr) mit ihrem weithin sichtbaren, sehr spitz aufragenden Turm (ca. 64 m, 1501–19) mit Majolika-Abdeckung wurde 1964 zum bischöflichen Dom erhoben. Sehenswert ist das sogenannte Weinportal zum Waltherplatz hin, die sicher prunkvollste gotische Portaleinfassung Südtirols mit schönen Reliefs von Reben und Weinbauern (14. Jh.). Hans Lutz von Schussenried, der Turmbauer, schuf auch die steinerne Kanzel im Inneren. Schön sind die Fresken an der Nordwand, ausdrucksstark das unter dem Triumphbogen hängende Kruzifix (1208). Bronzeportal und die Altarmensa aus Laaser Marmor von Michael Höllrigl sind im 20. Jh. hinzugekommen. – Bei den Bozner Frauen beliebt ist die sogenannte Plappermadonna, ein Fresko aus der Pacherschule links vom Haupteingang: Will ein Baby nicht sprechen, kommt die Mutter hierher und betet vor der Madonna.

Schon 1272 kamen die ersten Dominikaner nach Bozen; die **Dominikanerkirche** 3 (Mo–Sa 9.30–17.30, So 12–17 Uhr) wird zwei Jahre später erwähnt und ab dem 14. Jh. in früher Gotik umgestaltet. Die schmale Johanneskapelle (rechts) ist über und über freskiert, eine Stiftung des reichen Bankiers Rossi-Boccio, hier Botsch genannt. Er hatte für seine Grabkapelle italienische Künstler beauftragt, die die Ausmalung 1330 bis 1342 ganz im giottesken Stil ausführten: u. a. eine Bildfolge zum Marienleben, zum Leben des Johannes und einen fast drastischen ›Triumph des Todes‹. Im früheren Klostergebäude ist ein Konservatorium untergebracht, im großen Konzertsaal findet alljährlich im August/September ein Pianistenwettbewerb statt.

Das Eisacktal

Rund um den Obstplatz

Auf dem **Obstplatz** [4], ital. Piazza delle Erbe, wird werktags noch immer Markt abgehalten. Fast so, wie es Mozart und vor allem Goethe beschrieben, Letzterer recht prosaisch: »Auf dem Platze saßen Obstweiber mit runden, flachen Körben, über vier Fuß im Durchmesser, worin die Pfirsiche nebeneinander lagen, dass sie sich nicht drücken sollten, ebenso die Birnen …« Dort, wo früher Pranger und Narrenhäusl standen, hat Joachim Reis 1746 seinen **Neptunbrunnen** aufgebaut.

Vom Obstplatz aus bieten sich drei Abstecher an: An der Museumsgasse ist gleich das 1998 eröffnete, sogenannte Ötzi-Museum mit den mehr als 5000 Jahre alten ›Mann aus dem Eis‹ erreicht. Das **Südtiroler Archäologiemuseum** [5] dokumentiert in didaktisch hervorragender Weise die 15 000 Jahre alte Geschichte Südtirols; es zeigt außer Ötzis Mumie und anderen Kostbarkeiten auch den marmornen Mithrasstein (2./3. Jh.) aus Mauls bei Sterzing (Di–So 10–18 Uhr, Juli/Aug. tgl.; Sonderpreise für Familien).

Nach einem Spaziergang über die Sparkassenstraße und die Taflergasse liegt **Schloss Maretsch** [6] vor einem. Es wurde in den Weingärten an der Wassermauer und mit herrlichem Blick auf den Rosengarten um den Burgkern von 1200 als Wohnburg mit fünf Türmen erbaut. Außer seiner Bilderbuchschönheit bietet das Schloss als Kongress- und Seminarzentrum den richtigen Rahmen für die ›Bozner Weinkost‹ (tgl. 10–12.30, 15–17.30 Uhr).

Und auch die **Franziskanerkirche** [7] ist vom Obstplatz aus schnell zu finden. Ihr Bau dauerte vom 13. bis Mitte des 15. Jh. (Langhaus). Besonders sehenswert ist der gotische Schnitzaltar von Hans Klocker aus Brixen (1500). Dargestellt sind die Geburt Christi und die Anbetung der Heiligen Drei Könige, in den Altarflügeln ›Verkündigung‹, ›Darbietung im Tempel‹, ›Beschneidung‹ und ›Mariens Tod‹.

Lauben und Umgebung

Rechter Hand vom Neptunbrunnen beginnen die **Lauben** [8], Bozens ältester Stadtteil (ab 11. Jh.), der von den Kaufleuten der Stadt je nach Zeitgeist und Geldbeutel ständig umgestaltet wurde. Die Lauben reichen bis zum Rathaus und sind etwa 300 m lang. Besonders schön präsentieren sie sich bei einem Abendspaziergang. Tagsüber bleiben viele der engen Eingänge zu den hinteren Lichthöfen mit ihren Treppenhäusern geöffnet, ein Blick hinein lohnt sich, auch um zu erkennen, wie tief solche Kaufmannshäuser waren.

Das bedeutendste und einzige balkongeschmückte Haus an der Laubengasse ist das Amtsgebäude des Merkantilmagistrats, ab 1708 nach Plänen des Architekten Francesco Pedrotti aus Verona gebaut. Rückwärts in der Silbergasse besitzt es seine eigentliche Fassade, barock und mit einer Freitreppe geschmückt. Das sehenswerte **Merkantilmuseum** [9] im Inneren visualisiert die für die Stadt so bedeutende Geschichte der Kaufleute Bozens (Mo–Sa 10–12.30 Uhr).

Bozen: Cityplan

Sehenswürdigkeiten
[1] Waltherplatz
[2] Pfarrkirche Unsere Liebe Frau vom Moos
[3] Dominikanerkirche
[4] Obstplatz
[5] Südtiroler Archäologiemuseum
[6] Schloss Maretsch
[7] Franziskanerkirche
[8] Lauben
[9] Merkantilmuseum
[10] Bindergasse
[11] Alte Grieser Pfarrkirche

Übernachten
[1] Greif
[2] Parkhotel Laurin
[3] Stadthotel
[4] Figl

Essen und Trinken
[5] Vögele
[6] Hopfen & Co.
[7] Café Streitberger

Bozen

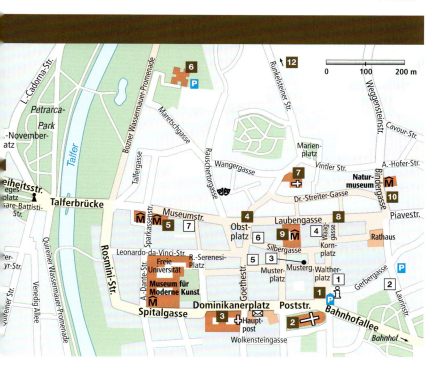

Unter den Lauben befindet sich eines der traditionsreichsten Geschäfte der Stadt, das **Rizzoli** (Lauben 58–60), das seit 1870 als Hutmacherladen bekannt ist, inzwischen jedoch auch Pantoffeln, Schuhe und Kleidung verkauft. Das schmale Haus ist 50 m tief und reicht an der Dr.-Streiter-Gasse bis zur früheren Stadtmauer. Die Breite der Kaufmannshäuser war fast immer 3,80 bis 4 m, weil es keine längeren Deckenbalken gab, die Geschosse trugen, bevor man sich Gewölbe leistete. Und jedes Haus besaß tiefe Keller mit bis zu drei Stockwerken: Denn jeder hier, ganz gleich womit er sonst sein Geld verdiente, handelte auch mit Wein …

Am Ende der Lauben breitet sich der Rathausplatz aus, von dem links die **Bindergasse** 10 abzweigt, Bozens ›Magen‹: Hier steht Gasthaus neben Gasthaus. Die hübsche Gasse mit teils freskierten Fassaden und schmiedeeisernen Wirtshausschildern war ab 1423 Wohn- und Arbeitsplatz der Binderzunft, ihr Zunfthaus steht am Nordende der Gasse. Und bis heute wird der ›Bindertanz‹ vorgeführt, seit 1769.

Alte Grieser Pfarrkirche und Schloss Runkelstein

Jenseits der Talferbrücke beginnt der Stadtteil Gries mit der **Alten Grieser Pfarrkirche** 11, erstmals 1141 erwähnt. Aus der Romanik stammen noch die Langhausmauern, das Westportal und das Kruzifix von 1205. Aber zum Wallfahrtsort für Kunstgenießer machte sie der Flügelaltar von Michael Pacher (1475). Die beiden erhaltenen Reliefs zeigen ›Mariä Verkündigung‹ und die ›Anbetung der Könige‹, die Rückwand des Schreins 15 Temperabilder (tgl. 10.30–12, 14.30–16 Uhr, im Sommer z. T. Sa, So, Fei geschl.).

Um **Schloss Runkelstein** (Di–So 10–18 Uhr) nordöstlich von Bozen zu erreichen,

Das Eisacktal

muss man schon motorisiert sein oder eine Wanderung einplanen. Es wurde 1237 mit zwei Palais und einer Kapelle erbaut, im Jahr 1385 vergrößert und ausgeschmückt. Einmalige profane Fresken spiegeln das mittelalterlich-ritterliche, höfische Leben wider: Turnier, Ballspiel und Reigentanz, Fischfang und Jagd. Die Wohnräume des sogenannten Sommerhauses wurden u. a. mit 15 Szenen aus der König-Artus-Sage geschmückt, die Kapelle zeigt noch Freskenfragmente zur Lebens- und Märtyrergeschichte der hl. Katharina.

Schloss Sigmundskron (15. Jh.) bei Bozen ist seit 2006 Hauptsitz des **Bergmuseums MMM Firmian** des Bergsteigers Reinhold Messner (März–Dez. Di–So 10–18 Uhr).

Verkehrsamt der Stadt Bozen: 31900 Bozen, Tel. 04 71 30 70 00, Fax 04 71 98 01 28, www.boolzano-bozen.it

Greif [1]: Waltherplatz, Tel. 04 71 31 80 00, Fax 04 71 31 81 48, www.greif.it. Aus dem Traditionshaus (ab 16. Jh.) im Herzen Bozens wurde ein Designhotel bester Güte, 33 großartige, individuell ausgestattete Zimmer und Suiten voller zeitgenössischer Kunst und je einem Kunstwerk aus alter Zeit; Marmorbäder. Gäste speisen im Partnerhotel Laurin (s. u.). DZ/ÜF 170–300 €.
Parkhotel Laurin [2]: Laurinstraße 4, Tel. 04 71 31 10 00, Fax 04 71 31 11 48, www.laurin.it. Traditionshotel seit 1910 zwischen Fußgängerzone und Park, renovierte Prachtsäle und 96 komfortable Zimmer und Suiten, mit Originalwerken zeitgenössischer Künstler ausgestattet; **Feinschmecker-Restaurant** mit Tischen im Park, Pianobar, Mai–Sept. beheizter Pool. DZ/ÜF 170–280 €.
Stadthotel [3]: Waltherplatz 21, Tel. 04 71 97 52 21, Fax 04 71 97 66 88, www.hotelcitta.info. Renoviertes Traditionshaus mit 102 Zimmern, Relaxabteilung und geräumigem Speisesaal. DZ/ÜF 130–165 €.
Figl [4]: Kornplatz 9, Tel. 04 71 97 84 12, Fax 04 71 97 84 13, www.figl.net; Ende Juni–Mitte Juli geschl. Familiäres Stadthotel mit 23 renovierten Zimmern. DZ/ÜF 100–125 €.

Zum Guten Tropfen: 39050 St. Pauls südwestl. von Bozen Richtung Eppan, Paulser Str. 4, Tel. 04 71 66 22 23, Fax 04 71 67 48 26, www.gutentropfen.com. Familiäre Pension mit **gutem Restaurant** (Do Ruhetag, Spezialitäten: Bauerngeröstel 10,50 €, Zwiebelrostbraten 11 €; auch Pizza 5–7 €), kleinem Pool und Parkplatz mitten im freundlichen Vorort. 20 komfortable Zimmer, z. T. mit Balkon, DZ/ÜF 64 €.

Am Waltherplatz sowie in den Altstadtgassen rund um den Obstplatz findet man mehrere Cafés und Bars, die ihre Tische bei schönem Wetter draußen aufstellen.
Vögele [5]: Goethestr. 3, Tel. 04 71 97 39 38, Mo–Sa 9–1 Uhr. Uriges Wirtshaus mit kleinen getäfelten Räumen, die Küche angepasst vom *vitello tonnato* über Fischteller bis zum Wokteller, aber auch Südtiroler Knödel. Tagesgerichte ab 8 €, Sommerteller ab 12 €.
Hopfen & Co [6]: Obstplatz 17, Tel. 04 71 30 07 88, tgl. durchgehend geöffnet. Wirtshaus mit eigener Bierbrauerei und entsprechend urigem Ambiente mit zwei Holzstuben und Tischen im Freien. Original Südtiroler Bier und deftige Speisen wie Speckplatte, Kartoffel- oder Brauersuppe, Bierknödel oder Schweinshaxe. Suppen 5,50 €, Brettgerichte ab 8,50 €.
Café Streitberger [7]: Museumstr. 15, Tel. 04 71 97 83 03, Mo–Sa 7–19.30 Uhr. Traditionskonditorei mit Café.

Rund um den Obstplatz findet täglich der gut besuchte **Lebensmittelmarkt** statt, auch sonst ist Bozen eine hervorragende, wenn auch teure Einkaufsstadt für **Kulinaria** wie für **Mode** u. a. Markenartikel. Samstags zieht jenseits des Flusses Talfer ein großer **allgemeiner Markt** auch Menschen aus der Umgebung in die Stadt.
Traditionelles findet man in den **Lauben.**

Bozens Plätze sind beliebte Treffs an sommerlichen Abenden, sonst geht man auch gerne in eine der feinen Hotelbars wie der vom Laurin (s. links), wo Jazz auch live gespielt wird.

Bozen

Im Gespräch mit dem Ötzi

Von Juni bis Sept. nehmen an die 20 Schlösser und Burgen am Programm **Musicastello** teil, mit Kammermusikkonzerten, mittelalterlicher Musik, Lesungen etc.
Pianistenwettbewerb Ferruccio Busoni: Aug./Sept. im Dominikanerkloster.
Bozner Weinkost: im Herbst im Schloss Maretsch (Weinpräsentation und -verkostung). Informationen über **Veranstaltungstermine in ganz Südtirol** gibt es unter: www.inside.bz.it.

Bozens beste Sportmöglichkeiten befinden sich im Umland. Besonders wichtig sind die **Golfplätze**, die Bozen im Halbrund umkreisen: Alta Badia (9 Loch), Via Planac 9, 39033 Corvara (BZ), Tel. 04 71 83 66 55, www.golflabadia.it. Carezza (9 Loch), Via Carezza 171, 39056 Nova Levante (BZ), Tel. 04 71 61 22 00, www.carezzagolf.com. Petersberg (18 Loch), Unterwinkel 5, 39040 Petersberg (BZ), Tel. 04 71 61 51 22, www.golfclubpetersberg.it. Passeier-Meran (18 Loch), Kellerlahn-Str. 3, 39015 San Leonardo im Passeiertal (BZ), Tel. 04 73 64 14 88, www.golfclubpasseier.com. Lana-Meran (9 Loch), Gutshof Brandis, Brandis-Str. 13, 39011 Lana (BZ), Tel. 04 73 56 46 96, www.golfclublana.it.

Bozens **Flughafen** wird immer internationaler; ABD Airport, 39100 Bozen, Via Baracca 1, Tel. 04 71 25 52 55.
Bahnstation auf der IC-Strecke Brenner – Verona mit mind. normalerweise stdl. Anbindung; Trenitalia Bozen, Piazza Stazione 1, Tel. 04 71 97 60 77, www.trenitalia.it.
Die **Rittner Seilbahn** und **Bahn** verkehren auch im Sommer auf den ›Hausberg‹ Ritten (im Prinzip tagsüber ca. 7–20 Uhr stdl.).
Die **Seilbahn Jenesien** zum zweiten ›Hausberg‹ Bozens verkehrt von 10 bis 19 Uhr halbstündlich.
Städtische **Busse**, die auch das Umland anfahren, halten direkt am Waltherplatz; Tel. 04 71 51 95 19.

Das Etschtal

Reiseatlas S. 5

Die Etsch (ital. Adige) fließt vom Reschensee im Nordwesten nach Meran, wo sie einen Knick nach Süden macht und im Bogen auf Bozen und auf die Eisack trifft. Ab dort bewegt sie sich im eigenen Bett durch die ganze Region. Auf ihrem Weg formt sie u. a. das Meraner Land und den Süden Südtirols mit der nicht nur im Herbst einladenden Weinstraße.

Von Bozen folgt man der Etsch nach Nordwesten, fährt zwischen Apfelplantagen und Weinbergen hindurch, entlang dem von Schlössern bewachten Etschtal, das bei Meran am Beginn des Passeiertales einen Knick nach Westen macht und nun Vinschgau heißt. Auch hier trifft man auf schöne Seitentäler wie das Schnalstal, das sich bis in die Gletscherwelt mit Sommerskigebieten hinzieht.

Von Bozen nach Süden aber lockt die **Südtiroler Weinstraße.** Sie führt nicht nur durch das zusammen mit dem Trentino ausgedehnteste Weinanbaugebiet Europas, sondern gleichzeitig auch zu Burgen und Schlössern, die schließlich Südtirols Ruhm als *die* Burgenregion ausmachen.

Einige dieser Burgen und Schlösser sind zu Hotels und/oder Restaurants umfunktioniert worden, sodass man sich bei einem Besuch oder Aufenthalt selbst ein wenig wie ein Burgherr fühlen mag. Besonders hübsch und zahlreich sind die sogenannten Ansitze – und im Süden Südtirols die Bürgerhäuser im Überetscher Stil, mit breiten Fassaden und Hofeinfahrten, tiefen Innenhöfen und gemütlichen Stuben.

Alles wirkt ein wenig bekannt – zumindest für Reisende aus Österreich, ist doch Südtirol politisch erst nach dem Ersten Weltkrieg am grünen Tisch Italien zugeschlagen worden, wie man eindrucksvoll im Hauptturm von Schloss Tirol bei Meran vorgeführt bekommt.

Im Burggrafenamt

Reiseatlas: S. 5, A/B 2

Dieses dicht besiedelte Stück des Etschtales liegt zwischen Bozen und Meran. Man fährt durch Apfelplantagen und Weingärten, mit vielen kleinen Bauern- und Erholungsorten an der SS 38 oder auf der vierspurig ausgebauten Parallelstraße westlich der Etsch, der sogenannten MeBo (Meran – Bozen). Auf dem Weg nach Norden passiert man u. a. den netten, durch die Schnellstraße nun verschonten Weinort **Terlan** (Terlano). Er liegt inmitten gepflegter Gärten und hat sich inzwischen auch als Spargelort etabliert.

Weingarten: 39018 Terlan (BZ), Hauptstr. 42, Tel. 04 71 25 71 74, Fax 04 71 25 77 76, www.hotel-weingarten.com; Anfang Jan.–Mitte März meist geschl. Familiär geführtes Hotel in den Wein- und Apfelgärten abseits der Straße, mit 21 gemütlichen Zimmern (1 Panoramasuite; Apartments in der Nähe zu vermieten), Pool und **hervorragendem Restaurant** in holzgetäfelter Stube und im Garten. DZ/ÜF 84–102 €, Menü ab 33 €.

Meran (Merano)

Reiseatlas: S. 5, A 2

Der seit dem 19. Jh. wegen seines milden Klimas bekannte Kurort Meran (gut 34 000 Ew.) in 325 m Höhe liegt in einer weiten Talmulde

Meran

zwischen Vinschgau, Etsch- und Passeiertal. Er darf sich mit Recht ›das Herzstück Südtirols‹ nennen. Schloss Tirol, das über Meran thront, gilt als der Ursprung Tirols – und so war Meran im Mittelalter die Hauptstadt Tirols. Wunderschön sind die beiden Promenaden am Passerbach: der Sonne zugekehrt die Winter-, schattig die Sommerpromenade. Außerhalb des mittelalterlichen Kerns mit seinen **Lauben** – mit 400 m Länge sogar 100 m länger als die Bozens – hat die blühende Kurstadt eine Hotellerie entwickelt, die keine Wünsche offen lässt.

Sehenswert ist östlich der Lauben der Dom, die **Nikolauskirche** (1302 bis Mitte 15. Jh.). Ihr kunstvoll gemeißelter Haupteingang mit einem überdimensionalen Christophorusfresko ist in die Südfassade zum Pfarrplatz hin eingelassen. Und der 83 m hohe Turm gehört zu den drei höchsten Südtirols. Unter seinem Durchgangsbogen sind noch Fresken aus dem 15. Jh. erhalten. Nebenan befindet sich die frühere Friedhofskapelle, die **Barbarakapelle** auf oktogonalem Grund, ein architektonisches Juwel der Gotik (um 1450) mit elegantem spitzbogigen Portal und prächtiger Rosette; im Inneren beeindruckt das Sterngewölbe und der aus dem 17. Jh. stammende Hochaltar von Matthias Pussjäger.

Nördlich der Lauben erhebt sich die **Landesfürstliche Burg** (Di–Sa 10–17, So, Fei 10–13 Uhr), ein Schlösschen, das Erzherzog Sigmund von Österreich 1470 ausbauen ließ und heute sicher die größte kunsthistorische Sehenswürdigkeit Merans bildet: mit winzigem Innenhof, kleinen gemütlichen, holzgetäfelten Wohnräumen, deren Fenster Butzenscheiben haben, sowie einer kleinen Kapelle.

Meran – wegen der vielen Hotelparks rund um den historischen Stadtkern eine grüne Gartenstadt – hat 2005 eine neue Attraktion bekommen: die **Therme Meran,** die das Kurhaus von 1874 ablöst. Auf 7,5 ha großem Areal mit einer 1250 m² großen Saunalandschaft; gearbeitet wird mit naturbelassenen Südtiroler Produkten wie Heilwasser vom Vigiljoch. Die Inneneinrichtung Matteo Thuns sorgt für größte Harmonie zwischen Äußerem und Innerem der Therme (www.thermemeran.it).

Mit der Autorin unterwegs

Der Ursprung Tirols
Schloss Tirol mit einem großartigen Museum zur Geschichte Südtirols (s. S. 95f.).

Wandern im Passeiertal
Schönes Wandergebiet mit dem historisch interessanten Geburtshaus des Südtiroler Freiheitshelden Andreas Hofer (s. S. 96).

Törggelen
Keine Herbstreise nach Südtirol ohne Törggelen, dem Wandern zwischen urigen Weinschänken. **Buschenschänken** oder **Jausenstationen** sind die Namen, die man sich hier merken sollte, wie eigentlich überall in Südtirol, wo Wein angebaut und ausgeschenkt wird. Hier geht es üblicherweise gemütlich und unkompliziert zu. Zum Törggelen gehört natürlich Wein trinken – und eine deftige Südtiroler Kost dazu genießen. Original: geröstete Kastanien, Kaminwurzen und Käse zu Schüttenbrot oder Vinschgerl, dem würzigen Fladenbrot aus dem Vinschgau. Lässt sich natürlich auch zu anderen Jahreszeiten – ohne Kastanien – machen (s. S. 99f.).

Richtung Sinich, also im Südosten Merans, liegt der **Botanische Garten** von Schloss Trauttmansdorff. Er bietet auf 12 ha Land Pflanzen aus aller Welt, elf Künstlerpavillons und eine Grotte mit Multimediashow sowie das **Turiseum,** das Museum für Tourismus. Lange Spazierwege schlängeln sich durch Terrassen- und Wassergärten den Hang hinauf, so zum Sinnesgarten oder zum Japanischen Garten, auf den Kakteen- oder den Sukkulentenhügel (15. März–15. Nov. 9–18, 15. Mai–15. Sept. 9–21 Uhr; www.trauttmansdorff.it).

Schloss Tirol
Im 4 km entfernten **Dorf Tirol** liegt das gleichnamige Schloss (14. März–30. Nov. Di–So 10–17, Aug. bis 18 Uhr). Es gilt als Keimzelle Tirols und liegt rund 250 m über Meran. In sei-

Das Etschtal

nen Mauern ist das **Landesmuseum für Kultur- und Landesgeschichte** untergebracht, eines der informativsten Museen Südtirols. Gleichzeitig warten im Schloss großartige architektonische Details wie die frühromanischen Steinmetzarbeiten am Portal der Burgkapelle – und vom Schloss bieten sich die großartigsten Panoramablicke ringsum. Man begreift, welche strategische Bedeutung die 1138 unter Einbeziehung eines früheren Turmes entstandene Befestigung besaß.

Passeiertal

Das enge Passeiertal nördlich von Meran ist ein Wanderparadies und ein beliebtes Ausflugsziel (Infos: www.passeiertal.org), denn hier wird Andreas Hofer gehuldigt, dem Tiroler Nationalhelden, der nahe des Kreuzpunktes zum Jaufenpass (St. Leonhard) geboren wurde. Das Elternhaus ist heute Gedenkstätte und **Museum** mit verlockender **Jausenstation** (13. März–1. Nov. Di–So 10–18 Uhr).

Tourismusverband: 39012 Meran, Freiheitsstr. 45, Tel. 04 73 27 20 00, Fax 04 73 23 55 24, www.meranerland.com.

Die Kurhotels Merans sind in Parks eingebettet und bieten inzwischen fast alle Wellness- und Schönheitsabteilungen, haben meistens beheizte Innen- und Außenpools, Parkplätze sowie **gute Restaurants.** Im benachbarten **Algund** befinden sich allerdings viele günstige Pensionen.

Grand Hotel Palace: Cavourstr. 2, Tel./Fax 04 73 27 10 00, www.palace.it. Das etwas ältliche Traditionshotel der Stadt mit dem unwiderstehlichen Charme der Architektur des ausgehenden 19. Jh.; 118 Zimmer und Suiten. DZ/ÜF 236–300 €, Suite ab 320 €.

Park Hotel Mignon: Grabmayrstr. 5, Tel. 04 73 23 03 53, Fax 04 73 23 06 44, www.hotelmignon.com; Mitte März–Mitte Nov. Familiäres, sehr gut geführtes, renoviertes Kurhotel in einer ruhigen Seitenstraße. 49 Zimmer und Suiten, DZ/ÜF 240–300 €; nach den günstigeren Pauschalangeboten fragen.

Meister's Hotel Irma: Schönblickstr. 17, Tel. 04 73 21 20 00, Fax 04 73 23 13 55, www.hotel-irma.it; 15. März–15. Dez. Ruhiges Kurhotel mit Schönheitsfarm, einer der größten privaten Badelandschaften Italiens (400 m² Poolfläche) und dem ersten Solefreibad Südtirols; familiär geführt mit bestem Service. 75 komfortable Zimmer und Suiten. DZ/ÜF 220–244 €.

Agriturismo Sittnerhof: Verdistr. 60, Tel. 04 73 22 16 31, Fax 04 73 20 65 20, www.bauernhofurlaub.it, März–Mitte Nov. Typisches historisches Bauernhaus (ab 12. Jh.) mit nur 5 Zimmern in einer ruhigen Seitenstraße; ohne Restaurant, aber Pool. DZ/ÜF 62–82 €.

Jugendherberge Meran: Carduccistr. 77, Tel. 04 73 20 14 75, Fax 04 73 20 71 54, www.jugendherberge.it. Zentrums- und bahnhofsnahe Jugendherberge mit modernen Ein-, Zwei-, Drei- und Vierbettzimmern, alle mit Dusche/WC oder Badewanne. ÜF 19,50–21,50 €.

Camping Meran: Piavestr. 44, Tel. 04 73 23 12 49, Fax 04 73 23 55 24; Mitte März–Anfang

Meran

Nov. 15 000 m²-Anlage nahe Pferderennplatz, beheizter Pool; Einkaufsstraße, in der Nähe Tennis, Reitschule und Restaurant. Stellplatz für Wohnwagen 7, 70 €, pro Person 6,20 €.

... in Algund:
Pergola Residence: Kassianweg 40, Tel. 04 73 20 14 35, Fax 04 73 20 14 19, www.pergola-residence.it. Großzügige Apartments aus Glas, Beton und Holz, vom Südtiroler Designer Matteo Thun geschaffen, mit Blick über Apfelplantagen bis Bozen, kleinem Innenpool und Sauna; bequeme Garage. Suiten ab 210 €.
Haus Monika: Mair-im-Korn-Str. 21, Tel. 04 73 44 86 22, Fax 04 73 44 86 19, www.pension-monika.com. Pension mit familiärem Ambiente, 5 Minuten vom Ortskern, herrlicher Blick auf Meran. DZ/ÜF 46–70 €.
Ehrenfels: Weingartner-Str. 23a, Tel. 04 73 44 34 07; ca. 20. März–Anfang Nov. Familienfreundlicher Zimmervermieter, ruhig und doch zentral. DZ/ÜF 42 €.

Maratscher: Mitterplars 30, Tel. 04 73 44 84 69, Fax 04 73 44 24 24, www.maratscher.com. Alle 10 Zimmer des ausgesprochen gemütlichen Hotels sind unterschiedlich eingerichtet; aufmerksamer und sehr persönlicher Service, Terrasse mit Traumblick, kein Restaurant, Garten mit Spielgeräten. DZ/ÜF 78–180 €.

Sissi: Galileistr. 44, Tel. 04 73 23 10 62; Ruhetag Mo. Die erste Adresse gegenüber der Fürstbischöflichen Burg in einem lichtdurchfluteten Liberty-Gebäude; wenige Tische, innovative Küche, z. B. mit Auberginen und Bärlauch gefüllte Gnocchi oder Lammkeule mit Birnenchutney, guter Weinkeller. Menü ab 46 €.
Haisrainer: Lauben 100, Tel. 04 73 23 79 44; Ruhetag So. Gemütliches Restaurant mit gotischem Gewölberaum, das eine deftige Südtiroler Küche anbietet. Tellergericht um 10 €.

Die Anstrengung lohnt – Wanderfreuden auf dem Meraner Höhenweg

Das Etschtal

... in Algund:
Leiter am Waal: Waalweg, Tel. 04 73 44 87 16; Ruhetage Mo Abend und Di. Noch immer ein Geheimtipp für Feinschmecker, die Südtiroler Kost auch mit mediterranen Zügen verfeinert genießen möchten (sehr gutes Fleisch, perfekte Bratkartoffel) in urigen Räumen sowie auf der Panoramaterrasse und unter der Weinpergola. Fast alles als Vor- oder Hauptspeise zu haben; köstlich und riesig: die Marillenknödel. Menü ab 22 €.

Wochenmarkt am Fr, **Flohmarkt** am Di, jeweils 8–13 Uhr. Gut einkaufen kann man vor allem **Delikatessen** und **Wein** sowie **Kunsthandwerk** (z. B. in den Südtiroler Werkstätten in der Sparkassenstraße).

Klettern: Tages-Kletterkurse für Erwachsene; in den Klettergärten von Fragsburg oder Juval, für Jugendliche von 7 bis 13 Jahren im Klettergarten Meran. Anmeldung: Bergsteigerschule Meran, Tel./Handy 34 82 60 08 13, www.bergsteigerschule.com. Auch über **Paragleiten** und **Rafting** sowie **Mountainbiken** erhält man Infos bei der Meraner Bergsteigerschule (s. o.).
Wandern im Gebiet von Meran 2000; Buslinie 01 zur Talstation der Seilbahn im 20-Min.-Takt, Auffahrt halbstdl. 10–12, 13.15–17, Umlaufbahn Falzeben 9–17/18, Sessellift Mittager 10–16 Uhr. Ideale Wanderwege auch für Kinder und Ältere entlang der **Vinschgauer Waale,** mühsam errichteten Wasserkanälen.

Bahnverbindungen durch das Burggrafenamt zwischen Bozen und Meran ca. halbstdl., mit Halt u. a. in Terlan.

1 Weinstraße im Süden Südtirols

Reiseatlas: S. 5, B 3/4
Die Südtiroler Weinstraße (www.weinstrasse.com) schlängelt sich durch Weingärten und -hänge, auch durch zauberhafte Weinorte, bewacht von Ansitzen und Burgen. Eigentlich beginnt sie kurz hinter Bozen bei **Schloss Sigmundskron** und führt dann durch das Gebiet des Kalterer Sees über **Eppan, Kaltern** und **Tramin** nach **Kurtinig.** Weil es aber zwei weitere bedeutende Weinanbaugebiete in Südtirol gibt, hat man sie inzwischen verlängert: im Norden bis nach Terlan (s. S. 94) wegen der dortigen Weißweine, im Osten über die Etsch nach Salurn wegen der vollmundigen Rotweine. Sie gedeihen dort besonders gut, weil sie am Nachmittag länger Sonnenschein genießen.

Eppan a. d. Weinstraße (Appiano)

Das Konglomerat (knapp 13 000 Ew.) aus 15 Ortschaften und zwei Weilern mit höchstens zehn Häusern, auf einer Fläche von 60 km^2 mit 1300 ha Weinland und der höchsten Weinproduktion Südtirols, nennt sich Eppan. Es ist also kein Dorf und doch eine Verlockung – mehr als nur des Weines wegen: Zehn Burgen, zwölf Schlösser und 60 Ansitze sowie 100 architektonisch bemerkenswerte, denkmalgeschützte Bauernhäuser, meist in einer Mischung aus Spätgotik und Renaissance im sogenannten Überetscher Baustil errichtet, ›umgurten‹ Eppan, die größte Dichte solcher Bauwerke auf Südtiroler Boden und vielleicht in ganz Europa.

Kaltern a. d. Weinstraße (Caldaro)

Das knapp 7000 Einwohner zählende Kaltern zehrt auch vom Ruhm seines Sees und hat sich zu seinem Vorteil herausgeputzt, einen ordentlichen Hauptplatz mit modernem Verkehrsamt bekommen, die Weinverkostung ins Zentrum verlegt, die Hausfassaden neu gestrichen. Jetzt erst fällt der Überetscher Architekturstil in seiner vollkommenen Harmonie auf, die tiefen Fenster und die kleinen Balkone mit schönen Eisengittern. Traditioneller Reichtum wird signalisiert, denn Kaltern besitzt seit Jahrhunderten Weinhöfe, seine Lage war ideal für den Anbau von Reben: Die umgebenden Bergketten bieten Schutz, und der wärmste See der Alpen, der **Kalterer See,** verhilft zu angenehmen Temperaturen. Und

Weinstraße im Süden Südtirols

das **Südtiroler Weinmuseum** in beeindruckenden Gewölberäumen im historischen Zentrum gilt als eines der meistbesuchten der Region, es zeigt die Entwicklung des Weinanbaus in Südtirol (1. April–11. Nov. Di–Sa 10–17, So, Fei 10–12 Uhr).

Tramin a. d. Weinstraße (Termeno)

Seine weltweite Bekanntheit hat der Ort in 276 m Höhe (3200 Ew.) der Rebsorte zu verdanken, die seinen Namen trägt: dem Gewürztraminer. So ist es nur logisch, dass während der ›Weinkost‹ im Mai (um Christi Himmelfahrt) Traminer-Weine aus aller Welt ausgeschenkt werden. Das weithin sichtbare Wahrzeichen Tramins ist der 95 m hohe gotische Glockenturm seiner **Pfarrkirche.**

Im kleinen **Kastelaz** oberhalb des Dorfkerns sind die Fresken des bereits 1214 erwähnten Kirchleins **St. Jakob** die besondere Attraktion (tagsüber meist offen, sonst Schlüssel im Haus nebenan): romanische (vor allem die zwölf Apostel) und gotische Fresken von 1441, darunter gleich links beim Eingang die Hühnerlegende des hl. Jakobus aus Compostela. In der Apsis lauter Fabelwesen in den makaberstens Verrenkungen, die faszinieren und erstaunen zugleich: Vogelfrau und Ziegenfisch, Hundsköpfiger und Schattenfüßler – archaisch anmutende Fabelwesen, in die christliche Heilsbotschaft integriert.

Kurtasch a. d. Weinstraße (Cortaccia)

333 m hoch gelegen, ist Kurtasch (2060 Ew.), nach Eppan im Besitz der meisten Ansitze Südtirols, genau 52 an der Zahl. Hübsch anzuschauen ist daher der Weinort, in dem die Ansitze einen gepflegten Eindruck machen, umgeben von Weinbergen. So ist es nicht verwunderlich, dass der Verkehrsverein eine **Höfewanderung** anbietet; sie dauert etwa zwei Stunden, was man übrigens auch alleine unternehmen kann. Alle Ansitze stammen aus der Zeit zwischen 1259 und ca. 1680 und sind bewohnt, die meisten von Landwirten. Der Wein, den sie anbauen, ist begehrt, weil er hier zu mehr als 50 % an Steillagen gedeiht.

Richtig Reisen-Tipp: Burgen und Schlösser

Rings um Meran und im Vinschgau finden sich zahlreiche Burgen und Schlösser, in denen man z. T. auch wohnen kann (Infos: www.suedtirol.info/burgen). Hier herrscht die höchste Dichte an Feudalsitzen nach der Gemeinde Eppan an der Südtiroler Weinstraße. **350 Schlösser, Burgen und Ansitze** – das sind kleinere, bescheidenere, nicht minder schöne befestigte Wohnsitze des Mittelalters – zählt Südtirol insgesamt. Alle 17 km^2, so hat man ausgerechnet, steht ein Schloss. Man fühlt sich in die Zeit der Minnesänger zurückversetzt, die Burgen und Schlösser machen es einem leicht, der Fantasie freien Lauf zu lassen, so unterschiedlich sind sie, so aufregend noch, so erhaben und schön. Und fast alle sind zu neuem Leben erwacht. Als Museum, Hotel, Pension oder Restaurant – oder als Wohnplatz für Leute, die es sich leisten können. Selten für echte Nachfahren der alten Burg- oder Schlossherren …

Zu den schönsten Schlössern und Burgen, in denen man wohnen kann, gehören bei Meran **Rundegg, Labers** und die **Fragsburg,** bei Missian/Eppan das imposante **Schloss Korb.**

Eine weitere Besonderheit ist das private **Museum Zeitreise Mensch** im Ansitz am Orth (Botengasse 2, Führungen April–Aug. Fr um 10 Uhr oder auf Anmeldung, Tel. 04 71 88 02 67, www.museumzeitreisemensch.it). Es zeigt auf 1000 m^2 in sieben Räumen die 10 000-jährige Geschichte von den Steinzeitmenschen bis zur modernen Zivilisation.

Von Kurtasch führt der erste, 2,5 km lange Abschnitt des **Weinlehrpfades Südtirols** bis nach Magreid (s. S. 101).

Jausenstation der Familie Tiefenbrunner: Schloss Turmhof, Entiklar, südl. von Kurtasch, Schlossweg 4, Tel. 04 71 88 01 22, www.tiefenbrunner.com; Ostern–Okt. Mo–Sa 10–20 Uhr; Weinverkauf ganz-

Weinstraße im Süden Südtirols

jährig. Gemütlich und unkompliziert geht es in der vielleicht bekanntesten Jausenstation der Weinstraße zu. Die Burg lockt mit holzgetäfelten Stuben und prächtigem Gastgarten; Selbstbedienung für Speck- u. a. Platten, kleine warme Gerichte sowie Wein auch glasweise; nach Führungen fragen!

Magreid a. d. Weinstraße (Magrè)

Eng schmiegt sich das kleine Dorf wegen der einst beängstigenden Gefahr der Etschüberflutung an die recht steilen Hänge voller Rebflächen – der höchste Weinberg Südtirols (mit Müller-Thurgau-Trauben) liegt hier in 1050 m Höhe; im Tal breiten sich Apfelbaumplantagen aus. Wo man hinschaut, entdeckt man im hübschen Dorf gotische Spitzbogen und runde Renaissancebogen, mit schöner Schmiedeeisenarbeit an Fenstern und Lauben. In der Grafengasse gegenüber dem Kanal fasziniert ein Naturdenkmal: die 1601 gepflanzte **Magreider Urrebe,** eine Art Vernatsch, der noch immer tragende, älteste Rebstock Europas – ein Riesengewächs!

Kurtinig a. d. Weinstraße (Cortina)

Südtirols zweitkleinste Gemeinde zählt knapp 600 Einwohner und wirkt besonders heimelig. Am 11. November, am Martinstag, steht der ganze Ort Kopf. Dann findet auf dem Kirchplatz das Gänserennen statt, unter lauten Anfeuerungen der Besitzer wie der Zuschauer. Danach gibt es in den Gaststätten – Gänsebraten …

Salurn (Salorno) und Umgebung

Salurn, der südlichste Ort Südtirols mit seinem großzügigen Rathausplatz, wird jenseits der Etsch auf hohem Felsen bewacht von der Haderburg, sozusagen Symbol der deutschen Sprachgrenze.

Hübsch und ruhig gelegen (und frei von Verkehr) ist weiter nördlich das kleine, ja winzige **Neumarkt** (Egna). Seine Laubengänge

Ob es ein guter Jahrgang wird?

muten an wie eine Mischung aus venetischer und älperischer Architektur. Seine Blauburgunder-Weine sind so kräftig, dass sie gerne mit denen Frankreichs verglichen werden.

Auer (Ora) schließlich, wo ein hervorragender Lagrein angebaut wird, besitzt an der St.-Peter-Kirche einen romanischen Glockenturm, dessen Sockel aus dem 12. Jh. stammt.

Tourismusverband Südtirols Süden: 39010 Frangart (BZ), Tel. 04 71 63 34 88, Fax 04 71 63 33 67, www.suedtirol-sueden.info.

… in Kurtasch:
Schwarz-Adler Turm-Hotel: Kirchgasse 2, Tel. 04 71 88 06 00, Fax 04 71 88 06 01, www.turmhotel.it; im Winter zeitweise geschl. Modernes Design mit Traditionellem verbunden, 24 z. T. großzügige Zimmer, davon zwei im Turm; viel Holz, Zirbelstube, Pool und Saunalandschaft; Tiefgarage. **Traditionelle Südtiroler Küche, feine italienische Gerichte** (Themenabende: Degustationsmenü, Regionales und Fischmenü; 40–65 €). DZ mit Halbpension 130–180 €.

… in Kurtinig:
Teutschhaus: Martinsplatz 5–7, Tel. 04 71 81 71 39, Fax 04 71 81 74 83, www.teutschhaus.it. Modernes, helles Ambiente in alten Mauern (z. T. seit 1598), Hotel aus drei Gebäuden rund um den Kirchplatz mit insgesamt 70 Zimmern, davon 10 behindertengerecht. Pool, Liegewiese, eigener Weinkeller, eigenes Obst- und Weingut mit Biotop; **4 Restaurants.** Parkplatz. DZ/ÜF 78–104 €.

Überall entlang der Südtiroler Weinstraße gibt es **Kellereien,** die ihren Wein selbst vermarkten, eine Auflistung der organisierten Kellereien findet man bei der Südtiroler Weinwerbung (Handelskammer Bozen) unter www.suedtirolerwein.com.

Vielerorts an der Weinstraße werden im Sommer **Weinfeste** u. Ä. veranstaltet wie **S'Traminer Dorfleben:** Ende Juli–Anfang Sept. jeden Mi ab 20 Uhr. Spiele, Musik, offene Geschäfte.

Trentino

Reiseatlas
S. 5, 14, 15

Der italienische Teil der autonomen Region Südtirol-Trentino zeigt die Form eines Schmetterlings: Das Etschtal bildet den Körper, die Berge und Täler seine Flügel. Das Trentino ist eine aufstrebende Provinz zwischen Südtirol und dem Nordzipfel des Gardasees. Burgen und Schlösser, Alpenseen sowie Wein- und Obstkulturen umgeben die urbanen Zentren Trento und Rovereto.

Trento

Reiseatlas: S. 5, A 4; **Cityplan:** S. 105
In der heute fußgängergerecht angelegten Stadt lässt man den Wagen am besten in der großen Garage (›Autosilo‹) nahe der Torre Verde stehen und erobert Trento (dt. Trient) von dort zu Fuß. Mit Blick nach Süden erreicht man über die Via Bernardo di Clesio linker Hand das nicht zu übersehende Kastell Buonconsiglio, das außerhalb der mittelalterlichen Mauer errichtet wurde, und geradeaus die Altstadt.

Den Einzug der Renaissance verdankt die Stadt dem aus Cles im Nonstal stammenden Fürstbischof Bernardo von Cles (1485–1539), der sich gegen Rom und Bologna, Mantua und Piacenza durchsetzen konnte und die 19. allgemeine Kirchenversammlung nach Trient holte. Das Tridentinische Konzil (oder Tridentinum) fand allerdings erst unter dem Rechtsnachfolger von Cles statt, Kardinal Christoph Madruzzo, in drei Etappen: 1545 bis 1547, 1551/52 und 1562/63.

Es ging um die Einleitung der Gegenreformation, die innere Erneuerung der katholischen Kirche nach der Erschütterung durch die Reformation. Für die Umgestaltung Trients hatte der Fürstbischof keinen Adeligen, keinen Kirchenfürsten und auch nicht die Stadtkasse geschont: Alle sollten sie dazu beitragen, aus seinem gotisch-dunklen Sitz eine strahlende Renaissancemetropole zu machen. Dabei wurden nicht nur zahlreiche Häuser eingerissen und neue im Stil der Renaissance errichtet – manche gotischen Bauten erhielten einfach eine Renaissancefassade vorgesetzt oder Malereien ›nach der neuen Mode‹.

Anlässlich der ›Feste Vigiliane‹, dem mittelalterlichen Stadtfest im Juni, erlebt man eine Woche lang die Trientiner so ausgelassen, wie sie im Alltag selten sind. Normalerweise ist ab 20 Uhr kaum noch jemand in den schönen Altstadtgassen anzutreffen, die ›Bürgersteige werden hochgeklappt‹. Kein Wunder: Von den mehr als 100 000 Einwohnern der Stadt leben nur noch wenige im Zentrum. Die historischen Paläste sind als Wohnraum zu teuer! Dabei wurde Trient 1990 von der größten Wirtschaftszeitung Italiens, ›Il Sole 24 Ore‹, aus 95 Provinzstädten zur Idealstadt auserkoren und 2004 zur Alpenstadt des Jahres gekürt…

Von der Torre Verde zum Domplatz

Wer die Stadt an der **Torre Verde** 1 betritt, tut dies wie die Händler und Kunsthandwerker im Mittelalter, wenn sie von Norden her nach Italien reisten. Gleich an der Ecke steht der prachtvolle barocke **Palazzo Trautmannsdorf-Salvadori** 2. Die an der Torre Verde beginnende Via del Suffragio nannte man im Mittelalter wegen der Neubürger aus dem Norden *contrada tedesca,* das ›Deutsche Stadtviertel‹. Hübsch ist der breite und relativ niedrige Laubengang rechts mit Wirtshäusern und Handwerksläden und fast am

Trento

Ende der Gasse, auf der linken Seite, die Fassade, die wiederum zur Via San Marco hin eckumgreifenden **Palazzo del Monte** 3 : einer der schönsten Renaissancepaläste der Stadt mit zwei zauberhaften kleinen Balkonen über dem Eingang.

In der Via Manci, der Verlängerung der Via San Marco, ist gleich rechter Hand der **Palazzo Salvadori** 4 mit der medaillon-geschmückten Fassade erreicht. Sie erzählt die Geschichte des Martyriums des kleinen Simonino, das eine schlimme antisemitische Welle ausgelöst hatte. Daneben erhebt sich der **Palazzo Saracini-Pedrotti** 5 mit seiner geometrisch in Schachbrettmuster freskierten Fassade, dann der vornehme klassizistische **Palazzo Trentini** 6 aus dem 18. Jh., heute Regierungssitz der Autonomen Provinz Trient. Von immensen Ausmaßen ist der **Palazzo Fugger-Galasso** 7 aus dem beginnenden 17. Jh. Er wird auch Palazzo del Diavolo, Teufelspalast, genannt, weil er mit Hilfe des Teufels in nur einer Nacht erbaut worden sein soll.

In überbordendem Barock präsentiert sich die Fassade der 1708 bis 1710 errichteten Kirche **San Francesco Savrio** 8 , die auf die Via Belenzani (s. u.) gerichtet ist. Wunderschön ist der Blick von hier auf den Domplatz und über den Neptunbrunnen hinweg auf die Nordflanke des Domes.

Die breite **Via Belenzani,** vielleicht die schönste Straße von Trient, bietet einige Sehenswürdigkeiten. Sie blickt auf eine bewegte Geschichte zurück, denn viele Größen der Renaissance (und 1995 auch der Papst) nahmen diesen Weg vom Castello di Buonconsiglio über die Via San Marco zum Dom. Linker Hand ist im Stadthaus einer mächtigen Patrizierfamilie das Rathaus untergebracht, im ehemaligen **Palazzo Thun** 9 aus dem 16. und 18. Jh. Der herrlich restaurierte Renaissancekomplex gegenüber, der **Palaz–zo Pona-Geremia** 10 , ist ein Prachtbau mit ausdrucksstarken Fassadenfresken und zwei grandios auflockernden Quadriphorien sowie einem winzigen Repräsentationsbalkon links über dem schlichtbogigen Eingang. Ende 15./Anfang 16. Jh. erbaute ihn Giovanni An-

tonio Pona unter Einbeziehung älterer Gebäude auf der damals Contrada Larga genannten breiten Straße, der *via triumphalis* von Trient. Ganz nach den damaligen Regeln für die Verschönerung der Stadt im Allgemeinen und dieser Straße im Besonderen. Der Fassadenschmuck zeigt u. a. den Einzug Kaiser Maximilians von Österreich, der 1508/09 im Palazzo Geremia wohnte. Da fast immer eine Ausstellung stattfindet, kann man den edlen Bau ohne Probleme besichtigen.

Mit der Autorin unterwegs

Käsemarkt in Trento
Die **Casolara** im März/April ist ein Muss für Freunde von leckerem Bergkäse (s. S. 108).

Trento Card und Weekend
Vor allem in Trient lohnt es sich, den Besuch auf ein Wochenende zu legen, denn praktisch alle Hotels im Zentrum bieten **Wochenendpauschalen** an: Zwei Übernachtungen mit Frühstück ab 84 € pro Person gibt es nämlich fast das ganze Jahr, dazu ein reiches Inklusivprogramm, je nach Saison. Zusätzlich gibt es die 24-Stunden-Trento-Card kostenlos, mit der Museen und Ausstellungen gratis besichtigt, aber auch die öffentlichen Verkehrsmittel benutzt werden können. Sogar die Fahrt mit der Seilbahn zur Sommerfrische Sardagna ist inbegriffen, ein Leihfahrrad sowie 10 % Nachlass in Restaurants, beim Parken, in vielen Geschäften. Sonst kostet die **Trento Card** für 24 Stunden 10 €, für 48 Stunden 15 € (erhältlich u. a. im Touristenbüro).

Bahnfahrt ins Nonstal
Von Trento in den Handwerkerort **Cles** im apfelreichen Nonstal oder weiter bis ins hübsche **Malé** in der Val di Sole fährt man am besten mit der Bahn (s. S. 107).

Kunstgenuss
Das **MART** in Rovereto ist eines der bedeutendsten italienischen Museen für zeitgenössische Kunst (s. S. 112).

103

Trentino

Die schmale Gasse (Colico) gleich rechts gibt den Blick auf die Chorpartie der Kirche **Santa Maria Maggiore** 11 von 1520 frei, die zur Zeit des Konzils Mittelpunkt des religiösen Lebens in Trient war. Über die Gasse hinweg geht es aber in der Via Belenzani weiter. Eine schöne Triphorie im ersten Stockwerk besitzt der nahe **Palazzo Alberti-Colico** 12, ehemals Wohnpalast des Rechtsgelehrten Antonio Quetta (16. Jh.). Ein hoher, zinnenbekrönter Turm ragt dahinter aus dem Häusergewirr: die zur Via Cavour (auf der Rückseite der Via Belenzani) gerichtete **Torre della Tromba** 13, der Trompetenturm, eines der Überbleibsel der mittelalterlichen Stadtstruktur. Links aber ›ergießt sich‹, städtebaulich wunderschön gelöst, die Via Belenzani in einer Fassadenfolge in den Domplatz: Neben dem hoch überkuppelten Zentralbau der Kirche der **Santissima Annunziata** (1712–15) bilden die **Case Cazuffi-Rella** 14 einen weiten Bogen mit den vielleicht berühmtesten, meistfotografierten Renaissancefassaden von Trient. Die Fresken zeigen allegorische Szenen und waren eine Art Moralpredigt an die des Lesens unkundige Bevölkerung.

Der Domplatz

Dieser Platz gehört zu den schönsten und großzügigsten Italiens. Die Nordseite des Domes ist seine eigentliche Schauseite. Zinnenbewehrt sind die bischöfliche Burg (das *Castelletto*) und der Pretorenpalast sowie der integrierte Stadtturm, über Eck stapelt sich die mächtige Vierungsarchitektur des Domes himmelwärts, als müsste sie ein Gegengewicht zur massigen Breite des Gotteshauses schaffen. Den Rest des Platzes nehmen kleinere Paläste mit vorkragenden Fronten ein, auch kleine Gärten sind den Häusern an der Westseite vorgelagert. Ein gewachsener Platz, eine ›gute Stube‹ für eine Stadt wie Trient, die in Italien außerdem als eine der saubersten gilt.

Auffälligstes Bauwerk mitten auf der Piazza Duomo ist der **Neptunbrunnen** (1767–69) von Francesco Antonio Giongo aus Lavarone. Der bronzene Meeresgott (Kopie) macht sich ausnehmend schön als krönende Figur.

Links vom Brunnen ragt die hohe, im 13. Jh. unter Friedrich von Wangen entstandene **Torre Civica** wie ein Zeigefinger in den Himmel, bekrönt von einem allzu mächtigen, historisierenden Zinnenkranz. Daneben wurde der lang gestreckte Bau des **Palazzo Pretorio** nach langer Umbauzeit 1995 als **Tridentiner Diözesanmuseum** 15 wiedereröffnet, unter Einbeziehung des früheren Castelletto, wo der Domschatz mit seinen hervorragenden Goldschmiedearbeiten (12.–19. Jh.) sicher aufbewahrt wird. Das didaktisch fantastisch aufgebaute Museum zeigt u. a. eine prachtvolle Sammlung flämischer Wandteppiche von Pieter van Aelst, die den Saal des Trientiner Konzils schmückten, sowie auserlesene Exponate aus den Kirchen der Stadt und aus den einsamen Tälern des Trentino. Bemerkenswert sind die holzgeschnitzten Tafeln aus dem Nonstal mit fast karikierenden Darstellungen der dörflichen Bewohner. Sie stammen aus der Basilica dei Martiri, der drei Märtyrer Trentinos. Natürlich fehlt auch hier die rührende Darstellung des Martyriums des kleinen Simonino nicht, diese aus der Werkstatt von Nikolaus Weckmann aus Ulm, um 1500/15 (Mi–Mo 9.30–12.30, 14–17.30 Uhr).

Nichts weiter als ein ›Repräsentationssalon‹ war zur Zeit des Konzils der schöne Platz für den **Dom San Vigilio** 16, der selbst eine Ehrenrunde verdient. Jedes seiner Tore ist ein kunsthistorisches Kleinod und historisch beredt. Das Nordtor erhielt zum Konzil einen Vorbau, um die durch die heutige Via Belenzani ankommenden Gäste aufzunehmen. Typisch romanisch ist die starke Betonung der Waagerechten. Die Fensterrose am Querschiff haben romanische *magistri comacini* (aus Como in der Lombardei) geschaffen.

Die gotische Rosette im Westen, der eigentlichen Hauptfassade des Domes zur Via Verdi hin, scheint das romanische Portal darunter fast zu erdrücken. Die bescheidenere Südseite des Domes hat eine überkuppelte Kruzifixkapelle, die würfelförmig ausladend herausragt. Sie wurde erst 1682, das schmale Südportal einzwängend, eingebaut. Dafür wirkt das kleine Portal auf der Ostseite des

Trento

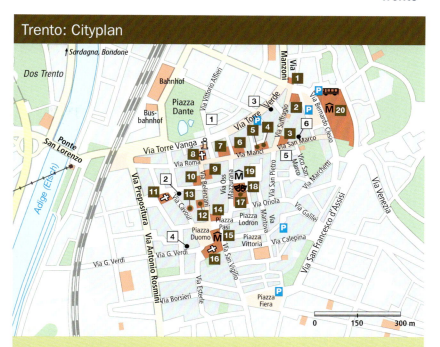

Sehenswürdigkeiten
1. Torre Verde
2. Palazzo Trautmannsdorf-Salvadori
3. Palazzo del Monte
4. Palazzo Salvadori
5. Palazzo Saracini-Pedrotti
6. Palazzo Trentini
7. Palazzo Fugger-Galasso
8. San Francesco Savrio
9. Palazzo Thun
10. Palazzo Pona-Geremia
11. Santa Maria Maggiore
12. Palazzo Alberti-Colico
13. Torre della Tromba
14. Case Cazuffi-Rella
15. Tridentiner Diözesanmuseum
16. Dom San Vigilio
17. Palazzo Tabarelli
18. Teatro Sociale
19. S.A.S.S.
20. Castello del Buonconsiglio

Übernachten
1. Boscolo Grand Hotel Trento
2. Accademia
3. America

Essen und Trinken
4. Osteria Le Due Spade
5. Osteria Il Cappello
6. Antica Trattoria Due Mori

Trentino

Verspielte Figuren und Wasser speiende Fabelwesen ›bevölkern‹ Trentos Domplatz

südlichen Querschiffes sehr einladend, an dem die *comacini* an ›geknoteten‹ Stützen handwerklich ihr Bestes geben konnten.

Der Dom war Hauptsitz des Konzils und ist die Grabeskirche der wichtigsten Kardinäle der Stadt. Innen überrascht er mit einem schon recht gotischen Gesicht, wenn auch mit nur wenigen Spitzbogen. Wunderschön und relativ selten zu sehen: in die dicken Mauern der Nord- und Südseiten eingelassene Seitentreppen zu den Glockentürmen. Der barocke Hochaltar sollte eine Nachahmung des Bernini-Altars im Petersdom werden – dafür wurde sogar die alte Krypta niedergerissen, weil die frühere Raumhöhe nicht ausreichte.

Zwischen Tridentum und Buonconsiglio

Hinter der Torre Civica geht es durch die kurze Via Garibaldi auf die kleine dreieckige Piazza Mario Pasi. Geradeaus kommt man in die **Via Paolo Oss Mazzurana.** Diese müssen Sie unbedingt in ihrer vollen Länge genießen! Hier steht u. a. rechter Hand der **Palazzo Tabarelli** 17 mit seiner schönen Fassade aus diamantenähnlichen Buckelquadern, einer der wuchtigsten Renaissancepaläste Trients. Gegenüber wieder ein Renaissancepalast, allerdings noch mit gotisch-venezianischem Biforium. Ein Stück weiter steht das **Teatro Sociale** 18, das im 19. Jh. im Zuge der kulturellen Wiederbelebung Trients errichtet wurde. Bei den Restaurierungsarbeiten am Theater hat man interessante Funde des römischen Tridentum gemacht, weshalb sie im musealen Rundgang namens **S.A.S.S.** 19 in großartiger Weise zugänglich gemacht wurden: auf rund 1700 m² unterirdischer Fläche 50 m römische, mit großen roten Steinplatten gepflasterte Straße mit Gehsteigen und Abwasserkanälen, 40 m Stadtmauer, Reste eines Turmes, Innenhöfe und Handwerksstätten vom 1. Jh. v. Chr. bis zum 6. Jh. n. Chr. (Eingang Piazza Cesare Battisti, 1. Juni–30. Sept. 9.30–13, 14–18, 1. Okt.–31. Mai 9–13, 14–17.30 Uhr, www.trentinocultura.net/archeologica.asp).

Trento

Die Via San Marco, eine echte Bummelmeile, führt direkt auf die Rundbastionen des **Castello del Buonconsiglio** [20] zu. Das Kastell aus dem 13. Jh. ließen sich die Fürstbischöfe außerhalb der Mauer im gotisch-venezianischen Stil ausbauen, um sich aus der Enge des Bischofssitzes am Domplatz zu befreien – und, wie böse Zungen behaupten, auch um Abstand zum Volk zu halten. Im 16. Jh. wurde daraus das Schloss des ›Guten Rates‹ *(del Buonconsiglio)* mit dem Magno-Palast für das Tridentinische Konzil unter Einbeziehung des sogenannten Augustusturmes und des mittelalterlichen, riesigen Castelvecchio, das in der Renaissance (1475) seinen zauberhaften Innenhof mit einer dreistöckigen offenen Loggia erhielt, außerdem die reiche Freskierung.

Zweierlei darf bei der Besichtigung nicht versäumt werden. Zuerst die **Monatsbilder im Adlerturm,** eine großartige Darstellung des feudalen Lebens im ausgehenden Mittelalter und vielleicht der bedeutendste Freskenzyklus der ›internationalen Gotik‹. Dann die **venezianische Loggia:** Sie bietet nicht nur den schönsten Blick auf Trient, sie ist selbst von großer Anmut, vielleicht der schönste ›Schattenriss‹ vor einer Stadtsilhouette. Die wohl längste gotisch-venezianische Loggia ist verziert mit neun Spitzbogen über einer gleichfalls gotisch-durchbrochenen Balustrade.

In der fürstbischöflichen Residenz fest installiert sind das **Landes-Kunsthistorische Museum** sowie das **Trentiner Museum des Risorgimento und des Freiheitskampfes,** beide zusammen mit dem Castello und eventuellen Ausstellungen mit einer Eintrittskarte zu besichtigen (Di–So 9–12, 14–17, bei Ausstellungen 10–18 Uhr; www.buonconsiglio.it).

Ausflug mit der Bahn nach Malé

Leider wird die früher angenehm organisierte sonntägliche Bahnfahrt von Trento nach Malé durch das **Nonstal** in die **Val di Sole** nicht mehr angeboten. Man kann sie aber bei einiger Abenteuerlust selber organisieren, und zwar während der ganzen Woche, denn die Bahn hat einen relativ dichten Fahrplan. Die Fahrtzeit beträgt knapp anderthalb Stunden, wobei man auch diverse Stops einlegen bzw. nur bis **Cles** fahren kann, in den Ort, aus der für Trient so bedeutende Fürstbischof Bernhard stammte. Cles ist traditionell ein Kunsthandwerkerort mit noch immer funktionierenden Kunstschmieden, Peitschenmachereien, rustikalen Möbelwerkstätten, Orgelbauern und Spezialisten für die Fertigung wunderschöner Kachelöfen.

Ufficio Turismo Trentino: 38100 Trento, Via Manci 2, Tel. 04 61 21 60 00, Fax 04 61 21 60 60, www.apt.trento.it.
… für Val di Sole und Cles:
APT delle Valli di Sole, Pejo e Rabbi, 38027 Malé (TN), Tel. 04 63 90 12 80, www.valdisole.net sowie **Pro Loco di Cles**, 38023 Cles (TN), Tel. 04 63 42 13 76.

Boscolo Grand Hotel Trento [1]: Via Alfieri 1/3, Tel. 04 61 27 10 00, Fax 04 61 27 00 01, www.boscolohotels.com. Das moderne, elegante Paradehaus der Stadt nahe dem Regionalpalast mit 126 Zimmern und Suiten, **stilvollem Restaurant Clesio** und Garage. DZ/ÜF 110–170 €.
Accademia [2]: Vicolo Colico 4/6, Tel. 04 61 23 36 00, Fax 04 61 23 01 74, www.accademiahotel.it. Altstadthotel mit 42 Zimmern, kleinem Innenhof und **Restaurant.** DZ/ÜF 145–170 €.
America [3]: Via Torre Verde 50, Tel. 04 61 98 30 10, Fax 04 61 23 06 03, www.hotelamerica.it. Gekonnt renoviertes, traditionsreiches Stadthotel, sehr freundlich, mit 67 Zimmern und **gutem Restaurant** (Mitte Juli–Anfang Aug. geschl., Ruhetag So). DZ/ÜF 98–110 €.

Osteria Le Due Spade [4]: Via Don Rizzi 11/Ecke Via Verdi, Tel. 04 61 23 43 43; Ruhetage So und Mo Mittag. Kleine, aber typisch trentinische Osteria mit exzellenter Küche (Wildgerichte, hausgemachte *strangozzi*), von Michelin seit langem mit einem Stern ausgezeichnet. Menü um 50 €.
Osteria Il Cappello [5]: Piazzetta Bruno Lunelli 5, Tel. 04 61 23 58 50; Ruhetage So

Trentino

Abend und Mo. Angenehmes feines Restaurant in der Altstadt; Trentiner Küche mit wenigen wechselnden Gerichten. Menü um 30 €.
Antica Trattoria Due Mori 6: Via San Marco 11, Tel. 04 61 98 42 51; Ruhetag Mo. Gut besuchtes Lokal nahe dem Castello di Buonconsiglio u. a. mit zwei rustikalen Räumen. Trentiner Küche mit diversen Gnocchi, Risotti und speziell Pilzen. Menü ab 23 €.

Mo Vormittag sind die Geschäfte in der Regel geschlossen. Do Vormittag **Wochenmarkt** in den Altstadtgassen, Mo–Sa morgens auf der Piazza Vittoria zwischen der Piazza delle Erbe und der Piazza Lodron **Lebensmittelmarkt** (während der Saison Pilze). In der Via Belenzani befinden sich nahe dem Dom zwei besondere Geschäfte: Eines verkauft **typische Lebensmittel** aus dem Trentino, das andere **trentinisches Kunsthandwerk** (Galleria Trentino art; Hausnr. 43/45).
Auf der Piazza Fiera findet im März/April ein interessanter zweitägiger **Käsemarkt** statt, zu dem Almbauern aus weiten Teilen der Alpenregionen herkommen und ihre Produkte verkaufen (man kann auch probieren): **La Casolara** (www.lacasolara.it). Der Ursprung liegt im Mittelalter, als während der Fastenzeit das Verzehren von Fleisch verboten war …

 Platzkonzert am Domplatz: April–Sept. jeden So Morgen.
Internationales Bergfilmfestival: Ende April/Anfang Mai, das älteste Bergfilmfestival der Welt (www.mountainfilmfestival.trento.it).
VinArt: ab ca. Ende Mai zwei Wochen lang in Trient und dem Trentino: Veranstaltungen und Weinverkostung – eine anspruchsvolle Mischung.
Feste Vigiliane: 20.–26. Juni; zu Ehren des Stadtpatrons San Vigilio mit farbenprächtigen Umzügen in Renaissancekostümen, das wichtigste Fest der Stadt, mit einem reichen Rahmenprogramm (www.festevigiliane.it).
Kulinarische Feste finden häufig statt, so im Herbst für Strudel und Muskateller, für Spumante, Trentiner Küche u. Ä.
Weihnachtsmarkt: Ende Nov.–24. Dez. auf der Piazza Fiera.

 Die nächsten **Flughäfen** sind Bozen (rund 60 km) und Verona (90 km).
Trento ist **Bahnstation** auf der EC-Strecke München – Innsbruck – Brenner – Verona, die tagsüber im 2-Std.-Takt befahren wird. Auch nach Venedig führt eine Bahn über die schöne Valsugana.
Gute **Busverbindungen** mit Rovereto und dem nördlichen Gardasee (Riva).
Von Trient (Abfahrt nahe der San-Lorenzo-Brücke) fährt je nach Tageszeit alle 15 bis 30 Min. die **Seilbahn** nach Sardagna auf den Monte Brentone hoch, Fahrtzeit ca. 5 Min.
Innerstädtischer Verkehr: Man benötigt nicht unbedingt einen Bus (hier: Elektrobusse), weil die Strecken kurz sind.

Cembratal

Reiseatlas: S. 5, B 3/4

Das Trentino ist reich gesegnet mit herrlichen Tälern, die als Sommerfrische ebenso locken wie z. T. als Wintersportgebiete. Das 45 km lange Cembratal, das etwa 10 km nördlich von Trient beginnt, begeistert mit seiner landschaftlichen Schönheit. Sein Name könnte von der Zirbelkiefer (lat. *Pinus cembra*) kommen, die hier wächst. Zudem gedeiht ein guter Müller-Thurgau im Tal, und man stößt auf ausgedehnte Apfelplantagen. Eine Besonderheit des Tals sind die insgesamt 300 km langen Stützmauern in Trockenbauweise. Dürerfans kommen im Tal übrigens voll auf ihre Kosten (s. Richtig Reisen-Tipp S. 109) …

Beim Verkehrsamt von Pinè-Cembra (s. u.) erhält man bzw. findet im Internet sehr gutes Informationsmaterial zum Thema ›Urlaub auf dem Bauernhof‹. Auch Tipps für Weinkellereien u. a. Verkostungs- und Einkaufsmöglichkeiten von Spezialitäten aus dem Tal, Einkehr- und Übernachtungsmöglichkeiten (s. auch S. 110).

APT Pinè-Cembra: Via C. Battisti 106, 38042 Baselga di Pinè (TN), Tel. 04 61 55 70 28, Fax 04 61 55 75 77, www.aptpinecembra.it. Informationen für das Hochtal von Pinè und das Cembratal.

Richtig Reisen-Tipp: Dürers Wanderweg

Bis ins 19. Jh. gab es keine Dämme entlang der Etsch, Reisende auf der Via Claudia Augusta zwischen Deutschland und Italien bzw. Verona oder Venedig mussten also bei den häufigen Überschwemmungen auf einen Alternativweg ausweichen, den Semita Karoli. So erging es auch Albrecht Dürer 1494 auf seiner ersten Reise nach Venedig.

Historiker des Dürerhauses in Nürnberg haben gemeinsam mit italienischen Kollegen den damaligen Weg Dürers rekonstruiert – und nun kann jedermann auf den Spuren des Malers wandern. Seine Stationen in Südtirol und im Trentino ließen sich anhand seiner insgesamt zwölf erhaltenen Aquarelle rekonstruieren, die schönsten zeigen die **Erdpyramiden** und das **Schloss von Segonzano**.

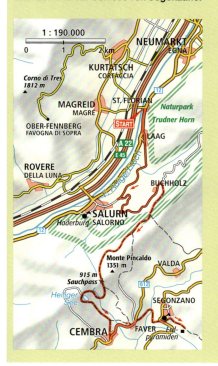

Der Weg führt vom Klösterle (13. Jh.) in St. Florian bei Neumarkt über das Laukustal nach Buchholz bei Salurn mit der großartigen Haderburg auf sicherem Felsen. Danach steigt der Weg an zum Sauchsattel in 915 m Höhe, wo sich eine kleine historische Vogelfangstelle befindet, und führt weiter zum Heiligen See in 1200 m Höhe. Über Cembra und Faver erreicht der Dürerweg die Ruine der Burg von Segonzano. Schlussbild: die Erdpyramiden von Segonzano, ein großartiges Naturschauspiel. Albrecht Dürers Signatur mit dem kleinen D im großen A zeigen dem Wanderer Dürers Stationen an.

Der Weg zwischen Lago Santo und Cembra, Cembra und Faver sowie Faver und den Erdpyramiden von Segonzano ist besonders schön und anhand von guten Beschreibungen (www.duererweg.it) einfach zu erwandern. Von den acht Stationen des Weges sind es die letzten drei, also Nr. 6, 7 und 8. Für das 12 km lange Wegstück sind offiziell knapp 4 Stunden eingeplant, es sind Höhenunterschiede zwischen 350 und 500 m zu überwinden. An allen drei Wegen gibt es zumindest während der Saison am Start- bzw. Endpunkt **Einkehrmöglichkeiten**.

Zu Füßen der Burg in Piazzo di Segonzano kann der Wanderer mitten in den Weinbergen herrlich wohnen und sich kulinarisch verwöhnen lassen. Die **Locanda dello Scalco** ist ein kleines, aber mit viel Liebe und Geduld eingerichtetes Hotel mit acht Zimmern in den historischen Mauern von 1681. Die verfeinerte Küche erinnert an die Toskana – die Wirtin stammt von dort (Frazione Piazzo 51, 38047 Segonzano (TN), Tel. 04 61 69 60 44, Fax 04 61 69 62 91, www.locanda delloscalco.it, 6. Jan.–Ostern evtl. geschl., das Restaurant soll außer Mo aber ganzjährig geöffnet bleiben. DZ/ÜF 107–127 €; feines Menü um 30 €. Tipp: Halbpension buchen, die pro Person nur 18 € Aufpreis kostet, oder gleich die Vollpension für 26 € mehr).

Trentino

Die Erdpyramiden von Segonzano

🛏 **Locanda dello Scalco:** s. S. 109.
Agritur Maso Pomarolli: Località Maso Pomarolli 10, 38030 Palù di Giovo (TN), Tel./Fax 04 61 68 45 70, www.agriturmaso pomarolli.it. 8 geräumige Zimmer, 2 mit besonders schönem Talblick im neuen Agriturgebäude inmitten von Apfelplantagen; kleines Restaurant mit Terrasse für die Hausgäste. DZ/ÜF 70–75 €, besser Halbpension buchen (20 € mehr pro Person).

🛍 Überall locken Schilder zum Verkauf von Äpfeln, gibt es Weinkellereien mit Probier- und direkter Einkaufsmöglichkeit wie z. B. die **Azienda Vinicola Villa Corniole** mit einer großartigen, z. T. aus dem Felsen gesprengten Cantina: Vi al Grec' 23, 38030 Verla di Giovo (TN), 15 km nördl. von Trento an der SS 612, Tel. 04 61 69 50 67, www.villa corniole.com, Mo–Sa 9–12, 14.30–17.30 Uhr. Voranmeldung ist immer besser.

2 Die Erdpyramiden von Segonzano

Die Pyramiden liegen zwischen dem Cembratal und dem Hochtal von Pinè fast an deren östlichem Ende. Der Wanderweg C 37, er führt am Rio di Regnana entlang, trifft auf den unteren Parkplatz, den oberen Einstieg findet man an der Straße Segonzano – Quaras. Der Weg zur mittleren, zur schönsten der drei Gruppen von Erdpyramiden wurde jüngst so gesichert, dass es geradezu Vergnügen bereitet, durch den Wald auf- und abzusteigen. Die besten Aussichtspunkte sind befestigt und gefahrlos zu erklettern. Die östliche Gruppe ist ebenfalls durch einen Pfad erschlossen.

Der kürzere Weg führt von oben zur mittleren Gruppe (mit Abzweigung zur östlichen), doch weniger anstrengend ist der kehrenreiche Weg durch den Wald vom Parkplatz an der Straße Cavalese – Trento (mit dem Freiluftkiosk). Ruhebänke und Picknickplätze laden zum längeren Verweilen ein, informative Tafeln zum genaueren Studium der geologischen Entstehung dieser 20 bis 40 m hohen, so fragil wirkenden Naturwunder: **erodierte Moränenablagerungen der Gletscher** (Ton, Lehm, Sand und Kieselsteine, Porphyrsteinchen), auf der Spitze ein ›Hut‹ aus Porphyr. Seine schräge Lage ermöglicht es dem Regenwasser, schnell abzufließen, ohne die Pyramide auszuschwemmen und diesem ›Deckel‹ allmählich den Halt zu nehmen.

Insgesamt benötigt man je nach Kondition zur Überwindung der rund 270 m Höhenunterschied für die reine Gehzeit 60 bis 90 Min. Unten lädt die große **Freiluftbar** der Familie Dallagiacoma zu einer längeren Rast ein. Man kann hier auch den kleinen Band über die Erdpyramiden erstehen, den Luciano Dallagiacoma verfasst hat (auch auf Deutsch erhältlich).

Cembra

Im ruhigen Bergnest steht eher unauffällig die Kirche **San Pietro** (Mo, Mi 9.30–11 Uhr oder auf Voranmeldung, Tel. 04 61 68 3 10). Zwar wirkt die einschiffige Kirche heute gotisch, doch ihre Anfänge liegen bereits im 12. Jh. 2004 wurde das reich freskierte Innere restauriert und dabei machte man eine so interessante Entdeckung, dass nach Ansicht der Lokalhistoriker die Geschichte der Christianisierung des Trentino umgeschrieben werden müsste. Man fand eine sogenannte *cella memoria*, die wohl die Reliquien des hl. Petrus beinhaltet hatte und später in den Altartisch versetzt wurde. Sie stammte aus dem 6./7. Jh., eine kleine ovale Silberkapsel mit einem Kreuz drauf (Original im Museum in Trento). Folgerung: Die Christianisierung sei nicht von Trento, sondern vom Cembratal ausgegangen, jedenfalls von den Tälern Richtung Aquileia aus, wo ja damals das Patriarchat seinen Sitz hatte ... Auch an den Fresken der rechten Wand (1549), die man der Giotto-Schule zuschreibt, seien drei Handschriften erkennbar, die man mit Tolmezzo in Friaul (nördlich von Aquileia) in Verbindung bringt. Noch ist keine richtige Perspektive erkennbar, die Fresken wirken altertümlich und doch lebendig. An der rechten Langhauswand sind 24 Geschichten aus dem Leben Christi dargestellt. Wunderschön sind die Kreuzrippengewölbe mit Blumen, Früchten und Fratzen ausgemalt. Die linke Wand wurde von Valentino Rovisi aus dem Fleimstal, einem Schüler Tiepolos, Anfang des 18. Jh. ausgemalt. San Bartolomeo, der seine abgezogene Haut über dem Arm trägt, soll das Antlitz Rovisis ebenso zeigen wie San Pietro links im Chor, den Rovisi restauriert hatte.

Rovereto

Reiseatlas: S. 15, A 1

Nur 24 km südlich von Trento – und man fühlt sich wie in einem anderen Land. Rovereto mit seinen knapp 34 000 Einwohnern gilt als die venezianische Komponente des Trentino, seine Menschen lieben die heiteren Seiten des Lebens und den Wein. Sie sind offener, auch Fremden gegenüber. Ihre Sprache klingt singend-venezianisch, und es geht ihnen relativ gut, ja Rovereto gilt als die italienische Provinz mit der höchsten Lebensqualität,

Rovereto

ohne wirklich teuer zu sein. Arbeitslosigkeit war in der Stadt der Dienstleistungen bis vor wenigen Jahren fast unbekannt, noch immer liegt sie bei nur 4,4 %.

Altstadtgassen überziehen den Hang und sind durch Bogen und alte Tore verbunden. Die hohen, schmalen mittelalterlichen Häuser lassen nur wenig Licht auf das Pflaster fallen. Dennoch ist die Atmosphäre zumindest tagsüber heiter, sind die kleinen Geschäfte einladend. Vom Ruhm einer reichen Stadt, die im 18. Jh. neben Como das bedeutendste Zentrum der Seidenproduktion und -verarbeitung war, ist allerdings wenig geblieben. Doch ziehen musikalische Programme rund um den jungen Mozart, der hier ab 1769 mehrmals mit seinem Vater weilte, ein interessiertes Publikum an und bringen auch den Bewohnern Roveretos mehr kulturelle Qualität.

Vom mächtigen Castello über ihrer Altstadt haben sich die Rovereter nicht lange beeindrucken lassen. Auf den Hügel Castel Dante führt die gleichnamige Straße zum Ossario mit den sterblichen Überresten von 20 000 Kriegsgefallenen. Die 1965 gegossene Riesenglocke am Miravalle-Hügel läutet zum Gedenken der Gefallenen aller Nationen.

Fröhlich stimmt eine Errungenschaft, die noch mehr Menschen nach Rovereto zieht, die sich auf Kunst verstehen: das MART, das modernste italienische Museum für zeitgenössische Kunst (s. rechts). Und noch eine weitere Attraktion hat Rovereto zu bieten: die 200 Mio. Jahre alten Fußabdrücke von Dinosauriern, ganz in Stadtnähe und über einen **Dinoweg** (Infos beim Museo Civico, S. 114) erschlossen.

Vom Bahnhof zur ›Kaiserstraße‹

Den Bahnhof im Rücken flaniert man durch den breiten **Corso Antonio Rosmini** auf das historische Zentrum zu. Der Name der Straße erinnert an den Philosophen und Theologen Antonio Graf von Rosmini Serbati (1797–1855), der in dem 1737 von seinem Onkel

Das MART empfängt den Besucher mit der grandiosen Piazza Centrale und Skulpturen von Mimmo Paladino

Ambrogio erbauten **Palazzo Rosmini-Balista** lebte. Dort kann man auf Anfrage vor allem die großartige Bibliothek mit 10 000 Büchern, Folianten und Handschriften sowie den Spiegelsaal besichtigen.

Von der großen, mit einem Brunnen geschmückten **Piazza Rosmini**, zweigt nach links der im 18. Jh. vom Architekten Rosmini wunderbar harmonisch gestaltete **Corso Bettini** ab, den man gern als die ›Kaiserstraße‹ bezeichnet, weil durch sie Kaiser u. a. bedeutende Persönlichkeiten von Trento in die Stadt kamen. Rechter Hand steht das frühere **Hotel Alla Rosa** mit der Poststation, in dem u. a. Mozart und Leopold II. von Toscana, Goethe und Alexander I. von Russland abstiegen; jetzt ist es leider nicht mehr zugänglich. In der Nähe erhebt sich auf derselben Straßenseite Roveretos reichster Palast im Stil der Spätrenaissance, der **Palazzo Fedrigotti** von Ambrogio Rosmini (1790), durch eine Brücke mit dem auf dem Hügel dahinter liegenden Garten verbunden und durch einen runden Innenhof aufgelockert. Dann, immer noch auf der rechten Seite, der ausladende **Palazzo Alberti** von 1781 mit dem riesigen Familienwappen über dem ersten Geschoss und auffallend schmalen, hohen Fenstern. Freskengeschmückt sind die Räume, die seit längerer Zeit restauriert werden.

Vom MART zur Via Paganini

Hinter dem früheren Sitz der Städtischen Bibliothek entstand eines der bedeutendsten italienischen Museen für zeitgenössische Kunst, das **MART** (Museo di Arte Moderna di Rovereto e Trento), in dessen sehr modernes Gebäude auch die **Biblioteca Comunale** integriert wurde. Unter der offenen gläsernen Kuppel des 2002 eröffneten MART finden u. a. kulturelle Veranstaltungen statt (Di–So 10–18, Fr bis 21 Uhr; s. S. 37).

Auf der anderen Straßenseite geht es zurück zum Zentrum: Schräg gegenüber dem MART ist der lang gestreckte **Palazzo Piomarta** von 1773 nicht zu übersehen – seit 1850 in Gemeindebesitz, zuletzt Sitz des Humanistischen sowie des Realgymnasiums. Jetzt wird der schöne Bau komplett umge-

Trentino

baut: Er soll Sitz des Ablegers der Universität von Trento werden. Auch das **Teatro Comunale Zandonai** von 1783 (Fassade von 1871) wird seit Jahren restauriert. Es sind dann wieder Konzertfreunde und angehende Musiker (Abschlussprüfungen!) aufnehmen. Das Zandonai ist beliebt wegen seines geradezu intim wirkenden Konzertsaales mit den grazilen, gusseisernen Stühlen im Parkett und den vier reich verzierten Loggiareihen darüber. Der Blick fällt nach rechts in die **Via Paganini:** Im 18. Jh. war sie die von schmalen Häusern geprägte Straße der Handwerker von Rovereto.

Vom Palazzo del Ben zum Museo Civico

Zurück zur Piazza Rosmini. Hier liegt der mit vielen Rundbogen und -fenstern sowie Außenfresken geschmückte und vielleicht etwas überrestaurierte **Palazzo del Ben.** Der Neorenaissancepalast ist heute Sitz der Sparkasse von Trento und Rovereto. In der Verlängerung des Corso Bettini führt die kurze Via Orefici direkt zur **Piazza Battisti.** Wie ein Freskoschild anzeigt, hieß sie früher **Piazza delle Oche** (wegen des Gänsemarktes) und ist noch immer ein ausnehmend hübsches Forum mit hohen schmalen Bürgerhäusern und dem Neptunbrunnen in der Mitte, aus dem im 18. Jh. der ganze Stadtteil sein Wasser bezog.

Leicht ansteigend beginnt am Platz die Via Rialto. Sie führt zur schlichten Fassade der Kirche **San Marco,** die aus dem 15. Jh. stammt, aber im 18. und 19. Jh. stark verändert wurde, und die man über eine breite Freitreppe erreicht. Innen finden sich prachtvolle Stuckarbeiten, neun kraftvoll gearbeitete, teilweise stark vorspringende Altäre aus dem 18. Jh. und eine Akustik, die auch Mozart begeisterte. Er spielte hier 1769 als 13-Jähriger auf der historischen Orgel. Man erzählt sich gerne in Rovereto, wo nun jeweils das letzte Konzert des Mozartfestivals gegeben wird, dass der kleine Mozart wegen des großen Andrangs in der Kirche auf den Schultern zweier kräftiger Männer zur Orgel getragen worden sei ...

An der Piazza San Marco beginnt die schmale, leicht gebogene **Via della Terra,** in der keine Büros die Bewohner verdrängt haben. Das **Nordtor** der venezianischen Stadtmauer mit Zugbrücke und Markuslöwen markiert den Beginn dieser Straße, die auch ›Terra di Rovereto‹ heißt und noch heute von der städtebaulichen Struktur des 16. Jh. lebt: trotz Reichtum meist schlichte Patrizierpaläste.

Neben der kleinen **Chiesa del Redentore** führt eine enge Treppengasse (Scala del Redentore) von der Via della Terra abwärts zur Piazza delle Erbe, doch die schmale Altstadtgasse geht auch auf das frühere Pfandleihhaus aus dem 16. Jh. zu, in dem das **Museum Depero** schon seit langem restauriert wird. Es eckt an die Piazza Podestà mit dem zauberhaft-venezianisch anmutenden **Rathaus** an. Seine dreistöckige Loggia im Innenhof (auf der Rückseite, vom Fluss her einsehbar) ist freskiert mit den Wappen der Dogen aus der venezianischen Herrschaft und mit dem österreichischen Wappen.

Gegenüber erhebt sich unübersehbar das **Castello** aus dem 14. Jh., das von Venedig erweitert und mit Zinnen bekrönt wurde (heute **Museo della Guerra 1914–1918,** Kriegsmuseum; Eingang auch auf der Piazza, Di–Fr 10–18, Sa, So, Fei 9.30–18.30 Uhr).

Die Stadtmauern Roveretos reichten bis zum Leno-Fluss mit dem gut befestigten **Südtor.** Auf der anderen Flussseite erheben sich hohe Häuser mit teils verglasten Balkonen, die noch einer gründlichen Restaurierung bedürfen. Schließlich wurde in ihnen für die Serenissima Seide produziert (und im nahen Städtchen Ala Samt).

Anfangs parallel zur Via della Terra verläuft die Via Bertoloni mit ihren geradezu plumpen *portici,* den geduckten Bogengängen, weshalb sie auch Via Portici genannt wird. Sie führt über die **Piazza Malfatti** (Di Markt und im Sommer Konzertbühne) und durch einen mit Schwalbenschwanzzinnen bekrönten Torbogen zur brunnenverzierten **Piazza delle Erbe.** Auf dem alten Marktplatz mit großem dreischaligen Brunnen findet im September die Handwerksschau statt.

Rovereto

Hier beginnt u. a. die **Via Mercerie** mit ihren lichteren Häusern. Im Haus Nummer 14, dem Palazzo Todeschini aus dem 18. Jh., hat im Jahr 1994 die **Italienische Mozartgesellschaft** eine Bleibe gefunden. Bei den Todeschini waren Vater und Sohn Mozart Weihnachten 1769 erstmals zu Besuch. Im ersten Stock des zauberhaft engen Stadtpalais werden kleine Konzerte veranstaltet, in der Hauptsache aber die Mozartfestlichkeiten organisiert. Nebenan im Haus Nummer 16 befindet sich seit 1825 die noch immer original eingerichtete **Drogheria Giuseppe Micheli,** in der man genauso wie damals Drogerie-Artikel kaufen kann.

Unbedingt besichtigen sollten interessierte Besucher noch das kleine, aber liebevoll eingerichtete **Museo Civico,** das neben den festen Sammlungen zur Geschichte der Stadt das ganze Jahr über auch wechselnde Ausstellungen und kulturelle Veranstaltungen zu bieten hat (Di–So 9–12, 15–18, Mitte Juni–Mitte Okt. Fr, So auch 20–22 Uhr).

Azienda per il Turismo Rovereto e Vallagarina: Corso Rosmini 6, 38068 Rovereto (TN), Tel. 04 64 43 03 63, Fax 04 64 43 55 28, www.aptrovereto.it.

Leon d'Oro: Via Tacchi 2, Tel. 04 64 43 73 33, Fax 04 64 42 37 77, www.hotel leondoro.it. Ruhig und doch zentral, mit 56 komfortablen Zimmern; Parkplätze, Tiefgarage. DZ/ÜF 69–159 €.

Rovereto: Corso Rosmini 82 d, Tel. 04 64 43 52 22, Fax 04 64 43 96 44, www.hotel rovereto.it. Roveretos traditionsreichstes Hotel, seit 1889 in Familienbesitz; 49 Zimmer, auch zur lauten Straße. **Viel gelobtes Restaurant Novecento;** Parkplätze, Tiefgarage. DZ/ÜF 115–155 €.

Sant'Ilario: Viale Trento 68, Tel. 04 64 41 16 05, Fax 04 64 41 29 22, www.hotelsant ilario.it. Familiäres Hotel am nördlichen Stadtrand, im Neubau 16 Zimmer mit Balkon, insgesamt 44 Zimmer. Garten, Pool; **Restaurant.** DZ/ÜF 83–93 €.

Ostello di Rovereto: Via delle Scuole 16/18, Tel. 04 64 48 67 57, Fax 04 64 40 09 59, www.ostellorovereto.it. Moderne Jugendherberge mit 101 Betten in 33 Zimmern, auch DZ und Familienzimmer, alle mit Bad. Privatpark; Parkplatz, Radverleih. Restaurant. DZ/ÜF 40 €.

Pettirosso: Corso Bettini 24, Tel. 04 64 42 24 63, Ruhetag So. Einladendes Lokal auf zwei Ebenen mit legerer Atmosphäre und Hunderten von gestapelten Weinflaschen. Imbiss und Weinprobe am Eingang, im Untergeschoss wird unter Gewölben Trentinisches serviert, diverse Knödelgerichte, Baccalà mir Kartoffeln und Gulasch mit Polenta. Menü ca. 30 €.

Al Trivio: Campiello del Trivio 11, Tel. 04 64 43 64 14, Ruhetag Mo. Zauberhafte kleine Terrasse auf dem winzigen Platz vor dem eigentlichen Restaurant. Schön angerichtete kreative Küche. Großes Degustationsmenü 30 €, kleines Fischmenü 25 €.

Vecchia Trattoria Birraria Scala della Torre: Scala della Torre 7, Tel. 04 64 43 71 00, So/Fei geschl. Trattoria (1878 als Clubhaus gegr.) in holzgetäfelten Räumen und im Sommergarten, leger; gute lokale Hausmannskost wie Gnocchi und Risotti, Wildschweingulasch mit Polenta und Pilzen oder Aufschnittplatten an einfachen Tischen. Gutes Essen um 20 €.

So und Mo Vormittag bleiben fast alle Geschäfte in Rovereto geschlossen.

Wochenmarkt: Di Vormittag auf der Piazza Malfatti.

Schokolade und vieles mehr für Naschkatzen gibt's in der Via Fontana 10 im Exquisita. Berühmte leckere **Süßigkeiten** produziert die Pasticceria Andreatta unter den Arkaden der Via Roma 9/11; Ruhetag Mo.

Wein (s. u. Stappomatto) und **Grappa,** außerdem authentisches **Kunsthandwerk** in den netten Geschäften der Altstadt; im Sept. **Handwerksmesse** auf der Piazza delle Erbe.

Nette Lokale unter den **Portici** des historischen Zentrums, die kommen und gehen. Beständig sind jedoch seit Jahren:

Trentino

La Cripta: Via Portici 16. Bekannt für super Drinks im gemütlichen Pub, in dem sich die Jugend ab 19 Uhr zum Aperitif trifft. Ruhetag Mi, sonst 19–2 Uhr geöffnet (Mo Pianobar, Do Playback und Live).

Stappomatto: Corso Bettini 56a. Kleine Enothek mit perfekter Beratung, hauptsächlich mit trentinischen Weinen und kleinen Gerichten, dazu in angenehmer Atmosphäre innen oder draußen auf dem Bürgersteig. Ruhetag Mo, sonst Di–Sa 9–14.30, 17.30–21, So 11–14.30/15, 17.30–19 Uhr geöffnet.

 Rovereto Venexiana: Fr–So Ende Juli zur Erinnerung an die glorreiche Zeit unter Venedig. Musik u. a. Veranstaltungen, jedes Jahr unter ein anderes Motto gestellt; kulinarische Stände.

Oriente Occidente: 1.–10. Sept. Internationales Tanzfestival in Roveretos historischem Zentrum und in diversen Theatern.

Festival Internazionale W. A. Mozart: Ende Sept.–Anfang Okt. Konzerte u. a. musikalische Veranstaltungen zur Erinnerung an die Aufenthalte des jungen Mozart in Rovereto, Trento, Ala, Nogaredo und Villa Lagarina, Infos unter www.festivalmozartrovereto.com.

EC-**Bahnstrecke** München – Bozen – Verona mit Anbindung im 2-Std.-Takt. **Busverbindungen** mit der Provinz.

In der Vallagarina

Reiseatlas: S. 15, A 1/2

Die Vallagarina, der südliche Teil des Etschtales zwischen Besenello (nördl. von Rovereto) und Borghetto (an der Grenze zur Provinz Verona), ist das Trentiner Land der Burgen und seiner Weinorte, die den wichtigsten Teil der **Trentiner Weinstraße** ausmachen. Drei dieser Ortschaften haben auch mit Mozart zu tun, der schließlich nicht nur den Marzemino in seinem ›Don Giovanni‹ verewigt hat (»... den hervorragenden Marzemino will langsam, langsam ich kosten ...«), sondern hier auch einkehrte: in Villa Lagarina, Isera und weiter südlich in Ala.

Allgemeine Informationen zur Weinstraße: www.stradedelvinotrentino.it.

Besenello

Die Höhepunkte der Trentiner Weinstraße im Lagarinatal beginnen nördlich von Rovereto mit dem kleinen Weinort, in dessen Nachbarschaft das **Castello di Beseno** zu den großartigsten historischen Sehenswürdigkeiten der Region gehört. Allein drei Bollwerke umfasst die im 15./16. Jh. errichtete Festung; besonders schön sind die Fresken im sogenannten Palast der Monate.

Vom Parkplatz im Ort sind es 1800 m bis hinauf, vom Parkplatz unterhalb der Burg ca. 5 Min. Gehzeit durch schattigen Wald (März–5. Juni sowie 15. Sept.–15. Nov. Di–So 9.30–17, 6. Juni–14. Okt. 10–18 Uhr; unsicher).

Nogaredo

Zum typischen Weinort am steilen Hang gehört die weit über die Grenzen Italiens bekannte **Cantina** der Familie **Letrari,** mit einer Villa in herrlicher Panoramalage mit Blick in die Vallagarina. In der Kellerei wird Handverlesenes produziert, in der Sektkellerei nach dem traditionellen Verfahren durch ständiges Rütteln per Hand ein begehrter perlender Wein. Ganz oben am Berg thront **Castel Noarna** (seit 1100) über dem Weinort. Man kann es nach Absprache während der warmen Jahreszeit besichtigen oder hier Weinproben oder private Feste organisieren lassen (Tel. 04 64 41 32 95 bzw. mobil 33 56 29 59 65 , www.castelnoarna.com).

Villa Lagarina

Hinter Nogaredo verbirgt sich das Weindorf mit schöner historischer Bausubstanz, darunter eine großartigen **Casa del Vino della Vallagarina** der Winzervereinigung, in einem Renaissancegebäude mitten im Dorf. In deren Cantina kann man Wein verkosten ebenso wie an der Bar im Erdgeschoss, wo an rustikalen Holztischen oder im Garten fein eingedeckt Lokales geboten wird (Tel. 04 64 48 60 57, www.trentinointavola.it).

Es gibt wenige, aber perfekt zubereitete Gerichte wie salzigen Strudel mit Ricotta und

In der Vallagarina

Polenta-Zubereitung

Speck oder Nudeln mit einem Lamm-Steinpilz-Ragout zu zivilen Preisen (tgl. 10–15, 18–24 Uhr; *primi* zu 7 €, *secondi* zu 10 €).

Isera

Ganz klein, aber erlesen und daher typisch für das Trentino ist in Isera die **Azienda de Tarzcal,** genau gegenüber von Rovereto westlich von Etsch und Autobahn. Im geradezu heimeligen, von umlaufenden Balkonen geprägten Dreiseitenhof produziert die Familie Tarzcal erlesene Weine, Schnäpse und Sekte. Und in einem Anbau wurde eine angenehme Probierstube eingerichtet, für deren Besuch man sich anmelden sollte (Marano d'Isera, Autobahn A 22, Ausfahrt Rovereto Nord, 3 km Richtung Gardasee, Tel. 04 64 40 91 34, www.detarczal.com).

Auch das Weingut **Spagnolli** in Isera produziert eine große Auswahl an Trentiner Weinen, darunter einen Marzemino namens Don Giovanni. Wen wundert's da noch, dass während der Mozartwochen Tafelmusik gespielt wird (Tel. 04 64 40 90 54, www.vinispagnolli.it).

Avio

Auch das weiter südlich gelegene Avio ist ein Weinort, seine Attraktion das auf hohem Felsen thronende **Castello Sabbionara.** Es entstand aus einer Festung des 13. Jh., wurde im 14. Jh. von den Venezianern übernommen und vergrößert.

Dank der rührigen Besitzerin FAI, der italienischen Organisation zum Erhalt und zur Pflege historischer Bausubstanz, sind die Freskenzyklen im Haus der Wachen (›Parade der Kämpfer‹) und das ›Zimmer der Liebe‹ im obersten Stockwerk des Festungsturmes hervorragend restauriert und eine Sehenswürdigkeit ersten Ranges (Feb.–Mitte Dez. Di–So 10–17/18 Uhr, Tel. 04 64 68 44 53).

Il Ristoro del Castello: in der Festung, Tel. 04 64 68 44 53, abends nur auf Vorbestellung. Hier kann man z. B. bei Risotto mit Waldfrüchten eine angenehme kulinarische Pause einlegen. Außerdem bietet die Küche gute *strangolapret und* zur Saison Wild. Menü 20–35 €.

Schloss Saint-Pierre

Kapitel 2

Aosta-Tal

Auf einen Blick: Aosta-Tal

Die höchsten Alpen, urbane Stadt, traumhafte Seitentäler

Das weiteste Tal Italiens ist umringt von den höchsten Gipfeln der Alpen: im Westen vom Mont Blanc (4810 m), im Norden vom Monte Rosa (4633 m) sowie vom Matterhorn (ital. Cervino, 4478 m) und im Süden vom Gran Paradiso (4061 m), einem grandiosen Naturschutzpark. Urban und freundlich ist die Regionalhauptstadt Aosta, herrliche Sommerfrischen bieten die Seitentäler.

65 km in Nord-Süd- und knappe 100 km in Ost-West-Richtung erstreckt sich das Aosta-Tal und ist damit nach Molise die kleinste italienische Region. 13 Seitentäler gehen wie Zweige eines mächtigen Baumes vom Haupttal des Flusses Dora Baltéa ab, fünf große Seitentäler sind ›unsichtbar‹, weil sie hinter großen Moränenaufschüttungen verborgen liegen. Die Seitentäler verzweigen sich wiederum immer mehr, bis in die höchsten Höhen der Alpenriesen, wie ein feinnerviges System von unbeschreiblicher Schönheit. Eine Ausnahme bilden die Winterskigebiete im Sommer, wenn man ihnen ansieht, was Mensch und Maschinen ihnen für die sogenannte Erschließung angetan haben.

Kostbare Schätze der Kunstgeschichte, Ausgrabungen, Burgen und Schlösser sowie Kirchen mit Kleinodien vermutet kaum jemand in dieser Region – doch sind sie zahlreich und fordern den Entdeckergeist heraus. Auch die Küche ist ein echter Geheimtipp, zwar recht bäuerlich, doch vielfach mit fantasievollen Verfeinerungen; ebenso die hier produzierten Weine. Und wer's nicht lassen kann: In St. Vincent steht eine der größten Spielbanken Italiens; noch immer eine der wichtigsten Einnahmequellen der Region.

Nur rund 120 000 Menschen bevölkern das Aosta-Tal, viele von ihnen lebten früher in großer Armut und von der Welt abgeschieden. Gesprochen wird Italienisch oder ein provenzalisches Französisch (mit Wahlmöglichkeiten bei Prüfungen!), im Gressoneytal sogar das alte Deutsch der Walser.

Highlights

3 Naturpark Gran Paradiso: Italiens erstes Naturschutzgebiet mit reichem Wildbestand und herrlichen Wanderwegen (s. S. 132).

4 Mont Blanc: Die Grenze zu Frankreich bildet im Westen Europas höchstes Bergmassiv (s. S. 134f.).

Empfehlenswerte Routen

Durchs San-Bernardo-Tal: Auf 35 km führt die Staatsstraße 27 durch schöne Landschaft – zwischen Großem Sankt-Bernhard-Pass und Aosta, entlang der wild schäumenden Artanavaz, vorbei an Wasserfällen (s. S. 126).
Höhenwanderwege: Die beiden Seitentäler direkt zu Füßen des Mont Blanc, Val Veny und Val Ferret, sind von Courmayeur aus erreichbar und bieten herrliche Wandermöglichkeiten. Bei guter Kondition zu empfehlen: der **Höhenwanderweg 1** (s. S. 141ff.) etwa von Val Ferret aus, der von Lavachey über St-Oyen in der Valle Gran San Bernardo, Ollomont und Valtournenche sowie St-Jacques am Ende der Valle d'Ayas nach Gressoney-St-Jean führt. Als Wanderer überwindet man dabei fast sämtliche Seitentäler der Region sozusagen auf halber Höhe und genießt atemberaubende Bergpanoramen.

Reise- und Zeitplanung

Ausnahmsweise sind Juli und August für kulturell Interessierte und Wandervögel die besten Monate für Reisen durch das Aosta-Tal, denn die Alpengiganten lassen erst spät im Frühjahr die Sonne ins Tal, entsprechend spät beginnt die Vegetationsphase, erblühen farbenprächtige Blumen.

Um das Aosta-Tal zu erschnuppern, reicht eine Woche, doch Wanderer werden sich dann kaum von einzelnen Tälern trennen können und bestimmt länger bleiben oder wiederkommen. Das gilt vor allem für das Tal von Cogne, das als schönste denkbare Kulisse den Gran Paradiso besitzt, mitsamt dem Naturschutzgebiet, das man zu Fuß erkunden muss.

Praktisch das ganze Haupttal ist durch Eisen- und Autobahn erschlossen, die Zugverbindung hört kurz vor Courmayeur in Pré-St-Didier auf. Von hier fahren natürlich Busse nach Courmayeur, ebenso von den anderen Stationen in die Seitentäler. Am westlichen Ende des Aosta-Tales geht es durch den rund 12 km langen Mont-Blanc-Tunnel nach Frankreich (Chamonix).

Für den Geschmack von Naturfreunden sind Haupttal und Seitentäler inzwischen eigentlich viel zu gut erschlossen, was zeitweise erhebliches Verkehrsaufkommen nach sich zieht. Das gilt vor allem für den Sommer, für das begehrte Wandergebiet von Cogne, aber auch für das Gressoneytal im Osten der Region.

Doch das Aosta-Tal hat auch noch eine zweite Verbindung mit Frankreich: von Pré-St-Didier und La Thuile über den Kleinen Sankt-Bernhard-Pass (2189 m). Und den Großen Sankt-Bernhard-Pass (2887 m) benutzt man von Aosta-Stadt über die Valle del Gran Bernardo als Grenzstation in die Schweiz oder fährt den knapp 6 km langen Tunnel ins Nachbarland.

Richtig Reisen-Tipps

Den Spitzenklöpplerinnen in Cogne zuschauen: Die Frauen des Cognetales beherrschen eine Kunst, die auf das 17. Jh. zurückgeht (s. S. 129).

Mit der Seilbahn den Mont Blanc überwinden: tief in die Gletscherspalten schauen und erschaudern (s. S. 135).

Den Naturpark Monte Avic erwandern: zwischen Wäldern und Torfmooren, begleitet von Steinböcken und Gemsen (s. S. 140).

Von Aosta-Stadt zum Mont Blanc

Reiseatlas S. 9

Die Regionalhauptstadt im Zentrum des Aosta-Tales gibt sich zunehmend städtischer, ist umgeben von den schönsten Schlössern der Region und liegt nahe der einladendsten Seitentäler mit Sommerfrischen wie dem ländlichen Cogne oder dem fast mondänen Courmayeur. Höhepunkt im wahrsten Sinne des Wortes ist der Mont Blanc.

Wer vom Norden in das Aosta-Tal einreist, fährt durch den Tunnel oder, was normalerweise nur im Sommer möglich ist, durch das wunderschöne Große Sankt-Bernhard-Tal direkt auf die lebhafte Regionalhauptstadt des Aosta-Tales zu. Interessante römische wie mittelalterliche Zeugnisse verdeutlichen ihre historische Bedeutung. Heute ist sie unbestritten wirtschaftliches wie kulturelles Zentrum der kleinen Region. Verkehrstechnisch ist Aosta gut mit dem ganzen Tal verbunden, ein guter Ausgangspunkt also für interessante Ausflüge.

Auch der Weg von Aosta-Stadt bis zur französischen Grenze ist nicht weit, dafür aber sehr abwechslungsreich – vor allem, wenn man in die Seitentäler hineinschaut. In das weite Tal von Cogne mit dem herrlichen Naturschutzgebiet des Gran Paradiso, in das zauberhaft stille Tal von La Thuile, in die wilden Täler von Veny und Ferret. Am Ende der Reise: der Mont Blanc, den sich Italien mit Frankreich teilt.

Besondere landschaftliche Kostbarkeiten sind die Südtäler, die zwischen Avise und Villeneuve zum Gran Paradiso führen. Schmale Straßen, die in private Wege übergehen, führen in ein Wanderdorado: von Osten Val di Cogne, Val Savarenche, Val di Rhêmes und Val Grisenche, immer durch den jeweils gleichnamigen Bach gestaltet, der den Gletschern entspringt. Wer mehr sucht als Natur, ein wenig Infrastruktur mit Hotellerie, Restaurants und ein wenig Urbanes, der sollte gleich das erste Südtal anfahren, die Val di Cogne.

Aosta-Stadt

Reiseatlas: S. 9, C 1/2

Ganz flach liegt die lebhafte kleine Regionalhauptstadt Aosta nördlich der Dora Baltéa, des Flusses, der das ganze Tal von West nach Ost durchzieht. Mit vielen Verwaltungsbeamten, Schülern und Geschäftsleuten bietet sie das bunte Bild einer lebhaften Kleinstadt mit rund 34 000 Einwohnern, die offensichtlich ihr Auskommen haben. Die zahlreichen Geschäfte bieten nicht nur Zweckmäßiges, in der Fußgängerzone, die fast das ganze historische Zentrum einbezieht, locken viele Souvenirläden und Modeboutiquen, die von Jahr zu Jahr mehr Schick zeigen,

Gerne nennen die Valdostaner ihre Regionalhauptstadt ›Rom der Alpen‹. Ein regelmäßiges Rechteck von 572 x 724 m war die römische Station Augusta Praetoria, umgeben von einer mächtigen Steinmauer, die fast vollständig erhalten ist. Gut zu erkennen ist ein Teilstück gleich gegenüber dem Bahnhof. Große Teile wurden mit mittelalterlichen Wohnhäusern überbaut, von den 18 Wachttürmen, die um das Jahr 1000 entlang der Mauer errichtet wurden, ist nur noch der Pailleron-Turm original übrig geblieben, alle anderen benutzte man im Mittelalter als Fundament für Herrensitze. Wie üblich, wenn Rom bauen ließ, lagen die Straßen rechtwinklig zueinander, dazwischen Wohn- und öffentliche Gebäude. (Der Augustusbogen aus späterer, augusteischer Zeit, steht außerhalb dieser Stadtmauer östlich der Porta Pretoria.)

Aosta-Stadt

Vom Bahnhof zur Kathedrale

Bahnhof und neuer Busbahnhof eignen sich gut als Ausgangspunkt für einen Bummel durch die kleine Stadt, in der Französisch und Italienisch gleichberechtigte Sprachen sind. Schon beim Ausgang erblickt man rechts die **Torre Pailleron** und am Ende der Avenue Conseil-des-Commis die Fassade des Rathauses an der großen, lang gezogenen **Piazza Chanoux**. Hier stößt man zuerst auf das verschönerte Herzstück einer Stadt, die inzwischen viel Charme entwickelt hat – und dann auf viel Scheußliches am Rande. Den großen Platz vor dem **Rathaus** lieben die Valdostaner und bevölkern ihn fast den ganzen Tag, vor allem zur abendlichen *passeggiata*-Zeit. Ein Blick auf – und falls geöffnet in – das schräg gegenüberliegende, schön restaurierte Art-déco-**Hotel Corona** lohnt sich.

Mit der **Via Tillier** beginnt der Teil der Fußgängerzone, den die Einheimischen bevorzugen, mit zahlreichen Läden und netten Bars, an denen Urlauber noch Knabberzeug zum Drink bekommen, ohne es extra bestellen zu müssen – wie die Einheimischen eben. Am Haus Nummer 48 ist eine Tafel angebracht: zum Andenken an das berühmte Turiner Tuch, das hier auf seinem Weg von Chambery nach Turin Station machte. In der Nähe wurde 1980 eine alte Gasse, die **Rue Maillet**, gekonnt restauriert. Sie besticht durch kleine schmiedeeiserne Balkone, hübsche Laternen und Blumenschmuck. In nächster Nachbarschaft restauriert man nach gleichem Muster weitere Gassen (Via d'Avise, Rue Trottechien), langsam, aber immerhin! (Übrigens: Die mal italienischen, mal französischen Straßennamen entsprechen den Verhältnissen in Aosta.)

Sehr hübsch ist auch die Querstraße **Via Croce di Città**. An dieser einst bedeutenden Einfallstraße vom Großen Sankt-Bernhard-Pass wurden einige Häuser so saniert (auch innen), dass sie leichte Patina zeigten, mit sanften Farben, überwiegend Ocker, Beige, Brauntöne, die sich den umgebenden Fassaden anpassen. Über diese ebenfalls beliebte Einkaufsstraße erreicht man am nordwestlichen Rand der römischen Stadt an der **Piazza Roncas** das **Museo Archeologico**

Mit der Autorin unterwegs

Nicht verpassen!

Porta Pretoria und die Mauer des Teatro Romano in Aosta-Stadt: römische Zeugnisse von ungeahnter Wuchtigkeit (s. S. 125).

Sant'Orso: *die* Kirche Aostas mit einem zauberhaften Kreuzgang und Fresken unter dem Dachstuhl (s. S. 126).

Cognetal: Aostas schönstes Seitental mit großartigen Panoramen (s. S. 128ff.).

Die Brücke von Pondel: perfekt erhaltenes römisches Aquädukt über dem reißenden Bach (s. S. 129).

Die Kirche von Morgex: kostbarer Kirchenschatz im hübschen Weinort, u. a. ein Taufstein aus einer alten Weinkelter (s. S. 132f.).

In Milch und Honig baden

Die neueste Attraktion einiger Hotels mit sog. Benessere- oder Wellnessabteilung, z. B. im Bellevue in Cogne (s. S. 129f.).

Erzgruben von Cogne

Den früheren Minenarbeitern auf der Spur – ein Tag im Fördergebiet (s. S. 132).

Bunte Wochenmärkte

Das Aosta-Tal, wie es wirklich ist, erlebt, wer den Besuch eines Wochenmarktes einplant. Die wichtigsten Märkte der Region sind gemischt, bieten also vor allem **Haushaltswaren, Kleidung** und **Lebensmittel.** Sie finden überwiegend vormittags statt: montags in Châtillon, La Salle, Sarre-Chesallet und Verrés; dienstags in Aosta-Stadt, Issime und St-Pierre; mittwochs in Challand-St-Victor, Champorcher, Courmayeur, Fontainmore, La Magdeleine, Pont-St-Martin und Torgnon; donnerstags in Brusson, Gressoney-St-Jean, Morgex und St-Vincent; freitags in Ayas, Châtillon, Fénis, Gaby, Issogne, Sarre-Montan und Valtournenche; samstags in Antey-St-André, Brissogne, La Thuile, Pont-St-Martin und Sarre; sonntags in Aymavilles, Cogne, Gressoney-la Trinité und Rhemes-Notre Dame.

Von Aosta-Stadt zum Mont Blanc

Aostas römische Stadtmauer ist fast völlig erhalten: die mächtige Porta Pretoria

Regionale mit seiner wirklich sehenswerten, reichen archäologischen Sammlung aus der interessanten römischen Geschichte der Stadt. Nicht versäumen sollte man den Blick ins Untergeschoss mit den römischen Grundmauern (tgl. 9–19, Juli/Aug. z. T. 9–20 Uhr).

Relikte der Römer entdeckt man auch bei einem kleinen Spaziergang nach Südosten: vor der Kathedrale, etwa 2 m unter dem Straßenniveau, das **Römische Forum** mit den Grundmauern eines Tempels (von einem mittelalterlichen Haus überbaut, links gut zu erkennen) und dem sogenannten Kryptoportikus, einem bedeckten, zweischiffigen Gang (normalerweise tgl. 10–18 Uhr; freier Eintritt).

Direkt am Forum erhebt sich die Westfassade der **Kathedrale,** in der bei den letzten Restaurierungsarbeiten bedeutende mittelalterliche Funde gemacht wurden: die ottonischen Fresken (10./11. Jh.) des Dachbodens, versteckt unter dem jetzigen Deckengewölbe, sowie die Fundamente der frühchristlichen Kirche, dazu Fußbodenreste und zwei Taufbecken, von denen das oktogonale besonders akkurat ausgeführt ist (im Boden eingelassen). Auch Mosaikfragmente wurden freigelegt, Treppenstufen, Gräber, wunderbare marmorne Reliefs. Die vermutlich von Sarazenen zerstörte frühchristliche Kirche wurde 1025 von Bischof Anselmo II neu errichtet. Der Grundriss dieser Basilika und ein Teil des Mauerwerks bestehen bis heute, die Kathedrale musste aber im Laufe der Jahrhunderte zahlreiche Umbauten über sich ergehen lassen, wobei vor allem die klassizis-

Aosta-Stadt

Östlich der Piazza Chanoux

Biegt man hinter dem Bischofspalast rechts ein, ist schnell wieder die Piazza Chanoux mit dem Rathaus erreicht und auf ihrer östlichen Seite die **Via Porta Pretoria,** hinter der sich die Fußgängerzone fortsetzt. Ihren Mittelpunkt hat sie an der mächtigen, doppelten **Porta Pretoria,** in deren rechtem Teil ein Restaurant Platz gefunden hat und im linken ein mittelalterlicher Geschlechterturm eingelassen ist: die **Torre dei Signori di Quart,** Teil der von der Adelsfamilie erbauten romanischen Festung.

Vor dem beeindruckenden römischen Stadttor führt links ein kurzer Weg zum **Teatro Romano.** Der Anblick der 22 m hohen Theatermauer, die sich als potemkinsche Fassade aus großen dunklen Quadern vor den Viertausendern erhebt wie ein Scherenschnitt mit vielen Fensterbogen, ist überwältigend – auch wenn seit einer Ewigkeit durch Baugerüste verschandelt. Die Reste des nördlich gelegenen römischen Amphitheaters sind nicht zugänglich, weil das Katharinenkloster darin strenge Klausur hält. Aber insgesamt ist die römische Ausgrabungsstätte mit der gut erhaltenen Stadtmauer und der mittelalterlichen **Torre dei Fromage** aus dem 13. Jh. recht eindrucksvoll (soll in Verbindung mit dem modernen Theateranbau Ausstellungen dienen). An der Nordostecke der augusteischen Mauer hinter dem Kloster erhebt sich die mittelalterliche **Torre dei Balivi.**

Zurück zur Porta Pretoria, durch sie hindurch auf die **Via Sant'Anselmo** genannte Fortsetzung der Fußgängerzone, eine der gemütlichsten Italiens. Sie ist auch Ausdruck des florierenden Tourismus: Hier finden sich Andenkenläden mit Kunsthandwerk (überwiegend aus Holz) und typische Lebensmittel wie Käse (original valdostanisch sind Fontina und Toma), Wurst, Mocetta (eine Art Bündner Fleisch von Rind oder Gemse) und Lardo (Speck vom Schwein, fast nur marmorweißes Fett und doch sehr lecker) und diverse Kräuterschnäpse.

Nicht so spektakulär wie die römischen sind die mittelalterlichen Schätze der Stadt. Zwei bedeutende Entdeckungen aus früh-

tische Fassade des 19. Jh. eher als Fehlgriff empfunden wird. Im Chorumlauf wurde das **Domschatz-Museum** eingerichtet, mit sehr kostbaren Stücken, die wundervoll aufgestellt und ausgeleuchtet sind. Zu sehen sind u. a. Reliquienschreine mit Gold, Silber und Schmucksteinen. Beim Betrachten wird schnell klar, welche Schaffenskraft die Gold- und Silberschmiede des Aosta-Tales über Jahrhunderte besaßen, welche Kunstfertigkeit auch die Holzschnitzer beherrschten, deren Nachfolger im Aosta-Tal noch heute die alten Traditionen pflegen (April–Sept. werktags 9–11.30, 15–17.30, So/Fei sowie Okt.–März 8.30–10, 10.45–11.30 Uhr).

Rechts von der Kathedrale erhebt sich stolz der mit ihr verbundene **Bischofspalast** (nur von außen zu bewundern).

Von Aosta-Stadt zum Mont Blanc

christlicher Zeit wurden zusätzlich in den letzten Jahren gemacht: erstens die Fresken der Kathedrale (s. S. 124), zweitens die Fundamente einer großen kreuzförmigen Kirche des 5. Jh. unter der unscheinbaren barocken Kirche **San Lorenzo,** gleich gegenüber von SS. Pietro ed Orso, deren Vorgängerbau sie gewesen sein könnte (nördlich der Via Sant'Anselmo und damit außerhalb der römischen Stadtmauer). Interessierte Besucher gelangen über einen Steg in das durch Rampen begehbar gemachte Innere zu den Ausgrabungen.

Kloster SS. Pietro ed Orso

Das **Kloster** ist Aostas interessantester Baukomplex des Mittelalters. Das einst als romanische Saalkirche erbaute Gotteshaus mit karolingischer Krypta wurde unter dem mächtigsten Grafengeschlecht des Tales, von Georg Graf von Challant, gleichzeitig Prior von Sant'Orso, 1494 in eine spätgotische Basilika umgewandelt. Wie reich der Graf war, verdeutlicht nicht nur das kostbare Chorgestühl, sondern auch die Terrakotta-Fassade des Priorhauses rechts davon. Eindrucksvoll ist die Kirchenfassade mit ihrem außergewöhnlichen Hauptportal, das von einem sehr hohen Giebel überragt wird: Er reicht über die gesamte Höhe des Mittelschiffes fast bis zur Dachspitze hoch und zeigt sich in schönster Backsteingotik, die ihm besondere Leichtigkeit verleiht und den Anschein erweckt, als strebe er himmelwärts. Nur das Portal und die beiden kleinen Spitzbogenfenster auf halber Höhe lockern die Fassade auf, sonst ist sie verputzt, wobei die romanischen Fensteröffnungen angedeutet sind.

Unter dem heutigen Dach von Sant'Orso, versteckt zwischen dem romanischen und dem – niedrigeren – gotischen Dachstuhl, fand man an den Wänden des Mittelschiffes romanische **Fresken** aus dem 11. Jh. Sie erzählen Apostelgeschichten und wurden vor wenigen Jahren von Kennerhand restauriert. Wenn der Custode anwesend ist, lässt er interessierte Besucher hinter der Sakristei hochgehen. Seit Jahrhunderten unberührt, so u. a. fast aufrecht stehend Andreas und Petrus im Boot mit Schülern oder eine Stadtansicht, die als ›Efesus‹ betitelt wird, über allem als durchlaufendes Motiv ein Mäanderband.

Der zierliche romanische **Kreuzgang** von Sant'Orso, zwischen Kirche und Priorhaus eingezwängt, gehört zu den schönsten seiner Art, mit 40 wunderbar gearbeiteten figuralen Kapitellen (1133). Dargestellt sind Episoden aus dem Alten (z. B. ›Rebecca am Brunnen‹) wie dem Neuen Testament (z. B. ›Auferweckung des Lazarus‹) und das Leben des hl. Orso (z. B. ›Almosenspende‹ neben der ›Auferweckung‹). Drei Kapitelle wurden leider herausgebrochen, zwei nach Turin ins Museo Civico gebracht (›Sündenfall‹ und ›Verkündigung an die Hirten‹), das dritte gestohlen.

Recht klobig wirkt der **Glockenturm** links vor der Fassade, den man 1131 gleichzeitig mit dem Kreuzgang z. T. aus römischen Mauersteinen baute. Die Anzahl seiner Fensteröffnungen nimmt wie so oft nach oben zu, darüber erhebt sich ein spitzes, weithin sichtbares Steindach. Neben dem Turm befindet sich ein Naturdenkmal: eine mehr als 460 Jahre alte, ausladende **Linde.** Der sogenannte Complesso Ursino (von Sant'Orso) ist Juli/Aug. 9–20, März–Juni, Sept. 9–19, Okt.–Feb. 10–12.20, 13.30–17 Uhr geöffnet.

Fahrt durchs San-Bernardo-Tal

Ob als Zufahrtsstraße nach Aosta oder als Ausflugsziel: Die Landschaften an der 35 km langen **Staatsstraße 27** zwischen Aosta und Großem San-Bernardo-Pass in die Schweiz sind atemberaubend: Wild schäumt der Artanavaz durch das San-Bernardo-Tal, schmale Wasserfälle stürzen in das Tal hinab. Sogar die Technik des 20. Jh. wirkt hier anziehend: die ›autobahnähnliche‹ Verlängerung des Tunnels, der den Übergang auch winterfest machte. Wer auf der Landstraße bleibt, schlängelt sich um dieses Betonband herum. (Wer zum Hospiz auf Schweizer Seite möchte, der muss den knapp 6 km langen Tunnel meiden, denn er kommt erst 5 km hinter Grenze und Hospiz wieder aus dem Berg hinaus.)

APT: Piazza Emilio Chanoux 2, 11100 Aosta, Tel. 01 65 23 66 27, Fax 018 63 46 57, www.regione.vda.it/turismo

Kampf der ›Königinnen‹

Bataille des Reines — Thema

Das beliebteste Fest der Valdostaner Bauern dreht sich vom Frühjahr bis zum Herbst um die Kuh. ›Bataille des Reines‹ – Kampf der Königinnen –, bei der die mutigste und klügste Kuh des Tales gesucht wird. Die Bauern, die zuschauen und ihre Favoritin anfeuern, meinen, die Siegerin sei dann auch immer die Schönste.

Monatelang werden an den Wochenenden Kämpfe zwischen den stärksten Kühen ausgetragen, bis die Gruppensiegerinnen in Aosta-Stadt antreten, um die mutigste Kuh des Tales zur Königin, der *Reina des Batailles,* zu küren.

Teilnehmen dürfen an dieser faszinierenden, unblutigen Kraftprobe nur trächtige Kühe. Angeblich seien sie nicht so aggressiv, heißt es. Mit ihren dicken Köpfen, die Hörner ineinander verhakt, geradezu sanft, ohne sich gegenseitig zu verletzen, versuchen die Tiere ihren Standort zu verteidigen. Erkennt eine Kuh, dass sie gegen ihre Gegnerin keine Chance hat, verlässt die Unterlegene kampflos das Feld. Die Bauern der Umgebung lassen sich die Wettkämpfe, die mitsamt der langen Vorbereitungsphase (Wiegen der Kühe, Einteilen in Klassen, Nummernverteilung) einen ganzen Tag beanspruchen, denn auch nicht entgehen, ganz gleich, ob es regnet oder stürmt. Und loben die Eleganz und Kraft der Siegerinnen, die mit einem kostbar gearbeiteten Glockenband geehrt werden.

Es ist nahezu unmöglich, die Wettkampftermine im Aosta-Tal zu übersehen: Drei nach Jahreszeiten gesonderte Wettbewerbspakete (Frühjahr, Sommer, Herbst) finden von ca. Mitte März bis Mitte Oktober an 20 Terminen und Orten statt, sie werden überall im Aosta-Tal angeschlagen, denn die ›Amis des Reines‹ ist eine ganz rührige Gesellschaft.

Folgende Austragungsorte stehen auf dem Programm: Pont-St-Martin, Quart, St-Marcel, St-Vincent, Col de Joux, Challand-St-Victor, Vertosan, La Thuille-Petit St-Bernard, Brusson, Cogne, Valgrisenche, Gignod, St-Christophe, Nus, Gressan, Ollomont By, Valtournanche, Villeneuve, Pollein, Monjovet und Jovençan. Der Endkampf findet in der dritten Dekade des Monats Oktober in Aostas Arène à la Croix Noire statt.

Mit dem blutigen spanischen Stierkampf hat dieser traditionelle Wettbewerb überhaupt keine Ähnlichkeit

Von Aosta-Stadt zum Mont Blanc

Europe: Via Bibitel 8/Piazza Narbonne, Tel. 01 65 23 63 63, Fax 016 54 05 66, www.ethotels.com/hoteleurope. Von Geschäftsleuten wie Touristen gern besuchtes, renoviertes Haus mit 63 relativ kleinen Zimmern und **Restaurant**. DZ/ÜF 84–160 €.
Bus: Via Malherbes 18, Tel. 016 54 36 45, Fax 01 65 23 69 62, www.hotelbus.it. Freundliches Stadthotel, renoviert, in zentraler und doch ruhiger Lage mit 38 Zimmern und **Restaurant**. DZ/ÜF 74–116 €.
Roma: Via Torino 7, Tel. 016 54 10 00, Fax 016 53 24 04, hroma@libero.it. Einfaches Stadthotel ohne Restaurant, 38 Zimmer. DZ/ÜF 66–76 €.

Borgo Antico: Via Sant'Anselmo 143, Tel. 016 54 22 55; Mo Ruhetag, Juli/Aug. geschl. Nettes Restaurant auf zwei Etagen mit Veranda; 5 verschiedene Menüs, *Menu tipico* 25,50 €.
Vecchia Aosta: Piazza Porta Pretoria 4, Tel. 01 65 36 11 86; außer Juli/Aug. Mi Ruhetag. Im dicken römischen Doppeltor eingelassenes Restaurant auf mehreren Etagen mit gemütlichen Ecken, wegen der Lage recht touristisch, aber ordentliche Küche. Touristenmenü ab 18 €, Regionalmenü ab 27 €.

In der großen Fußgängerzone mehrere Einkaufsmeilen mit lokalem **Kunsthandwerk** und **Kulinaria**: Via Sant'Anselmo und Via Porta Pretoria sowie Via Tillieri und Via Croce di Malta.
Enoteca Le Grand Paradis: Via Sant'Anselmo 121, Tel. 016 54 40 47. Weinhandlung mit Enothek zum Probieren in netter Atmosphäre; Mo–Sa 15.30–21 Uhr.

An der **Piazza Chanoux** vor dem Rathaus mehrere Cafés mit Tischen auf der Piazza, darunter das historische **Caffè Nazionale** (Mo Ruhetag, sonst 7–24 Uhr).

Vorsicht ist auf der **Cognetal-Straße, SS 507** (Aymavilles – Pondel – Epinel – Lillaz – Talende), geboten: unübersichtliche Kurven!

Weil in der Stadt recht viele junge Menschen leben, kann man sogar von einer Ausgehszene sprechen, die freilich ständig wechselt. Längeren Bestand haben u. a. die Diskothek **Divina** im Vorort Croix Noire 24 (im Sommer nur Mi, sonst Mi–Sa) und die Discobar **Sweet Rock Café** am Viale Passo San Bernardo 18 mit Livemusik (19.30–2 Uhr).

Aosta ist **Bahnstation** mit guter Anbindung an Mailand und Turin.
Regelmäßige **Busverbindungen** zu den wichtigsten Orten des Aosta-Tales.
Seilbahn südlich des Bahnhofs zum Skigebiet Aosta-Stadt, Nov.–Feb., Juli/Aug. tgl. 8.45–17 Uhr, Tel. 01 65 52 10 55, www.pila.it.

Val di Cogne

Reiseatlas: S. 9/10, C/D 2
Den Eingang des Cognetales schützen gleich mehrere Burgen und Schlösser: rechter Hand das restaurierte **königliche Jagdschloss von Sarre** und die **Burg von St-Pierre und Sarre**. Schon im Cognetal liegt das Schloss von **Aymavilles,** das dem riesigen, unterhalb gelegenen Wasserwerk seinen Namen gab. Man kann sich gut vorstellen, wie die Burgherren miteinander über die Köpfe der Feinde hinweg kommunizieren konnten. Ein dichtes Netz von Burgen umspannte das gesamte Aosta-Tal (s. S. 138).

Aymavilles
Reiseatlas: S. 9, C 2
Vier Türme gestalten den rechteckigen Schlossbau von Aymavilles ganz gleichmäßig. Die Fassade ist weit zurückgesetzt zwischen zwei mächtigen Rundtürmen, oben entsteht so eine luftige überdachte Terrasse, darunter führt der zweiläufige Treppenaufgang zu einer dreibogigen Loggia. Im Sommer finden hier Konzerte statt, oder Chöre aus aller Welt tragen Wettbewerbe aus. Lärchen im Wechselspiel mit dunklen Tannen, teilweise von Laubbäumen durchsetzt, mit Macchia von fast mediterranem Duft darunter bilden die Kulisse.

Val di Cogne

Richtig Reisen-Tipp: Spitzen klöppeln

Cogne soll der einzige Ort auf der Welt sein, an dem Spitzen ohne darunter gelegte Vorlagen geklöppelt werden. Eine Kunst, die man nicht zuletzt wegen des aufgeblühten Fremdenverkehrs wieder aufleben lassen konnte – dank der **Klöpplerinnen-Kooperative,** der mehr als 100 Frauen angehören. Täglich arbeitet eine andere von ihnen im nett eingerichteten kleinen Geschäft gleich hinter der Dorfkirche als Vorführerin mit bis zu 64 *fuselli* (Klöppeln). Es wird einem schwindelig beim Zuschauen, aber die zierliche Pracht, die so entsteht, ist eine echte Kostbarkeit, entsprechend viele Preise haben die Frauen vom Cognetal, die die Spitzen normalerweise in Heimarbeit herstellen, bereits gewonnen. Neuerdings ist Spitzenklöppeln auch wieder **Unterrichtsfach in den Schulen** des Tales, schließlich handelt es sich um eine Tradition, die auf das 17. Jh. zurückgeht. Benediktinernonnen haben das Handwerk im ganzen Aosta-Tal eingeführt, doch nur im Cognetal wurde es bis in die heutige Zeit bewahrt. Freilich dienten die zarten Kunstwerke vorerst nur der Verschönerung der eigenen Tracht, erst seit 1981 wird auch für den Verkauf gearbeitet. Der Preis ist natürlich hoch, er richtet sich nach der Zahl der benutzten Klöppel. Die Höchstzahl von 64 ergibt ein Spitzenband von etwa 10 cm Breite.

Pondel
Reiseatlas: S. 9, C 2

Eine kurze und enge Abfahrt zweigt von der Hauptstraße des Tales zum wunderschönen und imposanten römischen **Aquädukt von Pondel** ab. Allein das winzige Dorf mit seinen kleinen Steinhäusern und die liebevoll gepflegten Gärten wäre schon eine Betrachtung wert, erst recht dieses Meisterwerk der Architektur aus dem 1. Jh. Man parkt den Wagen am Dorfeingang neben dem meist verwaisten kleinen Informationskiosk, in dem Erklärungen und Skizzen über den Aquädukt zu finden sind. Zu Fuß ist dieser nach wenigen Schritten erreicht. Man kann über das großartige Bauwerk auf die andere Seite der beeindruckend tiefen Schlucht laufen, dort rechter Hand in den inneren Gang der Brücke steigen (Taschenlampe mitnehmen!).

Cogne
Reiseatlas: S. 9, C 2

In 1534 m Höhe gelegen (knapp 1500 Ew.), gilt Cogne als der trockenste Luftkurort Italiens – ein angenehmer Aufenthaltsort. Für den Winter zum Ski- und Langlaufen, während der warmen Jahreszeit als Sommerfrische und als Ausgangspunkt für Wanderungen im Naturpark des **Gran Paradiso.** Urlauber und Besucher finden alles, was man zum Wohlfühlen und Erholen in der Bergwelt braucht, eine ausgewogene Hotellerie, Ferienwohnungen und viele *meublé,* Garni-Häuser in einem Valdostaner, älplerischen Fantasiestil gebaut, der sich hübsch ins dörfliche Bild integriert. Auch genügend Einkehrmöglichkeiten verschiedener Couleur sind vorhanden – und gute Geschäfte aller Preisklassen, die meisten jedoch sind in der höheren angesiedelt.

Einige Hotels stehen in herrlicher Lage zwischen Dorf und der prächtigen Bergkulisse des Gran Paradiso, eingebettet in die **Prati di Sant'Orso,** wie das zart gewellte Endmoränenfeld genannt wird, das unter Naturschutz steht und im Winter von Langläufern befahren werden darf.

Das Paradehaus **Bellevue** (s. S. 130) steht dort, ein Hotel, das auch wegen der urgemütlichen, familiären Atmosphäre und der reichen Sammlung Valdostaner Antiquitäten und Kunsthandwerk berühmt ist, von der Küche ganz zu schweigen. Inzwischen lockt es auch mit einer unglaublich einladenden **Wellnessabteilung** im Stil alter Bauernstuben, innen ganz gemütlich mit Heubetten, großen

Von Aosta-Stadt zum Mont Blanc

Kupferwannen für die Bäder, beheiztem Pool in Panoramalage – so richtig zum Entspannen. Es werden auch Anwendungen angeboten wie Massagen, Kosmetik etc. Besonderer Tipp: das Heu- oder Milch-Honig-Bad zu zweit!

Die Dachdecker Cognes sind bekannt für die Steinplatten (*lose* genannt), mit denen sie die Hausdächer bedecken; eigentlich so wie im gesamten Aosta-Tal, aber hier wurden gesetzliche Regelungen geschaffen: Ab 1000 m Höhe müssen alle neuen Hausdächer *lose* erhalten. Dass sie sich auch zum fettlosen Grillen von Fleisch, Fisch und Gemüse eignen, sieht man überall im Tal, und kleine Steingrillgeräte haben nun in ganz Europa Einzug gehalten. Die Idee stammt von hier!

Zu empfehlen ist auch der Cogne-Strudel: dick und fest, mit kandierten Früchten, Rosinen und Äpfeln. Zarter sind die *tegole,* eine Art Oblaten, und wieder recht mächtig ist *meculin,* eine Art *panettone* mit Rosinen, also eigentlich ein Weihnachtsgebäck. Viel verwendet werden Honigprodukte wie *miele pappa reale,* Pollen.

Ausflüge von Cogne

Kurzer Abstecher von Cogne nach **Gimillan** auf der anderen Talseite in 1787 m Höhe: Man erlebt ein Panorama ohnegleichen und hat Einblick gleich in zwei Seitentäler, einmal hinüber nach Cogne und ins Tal von Valnontey bis zum Gran Paradiso, das eine grandiose Kulisse abgib, zum anderen (nach links) ins Dörfchen **Lillaz** am Ende des Cognetales, das man anschließend aufsuchen sollte. Es lohnt, in das Dorf hinabzusteigen, das in den letzten Jahren unglaublich angewachsen ist, mit nicht überall schönen Apartmenthäusern. Die schöne Lage aber bleibt. Zu den Wasserfällen von Lillaz steigt man einen Geröllhang hinauf – es sind nur wenige, aber lohnende Minuten bis zu den Kaskaden.

AIAT Cogne Gran Paradiso: Rue Bourgeois 34, 11012 Cogne (AO), Tel. 016 57 40 40, Fax 016 57 40 56, www.cogne.org.

Bellevue: Via Gran Paradiso 22, Tel. 016 57 48 25, Fax 01 65 74 91 92, www.hotelbellevue.it. Zauberhaftes Relais & Chateaux-Hotel mit 38 unterschiedlichen, liebevoll dekorierten Zimmern und Suiten, auch mit Kamin und Baldachinbett; Schönheitsfarm mit Pool, Heu- und Honig-Milch-Bädern u. a., moderne Dependance und von Michelin besterntes Restaurant (Ruhetag Mi außer in der Hochsaison, Sa/So nur abends) mit **verfeinerter Küche;** große Käseauswahl. DZ/ÜF 230–330 €, Menü ab 58 €.

Sant'Orso: Via Bourgeois 2, Tel. 016 57 48 22, Fax 01 65 74 95 00, www.cognevacanze.com; Mitte Okt.–Anfang Dez. geschlossen. Komplett umgebautes, familiär geführtes Hotel vor den Prati di Sant'Orso mit Gran-Paradiso-Blick und 27 komfortab-

Val di Cogne

›Berauschend‹: Wildwasser des Grand Eyvia in der Val di Cogne

len Zimmern sowie **Restaurant.** DZ/ÜF 98–108 €.
… im Vorort Valnontey:
La Barme: Tel. 01 65 74 91 77, Fax 01 65 74 92 13, www.hotellabarme.com. Einfaches, kleines Nichtraucher-Hotel in einem alten Steinhaus mit 15 Zimmern, Traumblick, **Restaurant,** familienfreundlich; Tiefgarage. DZ/ÜF 65–106 €; festes Menü mittags/abends ab 18 €.
Valeureusa: Tel. 01 65 74 92 02, valereusa @tiscali.it; 28. Mai– 20. Okt. Einfaches, hübsches, renoviertes Meuble. DZ/ÜF 59–85 €.

La Brasserie du Bon Bec: Rue Bourgeois 72, Tel. 01 65 74 92 88; Ruhetag Mo. Das urgemütliche Traditionslokal mitten im Dorf. Menü ab 30 €.

Ristorante lou Tchappé: Lillaz, 4 km von Cogne, Tel. 01 65 74 92 91; Ruhetag Mo. Schlemmertreff nahe den Wasserfällen, u. a. eine seltene Valdostaner Spezialität, *La Soca du Tchappé,* eine Art Gulasch aus Rindfleisch, Kraut, Kartoffeln und *fontina.* Menü ca. 30 €.
Bar à Fromage/Restaurant de Montagne: Via Gran Paradiso 21, Tel. 01 65 74 96 96. Rustikales Restaurant, keine Menüpflicht; lokale Spezialitäten wie Polenta, große Holzplatten mit Salami und Schinken, auch Raclette; riesige Käseauswahl. Gericht 10–20 €.

Cogne bietet eine Menge **Kunsthandwerkliches** wie geklöppelte Spitzen (s. S. 129), Holzarbeiten, Steingrillplatten. Antiquitäten; u. a. im hübschen Laden **Le Marché aux Puces,** Via Gran Paradiso 4.

Von Aosta-Stadt zum Mont Blanc

> **Avise ...**
> ... ist der bekannteste Weinort des Aosta-Tales, wenn auch ein recht kleiner. Aber von hier und von Arvier kommt der dunkle **Rotwein Enfer** (= Inferno, Hölle), 12,5 Vol.-% schwer. Seine Produktionsmenge ist so gering, dass er selten Valdostaner Grenzen überschreitet, also nur hier getrunken wird.

 Wandern und **Bergsteigen,** im Winter **Alpinski** und **Langlauf.** Führer: Società Guide alpine Cogne, Piazza Chanoux 1, Tel. 016 57 48 35, www.guidealpinecogne.it.
Erzgruben von Cogne: Cogne war ursprünglich für seine Erzvorkommen berühmt, die bis 1979 abgebaut wurden. Ein Rundweg zu den früheren Bergbauanlagen, Wohnstätten und Prduktionsgebäuden geht vom 1990 errichteten **Museo Minerario Alpino** aus. 1000 m Höhenunterschied sind zu überwinden, zwölf Stationen zu entdecken. Für den Rundweg sollte ein ganzer Tag eingeplant werden; Informationen beim AIAT (s. S. 130).
Paradisia: Alpenflora im 1955 geschaffenen Garten im Vorort Valnontey in 1700 m Höhe. Zwei Wege führen durch den Garten mit rund 1000 verschiedenen lokalen Blumen und solchen aus anderen Bergregionen der Welt; schönste Blütezeit ist Anfang Juni–Mitte Juli (2. Juni-Wochenende–2. Sept.-Wochenende tgl. 10–18.30 Uhr).

▼3 Parco Nazionale del Gran Paradiso

Reiseatlas: S. 9, C 2/3
Die Savoyer des Aosta-Tales schenkten dem italienischen Staat 1919 ihr königliches Jagdrevier in der Gruppe des Gran Paradiso, »um die edlen Formen der alpinen Flora und Fauna zu erhalten und ein Revier zu bilden zur Verhinderung des Aussterbens der schönen und wertvollen Rasse des Steinbocks ...« Runde 60 000 ha konnten so für Italiens ersten Nationalpark, den Naturpark Gran Paradiso, gerettet werden, der nicht nur die drei Valdostaner Täler **Rhêmes, Savaranche** und **Cogne** umfasst, sondern südlich im Piemont noch die Täler von **Orco** und **Soana.**

Unvergleichlich schön ist es für den Wanderer, entlang der markierten Wege und beim Besteigen der Berge seine eigenen Beobachtungen zu machen, denn neben dem Steinbock (von dem 3000 Exemplare existieren) wurden inzwischen auch andere Tiere, Mineralien und Pflanzen unter Naturschutz gestellt. Gemsen, Füchse und Steinmarder, Murmeltiere und Eichhörnchen, weiße Hasen und Hermeline, Dachse und viele Vogelarten gehören zu den Tieren, die davon profitieren konnten, nur für den Lämmergeier war es schon zu spät.

Majestätisch bewacht den Nationalpark sein Namensgeber, der 4061 m hohe **Gran Paradiso,** zu seinen Füßen entdeckt man seltene Blumen, die zum Teil nur hier (und in Afrika!) wachsen (s. links Paradisia).

 Infos zu Führungen, Wandertouren, Sport etc.: www.regione.vda.it/turismo.

Durchs Haupttal zum Mont Blanc

Wasserfall von Lenteney
Reiseatlas: S. 9, B 1/2
Bei Chabodey rauscht im Sommer linker Hand der Wasserfall von Lenteney ins Tal. Im Winter friert er zu einem hohen glatten Eiszapfen, der Alpinisten zu waghalsigen Aktionen verführt; der reißende Bach unter dem Wasserfall ist bei Wildwasserfahrern beliebt. Von der Brücke zeigt sich der Mont Blanc mit seiner ganzen Corona hier so schön wie sonst nur noch vom Rifugio Torino aus.

Morgex
Reiseatlas: S. 9, B 1
Der beschauliche, freundliche Ort, der sich sehr um seine Gäste bemüht **(Auskunftsbüro** und Parkplatz direkt vor der Kirche am Dorfeingang), ist durch die Restaurierungsarbeiten der letzten Jahre interessant geworden. Sie galten vor allem der Kirche **Santa**

Durchs Haupttal zum Mont Blanc

Maria, deren romanisch-gotische Strukturen ab dem 16. Jh. immer wieder verändert wurden. Zwar zeigt sie sich jetzt vor allem in hellem Barock, doch sind in der linken Apsis herrliche Fresken aus dem 15. Jh. hervorgeholt worden. Sie erzählen Geschichten aus dem Leben des hl. Jakobus (San Giacomo), sehenswert ist außerdem an der mittleren Kapellen-Nordwand ein Abendmahlfresko. Der Taufstein aus einer alten Weinkelter erhielt ein modernes Kruzifix auf der Holzspindel. Kein Wunder, steht die Kirche doch in einem der wichtigsten Weinanbaugebiete des Aosta-Tales (einige Weinkellereien können besichtigt werden), das sich bis Arvier (s. Tipp S. 132) hinzieht.

Weitere kostbare Funde, die alle im Kirchenschatz hinter Panzerglas links beim Eingang untergebracht sind: die etwa 70 cm hohe frühromanische, hölzerne Madonna mit Kind, einfach, doch sehr eindrucksvoll gestaltet, ebenso ein kleiner Kelch mit Deckel.

Zurück zum Thema **Wein von Morgex:** Beliebt als Tischwein ist der Blanc de Morgex, mit nur 10 Vol.-% leicht und süffig. Sein Markenzeichen auf dem Etikett ist die schöne Ansicht von Morgex: die romanische Festung d'Archet mit Schwalbenschwanzzinnen, Kirchturm und Weinbergen vor der zackigen Kulisse des Ruithor.

La Thuille

Reiseatlas: S. 9, B 1/2

Wer Zeit hat, sollte die kurvenreiche, aber schöne Straße (15,5 km) für einen Ausflug von Morgex über den 1950 m hohen Passo di San Carlo und Thovex nach La Thuille in 1441 m Höhe wählen. Die freundliche Sommerfrische mit guter Infrastruktur und viel Hochbetrieb im Winter liegt zwischen Morgex und dem Kleinen San-Bernardo-Pass.

Ostello Valdigne Mont Blanc: Località Arpy, 11017 Morgex (AO), Tel./Fax 01 65 84 16 84, www.ostellodiarpy.it. Jugendherberge 7 km von Morgex mit 130 Betten im Sommer und 70 im Winter, auch Familienzimmer. HP pro Person ca. 30 €, VP zusätzlich 9,50 €.

Valdostano: Piazza Chiesa, Tel. 01 65 80 90 02, Mo Ruhetag. Kleines Gewölbe, große Terrasse auf der Piazza vor der Kirche, familiärer Service und gutes Valdostaner Essen, speziell die Antipasti-Vitrine. Touristenmenü mit Wein und Kaffee 12 €.

Courmayeur

Reiseatlas: S. 9, B 1

Wie eine Spinne im Netz sitzt der bekannteste Skiort der Region in 1224 m Höhe zwischen Mont Blanc, den Seitentälern Val Veny und Val Ferret rechts und links von Entrèves zu seinen Füßen. Ein guter Ausgangspunkt also das ganze Jahr über für sportliche wie für gemächliche Entdeckungstouren. Nach Ostern, wenn die Wintersaison ihrem Ende zugeht, bis in den Juni hinein, gleicht Courmayeur fast einer Totenstadt: geschlossene Läden und Hotels, kaum Einheimische, geschweige denn Gäste. Denn die Stadt lebt vom Tourismus, der mit den Sommerfrischlern erst wieder Ende Juni/Anfang Juli zum Leben erwacht. Und im Winter kann man sich mit über 130 Pistenkilometern im Alpenraum schließlich sehen lassen! Sie sind durch 35 Beförderungsanlagen erschlossen.

Der erste Anblick der drei- und vierstöckigen Häuser im ›Alpenstil‹ am Hang hinter dem großen Parkplatz mag erschrecken. Doch wer das Städtchen besucht, entdeckt ein charmantes, z. T. historisches Zentrum. Wie z. B. die Via Roma, die Teil der alten Römerstraße ist, mit einem recht interessanten kleinen **Museo Alpino** (9–12, 15.30–18.30 Uhr, Mi nur nachmittags) sowie einer ehemaligen Poststation. Wo seit 1626 Pferde und Kutschen gewechselt wurden, ist inzwischen eine sehr beliebte Bar entstanden: **Caffè della Posta** (s. S. 134). Durch die Häuserschlucht eröffnet sich ein Blick auf das Mont-Blanc-Massiv: Im Abendlicht sieht der ›Zahn des Giganten‹ aus, als trage er eine Goldkrone.

AIAT: Piazzale Monte Bianco 13, 11013 Courmayeur (AO), Tel. 01 65 84 20 60, Fax 01 65 84 20 72, www.aiat-montebianco.com.

Von Aosta-Stadt zum Mont Blanc

Typisch für Courmayeur sind ähnlich wie im Cognetal die *meublé*, also Apartments oder Hotels ohne Restaurant, Übernachtung höchstens mit Frühstück (Liste bei der AIAT).

Villa Novecento: Viale Monte Bianco 64, Tel. 01 65 84 30 00, Fax 01 65 84 40 30, www.villanovecento.it. Jugendstilvilla an der Straße zum Mont Blanc etwas abseits des Zentrums, mit neuerem Vorbau für das **gute Restaurant,** ein Romantikhotel mit 26 etwas kleinen Zimmern und kleinem Salon; Garage. DZ/ÜF 170–350 €.

Courmayeur: Via Roma 122, Tel. 01 65 84 73 32, Fax 01 65 84 51 25, www.hotelcourmayeur.com. Kleineres Sporthotel im Zentrum mit 27 Zimmern und **gutem Restaurant.** HP pro Person 55–110 €.

s. o. Unterkunft; außerdem zahlreiche Bars, Cafés und Restaurants entlang der Via Roma, z. B. das historische

Caffè della Posta: Via Roma 51, Tel. 01 65 84 22 72; Ruhetag Mi (außer im Sommer), sonst 8.30–24 Uhr. In der alten Poststation, mit Kaminzimmer, gemütlich.

Alpenbad Plan Chécrouit auf dem Mont Blanc in 1709 m Höhe mit Zugang über die Seilbahn (Juli/Aug.).

Busverbindungen mit dem restlichen Aosta-Tal im Berufsverkehr ca. stdl., zur Skisaison dichter Takt zur Talstation des Mont Blanc; Anbindung an die **Bahnstation** von Pré-St-Didier.

Seilbahn auf den Mont Blanc im Winter wie im Sommer bei gutem Wetter alle 20 Min., Infos www.courmayeur-montblanc.com.

Entrèves und die Seitentäler

Reiseatlas: S. 9, A/B 1

Gute 3 km weiter ist das Tor zum Mont Blanc erreicht. Das Schönste an Entrèves sind allerdings seine Seitentäler **Val Veny** und **Val Ferret,** herrliche Wandergebiete, in denen die Natur noch diese Bezeichnung verdient, und wo es Einkehrmöglichkeiten gibt für Menschen, die nur Natur und Ruhe suchen.

Miravalle: Località Planpincieux 20, Val Ferret, Tel. 01 65 86 97 77, Fax 01 65 86 97 29, www.courmayeur-hotelmiravalle.it. Nettes kleines Berghotel in herrlicher Lage mit Mont-Blanc-Blick, mit 11 Zimmern und **Restaurant;** Juli–Sept und Dez.–April. DZ/ÜF 90–120 €.

Chalet Val Ferret: Località Arnouva 1, Tel./Fax 01 65 84 49 59, im Winter 33 33 11 82 75, www.chaletvalferret.com. Sehr einladendes kleines Hotel mit nur 7 Zimmern und **Restaurant;** Juni–Okt. DZ/ÜF 90–120 €.

Camping: Es gibt fünf Campingplätze in Val Veny und Val Ferret, hier besonders schön zu Füßen des Mont Blanc und doch verkehrsgünstig wie **Grandes Jorasses,** Località Planpincieux, Tel. 01 65 86 97 08; www.grandesjorasses.com, Juni-Sept., Stellplatz bzw. pro Person 4,50 €.

Berghütten bis in 3375 m Höhe s. Hotelverzeichnis von Courmayeur.

Miravalle: s. o.
Chalet Val Ferret: s. o.

Golf: 9-Loch-Platz (Juni–Anfang Sept.) am Anfang des Tales.

4 Mont Blanc

Reiseatlas: S. 9, A/B 1

Europas höchster ist auch Aostas imposantester Berg. Sein Gardemaß: 4810 m Höhe, mit Nebenbuhlern zwischen 3000 und 4000 m Höhe, die zusammen mit ihm eine prächtige Gletscherlandschaft bilden. Man kann sie von oben bei einer aufregenden Seilbahnfahrt betrachten (s. rechts).

Wer zu Klaustrophobie neigt, sollte den **Mont-Blanc-Tunnel** (ital. Traforo Monte Bianco) meiden: 11,6 km Dunkelheit, immer geradeaus. Die Betreiber dieses kostspieligen Unternehmens, das Aosta 1965 den touristischen Durchbruch im wahrsten Sinne des Wortes brachte, mögen verzeihen – aber nicht wenige sind zumal seit dem Brand im Jahr 2000 (der Tunnel konnte erst zwei Jahre später wieder eröffnet werden) froh, wenn die

Mont Blanc

Richtig Reisen-Tipp: Gondelfahrt am Mont Blanc

Die Investition in die recht hohen Gebühren für die rund eineinhalbstündige Fahrt, die man auch unterbrechen darf, lohnt sich unbedingt: Ca. 15 km schwebt man geruhsam mit der Seilbahn von La Palud hinüber zur französischen Seite, nach Chamonix. Mont Blanc: Dieser Berg hat seinen Namen wirklich verdient! Blauweiß, blendend, glitzernd, sodass man fast schon Sternchen sieht.

Erste Station ist **Rifugio Torino** (3321 m), das Dorado der Biwakierer, weshalb hier auch im Sommer Gedränge mit Skistiefeln, Seilen, Pickeln und Biwaks herrscht. Die roten, gelben und orangefarbenen Rundzelte leuchten im weißen Schnee unter der Gondelbahn. Weiterschweben auf die **Punta Hellbronner,** Europas höchstgelegene Grenze (3462 m), zu.

Die Gondeln werden langsamer, der Führer macht auf die Gletscherspalten aufmerksam: der Gletscher **Gigante** (franz. Vallée Blanche). Oben findet sich ein Sommerskigebiet mit drei Schleppliften, bis Chamonix führt eine 18 km lange Abfahrt, die **Traversata.** Dort lässt man sich besser von einem kundigen Führer begleiten, fährt über Schneebrücken, überquert Gletscherspalten. Immer in Bewegung ist die Schneepracht über dem ewigen Eis, nie weiß man genau, wo die nächste Spalte aufgehen könnte. Es wird einem ganz kalt ums Herz bei den Schauergeschichten, die Mitreisende zu erzählen wissen …

Am Gletschergrat des **Mont Blanc du Tacul** (4249 m) ist eine bunte Perlenschnur zu erkennen: Bergsteiger neben Bergsteiger. Am **Aigue du Midi** (3843 m) ist der höchste Punkt der Seilbahnfahrt erreicht, dann geht es abwärts nach Chamonix, Frankreichs Super-Skistation (www.montebianco.com).

Imposant: die Bergwelt des Mont Blanc

Von Aosta nach Osten

Reiseatlas S. 9/10

Der Osten der Region wartet mit trutzigen Burgen auf, die das Haupttal beschützten, dem schönen und wegen seiner Walserdeutschen interessanten Gressoneytal sowie zwei Alpengiganten als Kulisse und Grenze mit der Schweiz: Matterhorn/Monte Cervino und Monte Rosa, zu deren Füßen Wintersportorte beziehungsweise Sommerfrischen liegen.

Während es westlich von Aosta fast ausschließlich Lärchenwälder sind, die im Frühjahr mit zartem Hellgrün der frischen Nadeln landschaftsgestaltend wirken, kommen östlich von Aosta hauptsächlich Mischwälder vor, doch dominierend sind hier die Laubbäume. In Nord-Süd-Richtung verlaufende Täler weisen zu den Alpenriesen Monte Rosa und Cervino und können gut vom Wintersport leben: Valtournenche, Val d'Ayas und das Gressoneytal. Am besten als Sommerfrische mit einem wunderschönen Wandergebiet und gemütlichen Lokalen geeignet ist das Gressoneytal, das zudem durch seine Zweisprachigkeit besticht – die Walser sind noch immer allgegenwärtig und pflegen ihre altdeutsche Mundart, die durchaus auch als ein touristischer Magnet verstanden werden kann.

Doch schon vor dem Gressoneytal erwarten den Reisenden auf der Fahrt von Aosta-Stadt einige der schönsten Burgen und Schlösser des Aosta-Tales. Zuallererst das trutzige, vieltürmige Fénis, dann das hübsche, wohnliche Issogne. Wuchtig dagegen ist Schloss Verrès, dem man ansieht, dass es zu Verteidigungszwecken errichtet wurde. So wie Forte di Bard, dessen Mauern heute das Alpenmuseum des Aosta-Tales umgeben.

Nicht zu vergessen: St-Vincent mit seiner interessanten Pfarrkirche, das dank seines Spielcasinos zu den reichsten Gemeinden Italiens zählt, ohne dass man es ihm ansehen würde. Sogar eine Therme besitzt der Ort, dessen Fußgängerzone eine einladende Einkaufsmeile bildet.

Im Haupttal unterwegs

Fénis

Reiseatlas: S. 10, D 2

Allererste Besucherpflicht auf der Fahrt von Aosta nach Osten ist auf der südlichen Talseite das **Castello de Fénis** (März–Juni, Sept. tgl. 9–18.30, Juli/Aug. 9– 19.30 Uhr; im Winter reduziert) mit den eindrucksvollen, an die 2 m dicken Mauern des polygonal angelegten Zentralkörpers aus dem 13. Jh. Er wurde im Laufe der Zeit mehrfach umgebaut und Anfang des 15. Jh. von der bedeutenden Valdostaner Grafenfamilie Challants auf Hochglanz gebracht. Dieses Aussehen hat das Schloss bis heute annähernd bewahrt. 1896 vermachte Alfredo d'Andrade das mit zwei Mauerringen dop-pelt befestigte Schloss dem italienischen Staat, der lange Jahre daran zu restaurieren hatte.

Besonders sehenswert sind die Fresken: Schon beim Eingang unter den Arkaden des Innenhofes erfreuen naive Szenen aus dem ländlichen Alltag den Betrachter, über der doppelläufigen Treppe steht man einem hl. Georg als Drachentöter gegenüber, auf der anderen Seite nimmt Christophorus einen großen Teil der Mauer ein.

St-Vincent

Reiseatlas: S. 10, D 2

Den Eingang zur **Valtournenche,** die im Super-Skiort Breuil-Cervinia endet, bewachen Châtillon und das besuchenswerte St-Vincent (rund 4800 Ew.), das sich in den letzten

Im Haupttal unterwegs

Jahren mit einer angenehm-bescheidenen und doch schönen Fußgängerzone gemausert hat. Für manche Reisende ist der Thermalort weniger für sein Heilwasser als für eines der wichtigsten italienischen Spielcasinos interessant. Dem Glücksspiel verdankt der wohl reichste Ort von Aosta und nach Mailand der vielleicht zweitreichste Italiens (nach Pro-Kopf-Einkommen der Bewohner, von denen insgesamt 300 für das Casino arbeiten) seinen Wohlstand.

Kunstkenner kommen hierher wegen der unscheinbaren **Pfarrkirche St-Vincent** (werktags 8.30–18.30, Fei 8–10, 11.30–18.30 Uhr). Dass ein Bombeneinschlag Segen bedeuten kann, sollte man eigentlich nicht behaupten – aber in St-Vincent sagen das viele Bewohner gerne. Nach den Schrecken einer fürchterlichen Kriegsnacht entdeckte man bei den Aufräumungsarbeiten in der arg getroffenen Pfarrkirche nämlich wunderschöne Fresken und alte Bausubstanz. Kunsthistoriker und Restauratoren traten auf den Plan – und St-Vincent in den Mittelpunkt des Interesses im Aosta-Tal. Denn plötzlich erkannte man, dass die dreischiffige romanische Basilika ursprünglich über und über freskiert gewesen war. Teile konnten wiederhergestellt werden: die Fresken der Chorapsis, etwa die gütige Gottvaterfigur in der Mandorla, deren Kleider allerdings in grellen Farben schlecht restauriert sind; ein ›Kalvarienberg‹ links im Chor, rechts das ›Martyrium des hl. Vincenz‹, des Kirchenpatrons in fünf Bildern (das fünfte weitgehend zerstört). Besonders hübsch sind die Laibungen der beiden Chorfenster, die mit je drei in Resten erhaltenen Pfeilern zum Vorschein traten. (Ein Lichtschalter für die Chorbeleuchtung ist rechts in der Ecke versteckt.) Leider wurde der sehr kostbare Kirchenschatz inzwischen entfernt; für die Zukunft geplant ist ein Museum.

Unterhalb der Chorpartie befindet sich der Eingang zu den **Ausgrabungen** unterhalb der Kirche, zur Krypta mit anthropomorphen, also den Körperformen nachempfundenen Gräbern. Sie sind alle auf das Hauptgrab unter dem jetzigen Chor ausgerichtet, das wahrscheinlich dem hl. Germanus (Germain) galt. Diese Unterkirche vermischt sich mit römisch-heidnischen Tempelresten, einem **römischen Bad** mit *Caldarium*. Das Heiligtum schloss wohl an die alte Siedlung an. Auch ein Stück **Römerstraße** wurde freigelegt. Viele Gräber liegen übereinander, die Skelette haben noch völlig intakte, z. T. sogar glänzende Zähne (eher seltene Öffnungszeiten der Krypta).

Eine serpentinenreiche, enge und aussichtsreiche **Bergstraße** führt von St-Vincent nach 22 km ›direkt‹ ins nächste, sehr schöne Tal von **Ayas** nach **Brusson**. Um den Besuch zweier bedeutender Schlösser (Issogne und Verrès, s. S. 139) nicht zu verpassen, nehme man aber die SS 26 (oder die A 5).

Mit der Autorin unterwegs

Unbedingt anschauen!
Fénis: vieltürmiges Kastell aus dem 13. bis 15. Jh. mit schönen Fresken (s. S. 136).
Issogne: *das* Schloss des Aosta-Tales mit der schönsten Inneneinrichtung und einem schmiedeeisernen Granatapfelbaum im Innenhof (s. S. 139).
Verrès: ein wuchtiger Kubus aus dem 14. bis 16. Jh., der sich zu verteidigen wusste (s. S. 139).
Forte di Bard: Die zuletzt restaurierte Festung bewacht den östlichen Rand des Aosta-Tales, mit neuem Alpenmuseum (s. S. 139).
Donnas: ein gut erhaltenes Stück der Römerstraße und eines römischen Bogens (s. S. 139f.).

Auf Spurensuche im Walsertal
Walserdeutsch und altertümliche Bräuche haben sich im **Gressoneytal** erhalten (s. S. 140ff.).

Valdostaner Gerichte
Mögen Sie Brot-Kraut-Suppe mit Käse? Oder Kalbsbraten mit Heidelbeeren? Dann sind Sie in der wunderschönen **Capanna Carla** in Gressoney-la Trinité garantiert richtig (s. S. 144)!

Burgen und Schlösser

Vom Wehrturm zum Castello

Thema

150 Burgen und Festungen waren es einst – geblieben sind immerhin noch rund 70, die in den letzten Jahren zum Teil als Museen der Öffentlichkeit zugänglich gemacht werden konnten. Die wichtigsten Burgen stammen aus dem 11. bis 15. Jh., sind also romanisch und gotisch oder bereits im frühen Renaissancestil erbaut.

Die meisten Burgen des Aosta-Tales zeigen die Entwicklung von einem Castello zum palastartigen Schloss. In früheren Jahrhunderten war es notwendig, sich zur Wehr setzen zu können, also starke Verteidigungsanlagen zu errichten. Ursprünglich nur ein **Wehrturm**, umgeben von einem Mauerkranz ohne Bauten (Graines in Brusson, 10. Jh.), erhielten diese Anlagen ab dem 12. Jh. mehrere **Wohngebäude** – für die Herren wie für die Soldaten, die sie bewachen sollten (gut an St-Germain in Montjovet und an Cly in St-Denis zu erkennen). Eine weitere Entwicklung ist sichtbar: Der **rechteckige Turm** wird um 1200 **rund** (z. B. La Salle, Villeneuve).

Das 14. Jh. verbindet alte Bauten zu neuen **Festungsstrukturen** (z. B. Schloss Bramafam in Aosta-Stadt, dessen Rundturm auf den rechteckig angeordneten Mauern des alten Wohnhauses steht). **Großzügigere Räume** entstehen, so in Quart oder Fénis. Oder man baut gleich neu, dann aber mächtige isolierte Blöcke ohne herausragende Türme oder zusätzliche Mauern. Die Festung ist in sich stark genug – und Furcht erregend (Ussel, Verrès).

Vom klotzigen Baukörper des Schlosses von Verrès bis zum städtischen Herrenpalast von Issogne (1400 und 1490–1510) hat die Entwicklung der Burgenarchitektur des Aosta-Tales nur knapp 100 Jahre gedauert.

Trutzig: Forte di Bard bei Donnas

Im Haupttal unterwegs

AIAT: 11027 St-Vincent (AO), Via Roma 62, Tel. 01 66 51 22 39, Fax 01 66 51 13 35, www.saintvincentvda.it.

Leon d'Oro: Via Chanoux 26, Tel. 01 66 51 22 02, Fax 01 66 53 73 45, www.leondoro.it. Sehr nettes, frisch renoviertes Stadthotel in der Fußgängerzone, mit einigen Stilmöbeln, 46 ruhigen Zimmern, **Gartenrestaurant** und **Taverne;** Parkplatz. DZ/ÜF 67–82 €.

Haiti: Via Chanoux 15/17, Tel. 01 66 51 21 14, Fax 01 66 51 29 37, www.saintvincentvda.it (mit Link zum Hotel). Einfacheres, aber ordentliches, renoviertes Stadthotel mit 27 Zimmern, ohne Restaurant; Parkplatz. DZ/ÜF 72 €.

St-Vincent ist mit Châtillon praktisch dort zusammengewachsen, wo sich der **Bahnhof** befindet; gute Verbindungen mit den Orten des Haupttales, im Berufsverkehr rund stdl.; **Busanbindung** an St-Vincent.

Issogne
Reiseatlas: S. 10, E 2
So imponierend Fénis (s. S. 136) ist, die schönste Innenausstattung dürfte das **Castello di Issogne** (März–Juni, Sept. tgl. 9–18.30, Juli/Aug. 9–19.30, Okt.–Feb. 10–12, 13.30–16.30, So, Fei bis 17.30 Uhr) besitzen, das, zusammen mit Verrès auf der anderen Talseite, den Eingang zur **Val d'Ayas** bewacht. Alle Fresken von Issogne sind im Original erhalten, auch viele Ölgemälde, Möbel etc. Der Besitz der Bischöfe von Aosta wurde um 1400 durch Ibleto von Challant umgestaltet. Heute zeigt es sich dem Besucher, der alle 30 Min. in kleinen Gruppen geführt wird, allerdings so, wie es Ende des 15. Jh. ausgesehen haben soll. Prächtig ist der **Granatapfelbaum** über dem Brunnen im Hof, ein Meisterwerk der Schmiedeeisenkunst.

Verrès
Reiseatlas: S. 10, E 2
Schloss Verrès (März–Juni, Sept. tgl. 9–18.30, Juli/Aug. 9–19.30 Uhr; noch länger wegen Restaurierung geschl.) besticht durch seine Lage auf einem fast spitzen Felsen über dem Ort und dem tief eingeschnittenen Tal des Gebirgsbaches Evançon, gleichermaßen die Hauptstraße wie den Eingang zum **Challant-Ayas-Tal** bewachend.

Der wuchtige Würfel entstand auf einem Grundriss von 30 x 30 m ab 1372 um einen engen quadratischen Innenhof mit drei Galerien und wurde immer weiter verändert. Der Kubuscharakter allerdings blieb, und das unterscheidet Verrès von den meisten anderen Festungen des Aosta-Tales. Auch wenn es 1536 von Renato von Challant u. a. der Entwicklung der Feuerwaffen angepasst und verändert, mit Schießscharten und Zugbrücke ausgestattet wurde. 1661 auf Befehl der Savoyer fast vollständig geschliffen und danach dem Verfall preisgegeben, lief die Restaurierung der Ruine erst 1888 an und war 1920 abgeschlossen – vielleicht ein wenig historisierend-beschönigend …

Donnas
Reiseatlas: S. 10, E 2
Über der Beuge der weiten Flussschleife bei Donnas erhebt sich der Fels, auf dem die mächtige Festung von Bard, **Forte di Bard** (www.fortedibard.it), thront. Nach ewig dauernden Restaurierungsarbeiten sieht das Werk nun seiner Vollendung entgegen, wurde 2006 als Erstes das neue Alpenmuseum (Di–Fr 10–18, Sa, So 10–20 Uhr, im Winter kürzer) im Fort der Öffentlichkeit zugänglich gemacht. Schön ist es, zu Fuß durch das mittelalterlich enge Dorf hinaufzugehen, den Wagen muss man in der neuen Garage darunter parken; man kann von dort auch den Schrägaufzug nehmen.

Der Platz war schon im 2. Jt. v. Chr. besiedelt; die Römer nutzten ihn an ihrer Consularstraße (25 v. Chr.) als Station. Im Mittelalter war die Burg ebenfalls wegen der strategisch günstigen Lage begehrt, ab 1242 im Besitz der Savoyer, die 1661 die Artillerie von Verrès und Montjovet hierher verlegten und damit Bard zu ihrer Garnisonsfestung im Aosta-Tal machten. Napoleons Truppen schleiften die Festung, 1827 beschloss der Savoyer Carlo Felice den Wiederaufbau, nun aus drei Teilen auf verschiedenen Ebenen be-

Von Aosta nach Osten

Richtig Reisen-Tipp: Naturpark Monte Avic

Westlich von Verrès und Issogne erstreckt sich der 1989 als erster eigener Naturschutzpark der Region Aosta-Tal (der Gran Paradiso ist ja Nationalpark) gegründete **Parco Naturale del Monte Avic**. Er umfasst ein Gebiet von 5747 ha und grenzt südlich von Champorcher fast an das Gran Paradiso. Keine Straße erschließt den Park, nur zu Fuß kann man hier z. B. den größten zusammenhängenden Bergföhrenwald der Region erleben, der vor der Rodung für die Landschaft gerettet wurde bzw. nachwachsen konnte. Oder zahlreiche Torfmoore und Moraste – also nichts für Leute mit Angst vor Moskitostichen.

Auf den alpinen Wiesen finden Steinböcke und Gemsen sowie Murmeltiere viel Raum. Endemische alpine Flora gedeiht hier prächtig auf z. T. grün überwucherten Felsen. Überhaupt schlagen hier Geologenherzen höher, die in der interessanten Landschaft auch mehrere Erzlager vorfinden, die lange Zeit abgebaut wurden, wie Magneteisen am Lac Gelé, Eisen und Kupfer in der Val Chalamy, Eisen, Gold und Silber bei Champorcher.

Drei Wege, die durch den Naturschutzpark führen, sind hervorragend ausgeschildert: zum Lac de Pana (Wegweiser 3-102), zum Mont Barbeston (7-7b) und zum Lac de Serva (5c). Zusätzlich verlaufen 19 km der sogenannten Via Alpina durch den gesamten Alpenraum durch dieses Schutzgebiet: der blaue Wanderweg der **Via Alpina,** hier an zehn alpinen Seen vorbei, der die Berghütten Barbustel, Dondena und Miserin miteinander verbindet.

Mehrere **Berghütten** und kleinere **Hotels** sowie **Restaurants** findet man in Champorcher und dem nahen Chardonney, alle in der informativen Broschüre des Parks (auch in Deutsch) aufgelistet. Auskunft: Direktion des Parks in Champorcher, Località Fabbrica 164, Tel. 01 25 96 06 43, www.montavic.it

stehend, eine geradezu Furcht erregende, kaum einnehmbare Festung, denn jeder Teil war bei Gefahr autark. Allein 283 Räume zählte man, für mind. 400 Soldaten, Vorräte gab es für drei Monate, das Fort war u. a. mit 50 Kanonen bestückt. Das weitere wechselvolle Schicksal ist schnell erzählt: Verfall Ende des 19. Jh., danach Gefängnis und schließlich Munitionslager bis 1975. Erst 1990 begann die Restaurierung. Neben dem Alpenmuseum ist nun auch das Kindermuseum fertiggestellt, das Museum der Festungsgeschichte und das der Grenzen sollen 2009 folgen. Räume für Wechselausstellungen sowie mehrere Läden sind bereits vom bekannten Mailänder Designer Vico Magistretti (gest. Sept. 2006) ebenso vorbereitet worden wie das Hotel, das auf jeden Fall ein besonderes, charmantes werden und evtl. 2009 eröffnet werden soll. Unten an der Hauptstraße wölbt sich am Straßenrand ein Bogen von der steilen Felswand weg: Das **römische Tor** über der **Römerstraße** nach Aosta soll im Mittelalter als Stadttor für Donnas gedient haben. Die Straße wurde in den Felsen gehauen und ist noch heute ein Stück weit begehbar (wird längere Zeit restauriert). Eine Säule an der Felswand nahe dem Torbogen trägt die römische Zahl XXXVI, die Entfernung von Aosta-Stadt, dem damaligen Augusta Praetoria.

Gressoneytal

Es nimmt eine Sonderstellung unter den vielen Tälern des Aosta-Tales ein. Nicht nur wegen seiner schönen Lage, das bieten andere wie das Cognetal auch. Vor allem durch seine Dreisprachigkeit (Italienisch, provenzalisches Französisch und Walserdeutsch) und noch sichtbare Alltagskultur (vor allem an Sonn-

Gressoneytal

und Feiertagen) der aus der Schweiz eingewanderten Walser.

Das dreisprachige Tal des Monte Rosa, wie das Gressoney auch genannt wird, ist eine Sprachinsel. Die Walser oder Eischemer aus dem oberen Rhônetal, dem schweizerischen Wallis, sind vor etwa 750 Jahren von dort ausgewandert und pflegen noch heute ihre Tradition und deutsche Mundart. Natürlich bereitet ein fremder Dialekt Schwierigkeiten in einem Umfeld, dessen Amtssprache aus einem anderen Kulturkreis stammt! Was konnte ein Walser Bergbauer schon tun, wenn er ins Tal reiste, um Geschäfte zu machen? Entweder er ließ sich beschummeln oder er beschloss, mindestens zweisprachig zu werden, z. B. Italienisch zu lernen, das Walserdeutsch vielleicht sogar zu verdrängen, es seinen Kindern gar nicht mehr beizubringen.

Dass dies schade ist, hat man bald bemerkt. Und so ging es in den letzten Jahrzehnten mit der Walsersprache dann wieder aufwärts, neu gegründete Kulturzentren sowie die Politik einer einsichtigen Regierung führten dazu, dass in den Teilen des Gressoneytales mit überwiegendem Walseranteil auch in der Schule zumindest Hochdeutsch gelehrt wird. Die Erhaltung der Mundart sei Sache der Familie und der Vereine. Es sieht ganz so aus, als werde die im südlicheren Teil des Tales bereits vollzogene Italienisierung in seinem Norden gestoppt. Oberhalb von Gaby lässt sich das Wechselspiel beobachten: Pont Trentaz heißt da ein Ort, das war vor gar nicht langer Zeit noch ›Dryßigstäg‹, also Dreißig Stege oder Brücken. Pont Sec dagegen, ein paar Kilometer weiter, heißt bei den Walsern immer noch ›Trockene Steg‹. Weiter oben häufen sich dann Namen wie Weißmatten, Underwoald, Ondre Rong, Edelbode, Selbsteg.

Pont-St-Martin
Reiseatlas: S. 10, E 2
In den schmalen Gassen des netten Ortes mit seiner hohen **Römerbrücke** (1. Jh. v. Chr.) über die Lys am Taleingang geht es geschäftig zu, vor allem morgens, zur Einkaufszeit. Der Zugang zum Tal war noch bis vor wenigen Jahren eng, fast berührten die steilen Hänge das Autodach – inzwischen wird allmählich immer weiter nach Norden ausgebaut, die Straße busgerecht verbreitert. Schade, denn es hat dem schönen Tal viel von seiner Wildheit genommen ... Geblieben ist die Lys, wie sie immer war, sie rauscht und windet sich um imposant haushohe ›Kieselsteine‹.

Gressoney-St-Jean
Reiseatlas: S. 10, E 1
Etwa 17 km weiter wird in dem hübschen Ferienort (1385 m) mit meist netten kleinen Hotels das Bemühen um das Walserdeutsch besonders deutlich. Bei Hochzeit und Taufe wird die Walsertracht getragen, der Hauptplatz heißt noch immer ›Obre Platz‹ und die Panetteria wirbt gleichberechtigt mit ›Beckeri, Konditori, Greschoney-Siessegkeite‹. Auch in den Familiennamen spiegelt sich die Mehrsprachigkeit: Da gibt es die Bieler, die Beck, die Lerch, die Zumstein. Andere haben aus Leitner Scaler, aus Beck Peccoz gemacht.

Zu Füßen des Colle della Ranzola erhebt sich in schöner Aussichtslage über das Tal und bis zum Lyskammgletscher das **Savoia-Schloss** (Fr–Mi 9.30–12, im Sommer 9–18.30 Uhr), das 1899 bis 1904 von Emilio Stramucci im Stil eines mittelalterlichen Schlosses errichtet und von einem lokalen Restaurator mit viel Holz verkleidet und ausgestattet wurde. Seit 1981 im Besitz der Region, erhielt das Schloss einen **Botanischen Garten** für alpine Pflanzen.

Höhenwanderweg 1
Von Gressoney-St-Jean startet der Höhenwanderweg 1 (Alta Via 1) – er ist etwas für echte Alpinisten: 13 Etappen (Gressoney-St-Jean, 1405 m, bis Courmayeur, 1223 m) von je zwei bis sechs Stunden sind zu bewältigen, der höchste Punkt liegt bei 2700 m.

Eine Broschüre, ›Alte Vie 1 + 2‹, gibt Ratschläge für Bergwanderer und beschreibt die einzelnen Etappen der beiden Hochwanderwege durch den Norden bzw. den Süden der Region mit genauen Routenangaben, Hüttentipps, Schwierigkeitsgraden etc.

Imposant: das Matterhorn

Von Aosta nach Osten

 Genaue Angaben **im Internet** unter: www.regione.vda.it/turismo/trekking.

 Bergführer: Unione Valdostana Guide d'Alta Motagna, Via Monte Emilius 13, 11100 Aosta, Tel. 01 65 49 39, www.inter guide.it.

Gressoney-la Trinité
Reiseatlas: S. 10, E 1
In 1637 m Höhe liegt, eng an den Monte Rosa und den Lyskammgletscher (rund 4500 m) angeschmiegt, *der* Skiort des Gressoneytales schlechthin, mit mehreren Aufstiegshilfen – oft vom Hotel direkt auf die Abfahrtspiste. Verstreut stehen noch Bauernhäuser mit hölzernen Balkonen, und die Hotellerie bemüht sich um eine angepasste Bauweise.

AIAT Monte Rosa Walser: 11025 Gressoney-St-Jean (AO), Villa Deslex, Tel. 01 25 35 51 85, Fax 01 25 35 58 95.
IAT Gressoney-la Trinité: Località Edelboden Superiore, Tel. 01 25 36 61 43, Fax 01 25 36 63 23; für beide Ämter: www.aiatmonte rosawalser.it.

 ... in Gressoney-la Trinité:
Jolanda Sport: mitten in Gressoney-la Trinité, direkt am Schlepplift zur Punta Jolanda, Tel. 01 25 36 61 40, Fax 01 25 36 62 02, www.hoteljolandasport.com; ca. Mai, Okt./Nov. geschl. Seit 1957 in Familienbesitz, 2005 total umgebaut (viel Holz!) mit 36 z. T. sehr komfortablen Zimmern, **Restaurant, Wellnessabteilung** mit Innenpool, Heubädern u. v. a. m.; HP pro Pension 75–113 €, was bei der guten Küche des Hauses zu empfehlen ist; im Winter Wochenpauschalen.
Lo Scoiattolo: Località Tache 6, Tel. 01 25 36 63 13, Fax 01 25 36 62 20, www.htlscoiat tolo.com. Rustikales Haus im Ortszentrum. **Restaurant.** 14 ordentliche Zimmer. HP pro Person 50–78 €.
Residence: Località Edelboden 30, Tel. 01 25 36 61 48, Fax 01 25 36 60 76, www.valverde hotel.it. 33 ordentliche Zimmer, Sauna. **Restaurant.** DZ/ÜF 74–136 €.

Residence Apfel: Eyematten Waeg 47, Tel. 01 25 35 57 25, Fax 01 25 35 59 53, www. residenceapfel.it, ca. Mai und Okt.–Anfang Dez. geschl. Komfortable Apartments in moderner Anlage mit Pool, Sauna, **Bar-Restaurant,** Apartm. für 2 Pers./Woche im Sommer 210–600 €.

... in Gressoney-St-Jean:
Gran Baita: Strada Castello Savoia 26, Località Gresmatten, Tel. 01 25 35 64 41, Fax 01 25 35 64 41, www.hotelgranbaita.it; ca. Mai und Okt./Nov. geschl.. Unweit des Savoia-Schlosses in einem Bauernhaus aus dem 18. Jh., gemütlich und doch komfortabel, mit **guter Valdostaner Küche.** DZ/ÜF 130–140 €.

Il Braciere: Località Ondrò Verdebio 2, Tel. 01 25 35 55 26, Ruhetag Mi (außer Juli/Aug.), z. T. Juni/Dez. geschl. Rustikales Ambiente in ruhiger Wohngegend am Ortsrand. Piemontesische Küche (Risotti, Pasta, Wild- und Käsegerichte). Menü ab 30 €.
Capanna Carla: Località Tschaval 33, Tel. 01 25 36 61 30; im Winter Ruhetag Mo und nur abends geöffnet, im Sommer tgl. mittags und abends, Frühjahr und Herbst nur Sa, So. Wunderschönes kleines Lokal mit niedrigen Miniaturräumen in einem Holzhaus am Hang über dem Ort. Valdostaner Gerichte wie Brot-Kraut-Suppe mit Käse oder Kalbsbraten mit Heidelbeeren. Suppen und Teigwaren 8–9 €, Hauptgerichte um 11 €.

Weitere Restaurants: s. o. Unterkünfte in Gressoney-St-Jean und Gressoney-la Trinité.

Golf: 9-Loch-Platz Gressoney Monte Rosa, Villa Margherita 1, Gressoney-St-Jean (AO), Tel. 01 25 35 63 14, www.golf gressoney.com; Juni–Sept.
Wandern: Höhenweg 1 s. S. 141f.; auch leichtere Wanderwege für Tagesausflüge. Infos zum **Skigebiet:** www.monterosa-ski. com.

Die Verkehrsverbindungen im Tal sind nicht gut, am besten zu Schulzeiten, im Juli/Aug. oder zur Skisaison **(Skibus).**

Tracht im Gressoneytal

Caffè Malabar in Turin

Kapitel 3

Piemont

Auf einen Blick: Piemont

Alpenriesen, Kunststädte, Weinorte

Der zweitkleinsten italienischen Region Aosta-Tal folgt als Nachbarin die zweitgrößte, Piemont, am ehesten bekannt durch die Automobilstadt Turin, die schweren Weine der Langhe, von Monferrato und Roero sowie die Trüffel von Alba. Turin macht sich zwischenzeitlich von Fiat frei und viele Kunststädte warten noch darauf, entdeckt zu werden.

Piemonte (= ›am Fuße der Berge‹) teilt sich den Gran Paradiso (4061 m) inmitten des gleichnamigen Nationalparks (s. S. 132) mit Aosta-Tal im Norden, die Alpi Cozie im Westen mit Frankreich sowie die Seealpen im Süden mit Ligurien. Die einzige geografische Öffnung bilden im Nordosten Lago Maggiore und Ticino-Fluss, weiter südlich die Schleife des Po, der sich träge durch eine flache Ebene in Richtung Lombardei bewegt.

In den Bergen Piemonts entspringen zahlreiche Flüsse und Bäche, auch der Po, der längste Fluss Italiens (insgesamt 625 km, davon 235 km durch Piemont), in dem sich schließlich alle Gewässer vereinen und an der lombardischen Grenze ein weites Schwemmland bilden – ideal für den Anbau von Reis. Im Schwemmland des Po, Italiens fruchtbarster und größter Ebene, setzen Obst- und Gemüseanbau Akzente in Landschaft und Wirtschaft, auch für die Produk-

tion von Futtermitteln für die immer wichtiger werdende Rinderzucht. Landschaftlich besonders reizvoll ist der Weinanbau vor allem im Roero und in der Langhe.

Den schönen Lago Maggiore teilt sich Piemont (Westufer) mit der Lombardei und ein Stück mit der Schweiz, den benachbarten Orta-See nennt es aber sein Eigen.

Highlights

5 Turin: eine Stadt im Wandel von der Automobil- zur Metropole von Kunst und Hightech (s. S. 150ff.).

6 Orta-See: ein landschaftliches Juwel unter den Oberitalienischen Seen, mit zauberhaft urban besiedeltem Inselchen (s. S. 185ff.).

Empfehlenswerte Route

Durch das Weinland von Roero und Langhe: eine Rundtour zwischen den berühmtesten Weinbergen des Piemont, mit Alba, La Morra und Barolo. Einzig urban – mit einigen Sehenswürdigkeiten und einladender Fußgängerzone, kleinen Lokalen und geradezu ausgewogener Hotellerie – ist Alba (s. S. 161ff.).

Reise- und Zeitplanung

Zwei Wochen sollten für die gesamte Region eingeplant werden. Für Turin sind mindestens drei Tage vorzusehen, wenn man auch einige der sehenswerten Museen besichtigen möchte. Die Stadt eignet sich das ganze Jahr über für einen Besuch; die Wochenendtarife nutzen!

Die Weinstraße um Alba und Barolo ließe sich zwar an einem Tag leicht bewältigen, aber man besucht sie schließlich, um die guten Tropfen in entsprechender Atmosphäre zu genießen – und das bedeutet einen längeren Aufenthalt in einem der hübschen Weinorte mit ihren einladenden, kleinen Hotels. Ganzjährig möglich, am schönsten im Spätsommer zur Weinlese oder im Herbst, wenn sich die Blätter der Rebstöcke gelb bis blutrot färben. Dann fällt das warme Licht der Sonne auch durch das rostig gefärbte Laub uralter Alleebäume, pastellig gemildert durch den feinen Nebel, der Täler und Hügelland durchzieht: die unwidersprochen schönste Jahreszeit im Piemont! Dann entfalten auch Albas weiße Trüffel ihren unnachahmlichen Duft. Und in vielen guten, ja oft hervorragenden – und teuren – Restaurants werden außerdem Wild und Steinpilze aufgetischt. Also hierfür drei Tage bis zu einer Woche einplanen. Und noch ein paar Tage für Ausflüge wie etwa nach Saluzzo und von dort das Po-Tal bis zur Quelle des Flusses an der französischen Grenze hinauf, oder ins sehr hübsche und noch etwas verschlafene Cuneo mit seinen langen Arkadengängen.

Turin ist mehrmals täglich von allen großen Flughäfen Europas erreichbar, der Flughafen 15 km nördlich der Stadt ist per Bahn und Bus angebunden; das historische Zentrum ist leicht zu Fuß zu erkunden, man benötigt also keinen Wagen. Auch Brà und Alba sind per Bahn oder Bus erreichbar, aber für Rundfahrten ist man auf einen Wagen angewiesen – oder ein Fahrrad. Cuneo ist ebenfalls gut mit der Bahn erreichbar, doch dann braucht man, wie überall im Weinland, ein Fahrzeug.

Richtig Reisen-Tipp

Von Saluzzo an die Quellen des Po: Natur pur erlebt man auf der Fahrt vom 395 m hoch gelegenen Saluzzo durchs Po-Tal zu den in einer Höhe von 2020 m entspringenden Quellen des längsten italienischen Flusses. Übernachtung in einer der beiden – zu erwandernden – Berghütten oder unterwegs in Paesana (s. S. 173).

Turin

Cityplan S. 153

Die einstige Automobil-Metropole Italiens mausert sich zu einer Stadt des Hightech und der Avantgarde; durchflossen vom jungen Po, im Osten flankiert von sanften Hügeln, im Norden als Kulisse die Alpi Graie. Zahlreiche Sehenswürdigkeiten im historischen Zentrum und die umliegenden Savoyer-Schlösser machen Turin auch touristisch interessant.

Reiseatlas: S. 20, D/E 1

Dass viele Reisende Turin (ital. Torino, knapp 868 000 Ew.) noch immer als Reiseziel auslassen, weil sie in ihr nur eine Industriestadt sehen, trifft die Turinesi schon lange hart, erst recht nach dem – inzwischen überwundenen – Zusammenbruch des größten italienischen Automobilbauers Fiat. Um so mehr bemüht man sich hier, Turins Image aufzupolieren.

Eine gute Gelegenheit waren die Olympischen Winterspiele 200, endlich flossen genügend finanzielle Mittel, um auch die Infrastruktur völlig umzukrempeln. So muss man die nächsten Jahre noch mit Baustellen rechnen, aber die Arbeiten im historischen Zentrum sind weitgehend fertiggestellt. Zum großen Umbau gehört die Verlegung der Bahnanlagen, die Turin in zwei Teile durchschnitten, unter die Oberfläche. Darüber entsteht allmählich die 12 km lange sogenannte Spina Centrale – das Rückgrat der Stadt, zentrumsnah bereits mit zeitgenössischen Kunstwerken geschmückt. Aus den einstigen Fabrikgebäuden, meist Zulieferbetriebe für die Autoindustrie, wurden Apartmenthäuser und technische Institute. Projekte bis 2010: Der Bahnhof Porta Susa im Westen des Centro Storico wird zum Zentralbahnhof ausgebaut, mit Anbindung an die transeuropäische Hochgeschwindigkeitsbahn Lyon–Paris–Moskau. Der alte Hauptbahnhof Porta Nuova wird rückgestuft zu einem Knotenpunkt für die neue U- bzw. S-Bahn, was ihn zum idealen Ausgangspunkt für den Stadtbummel macht: über die wunderbare Folge von Plätzen entlang der von gleich hohen Barockpalästen gestalteten Via Roma. Fußgängerfreundlich auch an kalten Wintertagen, denn Turin ist stolze Besitzerin von 18 km schützenden Bogengängen.

Aus der einstigen Industrie- und Arbeiterstadt, in der am frühen Abend ›die Bürgersteige hochgeklappt‹ wurden, ist bereits jetzt eine lebendige, multikulturelle und interessante Stadt geworden, ein Zentrum für Informatik, Kommunikationstechnologie und Forschung – aber auch für Design und zeitgenössische Kunst in einer im Kern noch barocken Metropole. Mit sehr interessanten Museen und einer Kaffeehauskultur, die ihresgleichen sucht ... und die schon Friedrich Nietzsche schätzte, der mehrere Monate in Turin weilte. Nietzsche liebte die Stadt – nicht nur wegen der Cafés: »Ein wahrer Glücksfund für mich, dies Turin!« Wie seine Menschen – weniger spontan und herzlich als andere Italiener – öffnet sich Turin dem Betrachter erst allmählich, wenn er sich für die Stadt ein wenig mehr Zeit nimmt als nur einen Tag.

Stadtrundgang

Turins Stadtplan weist noch heute das 2000 Jahre alte Muster der rechteckig zueinander liegenden Straßen auf. Und zwar nicht nur im Gebiet des einstigen römischen *castrum,* sondern überall dort, wo es die Lage erlaubte. Sogar im Osten zu Füßen der Hügel: Das winzige Stück zwischen ihnen und dem Po ist ebenfalls hübsch geometrisch ange-

Vom Bahnhof zur Piazza San Carlo

ordnet – und gilt wie die Hügel selbst als besonders schönes Wohnviertel. Doch trotz der Funde aus römischer Zeit hat sonst nicht Rom, sondern der Barock die Stadt geprägt, die den Beinamen ›Perle des Barocks‹ trägt.

Vom Bahnhof zur Piazza San Carlo

Man beginnt den Stadtbummel am besten am **Bahnhof Porta Nuova** 1 mit seiner rosafarbenen klassizistischen Fassade, von der man schnurgerade zur Piazza Reale gelangen könnte, über eine 2 km lange Bummelmeile, die sich die Könige aus dem Hause Savoyen tatsächlich als solche schaffen ließen. Über die grüne **Piazza Carlo Felice** führt der erste Abschnitt der hier im Fascismo städtebaulich verschandelten **Via Roma** mit großen Kaufhäusern und Modegeschäften über die geradezu hässliche **Piazza C.L.N.** weiter zur wunderschönen **Piazza San Carlo** mit dem bronzenen Reiterdenkmal für Emanuele Filiberto (1838) in ihrer Mitte.

Man betritt den Platz zwischen zwei kleinen Kirchen, die so eng beisammen stehen, dass er von hier aus eine besonders theatralische Weite erhält: **San Carlo** 2 rechts und **Santa Cristina** 3 links, fast Zwillingskirchen im Aussehen, beide innen aufwendig intarsiert und tagsüber fast durchgehend geöffnet. Der Abstand zwischen beiden Kirchen stimmt genau mit der Breite der alten römischen Straße überein. Die Piazza umstehen *portici*-gestützte Barockpaläste, Bogengänge, die für das Zentrum Turins typisch sind. So kann man trockenen Fußes bei jedem Wetter durch die Straßen bummeln. Und wo man diese überqueren muss, wurden teilweise auch noch die sogenannten Portici porticati gebaut, über den Straßen hängende und beide Seiten verbindende Terrassen. Unter den Arkaden der Piazza San Carlo locken die feinsten Geschäfte und zahlreiche Cafés, darunter das Torino und das San Carlo (s. S.158).

An der Ecke zur Via Santa Teresa zieht sich eine Passage (mit dem Kino Lux), die **Galleria San Federico** 4 aus Beton, Eisen und Glas ins Häusergewirr. Sie besitzt einladendschöne Geschäfte, Schmuckkästen gleich.

Mit der Autorin unterwegs

Kulturmetropole Turin

Die **Galleria Arte Moderna G.A.M.** (s. S. 156f.) gilt als eine der interessantesten Sammlungen zeitgenössischer Kunst in Italien. Die Dauerausstellung zeigt mehr als 20 000 Werke. Das **Museo di Antichità** (s. S. 154f.) zeigt interessante und schön ausgestellte Funde aus Turin und dem Piemont überhaupt. Das **Museo Nazionale del Cinema,** das Kinomuseum in der Mole Antonelliana, dem Wahrzeichen der Stadt, bereitet dem Besucher die Filmgeschichte anhand von Beispielen, Filmen, Dokumenten und Bildern fachgerecht und spannend auf. Er kann die Filmwelt hautnah erleben, indem er z. B. in nachgebauten Filmszenen zum Akteur wird (s. S. 155).

Ausblick

Von der obersten Terrasse der hohen Spitze der **Mole Antonelliana** genießt man den schönsten Blick über Turin (s. S. 155).

Größter Salon der Stadt

Die **Piazza Reale,** Turins ›königlicher‹ Platz, bildet das Herz der Stadt (s. S. 154).

Unesco-Welterbe

Sechs **Savoyer-Schlösser** bilden einen Ring um die Stadt (s. S. 157).

Relaxen im Parco del Valentino

Nach einer anstrengenden Besichtigungstour kann man im schönsten Park der Stadt die Seele baumeln lassen. Wer noch Elan hat, dem sei ein Besuch des Botanischen Gartens, des Freilichtmuseums oder eine Bootsfahrt auf dem Po empfohlen (s. S. 156).

Kaffeehauskultur

Die historischen Cafés locken – und sind eine Sünde wert … Sie sollten unbedingt ein *bicerin,* das teuflisch süße, kalorienhaltige Schokoladengetränk der ›Stadt der Schokolade‹ oder einen der vielen *aperitivi* plus kleiner Vorspeise probieren (s. S. 158).

Turin

Von der Piazza Carignano zur Piazza Castello

Die Via Roma setzt sich fort Richtung Piazza Castello, doch zu empfehlen ist die rechts parallel verlaufende Via Accademia delle Scienze mit dem gleichnamigen, prächtigen barocken **Palazzo dell'Accademia delle Scienze** 5, in dem bislang (s. S. 154) zwei der bedeutendsten Museen Turins (Ägyptisches Museum und die Savoyer Pinakothek) untergebracht sind.

Das **Museo Egizio** (Di–So 8.30–19.30 Uhr) versteckt aus Platzmangel noch zahlreiche seiner rund 30 000 Stücke in den Magazinen, aber es besitzt wohl die größte Sammlung von Sarkophagen nach dem Ägyptischen Museum in Kairo, außerdem Kostbarkeiten wie den angeblich längsten erhaltenen Papyrus. Den Kern der Sammlung erstand bereits Carlo Felice von Savoyen 1824, der durch zahlreiche Funde italienischer Archäologen im 19. Jh. erweitert wurde. Die **Galleria Sabauda** (Di, Fr–So 8.30–14, Mi, 14–19.30, Do 10–19 Uhr) hat Carlo Alberto 1832 gegründet. Hier ist außer der Bildergalerie der Savoyer seit 1865 in den Obergeschossen auch die Akademie der Wissenschaften untergebracht. Neben der großen Sammlung italienischer Malerei speziell der Piemonteser Schule finden sich flämische und niederländische Gemälde. Zu den großen Kostbarkeiten gehören Veroneses ›Fest im Hause Simon‹ (1560) oder Van Dycks ›Kinder von Charles I. von England‹ (1635) oder – um auch einen Piemonteser Künstler zu nennen: eine bewegte und bewegende Kreuzigung von Gaudenzio Ferrari (1535).

Jenseits der Via Bertola weitet sich die Via delle Scienze etwas aus zur Piazza Carignano mit dem riesigen **Palazzo Carignano** 6. Die backsteinerne barocke Fassade aus dem 17. Jh. sieht aus, als würde sie eine Wellenbewegung machen, mit zahlreichen Fenstern und fast verwirrend vielen hohen und niedrigeren Stockwerken im Wechsel, das Ganze durch die unterschiedlichsten Backsteindekorationen aufgelockert. Guarino Guarini hat mit diesem Palast (1679–85) ein Hauptwerk des Piemonteser Barocks, sein Meisterstück geschaffen. Innen zeigen einige Räume allegorische Fresken, wie so oft zur Verherrlichung der Auftraggeber, hier also der königlichen Savoyer. Ein geschichtsträchtiges Haus: Hier wurde Vittorio Emanuele II geboren, und hier befand sich der Sitz des sogenannten Südalpinen Parlaments (1848–60).

In einem geradezu gemütlichen ovalen Raum mit viel Golddekor und roten Plüschsitzen, in dem bis heute alles so wie damals

Turin: Cityplan

Sehenswürdigkeiten

1. Bahnhof Porta Nuova
2. San Carlo
3. Santa Cristina
4. Galleria San Federico
5. Palazzo dell'Accademia
6. Palazzo Carignano
7. Galleria Subalpina
8. Palazzo Madame
9. Palazzo Reale
10. Giardini Reali
11. Museo di Antichità
12. Porta Palatina
13. Cattedrale San Giovanni Battista
14. Mole Antonelliana
15. Gran Madre di Dio
16. Basilica della Superga
17. Parco del Valentino
18. Lingotto
19. G.A.M.

Übernachten

1. Le Meridien Art & Tec
2. Le Meridien Lingotto
3. Grand Hotel Sitea
4. Victoria
5. Genio
6. Ostello open 011

Essen und Trinken

7. Tre Galline
8. Sotto La Mole
9. Solferino
10. Trattoria Valenza
11. Porto di Savona

Stadtrundgang

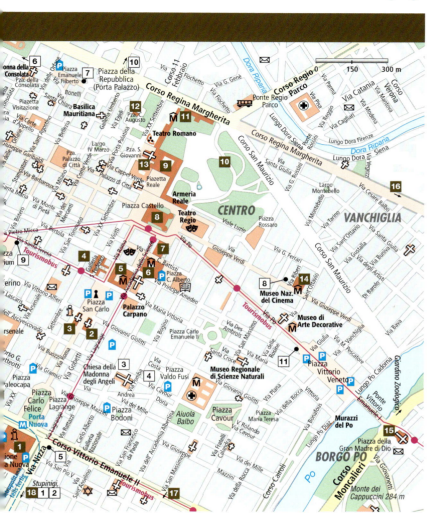

geblieben ist, inklusive den Plätzen von Cavour, Garibaldi und D'Azeglio. Die Uhr an der Wand zeigt die Stunde, zu der die italienische Republik ausgerufen wurde: 0.30 Uhr in der Nacht des 18. auf den 19. Oktober 1861. Dass die rückwärtige Fassade zur Piazza Carlo Alberto einen völlig anderen Stil zeigt, entstand aus der Notwendigkeit, nach Ausrufung der Italienischen Republik Platz für das erste Parlament (1861–65) zu schaffen. Der Gesamtkomplex ist als das wohl umfangreichste **Museo Nazionale del Risorgimento** Italiens zu besichtigen (allerdings wegen Restaurierung nach aktuellen Informationen voraussichtlich noch bis 2010 geschlossen).

Von der querenden Via Cesare Battisti geht auf der anderen Straßenseite die wunderschöne **Galleria Subalpina** 7 ab, eine an-

Turin

Der Palazzo Madama auf der Piazza Castello spiegelt die Geschichte der Stadt wider

genehme Bummelmeile als Verbindung zur weiten **Piazza Castello**.

Diese wird in ihrer Mitte vom Kubus des mächtigen **Palazzo Madama** 8 eingenommen. Für einen alten Turiner liegt das echte Herz der Stadt an diesem Platz. Schließlich spiegelt hier der Palazzo Madama die Geschichte der Stadt wider: erbaut auf den Resten eines römischen Stadttores, im Mittelalter in eine Festung mit vier Ecktürmen umfunktioniert und von Madama Maria Cristina di Savoia 1721 in einen barocken Palast umgestaltet. Die Festung ist kunstvoll integriert worden, ein wenig sizilianisch fiel der Barock aus, was nicht wundert, war doch der Architekt der Sizilianer Filippo Juvarra. Der Palast beherbergt nach vielen Jahren des Umbaus auch das Städtische Museum für alte Kunst mit seiner wichtigen Sammlung Turiner Malerei (Di–Fr, So 10–18, Sa 10–20 Uhr; Besuch der Prunktreppe und des Innenhofes frei).

Piazza Castello und **Piazzetta Reale** bilden zuammen den größten Platz im historischen Kern Turins, die **Piazzetta Reale,** mit dem **Palazzo Reale** 9 (Di–So 8.30–19.30 Uhr) als sehr dekorativem Abschluss. Der Königliche Palast birgt eine schier unendliche Folge von Prunkräumen und die größte Waffensammlung Europas mit Stücken auch aus Afrika und dem Orient (in der **Armeria Reale).** In der linken Ecke wurde das wunderbar nostalgische **Caffè Reale** mit historischen Vitrinen, die einige Schätze bergen, und einladenden Marmortischen eingerichtet.

Hinter dem Königlichen Palast erstrecken sich die ausladenden, öffentlich zugänglichen **Giardini Reali** 10, in deren Schatten sich die Turiner gerne in der sommerlichen Mittagspause ergehen. Dahinter liegt das **Museo di Antichità** 11, das Archäologische Museum (Di–So 8.30–19.30 Uhr), mit didaktisch hervorragend aufgebauten Sammlungen, die

Stadtrundgang

auch weniger Kundigen Freude bereiten dürften.

Beim Archäologischen Museum beginnt an der Via XX Settembre die archäologische Zone von Turin mit den Resten des römischen Theaters. Imposant erhebt sich linker Hand das römische Stadttor, die **Porta Palatina** 12, die an die Porta Nigra in Trier erinnert. Zwei 16-seitige wuchtige Türme flankieren eine mächtige, durch Tore und zwei Fensterreihen gegliederte Mauer, eines der wichtigsten erhaltenen Stadttore des römischen Imperiums, davor Bronzestatuen (Kopien).

An der nahen **Piazza San Giovanni** erhebt sich die **Cattedrale San Giovanni Battista** 13 (Mo–Fr 7.30–12, 15–19, Sa/So 8–12, 15–19 Uhr), deren Fassade mit drei geschmückten Portalen 1492 bis 1498 Meo del Caprina in zaghaftem Renaissancestil erbaute. Die meisten Besuche des Gotteshauses galten aber lange Zeit nicht der Kirche selbst, sondern dem Heiligen Grabtuch in der **Capella della Sindone** (1668–94) von Guarino Guarini. Die Kapelle brannte 1997 ab, doch das Grabtuch konnte gerettet werden. Es wird in einer kleinen Kapelle links vom Hauptaltar aufbewahrt, wo es aber nicht zu sehen ist. Die Tuchkapelle wird wieder aufgebaut, zu wichtig ist den Turinern diese ›heilige‹ Ikone.

1578 brachten die Savoyer das Tuch aus Chambery, wo es in ihren Besitz gelangte, über Aosta nach Turin. Mehr als 400 Jahre wurde es als das echte Grabtuch Christi verehrt. Mit Hilfe der Radiokarbonmethode stellte man 1988 und 1995 fest, dass das Grabtuch aus der Zeit zwischen 1260 und 1390 stammt. Der Turiner Erzbischof Kardinal Anastasio Ballestrero erklärte daraufhin, das 4,36 x 1,10 m große Tuch, auf dem ganz deutlich das Abbild eines Gekreuzigten mit Dornenkrone und Wundmalen in der Vorder- und der Rückansicht zu erkennen ist, bliebe aan Gläubigen dennoch eine »Offenbarung des Antlitzes und des Körpers Christi«. – In der Kirche San Lorenzo an der Piazza Castello ist nur eine verkleinerte Kopie zu sehen, im Museo della Sindone an der Via San Domenico eine originalgroße (www.sindone.it, tgl. 9–12, 15–19 Uhr).

Von der Mole Antonelliana auf die Hügel

Richtung Po überragt eine hohe, spitz zulaufende Kuppel die Dächer von Turin: das Symbol der Stadt, die 167,50 m hohe **Mole Antonelliana** 14. Ursprünglich wurde sie als Synagoge begonnen, aber nie als solche in Gebrauch genommen. Dann als Kulturzentrum, später als Veranstaltungsort genutzt, war sie immer ein beliebter Aussichtsturm, von dem man bei schönem Wetter Turin mitsamt dem Umland bis zum Gran Paradiso bewundern kann. Innen überrascht den Besucher, dass es sich eigentlich nur um einen einzigen großen Saal handelt, der bis in die Spitze reicht, umgeben von umlaufenden, breiten Galerien.

1941 bereits wurde die Idee zu einem Filmmuseum geboren, doch erst im Sommer 2000 öffnete das **Museo Nazionale del Cinema** (So–Fr, Fei 9–20, Sa 9–23 Uhr; Aufzug auf die Aussichtsplattform). Und zählt seitdem zu den bestbesuchten Museen Italiens, wahrscheinlich weil es wenig Museales an sich hat, eher interaktiv dem Besucher Filmgeschichte und -welt nahebringt. Anhand von 3400 Objekten, mehr als 300 000 Manifesten, einer Kinothek mit mehr als 7200 Titeln, 20 000 Büchern zum Thema und vieles mehr.

Von der Piazza Castello führt eine schnurgerade Straße direkt zum Po, die **Via Po** mit einer langen Reihe von Arkadengängen, in denen Vorsicht vor Langfingern geboten ist. Schade, denn die Cafés unter den Portici sind sehr einladend! Kurz vor dem hier schon recht breiten Fluss öffnet sich die Via Po zur riesigen, von gepflegten Palazzi umgebenen **Piazza Vittorio Veneto**. Sie gibt den Blick frei auf die Kirche **Gran Madre di Dio** 15 jenseits des Flusses, eine zwar schlechte Kopie des römischen Pantheons, aber hübsch anzuschauen. Blick frei auch auf die Hügel von Turin: rechts der **Monte dei Capuccini,** der den Reigen schöner, reicher Straßenzüge eröffnet, die sich über die Hügel erstrecken. In den ehemaligen Weinbergen liegen heute die feinsten Wohnviertel der Stadt.

Links erhebt sich die **Basilica della Superga** 16 (Nov.–März Mo–Fr 9–12, 15–17, Sa, So 9–12.45, 15–17.45, Apri–Okt. bis 18 bzw.

155

Turin

18.45 Uhr, www.basilicadisuperga.com; Krypta durchgehend ab 9.30 Uhr); kürzere Zeiten und Mittagspause für die Krypta) auf Turins zweithöchstem Hügel (672 m), per Zahnradbahn (ca. stdl.) oder mit dem Wagen (8 km) leicht erreichbar. Auch wer sich für ihr Inneres – Grabkirche der Savoyer mit 54 Sarkophagen – weniger interessiert, wird den Blick vom Vorplatz genießen, der bis hin zum Alpenkamm reicht.

Vom Parco del Valentino zum Lingotto

Zu den Erholungszonen der Turiner gehört der schönste Park der Stadt, **Parco del Valentino** 17. Zentrum ist der aus dem 15. Jh. stammende Herrensitz, der 1630 bis 1660 zum **Castello del Valentino,** einem Schloss für die Madama (s. S. 154), Maria Cristina von Frankreich, ausgebaut wurde. Und schon 1729 entstand hier der kleine, aber feine **Botanische Garten.** An der ausladenden Brunnenanlage, der **Fontana dei Dodici Mesi,** die die zwölf Monate mit allegorischen Gestalten darstellt, treffen sich Musikstudenten, die gerne Klassisches spielen. In der Nähe warten Pferdedroschken auf Kundschaft.

Anlässlich der Expo von 1984 wurde nebenan das mittelalterliche **Borgo e Rocco Medioevale** (Okt.–März tgl. 9–19, sonst 9–20 Uhr) geschaffen, eine Art Freilichtmuseum mit Kopien mittelalterlicher Häuser aus Piemont und Aosta-Tal, also dem Land der Savoyer. Ein wenig Disneyworld, beliebt nach Feierabend und am Wochenende. Nicht nur wegen der Kunsthandwerksläden schön, sondern auch, weil man am Fluss bei *aperitivo* oder *caffè* nett sitzen, ein Boot mieten und sich den Po abwärts treiben lassen kann.

Das 1899 gegründete und 1982 geschlossene Fiat-Werk **Lingotto** 18 mit seiner Testpiste und der großartigen **Bolla,** der gläsernen ›fliegenden Untertasse‹ als Konferenzraum auf dem Dach, war an sich schon ein sehenswertes historisches Industriebauwerk. Seit der Verlegung der Automobil-Fabrikationsstätte von der zentrumsnahen Via Nizza stadtauswärts, hat Fiat hier nur noch Repräsentationsräume, außerdem die Familie Agnelli ihre private kleine, aber feine Bildersammlung, die **Pinacoteca Giovanni e Marella Agnelli** (Di–So 10–19 Uhr). Die interessanten Fabrikationshallen wurden nach einem Projekt des Architekten Renzo Piano aufgeteilt. Es entstanden La Bolla (s. o.) sowie ein exquisites Hotel nach seinen Plänen, das Le Meridien Lingotto, und ein Einkaufszentrum mit Cafés und Bars sowie einem beliebten Kino. Nebenan steht seit 2004 das neueste Hotel Renzo Pianos mit noch klarerem Design und von erlesenem Geschmack, Le Meridien Art & Tec (beide Hotels s. Unterkunft S. 157).

G.A.M.

Die **Galleria Civica di Arte Moderna e Contemporanea G.A.M.** 19 (Di–So 10–18 Uhr) liegt etwas abseits der normalen Routen, gehört aber zu den Highlights für diejenigen, die Turin der zeitgenössischen Kunst wegen besuchen. Die Dauerausstellung eines der wichtigsten italienischen Museen für moderne und zeitgenössische Kunst besitzt bereits mehr als 20 000 Werke: Gemälde, Zeichnungen und Drucke, Skulpturen und Installationen, Fotos und Dokumentarfilme. Der Schwerpunkt liegt bei der Piemonteser Kunst.

Rundgang: Im zweiten Geschoss finden sich die Kunstwerke aus dem 19. Jh., im ersten diejenigen des 20. Jh. bis hin zur Pop Art, der sogenannten Arte Povera (›Arme Kunst‹), und den neuesten Trends. Der Innenhof fungiert als Skulpturengarten und wird bekrönt von einer lichten Installation Maurizio Mannuccis: ›All art has been contemporary‹ – jede Kunst war einmal zeitgenössisch. Wie wahr!

Die Schlösser der Savoyer

Die Unesco hat sie 1997 zum Welterbe erklärt, die Turin umgebenden sechs Königsschlösser der Savoyer.

Reggia di Venaria Reale (königliches Jagdschloss) mit dem Regionalpark **La Mandria** liegt nördlich von Turin. Carlo Emanuele II ließ dieses Schloss in Konkurrenz zu Versailles erbauen, an dem mehrere Architekten 1661 bis 1767 gearbeitet hatten, darunter Juvarra (Schloss nur n. V., Tel. 01 14 59 36 75; Park im Sommer Di–So 10–20 Uhr).

Stadtrundgang

Castello di Rivoli im Westen ist 1718 von Juvarra für Vittoria Amadeo II begonnen, doch niemals vollendet worden. Nach einigen Umbauarbeiten zog hier das **Museo di Arte Contemporanea** (Museum für zeitgenössische Kunst) ein mit einer kleineren festen Sammlung und vielen interessanten Ausstellungen (Di–Do 10–17, Fr–So 10–21 Uhr).

Die **Palazzina di Caccia Stupinigi** ist ein prächtiges Schloss, das Juvarra 1729 für Vittorio Amadeo II geplant hatte und das während der Jagdsaison als Residenz fungierte. Jetzt beherbergt Stupinigi das **Museo di Arte e Ammobiliamento**, also für Kunst und Einrichtung mit Originalmöbeln aus den Residenzen der Savoyer; südwestlich Turins (etwa bis Ende 2008 wegen Restaurierung geschl.). Das **Castello di Moncalieri** südlich von Turin, ursprünglich mittelalterlich, entstand in strategisch wichtiger Position am Po und wurde später zur Residenz von Vittorio Amadeo II und seiner Frau Marie Adelaide von Habsburg umgebaut. 25 Räume der lang gestreckten Anlage sind zu besichtigen, der Rest dient den Carabinieri als Kaserne (Do, Sa, So 9–12.30, 14.15–18 Uhr).

Das **Castello di Racconigi** mit einem weiten, von André Le Nôtre geplanten Park liegt weit im Süden Richtung Savona. Der langen Bauzeit entsprechend erkennt man an diesem Schloss Stilelemente vom Barock bis zum Klassizismus. Ab der Regierungszeit von Carlo Alberto war es die offizielle Residenz der Savoyer (Di–So 9–18.30, Park nur März–Nov. 10 Uhr bis Sonnenuntergang).

Castello di Aglié war der Lieblingsferienort von Carlo Felice, König von Sardinien, und liegt weit im Norden Richtung Aosta. Es wurde vom 17. bis zum 19. Jh. mehrmals umgestaltet (Di–So 8.30–19.30 Uhr).

Turismo Torino: 10121 Turin, Piazza Castello/Via Garibaldi, Tel. 011 53 51 81, Fax 011 53 00 70; **weitere Infostellen** am Bahnhof Porta Nuova und am Flughafen, www.turismotorino.org.

Torino+Piemonte Card: freie Besichtigung von mehr als 150 Museen, Monumenten, Schlössern und Herrensitzen, Lift zur Spitze der Mole Antonelliana, kostenlose einstündige Stadtrundfahrt, Nutzung der öffentlichen Verkehrsmittel, Panoramafahrt auf dem Po; außerdem ermäßigte Eintrittspreise für zahlreiche Veranstaltungen. Die 2–7 Tage gültige Karte kostet 18/35 €; erhältlich in den touristischen Infobüros der Stadt, beim Italienischen Automobilclub sowie in vielen Hotels.
Torino Week-end: stark verbilligte Hotelpreise an den Wochenenden. Zum Weekendtarif gibt es die Torino Card für 2 Tage gratis dazu.

Le Meridien Art & Tec [1]: Via Nizza 230, Tel. 01 16 64 28 07, Fax 01 16 64 20 04, www.lemeridien-lingotto.it. Das jüngste von Renzo Piano geplante Hotel als Anbau von Lingotto, super modern in Top-Design aus tiefrotem Kirschholz und Glas; Parkplatz. 142 Hightech-Zimmer mit raumhohen Fenstern und Superpanorama; **Cafeteria Art & Café** 7–24 Uhr geöffnet, mit Frühstück und Snacks. Parkplatz. DZ/ÜF 150–390 €.

Le Meridien Lingotto [2]: Via Nizza 262, Tel. 01 16 64 20 00, Fax 01 16 64 20 01, www.lemeridien-lingotto.it Vom Stardesigner Renzo Piano in die Fabrikhallen des Fiat-Werkes Lingotto integriertes Luxushotel mit 240 großzügigen Zimmern und Suiten und sehr gutem Restaurant **Torpedo**, auf den tropischen Park gerichtet; Tiefgarage. DZ/ÜF 125–270 €.

Grand Hotel Sitea [3]: Via Carlo Alberto 35, Tel. 01 15 17 01 71, Fax 011 54 80 90, www.thi.it. Wunderschönes, komplett renoviertes Grand Hotel nahe dem Bahnhof mit 114 meist großzügigen Zimmern (Marmorbäder)

Cocktailkultur

In Turin hat sich eine Cocktailkultur sondergleichen entwickelt: Die Cocktails und andere Aperitifs werden zusammen mit einer reichen Auswahl an Vorspeisen kredenzt, so mit verschiedenen Paste oder Risotti, Sandwiches oder frisch belegten Brothappen, Chips oder auf Holzbrettern dekorativ angerichteten Schinken- und Wurstwaren, Käse aus dem Piemont u.a.m. Wer nicht aufpasst, hat dann beim Abendessen keinen Hunger mehr …

Turin

Cafés haben Tradition

Was bereits Nietzsche schätzte, nämlich die schönen Cafés der Stadt, macht noch heute den besonderen Reiz Turins aus. Dabei waren die Cafés genau die Plätze, an denen manche politische Bewegung in der Stadt ihren Anfang nahm. Und schließlich gilt Turin als die Stadt der Schokolade, die man in jeder erdenklichen Form genießt, ob als süße Köstlichkeit oder als Getränk.

Gegenüber dem Palazzo Carignano steht **Il Cambio,** das prestigeträchtigste Restaurant (früher Café) der Stadt. Hier saß, wie eine Tafel erinnert, zwischen 1848 und 1861 oft auch Camillo Cavour, einer der Einiger Italiens.

Beim Teatro Carignano nebenan befindet sich seit 1844 das **Gelati Pepino.** Es gilt als Erfinder des *gelato coperto* für die *passeggiata* (zum Mitnehmen). Sein berühmtes Eis heißt ›Pinguino‹ und sieht so aus: Vanille-Eis mit dunklem Schokoladenüberzug.

An der Piazza San Carlo 204 befindet sich seit 1903 das **Caffè Torino,** vielleicht das edelste der vielen historischen Lokale Turins, mit Restaurantbetrieb. Spezialität sind hier die berühmten Turiner Gianduiotti, nach der Turiner Maske Gianduia genannt, handgemacht natürlich: feinste Milchschokolade mit einer Füllung aus Nusspaste – ein Gedicht!

Auch **Stratta,** seit 1836 an der Piazza San Carlo 191 und mit seiner Einrichtung original erhalten, hat seine eigene, eine der ältesten *pasticcerie,* berühmt für ihre Bonbons.

In schönen Räumen aus der Jahrhundertwende 19./20. Jh. mit moderner Bar dahinter hat sich das **Caffè San Carlo** etabliert, im Sommer wird bei Musik im Freien serviert.

Seit 1875 produziert und verkauft das **Caffè Platti** am Corso Vittorio Emanuele II 72/ Ecke Corso Umberto köstliche Kleinigkeiten zum Naschen und Aperitif in den Räumen mit inzwischen leicht vergilbtem Zuckerbäckerstil.

Einem Schatzkästlein gleicht das **Caffè Mulassano** an der Piazza Castello 15. Kostbar ausgestattetes historisches Lokal, mit Freisitz unter den Arkaden. Von außen wie ein Getränke-Feinkostladen dekoriert, innen von erlesener, kostbarster Eleganz. Die besten Innendekorateure des ausgehenden 19. und beginnenden 20. Jh. haben hier die damals teuersten Materialien verarbeitet: Kassettendecke mit Ledereinlage, Marmor in vielen Farben, bronzene Blumendekoration, spektakuläre Spiegel! Mitglieder des Königshauses verkehrten hier, und Künstler vom nahen Teatro Regio, später Filmgrößen wie Gigetta Morano (Stummfilm), die sich noch als 90-jährige Greisin gerne in das Café begleiten ließ. Einigen italienischen Filmen dienten die schönen Räume als Kulisse, ebenso zahlreichen Modeschöpfern für die Fotos ihrer Models. Toast und *tramezzini,* die inzwischen so berühmten belegten Brote Turins, wurden angeblich 1925 hier ›erfunden‹.

In der Galleria Subalpina zwischen Piazza Castello und Piazza Carignano (Piazza Castello 29) liegt das **Baratti & Milano,** ein wunderschönes, gepflegtes historisches Lokal, berühmt für seine Pralinen *(gianduiotti* u. a.) und die ausgezeichneten Turiner *panini,* fein belegte Brote.

Stilvoll, das Caffè Torino

Kaffeehauskultur

Thema

Turin

und sehr gutem, kleinerem **Restaurant Carignano**. DZ/ÜF 159–305 €.
Victoria 4 : Via Costa 4, Tel. 01 15 61 19 09, Fax 01 15 61 18 06, www.hotelvictoria-torino.com. Im Libertystil schön gestaltetes Stadthotel mit 106 Zimmern im Zentrum und doch ruhig. DZ/ÜF 190–210 €.
Genio 5 : Corso Vittorio Emanuele II, 47, Tel. 01 16 50 57 71, Fax 01 16 50 82 64, www.hotelgenio.it. Schön restauriertes Best Western-Stadthotel beim Bahnhof Porta Nuova, 128 unterschiedliche, z. T. recht komfortable Zimmer; Garagenservice. DZ/ÜF 85–145 €.
Ostello 011 6 : Corso Venezia 11, Tel. 011 25 05 35, Fax 01 12 21 59 19, www.openzero11.it

Wie die Hotellerie ist auch die Gastronomie Turins recht hochpreisig – viele weichen auf Cafés (s. S. 158) oder Aperitifbars (s. rechts) aus.
Tre Galline 7 : Via Bellezia 37, Tel. 01 14 36 65 53; Ruhetage So und Mo Mittag, Aug. z. T. geschl. Eine der ältesten Trattorien der Stadt, an bestimmten Wochenenden mit festen Piemonteser Menüs wie *bolliti misti*, *bagna cauda*; Käsewagen. Menü für rund 40 €.
Sotto La Mole 8 : Via Montebello 9, Tel. 01 18 17 93 98; Ruhetag Mi, im Sommer So. Verfeinerte Piemonteser Küche wie Risotto mit Würstchen in Barberawein; Backsteingewölbe gegenüber dem Eingang zum Filmmuseum. Satt essen für 33 €.
Solferino 9 : Piazza Solferino 3, Tel. 011 53 58 51; Ruhetag Fr Abend und Sa. Traditionsreiches klassisches Restaurant auf der beliebten Piazza, mittags viele Geschäftsleute, die klassische Piemonteser Küche mit wechselnden Menüs schätzen. Menü ab 28 €.
Trattoria Valenza 10: Via Borgo Dora 39, Tel. 01 15 21 39 14; Ruhetag So und Mo Mittag. Vielleicht das urtümlichste Lokal der Stadt, eine echte Trattoria am Flohmarkt, dem Balôn, mit köstlichem Turiner Essen wie diversen *bolliti misti*, *cotechino* mit Kraut, geschmortes Kaninchen, Kutteln. Menü rund 25 €.
Porto di Savona 11: Piazza Vittorio Veneto 2, Tel. 01 18 17 35 00; kein Ruhetag. Historisches Piemonteser Restaurant am großzügigen Platz mit gemütlichen Räumen und Tischen im Freien. Deftige lokale Spezialitäten, mittags wechselnde Einzelgerichte zu günstigen Preisen inkl. Nachtisch, Kaffee und Getränke (8,70–11,20 €), Menü um 25 €.

Man findet genügend Lokale z. B. mit Livemusik bis zum frühen Morgen, vor allem an den **Murazzi** am Po.
Aperitivi (mit Snacks): Die beste Ecke ist das Viertel um die Piazza Emanuele Filiberto und nahe der Piazza della Repubblica im Norden des historischen Zentrums.

Im Zentrum zahlreiche **Modegeschäfte, Möbel** und **Design, Antiquitäten** rund um die Porta Palazzo sowie auf dem Großen Balôn oder zwischen Via della Rocca, Via und Piazza Cavour
Flohmarkt rund um den Balôn. Tgl. **Gemüsemarkt** an der Piazza della Repubblica.

Film Festival Da sodomia a Hollywood: April
International Jazz Festival: Juli.
MITO-Septembre Musica: Sept.
Salone del Gusto: alle zwei Jahre (2008, 2010 etc.) im Okt., das größte gastronomische Ereignis für Gourmets.
Torino Film Festival: Nov.
Artissima: Nov., viel beachtete Messe für zeitgenössische Kunst.

Internationaler **Flughafen** Città di Torino in Caselle 15 km nördl. Turins; Bus zu den Bahnhöfen Porta Nuova und Porta Susa sowie mit dem Zug des GTT zum Bahnhof Dora; außerdem Taxis.
Gute **Bahnverbindungen** u. a. mit Mailand und Genua. Kostenlose Telefonnummer in Italien 848 88 80 88 bzw. www.trenitalia.it.
Busse und **Straßenbahnen** mit dichtem Fahrplan, Tel. 800 01 91 52 (kostenlos).
Metropolitana: Die neue U-Bahn ist in großen Teilen fertiggestellt, endgültige Fertigstellung 2010 (Infos über den Fortgang unter www.metrotorino.it).
Zahnradbahn zwischen Sassi und Superga etwa im Stundentakt (hübsche Talstation mit Restaurant).

Der Süden des Piemont

Reiseatlas S. 19/20

Monferrato, Roero und die Langhe, die wichtigsten Weinanbaugebiete des Piemont, sind gleichzusetzen mit den lieblichsten Landschaften der Region, auch wenn sie vielfach von Menschenhand für den Anbau der Reben stark verändert wurden. Ins Weinland zu fahren, bedeutet, den Süden Piemonts zu bereisen, zu dem auch das schöne Cuneo gehört.

Vor den südöstlichen Toren Turins beginnt bald im Schutz der Colline del Po das Monferrato mit der Provinzhauptstadt Asti, weltweit bekannt durch den früher als allzu süß verschrienen perlenden Asti Spumante, der sich inzwischen zu einem handfesten Bestandteil zumindest der Piemonteser Trinkkultur gemausert hat. Kein Wunder, dass sich hier eine besondere Einrichtung etabliert hat, das ICIF, das sich wegen der international angesprochenen Klientel Italian Culinary Institute for Foreigners nennt und in einem Schloss südlich von Asti in Castigliole d'Asti residiert.

Zur Trüffelzeit wählen Kenner natürlich Alba als Station. Die rebbedeckten Hügel der Weinlandschaft sind dann im nachmittäglichen Herbstlicht von einer so unglaublich zarten Schönheit, dass alle Sinne gefangen genommen werden. Von Turin kommend, ist die Landschaft erst relativ flach, Pappeln und Maisanbau bestimmen das Bild. Ab Montà sind die Hügel übersät von Weingärten, die ihr rostrotes Kleid übergeworfen haben. Herbst – die unbestritten schönste Jahreszeit im Monferrato und seinem Südzipfel, der sich Roero nennt. Barbera und Nebbiolo sind hier zu Hause, Weine, die das Piemont weltberühmt gemacht haben.

Cherasco ist in dieser Gegend die vielleicht interessanteste Stadt: Weil sie zum Spielball der Geschichte zwischen den Visconti aus Mailand und den Savoyern wurde, die hier ab 1559 eine rege Bautätigkeit entwickelten und die Künste förderten. Cuneo schließlich bietet dem Besucher ein schönes Stadtbild mit scheinbar unendlich langen Bogengängen, ein angenehmes Flanierstädtchen mit recht guten Einkaufsmöglichkeiten. Und außerdem eine empfehlenswerte Station etwa auf dem Weg über die kurvenreiche E 72 nach Ligurien.

Rundfahrt durch das Weinland

Reiseatlas: S. 19, C 3/S. 20, D–F 2/3

Asti

Bis 1987 wurde der Palio der rund 71 500 Einwohner zählenden Stadt auf der Piazza Campo del Palio ausgetragen, wo sich jetzt ein Parkplatz befindet. Dann wurde das farbenprächtige Fest auf die dreieckige Piazza Vittorio Alfieri verlegt, weil diese dekorativer sei und auch den Fernsehzuschauern besser gefallen würde, wie es heißt. Allerdings häufen sich beim Rennen die Unfälle auf dem engeren Platz. Vielleicht wird Astis Palio demnächst einen anderen Standort finden ...

Das römische *Asta*, seit 932 Bischofssitz und im Mittelalter sogar eine der mächtigsten Freien Kommunen Oberitaliens, liegt wunderbar in der Nähe des Zusammenflusses von Tánaro und Bórbore inmitten des Monferrato. Als Mitgift für Valentina Visconti bei ihrer Eheschließung mit Ludwig von Orléans (einem Bruder Karls VI.) blieb Asti bis 1529 französisch und diente Napoleon als Hauptort seines Departements Tánaro.

Der Süden des Piemont

Vittorio Alfieri, der größte Sohn der Stadt, Dichter und Dramatiker, 1749 hier geboren, wurde mehrfach geehrt.

Ein Bummel durch die hübsche ›Stadt der hundert Türme‹, wie sie sich gerne wegen der zahlreichen Geschlechtertürme der Adelspaläste nennt, könnte am großen Parkplatz auf der Piazza Campo del Palio beginnen. Von hier ist schnell die Piazza Vittorio Alfieri erreicht, deren Spitze auf den Corso Alfieri stößt. Links gelangt man entlang dieser Hauptstraße zur hübschen Piazza Roma und weiter zur halbrunden Piazza Cairoli mit dem **Palazzo Alfieri,** dem Wohnhaus des Dichters mit Museum und Forschungsstätte (im April 2008 noch wegen Umbauarbeiten geschl.).

Von hier bereits zu erkennen ist die Torre Rossa, 16-eckig und römischen Ursprungs (1. Jh.), ein Teil der nicht mehr vorhandenen Stadtmauer. Ihr gegenüber beginnt die Via Varrone, eine ruhige Wohnstraße mit vornehmen Adelspalästen und Häusern reicher Händler, die in der Stadt seit dem Mittelalter ihr gutes Auskommen hatten. An der Piazzetta San Brunone hat man bei Aushubarbeiten unter einem Wohnhaus Reste einer **Domus Romana** gefunden, also eines römischen Hauses aus dem 1./2. Jh. (Öffnungszeit erfragen, Tel. 01 41 39 94 89). Die kurze Via Massaia führt von hier direkt zur Piazza Cattedrale mit der Schauseite der **Kathedrale Santa Maria** (1309–48), mit ihrem noch romanischen Glockenturm von 1266. Ihre Innenausstattung wurde im 18. Jh. völlig barockisiert, vor allem die über und über mit Weinlaub freskierten Stützen (tgl. 9–12, 15–17 Uhr).

Die Via Cattedrale führt auf die baumbestandene große Piazza Catena mit dem Bischöflichen Palast, von dessen **Seminario** eine rege schulische Tätigkeit in Asti ausging. Von hier führt eine Stichstraße auf die Piazza Roma, also zum Corso Alfieri zurück.

Im Nordosten Astis befindet sich in einer geradzu arkadischen Landschaft der **Parco della Certosa.** Er gehört zu den Resten des Kreuzgangs der Vallombroser Kartause, die zu Napoleons Zeiten aufgelassen und ihrem Schicksal überlassen wurde, bis sie fast zer-

Begeisterung beim Palio in Asti

fallen war. Ugo Scassa hat sie vor dem Verfall gerettet und darin seine 1957 gegründete Produktionsstätte von Wandteppichen am Hochwebstuhl etabliert. National debütierte die *arazzeria* (Wandteppich-Werkstatt) 1960 mit 16 Teppichen für die Erste Klasse des Passagierschiffs ›Leonardo da Vinci‹, gefolgt von Arbeiten für die nachgebauten Schiffe ›Michelangelo‹ und ›Raffaello‹. Weitere Auftragsarbeiten für große Banken u. Ä. folgten.

Das Besondere an den Wandteppichen: Sie entstehen nach Motiven moderner bzw. zeitgenössischer Künstler von Paul Klee und Henri Matisse über Max Ernst und Wassilij Kandinski hin zu Giorgio de Chirico und immer wieder Corrado Cagli, mit dem alles begann. – Für einen Quadratmeter Teppich benötigt man rund 500 Arbeitsstunden, und das bei einfachen Motiven! Auf Anfrage ist das private **Museo degli Arazzi Scassa** mit rund 25 Wandteppichen zu besichtigen (Via dell' Arazzeria 60, Tel. 01 41 27 13 52, www.arazzeriascassa.com; mit allen Wandteppichen).

Asti Turismo: Piazza Alfieri 29, 14100 Asti (CN), Tel. 01 41 53 03 57, Fax 01 41 53 82 00, www.astiturismo.it.

Aleramo: Via Filiberto 13, Tel. 01 41 59 56 61, Fax 01 41 30 03 39, www.hotel.aleramo.it, im Aug. geschl. Gepflegtes Stadthotel in neuem Design mit 42 komfortablen Zimmern, Garage. DZ/ÜF 105–140 €.

L'angolo del Beato: Via Guttuari 12, Tel. 01 41 53 16 68; Ruhetag So. Ein Miniaturlokal in alten Mauern nahe der Piazza Campo del Palio, mit hausgemachter Pasta wie Malfatti mit Bohnen und Ochsenbraten in Barbera d'Asti (im Sommer leichtere Küche). Gutes Essen für 28 €, Degustationsmenü 42 €.
Osteria del Diavolo: Piazza San Martino 6, Tel. 014 13 02 21; nur abends, Ruhetage Mo, Di, im Juni z. T. geschl. Neue Osteria, versteckt zwischen Barockpalästen und -kirchen beim Corso Alfieri in drei Räumen mit Tischen im Freien, ligurisch-piemontesische Gerichte wie Kapaun, geschmorter Stockfisch oder Kalbshaxe. Menü 22–28 €.

Rundfahrt durch das Weinland

Mit der Autorin unterwegs

Pferde-Palio in Asti
Farbenprächtiges Pferderennen mit historischen Umzügen durch die Altstadt (s. S. 161 u. 166).

Kochkurs in Castilgliole d'Asti
Wo Spitzenköche aus aller Welt italienisch kochen lernen, können auch Touristen an einem speziellen Kurs teilnehmen (s. S. 166).

Esel-Palio in Alba
Fröhlich-lautes Rennen rund um den Dom zu Beginn der Trüffelmesse (s. S. 166 u. 168).

Die Seele baumeln lassen
In Corte Gondina in La Morra, einem kleinen feinen Landhotel in den Weinhügeln, können Sie die Seele baumeln lassen (s. S. 168).

Festung von Barolo
Trutzig zeigt sich die Festung aus dem 13./14. Jh. mit neugotischen Umbauten – Sinnbild des Weinstädtchens (s. S. 168f.).

Hauptstadt der Schnecken
Cherasco prunkt mit schön restaurierten Renaissancepalästen (s. S. 169f.).

Bummeln in Cuneo
Die Bogengänge verlocken zu jeder Jahreszeit zum Einkaufsbummel (s. S. 172ff.).

Bed & Breakfast
›Ospitalità familiare‹ – unter diesem Namen verbergen sich ausgewählte Häuser in der Langhe, im Monferrato und im Roero, historische oder romantische bzw. kleine Unterkunftsmöglichkeiten (s. S. 166).

Al Beato Bevitore: Via Bonzanigo 12, Tel. 01 41 43 74 40; So Ruhetag. Enothek mit dem schönen Namen ›Beim seligen Trinker‹ mit den besten lokalen Weinen; Weinverkostung, dazu *tagliera*, Holzteller mit Aufschnitt ab 7 €.

Land der Dichter und Denker

Viele der berühmtesten Dichter und Schriftsteller Italiens lebten und leben im Piemont, in dieser äußerlich eigentlich recht unitalienischen Region im hohen Nordwesten des Landes. Einige von ihnen waren auffälligerweise auch Journalisten, vielleicht die erste Möglichkeit, sich sein Einkommen zu verdienen.

Vittorio Alfieri wurde 1749 in Asti geboren (1803 gestorben). Er beschäftigte sich als Dichter und Dramatiker vor allem mit menschlicher Freiheit und Unterdrückung.

Alessandro Manzoni (1785–1873) hielt sich sozusagen auf der Flucht vor dem Aufruhr in Mailand 1848 bis 1850 als Gast bei seinem Freund Antonio Rosmini in Lesa auf.

Der 1801 in Turin geborene **Vincenzo Gioberti** (gestorben 1852 in Paris) wiederum, der wegen seiner demokratischen Ideen zeitweise im Exil leben musste (Brüssel und Paris), bekämpfte in seinen Schriften die Jesuiten, veröffentlichte seine orthodox katholische Moralauffassung.

Giuseppe Giacosa (1847–1906) aus Coleretto Parella, von Ibsen beeinflusst und für Puccini als Librettist tätig, schrieb u. a. speziell für Sarah Bernhardt 1891 ›Die Gräfin von Challant‹.

Heftige Polemiken gegen D'Annunzio und Carducci führte der in Turin 1869 geborene und hier 1925 gestorbene **Enrico Thovez**; er sorgte mit seinem Hauptwerk ›Der Hirte, die Herde und der Dudelsack‹ für einen Literaturskandal in Turin.

1901 kam **Piero Gobetti** (gestorben 1926) in Turin auf die Welt, der Begründer der antifaschistischen Zeitschrift ›La rivoluzione liberale‹ und der Literaturzeitung ›Il Baretti‹ – ein engagierter Journalist, Verleger und Kritiker, der daher nach Paris emigrieren musste.

Weltruhm erlangte mit der Verfilmung seines Romans ›Christus kam nur bis Eboli‹, der Geschichte seiner eigenen Verbannung, der 1902 in Turin geborene **Carlo Levi** (gestorben 1975 in Rom). Er engagierte sich literarisch stark für die Probleme Süditaliens/Siziliens.

Cesare Pavese, der Joyce- und Dickens-Übersetzer, dessen Romane und Erzählungen in der Bauernwelt des Piemont und in Turin spielen, wurde 1908 in Santo Stefano Belbo geboren. Sein posthum veröffentlichtes Tagebuch (›Das Handwerk des Lebens‹) zeigt seine pessimistische Grundhaltung und die ihn ständig quälenden Selbstmordgedanken. Natalia Ginzburg schrieb über seinen Freitod im Jahre 1950: »Pavese beging Selbstmord in einem Sommer, als niemand von uns in Turin war. Er hatte seinen Tod vorbereitet und berechnet wie einer, der den Verlauf eines Spaziergangs oder eines Abends vorbereitet … Er aber liebte das Leben nicht, und wenn er über seinen Tod hinausschaute, so war das nicht Liebe zum Leben, sondern eine genaue Berechnung aller Umstände, damit ihn auch nach seinem Tod nichts überraschen könnte.«

In Novara kam 1909 der Romancier, Reiseschriftsteller und Journalist **Enrico Emanuelli** zur Welt, er hat auch Stendhal und Voltaire aus dem Französischen übersetzt. Er starb 1967 in Mailand.

Zum Kreis der antifaschistischen Intellektuellen um Leone Ginzburg gehörte der in Turin geborene **Stefano Terra** (1915–89).

Natalia Ginzburg (1916–91) lebte in Ivrea und schrieb 1963 in ›Mein Familien-Lexikon‹: »Die Olivetti waren die ersten Industriellen,

Dichter und Denker

Thema

Umberto Eco

die wir von nahe sahen, und ich war beeindruckt von der Idee, dass die Reklametafeln auf der Straße, die eine auf Bahnschienen fahrende Schreibmaschine zeigten, einen engen Zusammenhang hatten mit diesem feldgrauen Adriano, der abends mit uns zusammen unsere faden Süppchen aß.«

Aktiv in der Widerstandsbewegung war **Primo Levi** (Turin 1919–87, Selbstmord), der unter seinem Pseudonym Damiano Malabaila u. a. seine Auschwitz-Erinnerungen literarisch verarbeitete.

In Omegna erblickte der erfolgreiche Kinder- und Jugendbuchautor **Gianni Rodari** 1920 das Licht der Welt; für seine fantasievoll komischen Figuren erhielt er u. a.in seinem Sterbejahr 1980 den Andersen-Literaturpreis.

Die Highsociety und die weniger schönen Seiten seiner Heimatstadt Turin lässt der 1926 geborene Erfolgsautor **Carlo Fruttero** Revue passieren: in seinem – verfilmten – Kriminalroman ›Die Sonntagsfrau‹ (1972).

Umberto Eco (geb. 1932), u. a. Autor des erfolgreich verfilmten Romans ›Der Name der Rose‹, kam in Alessandria zur Welt.

Furore macht seit einigen Jahren der Jurist und Sänger **Paolo Conte** (geb. 1940) aus Asti: Pokergesicht, unrasiert, aber im Smoking mit Fliege, singt er zum eigenen Klavierspiel, ein wenig Jazz, ein wenig Erzählung, Balladen des 20. und 21. Jh. Auch wer die Worte nicht versteht, wird mitgerissen, gefangen genommen. Er sei kein Sänger, sondern Komponist und Texter, der seine Werke zufällig selbst vortrage. »Auch in der Juristerei muss ich mir öfters etwas einfallen lassen«, sagt der Volljurist, da fiele ihm das Texten auch nicht schwer.

Zu den neueren Entdeckungen aus Turin zählt **Lidia Ravera**, Jahrgang 1951, eine von Italiens jüngsten Bestsellerautoren.

Der Süden des Piemont

 Palio: Umzug in historischen Kostümen und ein gefährlich schnelles Pferderennen am Sa vor dem 1. Di im Mai, Palio der Fahnenträger 3. Do im Sept., Palio am 3. So im Sept.
Trüffelmesse: 3. Nov.-Wochenende.

 Kochen lernen in Castigliole d'Asti: Im Castello des netten Ortes lernen ausländische Köche die italienische Küche und die Weine kennen. ›Laien‹ können dort an speziellen, thematisch gebundenen Kochkursen teilnehmen, wenn die Nachfrage groß genug ist. Infos: Tel. 01 41 96 21 71.
Touristische **Programme rund um den Wein** bietet **prosit**, Via XX Settembre 101, Tel. 01 41 43 65 31, www.prositpiemonte.it.

Alba

Alles, was südlich von Asti liegt, gehört zur großen Provinz Cuneo. So auch das hübsche mittelalterliche, türmereiche Städtchen Alba (knapp 30 000 Ew.), das alle Jahr wieder spätestens im Herbst zur Trüffelzeit besuchenswert ist. Aber auch generell wegen der schönen Natur zwischen dem nördlichen Roero, dem Südwestzipfel des sanft gewellten Weinlandes Monferrato, und der zackigeren, waldreicheren Hügel der Langhe südlich des Tánaro-Flusses, der Alba formt. Grund genug für viele Reisende sind allein schon die kulinarischen Genüsse ringsum – und die Weine.

Ab dem ersten Oktobersonntag, wenn ein unbeschreiblich amüsanter und doch historischer Esel-Palio stattfindet, der Trüffelmarkt seine Tore öffnet und herb duftende Gerüche verströmt, die Genusssaison eingeläutet wird und die Natur sich goldgelb und rostrot färbt und sich ab und zu in zarte Nebelschleier hüllt – dann ist Alba-Zeit!

Alba betritt man am besten an der **Piazza Medford**, wo es sich modern gibt und nach reich gewordener Kommune aussieht. Hinter geduckten, bepflanzten Mauern verbirgt sich der neue Justizpalast. Nur ein paar Schritte sind es bis zur **Piazza Garibaldi,** die bereits innerhalb des einstigen mittelalterlichen Mauergürtels liegt. Von hier aus tut sich rechts und links der **Via Cavour** ein enges Gassengewirr auf. Die Fußgängerzone **Via Vittorio Emanuele** ist die reinste Verführung in Sachen Schlemmen und Mode. Jeden Samstag vollständig vom Wochenmarkt (urkundlich seit 1171 belegt) eingenommen, der sich zwischen niedrigen Häusern und hohen mittelalterlichen Backsteintürmen bis zum **Duomo San Lorenzo** (9–12, 15–19 Uhr) an der Piazza Risorgimento (Piazza Duomo genannt) hinzieht. Das Gotteshaus (ab 1154, was man nur noch innen am Campanile erkennt) besitzt ein wunderschön intarsiertes Chorgestühl von Bernardino Fossati (1512) und je eine Barockkapelle rechts und links vom Chor; im 19. Jh. wurden die Wände bemalt. Am selben Platz erhebt sich auch das **Rathaus,** in dessen Sitzungssaal zwei kostbare Bilder hängen: ›Gekrönte Maria‹ von Macrino (1501) und das ›Kleine Konzert‹ von Mattia Preti, einem Anhänger Caravaggios (außer Mo zu den Dienststunden zugänglich).

Im ehemaligen Klosterkomplex von **Santa Maddalena** an der Fußgängerzone findet im Oktober im Kreuzgang die berühmte Trüffelversteigerung statt. Hier befindet sich auch das **Museo Archeologico e di Scienza Naturale** mit den archäologischen und naturkundlichen Sammlungen der Stadt (Di–Fr 15–18, Sa, So, Fei auch 9.30–12.30 Uhr).

APT: Piazza Risorgimento 2, 12051 Alba (CN), Tel. 017 33 58 33, Fax 01 73 36 38 78, www.langheroero.it.

Bed & Breakfast: ›Ospitalità familiare‹ nennt sich das ausführliche Büchlein, das die ausgewählten Häuser in der Langhe, im Monferrato und im Roero genau beschreibt, Preise inbegriffen. Übrigens dreisprachig: Italienisch, Englisch, Deutsch. Die Broschüre ist zweigeteilt: historische oder romantische Unterkünfte bzw. kleine Unterkunftsmöglichkeiten. Infos und Reservierung: Piazza Risorgimento 2, Alba, Tel. 01 73 36 25 62, Fax 01 73 22 02 37, www.holidaysol.it.
I Castelli: Corso Torino 14/1, Tel. 01 73 36 19 78, Fax 01 73 36 19 74, www.hotel-icas

Fassade in Alba

Der Süden des Piemont

telli.com. Helles modernes Hotel mit komfortablen großen Zimmern und **gutem Restaurant.** DZ/ÜF 95–110 €.
Savona: Via Roma 1, Tel. 01 73 44 04 40, Fax 01 73 36 43 12, www.hotelsavona.com. Zentral in restaurierten Mauern mit etwas kühlem **Restaurant;** Parkplatz. DZ/ÜF 102 €.

Die Restaurants servieren vor allem lokale Gerichte und sind meist hochpreisiger, vor allem, wenn Trüffel benutzt werden.
Osteria dell'Arco: Piazza Savona 5, Tel. 01 73 36 39 74; Ruhetage So und Mo, Aug. geschl. Verfeinerte Piemonteser Küche wie fein gehacktes rohes Fleisch, Pasta mit Wurstragout, Schmorbraten in Barolo; große Weinkarte, nette Atmosphäre. Menü 28–35 €.
Da Beppe – Pizzeria Mamma Mia: Corso Europa 24, Tel. 01 73 28 42 96. Gute Pizzeria, Pizza ab 6 €.
Vincafé: Via Vittorio Emanuele 12, Tel. 01 73 36 46 03; Ruhetag Mo (außer Sept.–Jan.). Kleinigkeiten zu essen wie Käseplatte oder Pasta. Menü 8, 10 und 21 €.
Antico Caffè Calissano: Piazza Risorgimento 3. Historisches Café am Domplatz mit Tischen auf der Piazza. Do–Di 7–24 Uhr.

Eingelegte **Trüffel,** im Herbst frisch; Sa **Wochenmarkt,** z. B. Spitzengardinen; **Pralinen** bei Tartufi Ponzio, Via Vittorio Emanuele 26; frisch gerösteter **Kaffee** in der Casa del Caffè Vergnano, Via Cavour 11.

Esel-Palio: 1. Okt.-So fröhlich-lautes Rennen rund um den Dom zu Beginn der Trüffelmesse, die gemeinsam Menschen aus aller Welt nach Alba locken.

La Morra

Das kleine, recht urbane mittelalterliche Dorf hockt auf einem Hügel in 513 m Höhe und nimmt im historischen Kern nur wenige seiner rund 2600 Einwohner auf. Auf dem höchsten Punkt ist der Rest des **Castello,** der Verteidigungsturm, von einem schattigen Park umgeben. Der Blick nach unten zeigt, dass La Morra noch von trutzigen Mauern umgeben ist. Unterhalb der Burg erhebt sich als größte der vier Kirchen die backsteinerne **San Martino** (17. Jh.), einschiffig mit seitlichen Kapellen, über und über freskiert. Ein paar kleine Geschäfte locken zum Einkauf von Wein u. a. Mitbringseln. – Überall gibt es in La Morra die schönsten Ausblicke.

Zimmervermittlung über die Website der Gemeinde, www.la-morra.it.
Corte Gondina: Via Roma 100, 12064 La Morra (CN), Tel. 01 73 50 97 81, Fax 01 73 50 97 82, www.cortegondina.it. Mit viel Liebe umgebautes Landhaus am unteren Ortsrand mit Pool in ruhigem Garten und zauberhaftem Frühstücksraum sowie 14 romantischen individuellen Zimmern; familiär geführt. Parkplatz. DZ/ÜF 90–110€.

… in Serralunga di Alba:
Fontanafredda: Via Alba 15, www.fontanafredda.it. 11 stilvolle Gästezimmer (Preise auf Anfrage). **Restaurant** (s. u.); Weinkostung und -verkauf.

  Belvedere: Piazza Castello 5, Tel. 017 35 01 90; Ruhetage So Abend und Mo. Viel besuchtes Restaurant in wunderbarer Aussichtslage mitten im historischen Zentrum mit lokaler Küche. Menü 35–54 €.
Fontanafredda: s. o. Weingut; Spezialmenüs, Verkostung sowie Weinverkauf.

Bacco & Tabacco: Via Umberto I 32. Wunderbare Enothek mit Weinkostung und Einkauf kulinarischer u. a. lokaler Spezialitäten.
Cantina Comunale di La Morra: Via Carlo Alberto 2, Tel. 01 73 50 92 04, www.cantinalamorra.com. Cantina der Winzergenossenschaft in den Gewölben des Palazzo der Marchesi di Barolo am Rathausplatz (Mi–Mo).

Barolo

Wunderschön von seiner Burg bewacht, erhebt sich Barolo in 301 m Höhe auf einem weithin sichtbaren Hügel, der Ort, der einem der berühmtesten Weine Italiens seinen Namen gab: dem tiefroten Barolo. Im **Castello** ganz oben, das aus dem 13. Jh. stammt und immer wieder verändert wurde, im 19. Jh. er-

Rundfahrt durch das Weinland

heblich, ist die **Enoteca Regionale del Barolo** ebenso untergebracht wie ein kleines **Museum;** auch Sonderausstellungen (Fr–Mi 10–12, 15–18 Uhr, Jan. geschl., Feb. nur Sa, So geöffnet, www.baroloworld.it).

 Unzählige Winzer sind hier ansässig, die ihren Wein auch direkt vermarkten. Der besondere Tipp: **Azienda Agricola G.D. Vajra,** Via delle Viole 25, 12060 Barolo (CN), Tel. 017 35 62 57. Hier werden gute Weine produziert, die nicht zu schwer und außerdem bezahlbar sind (Barbera d'Asti und diverse Barolo-Weine).

Cherasco

Vergnügen bereitet die Fahrt von Barolo – vielleicht mit einem kleinen Umweg über La Morra – abwärts durch dichte Haselnusspflanzungen ins Tánarotal, wo auf dem Plateau im Zusammenfluss mit der Stura di Demonte in etwa 300 m Höhe Cherasco liegt. Wer mittags hier eintrifft und die menschenleeren Gassen der knapp 7500 Einwohner zählenden Stadt durchschlendert, meint, in einem vergessenen mittelalterlichen Nest gelandet zu sein – oder in einer Filmkulisse während der Drehpause. Dem Muster des römischen *castrum* folgend, ist die Stadt um 1243 auf Veranlassung Albas wiedererstanden, später mit einer bastionenreichen Mauer und einer Burg befestigt. Zu diesem **Castello Visconteo** (1348), ganz aus Backstein, führt eine wunderschöne, 200 Jahre alte Platanenallee.

Die römische Gliederung zweier Hauptachsen, die sich in der Mitte kreuzen, ergaben die vier Stadtteile Cheraschos, mit der Piazza in der Mitte. An ihr stehen das Rathaus, der kommunale Turm und die leicht zurück versetzte Kirche San Gregorio. Ringsum geduckte Paläste, die die Höhe der Mauern nicht übertreffen durften und innen für den Ernstfall Autarkie ermöglichten – mit Brunnen und Gemüsegarten. Die wundervoll gearbeiteten Fassaden aus rotem Backstein, dem man so viel Verspieltheit gar nicht zutrauen würde, zeigen Zahnmuster, Halbkugeln und Knöpfe, Säulchen und Zacken zu zarten Friesen gefügt.

Man kann außerhalb der Stadtmauer parken und an jeder Seite die Stadt betreten, an zwei Seiten durch die noch erhaltenen Triumphbögen: im Westen durch den **Arco Belvedere** (17. Jh.), im Osten durch den unvollendeten **Arco di Porta Narzole** (18. Jh.). In der Mitte trifft man auf die Piazza (s. o.) mit dem gotischen **Palazzo Comunale** (15./16. Jh.) und der **Torre Civica,** dem Rathaus mit dem imposant hohen Stadtturm aus der Gründerzeit Cheraschos, der einen Mondkalender besitzt.

Viele Paläste Cheraschos sehen besonders edel aus. Der Turiner Adel war es schließlich, der im Gefolge des Königshauses schon immer nach Cherasco kam – in die Sommerfrische und auch auf der Flucht vor der Pest. Der lokale Adel, zum Großteil durch den Seidenhandel reich geworden, kam ebenfalls. So wie Giovanni di Audino Salmatoris, der 1611 bis 1620 einen bestehenden Palast umbauen ließ, den **Palazzo Salmatoris** an der Hauptstraße, auch ›Palast des Friedens‹ genannt wegen der Friedensverträge, die hier geschlossen wurden. Darin befindet sich ein winziger, komplett freskierter Raum: Hier wurde die hl. Sindone, das Grabtuch von Turin (s. S. 155), 1706 längere Zeit aufbewahrt. Im Palast finden wechselnde Ausstellungen statt (meist Di–Fr 15.30–19, Sa, So, Fei 9.30–12.30, 15–19 Uhr, Tel. 01 72 48 85 52).

Ufficio del Turismo: Via Vittorio Emanuele 79, Tel. 01 72 48 93 82, Fax 01 72 48 92 18, cherasco@sirio.it.

Osteria della Rosa Rossa: Via San Pietro 31, Tel. 01 72 48 81 33; Ruhetage Mi, Do, Aug. geschl. Typisch Piemonteser Trattoria im Zentrum mit Barausschank und eng gestellten Tischen. Zu essen z. B. Schmorbraten in Barolo, Kaninchen, Kutteln und die örtliche Spezialität – Schnecken! Menü 28–32 €.

Mercato dell'Antiquariato e del Collezionismo (Antiquitäten und Sammelobjekte): 3. So im März und im Sept.

Der Süden des Piemont

 Golf Club Cherasco: Via Fraschetta 8, 1202 Cherasco (CN), Tel. 01 72 48 97 72, www.golfcherasco.com. Sehr schöner 18-Loch-Platz, auch ein rustikal-feines **Restaurant** (Ruhetag Di).

Brà

Eine wichtige Obstanbau-Tradition (und inzwischen auch eine gut gehende Lederindustrie) pflegt Brà jenseits des Tánaro-Flusses im Roero schon seit dem 13. Jh. Damals wurde die einst römische Siedlung aus Sicherheitsgründen von der Ebene auf den Hügel transferiert. Unter dem Putz schauen gotisch zugespitzte Bogen hervor, die man in den letzten Jahren z. T. liebevoll wieder herausgeholt hat. Wer sich freitags nicht vom bunten Marktgeschehen vor dem reich ausgestatteten Dom Sant'Andrea ablenken lässt, kann z. B. sehr schöne Fensterbogen erkennen.

Ufficio Turistico: Via Moffa di Lisio 14, 12042 Brà (CN), Tel. 01 72 43 01 85, Fax 01 72 41 86 01, www.comune.bra.cn.it.

L'Ombra della Collina: Via Mendicità Istruita 47, Tel./Fax 017 24 48 84, www.lombradellacollina.it. Zauberhaftes kleines Haus aus dem 19. Jh. mit nur 5 Gästezimmern im Ortszentrum; ohne Restaurant. Großer Innenhof, Parkplatz. Kleine **Ausstellung von altem Spielzeug.** DZ/ÜF 78 € (Kinder frei).

Saluzzo

Mit knapp 16 000 Einwohnern ist Saluzzo (395 m) heute zwar ein kleines, aber ambitioniertes Handelszentrum für landwirtschaftliche Produkte und für eine bedeutende Möbelindustrie. Daher finden alljährlich zwei Messen statt. Aus Saluzzos Altstadtkern soll eine reine Fußgängerzone werden, die Atmosphäre eines mittelalterlichen Städtchens mit späteren Renaissancepalästen soll wieder spürbar sein.

Der in Unter- und Oberstadt zweigeteilte, einladende Ort vor schöner Bergkulisse war vom 12. bis 16. Jh. Zentrum der gleichnamigen Grafschaft. Zwar sind auch im unteren

Teil Bauwerke des ausgehenden Mittelalters zu sehen wie die **Kathedrale San Chiaffredo** (1501) mit großem Kruzifix von 1500. Aber der sehenswerteste Teil liegt oben.

Parken sollte man vor der Oberstadt am ersten Kastell der Marchesi di Saluzzo, **Castiglia** genannt (ab 13. Jh.; soll Kulturzentrum werden). Fast theatralisch zeigt sich die mit Flusskieseln gepflasterte **Salita del Castello**, die man nun leicht abwärts schlendert. Gleich links erhebt sich der **Palazzo Comunale** von 1462 mit Freskenresten über der dreibogigen Loggia und dessen prächtiger Turm, die **Torre Civica** (März–Sept. Do–So 9.30–12.30, 14.30–18.30, Okt.–Feb. Sa, So 14.30–18.30 Uhr). Sie steht etwas abseits und überblickt die Stadt. Dennoch gilt sie den Bewohnern als Wahrzeichen Saluzzos. Links davon liegt der **Palazzo degli Arti** mit seiner Grisaille-Malerei, der grauen Freskierung, deren Motive u. a. die Geometrie und

Rundfahrt durch das Weinland

Der Herbst ist die schönste Jahres- und Reisezeit im Piemont

die Redekunst zeigen. Dahinter verbarg sich die Schule der Grafschaft von Saluzzo; nach der Restaurierung soll sie öffentlich zugänglich werden.

Links führt eine Gasse zunächst zur **Kirche San Giovanni** (tgl. 8–12, 15–18/19 Uhr) aus dem 14./15. Jh. Das große Christophorusfresko an der Fassade entstand erst 1929, das Innere der Grabkirche der Marchesi von Saluzzo wurde im 16. Jh. in französisch-gotischem Stil umgestaltet – insbesondere die feine Ausarbeitung des Grabmals für Ludovico II (1504) mit den vier Tugenden darüber.

Die größte Attraktion der Kirche dürften die Anfang des 20. Jh. entdeckten Fresken der Cappella di Crispino e Crispignano sein. Sie stammen aus dem 15. Jh. und zeigen u. a. eine Ansicht des mittelalterlichen Saluzzo (im Gewölbe), eingebettet in die Leidensgeschichte Christi. Man meint, hier die Handschrift von Pietro di Saluzzo zu erkennen. Leider bleibt wegen Umbau der Kreuzgang mit dem Mausoleum für Galeazzo Cavassa (1508) im Kapitelsaal geschlossen, ein wundervolles Werk mit feinsten Krabben und Türmchen, Spitzbogen und vielen Verästelungen von Matteo Sanmicheli. Auf derselben Seite der Gasse befindet sich (mit herrlichem Blick vom Innenhof auf die Unterstadt) ein großartig restaurierter Palast, der gotische **Palazzo Cavassa,** an dem auch die Renaissance ihre Spuren hinterlassen hat. Man kann das am wunderbar gearbeiteten, marmornen Eingangsportal mit dem Wappen (Fischsymbol) der Cavassa und dem altfranzösischen Wahlspruch »Droit qvoy qvil soit« – »Weiter, wie auch immer« erkennen. Im 19. Jh. restauriert und als **Museo Civico** (Di, Mi im Winter 11–15, im Sommer 11–16, Do–So 9–12, 15–18, im Winter 14–16 Uhr); Sammelkarte mit dem Stadtturm) eingerichtet. Die Sammlung von Einrichtungsgegenständen, Bildern

Der Süden des Piemont

und Fresken stammt aus dem 19. Jh. Der Rundgang beginnt im Obergeschoss mit seinen niedrigen Räumen, begeistert mit den Grisaillebildern über dem Zugangsbalkon, bewegten Szenen z. B. von Herkules und Atlas. Im Erdgeschoss besitzt die Kapelle eine reich geschmückte Kassettendecke. In der Sala de Foix befindet sich das bedeutende Tafelbild ›Maria Misericordia‹, eine Schutzmantel-Madonna von Hans Clemer (1499/1500), unter deren Mantel sich die Familie der Cavassa versammelt hat. Imposant ist der Raum mit ihren Stammbäumen und denen der Taparelli-d'Azeglio.

Poggio Radicati: Via San Bernardino 19, 12037 Saluzzo (CN), Tel./Fax 01 75 24 82 92, www.poggioradicati.com. Kleines, ganz feines Hotel in einer Prachtvilla mitten im Grünen nahe der Stadt. 9 Zimmer, Pool, feines **Restaurant.** DZ/ÜF 135–165 €.

Taverna San Martino: Corso Piemonte 109, Tel. 017 54 20 66, Ruhetage Di Abend, Mi. Einraum-Lokal, Holzbalkendecke, Lokale Küche, Themenabende. Menü 18–21 €.

Manta
Reiseatlas: S. 19, C 3

Rund 2 km südlich von Saluzzo liegt das Städtchen Manta, das sich ›Vetrina del Mobile‹ nennt, ›Schaufenster für Möbel‹. Durch den kleinen Ort geht es hinauf zum **Castello della Manta,** das 1983 testamentarisch der FAI, dem italienischen Fonds zur Erhaltung und Restaurierung von Denkmälern, vermacht wurde (März–Sept. 10–18, Okt.–Dez., Feb. 10–17 Uhr). Mit Manta begründeten die Marchesi di Saluzzo eine neue Linie; den *mastio* (15. Jh.) ließen sie in eine befestigte Residenz umbauen. Man braucht ein paar Stunden, um das Castello bis in seine Gewölbe hinab zu entdecken; viel Zeit verschlingt die Sala Baronale mit den wundervollen Fresken: Rittergeschichten, symbolhaft dargestellt als Szenen aus dem Alten Testament etwa. Oder gegenüber die Darstellung eines Jungbrunnens, Symbol für ewige Jugend (1420). Der Maler ist unbekannt, wegen dieses herrlichen Werkes jedoch wird er als ›Maestro della Manta‹ tituliert.

Cuneo und der Süden

Reiseatlas: S. 20, D/E 4

Cuneo
Die Stadt der Bogengänge könnte man Cuneo (543 m, rund 55 000 Ew.) nennen, dessen historisches Zentrum die Form eines Keiles bildet. Der Ort hockt auf einem Plateau zwischen den beiden Flüssen Stura und Gesso und wird von einer breiten, ja platzähnlichen Hauptstraße durchzogen, der **Via Roma.** Diese ist flankiert von historischen Palästen, deren Bogengänge sich aneinander reihen und bei jedem Wetter Schutz bieten. Vormittags hält man die Via Roma strikt autofrei, man darf zu den Hotels vorfahren, Parken ist unmöglich. Und sonntags ist fast alles geschlossen, auch Restaurants, sodass man Cuneo besser während der Woche besucht oder von Freitag auf Samstag, Abreise sonntags. Cuneo ist eine fußgängerfreundliche Stadt, das **Centro storico** ist recht übersichtlich. Es erstreckt sich zwischen der Piazza Torino im Nordosten und der Piazza Galimberti im Südwesten, dem wahrlich großzügigen ›Salon‹ der Stadt.

Auf der **Piazza Torino** steht seit 1998 im Rondell eine zum 800-jährigen Bestehen der Stadt geschaffene Skulptur von Raffaele Mondazzi. Sie symbolisiert den Zusammenfluss der beiden Gewässer: weiblich für die Stura, männlich für den Gesso. Inspiriert wurde der Künstler vom Fresko am Glocken- bzw. Uhrturm des **Palazzo della Torre,** dem früheren Rathaus von 1317. Das heutige Fresko ist jüngeren Datums, das Original hängt im Ehrensaal des heutigen **Rathauses** im früheren Jesuitenseminar (17. Jh.). In diesem *municipio,* in dem auch der kostbare riesige Leuchter aus dem Teatro Toselli hängt, befindet sich eine interessante Gemäldesammlung, die **Pinacoteca** (Mo–Do 9–12, 14.30–17, Fr 9–12 Uhr). Im Innenhof steht ein

Cuneo und der Süden

Richtig Reisen-Tipp: Radtour zu den Quellen des Po

Den Westen Piemonts schließen die Alpi Cozie ab, die Grenze zu Frankreich. Zu Füßen des höchsten Berges, des Monviso (3841 m), der eine herrliche Kulisse bildet, entspringt der Po. Eine Radtour von Saluzzo (395 m) zu seinen Quellen führt entlang dem jungen Po-Tal nach Pian (Piano) del Re (2020 m) und zählt zu den schönsten Naturerlebnissen Südpiemonts.

Fahrtzeit: 1 Tag (einfache Strecke)
Länge: 40 km
Charakter: bis Paesana leicht, dann anspruchsvoller
Einkehr: mehrere Möglichkeiten in und um Paesana sowie am Pian del Re im gleichnamigen Gasthof
Übernachtung: in bzw. um Paesana z. B das B & B Alpino im Ortsteil Calcinere (Tel. 01 75 98 73 99; 3 Zimmer mit Bad, DZ/ÜF 44 €), Infos www.ghironda.com/vallepo.

Von **Saluzzo** nach Westen fahrend stößt man bald auf den Po, an dem entlang die Tour über die schmale Provinzialstraße über Sanfront (490 m) nach **Paesana** (614 m) führt, wo man sich das Nachtquartier organisieren und einkehren kann, es sei denn, man traut sich noch am selben Tag die Rückfahrt zu. Noch ein Stück geht es gemütlich und fast plan weiter, nach dem Weiler Calcinere steigt die Straße in Serpentinen an, passiert Crissolo in 1318 m Höhe und geht weiter über den Wintersportort Pian della Regina zum **Pian del Re** (2020 m). Der gleichnamige Gasthof ist einladend, bietet eine schmackhafte lokale Küche, ist aber zur Saison oft überlastet; also vorsichtshalber Picknick und Wasser mitnehmen. Links vom Gasthof führt der **Trekkingweg GTA** (Grande Traversata delle Alpi) zu den nahen **Quellen des Po** (und weiter über eine Militärstraße, die eine kurze und eine lange Rundtour ermöglichen würde).

Automobilmodell der drei Brüder Cairano von 1903, die aus Cuneo stammten und die Ideen bzw. Konstruktionszeichnungen für so manchen Wagen von Fiat entwickelt hatten. Stolz steht geschrieben, die Cairano seien die Wegbereiter der automobilen Industrie Italiens gewesen, sie besaßen dafür zwischen 1895 und 1919 etwa zehn Fabrikationsstätten.

Hinter dem Rathaus gelangt man durch die Via Santa Maria schnell zum **Museo Civico,** dem Städtischen Museum (Di, Sa, Mi–Fr 8.30–13, 14.30–17/17.30, So, Fei 15–19 Uhr) im monumentalen Klosterkomplex von San Francesco. Es birgt wundervoll eingerichtete und ausgeleuchtete Exponate zur Archäologie seit der Vorgeschichte mitsamt Münzsammlung, Ausstellungsstücke zum Leben in der Stadt und auf dem Land, zu Landwirtschaft und Viehzucht, Kunsthandwerk und Hanfweberei. Kleine Puppen tragen Festtagskostüme aus den 1930er-Jahren. Sogar Aushängeschilder von Geschäften und Kneipen hat man hier gesammelt; in einem Raum sind Exvoti ausgestellt.

Der Süden des Piemont

Mitten in der Häuserzeile nahe der Piazza Galimberti ist die Kathedrale versteckt, **Santa Maria del Bosco** mit klassizistischer Fassade von 1865. Innen (8.30–12, 14.30–18 Uhr) besitzt der Zentralbau mit hoher Kuppel noch die Ausstattung des 17. Jh.; als Cuneo 1817 Bischofssitz wurde, baute man nur außen um. Gleich links vom Eingang steht ein Taufbecken von 1490, an der Wand darüber zeigt ein vergoldetes Basrelief den Sündenfall; beide stammen aus der Vorgängerkirche.

Die **Piazza Galimberti** wurde bereits mehrmals umbenannt, zuletzt 1945 nach dem von Faschisten ermordeten Rechtsanwalt und Widerstandskämpfer Tancradi Duccio Galimberti, geboren 1906 in Cuneo. Sein Geburtshaus am Platz dient heute als **Casa Museo Galimberti** (Führungen Sa, So, Fei 15.30, 17 Uhr). Der im 19. Jh. für die Stadterweiterung geschaffene Platz zeigt die Gardemaße 215 x 110 m, ist insgesamt rund 24 000 m² groß und ringsum von Arkadengängen umgeben. – Wenn es in Cuneo etwas zu feiern gibt, dann tun es die Cunesi hier, wenn sie sich mit Freunden treffen, dann ebenfalls hier. In einem Café im Freien sitzend, ist es auch ein schöner Platz zum Abschiednehmen von Cuneo.

AIAT: Via Roma 28, 12100 Cuneo, Tel./Fax 01 71 69 32 58, www.comune.cuneo.it.
ATL für die Provinz: www.cuneoholiday.com.

Palazzo Lovera Hotel: Via Roma 37, Tel. 01 71 69 04 20, Fax 01 71 60 34 35, www.palazzolovera.com. Das ›beste Haus am Platze‹ an der vormittags Fußgängern vorbehaltenen Hauptstraße, in einem Adelspalast aus dem 16. Jh. mit 45 Zimmern und Suiten, stilvoll wie die Salons. Gutes **Restaurant** Delle Antiche Contrade, befindet sich jetzt 60 m dahinter (s. rechts).Tiefgarage (enge Einfahrt). DZ/ÜF 130–150 €, Menü ab 35 €.
Principe: Piazza Galimberti 5, Tel. 01 71 69 33 55, Fax 017 16 75 62, www.hotel-principe.it. Am schönen Hauptplatz, also nicht in allen 49 Zimmern und Suiten immer ruhig, grandioses Entree mit Marmortreppe, Zimmer z. T. top renoviert (gehört den Best WesternHotels an); ohne Restaurant. DZ/ÜF 115–170 €.

 Delle Antiche Contrade: Via Savigliano 11, Tel. 01 71 69 04 29; Ruhetage So ganztags, Mo und Sa mittags. Sehr gutes, Michelin-besterntes Restaurant mit innovativer Piemonteser Küche. Menü ab 65 €.
Osteria della Chiocciola: Via Fossano 1, Tel. 017 16 62 77; Ruhetag So, 7.–15. Jan. geschl. Unten Enothek, oben Restaurant unter schöner Kassettendecke, traditionelle Küche mit Anleihen in den nahen Regionen, z. B. rohes Kalbfleisch, mit dem Messer zerkleinert, Taube in Marsala, schöne Risotti; beachtliche Weinkarte. Menü 24–33 €.

Wochenmarkt: Di ganztags; Piazza Galimberti, Via Roma.
Lebensmittelmarkt: Di, Fr in der Markthalle.
Pralinen: *Cuneesi* heißen die kleinen rundlichen Kalorienbomben aus Schokolade und Rum oder anderem Hochprozentigen, die man im Cunesischen überall findet; besonders gut von der **Pasticceria Arione** (mit Café) an der Piazza Galimberti.

Mondovì

In den letzten Jahrhunderten war die Oberstadt fast verlassen, weil der Handel in der Unterstadt florierte. Doch nun entdecken die Mondovesi ihre Altstadt auf dem Hügel wieder, restaurieren und entwickeln Ideen für die Zukunft. Einige Restaurierungswerkstätten haben sich bereits etabliert, Kunsthandwerker öffnen kleine schmucke Läden. Der riesige **Palazzo Fauzone** wird zum Keramikmuseum umgewandelt (Eröffnung voraussichtlich im Sommer 2008), weil Mondovì im 19. Jh. für dekorierte Keramik berühmt war, weshalb in der nahen Via Vico schon kleine Keramikwerkstätten arbeiten. Das hübsche **Rathaus,** in dem Ausstellungsräume und das Historische Archiv untergebracht sind, ist schon restauriert, die Bauwirtschaft floriert. Noch mehr: Bald soll die alte *funicolare* zwischen Piazza und Breo, der Unterstadt, wieder funktionieren, die bis 1976 fuhr.

Cuneo und der Süden

Die Ober- bzw. Altstadt von Mondovì entstand bereits 1198, zeitgleich mit Cuneo, viele ihrer gotischen Paläste wurden im Barock aufgestockt. Man nennt den Ortsteil Piazza, und tatsächlich spielt sich alles rings um die abfallende, jüngst in Stufen gestaltete **Piazza Grande** ab: das tägliche Leben wie das festliche, vor allem auch das Musikfestival im Juli. Kunstkenner kommen nach Mondovì, um die Werke von Francesco Gallo (1672–1750) anzusehen, der hier oben geboren wurde und lange in Mondovì tätig war. Er hat die **Kathedrale San Donato** (1743–63) mit der großartigen barocken Fassade an enger Stelle geplant, aber nicht vollendet. Vielleicht starb er aus Kummer, weil er lieber Backstein verwendet hätte, aber der Bischof auf weißer Marmorpracht bestand …

Weil Mondovì im 16. Jh. nach Turin, das von Frankreich besetzt war, eine der bevölkerungsreichsten Städte Piemonts war, wurde hier die Universität (1560–1719) im früheren **Palazzo del Vescovado** (Sa, So 15–18.30 Uhr) etabliert. Seit dem 19. Jh. werden hier wieder u. a. Promotionsfeiern zelebriert. Dieses frühere Bischofsgebäude wirkt sehr gepflegt und besitzt eine kostbare Ausstattung an Bildern sowie vier flämische Gobelins nach Motiven von Rubens.

Oberhalb des Palazzo Vescovado erreicht man das **Belvedere** in 559 m Höhe; mitten im Park erhebt sich einsam der 30 m hohe backsteinerne Campanile aus dem 13. Jh., bis zu Beginn des 19. Jh. Glockenturm der Kirche, die Napoleon abreißen ließ. Die Uhr schlug den Bauern die Stunden, nach denen sie sich richten konnten. Der Blick von oben ist großartig (Sa, So 15–18.30 Uhr): auf Cuneo vor den Bergen, die Langhe und die Piemonteser Ebene. Der Park mit Schatten spendenden hohen Bäumen ist ein schöner Platz zum Schmieden weiterer Reisepläne.

Ufficio Turistico: Corso Statuto 16, Tel. 017 44 03 89, www.monregaltour.it

Funicolare: Endlich funktioniert die historische Seilbahn zwischen Ober- und Unterstadt wieder, tgl. außer Mo..

Vicoforte

Wer Vicoforte (598 m) als Reiseziel anpeilt, kommt normalerweise wegen der 2,5 km entfernten Wallfahrtskirche **Regina Montis Regalis** (6.45–12, 14.30–19 Uhr, man kann auch mittags durch ein Fenster hineinschauen). Der 1596 begonnene Bau wurde an der Stelle errichtet, an der ein Wunder geschehen war: Ein Jäger hatte ein Madonnenbild in einer kleinen Ädikula (Tempelchen) mit seinem Pfeil getroffen, worauf es zu bluten begann. Sofort setzte eine rege Pilgerbewegung ein. Francesco Gallo überbaute den wundertätigen Ort 1733 mit einer hohen elliptischen Kuppel, die innen mit dem größten bekannten monothematischen Fresko dekoriert wurde: Auf einer Fläche von genau 6032 m² wird die Verherrlichung Mariä dargestellt. – Die Kirche wurde mit der Westfassade und den vier Türmen erst im 19. Jh. vollendet.

Den schönen Platz mit dem Bronzedenkmal von Carlo Alberto vor der Kirche schließt im Halbrund die sogenannte **Palazzata** ab, einst mit Krankenhaus und königlichen Apartments: Hier logierten die hohen Gäste des Ducato, wenn sie wallfahrteten, hier befindet sich heute ebenfalls eine angenehme Herberge, außerdem ein verlockendes Café (s. u.).

Hotel Portici: Piazza Carlo Emanuele 57, 12080 Mondovì, Località Vicoforte, Tel. 01 74 56 39 80, Fax 01 74 56 90 27, www.hotelportici.com. Sauberes, sehr freundlich geführtes Hotel in historischen Räumen unter dem Bogengang gegenüber der Wallfahrtskirche, mit 25 Zimmern und 4 Suiten z. T. mit Stilmöbeln oder Antiquitäten eingerichtet, Frühstück mit hausgemachten Süßspeisen und Pralinen: Das **Caffè Portici** mit eigener Patisseria nebenan gehört dazu. DZ/ÜF 72 €.
Casa Regina Montis Regalis: Piazza Carlo Emanuele I 4, Tel. 01 74 56 53 00, Fax 01 74 56 55 10, www.santuariodivicoforte.com. Neuausbau der historischen Klosterräume mit 40 gepflegten Zimmern; **Restaurant**. DZ/ÜF 54 €.

 Kirchweihfest: im Sept. großer Vieh- und Jahrmarkt vor der Wallfahrtskirche.

Rund um den Lago Maggiore

Reiseatlas S. 1/2

Der Osten Piemonts ist in der Ebene geprägt von den endlosen Reisfeldern, die im Frühjahr mit zartem Grün bedeckt sind. Nördlich davon gestalten Seen den Nordosten der Region, am auffälligsten der Lago Maggiore mit wunderschönen Inseln. Von besonderer Schönheit jedoch ist der Orta-See inmitten einer malerischen Hügellandschaft.

Auch wenn es sein Name signalisieren sollte, ist der Lago Maggiore, der außer den Inseln weitere hübsche Seeorte zu bieten hat, nicht der größte der Oberitalienischen Seen. Seine Westseite gehört zur Region Piemont, seine Ostseite aber zur Lombardei, die somit praktisch ›im Besitz‹ fast aller Oberitalienischen Seen ist (auch des Gardasees, dessen Ostseite wiederum zur Region Venetien gehört). Ein bedeutendes Ausflugsziel sind die schönen Borromäischen Inseln im Lago Maggiore sowie die ebenfalls lockende Isola dei Pescatori, die Fischerinsel, die niemals zu den Borromäischen gehört hat.

Nahe der recht provinziellen Provinzhauptstadt Varese, zu der das Ostufer des Lago Maggiore gehört, und die zumindest einen kurzen Aufenthalt verdient, befindet sich eine der schönsten Villen des Varesotto: die Villa Cicogna Mozzoni in Bisuschio.

Noch vor wenigen Jahren galt er zwar als einer der schönsten Seen Oberitaliens, aber für das Badevergnügen war er tabu, der Grad seiner Verschmutzung stank z. T. im wahrsten Sinne des Wortes zum Himmel. Viel Aufwand hat es gebraucht, um ihn zu sanieren, doch nun kann man im wunderschönen Orta-See wieder reine Badefreunden genießen. Kein Wunder, dass er im Sommer zu den beliebtesten Ausflugs- und Urlaubszielen des Gebietes zählt.

Am Lago Maggiore

Reiseatlas: S. 1, B/C 4

Rund 210 km² groß ist der ›König der Oberitalienischen Seen‹, wie er gerne betitelt wird. Diesen teilt sich Piemont mit der Schweiz (im Norden) und der oberitalienischen Nachbarregion Lombardei. ›Das Ufer der Armen‹ nennen die Lombarden ihren Teil des Sees, folglich gilt das Westufer als das der Reichen. Was die Piemonteser mit einem lachenden und einem weinenden Auge zur Kenntnis nehmen, weil sie damit weniger zahlungskräftige Gäste verscheuchen ...

Stresa

Der beliebte Ferienort ist ein teures Pflaster, die meisten Hotels, viele im Libertystil der Jahrhundertwende 19./20. Jh. gebaut, gehören der gehobenen bis Luxuskategorie an. Atemberaubend schöne Parks sind hier typisch: die des 18. Jh. ›ordentlich‹ italienisch, die des 19. Jh. aber ›unordentlich‹ englisch. In ihrer Mitte liegen großzügige Villen und Paläste. Im historischen Zentrum zeigt sich

---

Lago Maggiore Express
Reisen Sie mit Bahn oder Schiff im Tessin (Schweiz) und in Italien zum günstigen Fahrpreis: mit der Centovalli- und Valle-Vigezzo-Bahn und dem Boot auf dem Lago Maggiore ab Locarno, Stresa oder Mailand. Infos: www.lagomaggioreexpress.com.

Am Lago Maggiore

Stresa jedoch eher einfallslos; auch die Geschäfte rufen keine große Begeisterung hervor, und es ist ein erstaunliches Missverhältnis zwischen der meist gehobenen Hotellerie und der Gastronomie festzustellen.

Aber Stresa ist ein hervorragender Ausgangspunkt für Bootsfahrten über den lang gestreckten See. Seine wichtigsten Ausflugsziele sind die beiden Borromäischen Inseln (s. S. 178ff.) und die Fischerinsel (Isola dei Pescatori, s. S. 180) mitten im See.

Mit dem Wagen gegen Maut oder mit der Seilbahn vom Vorort Carciano erreicht man von März bis November in 20 Min. den 1491 m hohen **Monte Mottarone**; auf halber Höhe hält die Bahn beim Botanischen Garten **Alpinia** (April–Okt. tgl. 9.30–18 Uhr, www.giardino alpinia.it). Im 4 ha großen, 1934 in 800 m Höhe gegründeten Botanischen Garten gedeihen zwar hauptsächlich an die 1000 alpine und subalpine Pflanzenarten, doch auch importierte aus dem Kaukasus, China und Japan. Die herrlichen Ausblicke auf den Lago Maggiore mit den Borromäischen Inseln sind ebenso ein Genuss wie auf die Alpen und auf die anderen Seen, allen voran den Orta-See, von dem aus eine Fahrstraße hinaufführt.

Mit der Autorin unterwegs

Unbedingt anschauen!
Isola Bella und **Isola Madre** im Lago Maggiore mit ihren Villen und Parks (s. S. 178).
Isola dei Pescatori: Die, wenn auch recht touristisch gewordene Fischerinsel im Lago Maggiore (s. S. 180).
Rocca von Angera: Trutzige Borromäer-Festung mit imposantem Burgfried, der ein grandioses Panorama bietet (s. S. 181).
Villa Cicogna Mozzoni: Renaissancevilla mit dem wohl schönsten Park des Varesotto (s. S. 185).

In den Carlone klettern
Bei Arona am Lago Maggiore erhebt sich die hohe Bronzestatue von San Carlo Borromeo, in deren Inneren man über eine abenteuerliche Treppe aufsteigen kann (s. S. 180f.).

Die ›Sterne‹ genießen …
Lassen Sie sich kulinarisch verwöhnen: Hochgenuss und schöne ›Bleibe‹ im Sole di Ranco in Santa Caterina del Sasso (s. S.181ff.).

IAT: Piazza Marconi 16 (am Hafen), 28838 Stresa (VB), Tel. 032 33 13 08, Fax 032 33 25 61, www.comune.stresa.vb.it.

Grand Hotel des Illes Borromées: Lungolago Umberto I 67, Tel. 03 23 93 89 38, Fax 032 33 24 05, www.borromees.it. Das Grand Hotel Stresas schlechthin, Überbleibsel der einstigen Pracht der Belle Époque als Sommerfrische der Reichen und Berühmten. 162 Zimmer, 15 Suiten, **Restaurant**; Tennis, Pool, Fitnesszentrum, großartiger Park; Garage. DZ/ÜF 311–410 €.
La Palma: Lungolago Umberto I 33, Tel. 032 33 24 01, Fax 03 23 93 39 30, www. hlaplma.it. Feb.–Dez. Das bescheidenere unter den Vorzeigehotels Stresas mit 118 Zimmern und 2 Suiten, **Restaurant**, Fitnessraum, beheizter Pool am See über die Straße, Whirlpool im 6. Stock mit Sonnenterrasse; Garage und Parkplatz. DZ/ÜF 180–235 €.

Saini Meublé: Via Garibaldi 10, Tel. 03 23 93 45 19, Fax 032 33 11 69, www.hotelsaini.it. Nettes, neueres Hotel in einem Haus aus dem 17. Jh. in ruhiger zweiter Reihe mit 14 freundlichen Zimmern (Parkettböden), Eingangshalle mit Natursteinwand, Kamin. DZ/ÜF 69–94€.
La Fontana: Strada Statale del Sempione 1, Tel. 032 33 27 07, Fax 032 33 27 08, www. lafontanahotel.com. Nettes Hotel in Villa der 1940er-Jahre im Park, funktionelle 20 Zimmer; ohne Restaurant. DZ/ÜF 75–80 €.
Hotel Elena: Piazza Cadorna 13, Tel. 032 33 10 43, Fax 032 33 33 39, www.hotelelena. com. 14 einfache Zimmer, im Zentrum, 75 €.

Die meisten Gäste speisen in ihrem Hotel und tun recht so, denn die Restaurants und Pizzerien sind eher schlicht und austauschbar, zum Essen geht man woanders hin, tagsüber z. B. auf die Isola dei Pescatori.

Rund um den Lago Maggiore

Al Buscion: Via Principessa Margherita 18, Tel. 03 23 93 47 72; Ruhetag Di. Nettes Weinlokal mit Verkostung ab 1,80 €, Flasche ab 10 €, Kleinigkeiten zu essen wie Wurst- und Käseplatten 6,50–10 €; Sa 18–21 Uhr Aperitifbüfett.

Settimane Musicale di Stresa: vierwöchiges internationales Musikfestival im Aug./Sept. Seit 1961 genießen die Konzerte berühmter Musiker und Orchester, aber auch von Nachwuchsmusikern, Gewinnern internationaler Wettbewerbe, einen guten Ruf.

Flug: Der Mailänder Flughafen liegt nur ca. 15 km vom Lago entfernt.
Bootsverbindungen mit den Borromäischen Inseln und der Isola dei Pescatori (man kann bequem an einem halben Tag alle drei Inseln besuchen) ebenso wie zu den anderen Seeorten, auch am Ostufer der Lombardei; im Winter reduziert. Fährverkehr zwischen Intra/Verbania und Laveno ganzjährig.
Funivia: Stresa – Botanischer Garten Alpinia – Mottarone März–Nov. 9.30–18 Uhr mehr als 20-mal tgl. hin und zurück ab Carciano di Stresa, Piazzale Lido, Tel. 032 33 02 95, www.stresa-mottarone.it.

Isola Madre

Die größte der Borromäischen Inseln (fast 8 ha) bietet die Ruhe und Pracht ihres **Botanischen Gartens** mit 100-jährigen Bäumen, Tropenpflanzen, aber auch Alpenrosen, insgesamt mehr als 2000 Arten, zu denen immer mehr hinzukommen. Die Temperaturen auf der Insel liegen im Winter um 3 bis 4 °C höher als an den Ufern des Sees, hier friert es nie und Schnee ist schnell geschmolzen, falls er überhaupt fällt. Vor der Villa, die sich die Borromäer als Sommersitz im 16. Jh. bauen ließen, steht eine fast 300 Jahre alte, 25 m hohe Kaschmirzypresse, die aussieht, als seien ihre langen weichen Nadeln lauter Flechtenbärte.

Träge große Pfaue residieren neben der fast bescheidenen Villa, die seit 1978 als **Museum** geöffnet ist und in der u. a. eine schöne Puppensammlung und ein voll funktionsfähiges Puppentheater (17.–19. Jh.) untergebracht sind.

Die schönste Besuchszeit ist der April, wenn mehr als 100 Azaleenarten ihre Blütenpracht entfalten (geöffnet meist 3. So im März bis 3. So im Okt. 9–17.30 Uhr, Infos unter www.borromeoturismo.it).

La Piratera: Isola Madre, Tel. 032 33 11 71. Einfaches Ausflugslokal mit schöner Terrasse zum See an der Anlegestelle, 3-Gang-Touristenmenü inkl. nichtalkoholischer Getränke 21 €.

Isola Bella

Barocke Szenerie bestimmt die viel besungene ›schöne Insel‹, zwischen deren Souve-

Am Lago Maggiore

Verwunschen: Barockgarten der Isola Bella

nirständen man während der Saison kaum einen Durchschlupf findet. Auf einer steinigen Insel wurde 1670 im Auftrag des Grafen Vitaliano Borromeo das prunkvolle Barockschloss mit überbordender Dekoration gebaut. Die bombastische Architektur fängt beim Untergeschoss in ›Grottenarchitektur‹ aus winzigen farbigen Kieselsteinchen an und endet im Zentralbau des großen, überkuppelten Saales, der über drei Stockwerke geht. Ein Augenschmaus ist dagegen die Galerie flämischer Wandteppiche aus dem 16. Jh., deren Thema das Einhorn ist, das Wappentier der Borromäer.

Die größte Attraktion der Insel ist jedoch der **Garten,** ein Meisterwerk italienischer Gartenbaukunst: In zehn Stufen fällt das Gelände von der Exedra hinter dem Palast zum See hin ab, ist geschmückt mit Statuen, Türmen und Arkaden. Auf der Insel blieb daher nur noch Platz für wenige Häuser, die sich im Schatten des Borromäischen Anwesens ducken (3. So im März bis 3. So im Okt. 9–17.30 Uhr, Infos unter www.borromeoturismo.it).

Elvezia: 28838 Isola Bella, Tel./Fax 032 33 00 43, www.elvezia.it; Ruhetag Mo. Ältliches Hotel (seit 1895) mit 12 einfachen Zimmern (zurzeit in Umbau) und bekannt-gutem **Restaurant,** Terrasse an der Anlegestelle; einfaches Fischmenü 13 €.

Osteria del Criminale: Via del Voltone 13, Tel. 03 23 93 46 30; Ostern–Okt. Uriges Lokal mit schönem Freiplatz in einer rückwärti-

Rund um den Lago Maggiore

gen Gasse, tgl. 8.30–19 Uhr, mit guten Weinen; kleine Gerichte wie Käse- oder Wurstplatte 5–6 €, große Salatplatten 9 €, kleine Menüs 13,50 €.

Isola dei Pescatori

Auf der Insel der Fischer (auch ›Isola Superiore‹ genannt, obere Insel), die länglich und schmal ist und sich ihren ländlichen Charakter bewahren konnte, leben einige Fischer immer noch von ihrem Fang. Die Insel gehört übrigens nicht zu den Borromäischen Besitzungen, war immer selbstständig.

Albergo Ristorante Verbano: 28838 Isola dei Pescatori, Tel. 032 33 04 08, Fax 032 33 31 29, www.hotelverbano.it; Nov.–Feb. geschl. Zauberhaft, romantisch, herrlich gelegen, ein magisch-schöner Ort zum Verweilen ist dieses kleine gepflegte Hotel mit Blick auf die Isola Bella, Terrasse, Kaminzimmer, **Restaurant** mit Wintergarten; 12 Zimmer, zwei davon mit offenem Kamin; schmiedeeiserne Betten, große gepflegte Bäder, Antiquitäten. DZ/ÜF 150–180 €.

Pescheria: Via Lungolago 6, Tel. 03 23 93 38 08; Ruhetag Mi, Nov.–Mitte Feb. geschl. Gepflegtes Restaurant mit historischen Aufnahmen in der einstigen Fischhalle der 1930er Jahre, der einzigen auf den Inseln im See. Traditionelle Fischgerichte vom Tagesfang, Menü ca. 30 €.
Imbarcadero: Tel. 032 33 03 29; Nov.–Anfang Feb. geschl. Terrassenrestaurant an der Anlegestelle. Einfache Gerichte wie Ravioli oder Lasagne, gegrillte Forelle oder Kalbsbraten. Menü um 20 €.
Pizza Mania: Via Moise nahe der Kirche im Dorfkern; nur tagsüber März–Okt. Imbissbude mit stets frischen Pizzastücken aus dem Holzofen ab 2,50 €.

Arona

Der nette Seeort im Schatten der **Rocca Borromeo** hoch auf dem Felsen zieht sich in der Hauptsache die Seestraße entlang. Während der warmen Jahreszeit ist das Städtchen recht lebhaft, wenn es Einheimische wie Touristen in seine Cafés und Restaurants zieht. Vor allem rings um die großflächige **Piazza del Popolo** mit dem alten Rathaus und der Kirche Madonna di Loreto, dem zentralen Platz am See, der allerdings von der Hauptstraße durchzogen wird.

Hotel Meublè Florida: 28041 Arona (NO), Piazza del Popolo 32, Tel. 032 24 62 12, Fax 032 24 62 13. Ältliches Hotel in einem 300 Jahre alten Gebäude, 30 einfache Zimmer mit Stilmöbeln. DZ/ÜF 60–70 €.

Hostaria Vecchio Portico: Piazza del Popolo 14, Tel. 03 22 24 01 08;. Ruhetag Di. Kleiner Raum unter Holzbalkendecke, im Sommer mit Tischen unter der Loggia und auf der Piazza. Kräftige Piemonteser Küche, also fleischlastig und mit viel Käse, wie Kürbisravioli mit Steinpilzen und Fonduta, Wildschweingulasch mit glacierten Kastanien. Menü um 30 €.
Pescatori: Lungolago Marconi 7, Tel. 032 24 83 12; Ruhetag Di. Gepflegtes Restaurant in zwei Räumen und Sommerveranda. Spezialität See- und Meeresfische; 4-Gang-Seefisch-Menü 29 €, mit Meeresfischen sowie Fleischmenü 45 €.
La Sirena: Via Poli 9, Tel. 03 22 24 22 71; Ruhetag Mi. Beliebtes, gut besuchtes und preiswertes Restaurant mit Pizzeria. Pizzamenü inkl. Getränk 7 €, Tagesmenü 11 €.

Baraconda Café: Lungolago Marconi 21. Schickeria-Treff (Di–So 9–14, 16–3 Uhr) mit Holztischen und Rattanmöbeln im Freien. Beliebt wegen seiner Cocktails.

Sacro Monte di San Carlo

›San Carlone‹ nennen ihn die Einheimischen, den mitsamt Sockel fast 35 m hohen Koloss knapp 2 km nordwestlich von Arona. Aus Bronze wurde Europas wohl größte Statue zu Ehren des heilig gesprochenen Bischofs von Mailand, Carlo Borromeo (1538–84), in den Jahren 1624 bis 1698 gegossen. Allein wegen des Blickes auf den See und auf die gegenüberliegende Festung von Angera lohnt sich der Weg auf den Hügel über Arona am

Am Lago Maggiore

Südwestufer. Den Aufstieg im Inneren der Statue sollte jedoch nur wagen, wer gut zu Fuß ist und keine Platzangst kennt. Zur Belohnung schaut man dann durch die Augenlöcher des bronzenen Heiligen weit auf den See hinaus (April–Okt. tgl. 9.15–12.30, 14–18.30, Nov.–März Sa, So bis 16.30/18.30 Uhr).

Angera

Der ruhige, angenehme Ort besitzt eine lange Seepromenade und schmale, verkehrsberuhigte Nebengassen auf einer Halbinsel, die sich weit in den See hinein Richtung Arona schiebt. Angeras größte Attraktion erhebt sich in bester Panoramalage darüber: die **Rocca Borromeo.** Von allen Borromäischen Bauten am Lago Maggiore ist dies die eindrucksvollste, sieht man von den Gärten der Inseln ab.

Die trutzige Festung geht auf eine Skaligergründung (12. Jh.) zurück, von der ein Flügel und der Burgfried erhalten geblieben sind. Den mächtig hohen Turm auf quadratischem Grundriss kann man bei guter Kondition bis aufs Dach besteigen. Der Lohn ist einer der schönsten Rundblicke, die man sich vorstellen kann!

Vieles ist in der *rocca* zu bewundern, u. a. eine große Puppensammlung der Borromäer im **Museo della Bambola** aus verschiedensten Materialien (mitsamt Schnittmuster für die Puppenkleider) und etlichen Jahrhunderten. Ebenfalls sehenswert ist das **Museo della Moda infantile** mit historischer Kindermode, Spieluhren und einem Zirkus mit beweglichen Figuren. Der wichtigste Raum für Kunstfreunde ist aber mit Sicherheit die **Sala della Giustzia:** Ihre Freskierung vom sogenannten Maestro di Angera entstand 1314 nach der Einnahme der Festung durch die Visconti (1277) und deren Umbau im spätgotischen Stil. Zwar sind es handwerklich nicht gerade wertvolle Bilder, aber als Gesamtkonzept wirkt der Saal großartig; die Darstellung der Kämpfe und des Sieges der Visconti mitsamt der Abbildung der Macht der Sterne und anderer astrologischer Symbole beeindruckt.

In der **Sala delle Ceremonie** finden sich einige im Mailänder Borromeo-Palast abgenommene Fresken, die Szenen aus den Fabeln des Aesop zeigen, andere illustrieren Gedichte Petrarcas. Besonders anmutig ist die Granatapfelernte an der Stirnwand des Saals.

Im Burghof sind eine einladende Cafeteria und ein Souvenirladen, u. a. mit handgefertigten Puppen, untergebracht. Im Lauf des Jahres finden verschiedene Veranstaltungen wie Ritterspiele und Kongresse statt (3. So im März bis 3. So im Okt. Mo–Sa 9–17-30, So, Fei 9–18 Uhr, www.borromeoturismo.it).

Santa Caterina del Sasso

Bei Reno, etwa in der Mitte des östlichen Seeufers, steigt man eine steile Treppe hinauf oder geht den neuen Weg abwärts zum Wallfahrtsort Santa Caterina del Sasso (12. Jh.). An den Wochenenden und im Hochsommer ist allerdings davon abzuraten, weil das Gedränge zu groß ist. Ausflügler kommen hierher wegen der einmalig schönen Lage des kleinen Klosters auf steilem Felsen, das man auch vom See her per Boot erreichen kann.

Das Kloster ist Resultat des Gelübdes eines reichen Tuchhändlers, der 1170 auf dem See in Not geriet und schwor, sein Leben, sollte er gerettet werden, der hl. Katharina von Alexandrien zu widmen. Der gerettete Händler lebte fortan als Eremit in einer Felsenhöhle am Ufer. Während einer Pestepidemie 1195 erschien ihm ein Engel und forderte den Bau einer Kirche für die Heilige, 1270 kam eine Marienkapelle hinzu und 1307 eine Kapelle für den hl. Nikolaus. Im 15. Jh. wurde alles zu einem Klosterkomplex zusammengefasst. Mehrere Freskenzyklen machen den Besuch auch für Kunstfreunde interessant, wie die im Kapitelsaal, in der Katherinen- und in der Nikolauskapelle (tgl. März 9–12, 14–17, April–Okt. 8.30–12, 14.30–18, Nov.–Feb. nur Sa, So, Fei 9–12, 14–17 Uhr, 23.12.–6.1. tgl.).

Il Sole di Ranco: Piazza Venezia 5, 21020 Ranco (VA) nördlich von Angera, Tel. 03 31 97 65 07, Fax 03 31 97 66 20,

Isola dei Pescatori ▷

Rund um den Lago Maggiore

www.ilsolediranco.com; ca. 16. Dez.–9. Feb. geschl. Zauberhaftes Relais & Chateaux-Haus mit Park am See. 9 romantische, komfortable Zimmer und Suiten, kleiner Salon; Parkplatz, **Sterne-Restaurant** (s. u.). DZ/ÜF 242–361 €.

Lido: Via Libertà 11, Angera (VA), Tel. 03 31 93 02 32, Fax 03 31 93 20 44, www.hotellido.it. Familiär geführtes, modernisiertes Hotel aus den 1920er Jahren in ruhiger Wohngegend am See, 16 komfortable Zimmer mit Balkon und großen Bädern; Liegewiese und Bootsanlegestelle, **Restaurant** (s. u.), Parkplatz. DZ/ÜF 105–108 €.

Pavone: Via Borromeo 14, Angera, Tel. 03 31 93 02 24, Fax 03 31 96 00 80, www.hotelpavone.it. Familiäres Hotel, 16 mit Stilmöbeln eingerichtete Zimmer, **Restaurant Vecchia Angera** (s. u.) im Ortszentrum und seenah. DZ/ÜF 100–110 €.

🍴 **Il Sole di Ranco:** im gleichnamigen Hotel, s. S. 181.; April–Sept. geöffnet, Ruhetage: Nov.–15. April Mo, Di, sonst Mo nur Mittag, Di; Betriebsferien 12.Dez.–1.Feb. Michelin-besterntes Restaurant, seit 1850 in Familienbesitz, zuerst als einfache Locanda, in zwei schlicht-eleganten Räumen. Sehr gepflegte Atmosphäre, viel Hausgemachtes, kreative Küche wie Kürbisravioli mit hausgemachtem Senfgemüse, Seewolfstreifen in Fenchel und Lakritze paniert; wechselndes 7-Gang-Degustationsmenü 78–112 €, dazu Degustation von ausgesuchten Weinen aus dem hervorragend bestückten Weinkeller.

Lido: im gleichnamigen Hotel, s. o.; Ruhetag Mo Mittag. Elegantes Wintergarten-Restaurant im freundlichen Hotel. Auf Seefische (z. B. *Sushi di lago* und *Gnocchetti tricolore* mit geräuchertem Aal) spezialisiert, hausgemachte Pasta. Menü um 30 €.

Vecchia Angera: im Hotel Pavone, s. o. Drei rustikal-elegante Räume mit überdachter Terrasse. Traditionelle verfeinerte Küche mit hausgemachter Pasta (auch Pizza), z. B. *Carpione di lago*, Seefischstücke mit klein geschnittenem Gemüse süßsauer mariniert oder Rindsfilet mit Radicchio und Gorgonzola. Menü um 28 €.

In den **Cafés** entlang dem Lungolago in Angera wie auch am Seeufer zwischen Angera und Ranco gibt es auch Kleinigkeiten zu essen: *panini*, *piadine* und auch *primi*, also Pastagerichte, z. B. im **Molo** in Ranco, das auch Bootstickets verkauft, außer Di sowie Weihnachten–Mitte Jan. 9.30–1 Uhr.

Varese und Umgebung

Reiseatlas: S. 1, C 4

Varese

Wie das Ostufer des Lago Maggiore gehört auch die Provinz von Varese zur Region Lombardei. Ihre Hauptstadt zählt nur etwas über 80 000 Einwohner. Sie ist eingebettet in die parkreichen Hügellandschaften zwischen Lago Maggiore und Comer See sowie zwischen den kleineren Seen im Süden, allen voran natürlich der Lago di Varese, was ihr den Beinamen ›die Gartenstadt‹ einbrachte – im Norden vor allzu strengen Winden durch die Schweizer Alpen geschützt.

Vareses historisches Zentrum ist winzig, denn ringsum wurden ab 1927, als die Stadt in den Rang einer Provinzmetropole gehoben wurde, schnell der Zeit entsprechend funktionelle, aber unschöne Bauten des *fascismo* errichtet. Zum Glück blieb der **Corso Matteotti** mitsamt Nebengassen davon verschont, sodass sich ein Einkaufsbummel und eine Pause in einem der einladenden Cafés, meist mit eigener Patisserie, lohnen. Jeden dritten Sonntag verwandelt sich der hübsche Corso in eine Schlemmermeile mit vielen Marktständen.

Den prächtigen **Palazzo Ducale,** 1766 bis 1771 als Wohnsitz von Francesco III d'Este errichtet, nannte Stendhal ›Versaille di Milano‹. Einige der Prunksäle sind gut erhalten, doch der Palast ist Sitz der kommunalen Ämter von Varese. Den schönen Park, die akkuraten ›italienischen‹ **Giardini Estensi,** suchen die Varesotti bei schönem Wetter in Scharen auf. Im südlichen Teil der Gärten befindet sich in erhöhter Lage die Villa Mirabello mit dem **Museo Civico** (Di-So, Nov.–Mai 9.30–12.30, 14–17 Uhr, Juni-Okt. 10–12.30, 14–18 Uhr) in

Orta-See

dem die Pinakothek lombardischer Malerei und die Archäologische Sammlung untergebracht sind.

Abstecher zur Villa Panza

Die barocke und neoklassizistisch erweiterte Villa im Norden von Varese gilt in Europa als **Zentrum zeitgenössischer amerikanischer Kunst.** Es handelt sich um eine Privatinitiative des Grafen Giuseppe Panza di Biumo, der amerikanische Kunstwerke seit 1956 sammelt und Kunstinstallationen in der Villa, ihren Nebengebäuden und im 33 ha großen Park ermöglicht. Allein zum Grundstock der Privatsammlung gehören mehr als 150 Werke; auch afrikanische und präkolumbianische Kunst hat Graf Panza gesammlt (geöffnet in der Regel Di–So 10–18 Uhr; Infos über aktuelle Ausstellungen und Kongresse: www.fon doambiente.it).

IAT: 21100 Varese, Via Carrobbio 2, Tel./Fax 03 32 28 36 04, www.varese landoftourism.it.

Crystal Hotel: Via Speroni 10, Tel. 03 32 23 11 45, Fax 03 32 23 71 81, www. crystal-varese.it. Freundliches, renoviertes Stadthotel im Zentrum mit 44 kleineren, aber komfortablen Zimmern und 1 Suite, ohne Restaurant. DZ/ÜF 150–190 €.
Bologna: Via Brogli 7, Tel. 03 32 23 43 62, Fax 03 32 28 75 00, www.albergobologna.it; 1. Aug.-Hälfte geschl. Einfaches, aber komfortables, familiär geführtes, zentrales Hotel mit 18 gut eingerichteten Zimmern; **Restaurant.** DZ/ÜF 95 €.

Mehrere **Cafés** mit eigener Konditorei unter den Arkaden des Corso Matteotti, z. B. **Pirolla** mit schönen Geschenkideen (Haus Nr. 50), **Ghezzi** mit eigenen Plätzchenkreationen (Nr. 36) sowie das recht moderne **Angela** (Nr. 20).

Bisuschio

Reiseatlas: S. 2, D 4
Am nördlichen Ortsrand (Parkplatz gegenüber), fast versteckt hinter hohen Alleebäumen, klettert der Park der **Villa Cigogna Mozzoni** den Hang hinauf, einer der eindrucksvollsten in der Provinz von Varese. Die Dreiflügelanlage entstand in den Jahren 1530 bis 1559. Der Park wurde 1560 auf sieben Ebenen angelegt, wobei schon damals besonders darauf geachtet wurde, die Natur in die Villenräume einzubeziehen, mal direkt, mal indirekt: Ein Fenster zu den Fischteichen fungiert als Rahmen für diese, die Pergolafreskierung der tiefen Arkaden wiederum weist ins Freie.

Innen frappieren die Freitreppe mit Tromp-l'œil-Ballustrade und Panoramabilder, die wieder das Äußere nach innen zu ziehen scheinen. Die schwere Kassettendecke des Prunksaals mit dem großen Kamin steht im Gegensatz zur zarten Architekturmalerei der Wände; kannelierte Säulen verleihen dem Raum mehr Tiefe.

Die Gärten mit gestutzten Buchsbaumhecken und Blumenbeeten im italienischen Stil, die in einen sogenannten englischen Park übergehen, werden liebevoll gepflegt. Direkt hinter der Villa führt vom offenen Tempelchen am oberen Parkniveau eine breite Treppe mit 156 Stufen hinab, beidseitig von Zypressen gesäumt. Durch die Mitte ergießt sich, so es funktioniert, Wasser in kleinen Kaskaden in das Marmorbecken vor dem Haus.

Die gesamte Anlage wirkt ein wenig melancholisch, aber wunderschön und ist in eine Landschaft zwischen lieblich und fast alpin eingebettet. Am besten vorher anmelden (Tel./Fax 03 32 47 11 34, www.villacigogna mozzoni.it; offizielle Öffnungszeiten letzter März-So. bis letzter Okt.-So jeweils So, Fei 9.30–12, 14.30–19 Uhr).

Orta-See

Reiseatlas: S. 1, B 4
Der kleinere See westlich des Lago Maggiore ist aus den Gletschern des Simplon entstanden, Moränenhügel trennen ihn im Süden von der Novara-Ebene. Er ist nur 28 km² klein, liegt 100 m höher als der große Bruder und ist von dicht bewaldeten Bergen umgeben. Seine Ufer fallen im Westen steil ab. Im Os-

Rund um den Lago Maggiore

ten sind sie flacher und lassen Platz für ein so schönes Städtchen wie **Orta San Giulio** (mehr als 1100 Ew.). Es liegt auf einer Halbinsel direkt vor dem vorgelagerten Inselchen San Giulio und zeigt sich trotz seiner geringen Größe sehr urban, mit steilen Treppengassen und schmalen Straßen. In den Renaissancepalästen und barocken Patrizierhäusern befinden sich noch immer manche Handwerker und viele kleine Geschäfte, Cafés, Osterie und Ähnliches.

Das Städtchen mit seinen kieselsteingepflasterten Gassen, das auf den Sacro Monte zu aufsteigt, wird rigoros von fremden Fahrzeugen freigehalten. Eine Pause kann man auf der **Piazza Motta** einlegen, wo jeden Mittwoch seit 1228 Markt abgehalten wird und wo sich auch die Anlegestellen der Boote zur Insel befinden. Die Piazza ist umgeben von Laubengängen mit Cafés und Restaurants sowie dem großen, leider nicht mehr zeitgemäßen Hotel Orta, das Italiener aber lieben. Ihm gegenüber steht auf der Schmalseite des Platzes das hübsche kleine (alte) Rathaus von 1582 auf seiner offenen Loggia mit der zart freskierten Fassade, **Palazzotto della Comunità** genannt.

Von diesem ›Salon‹ des Städtchens genießt man den schönsten Blick auf das vorgelagerte, nur 3 ha kleine Inselchen **San Giulio,** das abends wie ein beleuchtetes Schiff wirkt, das vor dem Ufer ankert. Es ist das kunsthistorische Kleinod Ortas, beherrscht vom Kloster, dessen Nonnen (immerhin 60!) in strenger Klausur leben. Sonst wohnt nur noch eine britische Dichterin ganzjährig auf San Giulio. Im Sommer füllen sich die fast durchweg aus der späten Renaissance stammenden kleinen Villen und Paläste mit Leben; sie gehören betuchten Ausländern. Und auf der Ringgasse, auf der man in weniger als einer halben Stunde die Insel umrunden kann, schieben sich Neugierige zur **Basilica San Giulio** (im Sommer 9.30–12.15, 14–18.45, Mo erst ab 11, im Winter bis 17.45 Uhr). Die kleine, an sich romanische Kirche wurde im Laufe der Jahrhunderte mehrfach verändert und zeigt ein verwirrendes Miteinander von romanischen Formen, gotischen Fresken und barocken Stuckarbeiten. Wer sich davon nicht beeindrucken lässt, wird Freude haben an den Freskenbildern und vor allem die wunderbar körperhafte Skulptierung der Kanzel (12. Jh.) aus schwarzgrauem lokalen Stein bewundern. Die sterblichen Überreste des Inselpatrons, San Giulio (hl. Julius), befinden sich in der reich verzierten Krypta in einem aus Glas und Silber geformten Sarkophag.

Ostersonntag und an *Ferragosto* (15. Aug.) sollte man Orta meiden, dann kommt man vor lauter Besucherströmen nicht voran und bekommt nur vorbestellt etwas zu essen.

Am gegenüberliegenden Ufer lohnt sich die Fahrt zur **Madonna del Sasso** über Alzo, fast 700 m hoch: Kein Blick über die Orta-Landschaft ist überwältigender!

Distretto Turistico dei Laghi: 28016 Orta San Giulio (NO), Via Panoramica 24, Tel. 03 22 90 51 63, www.distretto laghi.it; sehr gut: www.ortasanguillo.com.

San Rocco: Via Gippini 11, Tel. 03 22 91 19 77, Fax 03 22 91 19 64, www.hotelsanrocco.it. Wunderschönes Hotel in ruhiger Lage am See in einem aufgelassenen Kloster mit historischer Villa Gippini (18. Jh.) als stilvollem Anbau (Fresken!), individuellen, z. T. modernen 85 Zimmern, kleinem Pool, **Restaurant,** Wellnessabteilung und Parkplatz. DZ/ÜF ab 235 €.

Aracoeli: Piazza Motta 34, Tel. 03 22 90 51 73, Fax 032 29 03 77, www.ortainfo.com. Kleines Designhotel am alten Rathaus mit 7 unterschiedlichen Zimmern, Glasduschen im Zimmer, Kuschelecken, Minibar inkl.; etwas Besonderes! Parkplatz wird organisiert, Essen im nahen Restaurant Olina (s. S. 187). DZ/ÜF 130 €, Suite 140 €.

La Contrada dei Monti: Via dei Monti 10, Tel. 03 22 90 51 14, Fax 03 22 90 58 63, www.orta.net/lacontradadeimonti. 17 individuelle Zimmer in einem zauberhaften historischen Anwesen im Ortszentrum, ohne Restaurant. Sehr gepflegt und familiär. DZ/ÜF 110 €.

Piccolo Hotel Olina: Via Olina, Tel. 03 22 90 56 56, gebührenfrei auch aus D, CH 008 00 22 06 20 01, Fax 032 29 03 77, www.orta

Gotische Fresken in der Basilica San Giulio

info.com. 6 einfache Zimmer und 1 Apartment im obersten Geschoss eines einfachen Stadthauses. DZ/ÜF (im nahen Aracoeli) 65–85 €.

Olina: Via Olina 40, Tel. 03 22 90 56 56; Ruhetag Mi, Nov.–21. Dez. geschl. Das Restaurant in einem schlichten Raum mit feinerem Obergeschoss gilt als das beste Ortas. Spezialitäten: geräucherte Gänsebrust mit wilden Kräutern und Pecorino, für Vegetarier Zucchini-Carpaccio mit Basilikum, hausgemachte Pasta wie Bandnudeln mit Kalmar und Tomaten, Semmelknödel mit Rucola und Speck, frischer Seefisch mit Kartoffeln aus dem Backofen. Tagesmenü inkl. Getränke 26–30 €.

Taverna Antico Agnello: Via Olina 18, Tel. 032 29 02 59; Ruhetag Di (außer Aug.), Mitte Dez.–Mitte Feb. geschl. Zweistöckiges Restaurant in einem schlichten historischen Haus, mit lokaler Hausmannskost ohne Schnörkel. Menü ab 26 €.

Mehrere **Cafés** rings um die Piazza bieten auch preiswerten Mittagstisch oder Kleinigkeiten zu essen, z. B. **Caffè La Piazzetta** mit Restaurant im Obergeschoss; Ruhetag Di. *Primi* und Pizze ab 4,50 €.

Delikatessläden an der Piazza Motta wie **Orta Market** mit den Bitterlikören Amaro und Amaretto del Lago d'Orta, frischer Pasta, Käse, Salumi etc. (Nr. 17), Handdrucke von den Hügeln um Biella/Piemont bei **Penelope** (Nr. 26), handbemalte Keramik von Silvia Rizzi in den **Tabacchi** (Nr. 8).

Enoteca Re di Coppe: Piazza Motta 32; Ruhetag Di, sonst 10–1 Uhr und später geöffnet. Weindegustation und -verkauf. Platten mit Käse und Wurst 8,50 €, Glas Wein mit kleinen Häppchen ab 3 €.

Al Boeuc: Via Bersani 28; Ruhetag Di, sonst 11–15, 18.30–1 Uhr, Jan.–März nur Sa, So. ›Das Loch‹, wie es im Dialekt heißt, ist ein winziges Gewölbelokal, Cantina seit 1500. Wein ab 3 €, kleine Platten, Bruschette für 2 Pers. ab 6 €, am Wochenende auch warme Speisen.

Arte del Gelato: Via Olina 30. Hier wird das beste Eis von Orta und Umgebung produziert und verkauft.

Im Sommer verkehren alle 40 Min. **Linienboote** *(motoscafi)* zur Insel, im Winter nur Sa, So; ganzjährig stehen **Wassertaxis** zur Verfügung (ca. 3 € hin und zurück).

Manarola in den Cinque Terre

Kapitel 4

Ligurien

Auf einen Blick: Ligurien

Metropole, berühmte Küsten, herrliches Hinterland

Zwischen der französischen Grenze im Westen und der toscanischen im Osten erstreckt sich die Region Ligurien wie ein Regenbogen. Dieser scheint die zwischen 800 und 1500 m hohen Seealpen, die im Osten im Monte Bue (1777 m) und im Monte Saccarello (2200 m) an der französischen Grenze gipfeln, nach oben drücken zu wollen. Denn für das Hinterland ist in der Tiefe an manchen Stellen gerade mal 7 km Raum, sich auszubreiten.

Dieses Hinterland gehört zum Schönsten, was Italien zu bieten hat und bildet die Kulisse für eine Küste, die selbst an Abwechslung ihresgleichen sucht: schroffe Abhänge, die steil ins Meer fallen, wilde Bergbäche, feine Sandstrände, kiesig-steinige Buchten, Olivenplantagen auf sonnenüberfluteten Terrassen, Blumenfelder, Weinberge, Kastanienwälder.

Fast genau in der Mitte wird Ligurien durch die Regionalhauptstadt zweigeteilt, durch das altehrwürdige, prächtige Genua. Im Westen erstreckt sich die flachere Riviera di Ponente mit der viel besungenen Palmen- und Blumenriviera bis fast zum französischen Nizza – mit San Remo als berühmter Casinostadt und wunderbar sanierter historischer Altstadt, mit feinsandigen Stränden wie dem von Alassio, mit dem türmereichen Albenga oder dem unglaublich hübschen Varigotti. Östlich von Genua lockt die Riviera di Levante insbesondere mit reizvollen früheren Fischerdörfern – so Portofino, den Cinque Terre oder Camógli und Portovénere, die sich um den schönsten Sonnenuntergang streiten.

Highlights

7 Genua: Liguriens Metropole in wunderbarer Lage am Scheitelpunkt des Golfes besitzt die größte historische Altstadt Italiens und großartige Panoramen (s. S. 192ff.).

8 Camógli: Das Fischerstädtchen mit seinen hohen pastellfarbenen Häusern gilt als der schönste Ort, um einen goldenen Sonnenuntergang zu erleben (s. S. 218f.).

Empfehlenswerte Route

Von Ventimiglia über Dolceácqua nach San Remo: entlang der Nérvia zum mittelalterlichen Festungsstädtchen Dolceácqua und zum romantischen Isolabona, dann über Serpentinenstraßen nach Baiardo – zauberhafte Ausblicke garantiert (s. S. 217).

Reise- und Zeitplanung

Manch einer mag die kostenpflichtige Riviera-Autobahn als landschaftsverschandelndes Ungetüm verfluchen. Für die Region ist sie jedoch insgesamt – und emotionslos betrachtet – ein Segen, denn sie entspannt den Straßenverkehr auf der Via Aurelia und entlastet die historischen Ortschaften, bringt Urlauber und Handelsgüter schneller an ihr Ferien- bzw. Bestimmungsziel. Also: Wer längere Strecken zurücklegen will, sollte die Autostrada benut-

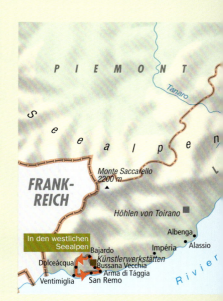

zen, die von Ost nach West die gesamte Region erschließt. Sonst nimmt man die Staatsstraße 1, die schon römische Via Aurelia, die entlang der Küste von Ort zu Ort führt.

Für Genua sollte man mind. drei Tage einplanen, eher mehr, will man auch ein wenig von der Umgebung erkunden, was Fahrten bis nach Santa Margherita Ligure ebenso bedeuten kann wie Touren in den Westen der Region. Und: Die Eisenbahnverbindungen sind in beide Richtungen hervorragend.

Schöne Aufenthaltsorte an der Küste sind im Westen San Remo, Alassio sowie Varigotti und Noli. Hier kann man ohne weiteres ein bis zwei Wochen verbringen, sich erholen und zusätzlich auf Tagesausflügen die Gegend erkunden, denn die Strecken ins Hinterland sind kurz. Für den Osten der Region gilt das für Santa Margherita Ligure, Sestri Levante sowie die Orte der Cinque Terre, für Portovénere und Lérici. Gut Betuchte wählen Portofino, um mit dem Boot die Küste zu erkunden.

Richtig Reisen-Tipps

Die schönsten Ausblicke auf Genua: ob vom Corso di Podestà, vom Nobel-Wohnviertel Carignano oder vom Belvedere Castelletto – der Aufstieg lohnt (s. S. 198)!

Für Kunstinteressierte: Besuch in den Künstlerwerkstätten von Bussana Vecchia (s. S. 214).

Wanderung von Camógli nach Portofino: Tageswanderung durch duftende Macchia mit dem Besuch des bedeutenden und wunderschön gelegenen Klosters San Fruttuoso bei Camógli (s. S. 222).

Funivia in Rapallo: mit der Drahtseilbahn zur Wallfahrtskirche Madonna di Montallegro im Zuckerbäckerstil (s. S. 224).

7 Genua

Cityplan
S. 194

Die Hauptstadt Liguriens gilt als verkannte Schönheit, schön allein schon durch ihre Lage im Scheitelpunkt des Golfes von Genua, mit den Seealpen als nahe Kulisse. Die mittelalterliche Altstadt lockt mit zahlreichen Sehenswürdigkeiten, doch der ganze Stolz Genuas sind die Paläste der prächtigen Via Garibaldi und der Hafen.

Nach Petrarcas Beschreibung von 1358 nannte man die ruhmreiche Seerepublik Genua jahrhundertelang nur noch ›die Stolze‹: »Eine königliche Stadt zu Füßen der Alpenhügel, stolz auf ihre Menschen und Mauern, deren bloßer Anblick sie als Herrin des Meeres bezeichnet.« Und Richard Wagner empfand die Stadt als »etwas so Schönes, Großartiges und Eigentümliches«, dass »Paris und London« für ihn »zu öden, formlosen Häuser- und Straßenmassen« zusammenschwanden. Wäre der Komponist auch heute so begeistert von der inzwischen knapp 605 000 Menschen zählenden Hafen-, Industrie- und Handelsstadt? Immerhin wurde sie von der Unesco für 2004 zur Europäischen Kulturmetropole gewählt. Dafür hatte sie sich ordentlich herausgeputzt wie schon 1992 zum Kolumbusjahr, 2000 zum Heiligen Jahr und 2002 für das G8-Treffen.

Riviera-Urlauber meiden Genua (ital. Genova), haben Angst vor Verkehrsinfarkt und Industrie. Genua sei hässlich, so die allgemeine Ansicht. Allein schon die Fahrt über die Hochstraße (Strada Sopraelevata) zwischen Stadt und Meer beim Überwechseln von Ost- nach Westligurien – entsetzlich! Das ja – aber im Stadtkern stehen stolze Paläste und reiche Kirchen, die Gassen der Altstadt verführen zu einem Bummel, hier duftet es nach der *focaccia*, dem würzigen, öltriefenden ligurischen Fladenbrot. Und der Hafen wandelte sich in den letzten Jahren fast zu einem Erlebnispark mit riesigem Aquarium, Museen, Hotels, Restaurants, Cafés etc.

Vom Bahnhof Principe zur Piazza Annunziata

Der Bahnhof **Principe** 1 im schauerlichschönen Zuckerbäckerstil (unterirdisch mit dem östlichen Bahnhof Brignole verbunden) ist ein geeigneter Ausgangspunkt für eine Altstadtbesichtigung, genauer die ausladende **Piazza Acquaverde** vor der *stazione* mit dem Kolumbusdenkmal.

Die Prachtbauten an der **Via Balbi,** die von hier in die Innenstadt führt, wirken etwas düster in der engen Straße, aber wer die Paläste betritt, spürt ihre ungeheure *grandezza*.

Der **Palazzo dell'Università** 2 in der Via Balbi 5 protzt mit einer Monumental-Freitreppe zum Innenhofgarten, mit Marmorbrunnen und Figuren (tagsüber problemlos zu besichtigen).

Treppen, hängende Gärten – das waren die Stärken der Architekten Genuas, die Platznot zur Tugend machten. Wo sie doch genügend Raum vorfanden, umgaben sie Brunnen und Marmorgestalten mit Blumenbeeten, pflanzten hohe Bäume, gestalteten so einen intimen Rahmen. Wie im **Palazzo Reale** (oder Balbi Durazzo) 3 in der Nr. 8, dessen Garten hinten Richtung Hafen in Schwindel erregender Höhe direkt über der Via di Prè aufhört, ein veritabler ›hängender Garten‹ mit zarten Kieselornamenten. Innen besticht der große Palastkomplex (17./18. Jh.) mit freskierten und stuckierten Prunkräumen (Di, Mi 9–13.30, Do–So 9–19 Uhr).

An der unregelmäßigen **Piazza Annunziata** steht die gleichnamige **Kirche** 4 mit ihrer klassizistischen Fassade. Der **Palazzo Belimbau** 5 gegenüber wurde 1611 errichtet und ist heute Sitz des Kulturreferats der Stadt und von Teilen der Universität. Mit seiner fast düsteren Platzfront wirkt er eher abweisend, doch wer (auf Anfrage möglich) hineinkommt, wird durch den Prunksaal mit einem einzigartigen Kolumbus-Freskenzyklus des Genoveser Künstlers Lazzaro Tavarone für die kleine Mühe entschädigt: den allegorischen Darstellungen von Kolumbus' Reisen (1627–29).

Via Garibaldi

An der kleinen **Piazza della Meridiana** beginnt Genuas prächtigste Straße, die Via Garibaldi. Genua war im 11. und 12. Jh. eine der mächtigsten Rivalinnen Venedigs und Pisas, im 13. Jh. gar die wichtigste Seerepublik des Mittelmeers, im 16. und 17. Jh. die reichste Stadt Europas. Um dies zu demonstrieren, ließ man von überallher bekannte Künstler kommen und z. T. ganze Viertel abreißen, in diesem Fall das armselige Dirnenviertel. Stattdessen enstanden Prachtbauten, wahre ›Kathedralen des Geldes‹.

So wurde der Traum von einer idealen Renaissancestadt zumindest im kurzen Straßenzug der imposanten Via Garibaldi verwirklicht. – Unterhalb der Gärten auf der Hangseite verläuft parallel der Garibalditunnel, der heute aus verkehrstechnischen Gründen nicht mehr wegzudenken ist. Nur so war es möglich, die Via Garibaldi zur strikten Fußgängerzone zu erklären.

Typisch für die Genueser Paläste schon im 15. Jh. ist der vornehme Eingangsbereich mit Vestibül und Freitreppe in einer Achse – eine Etage höher erst öffnet sich der Arkadenhof als Lichtspender und Freiluft-Repräsentationsraum, von dem seitlich Treppenaufgänge zur offenen Loggia und zum Garten führen.

Von der illustren Reihe der Paläste sind drei (mit Sammelticket) zu besichtigen: die Palazzi Rosso, Bianco und Tursi mit dem Rathaus (Di–Fr 9–19, Sa, So 10–19 Uhr).

Der **Palazzo Bianco** 6 ist ebenso wie der Palazzo Rosso für die Öffentlichkeit zugänglich – dank der Stiftung einer der reichsten

Mit der Autorin unterwegs

Renaissance satt
Prunkpaläste schmücken die **Via Garibaldi**, die feinste Straße der Stadt (s. S. 193ff.).

Typisch Genua: Zahnradbahnen
Funicolari fahren vom Largo Zecca nach Righi, vom Bahnhof Principe nach Granarolo und die kurze Strecke von der Piazza Portello zur Via Bertani.

Gen Himmel ...
Hafenpanorama der besonderen Art: Renzo Pianos **Bigo**, ein Panorama-Aufzug am Hafen, hebt Schaulustige in den Himmel (s. S. 199).

Acquario di Genova
Im modernen Aquarium schwimmen 10 000 Meerestiere in ca. 6 Mio. l Wasser (s. S. 199).

Regatta der Seerepubliken
Alle vier Jahre (im Sept.; kann aus aktuellem Anlass verschoben werden) ›bekämpfen‹ sich im Hafen die vier historischen Seerepubliken Genua, Amalfi, Pisa und Venedig. Mit farbenprächtigem **Bootscorso**.

Nabelschnur ins Grüne
Die rund 20 km lange Fahrt (Fahrradanhänger) von der Piazza Manin aus führt durch Wiesen und Wälder weiter hinauf bis ins 410 m hoch gelegene **Casella**. Die Genovesi machen das gerne im Mai und nennen die Casella- dann Fave-Bahn, weil sie mit ihr aufs Land fahren, wo man überall die frischen rohen *fave* (Saubohnen) zu Käse und Wurst zu essen bekommt (www.ferroviagenovacasella.it).

Genua günstig
Die **Card Musei** bietet freien Eintritt in die 20 wichtigsten Museen, Ermäßigungen für das Aquarium und die öffentlichen Verkehrsmittel. Die 48-Stunden-Card kostet 16 € ohne und 20 € mit Benutzung der Busse, ein Ganzjahresticket 35 € (für Schüler und Studenten 20 €). Auch online erhältlich (www.happyticket.it).

Genua

Genua: Cityplan

Frauen Genuas, Maria Brignole Sale, Herzogin von Galliera. Er birgt die Pinakothek mit der kostbaren, chronologisch präsentierten Bildersammlung der Herzogin. Darunter finden sich Gemälde italienischer Meister wie Veronse und Filippino Lippi, Caravaggio, Procaccini und Morazzone, flämischer Maler wie Rubens und Van Dyck, dem offiziellen Maler großer Genueser Familien. Eine Abteilung ist speziell Genueser Künstlern des 15. bis 18. Jh. gewidmet. Einen Blick wert ist auch der ›hängende‹ Garten des Palastes, von dem man einen schönen Blick auf den gegenüberliegenden Palazzo Rosso hat.

Durch einen Verbindungsgang (oder von der Via Garibaldi aus direkt) gelangt man in

Von der Via Roma zum Palazzo Ducale

Sehenswürdigkeiten
1. Principe
2. Palazzo dell'Università
3. Palazzo Reale
4. Santa Annunziata
5. Palazzo Belimbau
6. Palazzo Bianco
7. Palazzo Doria Tursi
8. Palazzo Rosso
9. Palazzo Spinola dei Marmi
10. Galeria Mazzini
11. Teatro Carlo Felice
12. Palazzo Ducale
13. Piazza San Matteo
14. Ponte Monumentale
15. Santo Stefano
16. Chiostro Sant'Andrea
17. Porta Soprana
18. Sant'Agostino
19. San Donato
20. Torre degli Embriaci
21. Santa Maria di Castello
22. Magazzini del Cotone
23. Acquario
24. Biosfera (Bolla)
25. Bigo
26. Galata Museo del Mare
27. Palazzo San Giorgio
28. Portici di Sottorippa
29. Torre dei Vacca
30. Commenda
31. San Lorenzo

Übernachten
1. Bristol Palace
2. Jolly Hotel Marina
3. Locanda di Palazzo Cicala
4. Moderno Verdi
5. Metropoli
6. Balbi

Essen und Trinken
7. Antica Osteria del Bai
8. Zeffirino
9. Pansön dal 1790
10. Trattoria da Guglie
11. Da Maria
12. Squarciafico

den lang gezogenen **Palazzo Doria Tursi** 7. Der Piano nobile ist für die meisten Besucher die größte Attraktion, dort gibt es vor allem Paganinis Violine zu bewundern, die er seiner Vaterstadt testamentarisch vermacht hatte. In diesem Palast ist u. a. eine wertvolle Sammlung ligurischer Keramiken ausgestellt.

Der **Palazzo Rosso** 8, der als letzter der Via Garibaldi 1671 bis 1677 gebaut wurde, besitzt noch seine Originaleinrichtung, die einen interessanten Einblick in das Leben des reichen Genueser Adels dieser Zeit vermittelt. Er gilt als einer der schönsten Paläste der Stadt. Er birgt eine weitere beachtenswerte

Genua

Blick auf die Altstadt von Genua

Bildersammlung, wieder aus dem Privatbesitz der Herzogin Brignole Sale di Galliera, darunter Veronese und Guarcino, Prety und Van Dyck sowie Dürer.

Von der Via Roma zum Palazzo Ducale

An der Piazza delle Fontane Marose blickt man auf den gewaltigen und doch zart wirkenden **Palazzo Spinola dei Marmi** 9, dessen Fassade schwarz-weiß marmoriert ist (15. Jh.). Die vier Fenster des Piano nobile zwischen den Nischen mit Spinola-Statuen wirken sehr venezianisch.

Eine hübsche, steingepflasterte Gasse, die Salita Santa Catarina (Fußgängerzone), führt zum Largo Lanfranco, von wo aus man wieder ein Stück zurück entlang der feinen Via Roma schlendern kann oder durch die **Galleria Mazzini** 10: eine glasüberdachte Konstruktion des 19. Jh. mit zwei Kuppeln. An deren Ende erhebt sich das **Teatro Carlo Felice** 11, das traditionsreiche Opernhaus Genuas: 1827 erbaut, im Zweiten Weltkrieg zerstört und rechtzeitig zum Kolumbusjahr 1992 endgültig mit modernster Technik fertig gestellt. Zusammen mit der neu gestalteten **Piazza dei Ferrari** entstand ein großer Freiraum für die Genovesi, mit plätscherndem Brunnen in der Mitte, der an heißen Sommertagen wenigstens mental Kühlung bringt. Nimmt man die angrenzende **Piazza Matteotti** dazu, ist das Ensemble städtebaulich kaum zu übertreffen. Am Platz, weit nach hinten versetzt, erstrahlt der komplett restaurierte und in seinem Inneren umfunktionierte, U-förmige **Palazzo Ducale** 12 in neuem Glanz. Im Erdgeschoss befindet sich ein einladendes Café-Restaurant, in den oberen Geschossen Prunksäle und das Apartamento Sala del Doge, unter dem Dach wieder ein Café, Kommunikationsräume und ein Behindertenzentrum. Seine klassizistische Fassade mag täuschen, in seinem Kern stammt der Palazzo Ducale noch aus dem 13. Jh., wurde ständig verändert und bekam im 17. Jh. nach einem Brand seine Fassade mit ihrer starken Betonung der horizontalen Gliederung in drei Stockwerke. Großartig ist der Innenhof, dessen doppelstöckige Arkaden eher an den Kreuzgang eines Klosters erinnern.

Die Macht besaßen in Genua einzelne Familien wie die Grimaldi, die Doria und ihre ewigen Gegenspieler, die Fieschi, Durazzo,

Spinola und Pallavicini. Sie zogen sich zurück in die Viertel der Familienclans, mit kleinem Platz, an dem ihre wichtigsten Paläste, die Kirche, die Werkstätten etc. standen.

Ein schönes Beispiel ist nördlich des Palazzo Ducale die **Piazza San Matteo** 13. Hier stehen gleich zwei Doria-Paläste und die dem hl. Matthäus geweihte Privatkirche der Familie Doria (mit zauberhaftem Kreuzgang von 1308 und Mausoleum).

Der bedeutendste Sohn der Familie, Andrea Doria, begründete den eigenen und den Reichtum seiner Stadt, als er 1528 seine 50 Schiffe in den Dienst Kaiser Karls V. stellte. Für seinen Verrat am französischen König Franz I. verlangte er Handelsfreiheit und Unabhängigkeit für die Stadt. Im Anschluss an dieses Ereignis folgte der Bau der heutigen Via Garibaldi und zahlreicher Paläste – Genua wurde reich und mächtig und schön: *Superba*, die Stolze.

Via XX Settembre

Die lange Straße ist eine endlos scheinende Meile von Modeläden, Hotels, Restaurants. Man ergeht sich unter hohen Arkaden, der Boden ist mosaikgeschmückt. Früher hieß sie Via Giulia und verlief auf gleicher Höhe wie Santo Stefano, die Taufkirche von Kolumbus, auf der linken Seite oben. Um neue, prächtigere Stadtpaläste errichten zu können, wurde die alte Straße 1890 bis 1919 in die Tiefe gesenkt. Die Kirche musste gestützt werden, was städtebaulich recht gelungen gelöst wurde. Der **Ponte Monumentale** 14, der für die Überbrückung der neuen Straße nötig wurde, überspannt sie genau dort, wo die vierte Stadtmauer Genuas verlief, 1534 bis 1536 von Andrea Doria in Auftrag gegeben. Der Blick von hier oben, mit dem Chor von Santo Stefano im linken Blickwinkel, hinab in die Via XX Settembre bis zum Palazzo Ducale, gehört zu jenen, die Genua für ›Augenmenschen‹ so aufregend macht.

Die Kirche **Santo Stefano** 15 wurde 1100 im romanisch-lombardischen Stil über der alten Kirche errichtet, die wahrscheinlich San Michele geweiht war (921) und heute als Krypta dient: der reinste Rundpfeilerwald, leider mit fantasielos beton-restauriertem Gewölbe. Der oktogonale Vierungsturm, ganz in *cotto*, wurde ebenso wie die letzten Stockwerke des Glockenturms erst um 1400 gebaut.

Von der Porta Soprana zu Sant'Agostino

Über die von typischen Stadtpalästen umstandene Via Dante gelangt man zur Piazza Dante, einer Scheußlichkeit aus Beton. Ein paar junge Ölbäume erwecken den fast melancholischen Eindruck von ›Land‹ mitten im Stein- und Betonmeer, sie umstehen den kleinen, zauberhaft efeu-umrankten **Chiostro Sant'Andrea** 16, dessen Klosterkomplex verschwunden ist. Benachbart steht das vermeintliche Kolumbushaus (fast nie geöffnet).

Eine kurze Rampe (beliebt bei den Stadtstreichern Genuas) führt hinauf zur imposanten **Porta Soprana** 17 von 1155, zusammen mit der Porta dei Vacca (s. S. 200) Rest der mittelalterlichen Festungsmauern. Hier tut sich eine eigenartig fremde Welt auf, von der lichtdurchfluteten Riesenpiazza geht es durch ein vielversprechend hohes, fein herausgeputztes Tor in dunkelste mittelalterliche Gassen. Die Stadt bemüht sich, aus diesem z. T. noch immer sanierungsbedürftigen historischen Kern ein Künstlerviertel zu machen. Ein paar Galerien sind denn auch schon eingezogen, einige wieder ausgezogen ... Als Ortsfremder ist man besser beraten, bei Dunkelheit doch lieber in ›helleren‹ Stadtvierteln zu bummeln. Tagsüber ist die Altstadt aber eine interessante Einkaufs- und Bummeloase, in der es sogar historische und kunsthistorische Kostbarkeiten zu entdecken gibt.

Die *carrugi* sind teilweise so eng, dass man sich von Haus zu Haus fast die Hand reichen könnte. Hinter der Porta Soprana geht es gleich links entlang der Barbarossa-Mauer ins **Sarzano-Viertel,** das älteste der Stadt: Es ist seit dem 4. Jh. v. Chr. bewohnt, ab 203 v. Chr. war es römisch. Später war dieser alte Kern fast menschenleer, es war bequemer, gleich am Hafen zu wohnen. Also siedelten sich hier die Orden der Dominikaner und der Augustiner an. Davon übrig geblieben ist u. a. die Kirche **Sant'Agostino** 18

Genua

Richtig Reisen-Tipp: Die schönsten Ausblicke auf Genua

Der **Corso di Podestà** und seine Verlängerung bis zu einer Art Terrasse über der **Mura Santa Chiara** und die **Mura Cappuccini** geben nach Osten einen wunderbaren Blick frei auf den darunter liegenden, parkähnlichen Viale Brigate Partigiane, auf die überdimensionale Piazza della Vittoria mit dem obligatorischen Triumphbogen und ihren faschistischen Bauten. Dazwischen ragt die feine Kuppel des Naturhistorischen Museums auf, und man blickt in schöne rechteckige Palastgärten, aus denen hohe Bäume aufragen. Von der nördlich gelegenen Brücke blickt man über die Taufkirche von Kolumbus, Santo Stefano, hinweg nach unten in die Schlucht der Via XX Settembre, Genuas Einkaufsmeile, bis hinüber zum Palazzo Ducale.

Vom feinen Wohnviertel **Carignano** aus erkennt man ganz oben, dem Auf und Ab der Hügelkette folgend, fast auf jeder Erhöhung eine Festung: der legendäre fünfte Mauerring Genuas, 1629 bis 1633 mit einer Länge von 15 km und zahlreichen *fortezze* (Festungen) auf den Hügeln errichtet.

Belvedere Castelletto besitzt eine wirklich schöne Aussicht, quasi von der anderen Seite, vom nächsten Hügel aus: Von hier blickt man auf die Via Garibaldi direkt unterhalb, über die gesamte Altstadt hinweg bis zu den hoch aufragenden Türmen des hypermodernen Corte Lambruschini. Bis zum Hafen erstreckt sich die eigentliche Altstadt hinter der Porta Soprana.

Besonders schön ist aber **der Blick auf den Hafen**: rechts die Lanterna von 1543, das Wahrzeichen Genuas und der vielleicht schönste Leuchtturm der Welt (119 m hoch); links der elegant geschwungene Bogen des alten Hafens (12. Jh.) mit dem Molo Vecchio. Geradeaus erblickt man San Lorenzo, die stolze Kathedrale, links davon den lang gestreckten Palazzo Ducale. Der gedrungene Backsteinturm in der Mitte ist die Torre degli Embriaci. Der nächste Blick aber gilt den Palästen der Via Garibaldi: Ihre großen Dächer sind mit flachen hellen Steinplatten, einer Art Schiefer aus Lavagna, bedeckt. Fast verschämt – und städtebaulich eine gelungene Lösung – verstecken sich die Neubauten am Palazzo Tursi (mit dem Rathaus) links zu Füßen der Betrachter unter grasbewachsenen Flachdächern.

---

von 1270, deren Campanile – einzig in Genua – mit Keramik verziert ist. Hinter der restaurierten Fassade verbirgt sich eine aufgelassene dreischiffige Basilika, heute Konzertsaal. Das dazugehörige Kloster wurde zum **Museo di Architettura e Scultura Ligure/ Museo di Sant'Agostino,** eines der architektonisch besonders gelungenen Beispiele, wie man Altes und Modernes verknüpfen kann. Und eines, das für die Genueser eine melancholisch-nostalgische Bedeutung hat: Hier wurden Stücke aus ihren im Zentrum zerstörten Kirchen integriert. Wunderschön sind die Steinmetzarbeiten aus dem dreieckigen Kreuzgang von Sant'Agostino, etwa ein Marmorrelief von 1290, das den Hafen von Pisa darstellt: naiv, wie von Kinderhand geschaffen, zwei Ketten schließen die Hafeneingänge für die Nacht, Türme, stilisierte Wellen (Di–Fr 9–19, Sa, So 10–19 Uhr).

Zwischen San Donato und Piazza Cavour

Am Ende der schmalen Via del Teatro Nazionale blitzt der oktogonale Turm von **San Donato** [19] durch. Der Vico Vegetti führt in den Vico Amandorla aus rotem *cotto*, dann zum Vico Santa Maria in Passione und auf der anderen Seite die Salita alla Torre degli Embriaci abwärts, zur **Torre degli Embriaci** [20], einem Verteidigungsturm von 1100. Man muss sich fast den Hals verrenken, um den rusticograuen Turm bis zur Zinnenkrone aus Backstein bewundern zu können. 1292 wurden auf Anordnung der Stadtverwaltung alle Privattürme gekappt, weil sie den Rathausturm an

Molo Vecchio

Höhe nicht übertreffen sollten. Nur dieser Turm durfte in voller Pracht stehen bleiben – wegen der hohen Verdienste des Guglielmo Embriaco bei den Kreuzzügen 1098 und 1101: Er brachte die Reliquien Johannes des Täufers und den Sacro Catino (im architektonisch wunderbaren Museum unter San Lorenzo zu sehen, s. S. 200) aus Caesarea nach Genua. In besagtem gläsernen Becken soll sich Jesus beim letzten Abendmahl die Hände gewaschen haben, darin soll auch sein Blut aufgefangen worden sein.

Ein Kleinod ohnegleichen ist im Gassengewirr der Altstadt **Santa Maria di Castello** 21, wahrscheinlich die älteste Marienkultstätte der Stadt (6. Jh.). Interessant sind in der ersten, freskierten Kapelle links ein Marmoraufbecken aus einem frühchristlichen Sarkophag und in der Cappella del Crocifisso das Kruzifix (Kopie, mit Haaren verschönert): Das Original aus dunklem Zedernholz befindet sich im Kapitelsaal im oberen Stockwerk und stammt wahrscheinlich aus dem Orient. ›Cristo Moro‹ nennen die Genueser das wundertätige Kruzifix wegen seiner dunklen Farbe, das zwischen 1095 und 1099 in die Seefahrerstadt gekommen sein soll.

Den Kapitelsaal mit den Wappen der Grimaldi (Gründer Monacos) zwischen den Fenstern betritt man über den Kreuzgang in luftiger Höhe mit nur zwei Arkadengängen. An der Längswand des Kreuzgangs hat Justus (ital. Giusto) von Ravensburg 1451 eine herrliche Verkündigung in Fresko gearbeitet, das Abbild einer deutschen (!) Küche (Mo–Sa 9–12, 15.30–18.30, So/Fei nur 15.30–18.30).

Molo Vecchio

Weit ragt der **Molo Vecchio** ins Meer hinaus – und ist nach den groß angelegten Sanierungsmaßnahmen seit den 1990er Jahren ein echter Gewinn nicht nur für die Stadtsilhouette. Zentrum des Umbaus sind die **Magazzini del Cotone** 22 (Baumwolllagerhäuser), sie nahmen für die Republik Genua die Notration für den Ernstfall auf und dienen seit der kompletten Restaurierung für das Kolumbusjahr 1992 als supermoderne Kongress- und Ausstellungsräume. Inzwischen wurde darin ein Ableger des Aquariums eingerichtet, **La Città dei Bambini e dei Ragazzi** (Di–So/Fei Okt.–Juni 10–18, Juli–Mitte Sept. 11.30–19.30 Uhr), ein für Drei- bis 14-Jährige konzipiertes Technologiemuseum, in dem sie alles auf Augenhöhe sehen können.

Gegenüber lockt das supermoderne **Acquario** 23 mit seinen riesigen Tanks voller Mittelmeerfauna. In Zahlen: 6 Mio. l Wasser, 10 000 m^2 Fläche, 10 000 Meerestiere aus 800 Arten, 200 Becken für die Pflege und Aufzucht der Tiere, 200 Pflanzenbecken, 70 Ausstellungsbecken auf zwei Etagen. Kein Wunder, dass jährlich 20 000 kg Fisch verfüttert und an die 1,2 Mio. Besucher gezählt werden! Buchladen, Souvenirshop, Cafeteria runden das Angebot ab, zur Eintrittskarte gibt es einen 3D-Film für Zuhause (mind. 2 Std. einplanen; März–Juni, Sept./Okt. Mo–Mi, Fr 9–19.30, Sa, So, Fei 9–20.30, Juli/Aug. tgl. 9–23, Nov.–Feb. Mo–Fr 9.30–19.30, Sa, So, Fei bis 20.30 Uhr).

Zwischen den Magazzini del Cotone und dem Acquario ragt die sogenannte **Piazza delle Feste** ins Hafenbecken, der neue Festplatz mit weiter Kuppel, daneben die geradezu waghalsige Konstruktion, die wie ein umgekehrtes Schirmgerippe aussieht und wie die kreisrunde **Biosfera** 24 (oder **Bolla**; s. Foto S. 39) vom italienischen In-Architekten Renzo Piano geschaffen wurde. Sie hebt Schaulustige für ein besonderes Hafenpanorama in den Himmel: **Bigo** 25, der Panorama-Aufzug (Mo 14–18, Di–So, Fei 10–18 Uhr, Juli/Aug. tgl. 10–23 Uhr).

Gen Himmel …
Eine Spezialität Genuas: **Aufzüge** (!) zwischen Via Balbi/Piazza Acquaverde am Bahnhof Principe und dem Castello d'Albertis, zwischen Piazza Portello/Galleria Garibaldi und dem Belvedere Castelletto. Sonst nimmt man die meist jahrhundertealten **Treppengassen** (teilweise mit *cotto* belegt), die wunderschöne Aussichten bieten, aber aufwärts nichts für ›Fußkranke‹ sind.

Genua

Zu Genua als Metropole am Meer gehört auch der Besuch des modernen **Galata Museo del Mare** 26 (März–Okt. tgl. 10–19.30, sonst Di–Fr 10–18, Sa, So, Fei 10–19.30 Uhr, Einlass nur bis 1 Std. vor Schluss) zur Geschichte der Seefahrt, wo man natürlich u. a. Cristoforo Colombo begegnen wird.

Piazza del Caricamento

In der Mitte der inzwischen verkehrsberuhigten Piazza steht der prächtige **Palazzo San Giorgio** 27. Eine Seite strahlt in reinster Gotik, die andere im Renaissancestil. Der Palast ist heute Sitz der Hafenverwaltung und daher normalerweise nicht zugänglich. Aber schon die Außenansicht lohnt. Hier diktierte Marco Polo 1295 bis 1299 sein berühmtes Werk ›Il Millione‹ (Deutsch: ›Von Venedig nach China‹).

Der Abstecher nach Westen führt hinter San Giorgio zur langen Hafenfront mit den **Portici di Sottoripa** 28, den breiten Bogengängen unter den Palästen. Die gedrungenen Konstruktionen des 12. und 13. Jh. gehen in die Portici des 19. Jh. über: Orient pur! Genauso wie in der parallel dazu verlaufenden Via Prè, die hinter der trutzigen **Torre dei Vacca** 29 beginnt, dem zweiten erhaltenen Tor der mittelalterlichen Stadtbefestigung.

An der **Piazza della Commenda**, bis hierher reichte früher der alte Hafen, erhebt sich der schön restaurierte Komplex der **Commenda** 30 mit dem Spital der Ritter vom Heiligen Grab in Jerusalem und der Kirche **San Giovanni di Prè** von 1180. Hier, im ersten echten Steingewölbe Genuas, wurden die Johannesreliquien (ein Finger und zwei Wirbel) zuerst aufgehoben, bevor sie nach San Lorenzo gebracht wurden. Die Commenda selbst ist eine wundervolle Komposition von dreigeschossigen Loggien und Biforien.

Von der Piazza Banchi zur Kathedrale

Hinter San Giorgio und der lebhaften Piazza Banchi mit der großbogigen Loggia dei Mercanti bieten die verwinkelten *carrugi* um die Via degli Orefici, die Straße der Goldschmiede, ein Stück lebhafte Altstadt. Um wieder ins Stadtzentrum zu gelangen, nimmt man die Via San Lorenzo, die in gerader Linie zur Kathedrale **San Lorenzo** 31 führt. Ihre Fassade ist so hoch, dass man Mühe hat, einen Gesamteindruck ihrer Pracht zu bekommen. Während der obere Teil, dessen linker Turm niemals vollendet wurde, mit einfachen schwarz-weißen Streifen geschmückt ist und dadurch Biforien und Rosette stärker wirken, zeigt sich das untere Geschoss in schönster französischer Gotik: Die drei Portale sind mit gedrehten und zierlich behauenen Säulen und Pfeilern geschmückt, dazwischen feinste Steinintarsienarbeiten. Seit dem 9. Jh. ist die Bautätigkeit an dieser Stelle überliefert, das 12. Jh. hat noch in den Seitenportalen für San Giovanni (Süd) und San Gottardo (Nord) die Umbauten überdauert, doch das Meisterwerk gipfelt eindeutig in den gotischen Elementen der drei Fassadenportale und der ersten Gewölberippen im Inneren (tgl. 8–12, 15–19 Uhr). Das Kostbarste ist hier, neben dem Kirchenschatz im Untergeschoss, u. a. mit dem sogenannten Sacro Catino, dem gläsernen Kelch (s. S. 199; Mo–Sa 9–12, 15–18, 1. So des Monats 15–18 Uhr), die **Cappella San Giovanni Battista**. Der einem Schatzkästchen ähnelnde Reliquienschrein stammt aus der Kirche San Giovanni di Prè. Die wundervollen Renaissancefiguren der Kapelle wurden u. a. dem Toscaner Andrea Sansovino anvertraut.

IAT: Hauptsitz Via Sottoripa 5, 16124 Genova, Tel. 01 05 57 43 72, Fax 01 05 57 43 71, genovaturismosede@comune.genova.it, www.apt.genova.it (mit Auskunftsbüros am Hafen, Flughafen und Bahnhof Principe, Tel. 01 02 53 06 71). Infostand der Stadt an der Piazza Matteotti.

Bristol Palace 1: Via XX Settembre 35, Tel. 010 59 25 41, Fax 010 56 17 56, www.hotelbristolpalace.com. Hotel von 1900 mit schmiedeeisernem Treppenhaus. 133 Zimmer, 5 Suiten, sehr gepflegt mit Stilmöbeln, **Restaurant;** beste Bummellage. DZ/ÜF 160–420, Weekend ab 130 €.

Galeone im Porto Antico

Genua

Jolly Hotel Marina [2]: Molo Ponte Calvi 5, Tel. 01 02 53 91, Fax 01 02 51 13 20, www.jollyhotels.com. Supermodern und doch gemütlich auf der Mole, 133 Zimmer, 7 Suiten; **Restaurant,** Garage. DZ/ÜF 315–445; Weekend ab 160 €.

Locanda di Palazzo Cicala [3]: Piazza San Lorenzo 16, Tel. 01 02 51 88 24, www.palazzocicala.it. Ruhiges Designerhotel zw. Hightech und Maurischem im Palazzo des 16. Jh., 11 individuelle Zimmer. DZ/ÜF 180–290 €.

Moderno Verdi [4]: Piazza Verdi 5, Tel. 01 05 53 21 04, Fax 010 58 15 62, www.modernoverdi.it. Jugendstilpalast, 87 Zimmer, kleiner Salon; Garage. DZ/ÜF 160–320 €.

Metropoli [5]: Piazza Fontane Morose, Tel. 01 02 46 88 88, Fax 01 02 46 86 86. www.bestwestern.it/metropoli_ge. Supermodern in alten Mauern, 48 Zimmer (mit Teekocher), Parkettböden. DZ/ÜF 112–198 €.

Balbi [6]: Via Balbi 21/3, Tel. 01 02 75 92 88, Fax 010 25 23 62, www.hotelbalbigenova.it. Zauberhaftes Hotel im 2. OG eines Palastes von 1870, 14 komfortable, z. T. freskierte Zimmer und Frühstücksraum. DZ/ÜF 100 €.

Die Restaurants Genuas sind im Allgemeinen hochpreisig; preiswerte Lokale sind werktags schnell belegt. **Cafés** bieten zu den Drinks kleine, oft sehr viele Häppchen.

Antica Osteria del Bai [7]: Via Quarto 12, 7 km östl. von Genua, Tel. 010 38 74 78; Ruhetag Mo, 1.–20. Aug. geschl. Historisches Lokal, elegantes Holzambiente, schöne Lage am Meer, hervorragende Fischküche, insbesondere roher Fisch. Menü ab 45 €.

Zeffirino [8]: Via XX Settembre 20 (Treppe), Tel. 010 59 19 90. Gehobene Trattoria-Atmosphäre, freundlicher Service, hausgemachte Pasta, Fischspezialitäten. Menü ab 35 €.

Pansón dal 1790 [9]: Piazza delle Erbe 5/r, Tel. 01 02 46 89 03; Ruhetag So Abend, Mitte Aug. geschl. Traditionsreiches Lokal mit großer Sommerterrasse. Ligurische und Genoveser Spezialitäten, vor allem Fisch, u. a. *baccalà* (Stockfisch). Menü um 40 €.

Trattoria da Guglie [10]: Via San Vincenzo 64/r, Tel. 010 56 57 65; Ruhetag So, sonst nur bis 21.30 Uhr. Vorne rustikal, hinten feiner gedeckt. *Primi* wie *torta pasqualina*, Pizza auch stückweise, Kutteln, *bollito* mit grüner Soße. Gutes Essen ab 15 €.

Da Maria [11]: Vico Testadoro 14/r, Tel. 010 58 10 80; nur werktags mittags, Ruhetag So. Urige Trattoria in Miniräumen auf 2 Etagen. Große Auswahl, so lange der Vorrat reicht, etwa *trenette con pesto (*Pasta), *ravioli con sugo,* Tintenfisch mit Kartoffeln. Tagesmenü inkl. Getränke 9 €.

Squarciafico [12]: Piazza Invrea 3/r, Tel. 01 02 47 08 23. Stimmungsvolles Kellerlokal in historischer Zisterne (abends fein), werktags mittags Brot, 1 Gericht und *caffè* ab 7,50 €.

Mercato Orientale: vormitags an der Via XX Settembre.

Die Jugend trifft sich abends u. a. an der **Piazza delle Erbe** vor den Eisdielen (z. B. **Cremeria delle Erbe**) oder an der **Piazza Sarzana** in den Pubs zum Aperitif (ca. 17–20 Uhr). In der Fußgängerzone um die Via Cairoli locken Cafés/Bars mit Cocktails, z. B. das **Caffè Meridiana** an der Piazza della Meridiana 12/r.

Nightlifetipps: www.cosafaistasera.it.

Genuas schönste **Strände** (meist nur schmal) – mit *bagni* und Wassersportmöglichkeiten – liegen im Osten und Westen der Stadt. Gute Busanbindung im Sommer.

Internationaler **Flughafen** Cristoforo Colombo 6 km westl. Bustransfer und Taxi zum Zentrum.

Fährverbindungen: 2 x in der Woche mit Sardinien. Im Sommer **Bootsverbindungen** mit anderen ligurischen Häfen, **Ausflugsboote.** EC-Strecke La Spezia – Nizza.

U-Bahnlinie Piazza dei Ferrari – Piazza Sarzana – Piazza Caricamento – Porta dei Vaca.

Busverbindungen in die Provinz und zu den anderen großen Städten Liguriens.

Innerstädtische Busse in dichter Folge vor allem zwischen Bahnhof, Hafen und historischem Zentrum.

Aufzüge zwischen Zentrum und Hügeln (s. S. 199); **Zahnradbahnen:** s. S. 193.

Von Genua nach Westen

Reiseatlas S. 27–29

Die Riviera di Ponente ist zweigeteilt. Jahrzehntealte, hohe Palmen wiegen ihre schweren Wedel im Wind – sie gaben dem westlichen Küstenabschnitt bis Impéria den Namen ›Palmenriviera‹. Dahinter erstreckt sich bis zur französischen Grenze die ›Blumenriviera‹ mit zwei der berühmtesten Badeorte Italiens: Alassio und San Remo.

Die Riviera di Ponente ist im Gegensatz zur Riviera di Levante östlich von Genua sozusagen die Baderiviera, mit meist flach abfallenden, feinsandigen Stränden. Blumen, Büsche und Bäume ›quellen‹ aus Gärten und Parks, als wollten sie die ganze Riviera verschlingen: Farben und Düfte, die Auge und Seele erfreuen! Die Bahn ratterte bis noch vor wenigen Jahren sogar vor San Remo die Küste entlang, nun führt man sie in großen Abschnitten durch kostspielige Tunnel im Hinterland.

Hinter dem fast feudalen San Remo tut sich eine Welt aus Gewächshäusern auf, die an Scheußlichkeit ihresgleichen sucht. Die Blumenzucht für ganz Europa, auch als Grundsubstanz für Parfums, hat sich bewährt: An die 30 Mio. Nelken und Hunderttausende anderer Blumen werden auf etwa 1500 ha Land angebaut. Ein besonders ›eindrucksvolles‹ Beispiel bieten die Täler von Tággia nahe San Remo, dessen Hinterland, hügelaufwärts, fast nur aus Treibhäusern besteht.

Schon Mitte des 19. Jh. kamen die ersten ausländischen Reisenden und blieben z. T. für immer: Russen, Engländer und Deutsche. Sie genossen die milden Winter und waren Wegbereiter für die touristische Entwicklung der Region. Ihre Villen gehören heute zu den Attraktionen der italienischen Riviera. Außerdem finden sich einige bedeutende Einrichtungen: Der englische Botaniker Thomas Hanbury legte 1867 bei Bordighera den damals prächtigsten Botanischen Garten Europas an. Und 1898 entstand das kleine, aber sehr interessante Museum bei den Balzi Rossi mit Funden aus den Höhlen.

Recht provinziell ist die Provinzhauptstadt Savona, die sich mit wenig historischer Substanz begnügen muss. Doch ist sie eine hübsche ›Beamtenstadt‹ mit angenehmen Bummelpassagen unter langen Portici-Reihen und großzügigen Plätzen. Südlich davon locken hübsche Seeorte wie Noli und Varigotti oder das von hohen schiefen Türmen geprägte Albenga. Schon ist Alassio mit seiner intensiven Badekultur am langen feinen Sandstrand erreicht, mit ausgewogener Hotellerie, die auch außerhalb der Badesaison lockt.

Alte Bergdörfer wie Cervo, das schon städtische Tággia oder das verlassene Bussana Vecchia sind interessante Ausflugsziele, eine sehr schöne Tour führt von Letzterem ins Hinterland nach Baiardo und Apricale sowie nach Dolceácqua mit seinem befestigten historischen Kern.

An der Palmenriviera

Reiseatlas: S. 28, D–F 1–3

Albisola

Eilige überwinden die Strecke auf der Autobahn, und Kluge tun es ihnen wenigstens im Abschnitt Genua – Voltri nach, denn hier herrscht ein anscheinend unvermeidbares Verkehrschaos! Etwas ruhiger wird es an der

Von Genua nach Westen

Sie gehören an der ligurischen Küste noch zum alltäglichen Bild: die Fischer

prachtvollen **Bucht von Varazze** mit Yachthafen und einer palmengeschmückten, langen Strandpromenade. Dahinter versteckt sich rechts der Via Aurelia der lebhafte Ort mit engen Gassen und großem Markt.

Das kleine **Celle Ligure** mit seinem herrlichen Pinienhain oberhalb des schönen Sandstrandes folgt auf dem Fuße. Dann **Albissola Marina,** ein lang gezogener Strandort direkt an der Hauptstraße, nichts Aufregendes, aber bei italienischen Familien beliebt.

Landeinwärts liegt das Keramikzentrum **Albisola,** das seit dem 17. Jh. von und für die Keramik lebt. Hier sollte man nicht versäumen, ins historische Zentrum Albisolas vorzustoßen, zumindest zur **Chiesa della Concordia** am gleichnamigen kleinen, anmutigen Platz. In der dreischiffigen Basilika zeigt sich die alte, künstlerische Keramiktradition von Albisolo: Aus dem Jahre 1576 stammt der ›Anbetung der Hirten‹, eine wunderschöne Wandtafel aus vierfarbigen Majolikaplatten.

i IAT: 17012 Albissola Marina (SV), Passeggiata Montale 21, Tel. 01 94 00 20 08, Fax 01 04 00 30 84, albisola@inforiviera.it.

 **Ceramiche San Giorgio**: an der Hauptstraße. Man kann auch bei der Arbeit zuschauen.

Savona

Die Provinzhauptstadt (knapp 62 000 Ew.), heute Italiens bedeutendster Kohle-Importhafen, ist die größte Stadt der Westriviera. Sie stand im Laufe der Geschichte immer im Wettbewerb mit Genua, weshalb sie 1528 auf Befehl von Andrea Doria zerstört wurde. Zum Glück verhalfen Napoleon und später die Savoyer Savona zu einem neuen Hafen, Grundlage der florierenden Wirtschaft. Und auch zu eleganten Plätzen (z. B. Piazza Diaz) und Straßen (z. B. Via Paleocapa) mit großzügigen Palästen im Piemonteser Stil des 19. Jh. Diese stehen im Gegensatz zu den engen *caruggi* und den Wohntürmen der Altstadt, die typisch für Ligurien sind.

Ein kurzer Rundgang sollte zumindest zur **Via Paleocapa** mit ihren langen eleganten Portici führen. Auf halber Höhe zweigt die Via Pia, die Hauptstraße des alten Savona, ab zum **Palazzo Della Rovere,** der Familie, die zwei Päpste stellen sollte: Sixtus IV. und Julius II. Kein Wunder also, dass es in Savona eine zweite **Sixtinische Kapelle** gibt, die auf Veranlassung von Sixtus IV. 1481 bis 1483 neben der Kathedrale geschaffen wurde – als Mausoleum für die päpstlichen Eltern. Im 18. Jh. wurde die Kapelle im Rokokostil umgebaut, erhielt schwungvolle Stuckverzierungen und Fresken. Die barocke **Nostra Signora Assunta** (1602) selbst besitzt einige Gemälde ligurischer Meister und ein Marmorkruzifix (1499); das **Baptisterium** (15. Jh.) stammt noch von der alten Kathedrale.

> **i** **IAT:** 17100 Savona, Corso Italia 157/r, Tel. 01 98 40 23 21, Fax 019 80 36 72, savona@inforiviera.it.

Noli

Das alte Küstenstädtchen war von 1202 bis 1797 Seerepublik, die fünfte Italiens! Überragt wird es vom bewaldeten Monte Ursino. Der schmale Strand vor dem Zentrum wird wochenends von jungen Leuten bevölkert und ist vom Straßenlärm der Via Aurelia beeinträchtigt. Ganz offen: Für das, was es bietet, ist Noli als Ferienort zu teuer – für die italienische Jugend aber seit Jahren einfach ›in‹. Und so sind die Tische in den meist übertreuerten, wenn auch sehr guten Fischrestaurants immer voll. Aber im Schutz der Stadtmauer mit dunklem gedrungenen Bogengang durch das Städtchen mit seinen kleinen Häusern (z. T. 13. und 14. Jh., so die Via Colombo) zu flanieren, bereitet außerhalb der Saison Vergnügen. Was die in die Kirchen- und Hauswände eingelassenen Keramiken (seit dem 9. Jh.) mit byzantinischen und islamischen Motiven bedeuten, ist nicht bekannt.

Das Zentrum ist verkehrsberuhigt, fremde Autos müssen auf dem großen, ausgewiesenen Platz parken.

In der zum Museum umfunktionierten romanischen Kirche **San Paragorio** (ab 11. Jh.) am Rande des Städtchens sind neben anderen Schätzen ein großes, vielfarbiges Holzkreuz des hl. Antlitzes (Volto santo, 12. Jh., manche sagen gar des 7. Jh.), der Bischofsthron aus dem 13. Jh. sowie ein sarazenisches Fayence-Waschbecken erhalten. Auf schlan-

An der Palmenriviera

Mit der Autorin unterwegs

Zu Gast im Orient?
Fast orientalisch muten die kleinen Häuser am grobsandigen, aber einladenden Strand von **Varigotti** an (s. S. 206).

Unterwegs in der Unterwelt
In den beiden **Grotten von Toirano** wurden Spuren von Steinzeitmenschen und Höhlenbären gefunden (s. S. 207).

6000 Pflanzen und mehr
Villa Hanbury: Auf Terrassen angelegter, herrlicher Botanischer Garten (s. S. 216f.).

Finsterstes Mittelalter
Dolceácquas Castello, zu dem eine grazil geschwungene Steinbrücke führt (s. S. 217).

Olivenöl aus Stellanello
Öl direkt von der Mühle bekommt man in vielen Dörfern des Hinterlandes, z. B. in Stellanello, von Alassio wie von Laiguéglia einfach zu erreichen, bei **Domenico Bestoso,** Ortsteil Borgonuovo, Mo–Sa 8.30–12.30, 14–19 Uhr. Und bei **Simone Rossi,** Ortsteil San Damiano/Pilone, im Winter Mo und Fr, im Sommer n. V. (Tel. 01 82 66 80 85).

Gegen den kleinen Hunger
Es empfehlen sich zwei ligurische Spezialitäten: **farinata**, ein dünner Fladen aus Kichererbsenmehl mit Wasser, Olivenöl, Salz und rohen Frühlingszwiebeln, der im Holzofen gebacken wird, und **foccacia**, eine etwas dickliche Pizzaart mit unterschiedlichem, jedenfalls kargem Belag wie Rosmarinnadeln, wenigen Zwiebelringen, Oliven u. a.

Radtouren in der Provinz Genua
So heißt ein Radreiseführer, der insgesamt **900 km Touren** genau beschreibt – mit Adressen für Unterkünfte, Radwerkstätten und Sehenswürdigkeiten sowie 30 Karten. Erhältlich ist er auch im deutschen Buchhandel (Galli-Verlag, 128 Seiten, 12,90 €).

Von Genua nach Westen

ken Monolithsäulen mit frühromanischem Gewölbe ruht die Krypta. Alles in allem: eine der ältesten und reichsten romanischen Basiliken aus der Christianisierungszeit Liguriens (Di, Do, Sa, So 10–12, 17–19 Uhr).

IAT: 17026 Noli (SV), Corso Italia 8 (in der Stadtmauer), Tel. 01 97 49 90 03, Fax 01 97 49 93 00, noli@inforiviera.it.

Italia: Corso Italia 23, Tel./Fax 019 74 89 71, www.hotelitalianoli.it, Nov. geschl. Traditionshotel, 15 renovierte Zimmer, mit Balkon; gutes **Restaurant.** DZ/ÜF 94–99 €.
Miramare: Corso Italia 2,Tel. 019 74 89 26, Fax 019 74 89 27, www.hotelmiramarenoli.it; 6 Wochen Nov./Dez. geschl. Familiäres Haus, 28 Zimmer; **Restaurant.** DZ/ÜF 100 €.
Ines: Via Vignolo 1, Tel. 019 74 54 28. Pension im Herzen Nolis, 16 schlichte Zimmer; **Restaurant.** DZ/ÜF 70 €.

Nolis Fischrestaurants sind dafür bekannt, dass sie nur frischen Tagesfang verarbeiten (s. o. Hotels), besonders beliebt: **Ines:** s. o. Zwei Galerien, im Winter Ruhetag Mo. Fisch, Krustentiere. Menü ab 35 €.

Bar Sirito: Corso Italia 26. Angeblich das beste Eis der Küste …

Regatta der Stadtviertel: 1. Sept.-So; mit prächtigem Umzug zum Strand, wo der Ruderwettbewerb unter den vier historischen Stadtteilen beginnt.

Varigotti

Das historische Fischerdorf zwischen der Via Aurelia und dem Meer ist von ganz besonderem Zauber und reine Fußgängerzone, der Strand zwar grobsandig, aber lang. Doch das Schönste an Varigotti sind die alten Fischerhäuser: wahre Juwelen mediterran-arabischen Baustils in Pastelltönen, entstanden ab dem 14. Jh.

IAT: 17029 Varigotti (SV), Via Aurelia 79, Tel. 019 69 80 13, Fax 01 96 98 88 42, varigotti@inforiviera.it (nur in der Saison).

Arabesque: Piazza Cappello da Prete 50, Tel./Fax 019 69 82 62, www.turismo inliguria.it mit guten Links; Ostern–Sept. Zauberhaftes Hotel in typischem Varigotto-Stil im Ortskern, 31 lichte Zimmer, schöner Salon mit Bar. **Abendrestaurant;** Parkplatz. DZ/ÜF 75–170 €, Abendessen 17 €.

Finale Ligure

Die Ferienidylle ist dreigeteilt: Von Norden kommt man zuerst nach **Finale Pia** mit der Benediktinerabtei Santa Maria di Pia, Häusern aus dem 16. Jh. und schmalem Strand. Dagegen besitzt **Finale Marina** über einen tiefen Bachlauf hinweg einen sehr breiten, feinsandigen Strand und eine herrliche, doppelte Palmenallee. Über allem thront 2 km landeinwärts **Finalborgo,** der historische Kern (ab 12. Jh.) mit seinen intakten Mauern und der Grafenburg der Del Carretto (15.–18. Jh.). Die Lage ist besonders schön: oben durch die Burg und unten auf drei Seiten geschützt durch die beiden Wildbäche Aquila und Porra, die hier zusammenfließen.

Man betritt die Altstadt durch die spätgotische **Porta Testa** mit ihrem Glockenaufsatz und ist schnell beim aufgelassenen **Convento Santa Caterina** (ab 1395, Kreuzgänge Ende 15. Jh.), das für das **Museo Archeologico del Finale** (Archäologisches Museum; Di–So Juli/Aug. 10–12, 16–19, Sept.–Juni 9–12, 14.30–17 Uhr) und kulturelle Veranstaltungen genutzt wird. An der Piazza del Tribunale breitet sich der gleichnamige Palazzo aus dem 15. Jh. aus, hübsche Häuser umstehen die Piazza Garibaldi, von der es wenige Schritte bis zur **Porta Reale** mit freskierter Fassade und dem hoch aufragenden, spätgotischen Glockenturm sind.

IAT: 17024 Finale Ligure, Finale Marina, Via San Pietro 14, Tel. 019 68 10 19, Fax 019 68 18 04, finaleligure@inforiviera.it.

Internazionale: Finale Marina, Via Concezione 3, Tel. 019 69 20 54, Fax 019 69 20 53, www.internazionalehotel.it; Nov./Dez. geschl. Modernes, familiär geführtes Hotel zentral an der Promenade, 32 komfor-

An der Palmenriviera

table Zimmer, **Restaurant.** DZ/ÜF 87–135 €.
Rosita: Via Mànie 67, 3 km nordöstlich, Tel. 019 60 24 37, Fax 019 60 17 62, www.hotel rosita.it. Ruhig in den Hügeln, Golfpanorama, familiäre Führung. 9 freundliche Zimmer, **Restaurant mit Sommerterrase.** DZ/ÜF 65–89 €.

Ai Torchi: Via Annunziata 12, Finalborgo, Tel. 019 69 05 31; Ruhetag Di (außer Aug.), 7. Jan.–10. Feb. geschl. Fischrestaurant in einer historischen Ölmühle; gepflegt. Fischmenü ab 47 €.

Höhlen von Toirano

3 km von der Küste – und schon ist man in fast unwirtlicher Berglandschaft. Für den Ausflug sollte mind. ein halber Tag eingeplant werden, weil auch der Ort **Toirano** mit seinem landwirtschaftlichen **Museo Etnografico della Val Varatella** (tgl. 10–13, 15–18 Uhr) einen Besuch wert ist. Hauptthema: das Olivenöl mit allen Infos über Erzeugung und Vermarktung.

Etwa 1,5 km entfernt liegen die vorgeschichtlichen, inzwischen miteinander verbundenen **Höhlen von Bàsura und Santa Lucia** (tgl. 9.30–12.30, 14–17 Uhr). Steinzeitmenschen haben hier auf der Jagd nach Höhlenbären ihre Spuren hinterlassen. 1280 m weit geht man durch das Labyrinth, Strickjacke und gummibesohlte Schuhe sind wichtig, ebenso eine Taschenlampe, um vom Führer unabhängig die Wunderwelt aus Stalagmiten und Stalaktiten sowie anderen Zauberstücken der Natur bewundern zu können. Nach anderthalb Stunden hat man das Gefühl, einen ganzen Tag in dieser Unterwelt verbracht zu haben, so erlebnisreich ist sie, besonders der Saal der Abdrücke mit den ersten Spuren prähistorischer Menschen, auch der Bärenfriedhof und gemeinsame Spuren von Menschen und Bären.

Im **Museo Preistorico** nebenan (gleiche Öffnungszeiten) sind viele der in den Grotten gemachten Funde zu sehen.

IAT: 17055 Toirano (SV), Piazzale Grotte, Tel. 01 82 98 99 38, www.toirano grotte.it.

Albenga

Schon im 5. Jh. v. Chr. war Albenga von ligurischen Stämmen bewohnt. Das römische *albingaunum* wurde später Hafen und Nachschublager für die Provinzen Gallia und Hispania, ein typisches *castrum* von 300 x 200 m Größe (heute noch zu erkennen). 1098 nahm Albenga mit eigener Flotte zusammen mit Genua, Noli, Savona und Ventimiglia am ersten Kreuzzug teil, bevor die Stadtrepublik 1251 von Genua ›geschluckt‹ wurde.

50 Geschlechtertürme sollen im Mittelalter bis zu 60 m hoch aus der befestigten Stadt herausgeragt haben, die meisten wurden später zerstört. Nur ein Dutzend von ihnen hat die Jahrhunderte überdauert. Besonders eindrucksvoll sind die drei höchsten im Zentrum an der **Piazza IV Novembre/Piazza San Michele**: der Glockenturm der Kathedrale mit nach oben aufgelockerten Biforien- und Triforienöffnungen, daneben der gleich hohe, ähnliche Turm des Palazzo Vecchio und gegenüber der fast fensterlose Turm des Rathauses.

Hinter der Chorapsis der Kathedrale versteckt sich die perfekt erhaltene mittelalterliche **Piazzetta dei Leoni,** der Platz der Löwen mit dem Sitz der Grafen von Costa-Balestrino (14. Jh.). Ein Zeltdach überspannt einen massigen, niedrigen Bau, der unnatürlich geduckt wirkt. Dieses Baptisterium aus dem 5. Jh., das 2,5 m unter dem Straßenniveau liegt, ist nur durch den Palazzo Vecchio mit dem **Civico Museo Ingauno** (Di–So 10–12.30, 14.30–18, im Sommer 9.30–12.30, 15.30–19.30 Uhr) mit römischen und mittelalterlichen Funden zu betreten: Liguriens bedeutendstes frühchristliches Monument mit einem farbig so frisch strahlenden Mosaik gegenüber dem Eingang, als sei es gestern fertig gestellt worden. Dabei handelt es sich um ein byzantinisches Original aus dem 6. Jh.

Nicht versäumen sollte man an der Piazza San Michele noch das **Museo Navale Romano** (Öffnungszeiten wie Museo Civico), in dem Teile des größten bisher bekannten römischen Schiffswracks (60 x 9 m) ausgestellt sind. Etwa 180 v. Chr. soll das Schiff eine

Von Genua nach Westen

Abendstimmung nach einem turbulenten Badetag in Alassio

Meile vor der Küste untergegangen sein. Mitsamt mehr als 10 000 Amphoren voller Wein, Nüssen und Getreide. Angeschlossen ist eine Sammlung von Apothekengefäßen aus der Keramikmanufaktur von Albisola.

Im Bischofspalast mit dem **Museo Diocesano** (Di–So 10–12, 15–18 Uhr) in der Via Episcopio schmücken die Wappen und Namen der Bischöfe von Albenga ab dem Jahre 451 den Hauptsaal. Doria und Fieschi, Rovere und Medici sind darunter – kein Wunder, dass Albenga so reich ausgestattet wurde!

Albenga hatte sich im 13. Jh., vielfach von Piraten belästigt, einen Fluchtort geschaffen: **Villanova d'Albenga**, 4 km entfernt, heute jenseits der Autobahn. Wehrmauern und Türme zeichnen daher den hübschen Ort aus. Und wie fast überall im Hinterland bedecken meist Ölbaumplantagen die Terrassen.

IAT: 17021 Albenga (SV), Piazza Corridoni, Tel. 01 82 55 84 44, Fax 01 82 55 87 40, albenga@inforiviera.it.

La Meridiana: 17033 Garlenda (SV), Via ai Castelli, Tel. 01 82 58 02 71, Fax 01 82 58 01 50, www.lameridianaresort.com. Traumhaftes Landhaus beim Golfplatz (Relais & Chateaux); März–Nov. 12 geschmackvolle Zimmer, 16 Suiten; 2 **Restaurants,** ausgesuchter Weinkeller. Poollandschaft in weitläufigem Park; Parkplatz. DZ/ÜF 260–380 €.
Sole Mare: Lungomare Cristoforo Colombo 15, Tel. 018 25 18 17, Fax 01 82 54 52 12, hotelsolemare@tiscali.it. Einfaches Haus an der Uferpromenade, familiär; Dez. geschl. 24 große, funktionelle Zimmer; **Restaurant mit Fischküche.** DZ/ÜF 80–115 €, Menü 35 €.

Antico Frantoio Sommariva: Via Mameli 7. Öl- und Weinmuseum in historischer Ölmühle. Verkauf von Olivenprodukten, www.oliosommariva.it.

Tauchen: Vor der Küste kann man auf einer Sandbank nach Schiffswracks und um die Insel Gallinara herum in der felsigen Unterwasserwelt tauchen. Infos: IAT (s. l.).

An der Palmenriviera

Alassio

Er ist unbestritten der beliebteste Familienbadeort der Riviera, schließlich können sich fast 4 km flach abfallender Sandstrand sehen lassen – ideal für kleine Wasserratten –, und auch hinsichtlich der Sport- und Unterhaltungsmöglichkeiten erfüllt Alassio jeden Wunsch. Viele Hotels stehen direkt am feinsandigen Strand, im historischen Ortskern wie im neueren Zentrum gibt es zahlreiche Geschäfte aller Kategorien. Am *muretto* gegenüber dem einst ruhmreichen Caffè Roma haben sich von Hemingway angefangen alle verewigt, die hier waren und Rang und Namen hatten/haben. Sommerkarneval im Juli und Miss-Muretto-Wahl im August sowie ein breites kulturelles Angebot sind weitere Attraktionen von Alassio.

Hier existiert noch der **Budello,** die historische, für Ligurien typische, bogenüberspannte Hauptgasse parallel zum Meer, damals wie heute die Einkaufszeile (eigentlich Via XX Settembre) und hauptsächlich von kleinen Häusern aus dem 16. und 17. Jh. flankiert. Zum Schutz des Ortes entstand im 16. Jh. ein Wachtturm, heute eine dekorative, schlicht **Torrione** oder **Bastione** genannte historische Erinnerung, die Alassios Strand in zwei Abschnitte teilt.

Den schönsten Blick auf den herrlichen Strand von Alassio bekommt man von der langen Mole (einfach *Il Molo* genannt) in seiner Mitte oder vom Belvedere Nightingale im nördlichen **Santa Croce** mit dem gleichnamigen Kirchlein (13. Jh.), über die Strada Romana Santa Croce erreichbar.

IAT: 17021 Alassio (SV), Via Mazzini 68, Tel. 01 82 64 70 27, Fax 01 82 64 78 74, alassio@inforiviera.it.

Während der Saison ist es schwierig, Zimmer mit Frühstück zu bekommen; normalerweise wird Vollpension gebucht, für Halbpension werden nur 10 % des VP-Preises abgezogen! Die ausgewählten Hotels befinden sich im typischeren, nördlichen Teil, gerne **Spiaggia del Sole** tituliert.

Lido: Via IV Novembre 9, Tel. 01 82 64 01 58, Fax 01 82 64 31 41, www.hotellidoalassio.it; Ostern–Ende Okt. Renoviertes Strandhotel (eigenes *bagno)* der 1920er Jahre; helles Ambiente, **Restaurant.** 55 komfortable Zimmer. DZ/VP 130–300 €.

Diana Grand Hotel: Via Garibaldi 110, Tel. 01 82 64 27 01, Fax 01 82 64 03 04, www.hoteldianaalassio.it; außer Weihnachten/Neujahr Nov.–Feb. geschl. Gesellschaftlicher Mittelpunkt des ›Nordstrandes‹ an der Promenade, mit modernem Anbau; eigener Strandabschnitt, beheizbares Hallenbad, **Restaurant**/Ballsaal mit großer Terrasse; Parkplatz. 57 unterschiedliche Zimmer. DZ/ÜF 180–252 €, HP 282–332 €.

Savoia: Via Milano 14, Tel. 01 82 64 02 77, Fax 01 82 64 01 25, www.savoiahotel.it; Nov. geschl. Modernisiertes Strandhotel mit großer Terrasse, **Restaurant;** Parkplatz. 35 kleinere Zimmer. DZ/HP 162–212 €.

Eden: Passeggiata Cadorno 20, Tel. 01 82 64 02 81, Fax 01 82 64 30 37, www.edendalasio.it; April–Mitte Okt. und Weihnachten/Neujahr. Familiäres Strandhotel von 1925, kleiner

Von Genua nach Westen

> **Hotelbuchung in Alassio**
> Achtung bei Buchung eines Hotels im Süden von Alassio: Man muss sich noch eine ganze Weile genau erkundigen, wo das ausgewählte Hotel steht, denn im Süden klafft eine riesige Baustelle dort, wo das elegante Grand Hotel Alassio mit Tiefgarage und Einkaufszentrum wieder aufgebaut wird.

Salon, **Pergolarestaurant;** kostenloser Radverleih. 29 kleine, hohe Jugendstilzimmer. DZ/ÜF 75–110, DZ/VP 82–104 €.
Ambra: Via Garibaldi 123, Tel. 01 82 64 06 26, Fax 01 82 64 33 51, www.hotelambra.it. Älteres, sympathisches Hotel (Anfang 20. Jh.) in zweiter Reihe, kleine Bar, **Gartenrestaurant,** kostenloser Radverleih. 23 komfortable Zimmer. DZ/VP 76–124 €.

Siehe Hotels, wo die meisten Gäste zu speisen pflegen. Sonst finden sich meist teure Edelrestaurants, auch ein von Michelin besterntes **(Palma,** Via Cavour 11, Menü ab 50 €).

Caffè Roma: Corso Dante Alighieri 312. Edel- und Traditionsadresse, seit 2005 total neuer Look, ganz in Weiß.
Generell gilt eher das **Lungomare**, also die Strandpromenade, als ›in‹, auch für das abendliche Vergnügen. Vielfach gibt es hier Live Musik in Lokalen, die kommen und gehen. Am sichersten fährt man noch mit den Piano Bars der Hotels, die auch Gäste von außerhalb akzeptieren.

Unzählige Boutiquen bekannter Modemarken, Delikatessläden, Antiquitäten etc. Ideal: die **Fußgängerzone** Via XX Settembre/Budello, Corso Dante Alighieri und die kurze Promenade der Via Volta.

Sommerkarneval mit langem Wagencorso: Juli.
Miss Muretto: Schönheitswettbewerb, bei dem (nicht nur) ganz Alassio Kopf steht; Ende Aug.

Radtouren und **Wanderungen** (markierte Wege ins Hinterland).
Wassersport aller Art.

Bahnstation auf der EC-Strecke Genua – Nizza, auch **Lokalbahn.**
Ausflugsboote im Sommer entlang der Küste.

Laiguéglia

Südlich von Alassio liegt als schönste Nachbarin Laiguéglia, über die Verlängerung der Strandpromenade zu Fuß bequem zu erreichen. Die kleinen Häuser des Fischerdorfes sind in kräftigen Farben gestrichen, aus ihrem Konglomerat erhebt sich mit Blick auf das Meer die Kirche **San Matteo** mit ihren beiden verspielten Glockentürmen, Zeugnis des Wohlstandes, den die Fischer im 17. und 18. Jh. mit dem Korallenhandel erzielten. Der runde **Baluardo**, ein Wachtturm (16. Jh.) zur Verteidigung Laiguéglias gegen Pirateneinfälle, erhebt sich direkt am Meer.

In der zauberhaften, parallel zum Strand verlaufenden Altstadtgasse mit dem obligatorischen **Budello** reihen sich kleine Geschäfte aneinander. Die Fußgängerzone präsentiert sich heute so wie in allen alten Fischerorten der Westriviera: enge Straßen zwischen hohen Häusern, die Stützbogen oder gar Wohnräume in luftiger Höhe miteinander verbinden.

Laiguéglia ist preiswerter als das nahe, fast mondäne Alassio und einladend-schön sein Strand, an dem man den Fischern beim Flicken der Netze zuschauen kann.

Mambo: Via Asti 5, 17053 Laiguéglia (SV), Tel. 01 82 69 01 22, Fax 01 82 69 09 07; Feb.–Sept. Einfach, familiär geführt, Ortsrandlage, **Restaurant;** Parkplatz. 22 große moderne Zimmer. DZ/ÜF 90 €.

Mambo: s. o. Geräumiges Restaurant mit guter ligurischer Hausmannskost, vor allem auf Fischbasis. Menü ab 18 €.

Johannesfest: 24. Juni. Mit großem Feuerwerk auf der Mole und 5000 Lichtern auf dem Wasser.

An der Blumenriviera

Cervo

Reiseatlas: S. 28, D 3

Cervo ist der erste Ort der Blumenriviera, ein Bilderbuchort, zu dem man von der Via Aurelia eine kurze Bergstraße hochfahren kann: Parkplatz vor der Mauer, Eintritt ins Mittelalter über Kopfstein- und Kieselpflaster mit roten Ziegelstreifen in der Mitte. Mehrere Ölmühlen bieten ihre Produkte an, das berühmt-gute Olivenöl Westliguriens, das zähflüssig und grünlich-trüb ist und wirklich nach Oliven schmeckt. Auch Wein wird verkauft, und kleine, teure Restaurants locken mit *terrazza panoramica*, von wo aus sich großartige Ausblicke auf das Meer öffnen. Am schönsten ist die Sicht allerdings von der barocken Kirche **San Giovanni Battista** auf halber Höhe, auf deren Terrasse vor der geschwungenen barocken Fassade (innen im 18. Jh. stuckiert) und auf der Piazza eine Etage höher im Sommer Kammerkonzerte stattfinden.

Pro Loco: Piazza Santa Caterina 2, im Castello, 18010 Cervo (IM), Tel./Fax 01 83 40 81 97, infocervo@rivieradeifiori.org, www.cervo.com.

San Giorgio: Via Alessandro Volta 19, Tel./Fax 01 83 40 01 75; Nov. und Jan. geschl. Kleines, liebevoll eingerichtetes ›Hotel‹ mit nur 2 Suiten. DZ/ÜF 130–180 €.

San Giorgio: s. o. Berühmtes Abendrestaurant (im Sommer auch mittags geöffnet) in herrlicher Panoramalage; Ruhetage Mo Abend und Di. Dazu gehören Enoteca und Olioteca. Intime Atmosphäre, Spitzendecken, kleine Räume, schmale Terrasse mit Meerblick. Verfeinerte ligurische Fleisch- und Fischspezialitäten wie *tagliata* oder Eintopf von feinsten Meeresfrüchten und Krustentieren. Degustationsmenü 55 €.

Cervo ist bekannt für **schönes Kunsthandwerk aus Holz.**
Wochenmarkt: Do.

Impéria

Reiseatlas: S. 28, D 3

Die Provinzhauptstadt hat zwei Seelen in der Brust: eine klassizistisch-kühle namens **Oneglia** im Osten (hier wurde am 30.11.1466 Seeadmiral Andrea Doria geboren) und eine fröhlich-bunte namens **Porto Maurizio,** die sich im Westen vom Fischerdorf den historischen Hügel hinaufzieht. Mussolini ließ die beiden verfeindeten Nachbarstädte 1923 zusammenführen, es entstand Impéria, ein ligurisches Öl-Imperium. Für Olivenöl, versteht sich, das hier bereits im 17. Jh. gerühmt wurde. Vom Hafen Oneglia aus verschiffen auch heute die größten italienischen Erzeuger ihre Fässer und Kanister in den Rest der Welt.

Wer mehr über das allseits geschätzte Elixier wissen möchte, ist im **Museo dell'Olio** der Familie Carli in **Oneglia** richtig (Via Garessio 11, Tel. 00 800 70 80 00 00, kostenlos auch aus dem Ausland, www.oliocarli.de). Neben der Sammlung lohnt auch der Einkauf (Mo–Sa 9–12.30, 15–18.30 Uhr).

Viele der **Ölmühlen** Westliguriens findet man landeinwärts um **Dolcedo,** wo Kenner natürlich gleich in einem *frantoio* das ›Gold Liguriens‹ kaufen und nicht ab Fabrik.

IAT: 18100 Impéria, Viale Matteotti 37, Tel. 01 83 66 01 40, Fax 01 83 66 65 10, infoimperia@rivieradeifiori.org.

Relais San Damian: 7 km Richtung Vasia, Strada Vasia 47, Tel. 01 83 28 03 09, Fax 01 83 28 05 71, info@san-damian.com. Oase der Ruhe inmitten von Olivenhainen, 9 elegante und komfortable Zimmer; Garten, Pool. Parkplatz. DZ/ÜF 120–140 €.
Croce di Malta: Porto San Maurizio, Via Scarincio 148, Tel. 01 83 66 70 20, Fax 018 36 36 87, www.hotelcrocedimalta.com. Modernes Hotel in Meeresnähe; gutes **Restaurant.** 39 komfortable Zimmer. DZ/ÜF 90–130 €.

Siehe auch **Hotel Croce di Malta,** Tagesmenü ab 20 €.
Clorinda: Oneglia, Via Garessio 98, Tel. 01 83 29 19 82; Ruhetag Mo, Aug. geschl. Familiäre

Von Genua nach Westen

Trattoria am Ortsrand mit ligurischer Hausmannskost auf Fleischbasis. Menü ab 20 €.

 Wochenmarkt: Mo und Do in Impéria Porto Maurizio, Mi, Sa in Impéria Oneglia.

Tággia
Reiseatlas: S. 27, C 3/4
Arma di Tággia ist als Badeort wahrlich nichts sagend – umso überraschender aber ist Tággia selbst, das in der Beuge der Autobahntrasse 4 km landeinwärts liegt, am rauschenden Torrente Argentina. Kein Augenschmaus ist die Autobahnbrücke in Schwindel erregender Höhe – wohltuend harmonisch wirkt dagegen die 15-bogige (!) **Argentina-Brücke.** Ihre Gründung ist zwar römisch, aber die heutige Konstruktion soll aus dem 15. Jh. stammen. 300 m ist sie lang, ein wenig krümmt sie sich, der steinerne Weg folgt den verschieden hohen Bogen. Es ist ein Vergnügen, sie zu überqueren.

Erst wirkt die Stadt spröde, unzugänglich. Ihre Häuser sind hoch, aus dunklem Stein, die Gassen dazwischen eng, auch noch mit Bögen und Toren überwölbt. Dann zeigt Tággia seine Besonderheiten: Schieferportale an den teils verfallenen, bröckelnden **Adelspalästen** aus der Renaissance, z. B. an der Via San Dalmazzo 103 (Basrelief der Familie Porro, 1473) und 147 (Portal der Familie Capponi, 14. Jh.) oder das Basrelief mit der ›Geburt Christi‹ in der Via Lercari 10.

In erhöhter Lage zeigen Kirche und Kloster von **San Domenico** (1460) lombardische Einflüsse in der Struktur. Bei der jüngsten Restaurierung wurden die dekorativen Schwarz-Weiß-Streifen im Genueser Stil wiederhergestellt. Im Kreuzgang fallen die gedrungenen Bögen auf, die auf schwarzen Basaltsäulen ruhen. Aber die Attraktion schlechthin ist das Innere der Kirche und der Klosteranlage: eine wahre Pinakothek, die wohl bedeutendste Bildersammlung Westliguriens mit Werken aus dem 15. und 16. Jh. Refektorium und Kapitelsaal sind von Canavesio freskiert, die Bibliothek von Brea; angeschlossen ist ein Museum (tgl. 9–12, 15–17, im Sommer bis 18 Uhr).

San Remo
Reiseatlas: S. 27, C 4
Der fast aristokratisch wirkende Ort (56 000 Ew.) ist in riesige Parkanlagen am Hang eingebettet. Unterhaltung (inkl. **Casino** von 1905) und Sport sowie hervorragende Einkaufsmöglichkeiten sind das Aushängeschild von San Remo, ebenso wie eine sehr gepflegte Hotellerie mit Swimmingpools, guten bis hervorragenden Restaurants, schönen Badeanstalten. Und einem zur Piazza Castello aufsteigenden, beständig sanierten *centro storico,* der **Pigna**, mit netten Lokalen und bewohnten Häusern.

Ein Prunkstück im Stadtbild ist die **russisch-orthodoxe Kirche** mit ihren farbenfrohen Zwiebeltürmchen, Erinnerung an die große russische Kolonie, die sich hier wohl fühlte und 1874 die Zarin Maria Alexandrowna zu Besuch hatte. Sie ließ die Palmen an der Strandallee pflanzen, die ihren Namen erhielt: Corso Imperiatrice, Corso der Kaiserin. An der Ausfallstraße nach Osten steht die Jugendstilvilla des Dynamitfinders Alfred Nobel, der hier fünf Jahre bis zu seinem Tod 1896 wohnte.

Zu Füßen der Altstadt sind zwei alte Kinos nennenswert: das **Cinema Tabari** in der Via Matteotti 107, 1929 im italienischen Libertystil gebaut und aufregend schön, und das **Sanremese** in der Via Matteotti 200, ganz in Blau mit weißem Stuck. Und eine weitere Kino-Attraktion: das **Ariston**, wo im Februar das Festival della Canzone stattfindet.

Durch das Verlegen der Bahnlinie ins Hinterland hat San Remo enorm gewonnen: mehr Ruhe und eine schöne lange Strandpromenade, die diesen Namen verdient, mit Parks und Spielplätzen. Am alten Hafen am Stadtrand mit der **Capitaneria del Porto** gegenüber dem hübschen **Forte di Santa Tecla** (1775) hat man zum schicken Treff gemacht mit Café Permare (s. S. 215). Im Osten wurde der **Porto Sole** mit 890 Liegeplätzen ausgebaut, alles zusammen ist durch zwei lange Molen gegen die Wellen geschützt.

San Remos Altstadt ist voller Leben

Von Genua nach Westen

Richtig Reisen-Tipp: Bussana Vecchia

3 km von der Küste bergwärts kommt man nach Bussana Vecchia, das auf manchen Landkarten noch als Ruine eingezeichnet ist. Das alte Bergdorf spiegelt noch heute den Schrecken wider, den ein verheerendes Erdbeben am frühen Morgen des 23. Februar 1887 in Westligurien verbreitete. Von Bussana Vecchia blieb außer dem Kirchturm von Santa Maria nichts aufrecht stehen. 55 Menschen starben unter den Trümmern.

Fast ein ganzes Jahrhundert lang geschah nichts, Flüchtlinge aus Süditalien, die sich nach dem Zweiten Weltkrieg im Dorf niederließen, wurden sogar vertrieben. Bis sich Ende der 1960er Jahre eine **internationale Künstlergruppe** zusammenfand und das Bergdorf ›besetzte‹. Ein altes italienisches Gewohnheitsrecht (wer ein unbewohntes Haus mit Schloss und Riegel versieht, darf darin bleiben) ›erlaubte‹ es ihnen. So wurden immer mehr **Künstlerwerkstätten** eingerichtet, Ställe ausgebaut, Zimmerchen bewohnbar gemacht. Schön, aus verwittertem Gemäuer ein Fensterchen mit einem bunten Keramikteller herausleuchten zu sehen, eine Metallplastik im kleinen Innenhof zu entdecken, kunstvollen Schmuck in einer winzigen Werkstatt. Leider gibt es inzwischen aber auch kitschige Souvenirs. Denn auch in Bussana bringen das meiste Geld nun einmal die ›normalen‹ Touristen, nicht diejenigen, die sich für Kunst interessieren.

Fazit: den Ort an Wochenenden, Feiertagen und im Hochsommer unbedingt meiden! Man kommt meistens erst gar nicht bis oben hin, und wenn, findet man keinen Parkplatz und muss zurück, falls es Platz zum Wenden gibt …

APT: 18038 San Remo (IM), Largo Nuvolini 1, Tel. 018 45 90 59, Fax 01 84 50 76 49, www.rivieradeifiori.org.

Royal Hotel: Corso Imperatrice 80, Tel. 01 84 53 91, Fax 01 84 66 14 45, www.royalhotelsanremo.com, Nov.–Feb. geschl. Traditionsreichstes Haus am Platz mit dem Charme der Zeit um 1900 in einem blühenden Garten hoch über der Strandpromenade. Beheizbarer Meerwasserpool, Terrassenservice im Sommer, Tennis; schöne Zimmer und Suiten; **sehr gutes Restaurant.** 127 Zimmer und 13 Suiten, DZ/ÜF 328–426 €, feines Menü ab 65 €.

Nazionale: Corso Matteotti 3, Tel. 01 84 57 75 77, Fax 01 84 54 15 35, www.hotelnazionalesanremo.com. Geschmackvoll renoviert, direkt beim Casino. 79 Zimmer, 6 Suiten. **Restaurant** und **American Bar** für Snacks, Sonnenterrasse. DZ/ÜF 150–244 €, Suiten bis 724 €.

Eletto: Via Matteotti 44, Tel. 01 84 53 15 48, Fax 01 84 53 15 06, www.elettohotel.it. Zentral, familiär, 23 einfache Zimmer, **Restaurant;** Parkplatz. DZ/ÜF 80–99 €.

Sole Mare: Via Carli 23, Tel. 01 84 57 71 05, Fax 01 84 53 27 78 www.guesthousesolemare.it. Zimmervermietung: 5 ordentliche Zimmer mit Meerblick zwischen altem Hafen und Altstadt; Benutzung aller Einrichtungen des Hotels Sole Mare. DZ 60–100 €.

Die Restaurants gehören der gehobenen Kategorie an, die meisten Urlauber speisen ohnehin in ihren Hotels.

Nuovo Piccolo Mondo: Via Piave 7, Tel. 01 84 50 90 12; Ruhetage So, Mo, Juli geschl. Familiäre Trattoria in geschmackvoller Atmosphäre, vegetarische Gerichte und Fisch, Kaninchen und Rinderrouladen auf Genovesisch. Menü ab 30 €.

Bacchus: Via Roma 65, Tel. 01 84 53 09 90; durchgehend 10–21 Uhr, Ruhetag So. Enoteca und Tavola Calda, traditionelle Gerichte, mittags drei bis vier Gerichte, sonst *salzige Torten* (focacce u. Ä.). Gericht ab 6 €.

Permare: Porto Vecchio, im alten Lagerhaus

An der Blumenriviera

der Hafenkommandantur, Tel. 01 84 50 37 55; tgl. von früh bis Mitternacht geöffnet. Modernes, angenehmes **Café** mit langer Terrasse zum Hafen. Mittags Spezialmenü nach Wahl um 20 €; **Aperitif** 18.30–20.30 Uhr, um 4 €.

… in Riva Ligure:
Ein kleiner, unscheinbarer Ort mit langer schmaler Meerespromenade ca. 5 km östlich von San Remo ist ein Ausflugsziel für Fischfreunde. Mehrere Lokale locken wie
Leandro: Via Martiri 81, Tel. 01 84 48 59 66, Ruhetag Mi. Am besten während der Woche aufsuchen, weil das einladende Lokal am Meer dann nicht so überlaufen ist. Frischfisch und Krustentiere, Tintenfisch mit Kartoffeln, aber auch Schnecken und Ziegenfleisch, ebenfalls Pizza. Menü ab 25 €.

… in Bussana:
La Kambusa: Via al Mare 87, Tel. 01 84 51 45 37; Ruhetag Mi, Mitte Sept.–Mitte Okt. geschl. Stilvolles Abendlokal am Meer, mit Fisch- und Fleischspezialitäten. Feines Menü ab 36 €.

In San Remo muss man ins **Kino**! Und auch ins berühmte **Spielkasino** – wenigstens zum Schauen. Außerdem gibt es ständig Namen und Betreiber wechselnde Diskotheken bzw. Cafés, die bis tief in die Nacht geöffnet bleiben, beständiger ist z. B.
Victory Morgana Bay: mit der Disco Silk zwischen altem und neuem Hafen über dem Strand. Alles riesig, doch angenehm die Designerarchitektur eines Schiffes. Frühstückscafé, Bistro mit leichtem Mittagessen und Aperitif (19–21 Uhr), Cocktailbar und Nachtcafé (11–3, Di nur 11–15 Uhr außer Juli/Aug.).
Permare: s. o.
La Pigna: Die Altstadt lockt mit Weinlokalen und Restaurants, die bis tief in die Nacht geöffnet bleiben.

Festival della Canzone: Feb./Anfang März; Schlagerwettbewerb, der weltweit übertragen wird.
Segelregatta: Ostern.
Das **Casino** (www.casinosanremo.it) genießt Weltruhm.

Alle Arten von **Wassersport** am schmalen, gut ausgerüsteten Strand, Infos am Hafen.
Golfplatz: San Remo degli Ulivi, 5 km nördl., Tel. 01 84 55 70 93.

Bahn: wichtiger Halt auf der EC-Strecke Genua – Nizza.

Bordighera
Reiseatlas: S. 27, B 4

Der einst altmodisch-elegante Badeort mit seinen zahlreichen Palmengärten – die Stadt gilt als die palmenreichste Italiens – ist recht provinziell geworden. Viele der großen Jugendstilvillen aus der Zeit der Entdeckung durch Engländer, Deutsche und Russen, die früher feine Hotels mit illustren Gäste beherbergten, sind in Wohnungen umgewandelt worden. Das hat die Infrastruktur der Stadt (12 000 Ew.) empfindlich verändert, belastet sie. Natürlich ist die parallel zum Strand führende Bahnlinie nicht gerade förderlich, aber die 2 km lange Promenade ist breit und die wenigen Strandbars sind sehr einladend, der richtige Platz für den Genuss schöner Sonnenuntergänge bei einem Drink mit Aperitifhäppchen, im Visier Monte Carlo und Nizza. Darunter erstreckt sich der Kieselstrand.

Die **Oberstadt** mit ihren mittelalterlichen Gassen ist eine Augenweide, schön mit Kieselsteinchen und *cotto* gepflastert. Nette *trattorie* und Lebensmittelgeschäfte zeugen vom neuen Leben in alten Mauern. Von oben genießt man hübsche Ausblicke auf die Küste bis Ventimiglia und zur französischen Riviera und darunter zum Yachthafen.

Bordigheras lebendigste Tradition ist mit den vielen Palmen eng verbunden, die *palmuréli*. Aus den zarten Blättern im Inneren der Bäume werden kunstvolle Figuren geflochten, am Palmsonntag ausgestellt und einige von ihnen an den Vatikan geschickt. Am selben Tag findet ein 25 km langer Palmenmarsch statt.

IAT: 18012 Bordighera (IM), Palazzo del Parco, Tel. 01 84 27 22 05, www.bordighera.it, infobordighera@rivieradeifiori.org.

Von Genua nach Westen

Villa Elisa: Via Romana 70, Tel. 01 84 26 13 13, Fax 01 84 26 19 42, www.villaelisa.com; Mitte Nov.–Mitte Dez. geschl. Zauberhaftes Hotel in Jugendstilvilla, dt. Leitung. Herrschaftliche Salons, Garten; **feines Restaurant,** Pool. 35 individuelle, z. T. ältere Zimmer; Parkplatz. Es werden Wanderungen organisiert bzw. empfohlen. DZ/ÜF 110–170 €.
Piccolo Lido: Lungomare Argentina 2, Tel. 01 84 26 12 97, Fax 01 84 26 23 16, www.hotelpiccololido.it; Mitte Okt.–Mitte Dez. geschl. Einfach, gepflegt, am Kiesstrand. 33 Zimmer mit Balkonen; **Restaurant,** Sonnenterrasse. DZ/ÜF 100–116 €.

Magiargé Vini e Cucina: Piazza Giacomo Viale, Tel. 01 84 26 29 46; Ruhetage Mo und Di Mittag, Juli/Aug. nur abends. Rustikale kleine Abend-Osteria unter Gewölbedecken in der Altstadt, tgl. wechselnde kleine kreative Karte, z. B. Tartar von Blaufisch mit Saubohnencreme, Stockfisch mit Kartoffeln und Nüssen, Fischsuppe. Guter Weinkeller. Menü ab 28 €.
Piemontese: Via Roseto 8, Tel. 01 84 26 16 51; Ruhetag Di, Nov. geschl. Modernes angenehmes Restaurant, Piemonteser Küche im Winter, Fisch im Sommer. Menü ab 21 €.

Cin Cin: Piazza Giacomo Viale. Weinlokal auf der großen Piazza in der Altstadt, Wein glasweise, auch Aperitifs.
Kukua: Lungomare Argentina, Mai–Sept. tgl. bis in die Nacht geöffnet. Strandbad, Aperitif- und Cocktailbar im Südseelook.

Wassersport: Surfen, Segeln, Wasserski, Tauchen und Fischen möglich, Auskunft am Hafen und in den Badeanstalten, Segelkurse beim Yachtclub St. Ampelio. **Wanderungen** durch das Hinterland werden u. a. von der Cooperacione STRADE organisiert, Tel. 01 83 29 02 13, info@liguriadascoprire.it (s. auch Hotel Villa Elisa).

Ventimiglia
Reiseatlas: S. 27, B 4
Zuerst empfiehlt sich ein Halt an der Brücke über den breiten Roja-Fluss. Hier gibt es außer freitags wegen des **Wochenmarktes** (der größte Norditaliens!) Parkmöglichkeiten für diejenigen, die den neuen Stadtteil von Ventimiglia (24 600 Ew.) besuchen oder am **Lungomare** zwischen den Cafés am Meer (grauer Kieselstrand) und den Hotels auf der anderen Seite flanieren möchten.

Der Blick auf die **Oberstadt** ist zwar hinreißend, aber auch aus der Ferne ist zu erkennen, wie sanierungsbedürftig sie ist. Sie zieht sich am langen Bergrücken weit ins Land hoch, man besucht sie daher am besten zu Fuß. Im Stadtteil **Piazza** mit der romanischen **Kathedrale** aus dem 11./12. Jh. mit schönem gotischen Portal und dem kleinen Baptisterium am Chor wurde bereits mit der Sanierung begonnen. Der Via Garibaldi folgend (Hinweisschild) erreicht man entlang der Via Piemonte direkt **San Michele,** das im 11. Jh. auf einem römischen Heiligtum errichtet wurde. Falls der Einlass möglich ist: Sehenswert sind die Krypta und die Fresken aus der Cimabue-Schule. Der Blick von der nahen **Porta di Piemonte** auf die Ligurischen Seealpen ist hinreißend schön.

IAT: 18039 Ventimiglia (IM), Via Cavour 61, Tel./Fax 01 84 35 11 83, infoventimiglia@rivieradeifiori.org.

An der französischen Grenze
Reiseatlas: S. 27, B 4
Ein Ausflug zur nur 8 km entfernten Grenze führt zuerst zum **Botanischen Garten der Villa Hanbury** in Hanglage über dem Meer und daher in Stufen angelegt. Thomas Hanbury, der in London geboren wurde und in Shanghai zu Reichtum gelangte, liebte diesen Küstenabschnitt und sein mildes Klima, verband die Einrichtung des Gartens 1867 mit vielen Aussichtspunkten. An die 6000 verschiedene Pflanzen gedeihen im Garten, mediterrane wie exotische. Alles ist beschriftet, Palmengarten und Australwald, Macchia-Kräuterbüsche und Oleander am Bach, Glyzinien und Flieder, Passionsblumen, Yuccapalmen, Aloe, Opuntien, Kakteen, Euphorbien.

Der Ausstellungsparcours führt durch das Areal der vier Jahreszeiten, das Gebiet der

An der Blumenriviera

Aloen, der Zyklamen, der Kakteen, durch das Anemonenfeld, den japanischen Garten, zum Drachenbrunnen, in den Garten der Wohlgerüche, das arabische Mausoleum, den Orangenhain, die italienischen Gärten, den exotischen Obstgarten, die Olivenallee, den Pinienwald, den australischen Urwald, weiter zu den Arealen der Akazien und der Bambusse und durch den Palmengarten. Integriert ist die Via Julia Augusta sowie der Palazzo Orengo di Ventimiglia mit Turm und großartiger Panoramaterrasse (tgl. 9.30–16/17 Uhr oder auf Anfrage, Tel. 01 84 22 95 07).

Gleich anschließend erheben sich hart an der französischen Grenze die **Balzi Rossi,** prähistorische Höhlen mitsamt Museum (Di–So 9–13, 14.30–18, im Sommer 9–12.30, 14–18 Uhr). In den Höhlen der ›Roten Felsen‹ fand man eine der bedeutendsten Siedlungen der Altliguren, im Museum sind einige der Funde sowie Fossilien aus dem Gebiet ausgestellt. Ansonsten herrscht hier meist Grenzrummel.

Von Ventimiglia über Dolceácqua nach San Remo
Reiseatlas: S. 27, B/C 4

Zwischen Ventimiglia und Bordighera muss man vor dem Nérvia-Fluss links abbiegen und bergwärts Richtung Pigna fahren. **Camporosso** hat rechts der Hauptstraße sein nettes *centro storico* zur Fußgängerzone ausgebaut. Das romanische Kirchlein aus dem 11. Jh. wurde im 15. Jh. freskiert.

Die mittelalterliche Festungsstadt **Dolceácqua,** das Castello mit der mächtigen Ruine der Doria-Burg darüber, mit steilen und finsteren Gassen, erhebt sich dekorativ am Berghang über dem Nérvia-Fluss. Die alte Brücke aus nur einem hohen Bogen stand Malern und Geschichtenschreibern Modell. Den Doria, im 12. bis 15. Jh. Herren von Dolceácqua, verging hier, wie überliefert wird, eine andere Freude: die Ausübung des ›Rechtes auf die erste Nacht‹. Der Bräutigam eines Mädchens, das sich dem Doria verweigerte und daher im Kerker verhungern sollte, rang dem Herrscher unter Mordandrohungen das Abschwören von diesem *jus primae noctis* ab.

Die Freude am wunderbar vollmundigen Rossese-Wein, der hier angebaut wird, sollten Reisende vorsichtig genießen. Er hat es in sich! Wer nicht widerstehen kann, sollte eine Pause einlegen: Wie wäre es auf einer Ölbaumterrasse mit Blick auf Dolceácqua?

Dem Lauf der Nérvia folgend, leicht ansteigend, fährt man an **Isolabona** vorbei, das mit seinen engen, teils noch romanischen Häusern jenseits des Flusses grüßt. Lohnend ist am Ortsende ein Blick ins Santuario Nostra Signora delle Grazie: wegen der gut erhaltenen Fresken Giovanni Cambiasos (16. Jh.).

Keine 10 km sind es von hier über **Apricale** mit den Resten des Schlosses der Grafen von Ventimiglia (und einer Künstlerkolonie) bis nach **Bajardo**. Annähernd 800 m Höhenunterschied ist in engen, steilen Kurven zu überwinden. Dafür gibt es wundervolle Ausblicke u. a. ins Tal des Bonda-Flüsschens im Norden und auf den 1627 m hohen Monte Ceppo. Das 900 m hoch gelegene Bajardo ist der ›Geburtsort‹ der *ciausun*-Torte aus Gemüse und wilden Kräutern. Der 1887 bei einem Erdbeben fast völlig zerstörte Ort wurde wieder aufgebaut. Auf dem Druidenhügel, einer alten Kultstätte, lässt sich das Chaos noch erahnen, wenn man durch die kärglichen Reste der mittelalterlichen Burg stolpert. Aber der Blick! Immer wieder sind die voralpinen Berge zu sehen, oft für den Gemüse-, Wein- oder Ölbaumanbau terrassiert. Eine langsame Fahrt über Serpentinensträßchen lohnt sich auf der Rückfahrt nach San Remo.

L'Osteria di Caterina: Piazza Padre Mauro 9, Dolceácqua, Tel. 01 84 20 50 52; Ruhetag Mo. Winzige Osteria, Tische auf der Piazza des Castello. Lokale Gerichte, z. B. Kaninchen, Pilze; Tagesmenüs 20–25 €.
Armonia: Via Roma 124, Bajardo, Tel. 01 84 67 32 83, Ruhetag Di. Historische Trattoria mit Talblick; lokale Gerichte wie Ziege mit Bohnen, Kaninchen mit Oliven, Wildschwein. Menü um 30 €.
Osteria Ra Culeta: Bajardo, Tel. 32 80 23 57 84. Winzige Osteria an der Hauptpiazza mit frisch gebackener *ciausun* aus Spinat und Käse, Salaten, Wurst- und Käseplatten (3–9 €).

Von Genua nach Osten

Reiseatlas S. 29/30

Die sogenannte Riviera di Levante von Genua bis La Spezia ist von Bilderbuchbuchten geschmückt, in die sich pastellfarbene Häusergruppen schmiegen (Camógli, Portofino, Sestri Levante, Portovénere, Lérici) oder über denen Dörfer Schwalbennestern gleich (Cinque Terre) zu schweben scheinen. Sie ist keine Baderiviera, sondern eine, die angeschaut werden will.

Immer noch wirkt die Riviera di Levante sehr privat, Hotels sind in den kleinen Dörfern eher selten, dafür meist recht teuer – mit einigen Ausnahmen in den Orten, die über einen Strand verfügen. Da häufen sich Unterkunftsmöglichkeiten, da herrscht Konkurrenz und damit sinken bekanntlich auch die Preise für einen normalen Badeurlaub.

An den schönsten Orten der Riviera werden vielfach Ferienwohnungen angeboten, auch mitten im historischen Kern in alten, oft sehr hübsch ausgebauten bzw. renovierten Mauern. Das gibt es vielfach im schönen Camógli, das in sich zu ruhen scheint, aber auch in den fünf Dörfern der Cinque Terre, die sich vor Touristen kaum retten können. Die ebenfalls zauberhaften Städtchen Sestri Levante und Portovénere dagegen besitzen eine ausgewogene Hotellerie.

Aufpassen sollte man vor der Buchung der Unterkunft, ob die Bahnlinie nicht stört; vielfach trennt sie den Strand vom Ortskern. Etwa in Chiavari und Lavagna, bei Sestri Levante verschwindet sie im Berg, taucht dann in Monéglia wieder auf und durchzieht einen Tunnel nach dem anderen bis in die Cinque Terre und dann schnurstracks nach La Spezia.

Unberührt von Bahnlärm bleiben die Halbinseln mit den schönen Orten Portofino, Sestri Levante, Lévanto, Portovénere und die Küste von Lérici. Diese Halbinseln bieten auch die aussichtsreichsten Wanderreviere.

Am Golf von Tigullio

Reiseatlas: S. 29, C 1/2, S. 30, D 2

8 Camógli

Kein Gelb ist so golden und schön wie das von Camógli, wenn die Sonne untergeht und mit letzter Kraft einen glitzernden Schleier über die pastellfarbene Häuserfront legt. Wer genauer hinschaut, wird an vielen Fassaden eine ligurische Eigenart entdecken, die nirgendwo so intensiv erhalten ist wie hier: Fenster, die keine sind. Nämlich gemalte dort, wo sie der Schönheit zwar dienlich waren, dem Wohnzweck aber entgegenstanden. Auf einer gemalten Fensterbank hockt gar eine Katze!

Im fast geschlossenen Rund des alten Hafens schaukeln noch heute Fischerboote, am kleinen Kap mit den Resten des **Castello Dragone** (14. Jh.; heute Platz für Ausstellungen) steht auch die kleine Kirche **Santa Maria Assunta** aus dem 11. Jh., die allerdings mehrmals nicht gerade zu ihrem Vorteil umgebaut wurde. Aber ihre Ausstattung mit Kunstwerken ligurischer Meister ist sehenswert, und der Blick vom Castello hinreißend schön: auf Camógli wie auf das Meer hinaus.

Camógli (ca. 6200 Ew.) blickt auch auf eine lange und interessante Geschichte als Fischer- und Seefahrerstadt zurück. Seine Flotte erreichte Mitte des 19. Jh. die Zahl von 700 Schiffen – weit mehr als Genua und so manche andere Seefahrermetropole aufzubieten hatte. Diese Flotte zog im Dienste fremder

Am Golf von Tigullio

Mächte in den Krieg oder zu Handelszwecken durch das östliche Mittelmeer. Frankreich brauchte Camóglis Schiffe für die Eroberung Algeriens und im Krimkrieg. Lebendig ist die Erinnerung an die Marine der Stadt im Schiffsmuseum **Gio Bono Ferrari** (Mo, Do, Fr 9–12, Mi, Sa, So 15–18 Uhr) und im 1874 gegründeten Nautischen Istituto Cristoforo Colombo, das bis heute Marineoffiziere ausbildet.

Der kiesige Strand von Camógli direkt vor dem Ortskern wird vor allem von Einheimischen genutzt. Die Restaurants der wenigen *bagni* locken mit frischem Fisch.

Dass ganz Camógli am zweiten Maisonntag aus den Fugen gerät, hat wie alles hier etwas mit der Seefahrtstradition zu tun: Seine Schiffer leisteten den Schwur, einmal im Jahr zu Ehren des hl. Fortunatus ein großes Fischessen zuzubereiten, das sie an jedermann kostenlos verteilen. In riesigen Gusseisenpfannen wird dann tonnenweise Fisch gebraten – zur Freude der Einheimischen wie der Touristen. Ein köstlicher Duft erfüllt die Luft, während Fischer mit erhitzten Gesichtern kleinere Bratsiebe im heißen Öl hin- und herschwenken. Am ersten Augustsonntag findet die ruhigere Bootsprozession zu Ehren der ›Stella Maris‹ mit zahllosen Lichtern im Paradiesgolf statt, und am 29. August wird vor San Fruttuoso der Christusfigur am Meeresboden ein feierlicher Gruß gebracht.

Mit der Autorin unterwegs

Nicht verpassen!
Die Halbinsel von Portofino: zwischen Camógli und Santa Margherita Ligure, mit dem feinen Portofino am Südzipfel (s. S. 221ff.).
Baia del Silenzio: die hübsche Bucht von Sestri Levante (s. S. 224).
Golf der Poeten: zwischen Portovénere und Lérici (s. S. 227ff.).

Sonnenuntergang in Camógli
Kein Ort leuchtet dann goldener (s. S. 218).

Cinque Terre per Boot
Monterosso, Vernazza, Corniglia, Manarola und Riomaggiore vom Wasser aus erkunden (s. S. 221).

Günstig: Carta Cinque Terre
Mit der Karte (1 Tag 5,40 €, 3 Tage 13 €, 7 Tage 20,60 €; 1 Tag inkl. Boote 13,60 €) kann man kostenlos alle Verkehrsmittel – vor allem die kleinen Elektrobusse und die Bahn – zwischen Lévanto und La Spezia mit der Cinque Terre ›mittendrin‹ nutzen.

Bootsfahrt im Golf von La Spezia
Die schönste Art, den ›Golf der Poeten‹ zu entdecken (s. S. 235).

IAT: 16032 Camógli (GE), Via XX Settembre 33/r, Tel./Fax 01 85 77 10 66. www.camogli.it

La Camógliese: Via Garibaldi 55, Tel. 01 85 77 14 02, Fax 01 85 77 40 24, www.lacamogliese.it. Renoviertes Hotel am östlichen Ende des Strandes. 21 recht komfortable Zimmer. DZ/ÜF 75–100 €.

Mehrere Cafés und Restaurants am alten Hafen und an der Meerespromenade über dem Strand wie
Il Portico: Via Garibaldi 197 A, Tel. 01 85 77 02 54; Ruhetag Di. Ligurische Fischküche, große Grillplatten, Pasta. Fischessen ab 25 €.

Entlang der Meerespromenade und am Fischerhafen gibt es mehrere **Cafés** wie das freundliche **Porticciolo** mit Häppchen zum Aperitif.

Sagra del Pesce: 2. Mai-So; festliches Fischessen zu Ehren des Ortsheiligen San Fortunato mit Freifisch für alle (s. o.).
Stella Maria: 1. Aug.-So; feierliche Bootsprozession (s. o.).
San Fruttuoso: 29. Aug. (s.o.).

Bahn: hervorragende, tagsüber dichte Verbindungen zwischen Genua und La Spezia mit Halt in Camógli etc. und auch an den Cinque Terre.

Am Golf von Tigullio

Bootsausflüge während der Saison zu den Nachbarbuchten, speziell nach San Fruttuoso und Portofino, aber auch nach Genua und im Osten bis zu den Cinque Terre und nach Portovénere: **Trasporti Marittimi Turistici Golfo Paradiso,** Via Scalo 2, Tel. 01 85 77 20 91, www.golfoparadiso.it.

Ausflug nach San Fruttuoso

Eines der schönsten und interessantesten Ausflugsziele der Halbinsel von Portofino (s. auch S. 222) ist das bereits 711 gegründete **Kloster** (März, April, Okt. Di–So 10–16, Mai–Sept. tgl. 10–18, Dez.–Feb. nur Sa, So, Fei 10–16 Uhr). Allerdings ist der schöne Platz nur zu Fuß oder mit einem Boot erreichbar (s. o.). In der inzwischen komplett restaurierten Krypta liegen die schönen, schwarz-weiß gestreiften Doria-Grabmale. Die Südfassade ist die Schauseite zum Meer, über vier breiten Bogen stapeln sich zwei Geschosse mit Dreipassfenstern (13. Jh.), dahinter sind die hellen Dächer der Abtei zu sehen. Heraus ragt der klobige Turm aus dem 9./10. Jh. Besonders hübsch ist der Kreuzgang aus dem 16. Jh., den Andrea Doria gestalten ließ.

Rund um die kleine Bucht stehen ein paar Fischerhütten, die einfache, aber schmackhafte Fischessen anbieten. Eine Pasta vorweg, eine Flasche Wein – danach eine Siesta am kiesigen Strand, bis das nächste oder übernächste Boot kommt und einen z. B. nach Portofino bringt. Einfach schön!

Da Giovanni: Località San Fruttuoso 10 (beim Kloster), Tel. 01 85 77 00 47. 7 renovierte Zimmer, 2 gemeinsame Bäder; beliebtes **Ausflugsrestaurant.** HP 90 € pro Person.

Mehrere einfache Lokale am Strand, die auch Strandservice anbieten; bei einigen unbedingt vorher auf den Preis achten wie im abgehobenen **La Cantina** (Menü 80 € ohne Wein)! Wer aufs Reisebudget achten muss, sollte sich vor der Wanderung nach

Sagra del Pesce, Italiens größtes Fischessen, in Camógli

San Fruttuoso in Camógli besser mit einem Picknick eindecken.
Da Giovanni: s. o. Einfaches Fischrestaurant. Menü ab 30 €.

Tauchen vor San Fruttuoso: Diving Center San Fruttuoso, Via Favale 11, Santa Margherita Ligure, Tel. 01 85 28 08 62.

Portofino

»I found my love in Portofino …«, sang Herzensbrecher Rex Harrison, der sich hier mit seiner Frau Lilli Palmer niederließ und insbesondere in der Bar La Gritta an der linken Hafenseite so wohl fühlte, dass diese bis heute noch von seinem legendären Whiskykonsum zehrt – per Reklame. Überhaupt lebt ganz Portofino (knapp 550 Ew.) vom Ruhm der Reichen und Schönen, die sich hier einkauften. Manche Yachten sind so groß, dass sie einem den Blick auf die andere Seite der engen Bucht verstellen, manche müssen gar draußen ihren Anker werfen …

Café an Café, Restaurant an Restaurant mit Tischen im Freien und bunten Sonnenschirmen reihen sich rings um die Bucht. Allen gemeinsam sind ein traumhaft schöner Blick und horrende Preise. Dennoch: Einen Drink oder einen Espresso an einer der schönsten Piazze Liguriens vor schaukelnden Luxusseglern sollte man sich unbedingt einmal leisten. Denn schön ist die Lage vor den dunkelgrünen Abhängen des 610 m hohen Monte di Portofino. Die tiefe Bucht mit ihren pastellfarbenen Häusern scheint sich an die Berghänge zu klammern. Darüber wachen die **Kirche San Giorgio** und die **Festung Oli-**

Unterwegs nach Portofino
Hervorragende **Bus**verbindungen mit Santa Margherita Ligure ca. alle 20–30 Min. Per Boot ist Portofino noch schneller erreicht, **Wassertaxis** flitzen dauernd hin und her. Mit dem **Pkw** sollte nur hierher fahren (was wegen der engen kurvigen Straße auch noch nervenaufreibend sein kann), wer das Geld für die teuerste Garage der Gegend übrig hat.

Von Genua nach Osten

Richtig Reisen-Tipp: Wanderung von Camógli nach Portofino

Gehzeit: 5 Stunden
Länge: ca. 10 km
Schwierigkeitsgrad: erste Hälfte mittelschwer, höchster Punkt Pietre Strette (452 m), zweite Hälfte leicht
Markierung: bis San Fruttuoso roter Kreis, dann zwei rote Punkte
Einkehr: s. Camógli S. 219, San Fruttuoso S. 221 und Portofino S. 223

Wie ein Bollwerk ragt die Halbinsel des Promontorio in den Golf von Genua, nur Wanderer können als den **Parco Naturale Regionale di Portofino** (Infos über www.parcoportofino.it oder bei Ente Parco Portofino, Viale Rainusso 1, 16038 Santa Margherita Ligure (GE), Tel. 01 85 28 94 79, Fax 01 85 28 57 06) bezwingen. Einer der abwechslungsreichsten Pfade führt vom Küstenort Camógli zur Abtei San Fruttuoso und von dort weiter zum feinen Hafenstädtchen Portofino.

Die Route beginnt in **Camógli** (s. S. 218) oberhalb des Bahnhofs (*stazione*). Am Torrente Gentile wird es gleich ländlich, rings um alte Bauernhäuser gedeihen Oliven und Feigen. Vom Piazzale in **San Rocco di Camógli** (221 m) bietet sich ein wundervoller Blick auf den Golfo Paradiso, links der Felssporn der Punta Chiappa, rechts die Orte der Riviera bis hinauf nach Genua und weiter bis zum Capo Mele bei Cervo.

Im Ort gabeln sich zwei Wanderwege, wir wählen den östlichen mit dem roten Kreis. Die Hänge sind mit Akazien ähnlichen Robinien bedeckt, deren Wurzelwerk Erdrutsche verhindern soll. An Trockenmauern wachsen Nabelkraut, Milzfarn, Efeu und die Rote Spornblume. Der Weg führt in den Mischwald mit Flaumeichen, Schwarzbuchen und Blumeneschen, später folgen Kastanienbäume. Die schmackhaften, roten Früchte des Erdbeerbaums gedeihen am Rand des Pfades, weitere Pflanzen der Macchia sind Baumerika, Brombeeren und Immergrüne Rosen. Bei **Acqua Fredda** gibt es Trinkwasser, im Bachbett wuchern Farne wie Venushaar und Hirschzunge.

Am Rastplatz Gaixella mündet der Wanderpfad in den vom 500 m nördlich liegenden **Portofino Vetta** (Möglichkeit zur Abkürzung, Busanschluss und Albergo) Richtung Pietre Strette südostwärts führenden Weg. Geologisch Interessierte entdecken hier die Übergänge des Kalkgesteins zum Konglomerat von Portofino. Im Westen zeigt sich der 610 m hohe **Monte di Portofino.** Ein schattiger Wald bringt Erfrischung, Blumenfreunde erfreuen sich im Frühjahr an Primeln, Leberblümchen und Anemonen. Nach dem Wald bietet sich der Aussichtsplatz **Pietre Strette** zur Rast an.

Weiter geht es südwärts in das dunkle und feucht-kühle Tal des Fosso di San Fruttuoso. Steineichen links und rechts, dann kultivierte Olivenhaine und schließlich ein Wachtturm (16. Jh.) zur Abwehr der Sarazenen. Der Weg endet an der Meeresbucht der **Abtei San Fruttuoso** (s. S. 221).

In Serpentinen geht es von dort hoch bis zu einem Steineichenwald. Wo er zurücktritt, öffnen sich weite Blicke auf das Meer und die Schwindel erregenden, steil ins Wasser abfallenden Felswände. Auch bei der **Base 0** (226 m), einer militärischen Stellung im Zweiten Weltkrieg, bieten sich weite Blicke über Felsgrate und Felstürme auf das Mare Ligure.

Strandkiefern fallen hier auf, landeinwärts überquert man den engen Taleinschnitt des **Torrente Ruffinale**, etwas später, bei Olmi, den des **Torrente Vessinaro.** Aus der Macchia leuchten die samtenen, weißen und roten Blüten der Zistrosen. Bei **Cappelletta** verändert sich die Landschaft, Terrassen mit Oliven, Zitrusfrüchten und Reben beherrschen nun das Bild. Leichten Fußes geht es dann zwischen Wäldern und Kulturen zum Endpunkt der Wanderung, noch ein paar Treppenstufen abwärts, und die bunte Häuserfront von **Portofino Mare** grüßt die müden Wanderer.

Am Golf von Tigullio

vetta mit hinreißenden Ausblicken, bei klarem Wetter über den gesamten Golf von Tigullio bis nach Sestri Levante.

IAT: Portofino (GE), Via Roma 35, Tel./Fax 01 85 26 90 24, www.apttigullio.liguria.it.

Zwei der ›günstigeren‹ Häuser:
Albergo Nazionale: Via Roma 8, Tel. 01 85 26 95 75, Fax 01 85 26 91 38, www.nazionaleportofino.com; Dez.–Feb. geschl. Hübsches Hotel am Hafen mit 13 Zimmern, seit Generationen in Familienbesitz. DZ/ÜF 180–290 €. **Pizzeria** angeschlossen (s. u.).
Eden: Vico Dritto 18, Tel. Tel. 01 85 26 90 91, Fax 01 85 26 90 47, www.hoteledenportofino.com. Versteckt zwischen dem Hafen und der oberen Piazza mit dem Parkhaus und der Bushaltestelle. 8 Zimmer (1 ohne Bad). DZ/ÜF 160–270 €.

Die Gastronomie ist ebenfalls teuer, doch gibt es auch hier Pizzerie wie
Pizzeria Nazionale: s.o. Hotels. Kleine Pizzeria mit Tischen in der Gasse auf der Rückseite des Hotels. Pizza ab 6 €.

Santa Margherita Ligure

Den feinen, hohen Fassaden an der Hafenpromenade sieht man nicht an, dass die Bewohner der Stadt (heute rund 10 400) hauptsächlich Fischer, Seefahrer und Korallensucher waren. Denn Santa Margherita Ligure ist schon lange eine exklusive Sommerfrische. Einige Häuser, z. T. Hotels, stammen noch aus der ersten Blütezeit als Touristenstadt im ausgehenden 19. Jh. Max Frisch notierte 1947: »Das Hin und Her der kleinen Barken; mindestens eine ist immer unterwegs zwischen dem ankernden Kutter und der Mole … Die Fischer sind einheitlich schmutzig, ölig, fröhlich und müde, ein wenig auch stolz: der Mann, der erbeutet, und die Weiber, die die Beute in Empfang nehmen … Ganze Hügel von Schuppensilber. Natürlich stinkt es.« Das tut es heute nicht mehr, trotz vieler Fischer, und das Zentrum der Stadt ist recht lebhaft, eben ein Marktflecken.

Im feinen, ausgezeichnet restaurierten Hotel **Imperial Palace** über der Bucht wurde am 16. April 1922 der sogenannte Vertrag von Rapallo geschlossen. Santa Margherita war damals noch ein recht bescheidenes Nest und ein Vorort Rapallos, zu dem es heute nicht mehr gehört. Die *sala trattato* (Saal des Vertrages) steht heute für Konferenzen zur Verfügung.

IAT: 16038 Santa Margherita Ligure (GE), Via XXV Aprile 2/B, Tel. 01 85 28 74 85, Fax 01 85 28 30 34, www.apttigullio.liguria.it. Infokiosk gegenüber dem Hafen.

Metropole: Via Pagana 2, Tel. 01 85 28 61 34, Fax 01 85 28 34 95, www.metropole.it; Nov. geschl. Gut geführtes Hotel in einem zum Meer in Stufen abfallenden Park, elegantes Restaurant, Pool. 59 komfortable Zimmer, 4 Suiten. DZ/ÜF 174–224 €.
Lido Palace: Viale Andrea Doria 3, Tel. 01 85 28 58 21, Fax 01 85 28 47 08, www.lidopalacehotel.it. Renoviertes Liberty- und von Schnörkeln befreites Hotel an der Meerespromenade mit 54 Apartments; Restaurant, Garage. DZ 120–207 €.
Fasce: Via Bozzo 3, Tel. 01 85 28 64 35, Fax 01 85 28 35 80, www.hotelfasce.it. Klares modernes Ambiente in hübscher Villa, gute Führung. 10 komfortable Zimmer, Sonnenterrasse, kostenloser Radverleih, Parkplatz. DZ/ÜF 109 €.
Conte Verde: Via Zara 1, Tel. 01 85 28 99 08, Fax 01 85 28 42 11, www.hotelconteverde.it. Familiäres, renoviertes Hotel nahe dem Bahnhof mit Restaurant; Radverleih, Fitnessraum; Parkplatz. 29 Zimmer. DZ/ÜF 70–140 €.
Agriturismo Roberto Gnocchi: Località San Lorenzo della Costa (3 km westl.), Via Romana 53, Tel./Fax 01 85 28 34 31, roberto.gnocchi@tin.it; Mai–Mitte Okt. Man fühlt sich in diesem Anwesen in Panoramalage wie in einem Privathaus. 12 Zimmer, Abendrestaurant für Hausgäste. DZ/ÜF 100 €.

Oca Bianca: Via XXV Aprile 21, Tel. 01 85 28 84 11; Ruhetag Mo, Di–Do nur abends geöffnet, im Sommer 19–2

Von Genua nach Osten

> ### Richtig Reisen-Tipp: Madonna di Montallegro
>
> Die kleine Bucht von Rapallo ist bilderbuchschön, vor allem vom Festungsturm an ihrem Südostende aus. Sonst bietet sie nichts Aufregendes, daher empfiehlt sich eine Fahrt mit der **Drahtseilbahn** (Autofahrer folgen zunächst ebenfalls dem Hinweis zur ›Funivia‹) zum Santuario della Madonna di Montallegro in 612 m Höhe. Herrlich erfrischend ist es oben, gerade im Sommer, wenn es am Meer unerträglich heiß werden kann. Fast im Zuckerbäckerstil ist die Fassade der Kirche gehalten, verehrt wird ein nur 12 x 15 cm großes, angeblich byzantinisches Marienbild, das am Hochaltar kaum zu erkennen ist (Kopie in der ersten Kapelle). **Montallegro** ist ein viel besuchter Wallfahrtsort (mit Restaurant) und ein **beliebtes Ausflugsziel** für ein Picknick unter uralten Steineichen.

Uhr. Zentral gelegenes, sehr gutes, gemütliches Restaurant mit Fleisch- und Gemüsegerichten (kein Fisch!). Menü ab 46 €.
La Paranza: Via Ruffini 46, Tel. 01 85 28 36 86; Ruhetag Mo. Typische Trattoria mit kleiner Veranda. Die Tagesgerichte, meist auf Fischbasis, werden vom Chef vorgetragen. Menü ab 35 €.

Bahnstation zwischen Genua und La Spezia.
Busse speziell im Sommer zu den benachbarten Badeorten.
Bootsverbindungen entlang der Küste zwischen Genua und La Spezia.

Sestri Levante

Der sehr italienisch gebliebene Ort gefällt auf Anhieb. Die meisten Hotels stammen aus der Zeit der Jahrhundertwende 19./20. Jh., sie sind klein und familiengeführt. Im Sommer gesellen sich zu den knapp 19 000 Einwohnern noch mal so viele Feriengäste, vorwiegend Familien, in der Vor- und Nachsaison ist es ein älteres Publikum, das den Ort etwa als Ausgangspunkt für Ausflüge und Wanderungen wählt.

Das Besondere an Sestri Levante ist seine Lage: **Isola** heißt die Halbinsel, die erst um 1300 durch Aufschüttungen des Gromolo eine wurde. Auf der Isola steht das 1145 erbaute und im 15. Jh. erweiterte Genueser Kastell, auf dessen Türmchen *(torretta)* der geniale Physiker und Nobelpreisträger Marconi einige seiner Radiowellen-Experimente durchführte. Vor der Stadt in der Bucht von Tigullio dehnt sich der schöne flache Sandstrand mit dem Namen **Baia delle Favole** aus, von baumschattiger Promenade und einem Yachthafen im Schutze der Isola gestaltet. Auf der ›Rückseite‹ des Dammes liegt die **Baia del Silenzio,** ein schmaler, fast heimeliger Halbmond, umstanden von kleineren Häusern in Gelb und ligurischem Rot, das so gut zum Graugrün der Ölbäume und zum Blau des Meeres passt.

IAT: 16039 Sestri Levante (GE), Tel. 01 85 45 70 11, Fax 01 85 45 95 75, iat sestrilevante@apttigullio.liguria.it.

Grand Hotel Villa Balbi: Viale Rimembranza 1, Tel. 018 54 29 41, Fax 01 85 48 24 59, www.villabalbi.it; Ende Dez.–Ende Okt. Sehr schönes Traditionshaus (Villa des 17. Jh.) vor dem Strand, beheizter Pool im Park, feudale Aufenthaltsräume und 105 z. T. großartige, individuelle Zimmer und Suiten; **Restaurant.** DZ/ÜF 200–280 €.
Vis à Vis: Via della Chiusa 28, Tel. 01 85 48 08 01, Fax 01 85 48 08 53, www.hotelvisa vis.com; Jan. geschl. Modernes Hotel in Panoramalage auf einem Hügel, Aufzug durch den Felsen hinauf. 46 unterschiedliche Zimmer, 3 Suiten; beheizbarer Pool; **Restaurant** mit grandiosem Panorama. DZ/ÜF 220–260 €.
Helvetia: Via Cappuccini 43, Tel. 018 54 11 75, Fax 01 85 45 72 16, www.hotelhelve tia.it; April–Okt. Sehr hübsches Hotel an der Baia del Silenzio; Garten. 21 hübsche, kleine Zimmer und Suiten. DZ/ÜF 130–160 €.
Marina: Via Fascie 100/108, Tel./Fax 01 85 48 73 32, www.marinahotel.it. Sehr familiäres, gepflegtes einfaches Hotel im Ortszen-

Am Golf von Tigullio

trum, sehr gute Küche (nur für Hausgäste). 19 recht große, komfortable Zimmer, Anbau geplant. DZ/ÜF 60–70 € (HP zu empfehlen!).

Nette **Cafés** mit Kleinigkeiten zu essen in der Fußgängerzone und an der Meerespromenade. Da die meisten Hotels eine sehr gute Küche haben, besteht wenig Bedarf an ›normalen‹ Restaurants – und die, die es gibt, sind sehr teuer. Eine Ausnahme ist **La Cantina del Polpo:** Piazza Cavour 2, Tel. 01 85 48 52 96; Ruhetag Di. Heimelige Enothek mit Restaurant, ligurische Küche wie *trofie al pesto* (handgerebelte kurze Pasta) und winzige Tintenfische. 4-Gang-Degustationsmenü um 30 €.

Besonders schöner flacher **Sandstrand** der Baia del Silenzio.
Wassersport am Hauptstrand.
Wunderbares **Wandergebiet.**

Gute **Bahn-** und **Busverbindungen** an der Strecke La Spezia – Genua.

Varese Ligure

Ein schöner Ausflug führt von Sestri Levante in knapp 30 km auf der SS 523 in das kulturelle Zentrum des **Vara-Tales.** Die meist durch dichte Wälder verlaufende Strecke ist landschaftlich sehr reizvoll, und Varese Ligure ein Festungsdorf mit der 1436 erbauten **Fortezza dei Fieschi** (heute für kulturelle Veranstaltungen geöffnet). Zwei gerade Häuserreihen führen durch die trutzige und doch kleine Festung und bilden eine arkadenumstandene Gasse als Zentrum.

Monéglia

Gemütlich ist es im palmengeschmückten Geburtsort des Malers Luca Gambiaso (1527–85), auch wenn die Straße, aus dem langen Tunnel von Sestri Levante (durch Ampeln geregelt) kommend, den verkehrsberuhigten und einladenden historischen Kern mit netten Geschäften vom Strand abtrennt. Es ist ein stiller Ort mit knapp 2800 Einwohnern, der nur im Sommer aus den Fugen zu geraten scheint, wenn sich der Strand mit Leben füllt, Schirm an Schirm aufgespannt, Sonnenliegen aufgestellt, Paddelboote auch Scooter vermietet werden. Die Hotels tragen höchstens drei Sterne, sind Familienbetriebe.

Die Klosterkirche **San Giorgio** (ab 1396, mit Umbauten um 1700) mit ihren schwarzweiß gestreiften Außenwänden und dem hohen Glockenturm besitzt einen stillen Kreuzgang, den man kürzlich restauriert hat zum Ausstellungszentrum ebenso wie zu einem kleinen feinen Hotel (fünf Zimmer) mit Stilmöbeln **(Badia San Giorgio).**

Luca Gambiaso, der mehr Hauptwerke in Madrid denn an seinem Geburtsort hinterließ, begegnet man dennoch in Monéglia: In der Sakristei von Santa Croce hängt ein ›Abendmahl‹ aus der Schule des Meisters, in San Giorgio die ›Anbetung der Drei Heiligen Könige‹. – In Monéglia sollte man sich auf die Suche nach den typisch ligurischen Bodenmosaiken aus kleinen Kieselsteinen machen, die Teppichen gleichen und zu den schönsten der Region zählen. Mit Vorliebe sind sie vor den Kirchen zu finden!

Pro Loco: 16030 Monéglia (GE), Corso Longhi 32, Tel./Fax 01 85 49 05 76, www.moneglia.com.

Villa Edera: Via Venino 12, Tel. 018 54 92 91, Fax 018 54 94 70, www.villa edera.com; Mitte März–Anfang Nov. Sehr gut geführter traditioneller Familienbetrieb in blühendem Garten auf mehreren Ebenen, Pool, Fitnessraum, Sauna. Große helle Halle, **Restaurant** mit vegetarischer und glutenfreier Kost; Kochkurse, Wanderungen. 27 komfortable Zimmer; Parkplatz. DZ/ÜF 90–160 €. Tipp: HP buchen!

Villa Argentina: Via Torrente San Lorenzo 2, Tel./Fax 018 54 92 28, www.villa-argentina.it. Modernes, komfortables Hotel, familiäre Leitung. 18 Zimmer, helles **Restaurant;** Parkplatz. DZ/ÜF 65–110 €.

L'Ulivo e il Mare: Località Crova 9, Tel./Fax 018 54 94 39, www.ulivoeilmare.it. Agriturismo mit 4 Mini-Apartments für je 4 Pers. 4 km von der Küste in Panoramalage, von Olivenhainen umgeben, in den Hügeln über

Vom Genua nach Osten

Monéglia. Apartment inkl. Bettwäsche und Handtücher 65–85 €.

Die Hotels verfügen über gute bis sehr gute **Restaurants,** am Strand bieten die **Bagni** immer Kleinigkeiten und mehr zu essen, desgleichen die **Cafés.**

Gastronomia Ligure: Piazza Marengo 19 im historischen Zentrum. Frische Pasta, Gemüsetorten, Meeresfrüchtesalat, Tintenfisch mit Kartoffeln etc., außerdem Konserven in Olivenöl oder Essig, Honig und vieles mehr.

Bahnstation auf der Strecke Genua – La Spezia.
Auto: Stündlich jeweils um 5, 25, 45 springt die Ampel auf Grün, die die Fahrt durch die lange Tunnelreihe (ca. 5 km) zwischen Monéglia und Sestri Levante regelt.

Lévanto
Reiseatlas: S. 30, D 2
Im Seeort (kaum noch 6000 Ew.) mit schmalem, aber langem Strand ist die **Piazza Cavour** vor dem Rathaus, früher ein Klarissinnenkloster, zusammen mit den umgebenden Gassen verkehrsberuhigt; parken muss man am Rande (ausgewiesen).

Das schönste Gebäude der Stadt dürfte die fünfbogige **Loggia del Comune** (1256) an der meernahen **Piazza del Popolo** sein. Ihr gegenüber, an der Ecke Via Don Emanuele Toso, steht die **Casa Restani** aus derselben Zeit mit Drei- und Vierpassfenstern. Ebenfalls aus dem 13. Jh. stammt die Pfarrkirche **Sant' Andrea** im oberen Ortsteil, deren schwarz-grün-weiß gestreifte Fassade am Ende der Gasse leuchtet (tagsüber offen). Rechts von der Kirche führt ein Weg zum **Castello dei Rossi,** eine Genueser Rekonstruktion des 15. und 16. Jh. über einer Gründung der Malaspina von 1164 (heute Privatbesitz, also nicht zu besichtigen). Aber von dort oben genießt man einen schönen Blick auf das Städtchen.

 IAT: 19015 Lévanto (SP), Piazza Cavour, Tel./Fax 01 87 80 81 25.

Stella Maris: Via Marconi 4, Tel. 01 87 80 82 58, Fax 01 87 80 73 51, www.hotelstellamaris.it; Nov., Feb. z. T. geschl. Zauberhaftes kleines Hotel im Obergeschoss eines Stadtpalais, 8 stilvolle, freskierte Zimmer, 7 moderne in der Dependance. Restaurant für Hausgäste. Nur HP, pro Pers. 100–150 €.

Osteria Tumelin: Via D. Grillo 32, Tel. 01 87 80 83 79; Ruhetag Do (außer Juni–Sept.). 2 heimelige Räume in historischem Palazzo, feines Fischrestaurant mit Hummerbecken. Fisch aus dem Backofen mit Kartoffeln, Grillplatte; Fischmenü um 40 €.
Enoteca Le Tumeline: Via Don Emanuele Toso 1, Tel. 01 87 80 70 01; Ruhetag Do (außer Juni–Sept.), 13–17 Uhr geschl. Zum Einkauf anregende Enothek mit vielen anderen

Cinque Terre und der ›Golf der Poeten‹

Gilt als die Schönste unter den Fünfen: Vernazza

lokalen Spezialitäten; Aperitif, Kleinigkeiten zu essen, Glas Wein ab 3 €.

Cinque Terre und der ›Golf der Poeten‹

Reiseatlas: S. 30, E/F 1–3
Während im Hochsommer auf jeden Einwohner der Cinque Terre ein Dutzend Tagesgäste kommen, sind die kleinen Orte, die wie Schwalbennester an den Felsnasen kleben, in der Nebensaison noch immer beschaulich. Der schönste Abschnitt der ohnehin so schönen Ostküste Liguriens wurde inzwischen von der Unesco zum Welterbe erklärt.

Der neu gegründete **Parco Nazionale delle Cinqueterre** sorgt dafür, dass niemals eine Straße alle fünf Orte der Cinque Terre (Monterosso al Mare, Vernazza, Corniglia, Manarola und Riomaggiore) miteinander verbinden wird. Und dass der Tourismus in die Schranken verwiesen wird, um die Bewohner in ihrer Lebensqualität nicht zu stören – so das offizielle Credo.

Reiter und Radfahrer finden im Park großartige Wege. Wer die Cinque Terre erleben möchte, der muss wandern. Man schafft die knapp 10 km Luftlinie, teils auf Steinstufen auf und ab, gerade so breit, dass zwei Füße darauf Platz finden, in vier bis fünf Stunden.

Parco Nazionale delle Cinqueterre: Stazione (Bahnhof), 19017 Riomaggiore (SP), Tel. 01 87 92 06 33, Fax 01 87 76 00 92, www.parconazionale5terre.it.

Von Genua nach Osten

Alta Via

Von der toscanischen bis zur französischen Grenze zieht sich der ligurische Höhenwanderweg von Ost nach West über rund 440 km Länge und erschließt die Seealpen von ihrer schönsten Seite – vorbei an urigen Bergnestern, durch dichte Wälder, über reißende Wildbäche und kleine Steinbrücken.

Von den ligurischen Bergen aus, den sogenannten Seealpen, ist die Riviera lediglich ein glitzernder Silberstreifen. Die schmalen Strände mit den unzähligen eingeölten Leibern sind auf den Kämmen der **Ligurischen Alpen** und des **Apennin** schnell vergessen. Deshalb gehört es unbedingt zu einer Ligurienreise, rund 1000 m nach oben zu fliehen.

Natürlich kann man auch Teilabschnitte wandern, die oft auf Bergkuppen oder -hängen hockenden Dörfer auch mit dem Wagen anfahren. Besonders schön ist es im Herbst, wenn es überall nach gerösteten Kastanien duftet (und man in den Wäldern einige der hier besonders großen Maronen sammeln kann), die alten krummen Buchen ihre Blätter dem Wind überlassen haben und mit ihren windgekrümmten Baumstämmen und Ästen aussehen wie Skulpturen. Unter dem Gipfel des Monte Ramaceto (1345 m) zeigen sich gigantische Felsformationen, eine Erosionsarena von seltener Dramatik.

Hier oben ist alles sauber und frisch – und so still. Sogar die Vögel zwitschern verhalten, geradezu würdevoll-lautlos kreisen Bussarde in den Lüften. Weit unten, an den südlichen Gestaden der Riviera, glitzert das Ligurische Meer. In einem breiten Streifen, parallel zu den Küstenstädten Chiavari, Rapallo und Camógli, erstreckt sich die **Valle di Fontanabuona.** Im Bereich der Gemeinde Mocónesi besaß der Großvater von Christoph Kolumbus eine Weberei. Doch das große Geld wurde unten in Genua mit dem Handel verdient. Eine große Landflucht setzte damals ein. Die junge Familie folgte dem allgemeinen Sog. So lernte Kolumbus das Meer kennen und lieben.

Heute sind weite Strecken der ligurischen Höhen schon wieder menschenleer. Nachdem der Mensch zuerst die natürliche Ordnung der Berghänge veränderte, Wald rodete, um Weideflächen zu bekommen, wurde die Land- und Weidewirtschaft zum Stiefkind der Region. Die Arbeit brachte nur Mühe, kaum Geld. Unten bei den Touristen ist der Euro schneller verdient. – Der Höhenwanderweg könnte helfen, den Exodus aus den Bergen zu stoppen, wenn Wanderer kommen.

In **Barbagelata**, dem höchstgelegenen Ort am Höhenweg, hat man neuen Mut geschöpft. Den hatten die Einwohner über mehr als vier Jahrzehnte lang verloren: Die bizarre Landschaft bot im letzten Weltkrieg zahlreiche Verstecke für Partisanen. 1944 haben die Deutschen das Partisanennest Barbagelata (mit ›Frostbart‹ oder ›Eisbart‹ zu übersetzen) bei einer Razzia angezündet. Ringsum erinnern Gedenksteine und Straßennamen (Via Caduti dalla Libertà, Via della Resistenza) an die gefallenen Widerstandskämpfer. Dort, wo früher Kühe weideten und auf den Terrassen Landwirtschaft betrieben wurde, wuchert heute duftende *macchia*. Abgestorbene, riesige Buchen sind Träger für grüne Efeutürme.

Gelegentlich trifft man auf Menschen, die sich an ihre Berge klammern. Und an eine Idee. Vom Wanderweg zwischen dem **Passo**

Ligurischer Höhenwanderweg

Thema

della Scoffera zum **Passo della Forcella** ist immer wieder ein terrassierter Hügel zu sehen, an den sich eine Siedlung schmiegt.

Der Ort **Lórsica** schwebt zwischen Aufgeben und Hoffnung. Stefania, die Tochter der De Martini-Familie, die das Damastweben von Eltern und Tante gelernt hat, ist geblieben, hat eine Familie gegründet und inzwischen sogar zwei Helferinnen engagiert (Besucher sind willkommen, Informationen unter www.lorsica.com zu finden). Neben dem kleinen Häuschen in der Via Scaletta, in einer alten Remise, stehen zwei maschinelle Webstühle aus der Gründerzeit. Die Familie De Martini hat sich vor allem mit den ratternden Ungetümen, die edle Damaststoffe, Wollseide und Seidentaft produzieren, Diplome und Goldmedaillen ›erwoben‹. Die Mühe hat sich ausgezahlt.

Wer im Bereich von San Remo Urlaub macht, dem sei eher geraten, die Wege zu suchen, die rund um Dolceácqua führen. So besteht immer die Möglichkeit, eine Herberge zu finden, mit dem Bus zurückzufahren oder sich mit dem Auto abholen zu lassen (Infos: www.cailiguregenova.it sowie www.italienwandern.de, mit Angeboten des DuMont-Autors Christoph Hennig.

An der Urlaubsküste zwischen Impéria, Albenga und Savona gibt es eine ganze Reihe günstiger Stützpunkte für eine Wanderung, die einen oder mehrere Tage dauern kann. Günstig, weil Unterkünfte, Verpflegung, Busstopp vorhanden sind: Colle di Nava (von Impéria auf der kurvenreichen Straße Nr. 28 bis kurz vor die ligurisch-piemontesische Grenze); Passo San Bernardo di Garessio (von Albenga die Nr. 582 bergwärts, von Finale Ligure auf der 490 hoch bis Calizzano, dann westwärts nach Garessio); Colle di Cadibona (von Savona auf der Nummer 29 bis Altare).

Von Genua nach Osten

Monterosso al Mare

Wegen seiner Auswahl an Unterkünften sowie Fischrestaurants und Souvenirläden ist Monterosso (ca. 1600 Ew.) ein beliebtes Ausflugsziel. Der zweigeteilte und über die Hügel verstreute, also nicht homogene Ort ist untypisch für die Cinque Terre. Untypisch, aber gut besucht sind auch die beiden Badebuchten. In allen anderen Orten sonnt man sich auf Felsplatten oder großen Kieseln oder schaut nur aufs Meer hinaus, ohne an Badevergnügen zu denken.

Die *passeggiata* findet in Monterosso auf der langen Meerespromenade statt, zum Bummeln eignet sich auch die kleine Altstadt mit ihren Häuschen und dem großen Platz. Hier steht die Pfarrkiche **San Giovanni Battista** mit grün-schwarz-weiß gestreifter Fassade und großer Rosette, wie die **Loggia del Podestà** nebenan aus dem 13./14. Jh.

Pro Loco: Via del Molo, 19016 Monterosso (SP), Tel. 01 87 81 75 06; Mai–Okt. Infos zu Hotels und Restaurants, Fahrplänen etc.: www.monterossonet.com.

Porto Roca: Via Corone 1, Tel. 01 87 81 75 02, Fax 01 87 81 76 92, www.portoroca.it; März–Okt. Modernes Hotel, mit Antiquitäten ausgestattet, 43 Zimmer, z. T. klein, einige großzügig mit Meerblick; herrliche Lage über der Küste; **viel gerühmtes Restaurant** mit ligurischer Küche. DZ/ÜF inkl. Strandservice 170–295 €.

Unterwegs mit der Cinque Terre Card

Mit einer einzigen Card lässt sich der gesamte Nationalpark preiswerter erkunden. Man kann alle Busse zwischen den Orten benutzen, alle Museen besichtigen und z. T. mit Nachlass einkaufen und einkehren. Für Personen von 12–70 Jahre kostet die Card für 1 Tag 5 €, für 2 Tage 8 €, für 2 bzw. 7 Tage 10 € bzw. 20 €; Kinder (4–12 Jahre) und Studenten zahlen die Hälfte, Senioren ab 70 Jahre bekommen eine Ermäßigung (4–16 € je nach Dauer), ebenso Familien (12,50–50 €).

Locanda il Maestrale: Via Roma 37, Tel. 01 87 81 70 13, Fax 01 87 81 70 84, www.locandamaestrale.net. Zauberhafter Palazzo (17. Jh.), 4 Zimmer, 2 Suiten; Frühstück im stilvollen Salon oder auf der Terrasse. DZ/ÜF 90–135 €.

Vielfach **Zimmervermietung** (auch über die Restaurants), z. B.:

Monica: Piazza Don Minzoni, Tel. 01 87 81 83 44, impinna@tin.it. 2 einfache, aber ordentliche Zimmer gegenüber der Pfarrkirche. DZ/ÜF 60–70 €. Frühstücken kann man an der Bar der **Cantina del Pescatore** nebenan, die dazu gehört.

Ciak La Lampara: Piazza Don Minzoni 6, Tel. 01 87 81 70 14. Top-Restaurant mit Fischspezialitäten (*risotto alla Lampara* mit schwarzer Tintenfischsauce); großes Antipastibüfett, freundlicher Service. Fischmenü ab 40 €.

Il Moretto: Piazza Colombo 1, Tel. 01 87 81 74 83; Ruhetag Mo. Beliebtes Restaurant mit Fisch- und Fleischgerichten. Menü 24–31 €.

Enoteca Ciak: gegenüber dem Restaurant. Riesige Weinauswahl und andere Spezialitäten.

Vernazza

Das Bilderbuchdorf gilt als das schönste der Cinque Terre. Denn Vernazza ragt mit seinen bunten verschachtelten Häusern und engen, steilen Gassen auf einer Felsnase weit ins Meer hinaus. Zentrum ist der winzige Hafen im Scheitelpunkt der Bucht, über dem sich die romanische Kirche **Santa Margherita d'Antiochia** erhebt. Übrigens die einzige der Cinque Terre, die direkt am Meer liegt, alle anderen wurden zu ihrem Schutz zurückversetzt. Rings um die Piazza haben sich unter den Bogengängen Restaurants eingenistet. Immer duftet es hier nach Essbarem, ob frischem Gebäck zum Frühstück oder Fisch für die Hauptmahlzeiten. Aus Platznot liegen überall bunte Fischerboote, am Hafen wie in den Gassen. Einen besonders schönen Blick genießt man von der Terrasse des Restaurants Castello.

Cinque Terre und der ›Golf der Poeten‹

Parco Nazionale delle Cinqueterre: 19018 Vernazza (SP), Bahnhof, Via Roma 51, Tel. 01 87 81 25 33, Fax 01 87 81 25 46.

Gianni Franzi: Piazza Marconi 5, Tel. 01 87 82 10 03, info@giannifranzi.it. 23 einfache Zimmer. DZ 76 (ohne Bad)–80 €.

Gianni Franzi: s. o.; Ruhetag Mo. Gepflegtes Restaurant an der Hafenpiazza mit frischem Fisch, am einfachsten als Grillplatte. Fischmenü um 40 €.

Centro di Turismo Equestre: Località Case Pianca, Vernazza, Tel. 01 87 81 25 33 (Handy). Reitsportzentrum.

Manarola

Er gilt als der typischste Ort der Cinque Terre am Ende einer tiefen Schlucht, durch die ein Wildbach ins Meer rauscht. Weil im engen Hafen für die Fischerboote kaum Platz ist, werden sie weit in den Ort hinauf Richtung Bahnlinie gestapelt. Im Ort herrscht bis in den Spätsommer hinein ordentlich viel Rummel, dazu trägt sicher auch die Jugendherberge bei, die einzige an der Cinque Terre.

Warum man ausgerechnet die **Via dell'Amore** zwischen Manarola und Riomaggiore, die sich kein Liebespärchen entgehen lässt, so breit ausgebaut hat, steht in den Sternen. Leider wurden die Felswände inzwischen mit ziemlich unschönen Graffiti bemalt. Immerhin bietet der Weg schöne Ausblicke.

Ostello della Gioventù: Via Ricordaldi 21, Tel. 01 87 92 02 15, www.ostello5 terre.com. Freie Jugendherberge mit 9 Zimmern (48 Betten). Bett 18–22, Mahlzeit 18 €.

La Scogliera: Via Birolli, Tel. 01 87 92 07 47; Ruhetag Do, Nov./Dez. geschl. 2 gemütliche Räume mit schmaler Terrasse auf der Hauptgasse. Einfache lokale Fisch- und Fleischküche. Menü ab 22 €.

Cantina dello Zio Bramante: Via Birolli 110, Tel. 01 87 92 04 42. Urige *cantina* in Gewölberaum, Fr Abend Livemusik. Flaschenweine (auch Einkauf), glasweise oder vom Fass. Snacks wie *panini* und Salate.

Riomaggiore

Hier finden sich viele Maler ein, denn die Motive liegen in Riomaggiore wirklich ›auf der Straße‹: ein pittoresker Bootshafen und Riesenkiesel, auf denen sich ein paar Unentwegte räkeln, die engen Gassen mit ihren hohen schmalen, in den fröhlichsten Farben bemalten Häusern, die ewig langen Treppen. Dass hier der Tourismus floriert, sieht man an den zahlreichen Angeboten von Zimmervermittlern, an den Cafés und Restaurants und vor allem an den Lebensmittelgeschäften.

Die Pfarrkirche **San Giovanni Battista** (14. Jh.) erhielt 1871 eine neugotische Fassade, in die die gotische Fensterrose wieder eingelassen wurde. Im Inneren birgt sie eine Marmorkanzel von 1530.

Parco Nazionale delle Cinque Terre: 19017 Riomaggiore (SP), Piazza Rio Finale 26, Tel. 01 87 92 06 33, www.parco nazionale5terre.it.

Due Gemelli: Località Campi (4,5 km östl.), Via Litoranea 1, Tel. 01 87 92 06 78, Fax 01 87 92 01 11, duegemeli@tin.it. Älteres Hotel, 14 große Zimmer mit Panoramabalkon. **Restaurant;** Parkplatz. DZ 70–90 €.

La Lanterna: Via San Giacomo 46, Tel. 01 87 92 05 89; Ruhetag Di. Kleine exzellente Fischtrattoria. Menü ab 25 €.

Portovénere

»Portovénere bei La Spezia ist ein gewaltiger Steinwall von Häusern, hoch wie Türme, an die Felsen gelehnt ... Durchgänge, so hoch wie Tunnel, durchlöchern diese Mauer und führen zu den Gassen der Innenstadt; die Frauen der höchsten Stockwerke scheinen Geister, die ein Nekromant (Totenbeschwörer) beschwor. Aus solcher Höhe fallen Tüten platzend auf den Boden mit Speiseresten für

Cinque Terre und der ›Golf der Poeten‹

die Katzen.« – So sah Guido Piovene 1957 Schönheit und Enge, aber auch die Gleichgültigkeit der Einwohner des Städtchens.

Heute herrscht Sauberkeit, hat man in Portovénere viel investiert, ist es fast schon eine Konkurrenz zu den Cinque Terre: Einfacher zu erreichen, wird Portovénere vor allem zum Sonnenuntergang von Liebespärchen und anderen Romantikern aufgesucht. Sie wollen das immer wieder schöne Naturschauspiel vom trutzigen **Doria-Kastell** (16. Jh.) oder von der schwarz-weiß gestreiften gotisch-genuesischen Kirche **San Pietro** (13. Jh.) zu seinen Füßen erleben. Der Blick Richtung Cinque Terre sowie in und über die Bucht von La Spezia etwa nach Lérici, wohin man mit einem Boot übersetzen kann, ist überwältigend.

Das Festungsstädtchen Portovénere selbst, von der Unesco zum Welterbe erklärt, erstreckt sich über einen schmalen Grat, nur leicht erhöht über dem Meer, darüber thront die trutzige Festung des Andrea Doria. Zum Hafen mit schaukelnden Booten und einladenden Fischrestaurants führen von der engen Hauptgasse, der **Via Cappellini**, die in Ligurien üblichen *caruggi*, schmale Treppengassen, abwärts. Oben bemüht man sich mit netten Souvenirläden und kleinen Restaurants um Kundschaft, in den Hotels auf dem Weg nach La Spezia um ›sesshaftere‹ Gäste, die auch die nahen Grotten (**Grotta Azzura** und **Grotta dei Colombi**) auf der vorgelagerten Insel **Palmaria** besichtigen oder die Inseln **Tino** und **Tinetto** mit den Resten frühchristlicher und romanischer Klöster aufsuchen.

Pro Loco: 19025 Portovénere (SP), Piazza Bastreri 7, Tel. 01 87 79 06 91, Fax 01 87 79 02 15, www.portovenere.it.

Royal Sporting: Via dell'Olivo 345, Tel. 01 87 79 03 26, Fax 01 87 77 77 07, www.royalsporting.com; Mitte März–Okt. Gesichtsloses Hotel in super Lage am Rand der Altstadt mit Blick auf den Golfo dei Poeti. 60 komfortable Zimmer, 4 Suiten. Meerwasserpool, **Restaurant**; Garage. DZ/ÜF 180–240 €.
Della Baia: Località Le Grazie 3 km Richtung La Spezia, Via Lungomare Est 111, Tel. 01 87 79 07 97, Fax 01 87 79 00 34, www.baiahotel.com. Angenehmes Haus an der malerischen Bucht, schön restauriert. 34 Zimmer, Pool, **Restaurant**. DZ/ÜF 140–158 €.

La Marina – da Antonio: Piazza Marina 6, Tel. 01 87 79 06 86; Ruhetag Do, Nov. geschl. Trattoria mit großer Terrasse am Hafen, etwas für Romantiker! Frischer Fisch und Meeresfrüchte. Fischessen ab 32 €.
Antica Osteria del Carugio: Via Cappellini 66, Tel. 01 87 79 06 17, Ruhetag Do. 2 kleine, urgemütliche Räume mit dunklen Holztischen. Ligurische Gerichte wie Polypensalat, Suppe mit Kichererbsen, Bohnen und Getreide. Menü inkl. Hauswein 15–20 €.
La Pizzaccia: Via Cappellini, Tel. 01 87 79 27 22. Minitische auf der Gasse, innen Hochstühle. Pizza, *farinata, foccaccia* u. a. aus dem Backofen, Stück ab 3 €, Glas Wein ab 2 €.

Gute **Bus**verbindungen mit La Spezia. **Boots**verbindungen mit La Spezia und Lérici sowie den vorgelagerten Inseln.

La Spezia

Italiens Marinestützpunkt Nummer eins und Sitz der Admiralität ist eine lebhafte Hafen- und Handelsstadt sowie Provinzmetropole, Liguriens zweitgrößte Stadt nach Genua. Wegen ihrer strategischen Bedeutung als Kriegs- und Handelshafen erlitt La Spezia im Zweiten Weltkrieg verheerende Bombenangriffe, die viele der Jugendstilhäuser zerstörten.

Trotz schöner Lage und langer Straßenzüge mit (restaurierten) Palästen aus dem beginnenden 20. Jh. gilt La Spezia bislang nicht gerade als Schönheit, was jetzt vor allem mit großer Fußgängerzone und Promenadenumbau in großen Zügen geändert wird. Ist die Überquerung der breiten Hafenpromenade überstanden (soll geregelt werden), genießt man mit dem gepflegten **Parco Pubblico** mit

Portovéneres Hafenfront, die Palazzata der pastellfarbenen Fischerhäuser

Von Genua nach Osten

Garibaldi auf sich bäumendem Ross einen herrlichen Einstieg ins Stadtzentrum.

Gleich ist eine gewisse Großzügigkeit zu spüren: Nach den Kriegszerstörungen entstand eine moderne Stadt mit breiten Alleen. Wenig Historisches ist geblieben, darunter die **Kathedrale Santa Maria** (seit 1271, im 15. Jh. umgebaut, Fassade von 1954), fünfschiffig und reich ausgestattet, u. a. mit einer Terracotta (›Krönung Mariä‹) des Toscaners Andrea della Robbia. Die Gassen rund um die Kathedrale gehören noch heute zum gutbürgerlichen Kern mit schönen Jugendstilhäusern und zahlreichen einfacheren Geschäften. Etwas früher sind die Auslagen der **Via Prione**, heute Fußgängern vorbehalten und nachmittägliche *passeggiata*-Meile. Zwischen ihr und der Via Battisti entstehen immer mehr kleine Abendlokale, etablieren sich Theater und private Museen bzw. Kunststiftungen.

Zu den größten Schenkungen gehören das Museum zeitgenössischer Kunst, das **CAMeC** (Centro Arte Moderna e Contemporanea, Di–Sa 10–13, 15–19, So 11–19 Uhr) in der Via Battisti und die Sammlungen antiker, mittelalterlicher und moderner Kunst des **Museo Amedeo Lia** (Di–So 10–18 Uhr) im aufgelassenen Kloster San Francesco da Paola an der Via Prione. Treppenaufgänge führen von hier zum **Castello San Giorgio** (14.–17. Jh.), heute Kulturzentrum und Sitz des **Museo Archeologico U. Formentini** (Mi–Mo 9.30–12.30, 14–17, im Sommer 9.30–12.30, 15–18 Uhr). In einer so bedeutenden Hafenstadt wie La Spezia darf natürlich ein Schiffsmuseum nicht fehlen. Es befindet sich beim Areal des Militärarsenals, das **Tecnico Museo Navale** (Mo–Sa 8–18.45, So 8–13 Uhr).

APT: 19121 La Spezia, Via Mazzini 45, Tel. 018 77 09 00, Fax 01 87 77 09 08, www.aptcinqueterre.sp.it.

Jolly La Spezia: Via XX Settembre 2, Tel. 01 87 73 95 55, Fax 018 72 21 29, la-spezia@jollyhotels.it. Das einzige Großhotel der Stadt nahe dem Hafen, außen hässlich, innen komfortabel, 110 große moderne Zimmer; **Restaurant.** DZ/ÜF 160–235 €.

Genova: Via Fratelli Rosselli 84, Tel. 01 87 73 29 72, Fax 01 87 73 17 66, www.hotelgenova.it. Familiäres Stadthotel in zentraler Lage, kleine Halle, kleiner Innenhofgarten. 37 meist komfortable, renovierte Zimmer. DZ/ÜF 120 €.

Wegen des betriebsamen Hafens gibt es noch typische und preiswert gebliebene Lokale, mit Ausnahme jener an der Küste!

All'Inferno: Via Lorenzo Costa 3, Tel. 01 87 29 45 58; Ruhetag So. Urige Osteria seit 1905, familiär, einfach, beim Markt. Gedrungene Gewölberäume, Ligurisches wie Stockfisch, Tintenfische, frisch zubereitete Getreidesuppe. Menü um 15 €.

Fratelli D'Angelo: Via del Prione 268, Tel. 01 87 73 72 03; Ruhetag So. Familiäre Trattoria mit Pizzeria in 2 einfachen Räumen, kleines Raucherzimmer, Terrasse. Ligurische Spezialitäten: gegrillte Tintenfische, Fischplatte, hausgemachte Pasta, reiches Vorspeisen- und Beilagenbüfett. Gerichte 7,50–10 €, Pizza 3,50–7,50 €.

La Pia: Via Magenta 12; Ruhetag So. Backstube für Pizza und *farinata* in riesiger Auswahl, stückweise bzw. nach Gewicht zu haben. Treff der Jugend.

Nahe dem neuen Museo CAMeC entsteht in den **Querstraßen der Via Cavour** eine richtige ›Szene‹ mit Pizzerie und kleinen Nachtlokalen, z. B.

La Rosa Blu: Via Carenino 7, Mo–Sa 18–2.30 Uhr. Weinbar.

Wochenmarkt: Fr vormittag an der Via Garibaldi mit z. T. richtig schicker Kleidung (oftmals Marken).

Großer **Lebensmittelmarkt:** Mo–Fr 6–13 Uhr zwischen Zentrum und Bahnhof mit einer unglaublich reichen Auswahl an Fischen u. a. Meeresgetier zu günstigen Preisen.

 Festa del Mare: Meeresfest Anfang Aug. mit Bootscorso und Feuerwerk.

Cinque Terre und der ›Golf der Poeten‹

Bahnstation an der EC-Strecke Genua – Pisa/Toscana bzw. mit guter Anbindung an die Cinque Terre.
Busverbindungen in die Provinz und im Sommer vor allem zu den nahen Badeorten.
Bootsverbindungen mit allen sehenswerten Punkten im Golf und in die Cinque Terre: **Consorzio Maríttimo Turistico 5 Terre – Golfo dei Poeti,** am Hafen, Tel. 01 87 73 29 87. Tipp: Tageskarte nehmen!

Lérici

»Ich bin so begeistert über den Ort, den wir endlich gefunden haben … Eine winzig kleine, halb von Felsen eingeschlossene Bucht ist da, in Olivenhaine eingehüllt, die flink zu Tal tänzeln.« So geriet David Herbert Lawrence ins Schwärmen, der 1913, 1914 und 1919 in Lérici verweilte. Vor ihm machten schon Percy Bysshe Shelley, der 1822 irgendwo zwischen Lérici und Viareggio ertrunken ist, und Lord Byron den hübschen Ort (10 850 Ew.) berühmt, ja fast zum Pilgerort für romantische Seelen – was ihm den Beinamen **Golfo dei Poeti** einbrachte.

Eindrucksvoll ragt die Pisaner Burg, das **Castello San Giorgio** (12.–16. Jh.) am Südende der Bucht von Lérici, über den kleinen Yachthafen, als Gegenpol zur Genueser Festung von Portovénere. Ein Koloss, der nicht zu den kleinen, bunten Häusern des Städtchens passen will – aber seine einstige strategische Bedeutung erahnen lässt.

Der Yachthafen und die hellsandige Badebucht von Lérici gehören zusammen mit dem historischen Ortskern sicher zum Schönsten, was die ligurische Küste zu bieten hat.

IAT: 19032 Lérici (SP), Via Biaggini 6, Tel. 01 87 96 73 46, Fax 01 87 96 94 17.

 Shelley e Delle Palme: Lungomare Biaggini 5, Tel. 01 87 96 82 05, Fax 01 87 96 42 71, www.hotelshelley.it. Super Lage an der Promenade, Golfblick. Wohnlich, herrschaftlich. 49 modernisierte Zimmer. DZ/ÜF 120–140 €.
Miramare: Località Tellaro, 4 km südöstl., Via Fiascherino 22, Tel. 01 87 96 75 89, Fax 01 87 96 65 34, www.pensionemiramare.it; Ostern–Okt, Weihnachten und Neujahr geöffnet. Schlichte Familienpension, 20 ordentliche Zimmer; schöne Gartenterrasse, helles **Restaurant;** Parkplatz. DZ/ÜF 85 €.

 Miranda: Località Tellaro, 4 km südöstl., Via Fiascherino 92, Tel. 01 87 96 81 30; Ruhetag Mo, Mitte Jan.–Mitte Feb. geschl. Kleines, feines Lokal mit Meeresspezialitäten; auch **5 Zimmer** und **2 Suiten,** DZ/ÜF 110–120 €. Fischmenü ab 42 €.
La Calata: Via Mazzini 7, Tel. 01 87 96 71 43; Ruhetag Di. Historisches Lokal am Hafen, Sommerterrasse mit herrlichem Golfblick. Fangfrischer Fisch. Fischmenü 35–40 €.

 Bootsfahrten im Golf der Poeten, zu diversen Grotten, nach Portovénere sowie zu den Cinque Terre.

Busverbindungen mit La Spezia. **Linienboote** nach La Spezia; **Bootstaxis** in den Golf.
Auto: Lérici ist für Fremdfahrzeuge gesperrt, parken muss man vor dem Einfahrtstunnel auf dem **gebührenpflichtigen Platz.** Besser, man fährt mit dem öffentlichen Bus oder dem Boot hinüber.

Abstecher nach Pontrémoli

Zwar liegt der Ort nicht mehr im heutigen Ligurien, sondern bereits in der Toscana, doch handelt es sich um eines der wichtigsten Fundgebiete der ligurischen Frühgeschichte. Die **Lunigiana** besiedelten die alten Ligurer bereits im Neolithikum, wie die faszinierenden Funde von Pontrémoli beweisen: seltsame Steingestalten, mundlose Figuren, mythische Steinblöcke, Stelen mit nur angedeuteten Frauenbrüsten und jüngere Monolithe, die schon deutlicher erkennen lassen, dass Menschen nachgebildet wurden – Götteridole, kultische Zeichen, um Geburt, Leben, Kampf und Fruchtbarkeit zu beeinflussen. Sie sind im **Museo delle Statue-Stele della Lunigiana,** dem Kulturzentrum des Magra-Tales, zu besichtigen (Di–So 9–12, 15–18.30, im Winter 9–12, 14.30–18 Uhr).

Mailänder Dom

Kapitel 5

Lombardei

Auf einen Blick: Lombardei

Berge, Seen, Po-Ebene, Kulturmetropolen

Traditionell fährt, wer sich's leisten kann, der Sonne entgegen: an den Gardasee, den Comer See oder an den Lago Maggiore. Aber keiner sagt dann, er fahre in die Lombardei. Das ist bei der Toscana anders, auch bei Umbrien, Sizilien oder Sardinien. Die Lombardei als Ganzes erscheint nicht in der Liste der Urlaubsziele.

Es hat sich auch noch nicht herumgesprochen, dass die Lombardei eine schmackhafte, wenn auch bäuerlich geprägte Küche zu bieten hat, begleitet von hervorragenden Weinen, die erst seit wenigen Jahren über die Regionalgrenzen hinweg zu finden sind.

Ein Manko, das den Reisenden im ersten Augenblick stören mag, zitierte Alessandro Manzoni, der den ersten ›echten‹ italienischen Roman schrieb (›Die Verlobten‹), und der ›seine‹ Lombardei über alles liebte. Er konnte es nicht unterlassen, mit der zarten Ironie des Adels des vergangenen Jahrhunderts zu bemerken: »Unter dem Himmel der Lombardei, der so schön ist, wenn er schön ist …«

Zum Glück gilt das hauptsächlich für die Po-Ebene und ihre kunsthistorisch bedeutenden Städte, nicht aber für die großen Seen, die in blühende Gärten und Parks eingebettet zu sein scheinen mit ihrem mild-mediterranen Klima, in dem Oliven- und Zitronenbäume hervorragend gedeihen. Die Seen werden durch die Alpenkette vor den rauen Nordwinden geschützt: der Gardasee, den sich die Lombardei mit Trentino und Venetien teilt, der Iseo- und der Comer See sowie der Lago Maggiore, der z. T. zu dem Piemont gehört (s. S. 176ff.).

Außer der Regionalhauptstadt Mailand besitzt die Lombardei zahlreiche größere Kunst-

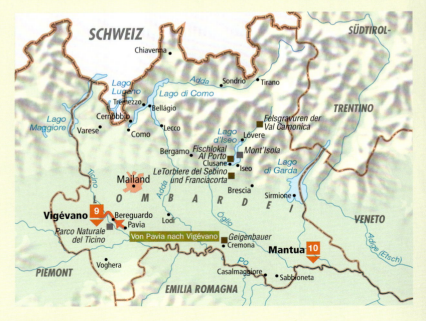

städte wie Pavia und Cremona, Bergamo, Brescia und Mantua, zudem Kleinode wie Vigévano und Sabbioneta, die ihre Entstehung der Laune eines Fürsten verdanken.

Pappelreihen in Reih und Glied zeigen an, wo der Po und seine ›Nebenbuhler‹ fließen und die Landschaft mit ihren hohen schützenden Dämmen bestimmen. Hinzu kommen die Seen und die Alpenkette – die Lombardei verfügt über so zahlreiche, durch Naturparks geschützte Areale, dass man kaum glauben kann, in einer hoch industrialisierten Region unterwegs zu sein.

Highlights

9 Vigévano: zauberhaftes Städtchen rund um das Sforza-Schloss mit wirklich großartiger Piazza Grande (s. S. 256f.).

10 Mantua: Die Stadt der Gonzaga ist geprägt von ihren großen mittelalterlichen Plätzen inmitten zinnenbekrönter Paläste (s. S. 266ff.).

Empfehlenswerte Routen

Spaziergang entlang dem Naviglio Grande, Mailands künstlichem Wasserweg: An dem beliebten Treffpunkt der Mailänder finden sich Kneipen, Restaurants, Galerien etc. (s. S. 247f.).

Wandern auf der Mont'Isola: Auf der größten Insel in einem europäischen See, dem Iseo-See, geht es hinauf zum Santuario, wo einen wohltuende Ruhe umgibt und die schönsten Ausblicke auf den See, seine Inseln und Ortschaften warten (s. S. 289).

Reise- und Zeitplanung

Die ganze Lombardei lässt sich während eines einzigen Urlaubs kaum bereisen, dafür bietet sie zu viele Pflichtbesuche – und wenn doch, dann benötigt man für die Region mindestens vier Wochen. An den Seen verbringen Urlauber üblicherweise ihre Ferien für ein oder zwei Wochen. Um die großen Oberitalienischen Seen auf Touren zu erkunden,

Richtig Reisen-Tipps

Von Pavia über Bereguardo nach Vigévano: entlang der zauberhaften Flusslandschaft des Ticino mit seinen Bootsbrücken, am Rand des Reisanbaugebietes der Lomellina nach Vigévano, dem Renaissancejuwel der Lombardei (s. S. 254f.).

Cremona, Stadt der Geigenbauer: auf den Spuren von Stradivari & Co. (s. S. 262).

Zu Gast im bekanntesten Fischlokal Clusanes: Gabriella Bosio schwingt seit Jahrzehnten das Zepter im wohl berühmtesten Restaurant des Ortes, im Al Porto. Sie überrascht die Gäste immer wieder aufs Neueste mit den leckersten Seefischkreationen (s. S. 292).

Von den Torbiere del Sebino zu den Weingütern der Franciacorta: von den alten Torfstichen Iseos unterhalb der Hügel von Provaglio d'Iseo in die liebliche Weinlandschaft der Franciacorte (s. S. 294).

Die Felsgravuren der Val Camonica: ein Tagesausflug zum Unesco-Welterbe der Menschheit. Die bekannteste Felsgravur ist heute wohl die keltische Rose, die einem überall in der Lombardei als Symbol für die Region begegnen wird (s. S. 297).

braucht man mind. zwei Wochen, um wenigstens die hübschesten Orte aufzusuchen. Nicht vergessen, auch Zeit für die Bootsfahrten einzukalkulieren.

Für Mailand sollte man drei Tage veranschlagen, um wenigstens das Wesentliche gesehen zu haben, für die anderen Metropolen der Kunst wie Bergamo und Cremona, Mantua und Pavia sowie Brescia ohne Ausflüge jeweils mindestens einen Tag.

Mailand

Cityplan S. 242/43

Die Regionalhauptstadt sitzt wie eine Spinne im Netz, tatsächlich recht zentral inmitten der Lombardei. Sie ist wirtschaftlicher wie kultureller Mittelpunkt, mausert sich jedoch auch zu einem touristisch interessanten Ziel mit bedeutenden Sehenswürdigkeiten und hervorragenden Einkaufsmöglichkeiten. Einziger Nachteil: die hohen Preise.

Das Zentrum rund um den Domplatz ist endlich – fast – von Privatwagen befreit, jetzt ist es ein Genuss, um den Domplatz zu schlendern. Plötzlich sind Türme und Fassaden zu sehen, die man früher gar nicht wahrnahm, mussten die Passanten doch darauf achten, nicht von vorbeirasenden Wagen überfahren zu werden. Da fallen auch die großen alten Pflastersteine wieder auf, die für Oberitaliens Städte so typisch sind.

Die meist breiten, großzügig angelegten Straßen lassen selten das Gefühl von Enge aufkommen. Doch Mailand hat noch mit dem schlechten Ruf einer ›Nur-Wirtschaftsmetropole‹ zu kämpfen, dabei ist es vielleicht die lebendigste Großstadt Oberitaliens, weltoffen und aufgeschlossen wie kaum eine andere – und hervorragend mit Bussen, Straßen- und U-Bahnen erschlossen.

Mediolanum, Ort der Mitte, nannten die Römer das heutige Mailand (1,28 Mio. Ew.), das strategisch günstig zwischen den drei Flüssen Po, Adda und Ticino liegt. Es ist als Handelszentrum bedeutend geblieben mit mehr als 80 % des Aktienumsatzes Italiens und der vielleicht wichtigsten Mustermesse des Landes. Auch die touristische Messe BIT hat sich einen Namen gemacht.

Doch Mailand hat etliche Sehenswürdigkeiten zu bieten. Angefangen beim wunderschönen Dom mit den unzähligen Details der gotischen Fassaden. Am großzügigen Domplatz beginnt auch die Galleria Vittorio Emanuele II mit ihren Glaskuppeln, das Vorbild für alle später gebauten Galerien. Auf der gegenüberliegenden Seite befindet sich eines der berühmtesten Opernhäuser der Welt, die Scala. Ein Spaziergang führt durch die umgestaltete Via Dante zum größten historischen Bauwerk der Stadt, zum Castello Sforzesco mit hohem Turm und großartigen Sammlungen. Wobei wir bei den Museen angelangt wären: Unbedingte Pflichtübung ist für Kunstinteressierte die Brera, Kunstakademie und -sammlung zugleich.

Leonardo da Vinci hinterließ in der Stadt sein wohl bekanntestes Werk – nicht weil es sein bestes ist, sondern weil es den Denkmalschützern nur Probleme bereitet: das ›Abendmahl‹ in Santa Maria delle Grazie.

Nach Mailand reisen viele aber auch aus einem ganz anderen Grund: um sich modisch einzukleiden, und um sich über den neuesten Trend im Design zu informieren. Allerdings ist zu bedenken, dass man damit eine der teuersten Städte Italiens aufsucht …

Verkehrschaos in Mailand!
Werktags strömen allmorgendlich so viele Menschen ins Zentrum von Mailand und abends wieder hinaus, dass der Stadt der Verkehrskollaps droht. Dabei ist sie durch ein dichtes **Metronetz** hervorragend erschlossen! An den Wochenenden dagegen kann man sogar einen Ausflug mit dem Wagen ins Zentrum wagen. Die **Garagen** in der Stadt zählen allerdings zu den teuersten in Italien, gleich nach Venedig!

Der Domplatz

Von der **Piazza Duomo** erreicht man in wenigen Minuten zu Fuß fast alles, was die Stadt an Sehenswürdigkeiten zu bieten hat. Auch die Einkaufspassagen. Kaum, dass die ersten Sonnenstrahlen den Domplatz erwärmen, strömen die Mailänder hin und versammeln sich vor dem Dom oder auf den Steinstufen, die zu seiner Fassade führen. Aus der Galleria Vittorio Emanuele II duftet es verlockend nach Capuccino und Brioche.

Großherzog Gian Galeazzo Visconti hatte sich in den Kopf gesetzt, das prächtigste Gotteshaus errichten zu lassen, als er 1386 den Auftrag an einen heute unbekannten Architekten gab, den **Dom** 1 (tgl. 7–19 Uhr) zu bauen. Tatsächlich war er damals die größte Kirche der Welt. Die Maße sind auch für heutige Verhältnisse imposant: 158 m lang, 66 m breit, 56 m hoch, Querschifflänge 92 m, Fassadenbreite 61,5 m. Doch mit der Domspitze und der Madonnina, Mailands Wahrzeichen, ragt der Dom bis in 108,5 m Höhe. Mehr als 3400 Statuen schmücken ihn außen. Insgesamt stützen 40 Strebebogen den fünfschiffigen Bau mit seinem dreischiffigen Querhaus von außen, 52 Pfeiler innen, die ein Rippengewölbe unter den spitzen Arkaden tragen. Diffuses Licht fällt durch hohe, bunte Maßwerkfenster. An der Eingangswand des Domes führt innen eine Treppe unter das Platzniveau zur vollständig ausgegrabenen Anlage der Taufkirche **San Giovanni alle Fonti**. Sie stammt aus dem frühen 4. Jh., vielleicht das erste achteckige Taufgebäude der Christenheit. Zum **Domschatz** (seitlicher Eingang) gehört ein Evangelien-Buchdeckel aus dem dritten Viertel des 11. Jh. mit kostbarer Einlegearbeit (Mo–Fr 9.30–13.30,14–18, Sa bis 17, So 13.30–16 Uhr, www.duomomilano.it).

Bei schönem Wetter sollte man sich zu Fuß oder per Aufzug auf das **Dach des Domes** begeben (der Eingang befindet sich gegenüber der Galerie), um Stadt und Umland, bei guter Sicht bis zu den Alpen, von oben zu sehen und um aus der Nähe die Tausenden gotischen Statuen, Spitzen und Türmchen zu bewundern (Aufgang 9–16.30, im Sommer bis 17.45 Uhr).

Mit der Autorin unterwegs

Prachtvollste Passage der Stadt
Die berühmte **Galleria Vittorio Emanuele II** ist die erste und schönste Galerie der Stadt, mit historischen Cafés und feinen Modegeschäften (s. S. 241ff.).

Dem Dom aufs Dach steigen …
… und den wundervollen Ausblick genießen. Für Fußmüde gibt's einen Aufzug (s. S. 241)!

Leonardos ›Abendmahl‹
Das geniale Werk Leonardo da Vincis ist nur nach Voranmeldung oder im Rahmen einer Stadtführung zu sehen (s. S. 245f.).

Unterwegs mit der Straßenbahn
Die interessantesten Straßenbahnlinien mit den orangefarbenen Einzelwaggons heißen **Circonvalazione Destra** und **Circonvalazione Sinistra**, also Umgehung rechts und Umgehung links; mit ihnen kann man die Altstadt umfahren bzw. jeden wichtigen Punkt erreichen (s. S. 249).

Einkaufsbummel
Die edelsten Modeboutiquen mit berühmten Marken finden sich in feinen Palazzi rechts und links der **Via Montenapoleone** (s. S. 249).

Schlemmertour
In der Via Speroni, Via Spadari, Via Victor Hugo und Via Cantù findet man die **edelsten Delikatessenläden** Mailands (s. S. 249).

Im Süden des Domplatzes schließt sich der **Palazzo Reale** 2 mit Prunkräumen an (Ausstellungsräume), ein Entwurf Piermarinis (1778).

Auf der anderen Seite des Platzes liegt die einladende, berühmte **Galleria Vittorio Emanuele II** 3, ein feiner Durchstich zur Piazza della Scala und die prachtvollste Passage der Stadt, die davon mehr als ein Dutzend zu bieten hat. ›Salon‹ ist gerade der richtige Ausdruck dafür. 1865 begonnen, 1877 in Form eines Kreuzes fertig gestellt, ist die Stahl-Glas-

Mailand

Mailand: Cityplan

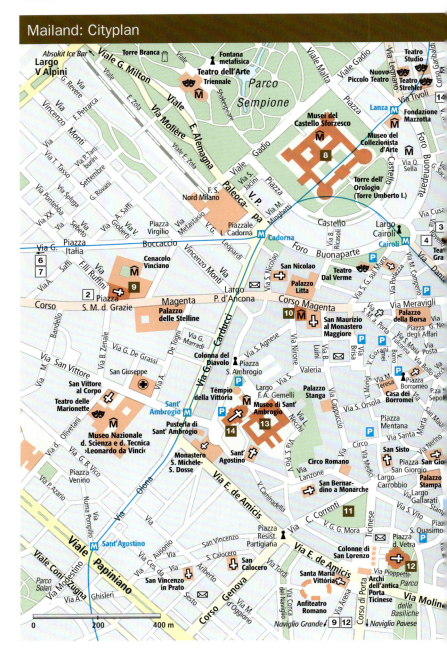

Cityplan

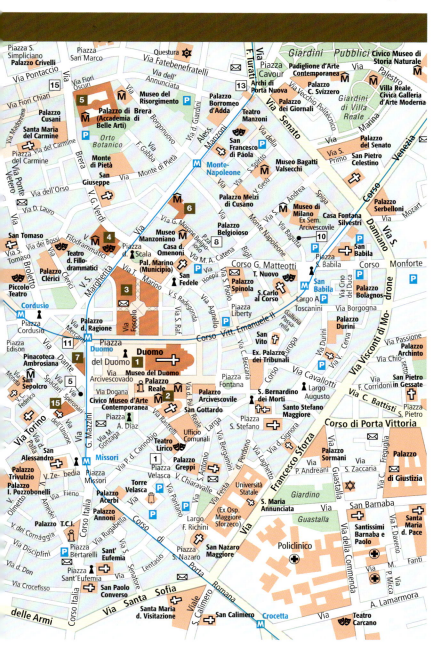

Mailand

Mailand: Cityplan

Sehenswürdigkeiten
1. Dom
2. Palazzo Reale
3. Galleria Vittorio Emanuele II
4. Scala
5. Pinacoteca di Brera
6. Palazzi Poldi-Pezzoli
7. Piazza Mercanti
8. Castello Sforzesco
9. Santa Maria delle Grazie
10. Museo Archeologico
11. Parco dell'Anfiteatro Romano
12. San Lorenzo Maggiore
13. Università Cattólica del Sacro Cuore
14. Sant'Ambrogio
15. Santa Maria presso San Satiro

Übernachten
1. Brunelleschi
2. Antica Locanda Leonardo
3. Giulio Cesare
4. London
5. Speronari
6. Ostello per la Giuventù Piero Rotta
7. Camping Città di Milano

Essen und Trinken
8. Antico Ristorant Boeucc
9. El Brellin
10. Bagutta
11. Al Mercante
12. Posto di Conversazione
13. Brek
14. Obika Mozzarella Bar
15. Bar Brera

Konstruktion faszinierend: 196 m in Nord-Süd-, 105 m in Ost-West-Richtung, 14,5 m breit und bis zu 21 m hoch. Die Hauptkuppel ragt 147 m in den oft dunstigen Mailänder Himmel. Prachtvoll ist auch das Bodenmosaik, das 1965 zur Hundertjahrfeier des Baubeginns fertig gestellt wurde. Eine wahre Postkartenschönheit, die selbstverständlich auch als solche vermarktet wird. Und natürlich kostet es ein wenig mehr, hier in einer Bar einen Drink zu nehmen oder in einem der Restaurants, die sich ins ›Freie‹ des überdachten Raumes vergrößert haben, zu speisen …

Die Scala

Das 1778 erbaute, 2004 total renovierte Opernhaus 4 ist sicher eines der berühmtesten der Welt und hat viel zu Mailands Ruhm als Kulturstadt beigetragen. Alle vier großen italienischen Opernkomponisten des 19. Jh. begannen hier ihren Aufstieg: Verdi, Bellini, Rossini und Donizetti. Allein neun Opern Verdis wurden an der Scala uraufgeführt.

Nicht nur Theater- und Musikgeschichte, auch Revolutionäres nahm hier seinen Anfang: Spannungsgeladene Premiere von Bellinis ›Norma‹, in den vorderen Reihen die weißen Gala-Uniformen der österreichischen Offiziere, der Besatzungsmacht. Der Chor der Druiden sang »Guerra, guerra!« (Krieg, Krieg!). Das italienische Publikum schwang Tücher in den italienischen Nationalfarben. Und die Österreicher zogen sich klugerweise aus dem Theater zurück. Oder: In Verdis ›Nabucco‹ sang der Chor der Juden stellvertretend für die unter Fremdherrschaft leidenden Italiener – Verdi wurde zum Inbegriff der Freiheitsbewegung mit »VV«, was Viva Verdi, aber auch Viva Vittorio (Emanuele), König von Italien, heißen sollte.

Berühmte Namen, historische Begebenheiten, Erinnerungen und Dokumentationen sind in einem besonderen Trakt der Scala zu finden, im **Museo Teatrale alla Scala,** einem der lebendigsten Theatermuseen Europas. Am 8. März 1913 konnte das Museum eröffnet werden, das im Laufe der folgenden Jahrzehnte erweitert und 2004 völlig überarbeitet wurde (mit Café). Die gesamte Bibliothek des bedeutenden Theaterkritikers Renato Simoni kam hinzu, mit insgesamt über 60 000 Bänden, ebenso Porträts berühmter Schauspieler, Sänger und Komponisten. Mehr als 10 000 Handschriften, zahlreiche Originalentwürfe zu Bühnenbildern, Modelle und Kostüme und natürlich Instrumente. Beispielsweise das Spinett, auf dem der junge Giuseppe Verdi im ärmlichen elterlichen Haus spielte (tgl. 9–12.30, 13.30–17.30 Uhr, www.teatroallascala.org).

Pinacoteca di Brera und Museo Poldi Pezzoli

»Wer die Brera nicht sah, war nicht in Mailand«, warben die Stadtväter jahrelang für die bedeutendste Gemäldegalerie der Stadt und vielleicht der Lombardei. Dass die **Pinacoteca di Brera** 5, gleichzeitig Kunstakademie, eine solch reiche Sammlung besitzt, hat sie der Säkularisierung im 19. Jh. zu verdanken. Die meisten Bilder kamen aus aufgelösten Klöstern und Kirchen hierher: Meisterwerke italienischer wie ausländischer Künstler vom 14.–19. Jh. (Di–So 8.30–19.15 Uhr, www.brera.beniculturali.it).

Die **Palazzi Poldi-Pezzoli** 6 hat Gian Giacomo Poldi-Pezzoli 1872 der Stadt vermacht, darin eine der kostbarsten Kunstsammlungen Italiens: Malerei (mit Werken von Mantegna, Piero della Francesca, Botticelli, Cranach, Tiepolo), Murano-Glas und Goldschmiedearbeiten (außer Fei Di–So 10–18 Uhr, www.museopoldipezzoli.it).

Vom Domplatz zum Castello Sforzesco

Das mittelalterliche Mailand war um die **Piazza Mercanti** 7 gruppiert, die heute vom Palazzo della Ragione (1228) und dem schwarz-weißen Marmorpalast der Loggia dei Osii (1316) geschmückt wird. Sie ist schon leider etwas heruntergekommen, aber eine ruhige Ecke im Großstadtgewühl, gleich hinter der breiten **Via Dante**, die jüngst zu einer angenehmen Fußgängerzone umgestaltet wurde, durch Cafés mit Tischen im Freien optisch eingeengt – eine gute Einkaufsadresse für Modebewusste.

Das Ende der Via Dante markiert das zweite Wahrzeichen der Stadt (nach der Madonnina des Domes), das **Castello Sforzesco** 8. Galeazzo Visconti ließ es 1386 errichten, Francesco Sforza 1447 bis 1472 umgestalten. 1521 flog nach einem Blitzeinschlag in den Hauptturm, in dem man etwa 250 000 Pfund Schießpulver gelagert hatte, in die Luft. Fast hätten die Mailänder 1880, der Ruine überdrüssig, das Ganze dem Erdboden gleichgemacht. Aber dann beschloss man die kostspielige Restaurierung.

Mailänder können sich ihre Stadt ohne das Castello nun gar nicht mehr vorstellen, es bietet zusammen mit dem großen Springbrunnen davor einen beliebten Treffpunkt für die Jugend – und mit dem dahinter liegenden weitläufigen **Parco Sempione** eine herrliche Gelegenheit, sich die Beine zu vertreten.

Man betritt die Festung durch die turmbewachte Porta del Filarete und gelangt zuerst auf die riesige Piazza d'Armi, den früheren Exerzierplatz. Dahinter verbergen sich zwei weitere Innenhöfe; von besonderer Pracht ist der rechte, Corte Ducale. Inzwischen sind im Kastell mehrere bedeutende Sammlungen Mailands untergebracht, u. a. das **Museo d'Arte Antica,** die **Pinacoteca,** das **Museo Egiziano** (Ägyptisches Museum), sowie mehrere Archive. In der Skulpturensammlung mit romanischem Bildhauerwerk sehenswert ist das hohe Reiterdenkmal des Bernabò Visconti von Bonino da Campione (14. Jh.). Doch als größte Kostbarkeit gilt die ›Pietà Rondanini‹, das letzte Hauptwerk Michelangelos, das der fast 90-Jährige unvollendet ließ und das vielleicht gerade deshalb so eindringlich wirkt (alle Museen im Castello Di–So 9–17.30 Uhr; www.milanocastello.it).

Leonardos ›Abendmahl‹

Viele kunsthistorisch Interessierte reisen nach Mailand nur, um **Santa Maria delle Grazie** 9 (Di–So 8.15–19.30 Uhr) aufzusuchen. Genauer, um im Refektorium des ehemaligen, von Bramante für Ludovico Il Moro 1492 veränderten Klosters das ›Abendmahl‹ Leonardo da Vincis zu bewundern. Am 18. August 1943 zerstörte ein Bombenhagel das Kloster – wie durch ein Wunder blieb die Wand mit dem ›Abendmahl‹ unversehrt. Dafür ist die-

Mailand

ses geniale Werk Leonardos (entstanden 1495–97) der Technik seines Schöpfers zum Opfer gefallen. Er hatte statt der üblichen Freskotechnik starke Temperafarben auf einem Grund aus Kalk und Leim verwendet, die nachträgliche Korrekturen möglich, aber die Farben sehr empfindlich machten. Und schon bald begann das feuchte Mailänder Klima das Kunstwerk zu zersetzen. Seit 1947 wurde restauriert, seit 1999 gelten die aufwendigen und kostspieligen Restaurationsarbeiten als beendet. Doch leider: Ohne Voranmeldung geht meistens nichts! Bei organisierten Stadttouren wird der Zugang zum ›Abendmahl‹ normalerweise garantiert. Sonst über www.cenacolovinciano.org.

Römisches Mailand

Das Stadtgebiet hat in seinem südlichen Bereich viel Ursprüngliches bewahren können. Teilweise werden noch heute römische Funde gemacht, die Archäologenherzen höher schlagen lassen, Bauherren freilich Geduldproben unterwerfen. Als Alternative besteht die Möglichkeit, den Neubau um die archäologisch bedeutenden Mauern, Mosaiken etc. herumzubauen und – wenn möglich – der Öffentlichkeit zugänglich zu machen. So geschah es etwa mit dem **Museo Archeologico** 10 am Corso Magenta, das als Gebäudekomplex selbst ein Musterbeispiel für die Umgehensweise der Stadt mit Altertümern ist (Di–So 9–13–14–17.30 Uhr).

Eine Oase der Ruhe (mit Parkbänken) und gleichzeitig wichtige Ausgrabungsstätte ist neuerdings der **Parco dell'Anfiteatro Romano** 11, tagsüber (Di–So 9–16.30, im Sommer bis 19 Uhr) frei zugänglich. Es handelt sich um die Fundamente des römischen Theaters, dazu ein kleines **Antiquario** (Mi, Fr, Sa 9–13, 14–17.30 Uhr) mit einigen der in der Umgebung gemachten Funden.

Aus der Spätantike, also immer noch aus römischer Zeit, stammen die 16 hohen Marmorsäulen, die man anlässlich des Baus der Kirche San Lorenzo Maggiore (2. Hälfte 4. Jh.) von anderer Stelle hierher versetzt hatte. Sie wurden damals als Teil des Portikus vor der Kirche genutzt. Junge Leute sitzen gerne zwi-

schen den Säulen und schauen den Flanierenden auf dem lebhaften Corso Porta Ticinese zu. **San Lorenzo Maggiore** 12 selbst gilt als eines der bedeutendsten spätantiken-frühchristlichen Denkmäler, auch wenn der Zentralbau mit hohem Tambour heute das Bild dessen wiedergibt, was 1576 bis 1619 wiederaufgebaut wurde: innen in der Grundform eines Quadrats mit vier Ecktürmen, zwischen ihnen wölben sich Exedren (halbrunde Nischen) nach außen, die innen wie ein Umgang mit Emporen fungieren.

Ein kurzer Spaziergang führt von hier über den Corso zur **Porta Ticinese,** ursprünglich von 1171, in deren Nähe die beiden Haupt-Wasserstraßen Mailands beginnen, der Naviglio Grande und der Naviglio Pavese (s. r.).

Bramantes Werke in Mailand

Außer in Santa Maria delle Grazie ›begegnet‹ man Bramante im quirligen Universitätsviertel wieder: Er gestaltete die beiden fein ge-

Die Navigli

Antiquitäten- und Trödelmarkt am Naviglio Grande, ein Magnet nicht nur für Kauflustige

gliederten Kreuzgänge der **Università Cattólica del Sacro Cuore** 13 (wochentags meist problemlos zu betreten) ebenso wie den Portikus der Kirche **Sant'Ambrogio** 14 am gleichnamigen Platz (beide Werke 1498).

In der auch kulinarisch interessanten Via Speronai steht fast versteckt die Kirche **Santa Maria presso San Satiro** 15, das erste Werk Bramantes in Mailand (1478) und ein Meisterwerk der Illusionsmalerei. Denn mit raffinierter Perspektive durch Flachreliefs, -bogen und Scheinarchitekturen wird ein Chor vorgetäuscht, den Bramante an diesem schon damals engen Platz nicht bauen konnte. Zarte, für Bramante typische Terrakottafriese und Büsten zieren das Baptisterium, das Bramante der aus dem 9. Jh. erhaltenen Capella della Pietà auf der anderen Seite anzupassen suchte. Die vertikale Komponente des kleinen Kirchenkomplexes bildet der romanische Glockenturm aus dem 11. Jh., der älteste seiner Art in der Lombardei.

Die Navigli

Der künstliche **Naviglio Grande** führt wie mit dem Lineal gezogen, nur mit einem einzigen Knick, von Mailands Südwesten nach **Abbiategrasso** und nimmt von dort einen etwas unruhigen Verlauf bis zum Ticino. Im ersten, stadtnahen Abschnitt gehört der Wasserweg zu den Attraktionen und Fluchtpunkten der Stadt, wenn die Mailänder sich erholen wollen. Dort finden sie am Abend zahlreiche Kneipen und Restaurants, am letzten Sonntag des Monats einen interessanten Antiquitäten- und Flohmarkt.

Doch leider ist der Naviglio Grande ständig *in restauro,* was sich jedes Jahr »bald ändern« soll. Manche Mitmenschen gebrauchen ihn als Abfallplatz und Umweltbewusste versuchen alle Jahre wieder, mit Säuberungsaktionen auf den Missstand aufmerksam zu machen. Wenn der Naviglio Grande wieder mit Wasser gefüllt ist, gehört er zu den schönsten Ausflugszielen und ist außerdem

Mailand

so zentrumsnah, dass man ihn gar zu Fuß erreichen kann (Informationen zu allen Aktivitäten, auch zu den Ausstellungen in den hübschen Innenhöfen und Galerien am Kanal: Associazione del Naviglio Grande, www.navigliogrande.mi.it).

Der ebenfalls an der Porta Ticinese beginnende **Naviglio Pavese** führt über die Certosa di Pavia nach Pavia und ist in großen Teilen (ab Höhe Rozzano) über einen **Radweg** erschlossen.

IAT: Via Marconi 1, 20123 Mailand, Tel. 02 72 52 43 01, www.milanoinfotourist.com, www.provincia.milano.it (mit **Infostelle am Bahnhof**).

Für alle Hotels gilt: An Wochenenden ohne Messen o. a. Veranstaltungen können die Preise um bis zu 50 % fallen.

Brunelleschi 1 : Via Baracchini 12, Tel. 028 84 31, Fax 02 80 49 24, www.milanhotelit. Schön renoviertes Stadthotel. 123 ele-Zimmer, 7 Suiten; Restaurant. DZ/ÜF 165–340 €.

Antica Locanda Leonardo 2 : Corso Magenta 78, Tel. 02 46 33 17, Fax 02 48 01 90 12, www.anticalocandaleonardo.com. Kleines Haus nahe Leonardos ›Abendmahl‹. 16 wunderhübsche Zimmer. DZ 150–215 €.

Giulio Cesare 3 : Via Rovello 10, Tel. 02 72 00 39 15, Fax 02 72 00 21 79, www.giuliocesarehotel.it. Einfacher Fascismo-Bau, Salon, 24 komfortable Zimmer. DZ/ÜF 180 €.

London 4 : Via Rovello 3, Tel. 02 72 02 01 66, Fax 028 05 70 37, www.hotellondonmilano.com. Freundlich geführtes Stadthotel, Bar/Salon britisch angehaucht. 15 Zimmer. DZ 120–150 € (bei Barzahlung –10 %).

Speronari 5 : Via Speronari 4, Tel. 02 86 46 11 25, Fax 02 72 00 31 78, hotelsperonari@inwind.it. Enges Stadthotel auf 4 Geschossen ohne Aufzug, sauber; Frühstück nur an der Bar. 30 Zimmer, z. T. ohne Bad. DZ/Bad 96–110 €, ohne Bad 76–80 €.

Ostello per la Gioventù Piero Rotta 6 : Vorort San Siro, Via Martino Bassi 2, Tel. 02 39 26 70 95, Fax 02 33 00 01 91, www.ostellionline.org. 8 km vom Bahnhof Mailand, Busanbindung und U-Bahn MM1 (200–300 m) entfernt. Ordentliche Jugendherberge mit Familienzimmern; **Restaurant** angegliedert. Bett/ÜF ab 19 €, Familienzimmer 22 € (max. 3 Nächte).

Camping Città di Milano 7 : Via Airaghi 61, Tel. 02 48 20 70 17, Fax 02 48 20 29 99, www.campingmilano.it. 8 km westl. von Mailand, Ausfahrt San Siro. Wiesengelände mit jungen Bäumen, nahe Wasservergnügungspark und Autobahn, für Leute, die nicht geräuschempfindlich sind; Abendveranstaltungen, Disco in der Nähe. Stellplatz 8,50 €, pro Person 7,50 €.

Antico Ristorante Boeucc 8 : Piazza Belgioioso 2, Tel. 02 76 02 02 24; Ruhetage Sa und So Mittag; Aug. geschl. Seit 1932 im Palazzo Belgioioso; illustre Gäste wie Scala-Künstler, Schriftsteller und Politiker. Hohe Räume mit erlesenen Möbeln, tgl. fantasievolles Büfett, kleiner Garten. Raffiniertes Essen, tgl. neue Speisekarte. Menü ab 60 €.

El Brellin 9 : Vicolo dei Lavandai/Naviglio Grande, Tel. 02 58 10 13 51; Ruhetag So Abend. Uriges Lokal auf 2 Ebenen in historischer Wäscherei am Kanal; separate Bar. Abends traditionelles, wechselndes Menü zum Festpreis von 44 € ohne Getränke.

Bagutta 10 : Via Bagutta 14, Tel. 02 76 00 27 67; Ruhetag So. Traditionsreiches Künstlerlokal (Ausstellungen) in mehreren Räumen, Karikaturen und Fresken an den Wänden, angenehmer Hinterhofgarten; freundlicher Service, toscanische (!) Küche *(bistecca fiorentina).* Menü um 50 €.

Al Mercante 11 : Piazza Mercanti 17, Tel. 028 05 21 98; Ruhetag So, Aug. geschl. Beliebtes Restaurant für Geschäftsessen, Tische auf der kleinen Piazza. Traditionelle Küche, Vorspeisenbüfett, frische Fische und Meeresfrüchte, Mailänder *ossobuco* mit dem safrangelben Risotto. Menü ab 35 €.

Posto di Conversazione 12 : Alzaia Naviglio Grande 6, Tel. 02 58 10 66 46, außer Mo 20–1 Uhr. Winzige Osteria mit Küche, Fleischgerichte, gegrilltes Gemüse mit geräuchertem Käse, Käseplatten. Essen ab 25 €.

Brek 13 : Via Manzoni/Ecke Piazza Cavour, Tel. 02 65 36 19, www.brek.com, tgl. 11.30–15, 18.30–22.30 Uhr. Vielleicht die beste SB-

Adressen

Kette Italiens, freundlicher Service, hell, italienisch-lombardische Spezialitäten wie *ossobuco*, *risotto milanese* etc., stets frisch zubereitete Pasta-, Gemüse- und Fleischgerichte, Salate, alles um 4 €, nach Tagesmenü mit Softdrink fragen. **Filiale auch am Bahnhof.**

Aperitifbars

Es gibt sie überall in der Stadt, man muss sich erkundigen bzw. schauen, wo es die schönsten oder reichsten Beilagen zum Glas Wein oder anderem Getränk gibt (oft aus Plastiktellern!); man zahlt normalerweise nur den Drink.

Obika Mozzarella Bar 14: Via Mercato 28, Tel. 02 86 45 05 68. Enothek in modernem Design; Mozzarella-Spezialitäten. Feines Aperitifbüfett (8 €), Mo–Fr 12–15.30 Uhr Lunch (11 €), Sa/So 12–15 Uhr Brunch (20 €), 18–20 Aperitivo mit Mozzarella-Spezialitäten vom Büfett (ab 9,50 €), sonst à la carte tgl.18–23.30 Uhr, Getränke extra.

Bar Brera 15: Via Brera 23. Urig-einfache Kneipe mit Tischen in der Fußgängergasse, tgl. früh–2 Uhr; riesiges Büfett zum Aperitif. Gesamtpreis 6 €.

Cafés

Die hochpreisigen traditionellen Cafés sind normalerweise ganztägig geöffnet, wie
Caffè Cova: Via Monte Napoleone 8.
Caffè Sant'Ambroese: Corso Matteotti 7/Via Monte Napoleone. Die Traditionsadresse für Kaffee und Kuchen seit 1936.

Für Nachtschwärmer empfehlen sich das **Brera-Viertel** mit einfachen Bars wie auch feinen Restaurants sowie der **Naviglio Grande** mit seinen Galerien und unterschiedlichsten Lokalen; s. auch Aperitifbars. Nachtlokale und Diskotheken kommen und gehen, s. Webseiten der Stadt (www.comune.milano.it). Mailands **Theater- und Opernleben** ist sehr rege, s. Webseiten der Stadt, speziell zur **Scala** (www.teatrodellascala.org); zum **Piccolo Teatro:** www.piccoloteatro.org.

Viele Geschäfte bleiben montags zumindest halbtags geschlossen. Sonst ist Mailand eine der besten Einkaufsstädte Italiens, speziell für Mode, Designermöbel (bedeutende Möbelmesse) und Lederwaren. Rund 70 Kaufhäuser gibt es, außerdem zahllose Supermärkte für den ›normalen‹ Einkauf, für den auch der **Corso Buenos Aires** sowie der **Corso Vercelli** und die **Via Paolo Sarpi** stehen. Aktuelle Mode findet man in wechselnden Boutiquen an der Via Dante.

Beste Adresse für Edleres dürften die **Via Manzoni** zwischen Piazza della Scala und Piazza Cavour, Ecke Giardini Pubblici, und die von ihrer Mitte abzweigende **Via Monte Napoleone** sein. In schönen Palästen des 19. Jh. haben sich die verführerischsten und mondänsten Boutiquen eingenistet. Etabliert hat sich in der schmalen Via Monte Napoleone die Alta Moda: Mortarotti und Yves Saint Laurent Rive Gauche, Ferragamo und Valentino, Cartier, Dior und Versace.

Kulinarisches findet man in vielen meist kleinen Delikatessläden und Bäckereien vor allem in der Gegend um die Via Spadari/Via Speronai, wo alles mit **Peck** (Via Spadari 9) begann, dem wohl ältesten Schlemmertempel Mailands mit Leckereien zum Mitnehmen und Restaurant, inzwischen fast steril-modern; dazu gehören in der Via Victor Hugo ein edles Café **(Victor Hugo)** mit Enothek und ein 2-Sterne-Restaurant **(Cracco-Peck)**.

Flughafen: Linate sowie Malpensa, beide mit Verbindungen in alle Welt; Buszubringer bzw. Taxis in die Stadt.

Bahn: Verbindungen per IC mit Bologna, Verona, Turin etc. bzw. mit der Schweiz, Österreich und Deutschland (www.trenitalia.it). Vom Bahnhof Milano-Nord Direktzüge nach Como, tagsüber halbstdl. (www.ferrovienord.it).

Busverbindungen mit der gesamten Region.
Innerstädtisch: U-Bahn (Metropolitana, www.atm-mi.it) mit 3 Linien, eine 4. ist in Bau, außerdem mehrere Haltestellen der Eisenbahn im Stadtgebiet.

Busse sowie **Tram,** normalerweise nur einzelne Waggons, die in dichter Folge fahren; interessant ist die Tramlinie **Circonvalazione,** die Mailand im Kreis entlang dem Alleenring abfährt (rechts herum Nr. 29, links Nr. 30).

Das ›Zweistromland‹ von Pavia

Reiseatlas S. 11, 12

Die einstige Langobardenhauptstadt Pavia mit ihren sehenswerten Kirchen und der fotogenen bedeckten Brücke nimmt den Südosten des Ticino-Naturparks ein. Umgeben von grünen Auen im Nordwesten und im Süden vom Hügelland des Oltrepò Pavese. Zwei architektonische Höhepunkte der Renaissance bereichern die Provinz: das Städtchen Vigévano und die Certosa di Pavia.

Dort, wo die breiten Flüsse Ticino und Po sich vereinen, liegt am nördlichen Ufer des Ticino Pavia, eine römische Gründung und einstige Langobardenhauptstadt, die später von den Visconti und den Sforza Mailands ihren Stempel aufgedrückt bekam. Zeugnisse der einstigen Bedeutung sind außergewöhnliche romanische Kirchen, das trutzige Castello Sforzesco und eine der schönsten Brücken Italiens, der Ponte Coperto. Heute ist Pavia eine wichtige Universitätsstadt und ein Produktionszentrum der Pelzmode.

Die Stadt ist eingebettet in viel Grün: die Auen des Ticino, als Naturpark streng geschützt, denen sich das Reisanbaugebiet der Lomellina, Europas größtes zusammenhängendes, anschließt. Der Park reicht über Bereguardo bis nördlich von Vigévano, der Renaissance-Perle der Lombardei als ›ideale Stadt‹. Das Pendant dazu findet die Stadt im Renaissance-Gesamtkunstwerk der Certosa di Pavia mit ihren kostbaren Marmor-Einlegearbeiten, die mit Mailand und Pavia durch den Naviglio Pavese verbunden ist.

Im Süden Pavias kräuselt sich die Hügellandschaft des Oltrepò Pevese, berühmt für seine Weine und die *salumi*, also Wurst und Schinken, die hier produziert werden (s. S. 258).

Pavia

Reiseatlas: S. 12, E 4

Am schönsten zeigt sich die Stadt vom Südufer des Ticino, man schaut auf die langen schrägen Bootsanlegestellen und den Ponte Coperto, die bedeckte Brücke. Und man erkennt die Türme und Kuppeln der Kirchen, aber auch einige der übrig gebliebenen Geschlechtertürme, von denen es hier im Mittelalter an die 150 gegeben haben soll.

Pavia ist eine Schlenderstadt, die sich leicht erfassen lässt, weil sie im Zentrum das Prinzip des römischen *castrum* mit *cardo maximus* und *decumanus* beibehalten hat und auch die anderen Straßen – fast immer – rechtwinklig zueinander verlaufen. Ihre Ausdehnung ist jedoch größer als die Einwohnerzahl von knapp 72 500 erwarten lässt. Aber in der flachen Po-Ebene hatte man ja Platz!

Das antike *ticinum* war ein typisches römisches *castrum,* unter König Theoderich dessen Hauptsitz, seit 626 liebster Aufenthaltsort der langobardischen Könige. In karolingischer und ottonischer Zeit war es als *papia* bis ins 11. Jh. Krönungsstadt der Könige und Kaiser. Das Bündnis mit Barbarossa

---

Verkehrssituation in Pavia
Da das *centro storico* Pavias **Fußgängerzone** und für fremde Fahrzeuge unpassierbar ist (z. T. videobewacht), sollte man am besten mit der Bahn anreisen, der **Bahnhof** liegt im Westen recht zentrumsnah. Sonst stehen große, ausgeschilderte **Parkplätze** zur Verfügung.

verhalf der freien Kommune zu Wohlstand, was man an den ab dem 12. Jh. entstandenen Bauten sieht.

Und heute? Die Modewelt kennt Pavia wegen seiner Pelzindustrie, die gute Arbeit, modisch betont und nicht zu teuer anbietet. Die restliche Welt hat Pavia zumindest am 17. März 1989 kennen gelernt, als die Torre Civica, der Stadtturm an der Kathedrale, zusammenbrach. Im 11. Jh. erbaut, erhielt der Turm im 16. Jh. einen Aufsatz für die schwere Glocke aus Bronze, im Volksmund bald *il campanone,* die ›große Glocke‹, genannt. Napoleon ließ sie später kurzerhand zu Kanonenkugeln einschmelzen ... Immer baufälliger geworden, brach der Turm an jenem 17. März zusammen, riss ein paar Häuser mit sich und begrub vier Passanten unter sich. Der Dom ist erst teilweise wieder zugänglich, und der Turm wird wohl nie wieder aufgebaut.

Castello Visconteo

Vom Bahnhof schlendert man in wenigen Minuten über den baumbestandenen Viale Matteotti bis zum U-förmigen, von einem einst mit Wasser gefüllten Graben umgebenen Kastell inmitten einer hübschen Grünanlage. Auftraggeber war 1359 Galeazzo II Visconti. Der Bau mit den großzügigen Bogengängen und den von Schwalbenschwanzzinnen bekrönten Quadriforien ähnelt eher einem Schloss denn einer Festung. An der später zerstörten Nordseite des Kastells begann (Richtung Mailand) ein überdimensionaler Park, der heute nur noch z. T. erhaltene **Giardino del Principe,** in dessen Mitte die Certosa di Pavia (s. S. 257f.) stand.

Einst war das prachtvolle Kastell auf allen vier Seiten geschlossen, 1527 aber, zwei Jahre nach der Schlacht von Pavia, haben die Franzosen die Stadt mit der Zerstörung der Nordseite und zweier Ecktürme ›bestraft‹. Heute beherbergt das Castello Visconteo das Kultur- und Museumszentrum **(Musei Civici)** mit mehreren Sammlungen. In der **Pinakothek** hängen wichtige Werke von Borgognone und Foppa; das **Museo Gallico Romano** besitzt große Teile der in Pavia und Umgebung gemachten archäologischen Funde, das **Museo di Storia del Risorgimento** ist der Einigung Italiens gewidmet (alle Di–So 10–18, Juli/Aug., Dez./Jan. 9–13.30 Uhr).

San Pier in Ciel d'Oro

Backsteinmauern und hohe Sandsteinstützen prägen die Fassade der romanischen Kirche, in die kleine orientalische Keramikschüsseln eingelassen sind. Sie sollten bei Sonnenuntergang – schließlich ist die Kirche, wie es sich gehört, nach Westen gerichtet – das Licht reflektieren und damit die Gläubigen beeindrucken. San Pier in Ciel d'Oro wurde anstelle eins langobardischen Gotteshauses errichtet und 1132 noch unvollendet von Papst Inno-

---

Mit der Autorin unterwegs

In Pavia nicht verpassen!

Arca di Sant'Agostino: großartige dreigeschossige Steinmetzarbeit (14. Jh.) als Grabmal für den hl. Augustinus in der romanischen Kirche San Pier in Ciel d'Oro (s. S. 251f.).

Die bedeckte Brücke von Pavia: Schon die Römer hatten hier eine Brücke gebaut, auf deren Pfeilern im 14. Jh. die heutige entstand, die nach der Zerstörung im Zweiten Weltkrieg wiederaufgebaut wurde (s. S. 254).

Bootsbrücke von Bereguardo

Typische Ticino-Brücke auf Booten (s. S. 254).

Die Reisfelder der Lomellina

Zartgrüne Felder, meist mit etwas Wasser bedeckt, unendlich schön und irgendwie melancholisch. Sie erinnern an die harte Arbeit der Reissäerinnen und -pflückerinnen, speziell in **Sannazzaro** (s. S. 255).

Piazza Ducale von Vigévano

Die in der Renaissance konzipierte und erbaute Stadt mit einem der schönsten Plätze Italiens (s. S. 257).

Certosa di Pavia

Eines der schönsten Klöster Italiens, ein Gesamtkunstwerk der Renaissance (s. S. 257f.).

Das ›Zweistromland‹ von Pavia

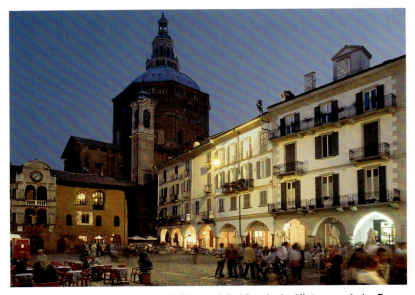

Beliebter Treffpunkt am Abend: die Piazza della Vittoria, im Hintergrund der Dom

zenz II. geweiht. Innen wirkt die dreischiffige Basilika mit hohem Mittelschiff und Vierungskuppel streng, im erhöhten Chor über der Krypta erhebt sich das dreigeschossige Grabmal des hl. Augustinus auf hohem Sockel. Das marmorne Grabmal (1350–80) gehört wegen seiner wunderbar gearbeiteten Reliefs und Statuen zu den Meisterwerken des 14. Jh. (Alle Kirchen Pavias sind 7.30–12, 15–19 Uhr geöffnet, doch während der Gottesdienste darf man sie nicht besichtigen.)

Im Universitätsviertel

Zwischen Castello und San Pier in Ciel d'Oro durchzieht ab der Piazza Castello der Corso Strada Nuova die Stadt in Nord-Süd-Richtung bis zum Ticino, wo er an der gedeckten Brücke ankommt. Gepflegte, nicht unbedingt edle Paläste stehen entlang der relativ schmalen Straße, sodass der große Komplex der **Universität** aus dem Rahmen fällt. Für die Lombardei ist Pavia wegen dieser Hochschule wichtig, nach Bologna die zweitälteste des Landes und von Kaiserin Maria Theresia und Joseph II. im 18. Jh. gefördert und ausgebaut.

Zwölf imposante, von Arkaden umstandene Höfe prägen den weitläufigen Komplex, mit mehreren *cortili*, Innenhöfen. Besonders anmutig sind der Cortile delle Magnolie und der Cortile dei Pini, von dem aus man einen wunderschönen Blick auf die drei hohen Türme der **Piazza Leonardo da Vinci** genießt.

Im Viertel östlich der Universität stehen zahlreiche Paläste von 1400 bis ins 18. Jh. Darunter der schönste Rokokopalast der Stadt, der **Palazzo Mezzabarba** (1728–40) mit geschwungenen Balkonen und reich verzierten Fenstern, in dem das **Rathaus** untergebracht ist.

Piazza della Vittoria und Domplatz

Der in Nord-Süd-Richtung lang gestreckte Hauptplatz der Stadt erhebt sich genau in ihrem historischen Zentrum und ist allabendlich Treffpunkt der Einheimischen. Der historische Regierungspalast, **Broletto** (12. Jh.),

Pavia

wirkt durch die Erweiterungen des 13. bis 16. Jh. nicht gerade harmonisch. Überall gibt es Cafés/Bars für die beliebten *aperitivi*, auch kann man rings um hervorragend einkaufen. Die Nummer eins unter den Pelzhäusern Pavias steht hier, das **Annabella** (seit 1964). Und das erste Literatencafé der Stadt, das **Demetrio** (18. Jh.), sowie die berühmteste Pasticceria Pavias, **Vigoni** (seit 1878).

Im Süden schließt sich die ebenfalls beliebte **Piazza Duomo** mit dem **Dom** an. An diesem Zentralbau auf griechischem Kreuz, der niemals vollendet wurde, haben u. a. Leonardo da Vinci und Bramante gewirkt (15. Jh.). Er bekam erst 1844 die gewaltige Kuppel aufgesetzt, nach San Pietro in Rom, dem Dom von Florenz und dem Pantheon in Rom die viertgrößte Italiens (30 m im Durchmesser, 92 m hoch).

San Teodoro

Auffällig an der inmitten der mittelalterlich krummen Gassen stehenden Kirche San Teodoro sind die an ihrer Fassade und am Tiburio eingelassenen *bacini ceramici*, farbige Schüsselkacheln, ähnlich wie bei San Pietro in Ciel d'Oro (s. S. 251f.). Innen sind in der Nordwestecke zwei Fresken zu finden (evtl. 1522, sicher vor 1527). Ursprünglich ›klebten‹ die Fresken übereinander, weil das erste Bild wegen perspektivischer Fehler mit dem zweiten übermalt worden ist. Erst 1956 wurden sie voneinander getrennt. Das Fresko an der Nordwand zeigt die Stadt während der Schlacht von Pavia, das an der Fassadeninnenseite im Westen ihren Zustand danach. Zum Sinnbild Pavias wurde ein schönes Detail: Der Stadtpatron Sant'Antonio segnet Pavia am rechten Ufer des Ticino, am nördlichen Ufer sieht man die Bootsanlegestellen, dazwischen den Ponte Coperto und über die dicht beisammenstehenden Häuser hinweg, aus denen zahlreiche Türme ragen, ganz im Hintergrund das Castello mit großem Exerzierplatz davor.

San Michele

Auf der anderen Seite des Corso Strada Nuova steht das vielleicht schönste Beispiel romanischer Kirchenarchitektur in Oberitalien, **San Michele,** 1117 bis 1155 über der älteren Krönungskirche der Langobarden errichtet. Keine andere Kirchenfassade Pavias ist so reich mit Skulpturen geschmückt und besitzt ein so schönes Portalgewände, die Zwerggalerie folgt dem breiten Giebelverlauf der dreischiffigen Basilika – aber der Zahn der Zeit nagt seit Jahrhunderten an ihnen und an der Sandsteinverkleidung insgesamt. Besser erhalten ist die wunderschöne romanische Krypta, die man zwar selten betreten, aber gegen Münzeinwurf davor beleuchten darf, um die sechs Säulenpaare, die Kapitelle mit plastischen Tier-, Pflanzen- und menschlichen Motiven oder Fabelwesen tragen, bewundern zu können.

Die schmalen, typisch mittelalterlich gewundenen und abschüssigen Gassen zum Ticino sind schön restauriert worden, ebenso das Kieselsteinpflaster mit den großen Plattenreihen für die *carrozze,* die heute auch den wenigen Autofahrern genehm sind, so weit sie sich hier noch durchschlängeln dürfen.

Ponte Coperto

Zwischen Lungoticino Visconti und Lungoticino Sforza führt der Ponte Coperto, die bedeckte Brücke, auf die rechte Flussseite, dorthin, wo im Fresko von San Teodoro der Ortsheilige sitzt und die Stadt segnet. Die Brücke ist zwar ein Neubau nach der Zerstörung im Zweiten Weltkrieg, aber in den Formen der originalen Brücke von 1351 bis 1354. Im Süden der Stadt hat sich das Stadtviertel **Borgo Ticino** mit seinen niedrigen, einst ärmlichen Häusern relativ gut erhalten. Hier stehen auch ein paar der angenehmen Trattorien, für die man normalerweise reservieren muss, will man einen der wenigen Tische erhaschen.

IAT: 27100 Pavia, Via Fabio Filzi 2, Tel. 038 22 21 56, Fax 038 23 22 21, www.turismo.provincia.pv.it.

Moderno: Via Vittorio Emanuele 41, Tel. 03 82 30 34 01, Fax 038 22 52 25, www.hotelmoderno.it; Weihnachten, 2 Wo-

Das ›Zweistromland‹ von Pavia

chen im Aug. geschl. Restauriertes Bahnhofshotel (Anfang 20. Jh.), familiäre Führung. 32 komfortable Zimmer, 1 Suite, **Restaurant** im Jugendstil (Ruhetage Sa Mittag, So). DZ/ÜF 140–150 €.

Excelsior: Piazza Stazione 25, Tel. 038 22 85 96, Fax 038 22 60 30, www.excelsior pavia.com. Renoviertes Bahnhofshotel. 32 Zimmer, kleine Halle. DZ/ÜF 84–90 €.

Riz: 27010 San Genesio ed Uniti (PV), 7 km nördl. von Pavia. Via Langobardi, Tel. 03 82 58 02 80, Fax 03 82 58 00 04, www.hotel rizpavia.com. Modern, komfortabel, in günstiger Lage für Autofahrer (Busshuttle in die Stadt), Parkplätze. 64 Zimmer. DZ/ÜF 91 €.

Locanda della Stazione: Viale Vittorio Emanuele II 14, Tel./Fax 038 22 93 21. Einfache Pension in Bahnhofsnähe. Zimmer z. T. ohne Bad. DZ 40–60 €.

Über **Agriturismo** in Pavias Umgebung und der Provinz informiert: www.agriturismo.it oder www.paesionline.it/agriturismo.

Bardelli: Via Lungoticino Visconti 2, Tel. 038 22 74 41; Ruhetag So. Feine Adresse mit Veranda am Ticino. Gepflegte Gastronomie wie gratinierte Jakobsmuscheln, geräucherte Gänsebrust, Meeresfisch, Traditionelles wie Mailänder Schnitzel oder Kalbshaxe aus dem Backofen. Menü um 40 €.

Antica Osteria del Previ: Via Milazzo 65, Tel. 038 22 62 03; 10 Tage Anfang Jan. und Aug. geschl. Traditionelle Trattoria unter Holzbalkendecke, mit *focolar* (offene Feuerstelle). Steinpilz- und Kartoffelstrudel, Risotto, gefüllte Kalbsbrust oder Spanferkelhaxen aus dem Backofen. Menü ab 29 €.

Hostaria Il Cupolone: Via Cardinal Riboldi 2, Tel. 03 82 30 35 19; Ruhetage Mo Mittag und Di, Anfang Jan. 10 Tage, 2 Wochen Aug. geschl. Winzige Osteria auf 2 Etagen in historischen Räumen beim Dom. Saisonbedingte Spezialitäten wie Kartoffelravioli mit Lauch, Risotti und *bolliti misti*, auch Süßwasserfisch. Menü ab 25 €, Mittagsmenü um 15 €.

Osteria della Malora: Via Milazzo 79, Tel. 038 23 43 02; Ruhetage So Abend und Mo, Juli 2 Wochen geschl. Eine der alten Osterien Pavias; 2 kleine Räume voller Weinregale unter Holzbalkendecken; verfeinerte lokale Gerichte wie Risotto mit Kürbis und Gorgonzola, Ente in Salzkruste mit Kartoffeln aus dem Backofen, hausgemachte Pasta und *dolci*. Menü ab 25 €.

Passeggiata-Meilen: die **Piazza della Vittoria** und die sie querenden Straßen der Fußgängerzone. Ringsum die Piazza-Cafés aller Couleurs. Im alten Rathaus trifft sich die Jugend im **Caffè Pub Broletto** speziell Sa, So schon ab dem Aperitif (bis spät).

Antiquitätenmarkt: jeden 1. So im Monat außer Jan. und Aug. 8.30–19 Uhr auf der Piazza della Vittoria.

Festa del Ticino: letzter Aug.-Sa und 1. Sept.-So mit kulturellen und sportlichen Veranstaltungen, Abschlussfeuerwerk.

Bahnstation auf den Strecken Mailand – Cremona bzw. Genua.

Gute **Busverbindungen** in die Provinz und nach Mailand bzw. Piacenza und Cremona.

Im ›Zweistromland‹

Bereguardo

Reiseatlas: S. 12, D 4

Die **Bootsbrücke** vom nordwestlich von Pavia gelegenen Bereguardo ist so beliebt und auch wirklich sehenswert, dass hier im Sommer (Achtung Moskitos!) an den Wochenenden kein freier Parkplatz zu finden ist. Die Kioske bieten Snacks, in einem großen, außerordentlich gut besuchten Freiluftrestaurant mit Wasservergnügungspark **(Boscaccio)** gibt es auch Flussfisch. An der Anlegestelle Ravizza kommen und gehen dann Ausflugsboote mit fröhlichen Menschen in Sonntagslaune.

Das Städtchen Bereguardo selbst ist eine nette Überraschung. Das quasi ausgehöhlte **Castello Sforzesco** zeigt sich weniger pompös als üblich. Hier befindet sich das Rathaus, zugleich ist es der Platz für sommerli-

Im ›Zweistromland‹

Richtig Reisen-Tipp:
Von Pavia über Bereguardo nach Vigévano

Fahrzeit: mit dem Wagen ab 1 Std., mit dem Fahrrad ab 2,5 Std.
Länge: rund 35 km (bis Vigévano)
Charakter: leicht
Markierung: keine, Richtung Vigévano einhalten
Einkehr: im Sommer Ausflugslokale am Fluss; ganzjährig Osteria in Bereguardo (s. u.) und Cafés in Vigévano rund um die Piazza Grande.

Auf der Fahrt zwischen Pavia und Vigévano erlebt man eine intakte Flusslandschaft, die streng geschützt, ein echtes Naturerlebnis ist und außerdem zu zwei besonderen Sehenswürdigkeiten führt: zur Bootsbrücke von Bereguardo ebenso wie zum Renaissancestädtchen Vigévano, auch als die Schuhstadt Italiens bekannt. Die Strecke ist sowohl als Auto- wie als Radtour geeignet.

Man verlässt Pavia beim Borgo Ticino im Süden und folgt nach Westen – vorbei an Reitstallungen – zunächst dem unruhigen Lauf des Ticino, der sich immer wieder ausfranst und breite Wasserflächen bildet. Über eine schmale Dammstraße geht es durch das Herz des Naturparks, der hier von Reisfeldern geprägt ist, also nicht mehr ganz ursprünglich ist – aber Reisanbau hat hier Tradition und das soll auch so bleiben. Der streng geschützte Flusspark, **Parco Naturale del Ticino,** beginnt nördlich von Vigévano und zieht sich am Ticino entlang bis zur Einmündung des Flusses in den Po südöstlich von Pavia – auf einer Länge von ca. 60 km und in der Breite bis zu 12 km nach Westen bis in die Lomellina hinein. Seit Oktober 2002 gehört der Park zu den von der Unesco ausgewählten Biosphärenreservaten, etwa mit dem Schwerpunkt ›Mensch und Natur‹.

Immer wieder weisen kleine Holzschilder zu **sommerlichen Ausflugslokalen** am Fluss.

Eine Abzweigung führt nach **Bereguardo** (s. u.), das allein wegen seiner Bootsbrücke interessant ist. Es geht zurück auf die Dammstraße, die bald einen Bogen nach San Siro schlägt. Von hier folgt man der Provinzialstraße, die direkt nach **Vigévano** (s. S. 256f.) führt. Man kann also nicht immer nahe beim Fluss bleiben. Südlich von Vigévano beginnt die **Lomellina,** die sich nach Südwesten bis ins Piemontesische hinein ausbreitet, ein weites, wasserreiches Becken zwischen Ticino und Po, Europas größtes zusammenhängendes Reisanbaugebiet. Vorbei sind allerdings die Zeiten, an die man bei manchen Festen wie der *Sagra del Riso* in Sannazzaro im Süden nahe dem Po gerne erinnert. Die grobe Arbeit erledigen heute ausgetüftelte Maschinen, die sogar das Unkraut zwischen den Pflanzenreihen jäten können.

P.S.: Von hier könnte man nach **Abbiategrasso** und **Morimondo** (5 km südöstl. von Abbiategrasso; zwei Einkehrmöglichkeiten im Kloster) fahren, dann entlang dem Naviglio Grande bis nach **Mailand.**

che Dorffeste. Am beschaulichen Hauptplatz lockt eine kleine Osteria mit sommerlicher Pergola (s. u.).

Viscontea: Via Castello 31, Tel. 03 82 92 81 48; Ruhetage Mo Abend und Di. ›Mescita con Cucina‹ steht an der Tür, also Weinausschank mit Küche, was natürlich untertrieben ist, denn das Lokal aus zwei schmalen Räumen mit einfachen dunklen Holztischen ist eine kleine Sensation. Die wechselnden Tagesgerichte werden angesagt, abends à la carte. Lokale Gerichte wie Kalbskopf mit Steinpilzen und Polenta (13 €), Gänseschinken aus dem dafür bekannten Mortara; gute Weinkarte. Menü ab 25 €.

Das ›Zweistromland‹ von Pavia

9 Vigévano

Reiseatlas: S. 11, C 4

Inmitten der flachen, vom Reisanbau geprägten Landschaft des **Parco Naturale del Ticino,** die für viele Italienreisende echtes Neuland bedeutet, liegt das knapp 58 000 Einwohner zählende Vigévano. Kein Wunder, wenn es Liebe auf den ersten Blick wäre! Denn die Stadt, die den fremden Autofahrer auf die Parkplätze ringsum verweist, gehört zu den Renaissance-Perlen Italiens, sie wurde von vornherein als ›ideale Stadt‹ gebaut.

Von den Parkplätzen ist das Zentrum gut ausgeschildert. Der schönste Zugang befindet sich nahe dem Bahnhof. Es ist eine bedeckte hängende Brücke, die **Strada pensile coperta,** durch die man ins Castello Sforzesco kommt. Diese 167 m lange und 7 m breite, mit Flusskieseln belegte und mit Schwalbenschwanzzinnen geschmückte Brückenkonstruktion ließ der erste Erbauer der Festung, Luchino Visconti, um die Mitte des 14. Jh. als Verbindung zwischen der (1488 zerstörten) Rocca und dem Castello errichten. Und zwar zweistöckig! Man kann z. B. über den oberen Teil hinein- und über den unteren hinausgehen.

Das **Castello Sforzesco** selbst ist nach jahrzehntelangen und nun praktisch vollendeten Restaurierungsarbeiten ein wahres Glanzstück geworden. Mehrere Sammlungen sind zu besichtigen: **Museo Civico Archeologico** und **Pinacoteca Civica** sowie **Museo Internazionale della Calzature** – passend zum Städtchen, das sich auf feines Schuhwerk spezialisiert hat (tgl. 8.30–19 Uhr oder auf Anfrage beim Informationsbüro in der hohen, den Platz bestimmenden **Torre di Bramante).**

Durch den Turm hindurch steigt man ein paar Stufen hinab – und gelangt so direkt auf die **Piazza Ducale.** Einen schöneren Einstieg kann man sich nicht wünschen! Der erste und großartigste Renaissanceplatz Italiens breitet sich zwischen arkadengeschmückten Palästen aus, deren verwitterte Fassaden einen so zarten, morbiden Eindruck vermitteln, dass ihr Anblick geradezu rührend wirkt. Diese Piazza, vorsichtig restauriert, soll Leonardo da Vinci für Ludovico Il Moro skizziert haben. Andere schreiben die Pläne aber Bramante zu, für den Vigévano zum Lieblingssitz wurde.

Von wem auch immer: Die sandfarbenen Fassaden der Piazza Ducale bestechen durch ihre auberginefarbene Architekturmalerei. Über den Arkaden der Paläste öffnen sich Rundbogenfenster, im zweiten Stockwerk kleine Rundfenster, darüber rote Ziegeldächer mit zahllosen, verschieden gestalteten Schornsteinen, kleinen Hütten gleich.

Weiße Führungslinien aus flachen Trittsteinen heben sich gut ab vom grauen Kieselpflaster des Platzes und führen den Besucher auf den **Dom** mit prachtvoller, zurückspringender Barockfassade zu. Herrlich ist es, hier eine Kaffeepause einzulegen, bei schönem Wetter draußen auf dem Platz, dessen südländischer Charme sprichwörtlich ist.

Der 138 x 48 m große Platz ist Fußgängerzone, nur Radfahrern muss man ab und zu ausweichen. Ringsherum gibt es kleine, sehr modische, recht teure Geschäfte: Vigévano ist reich, auch wenn das Geschäft mit

Im ›Zweistromland‹

der feinen Schuhmode nicht mehr so florieren soll: Von hier aber kommen noch immer mehr als 40 % der italienischen Schuhe, und zwar die modischen, die allerbesten und schönsten, die in mehr als 1000, meist kleinen Werkstätten in und um Vigévano produziert werden.

Im Castello Sforzesco, s. S. 256, Tel. 03 81 69 16 36, Fax 03 81 69 50 16 (Di–So).

Einladende Cafés und Bars rings um die Piazza Ducale, wo man sowohl *aperitivi* als auch kleine Mahlzeiten (Pastagerichte, Salate) einnehmen kann, z. B. im **Caffè Commercio** und **Caffè Moak** gegenüber, beide mit Blick auf den Dom.

Juweliergeschäfte, Mode- und Brillenboutiquen (z. B. Damenmode von **Luisa Spagnoli**) rund um die Piazza und in den ebenfalls den Fußgängern vorbehaltenen Nebengassen. Erstaunlicherweise selten zu finden: Schuhgeschäfte! Ein schönes steht an der Piazza Ducale: **Battaglia** mit Markenschuhen von Prada, Dior, Dolce Gabana u. a.

Jeden 2. Sept.-So wird vom Touring Club Italiano eine **Kanu-Regatta** von Vigévano nach Pavia organisiert, vorbei an den typischen Bootsbrücken des Flusses, speziell bei Bereguardo (s. S. 254f.).

Man kann in Vigévano **Kanus** mieten und den hier schiffbaren, recht ausgefransten Ticino auf eigene Faust befahren.

Bahnstation hinter dem Castello Sforzesco, also bequeme Anreise; tagsüber ca. stdl. Mailand – Vigévano.

Certosa di Pavia
Reiseatlas: S. 12, D/E 4
Von der Mitte des Naviglio Pavese zwischen Pavia und Mailand zweigt eine schnurgerade, genau 1 km lange, alte Ulmenallee zur Kartause ab, die besonders am frühen Morgen

Die Certosa di Pavia ist das berühmteste Kloster des Kartäuserordens

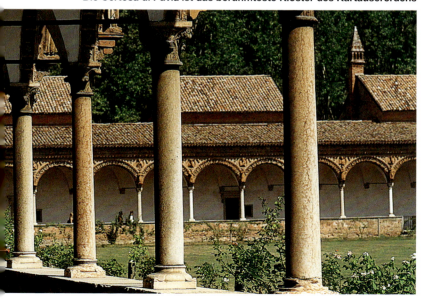

Das ›Zweistromland‹ von Pavia

eine Bilderbuchschönheit ist. Die Konturen des Turmes tauchen auf, aus den Reisfeldern ringsum hinter engen Wasserkanälen hebt sich der schwere Morgendunst nur langsam, es ist still. Nicht lange, denn bereits ab 9 Uhr kommen die Touristenbusse: Die Certosa di Pavia genießt weltweit einen größeren Ruhm als Pavia selbst, steht auf dem Programm der meisten Touristen gleich nach dem Mailänder Dom. Nicht wegen ihres einst hohen geistigen Wertes, sondern wegen ihrer imposanten Architektur, die eher weltlich-schmuckfreudig, höfisch im Sinne des ausgehenden Mittelalters ist.

Jakob Burckhardt nannte die **Fassade** »die prächtigste des Renaissancestils«, neben der des Domes von Orvieto »das erste dekorative Prachtstück Italiens und der Welt«. Die Fülle an Reliefs, Statuen und Nischen ist unglaublich. Ambrogio Borgognone begann 1473 mit dem Bau, der sich bis zum 17. Jh. hinziehen sollte. Mind. 30 Meister haben an der Fassade gearbeitet, während der eigentliche Kirchenbau bereits 1396 im Auftrag von Gian Galeazzo Maria Visconti als Grabeskirche begonnen wurde.

Zu den größten Sehenswürdigkeiten der Kirche gehören neben das herrliche **Chorgestühl,** der **Hochaltar,** das wunderbar zarte **Triptychon** aus Flusspferdzähnen in der Sakristei, die unzähligen intarsierten **Steinaltäre,** das **Waschbecken** des Alberto Maffioli aus Carrara, das wertvolle Gitter aus **Schmiedeeisen** und vergoldeter Bronze, die kostbaren **Altarbilder.** Außerdem das wunderschöne marmorne **doppelte Grabmahl für Ludovico II Moro und Beatrice d'Este** (1497). Schließlich die beiden **Kreuzgänge** mit ihren herrlich modellierten *cotto*-Bogen.

Die vorsichtigen Mönche, die in der Certosa leben, lassen niemanden allein durch die Kartause gehen, man wird begleitet und bekommt dabei auch eine **Mönchszelle** zu sehen. Überrascht dürften manche feststellen, wie komfortabel die Kartäuser von Pavia leben durften und dürfen, sozusagen in einem Zwei-Zimmer-Apartment mit eigenem Kräuter- und Rosengarten (Öffnungszeiten: Di–Sa, Okt.–März 9–11.30, 14.30–16-30, So/Fei bis 17 Uhr, April bis 17.30 Uhr, Mai–Sept. bis 18 Uhr, www.comune.certosa.pv.it).

Milano: 27012 Certosa di Pavia (PV), Via Monumento 13, Tel./Fax 03 82 92 56 33. Einfache Pension bei der Certosa, 10 Zimmer; **Restaurant/Pizzeria** (s. u.). DZ/ÜF 55–60 €.

Locanda Vecchia Pavia: Via al Monumento 5, Tel. 03 82 92 58 94. Ruhetage Mo, Mi Mittag; 20 Tage Jan./Aug. geschl. Sehr feines, von Michelin besterntes Restaurant in den historischen Räumen der Mühle der Kartause (gemütliche Räume unten, Saal oben), offene Veranda an der Certosa-Mauer. Kreative Küche, perfekter Weinkeller. Wechselndes Degustationsmenü 54–80 €.
Milano: s. o. Ruhetag Mo. Schlichtes Restaurant mit Pizzeria (Holzofen) in 2 kleinen Räumen und großem Garten. Pizza, tgl. selbst gebackenes Brot (die Familie stammt aus Amalfi, versteht das Pizzaiolo-Handwerk). Pizza 4–6,50 €, auch zum Mitnehmen, denn auf dem Certosa-Gelände befinden sich ganz in der Nähe des Milano zwei **Picknickzonen.**

GRA CAR: Kräuterlikör der Certosa (der Name kommt von *Graziarum Cartusia* = Certosa Santa Maria delle Grazie), von den Mönchen produziert.

Oltrepò Pavese

»Garten der Lombardei« nennen die Paveser ihr Oltrepò-Gebiet südlich des großen Stromes, das sowohl landschaftlich als auch geografisch im wahrsten Sinne des Wortes herausragt: geografisch mit einem Dreieck über die Po-Ebene südwärts zwischen die Regionen Piemont und Emilia Romagna, landschaftlich mit einer zauberhaften Hügellandschaft, mit Wein- und Obstgärten übersät. Wen wundert's: Das Oltrepò Pavese ist eines der wichtigsten **Weinanbaugebiete** der Lombardei und berühmt für **luftgetrocknete Wurst** und **Schinken.**

Die östliche Lombardei

Reiseatlas S. 23, 24

Die großen Flüsse Po, Oglio und Mincio prägen den Osten der Lombardei, dazwischen liegen weite Ländereien mit großen Landgütern, die der Viehzucht und dem Getreideanbau dienen. Und flaches Land, das sich nur südlich vom Gardasee in den Endmoränen kleinhügelig gestaltet. Mittelalterlich sind die Geigenstadt Cremona und Mantua, die Renaissance gestaltete das kleine Sabbioneta.

Zwei große Flüsse treffen sich, nachdem sie in langen Schlangenbewegungen die Landschaft geformt haben, bei der Provinzhauptstadt Cremona: Po und Adda. Die Provinzhauptstadt Mantua dagegen wird vom Mincio, der aus dem Gardasee dem Po zueilt, so umflossen, dass sie fast eine Insellage bekommt. In der Mitte des Gebietes eilt der Oglio vom Iseo-See ebenfalls dem Po zu, dem Fluss, der ganz Oberitalien durch seine weite Ebene gestaltet, die sog. Padania.

Die Ländereien zwischen den Flüssen zieren einzelne Gehöfte, die weit auseinander stehen. Es sind die typisch lombardischen *cascine,* meist eine Art Vierkanthof, in dem früher das Leben der Landarbeiter begann und endete, mit Kirche und allem, was man zum Leben brauchte. Nachts wurden solche *cascine* geschlossen, niemand kam mehr hinein oder hinaus. Noch heute sind sie Keimzelle der Landgüter, die vorwiegend der Aufzucht von Schweinen oder Rindern dienen und auch Getreide produzieren.

Die im Kern gotische Provinzhauptstadt Cremona genießt weltweit einen guten Ruf als *die* Stadt der Geigenbauer – Amati, Guarnieri und Stradivari sei Dank. Mantua dagegen ist stolze Besitzerin der vielleicht schönsten Platzfolge Italiens, allesamt ebenfalls geprägt von der Gotik, mit ein paar Zutaten der Renaissance, die nicht zu ihrem Schaden waren. Ein städtebauliches Kleinod ist Sabbioneta, wie Vigévano im Paveser Land eine vollständig in der Renaissance geplante und gebaute Stadt.

Cremona

Reiseatlas: S. 23, B/C 1

»Nie habe ich Schöneres gesehen!«, soll einst der Dichter Graf von Platen (1796–1835) ausgerufen haben, als er reisemüde mit der Kutsche auf den von Fackeln erleuchteten Domplatz vorfuhr. Es ist auch heute noch ein Glücksfall, die erste Begegnung mit Cremona bei Nacht zu erleben, im zartgelben Scheinwerferlicht – modernen Zeiten angepasst. Schön, dass das Geld, das in Stadt und Provinz Cremona (vorwiegend aus der Landwirtschaft) reichlich verdient wird, auch zu deren Erhaltung eingesetzt wird. Doch Cremonas Weltruhm machen die Geigen aus, die hier gebaut werden und von deren Wohlklang man beim Bummel durch die knapp 71 500 Einwohner zählende Stadt begleitet wird.

Die Römer begannen 218 v. Chr. den Platz in strategisch günstiger Lage am Po zu besiedeln, erhoben ihn 90 v. Chr. zum *municipium* und gaben den Einwohnern das römische Bürgerrecht. 603 nahm Agiluf die Stadt für die Langobarden ein, die ihre Blütezeit der Gunst seiner Ehefrau, Königin Theodolinde, (und der Erzbischöfe) verdankte. Entwicklung zur Kommune ab 1098, ghibellinisch ab 1254, dann Anfang 14. Jh. im Besitz der Mailänder Visconti und ab 1441 als Mitgift für Bianca Maria aus der Dynastie der Sforza, die für eine neue Blütezeit sorgte, so wie auch ab 1535 erneut die Spanier. Gleichzeitig begann die musikalische Entfaltung Cremonas mit

Die östliche Lombardei

den Amati, mit Stradivari, Guarneri und auch Claudio Monteverdi. 1707 ging die Stadt an die Österreicher, 1799 wurde sie Teil der napoleonischen Cisalpinen Republik und 1814 wieder österreichisch. Dann erfolgte im Zuge des Risorgimento die Eingliederung in das vereinte Italien. – Eine aufregende, wenn auch nicht untypische Entwicklung einer Stadt in bedeutender Lage in der weiten Po-Ebene.

Piazza del Comune

Der Hauptplatz Cremonas, die Piazza del Comune, ist das schönste Stück der Stadt und liegt an ihrer höchsten Stelle, allerdings nur 65 m höher als der Rest. Die Cremoneser zieht es bei Tag und vor allem bei Nacht auf den Platz: zum Schlummertrunk im Café unter den Rathaus-Arkaden mit Blick auf den hell erleuchteten Dom und den faszinierend hohen Turm, davor fröhliche Jugendliche, Fahrrad schiebend und Eis schleckend, diskutierend.

Um den **Dom Santa Maria Assunta** mitsamt dem Turm kann man herumlaufen, jede Fassade, auch die Chorpartie, hat ihren besonderen Reiz. Zum Platz hin sind die Details besonders reich. Eine lang gestreckte, vorgesetzte Loggia klammert auch den Turm mit ein. Der Dom (ab 1107) wurde 1190 geweiht, die außergewöhnlich großen Querhäuser später vollendet (1288 und 1342), die Hauptfassade erst 1498 bis 1505 mit Marmor verkleidet. Dabei verwendete man für das Hauptportal die Prophetengestalten aus der ersten Bauphase. 1499 bis 1525 schließlich entstand der wunderhübsche Arkadengang.

Den Glockenturm, mit 111 m Europas höchster frei stehender Backsteinturm, nennen die Cremonesi liebevoll *Torrazzo*, was so viel wie ›der Riesenturm‹ heißen soll. Trotz seiner Monumentalität ist seine gotische Struktur von besonderer Zartheit, das spitze Dach betont himmelwärts zielend.

Innen erweist sich der Dom (7.30–12, 15.30–19 Uhr) als eine wahre Pinakothek, überreich freskiert von den besten oberitalienischen Meistern des 16. Jh. wie Antonio da Pordenone, Girolamo Romanino und Bernardo Campi sowie mit kostbaren Brüsseler Gobelins (u. a. nach Entwürfen von Giulio Romano) und Altarbildern geschmückt. Auf der rechten Seite zeigt der Freskenzyklus das Leben Mariä, auf der linken Christi Lebensgeschichte. Vor allem Pordenones Bilder fallen aus dem Rahmen (Westwand innen: Kreuzigung, Grablege; die ersten drei Bilder vom Eingang rechts zum Leben Christi): Die Figuren sind bewegt und sehr körperhaft. Ein Meisterwerk der Holzintarsienkunst ist das Renaissance-Chorgestühl (1483–90) mit zeitgenössischen Veduten aus der Lombardei.

Der prachtvolle und noch immer als Rathaus dienende **Palazzo del Comune** oder Palazzo dei Ghibellini genau gegenüber ruht auf sechs nur leicht zugespitzten gotischen Arkaden, sein Obergeschoss zeigt aber bereits akkurate Renaissance-Laibungen über den noch mit gotischem Maßwerk verzierten Fenstern. Im fein ausgestatteten Obergeschoss (Di–Sa 9–18, So 10–18 Uhr; Eingang im Innenhof hinten) befindet sich sozusagen unter der Obhut des Bürgermeisters die kostbare **Violinensammlung** der Stadt in neun Vitrinen. Den Klängen einer Guarneri oder Stradivari lauschen, also Musikgenuss pur, wenn auch nur für ca. 15 Minuten, kann man in Cremona buchen (ein paar Tage vor dem Besuch anmelden; im Book Shop des Palazzo Comunale, Tel. 037 22 05 02).

Schräg nach rechts schaut man vom Rathauscafé unter den Arkaden auf das oktogonale **Baptisterium** mit seiner flachen Kuppel und den darunter umlaufenden Blendarkaden, heute **Museum romanischer Skulpturen** (Di–So 10–13, 14.30–18 Uhr).

In die Ecke zwischen Baptisterium und Rathaus eingezwängt ist die kleine backsteinerne **Loggia dei Militi** von 1292, damals Sitz der Hauptleute der städtischen Miliz, in den Fensterlaibungen mit zarten Terrakottamotiven geschmückt: ein Kleinod der gotischen Profanarchitektur und in seiner Struktur mit offener Bogenhalle unten und großem durchgehenden Saal oben typisch für das mittelalterliche Oberitalien, speziell im Einzugsbereich der Lombardei.

In unregelmäßigen Strahlen gehen die Altstadtgassen vom Domplatz aus, meist als Fußgängerzone und in den letzten Jahren wunderschön saniert. Städtebaulich gelungen ist der Durchgang links des Rathauses zur kleineren **Piazza della Pace,** hier beginnt die enge Via Beltrami mit schönen Gärten hinter feinen Adelspalästen, in die man durch schmiedeeiserne Gitter hineinsehen kann.

Cittanova-Viertel

Auf dem Weg ins Stadtviertel Cittanova kommt man am Corso Garibaldi 57 an **Stradivaris Wohnhaus** vorbei, dessen Ruhm allmählich übertrieben vermarktet wird, etwa mit lauter Geigenmusik, wenn eine Ausstellung o. Ä. ansteht. Stradivari lebte hier von 1657 bis 1680 und hatte im selben Haus wie üblich auch seine Werkstatt (heute Sitz der Vereinigung der Stradivari-Freunde).

An der Piazza Garibaldi steht der **Palazzo Cittanova** von 1256, auch Palazzo del Pòpolo genannt. Aus der Zeit also, als Cremona zweigeteilt regiert wurde: hier guelfisch, an der Piazza del Comune ghibellinisch. Der ›Volkspalast‹ war Sinnbild des Widerstandes, des Protestes der Bevölkerung gegen die Obrigkeit. Auch heute noch: Wenn es in Cremona zu Demonstrationen kommt, hier am Palazzo del Pòpolo trifft man sich, von hier aus nimmt man den Protestweg zum Rathaus. Der Palast steht genau gegenüber der mächtigen Kirche **Sant'Agata** aus der Renaissance (mit gotischem Backsteinturm), der 1848 eine klassizistische Fassade vorgebaut wurde. Die größte Sehenswürdigkeit der Kirche ist die Tavola di Sant'Agata, eine beidseitig bemalte Tafel (13. Jh.) mit Szenen aus dem Leben der Kirchenpatronin Agata sowie ›Madonna mit Kind und dem Heiligen Geist‹.

Ein Stück weiter am Corso Garibaldi, der hier mit schönen Palästen beginnt, befindet sich im würdigen Renaissancegebäude des **Palazzo Raimondi** auf der linken Straßenseite die Scuola di Liuteria, die Schule der Geigenbauer Cremonas. Sie entstand bereits 1496. Viele Cremoneser Violinenbauer haben ihre Werkstätten in diesem Stadtteil (z. B. Corso Garibaldi 95, Via Palestro 26).

Dem Palazzo Raimondi gegenüber öffnet sich die schmale Via Bertesi, deren altes Kieselsteinpflaster schön restauriert wurde. Sie

Mit der Autorin unterwegs

Cremonas historische Geigen
Im **Rathaus von Cremona** kann man die kostbarsten Geigen, die sich im Besitz der Stadt befinden, bewundern (s. S. 260).

Für Musikfans
In Cremona können Sie dem Originalklang einer **Stradivari** oder **Guarneri** lauschen (s. S. 260).

Cremona: Autos unerwünscht!
Einfahrtverbote ins historische Zentrum und seltene Langzeitparkplätze machen aus Cremona eine unbequeme Autofahrerstadt. Besser, man lässt den Wagen am Rande stehen oder reist gleich mit der Bahn an.

Renaissance-Kleinod
Sabbioneta hat sich seit dem 16. Jh. kaum verändert (s. S. 264ff.).

Mantuas Plätze
Piazza Sordello, Piazza Broletto und Piazza delle Erbe bilden eine **wunderbare Platzfolge** voller Leben (s. S. 266f.).

Flussfahrt
Am **Mincio** laden im Sommer kleine Boote zu Flussfahrten ein (Buchung beim: Consorzio I Barcaioli del Mincio, Via Francesca 122, 46040 Grazie di Curtatone (MN), Tel./Fax 03 76 34 92 92, www.fiumemincio.it).

stößt auf die Via Palestro. Rechts (Nr. 10) ist der **Palazzo Stanga-Trecco** mit seiner spätbarocken, eleganten Fassade nicht zu übersehen. Die schönste Dekoration (und das ansprechendste Beispiel dieser Art in der Stadt) liegt freilich im Innenhof: reich verzierte Terrakottafriese, darunter ein unter den Obergeschossfenstern umlaufendes Band mit Kampfszenen. Heute ist der Palast Sitz der Agrarschule und tagsüber auf Anfrage zugänglich.

Schräg gegenüber beginnt ein riesiger Palastkomplex und zieht sich um die Ecke in die

Die östliche Lombardei

Richtig Reisen-Tipp: Die Stadt der Geigenbauer

Andrea Amati wurde hier um das Jahr 1500 geboren und hat in Cremona nach 1530 die Geige in ihrer heute üblichen Form ›erfunden‹.

Nicola Amati, der Enkel des Geigenerfinders und Lehrer Stradivaris, ist im Geigenmuseum mit dem schönsten von ihm hergestellten Instrument vertreten. Sogar der Lack der 1658 entstandenen Geige ist noch unversehrt.

Doch die größte Bedeutung für Cremona und die Musikwelt hat **Antonio Stradivari,** der 1715 sein berühmtestes Kunstwerk, ›Il Cremonese‹, schuf: Diese Geige ist so der Nachwelt erhalten geblieben, wie sie der Meister aus der Hand gab. Wenn man sich vergegenwärtigt, dass er 95 Jahre alt geworden ist und in seinem Leben etwa 1200 Streichinstrumente gebaut haben soll, so verwundert es nicht, dass noch etwa 400 Exemplare weltweit registriert sind.

Der vierte berühmt gewordene Geigenbauer Cremonas war **Giuseppe Guarneri del Gesù,** dessen Geige von 1734 ebenfalls im Museum bestaunt werden kann.

Alle drei Jahre (2009, 2012 usw.) findet in Cremona die Triennale statt, bei der wie bei ähnlich wichtigen Konzerten auf den historischen Geigen gespielt wird.

Die zahlreichen Geigenbauschulen – und in ihrem Gefolge natürlich die privaten Musikschulen – sorgen dafür, dass die ganze Stadt mit Wohlklang erfüllt wird. Zurzeit leben mehr als 120 Geigenbauer in der Stadt. Die internationale, staatliche Geigenbauschule mit der Musikschule im schönen Palazzo Raimondi (und seinen Erweiterungen) kann den Schülerandrang kaum bewältigen.

Eine Stadt und ihr Handwerk: Mehr als 120 Geigenbauer gibt es in Cremona

Cremona

Via Dati 4, wo man seine prächtigste Seite bestaunen kann. Es ist der **Palazzo Affaitati** von 1561, wo u. a. das **Stradivari-Museum** untergebracht ist. Die grandiose, doppelläufige Freitreppe im Innenhof (1769) führt zur Städtischen Bibliothek und zu den Sammlungen des **Museo Civico** mit seiner reichen Pinakothek (Cremoneser Malerei des 16. Jh.; alle Di–Sa 9–18, So, Fei 10–18 Uhr).

IAT: 26100 Cremona, Piazza del Comune 5, Tel. 037 22 32 33, Fax 03 72 53 40 80, www.provincia.cremona.it.

Delle Arti Design Hotel: Via Bonomelli 8, Tel. 037 22 31 31, Fax 037 22 16 54, www.dellearti.com. Modernstes Design, Betonung auf Schwarz, Spiel mit Licht, Raum für Ausstellungen. 30 komfortable Zimmer, 3 Suiten, Fitnessraum; nahe Garage. DZ/ÜF 140–169 €.
Hotel Impero: Piazza della Pace 21/23, Tel. 03 72 41 30 13, Fax 03 72 45 72 95, www.hotelimpero.cr.it. Gepflegtes Stadthotel in höchst modern renovierten historischen Räumen im Fascismo-Stil. 53 komfortable Zimmer, Fitnessraum, Parken wird organisiert; Radverleih. DZ/ÜF 123–138 € (im Okt. teurer).
Ibis: Via Mantova, Tel. 03 72 45 22 22, Fax 03 72 45 27 00, ibis.cremona@accorhotels.it; je 2 Wochen Aug. und Weihnachten geschl. Komfortables Hotel der Accor-Gruppe am Stadtrand. 100 funktionelle Zimmer; Parkplatz. DZ/ÜF 70–100 €, im Hochsommer preiswerter.
Albergo Duomo: Via Gonfalonieri 13, Tel. 037 23 52 42, Fax 03 72 45 83 92. Einfaches Stadthotel. 20 ältere Zimmer; bei Touristen **beliebtes Restaurant**. DZ/ÜF 75 €.
Camping Parco al Po: Lungo Po Europa 12, Tel. 037 22 12 68, Fax 037 22 71 37, www.campingcremonapo.it; April–Sept. Stellplatz 8–10 €, Camper für 2 Pers. 20 €. Hunde erlaubt. Weitläufiger Platz im Park am Fluss.

La Sosta: Via Sicardo 9, Tel. 03 72 45 66 56; Ruhetage So Abend und Mo, 1 Woche Feb., 2 Wochen Aug. geschl. Klassisches Osteria-Ambiente in Palazzo des 15. Jh., lokale Küche wie Gnocchi und Pasta mit Enten-Steinpilz-Ragout, Wachteln oder Milchspanferkel. Menü 30–40 €.
Porta Mosa: Via Santa Maria Betlem 11, Tel. 03 72 41 18 03; Ruhetag So. Winzige Osteria, intimes Ambiente, nur 6 dunkle Holztische, vor Ort gemalte Bilder. Saisonbedingte Cremoneser Hausmannskost wie hausgemachte *tagliatelle* aus Kastanienmehl mit Steinpilzen oder Hirschgulasch in Nebbiolo mit Polenta. Menü 30–36 €. Gegenüber erlesene **Enoteca Catullo** (350 Etiketten) im selben Besitz, Tel. 037 23 20 77.
Hostaria 700: Piazza Galina 1, Tel. 037 23 61 75; Ruhetage Mo Abend und Di. Palazzo des 18. Jh., 3 großzügige Räume mit Fresken an Wänden und Decken. Traditionelle Gerichte wie Gnocchi aus Kastanienmehl oder Risotto mit Schweinshaxe. Werktags günstiges Mittagsmenü um 15 €, sonst 25–30 €.
Centrale: Vicolo Pertusio 4, Tel. 037 22 87 01; Ruhetag Do, Juli geschl. Eher nüchternes Restaurant (vorne Bartische, an denen die Einheimischen Karten spielen) mit unverfälschter, fleischlastiger Cremoneser Küche wie Kalbszunge, Kalbskopf oder *cotechino di Cremona* (eine Art gekochte Salami), Perlhuhn oder Kaninchen aus dem Backofen; als Beilage die berühmte *Mostarda di Cremona* (Senffrüchte). Menü ab 20 €.
Duomo: s. l. Hotels. Unkompliziertes, gut besuchtes Restaurant mit Pizzeria; großes Vorspeisenbüfett. Touristenmenü 14 €.

Cremonas Jugend trifft sich abends nach dem Essen normalerweise auf der **Piazza del Comune**; einladend für jedermann ist die Bar **Portici del Comune** unterhalb der Rathaus-Portici. Die dahinter liegende **Piazza della Pace** lockt mit moderneren Cafés oder Teestuben wie der **Tisaneria** (bis 2 Uhr früh).

Geigen und nochmals Geigen, heißt es für Kenner in Cremona. Überall Werkstätten, in denen **Saiteninstrumente** hergestellt und verkauft werden; Infobroschüre mit speziellen Adressen bei IAT oder bei der Camera di Commercio gegenüber. Unser

Die östliche Lombardei

Tipp: die Werkstatt des deutschen Ehepaares **Gaspar Borchardt und Sibylle Fehr-Borchardt** am Domplatz neben der Loggia dei Militi und www.cremonaliuteria.it.
Torrone: Cremona gilt auch als Stadt des Nougats, ital. *torrone*. Anfang Nov. findet die Messe Sweet Torrone statt.
Mostarda di Cremona: Senffrüchte aller Art sind eine besondere Delikatesse zu Fisch und Fleisch, in Delikatessläden zu finden.
Wochenmarkt: Mi und Sa auf der Piazza Marconi.

Cremona ist **Eisenbahnknotenpunkt** auf den Strecken Mantua – Mailand sowie Brescia – Parma.
Busverbindungen im Berufsverkehr in die Provinz.

Sabbioneta

Reiseatlas: S. 24, D 1/2
Der Mann, der dieses Renaissancestädtchen im 16. Jh. bauen ließ, war ein ungewöhnlicher, wenn auch nicht gerade beliebter Herrscher: Vespasiano Gonzaga aus dem Geschlecht der mächtigsten Familiendynastie, Herrscherin wie Fördererin Mantuas. Ein Blaubart, der seine erste Frau, *in flagranti* erwischt, tötete und seine zweite zwang, neben dem Leichnam ihres vermeintlichen Liebhabers den Giftbecher zu nehmen. Aber dieser Mann war auch ein Dichter, ein Mäzen und ein hochbegabter Architekt, der sich seine Träume selbst erfüllte: Von 1551 bis zu seinem Tod im Jahre 1591 ließ er die befestigte Militärstadt Sabbioneta errichten.

Ein netter, verschlafener Ort, der nur mittwochmorgens oder samstagnachmittags mehr Leben zeigt, wenn vor dem **Palazzo Ducale** Markt abgehalten wird. Der schön restaurierte Palast ist das Prunkstück und zu besichtigen (s. Infos S. 265). Seine Holzdecken wirken etwas pompös, nach der Art der Holzschnitzereien am spanischen Hof von Valencia, wo Vespasiano Gouverneur war. Genauso übertrieben wirken hier auch die vier lebensgroßen Reiterstatuen der Gonzaga. Das wohl bedeutendste Kunstwerk des Städtchens aber dürfte das Grabmal Vespasianos in der prächtigen Hofkirche hinter dem Palast sein, der oktogonalen **Chiesa dell'Incoronata** im Bramante-Stil.

Ein wahres Kleinod ist das **Teatro Olimpico,** 1588 vom Palladio-Nachfolger Vincenzo Scamozzi aus Vicenza begonnen, eines der ältesten Europas. Auf der Empore stehen die Götter des Olymps aus Gips. »Wären sie aus Marmor gewesen, hätte sie Maria Theresia mitgenommen«, sagen die Einheimischen, deren Stadt von der österreichischen Kaiserin vollkommen ausgeplündert wurde. Sie nahm auch alle beweglichen Kunstschätze aus der **Galleria degli Antichi** mit, die im rechten Winkel zum Sommerpalast **(Palazzo Giardino)** gebaut ist. Man kann die burlesken Fresken betrachten und den herrlichen, 96 m langen Korridor (1583–84), die

Sabbioneta

Präzision ist nur eine der Anforderungen, die ein Geigenbaumeister erfüllen muss

Galleria, abschreiten: drittlängster nach den Uffizien in Florenz (143 m) und der Galleria delle Carte Geografiche (120 m) im Vatikan.

Wer keine Gelegenheit hatte, die Bootsbrücke bei Bereguardo (s. S. 255) zu bestaunen, findet nahe Sabbioneta gleich zwei ähnliche: in **Commessagio** rund 7 km nordöstlich sowie ein Stück weiter nach Nordosten in einer zauberhaften Landschaft nahe dem Zusammenfluss von Oglio und Po zwischen San Matteo delle Chiaviche und Cèsole.

Ausflug nach Rivarolo Mantovano

Die kleine Renaissancestadt etwa 12 km nördlich von Sabbioneta hat ihre Sehenswürdigkeiten ebenfalls Vespasiano Gonzaga zu verdanken: drei wuchtige **Stadttore** aus je zwei Rundtürmen mit Zinnenkranz.

Ufficio Turismo: 46018 Sabbioneta (MN), Via Accademia, Tel. 03 75 22 10 44, Fax 03 74 22 21 19, www.comune.sabbioneta.mn.it. Hier erhält man **Sammeltickets für alle Sehenswürdigkeiten** Sabbionetas. Di–So 9.30–17/18/19 Uhr.

Giulia Gonzaga: Via Vespasiano Gonzaga 65, Tel. 03 75 52 81 69, www.albergogiuliagonzaga.com. Süßes kleines Hotel im engen Wohnhaus aus dem 16. Jh. mit schmalem Innenhof, Bar. 14 Zimmer, z. T. mit Holzbalkendecken und Freskenresten. DZ/ÜF 45–55 €.

Ducale: Via Vespasiano Gonzaga 28, Tel. 037 55 20 10; Ruhetag Di. Bar, Pizzeria und Restaurant in 2 freundlichen Räumen, mit Terrasse. Pizza und sogar traditionelle Gerichte wie mit Kürbis gefüllte Ravioli,

Die östliche Lombardei

Kutteln, Schweinshaxe, Schmorbraten mit Po-lenta. Menü ab 15 €, Pizza 4–7 €, Mi (!) alle 3 €.
Beim Palazzo Giardino **Enosteria Da Stefano e Gian,** beim Teatro Olimpico **Caffè Teatro,** beide Di–So bis spät in die Nacht geöffnet. Hier gibt es auch Kleinigkeiten zu essen.

 Sabbioneta ist auf **Antiquitätenläden** spezialisiert. Reiche Auswahl vor dem Palazzo Giardino und an der Piazza Ducale.

Antiquitätenmarkt: Ende April/Anfang Mai 2 Wochen in diversen Palästen **Mercato dell'Antiquariato:** 1. So im Monat (außer Jan. und Aug.) unter der **Galleria dell' Antico** und in den Gassen.

 Mantua

Reiseatlas: S. 24, E 1
Das Bild der Provinz Mantua prägen drei Flüsse: der gewundene schmale **Oglio,** der breite und ausgefranste **Po** sowie der **Mincio,** der vor allem der Provinzhauptstadt Mantua eine Insellage zwischen drei seiner Ausbuchtungen bescherte, von denen eine inzwischen trockengelegt wurde.

Rund 230 000 Menschen leben in der Provinz Mantua (ital. Mantova), nur knapp 48 000 in der gleichnamigen Hauptstadt. Die Abwanderung nimmt beängstigende Ausmaße an, denn Mailand ist so nahe und so verlockend, die Provinz bietet der Jugend wenig Perspektiven.

Den schönsten Blick auf die Stadt Mantua genießt man aus östlicher Richtung von der Brücke zwischen dem Lago di Mezzo und dem Lago Inferiore kommend, auf die Porta San Giorgio mit der gleichnamigen Festung dahinter zu. Rechts und links bieten sich Parkplätze an, etwas weiter beginnt das verkehrsberuhigte historische Zentrum.

Mantua ist die Stadt der Plätze, vor allem der drei hintereinander liegenden, die ihren Kern ausmachen und von den Mantovanern geliebt werden: die Piazze Sordello, Broletto und delle Erbe. Zusammen ergeben sie mit ihren prächtigen mittelalterlichen Palästen eine fast theatralische Kulisse.

Dass nur wenige Touristen länger in der vom Mincio umarmten Stadt bleiben, ist wirklich schade, denn das Mantua der Mantovaner entfaltet sich frühmorgens und am späten Abend, also muss man hier übernachten, um es zu erleben.

In Mantua erblickte 70 v. Chr. der große römische Dichter Vergil das Licht der Welt. Die Gonzaga und ihre französische Nebenlinie, die Nevers, bestimmten vier Jahrhunderte lang (1328–1707) die Geschicke der Stadt und errichteten die wichtigsten Bauten. Mit der hochgebildeten Isabella d'Este (1490–1539) kam eine große Förderin der Künste und Musikliebhaberin nach Mantua, und die Stadt wurde zu einem europäischen Musterhof.

Rund um die Piazza Sordello

Der größte Platz des historischen Zentrums ist umgeben von den wichtigsten, mit Schwalbenschwanzzinnen geschmückten Gebäuden des alten Mantua sowie kleinen Pensionen und Restaurants. Nicht zu übersehen ist der mächtige, lang gestreckte **Palazzo Ducale** mit hohen gotischen Arkaden im Erdgeschoss (Di–So 8.45–19.15 Uhr). Er wurde ab dem 14. Jh. durch die Gonzaga zu einem der prächtigsten mittelalterlichen Paläste Europas ausgebaut und bildet seit seiner kompletten Restaurierung Ende des 20. Jh. ein Wirrwarr von 500 Sälen und Korridoren, ein 34 000 m² großes Labyrinth aus mehreren Gebäuden mit 15 Innenhöfen. Ein Museumskomplex entstand, der andere Kommunen vor Neid erblassen lässt. Einige der Kunstwerke aus Isabellas Sammlung, die von einem Nachfahren 1627 aus Geldnot an Karl I. von England verkauft wurden, sind auf Umwegen zurückgekehrt. Man hat Fresken freigelegt und restauriert, ebenso die z. T. wundervollen Kassettendecken. Besucher sollten unbedingt darauf achten, die kleinen, kostbar ausgeschmückten ›Witwenzimmer‹ der Isabella zu besichtigen.

Der kunsthistorisch wohl wichtigste Raum befindet sich im **Castello San Giorgio,** einem

Mantua

Teil des Komplexes: das Studio des Markgrafen Ludovico und seiner Frau Barbara von Brandenburg, fälschlicherweise *Camera degli Sposi* (Ehegemach) genannt, wohl das Büro und später das Gästezimmer der Gonzaga. 1465 bis 1474 malte es Andrea Mantegna mit Fresken aus, die zu den besten der Renaissance gehören. An der Hauptwand ist die markgräfliche Familie mit Barbara von Brandenburg ›versammelt‹. Die Decke täuscht einen Himmel vor, Engel und Edelleute blicken daraus zum geöffneten Balkon herab. Vor dem sehenswerten Zimmer muss man meistens warten: Max. 20 Personen dürfen auf einmal hinein und leider nur ca. 5 Min. bleiben.

Die Stirnseite der Piazza Sordello bildet der **Dom** (7.30–12, 15–19 Uhr) aus dem 12. (sichtbarer Rest: der Backsteinturm) und 14. Jh. (die gotische Südseite), den Giulio Romano im Stil der Renaissance 1545 umbaute und der im 17./18. Jh. die Fassade und seine Innenaustattung erhielt. Von besonderer Pracht ist die Sakramentskapelle im nordwestlichen Querarm mit ihrem Kuppeloktogon in der klassizistischen Dekoration von 1784.

Schräg gegenüber dem Palazzo Ducale stehen die beiden **Paläste der Bonacolsi** von 1272 bis 1328: links **Palazzo Acerbi**, rechts **Palazzo Castiglioni** (privat). Die Bonacolsi waren die Vorgänger der Gonzaga im Rang der *Signori* von Mantua, die den gesamten Platz mit ihren Prachtbauten gestaltet und den Grundstein für den späteren Palazzo Ducale gelegt hatten.

Piazza Broletto und Piazza delle Erbe

Durch den Voltone hindurch, den hohen Bogen, der einst das Tor zur ›Neustadt‹ war **(Porta San Pietro),** geht es in die schmale Via Broletto, rechts mit breiten Arkaden, die sich links zur kleinen Piazza del Broletto, mit dem Amtssitz des Bürgermeisters, dem **Palazzo del Podestà** oder Palazzo del Broletto ausbuchtet. In dessen Mauernische in luftiger Höhe wurde Vergil verewigt. »Veccia Mantova«, alte Zauberin von Mantua, nannten die alten Bewohner der Stadt diese 1226 geschaffene Gestalt.

Die anschließende Piazza delle Erbe bildet einen lebhaften Gegenpol zur überdimensionalen, eher nüchternen Piazza Sordello. Links steht der lang gestreckte **Palazzo della Ragione** von 1250 mit seinen breiten Renaissance-Arkaden, unter denen sich mehrere Restaurants niedergelassen haben. Morgens stehen hier Obst- und Gemüsestände, donnerstags wird großer Wochenmarkt abgehalten, von dem auch die fliegenden Buch- und Antiquitätenhändler unter dem langen Bogengang gegenüber profitieren. Vom Platz aus ist die Vierungskuppel der Kirche **Sant'Andrea** zu erkennen. Man betritt sie von der kleinen Piazza Mantegna aus, wo sie ihre Westfassade in Form eines klassischen Triumphbogens hat (7.30–12, 15–19 Uhr). Die *basilica* genannte Kirche entstand nach Zeichnungen des Toscaners Leon Battista Alberti 1470 bis 1494, seine erste einschiffige; die mächtige, 80 m hohe Kuppel wurde jedoch erst nach den Plänen von Juvarra (1732–65) vollendet. Für die Grabkapelle Andrea Mantegnas (erste Kapelle links) soll der 1506 in Mantua verstorbene Künstler sein Selbstporträt geschaffen haben, die dort aufgestellte Bronzebüste.

Zur perfekt runden romanischen **Rotonda di San Lorenzo** mit ihren umlaufenden Emporen steigt man von der Piazza über breite Stufen hinab. Die Rotonde ließ Mathilde von Canossa 1082/83 erbauen, doch sie kam erst im 20. Jh. nach dem Abbruch angebauter Häuser wieder zum Vorschein. Heute ist sie als Museum zugänglich (Mo–Fr 10–13, 15–18/im Sommer 19 Uhr, Sa, So 10–18 Uhr).

Giulio Romano in Mantua

Ein Römer war der wohl wichtigste Gestalter Mantuas: Giulio Romano. Eigentlich hieß er Giulio Pippo de Jannuzzi (1499–1546) und war der begabteste Schüler Raffaels. Dieser geniale Maler und Baumeister, für den Vasari als Chronist nur höchste Lobesworte fand, hat im Auftrag Federicos II Gonzaga ab 1524 Mantua umgestaltet, also noch in der Blütezeit der Renaissance zu Beginn des Manierismus.

›Gigantensturz‹ – Deckenfresko im
Saal der Giganten, Palazzo Tè ▷

Die östliche Lombardei

22 Jahre arbeitete Giulio Romano in Mantua und wohnte in der Via Poma, wo noch immer das große, nach seinen Entwürfen 1538 bis 1544 gebaute **Haus** steht. Es fällt besonders durch seine von Rustica geprägte, klar gegliederte Fassade auf. Die Innenräume hatte Romano prächtig mit Fresken ausgestattet (privat). Sein Grab befindet sich in der **Barnabas-Kirche** gegenüber.

Auf dem Weg zum wichtigsten Bauwerk Giulio Romanos, dem Palazzo Tè, kommt man in der Via Acerbi an der **Casa Mantegna** vorbei, heute Zentrum für moderne und zeitgenössische Kunst (nur zu bestimmten Anlässen geöffnet).

Mit dem Bau und der Ausstattung des in einem bis heute herrlichen Park stehenden **Palazzo Tè** setzte sich Giulio Romano ein Denkmal (Mo 13–18, Di–So 9–18 Uhr). Hier konnte er seine römische Erfahrung, Wichtiges richtig in Szene zu setzen, einbringen, sich sozusagen künstlerisch austoben. Allein die Gestaltung der Anlage um zwei Innenhöfe herum, die durch eine Brücke über Fischteiche hinweg miteinander verbunden sind, zeugt von seinem Sinn für das Theatralische. Der große Garten endet in einem auf Säulen gestützten Halbrund, das es nach außen durchlässig macht. Klare Rundbogen stützen sich auf der Gartenseite des eigentlichen Palastes auf Doppelsäulen, dahinter liegt der quadratische Ehrenhof, um den alle Räume gruppiert sind. In der Sala dei Cavalli wurden Lieblingspferde des Gonzaga in Wandbildern festgehalten. Beeindruckend ist die Sala dei Giganti mit dem Fall der Giganten vom Olymp – so körperhaft, gewaltig dargestellt, dass man die Wucht des Aufpralls zu spüren meint.

APT/IAT: 46100 Mantua, Piazza Andrea Mantegna 6/Piazza delle Erbe (wegen Umbau evtl. noch Piazza Sordello 23), Tel. 03 76 32 82 53, Fax 03 76 36 32 92, www.aptmantova.it.

Kein Stadthotel in Mantua verfügt über ein Restaurant!

San Lorenzo: Piazza Concordia 14, Tel. 03 76 22 05 00, Fax 03 76 32 71 94, www.hotelsanlorenzo.it. Paradehaus im Herzen Mantuas; Dachterrasse mit herrlichem Rundumblick. 32 geschmackvoll renovierte Zimmer, z. T. mit Balkon/Terrasse. DZ/ÜF 130–240 €.

Mantegna: Via Fabio Filzi 10, Tel. 03 76 32 80 19, Fax 03 76 36 85 64, www.hotelmantegna.it. Modernes Stadthotel, 37 komfortable Zimmer, 2 großzügige Suiten. DZ/ÜF 110–160 €.

Broletto: Via Accademia 1, Tel. 03 76 32 67 84, Fax 03 76 22 12 97, www.hotelbroletto.it. Freundliches kleines Haus mitten in der Altstadt, total renoviert. 16 Zimmer. DZ/ÜF 90–120 €.

Italia: Piazza Cavallotti 8, Tel. 03 76 32 26 09, Fax 03 76 32 83 36, www.hotelitaliamantova.com. Schlichtes Stadthotel, 31 z. T. renovierte kleine Zimmer, freundlich, familiär. DZ/ÜF 85–144 €.

Osteria dell'Oca: Via Trieste 37, Tel. 03 76 32 71 71; Ruhetage So Abend, Di. Trattoria mir Papierdecken auf Holzischen, traditionelle Mantovaner Küche: Kutteln und Hecht, frische Pasta mit Sardinen. Menü à la carte um 25 €.

Trattoria Chiara: Via Corridoni 44/46, Tel. 03 76 22 35 68; Ruhetag Di, Ende Juni/Anfang Juli 20 Tage geschl. Stilvolle Trattoria in 2 Geschossen (Wohnhaus 15. Jh.) mit Pizzeria (Riesenpizzen 4–8,50 €), traditionelle Mantovaner Küche, großes Vorspeisenbüfett, Kürbisrisotto, Lammkeule mit Kartoffeln aus dem Backofen, Eselgulasch mit Polenta. Menü à la carte ab 25 €.

Cantina Canossa: Piazza Canossa 2, Tel. 03 76 36 07 94; Ruhetag Di. Restaurant mit Pizzeria und Wintergarten auf der hübschen Piazza. Spezialitäten: Risotti, Perlhuhn in Weißwein mit Salbei, Kaninchen mit Rosmarin, auch Fisch. Menü à la carte ab 20 €, Pizza 4–8 €. Nebenan im selben Besitz das feine Kellerlokal **Hostaria dei Canossa**.

Antica Osteria Broletto: Via Broletto 15, Tel. 03 76 32 21 80, Ruhetag Di. Neue, auf Alt gemachte Osteria unter den Portici. Kalbsgulasch mit Polenta, große Salate. Menü ab 20 €.

Antica Trattoria ai Ranari: Via Trieste 11, Tel. 03 76 32 84 31; Ruhetag Mo. Die alte Tratto-

Mantua

Romantisches Mantua

ria der Froschfänger mit rohen Holztischen, Papiergedeck; familiäre Atmosphäre. Typische Mantovaner Küche, für fremde Gaumen etwas gewöhnungsbedürftig: Eselgulasch mit Polenta, Kürbis, Frösche, Polenta mit Gorgonzola. Menü ab 19 €.

… im Vorort Santa Maria degli Angeli:
Trattoria Da Mario: Via Francesca 26, Tel. 03 76 34 90 10; Ruhetag Di, Juli geschl. 2 einfache Goasträume und Wintergarten am Ortseingang, Mantovaner Küche wie Risotto, Kürbistortelli mit Salbei und Butter, Hecht, Eselgulasch, auf Vorbestellung auch Seefische. Menü inkl. Wasser und Hauswein 22–24 €.

Einladende Bars mit reicher Auswahl an Leckereien zum Aperitif z. B. in der **Bar Venezia** (mit Büchern zum Lesen) an der Piazza Marconi, dem Schickeria-Treff der Stadt (Mo–Sa 19–21 Uhr). Oder im ältesten Palast der Stadt, im **Duchessa** an der Piazza Sordello (Mi–Mo 7–3 Uhr), auch mit Kleinigkeiten zu essen.

 Wochenmarkt am Do (mit Antiquitäten und Büchern) und tgl. **Obst- und Gemüsemarkt** auf der Piazza delle Erbe.
Spezialitäten: frische Teigtaschen mit Kürbisfüllung *(tortelli di zucca)* und *sbrisolana*, ein haltbarer Streuselkuchen mit Nüssen. Besonders gut von der **Pasticceria Pavesi** in der Via Broletto 19 oder im **Dolcisapori** an der Piazza Sordello 9.
Auch in Mantua gibt es wie in Cremona und Vicenza gute **Mostarda,** Senfgemüse, z. B. in der **Gastronomia Zapparoli** in der Via Cavour 49.

 Radverleih La Rigola: Via Trieste 5, Tel./Handy 33 56 05 49 58.
Fahrradtransport zwischen Peschiera/Gardasee und Mantua über: **Bici Bus apam,** kostenlose Tel.-Nr. in Italien 800 82 11 94, www.apam.it.

 Bahnknotenpunkt auf den Strecken Verona – Bologna, Mailand – Padua.

Vom Comer See nach Bergamo

Reiseatlas S. 2, 12, 13

Der Lago di Como, in Form eines auf dem Kopf stehenden Y, lockt mit Prachtvillen und schönen Städtchen an seinen Ufern sowie mit der durch Seide reich gewordenen Provinzhauptstadt Como am ›linken Fuß‹. Einem Aschenputtel gleicht da Lecco am ›rechten Fuß‹ des Ypsilons. Von besonderem Reiz ist östlich davon die Altstadt von Bergamo.

Es scheint, dass der Comer See durch den relativ spät entwickelten Tourismus am wenigsten Schaden genommen hat. Früh schon wurde er mit Prachtvillen geschmückt und Dörfern, die sich an schmale Landzungen schmiegen. Er besitzt keine nennenswerten langen Strandabschnitte, den meisten Platz bekamen die Städte an seinen Ufern, die eine schöne Urbanität entwickeln konnten: Como natürlich, die Provinzhauptstadt, und Lecco, das Zentrum am ›rechten Fuß‹ des Sees, der wie ein umgekehrtes Ypsilon seine Beine auf die von einer Seenkette gestaltete flachere Hügellandschaft der Brianza stützt.

Nicht anmutig ist der Comer See, eher markant mit relativ steilen Küsten sowie kleinen und größeren Halbinseln, Bergnasen. Nichts anderes scheint auch Bellágio ›im Schritt‹ zu sein, das sich so weit nach Norden schiebt, dass es zum Zentrum des Sees geworden ist.

Der weniger von Fremden überlaufene Lecco-See, wie das rechte Bein genannt wird, ist der italienisch gebliebene Teil. Geradezu dramatisch ist die Kulisse der hohen Berge im Norden des Sees: der Monte Legnone (2609 m) im Osten und der Monte Bregnano (2107 m) im Westen. Und über 3000 m hoch steigen die Südalpen der Provinz Sondrio nördlich des Sees auf, zwischen ihnen und dem Monte Legnone öffnet sich die Valtellina am wilden Adda-Fluss, der wiederum durch den Comer See fließt, bis er ihn bei Lecco verlässt.

Wenn man die sanften Konturen im frühen Morgennebel betrachtet, kann man sich gar nicht vorstellen, mit welcher Wucht die Adda in den See einfallen kann, wenn sie nach der Schneeschmelze ganze Baumstämme in den See drückt.

Die Vegetation ist dem milden Klima entsprechend mediterran, früher Frühling im Rausch von Azaleenblüten, von Weiß über Zartrosa bis fast Violett – bis in den Mai hinein. Palmen als Kontrastprogramm, Wettstreit mit Bougainvilleen, Rosen über Rosen, die schönen alten Sorten, die kostbar duften und deren Farben undefinierbar bleiben …

Grand Hotels – am Comer See eine Selbstverständlichkeit. Aber ebenso sind es die netten kleineren Familienpensionen, die nicht selten wie die Nobelherbergen noch aus der Zeit um 1900 herübergerettet wurden. Und zahlreich sind sogar die Ferienhäuser und -wohnungen ebenso wie, vor allem im Norden, die Campingplätze. Der Besucher findet also eine ausgeglichene Hotellerie vor, die allerdings alles in allem auf der höheren Preisskala zu finden ist.

Die Provinz Bergamo lebt vom Auf und Ab ihrer Hügel, doch ihr Herz schlägt in ihrer schönen Hauptstadt mit dem historischen Zentrum in erhöhter Lage: Bergamo Alta, eine städtebauliche Augenweide und das beliebteste Ziel der ganzen Provinz, weshalb die Geschäfte und Lebensmittelläden und natürlich die berühmt-guten Restaurants der Oberstadt an den Wochenenden selbstverständlich geöffnet bleiben.

Como

Reiseatlas: S. 12, D 1/2

Die schöne Lage am See und ihr historischer Ortskern ließen die Stadt zu einem der bedeutendsten Fremdenverkehrsorte an den Oberitalienischen Seen werden. Schön ist es, mit der Eisenbahn von Mailand anzukommen, den See im Blick, direkt vor der Anlegestelle der Ausflugsboote. Schön aber auch, mit dem Boot vom Obersee her die Stadt zu erfassen, die sich ›amphitheatralisch‹ dem Betrachter öffnet.

Como lebt nicht vom Tourismus allein, in der Umgebung hat die Metallverarbeitung wie um Brescia Tradition, in der Brianza inzwischen ebenso die Möbelproduktion, Chemie und Bauunternehmen. Doch eigentlich ist Como mit gut 80 500 Einwohnern eine Seidenmetropole. Ihren Ruhm verdankt sie einer Raupe.

Stadtbummel

Der ›Salon‹ der Stadt ist ohne Zweifel die oft überschwemmte Piazza Cavour zwischen See und der kurzen Via Plinio, die zum Domplatz führt. Ihre Verlängerung, die Via Vittorio Emanuele II, ist als autofreie Einkaufs- und Flaniermeile beliebt. Die wichtigsten Denkmäler liegen an dieser Fußgängerzone, vom See aus praktisch in einer Linie hintereinander.

Eindrucksvoll und mit reich dekorierten Fassaden ist der Komplex aus **Stadtturm, Broletto** (einst Gerichtssaal von 1215, heute Festsaal) und **Dom** (1396–1740) mit üppigem Skulpturenwerk und der schönen Rosette. Außergewöhnlich für einen Sakralbau sind an der Fassade die Gestalten in je einer Nische, die Plinius d. Ä. und Plinius d. J. repräsentieren, die für Comos Geschichte bedeutend waren.

Ein kurzes Stück weiter zeigt die Kirche **San Fedele** ihre polygonale Apsis mit eleganter Loggia. San Fedele ist ein Kleinod der Comasker Architektur des 10. bis 12. Jh., wundervolle Steinmetzarbeiten der Basreliefs mit Engeln sowie Fabelwesen und Monster, vor allem am Nordportal, schmücken es. Auch innen ist das dreischiffige Kirchlein durch und durch gestaltet, im 14./15. wurden die Frauenemporen eingezogen und der Großteil der Fresken hinzugefügt. Verlässt man die Kirche auf der Frontseite, befindet man sich auf einem der heimeligsten Plätze Comos. Hier stehen noch zwei Bürgerhäuser aus dem 14. Jh. in Fachwerkbauweise, die Gefache aus Backstein akkurat in Fischgrätmuster angeordnet. Man fühlt sich eher nach Norddeutschland versetzt … Das nahe **Bolla** ist übrigens das älteste Café der Stadt (ca. 1800).

Mit der Autorin unterwegs

Fahrt über den Comer See
Ganzjährig funktioniert die Schifffahrt am See, wenn auch im Winter reduziert, die schönste Art, sich den Dörfern an den Ufern zu nähern.

Die Schönste unter den Schönen
Bellágio, die Perle des Sees, verzaubert mit aufsteigenden engen Treppengassen und Villen in großartigen Parks (s. S. 277ff.).

Unbedingt besuchen: Varenna
Der vielleicht anmutigste Ort am Comer See mit zwei sehenswerten Villen sowie einladenden Restaurants (s. S. 279f.).

Im Hochsommer meiden!
Varenna im Hochsommer meiden – zu ›trubelig‹. Andererseits finden gerade im Aug./Sept. **Ausstellungen naiver Malerei** statt (Infos beim Pro Loco; s. S. 279).

Das Herz der Provinz
Bergamo Alta, Bergamos Oberstadt, gehört zu den städtebaulichen Juwelen Oberitaliens und lockt mit einer Vielzahl von Restaurants und Delikatessläden (s. S. 281ff.).

Bergamo von oben
Mit der **Standseilbahn** von der Unter- in die Oberstadt und weiter mit der **Seilbahn** nach San Vigilio (s. S. 284f.).

Vom Comer See nach Bergamo

Joggerinnen auf Comos Hafenmole

Spätestens an den schönen Auslagen der Fußgängerzone merkt man, dass es den Einwohnern Comos wirtschaftlich gut geht und versteht, warum sie hier gerne leben.

Wer Seidenstoffe oder Seidenmode einkaufen möchte, ist nirgendwo in Oberitalien besser aufgehoben als in Como. Zwei Museen zum Thema Seide konkurrieren um die Gunst der Besucher: das **Museo Didattico della Seta** (Via Valeggio 3/Eingang Via Castelnuovo 1, www.museosetacomo.com, Di–Fr 9–12, 15–18 Uhr; mit Verkaufsladen) und das **Museo Studio del Tessuto** (Lungolago Trento 9, www.fondazioneratti.org, Mo–Fr 9.30–13, 14–17.30 Uhr; Stoff- und Seidenmuseum in der Prachtvilla der Fondazione Antonio Ratti).

In der schönen **Via Volta** haben sich einige bemerkenswerte Stadtpaläste aus dem beginnenden 20. Jh. erhalten. Nummer 62 ist das Geburtshaus des Physikers Alessandro Volta (1745–1827), gepflegt und bewohnt; Nummer 64, 70 und 72 haben ebenfalls wundervolle Gärten, in die man tagsüber ohne Probleme hineinschauen kann. Nummer 74 gehört den Seidenfabrikanten Mantero.

Per Drahtseilbahn nach Brunate

Nur 7 Min. dauert die Fahrt mit der Drahtseilbahn von Como nach Brunate (1100 m) hinauf, dem romantischen Balkon über dem See, selbst schon ein gut erschlossener Ferienort.

APT: 22100 Como, Piazza Cavour 17, Tel. 03 26 97 12 11, Fax 031 24 01 11, www.lakecomo.com.

Metropole & Suisse: Piazza Cavour 19, Tel. 031 26 94 44, Fax 031 30 08 08, www.hotelmetropolesuisse.com. Traditionsreiches Hotel am Hauptplatz nahe Hafen. **Restaurant,** Garage. 69 komfortable Zimmer, 3 Suiten. DZ/ÜF 188–216 €.

Como

Firenze: Piazza Volta 16, Tel. 0 31 30 03 33, Fax 031 30 01 01, www.albergofirenze.it. Komfortables Stadthotel im Einkaufsviertel. 44 nette Zimmer. DZ/ÜF 125 €.

Tre Re: Via Boldoni 20, Tel. 031 26 53 74, 031 24 13 49, www.hoteltrere.com. Freundliches Stadthotel mit **Restaurant** nahe der Piazza Cavour. 41 Zimmer. DZ/ÜF 112–126 €.

Baita Bondella: Frazione Brunate, Via Bel Paese 9, Tel./Fax 031 22 03 07, www.baitabondella.it. Landhotel in 1100 m Höhe über Como, mit **Restaurant** (lokale Spezialitäten auf Polentabasis, mit Pilzen, Wild u. Ä.). 8 freundliche Zimmer. DZ/ÜF 45 €.

Die meisten Restaurants sind auf Geschäftsreisende zugeschnitten – teuer am Abend, mit preiswerterem Mittagstisch.

Navedano: Via Pannilani, Tel. 031 30 80 80; Ruhetag Di, 1 Woche im Aug. geschl. Das wohl beste Restaurant der Stadt, elegante Blumendekoration, Sommerterrasse; perfekter Service, perfekter Weinkeller. Lombardische Küche auf Fleischbasis, Seefisch. Menü ab 60 €.

L'Angolo del Silenzio: Viale Lecco 25, Tel. 03 13 37 21 57; Ruhetage Mo und Di Mittag, 14 Tage im Aug. geschl. Klassisches Restaurant, im Sommer Tische im Innenhof. Schnörkellose Comasker Küche, Fleischgerichte wie *bolliti* und Braten mit Polenta. Menü ab 32 €.

Breeze Inn: Via Natta 29, Tel. 031 24 23 20; Ruhetage So und Mo Mittag. Gemütliches Restaurant, junges Publikum. Comasker Küche wie Ravioli und andere Pastagerichte, Fisch-Antipasti frisch zubereitet. Gute Weinkarte. Menü um 35 €.

Il Solito Posto: Via Lambertenghi 9, Tel. 031 27 13 52; Ruhetag Mo. Nettes Restaurant, 3 kleine moderne Räume, Sommerterrasse. Verfeinerte Fleisch- und Fischgerichte. Menü 19–42 €.

Delices de Paris: Via Caio Plinio 22, Tel. 03 12 75 91 15; Ruhetag Mo, sonst 9–22 Uhr geöffnet. Pasticceria mit Tischen auf Empore darüber, nur Mittagstisch, abends *aperitivi* und Cocktails. Primi 7 €, secondi 10 €.

Cafés

Hier gibt es überall auch Kleinigkeiten zu essen, angefangen beim traditionsreichen **Caffè Bolla** nahe Dom und San Fedele. An der Piazza Cavour gelegen, zwar touristisch, aber mit Blick auf den See: **Caffè Il Monti** und **Caffè Il Touring**.

Ein ausgesprochenes Nachtleben gibt es in Como nicht, man geht ins Café, in eine Birreria (z. B. **S'Ollivan** nahe der Ferrovia Nord) oder in die **In Birreria** am südwestlichen Stadtrand. Im kleinen **L'Ultimo Caffè** nahe der Piazza Vittoria gibt es an manchen Abenden Livemusik.

Como, berühmt für seine Seidenmanufakturen, ist eine gute Einkaufsstadt für **Mode** überhaupt, aber auch für **Kulinaria**. Outlet für Seide z. B. **La Tessitura:** Viale Roosevelt 2a, www.mantero.com. Outlet der Firma **Mantero**, elegant, mit Café und kulturellen Veranstaltungen (Mo–Sa 9.30–19.30, So 10–19 Uhr, Shuttle ab Piazza Cavour um

Vom Comer See nach Bergamo

12, 14, 15, 16 und 17 Uhr). Das Touristenamt hat eine aktuelle Liste der Outlet-Adressen.

 Yachthafen und weitere **Wassersportmöglichkeiten.**
Das Hinterland ist ein hervorragendes **Wanderrevier** für alle Schwierigkeitsgrade.

Bahnverbindung mit Mailand: **Ferrovia Nord** (Tel. 022 02 22, www.ferrovienord.it) ca. 6–22 Uhr und die schnellere **Ferrovia dello Stato** (Tel. 031 27 24 44, Call Center 89 20 21, www.trenitalia.it) alle 30 Min. **Bootsverbindungen** mit den anderen Orten am See, auch im Winter speziell im Zentrum und im Süden/Como, während der Saison sehr häufig: **Navigazione Lago di Como,** Piazza Cavour 3, Tel. 031 30 40 60, kostenlos 800 55 18 01, www.navigazionelaghi.it. Wichtig: **Autofähren** ganzjährig im Zentrum des Sees (*Mezzolago*) zwischen Menággio, Varenna und Bellágio!
Seilbahn: Funicolare Brunate, Tel. 031 30 36 08; im Sommer 6–24, im Winter 6–22.30 Uhr alle 30 Min., zur Rushhour häufiger.

Am Comer See

Von Cernóbbio bis Tremezzo
Reiseatlas: S. 12, D/E 1
Im Nobelort **Cernóbbio,** dessen Luxusherberge Villa d'Este Maßstäbe setzt für höchste Ansprüche, wird schnell klar, warum Patrizier und Geldadel gleichermaßen den Ort zu ihrem Landsitz auserkoren haben – und das schon seit dem 15. Jh.: herrliche Ausblicke, üppige Gärten, die z. T. durch eine Brücke über der Straße mit dem Seeufer verbunden sind. Die Straße allerdings zählt zu den überlastetsten der Region, obwohl einige Abschnitte bereits in Tunnel verlegt wurden. Von **Ossúccio** aus kann man zur einzigen Insel des Comer Sees übersetzen: zur **Isola Comacina.** Sommers feiern Gruppen in der Locanda kleine Bacchanale ...

Herrlich ist der Blick von der **Villa Carlotta** (April–Sept. 9–18, März, Okt. 9–11.30, 14–16.30 Uhr) in **Tremezzo** über den See, am schönsten morgens: Im Gegenlicht erscheint die Silhouette der Berge gegenüber wie eine zarte japanische Tuschzeichnung, in drei Schichten hintereinander gestaffelt. Links taucht Bellágio (s. S. 277ff.) über der Landzunge auf wie ein zartes Aquarell.

Der dicht bepflanzte Park der Villa ist eine Oase für Blumenfreunde. Der Sommersitz aus dem 18. Jh., heute im Staatsbesitz, ist ein Museum mit neoklassischen Einrichtungs- und Kunstgegenständen (s. o.) und öffentlicher Park zugleich (www.villacarlotta.it).

Menággio
Reiseatlas: S. 2, E 3
Die hübsche Seepromenade unter Steineichen, Pinien und knorrigen Platanen lockt früh und an lauen Wintersonntagen Angler ans befestigte Ufer. Ein wenig Grand-Hotel-Atmosphäre ist noch zu spüren, vor allem aber ein Hauch Dorfnostalgie. Sogar eine Fischerfamilie lebt noch in Menággio und führt das einzige Fischgeschäft weit und breit, die **Pescheria Tosi** in der sogenannten Fortezza, einem hübschen Überbleibsel des mittelalterlichen Dorfes. Rund um den Hauptplatz gruppieren sich kleine Hotels sowie wenige Cafés und Restaurants. Der historische Ortskern schiebt sich den Berghang hinauf.

Oberhalb von Menággio steht beim Villenvorort Loveno die 1829 errichtete **Villa Mylius Vigoni** in einem schönen, mit Statuen geschmückten Park mit jahrhundertealten Bäumen. Als Eigentum der Bundesrepublik Deutschland ist die Villa heute ein deutsch-italienisches Kulturzentrum, kann daher nur Do ab 14 Uhr auf Voranmeldung in Begleitung besichtigt werden (Tel. 03 44 36 12 32).

IAT: 22017 Menággio (CO), Piazza Garibaldi 8, Tel./Fax 034 43 29 24, www.menaggio.com.

Grand Hotel Menaggio: Via IV Novembre 77, Tel. 034 43 06 40, Fax 034 43 06 19, www.grandhotelmenaggio.com; März–Okt. Nostalgisches Grand Hotel an den

Bootsanlegestellen, mit schönem Salon, Garten am See, beheizbarem Pool; **Restaurant,** Parkplatz. DZ/ÜF 140–180 €.
Du Lac: Via Mazzini 27, Tel. 034 43 52 81, Fax 03 44 34 47 24, www.hoteldulacmenaggio.it. Hübsches Hotel auf der Hauptpiazza am See, mit beliebtem **Caffè Centrale** (s. u.). 10 komfortable, gepflegte Zimmer. DZ/ÜF 135 €.
Corona: Piazza Cavour 3, Tel. 034 43 20 06, Fax 034 43 05 64, www.hotelgarnicorona.com; April–Okt. Einfaches Hotel garni am Hauptplatz. 22 Zimmer. DZ/ÜF 67–92 €.
Ostello La Primula: Via IV Novembre 106, Tel. 034 43 23 56, www.menaggiohostel.com. 15. April–5. Nov. Jugendherberge am südlichen Ortseingang mit 40 Betten, auch Familienzimmer; **Restaurant,** Parkplatz. Pro Bett/ÜF ab 14 €, Mahlzeit ab 9 €.
Camping Europa: Via Cipressi 12, Tel. 034 43 11 87, www.hotelcampingeuropa. Campingplatz am See mit Bungalows für 2–6 Pers. Stellplatz 9,50 €, pro Pers. 5–6 €; Bungalow ohne Bad 30–40 €, mit Bad 45–65 €. Hunde erlaubt.

Il Ristorante: Largo Cavour 5, Tel. 034 43 21 33; Ruhetag Di (nur im Winter). Osteria-Ambiente, interessanter Weinkeller, kreative Küche wie Getreidesuppe mit Hummerkrabben, *linguine con lavarello e bottarga del lago* (feine Bandnudeln mit Seefelchen und -kaviar), Milchlammkeule oder Entenschulter *all'orange* mit Sambuca. Menü um 35 €.
Pizzeria Lugano: Via Como 26, Tel. 034 43 16 64; Ruhetag Mo. Einfache Familientrattoria im oberen Ortsteil mit Pizza-Holzofen. Pizza 4–7 €.
Café
Caffè Centrale: s. o. Hotel Du Lac. Einladendes Café mit Tischen auf der Piazza Garibaldi.

Verleih von **Booten** aller Art und **Wasserski: Centro Lago Service,** Lungolago Castelli, Tel. 034 43 20 03 und beim **Camping Europa** (s. o.).
Reiten: Centro Ippico La Torre, Grandola ed Uniti im Vorort La Santa, Handy 33 88 94 78 14.

 Busverbindungen mit Como im Berufsverkehr und im Sommer in dichter Folge.
Bootsverbindungen im Mezzolago ganzjährig: Autofähre nach Bellágio und Varenna, sonst Schnellboote zu den anderen Seeorten, auch nach Como.

Bellágio
Reiseatlas: S. 2, E 3
Schon der Name des wunderhübschen Ortes zergeht einem auf der Zunge! Plinius d. J. ließ sich hier eine Villa errichten, Vergil besang die Schönheit der Landschaft inmitten des Sees. Und als Gäste nach Bellágio kamen: Leonardo da Vinci und Bramante, Stendhal, Flaubert und Mark Twain, Franz Liszt und seine Tochter Cosima (die spätere Frau Richard Wagners). Schon immer Tourismus also, heute stark vermarktet mit mehr als 900 Gästebetten, mit Strandbädern und vielen Sport- und Freizeiteinrichtungen, Geschäften und Parks.

Am schönsten ist ein Bummel durch den Ortskern, man steigt Treppengassen über Treppengassen zwischen eng beisammenstehenden kleinen Dorfhäusern und Villen in ihren blühenden Gärten hinauf, genießt die Ausblicke.

Zwei Parks können besichtigt werden: die **Giardini di Villa Melzi d'Eril** (1808–10; März–Okt. 9–18.30 Uhr), der erste Park im englischen Stil am Comer See, mit Terrassen und kleinen Hügeln, Skulpturen und Teichen. April und Mai gehören der Blüte der zahlreichen Azaleen- und Rhododendronbüsche.

Einen Besuch lohnen auch die **Giardini di Villa Serbelloni** (April–Okt. Di–So geführte Besichtigungen um 11 und 16 Uhr; Anmeldung spätestens 15 Min. vorher beim Promobellágio, s. u., am Kirchplatz erforderlich). Die 1605 errichtete Villa auf der Landzunge, die den Comer vom Lecco-See trennt, wird als Rockefeller-Stiftung für Studienaufenthalte und Kongresse genutzt.

Promobellágio: 22021 Bellágio (CO), Piazza della Chiesa, Tel./Fax 031 95 02 04; Infostand auch am Hafen.

Vom Comer See nach Bergamo

Treppengassen über Treppengassen: in Bellágios schönem Ortskern

Belvedere: Via Valassina 31, Tel. 031 95 04 10, Fax 031 95 01 02, www.belvederebellagio.it; April–Okt. Panoramalage über dem See, blühender Garten mit Pool am See; **modernes Restaurant.** 62 Zimmer, 4 Suiten. DZ/ÜF 208 €.
Giardinetto: Via Roncati 12, Tel. 031 95 01 68, tczgne@tiscali.it; ca. Ostern–Okt. Einfache Pension in herrlicher Lage, mit Weinpergola über hängendem Garten, Kaminzimmer. 13 Zimmer mit Balkon. DZ 52–60 €.

Barchetta: Salita Mella 13, Tel. 031 95 13 89; Ruhetag Di, Mitte März–Okt. Schönes Lokal mit Sommerterrasse. Auch 5 Zimmer. Gute Küche: hausgemachte Pasta, Seefische. Menü 27–55 €. DZ/ÜF 80 €.
Bilacus: Salita Serbelloni, Tel. 031 95 04 80; Ruhetag Mo, Nov.–März geschl. Schickeriatreff, in der Küche hohe Qualität ohne Schnörkel: Fleisch- und Fischspezialitäten, wie gegrillte Garnelen, Felchen oder Saibling vom Grill oder in Butter und Salbei, lange Pasta- und *dolci*-Liste. Menü à la carte um 30 €.
Ristoro Barchetta: s. o., Restaurant. Frühstück 10–11.30, Aperitif bis 12.30, Snacks 12.30–19, Aperitif bis 20 Uhr. Einfacheres, aber gepflegtes Ambiente für Drinks und ein schnelles Essen, auch Pizza. Ab 6 €.
La Lanterna: Salita Serbelloni 15, Tel. 031 95 17 86; ganzjährig Ruhetag Do, sonst 9.30–23 Uhr. Freundliche Snackbar mit 2 engen Restauranträumen. Warme *panini*, Salate, kalte und warme Tellergerichte 6–7,50 €.

Cavalcalario Club: Località Gallasco 1, Tel. 031 96 48 14, www.bellagiomountains.it. Reiten, Mountainbikeverleih,

Am Comer See

ten von Varenna: zur Villa Cipressi und Villa Monastero, beide mit hinreißendem Blick und wundervoll angelegten ›hängenden Gärten‹. Die **Villa Cipressi** (15.–19. Jh.) mit ihren edlen Räumen und dem prächtigen Park zum See hin ist heute Hotel (s. u.), doch der Park bleibt tagsüber auch Besuchern gegen Gebühr zugänglich (Öffnungszeiten s. Villa Monastero). Die **Villa Monastero,** 1208 als Zisterzienserkloster gegründet, wurde zu einem kleinen Tagungs- und Forschungszentrum mit ein paar Gästezimmern ausgebaut, Treffpunkt so mancher Nobelpreisträger. Auch den Park der Villa Monastero darf man tagsüber gegen Gebühr besichtigen (Infos: Tel. 03 41 29 54 50, www.villamonastero.org; tgl. April–Okt. 9–18, Juli/Aug. bis 19 Uhr).

Der kleinere, südliche Ortsteil **Fiumelatte** bekam seinen hübschen Namen ›Milchfluss‹ vom schäumend in Kaskaden fallenden Wildbach. Denn nach der Schneeschmelze wäscht der steil hinabfallende Bach so viel Kalk aus dem Felsen, dem er nur 250 m weiter oben entspringt, dass das Wasser sich milchig färbt.

 Pro Loco: 23829 Varenna (LE), Piazza Venini 1, Tel. 03 41 83 03 67.

Kajaks, Segeln, Motorbootfahren, Trekking und Klettern.

 s. Menággio S. 277.

Varenna

Reiseatlas: S. 2, E 3

Genau Menággio gegenüber erstreckt sich das dörfliche Varenna am Seeufer entlang und klettert den Hausberg San Defente hinauf. Eine *passerella*, ein Steg parallel zum Ufer, wegen der romantischen Lage Via dell' Amore genannt, ist gesäumt von Villen. Eine steile Gasse führt zur mittelalterlichen Kirche **San Giorgio** mit hohem Glockenturm hinauf. Bleibt man am Seesteg, leitet nach einer Weile eine enge Gasse parallel zum Seeufer zu den beiden architektonischen Höhepunk-

Du Lac: Via del Prestino 11, Tel. 03 41 83 02 38, Fax 03 41 83 10 81, www.albergodulac.com; Mitte Nov.–Mitte März geschl. Zauberhaftes Hotel, 17 gepflegte Zimmer, 2 Suiten, Terrasse unter Weinpergola, Bootsanlegeplatz. Halle mit Marmorsäulen, schöne Details. Nur Frühstück und leichtes Mittagessen. DZ/ÜF 140–180 €.
Villa Cipressi: Via IV Novembre 18, Tel. 03 41 83 01 13, Fax 03 41 83 04 01, www.hotelvillacipressi.it; März–Nov. Gepflegtes Hotel in historischen Räumen mit großartigem Park am See (s. o.); **Restaurant.** 31 Zimmer, 1 Suite. DZ/ÜF 110–145 €.
Olivedo: Piazza Martiri 4, Tel./Fax 03 41 83 01 15, www.olivedo.it. Traditionsreiches Hotel (seit 1895) an der Anlegestelle, 20 individuelle, einfachere Zimmer mit Stilmöbeln, Parkettböden, Balkon oder Wintergarten. Kein Aufzug. Dependance **Villa Torretta:** Ju-

Vom Comer See nach Bergamo

gendstilvilla, eleganter Salon, Kaminzimmer, neue Bäder; **Restaurant.** DZ/ÜF 120–140 €.

Vecchia Varenna: Via Scoscesa 10, Tel. 03 41 83 07 93; Ruhetag Mo, im Winter auch Di, Dez./Jan. geschl. Gepflegtes kleines Lokal, Natursteinmauer, herrliche Sommerterrasse am See. Spezialität: marinierte Fischvorspeisen mit Felchenmousse, Felchen mit Gemüsefüllung. Menü ab 33 €.
Olivedo: s. Hotels S. 279. Gepflegter Raum mit schmiedeisernen Lampen. Kleine Karte ohne Schnörkel, hausgemachte Pasta wie Spinat-Ricotta-Tortelloni, gegrillte Renkenfilets, Fleisch vom Grill, Spezialität: gemischte Vorspeisen von Seefischen. Menü 22–55 €.
Cafés
Einladende Cafés an der *passerella*, u. a. **Bar il Molo,** auch mit Kleinigkeiten zu essen. Bruschetta ab 4 €, Pasta ab 5 €.

 s. Menággio S. 277.

Lecco
Reiseatlas: S. 2, F 4
Die Provinzhauptstadt in schöner, fjordähnlicher Lage ist außerhalb der Lombardei höchstens aus der Literatur bekannt – Alessandro Manzoni (1785–1873), der hier aufwuchs, sei Dank. Was für deutsche Gymnasiasten einst Thomas Manns ›Buddenbrooks‹ war, ist noch heute für italienische Schüler der erste in ihrer Muttersprache geschriebene Roman, eben Manzonis ›Die Verlobten‹ (1827). Angesiedelt zwar in einer imaginären Landschaft um den Comer See, doch lassen sich bestimmte Orte in und um Lecco ausmachen. Die Stadt ehrt den Romancier an mehreren Stellen: mit dem imposant-großen Denkmal auf dem gleichnamigen Platz, am Manzoni-Fußweg im Fischerdorf Pescarenico, im Stadthaus in der Via Amendola und in seinem Landhaus Il Caleotto in der Via Guanella 7, heute Teil des **Civico Museo,** des Städtischen Museums mit einer Manzoni-Sammlung (Di–So 9.30–17.30 Uhr).

Eisenindustrie (seit 1223 belegt) und Seidenherstellung haben in Lecco Tradition, gemischt mit Handel. Gut 46 000 Menschen leben in der Stadt, die ihnen eine solide wirtschaftliche Basis bietet. Eine Verbeugung vor der Tradition der Seidenverarbeitung ist das interessante private Museum in einer Seidenspinnerei (von 1841) in **Garlate** am gleichnamigen kleinen See (eine Adda-Ausbuchtung) südlich von Lecco. Como stellte die Seide her, Lecco bot die Spinnereien und Webereien für die Weiterverarbeitung. Das **Civico Museo della Seta Abegg** (Di, Sa 14–17, Mi, So 9–12.30, 14–17, Do, Fr 9–12.30 Uhr; vorher anrufen: Tel. 03 41 85 04 88) zeigt die dafür benötigten Webmaschinen etc. des 18./19. Jh. und erklärt die Entwicklung von der Seidenraupe bis zum fertigen Produkt.

IAT/APT: 22050 Lecco, Via Nazario Sauro 6, Tel. 03 41 36 23 60, Fax 03 41 28 62 31, www.aptlecco.it.

Jolly Hotel Pontevecchio: Via Azzone Visconti 84, Tel. 03 41 23 80 00, Fax 03 41 28 66 32, www.jollyhotels.it. Modernes Haus (auf Kongresse spezialisiert) in schöner Lage am Fluss. 109 modernste Zimmer, 2 Suiten; **Restaurant.** DZ/ÜF 170–280 €.
Alberi: Lungo Lario Isonzo 4, Tel. 03 41 35 09 92, Fax 03 41 35 08 95, www.hotelalberi.lecco.it; Weihnachten/Neujahr geschl. Modernes Stadthotel mit Seeblick. 20 große, komfortable Zimmer. DZ 80 €.

Nicolin: Via Ponchielli 54, Località Maggianico 3,5 km südl., Tel. 03 41 42 21 22; So Abend, Di, Aug. geschl. Terrassenlokal mit verfeinerter Küche (Seefisch, Fleisch mit Polenta); guter Weinkeller. Menü ab 46 €.
Trattoria Vecchia Pescarenico: Via Pescatori 8, Tel. 03 41 36 83 30; Ruhetag Mo, 2 Wochen im Jan., Aug. geschl. Einfache, angenehme Abendtrattoria im Fischerviertel. Schmackhafte Fischküche. Menü ab 38 €.

Die ›sportliche‹ Provinz mit herrlichen Wanderwegen, Berg- und Wassersportmöglichkeiten sowie Golfplätzen bringt ein Nachschlagewerk **(Sport Più;** beim Infobüro) mit allen wichtigen Adressen heraus.

Wandern auf vielen ausgeschilderten Wegen in der Provinz; hervorragendes Material des Progetto Integrato Lario (der alte Name des Sees), u. a. mit Karten für einen **Fossilienweg.**

Carnevalone Lecchese: Karneval mit großem Umzug am So vor dem sog. ›fetten Samstag‹ *(sabato grasso)* mit Prämierung der schönsten Gruppen und Wagen.

Boots- und Busverbindungen mit den anderen Orten des Comer Sees, im Winter eingeschränkt.
Bahn: Das ganze Ostufer des Lecco- und des Comer Sees ist durch die Trasse der Lokalbahn verbunden, mit zahlreichen Haltepunkten. Anbindung auch an Bergamo. (Die **Landstraße 639** nach Bergamo hingegen ist meistens eine Katastrophe!)

Bergamo

Reiseatlas: S. 13, A 2
Die Provinzhauptstadt (114 200 Ew., Tendenz wieder steigend) ist zweigeteilt. Die moderne Stadt unten im Tal mit breiten Alleen und großzügigen Palästen hat sich ab der Einigung Italiens 1861 und im beginnenden 20. Jh., auch mit Prunkpalästen im faschistischen, aber zurückhaltenden Stil, als Wirtschafts- und Handelszentrum der Provinz zwischen den Seen ausgebreitet. Oben blieb Bergamo in seinen alten Mauern erhalten, fast unberührt von der Modernisierung.

Die Oberstadt ist Anziehungspunkt nicht nur für Touristen, sondern auch für die Einheimischen, die gerne durch die schmalen Gassen schlendern, auf den romantischen Plätzen einen Espresso trinken oder ein Eis essen, in den herrlich verführerischen Delikatessläden einkaufen oder auf dem Flohmarkt stöbern. Es ist eine Stadt, in der gelebt und flaniert wird, auch an Sonn- und Feiertagen. Weshalb die Città Alta auch sonn- und feiertags normalerweise ›geöffnet‹ ist. Das gilt für fast alle Geschäfte, von denen dann einige montags schließen.

Natürlich ist die Altstadt strenge Fußgängerzone, nur Anwohner und Autobusse dürfen hinauf. Am günstigsten fährt man mit dem Bus Nummer 1 vom Bahnhof bis zur Talstation der **Funicolare** (ab 1887) am Viale Vittorio Emanuele II, mit der man nach wenigen Minuten in den hübschen Jugendstilpalast, die Bergstation in der Oberstadt nahe dem Mercato delle Scarpe, einfährt.

Bummel durch die Oberstadt

Die rund 4 km lange, begehbare Stadtmauer von Bergamo Alta (Città Alta) bauten die Venezianer ab 1561 und ließen dafür ›störende‹ Häuser und Kirchen abreißen. Die vier trutzigen Tore dienen noch heute als Verbindungen zur Altstadt: Die **Porta Sant'Agostino** ist am beliebtesten; San Lorenzo wurde in **Porta Garibaldi** umgetauft, nachdem der Freiheitsheld 1859 durch dieses Tor einzog; die **Porta Sant'Alessandro** heißt nach der Kirche, die für ihren Bau abgerissen werden musste; schließlich noch die **Porta San Giacomo** oberhalb der Via Sant'Alessandro. Zu Beginn des 20. Jh. wurde ein fünfter Durchgang mit der Via Costantino in Colle Aperto angelegt, die aufragenden Mauern zum größten Teil geschleift, auf ihren Fundamenten entstand die kastanienbestandene Allee. Die Bastionen garantieren wundervolle, weite Ausblicke, am eindrucksvollsten wohl von der weiten Terrasse des ehemaligen Klosters **Sant'Agostino** (heute Universitätsinstitut).

Steigt man am alten **Mercato delle Scarpe** aus der Bahn, lockt ein verführerisch süßer Duft in die **Via Gombito.** Zwei Bäckereien/Konditoreien mit inzwischen mehreren Geschäften streiten traditionell um die Gunst der Kunden: die **Panetterie Nessi** und **Tresoldi.** Sie stellen traditionelle Bergamasker Süßwaren her, und zwar am laufenden Band. Alles ist sehr süß, sehr kalorienreich. Es folgen in der Gasse Bäckerläden mit lustigen Brotfiguren und Blechkuchen sowie Bars, an denen man gleich das erste *aperitivo* nehmen möchte, und Delikatessläden mit köstlichen Kleinigkeiten für zwischendurch. Man könnte wirklich meinen, in Bergamo sei das Hauptvergnügen das Essen.

Bergamo

Rund um die Piazza Vecchia

Die von Cafés und Restaurants umgebene Piazza Vecchia zeigt mit einem Blick, dass es in Bergamo mehr als nur Lukullisches zu genießen gibt. Der breite Palast mit der Marmorfassade rechter Hand diente 200 Jahre als Rathaus. 1604 begonnen, wurde er erst Jahrhunderte später, 1928, nach einer Zeichnung von Vincenzo Scamozzi vollendet und ist heute Sitz der umfangreichen **Stadtbibliothek.**

Gegenüber, über ein paar Stufen erhöht über dem Straßenniveau, beginnt die steingepflasterte, eigentliche **Piazza Vecchia** mit einem prächtigen **Löwenbrunnen** im Zentrum. Erster Blickfang ist der **Stadtturm** (13. Jh.) mit seinem Glockenaufsatz (17. Jh.; Besteigung April–Okt. Di–Fr 9.30–19, Sa, So, Fei bis 21.30, Nov.–März Sa, So, Fei 9.30–16.30 Uhr, längere Zeit im Umbau). Seine große Glocke, der *campanone,* läutet wie im Mittelalter allabendlich um 22 Uhr mit 180 Schlägen den traditionellen *coprifuoco,* die Polizeistunde, ein. Prächtig ist aber auch der dazugehörige **Palazzo della Ragione** (oder **Palazzo Vecchio),** ebenfalls im 13. Jh. erbaut, nach einem Brand im 16. Jh. renoviert. Die großzügigen Arkaden, die den Palazzo tragen, bilden den geeigneten Rahmen als Durchgang zur sakralen Komponente, zur **Piazza Duomo.** Diese ist so schmal, dass man Mühe hat, ihre Bautenfülle mit einem Blick zu erfassen. Rechts steht das wunderhübsche und von den Bergamasken innig geliebte **Baptisterium** (meist geöffnet wie Santa Maria Maggiore, s. u.), geradeaus die sehr bedeutende Kirche Santa Maria Maggiore und die fast noch berühmtere Colleoni-Kapelle, links der Dom.

Nicht der **Dom,** unter dem man Funde der (Arianer-) Vorgängerkirche machte und der daher ohnehin länger geschlossen bleiben soll, sondern **Santa Maria Maggiore** (April–Okt. Mo–Sa 9–12.30, 14.30–18, So, Fei 9–13, 15–18, Nov.–März bis 17 Uhr) gilt als *die* ›Kapelle der Stadt‹. Es lohnt sich, diesen Kirchenkomplex (ab 1173) zu umrunden, die architektonischen Details (südlicher Vorbau und gotisches Portal von Giovanni da Campione 14. Jh., neue Sakristei 15. Jh.) fügen sich zu einer Gesamtkonzeption harmonisch zusammen. Außer ihrer kostbaren Ausstattung birgt die Kirche ein Geheimnis, dem man bei einigem Glück, und falls ein Custode dazu bereit ist, auf die Spur kommen kann: Sozusagen auf dem Dachboden wurden bei Restaurierungsarbeiten u. a. freskiert Wände entdeckt sowie romanische Bi- und Triforien.

In der Kirche selbst sehenswert: die wundervoll restaurierten Teppiche, die die Wände und sogar die Orgelemporen verkleiden und schmücken; das Grab des Kardinals Longhi (14. Jh.), eine wundervoll ausgeglichene Steinarbeit in der Südwestecke des Langhauses; die Grabmäler von Donizetti und Simon Mayr, dem Kapellmeister der Kirche; das Fresko mit dem ›Baum des hl. Bonaventura‹ von 1347 im rechten Querschiff; Chor und Brüstungs-Fronttafeln aus Holzintarsien, herrliche Renaissance-Arbeiten von unschätzbarem Wert (So um 16 Uhr normalerweise kostenlose Führungen).

Der große Heerführer Bartolomeo Colleoni beauftragte 1470 den größten Bildhauer und Architekten seiner Zeit, Giovanni Antonio Amadeo, mit dem Bau der angeschlossenen, wunderbar zart inkrustierten **Grabkapelle der Colleoni** (Di–So März–Okt. 9–12.30, 14–18.30, Nov.–Feb. bis 16.30 Uhr), neben der Certosa di Pavia die berühmteste sakrale Arbeit der Frührenaissance: innen mit zwei Sarkophagen, darüber eine vergoldete hölzerne Reiterstatue. Die drei Lünetten der Kuppel hat Tiepolo (die vierte dient als Rundfenster) mit Geschichten aus dem Leben Johannes des Täufers freskiert.

Entlang der Via Arena

Auf der Rückseite von Kirche und Grabkapelle, an der Piazzetta Santa Maria Maggiore, beginnt die Via Arena. Rechts erstreckt sich der mächtige **Palazzo della Misericordia,** u. a. mit Musikschule und dem **Museo Donizettiano** (Juni–Sept. Di–So 9.30–13, 14–17.30 Uhr, Okt.–Mai nur Sa, So, Fei 9.30–13 Uhr),

Spektakulär: Blick von der Torre Vecchia auf Bergamo

Vom Comer See nach Bergamo

das dem Werk des in Bergamo innig geliebten Musikers gewidmet ist: Gaetano Donizetti (1797–1848), der im Armenviertel Bergamos, Borgo Canale, geboren wurde und starb. Ein Schnell-Komponierer sei er gewesen, sagen die Bergamasker, die ihn ›Dozzinetti‹ nennen, was mit Dutzend zu tun hat – und eine Karikatur im Museum zeigt ihn mit je zwei Händen links und rechts. Aber die Muse mit der saitenlosen Harfe an seinem Grabmal in Santa Maria Maggiore trauert um den Komponisten von ›Lucia di Lammermoor‹, von ›Anna Bolena‹ und ›Don Pasquale‹.

Schräg gegenüber dem Palazzo erstreckt sich der Komplex des Benediktinerinnenklosters **Santa Grata.** Die in strenger Klausur lebenden Nonnen sind bei Kindern überaus beliebt: Sie backen nämlich Hostien, deren ausgestanzte Reste die Kinder durch das Drehfenster – ohne jedoch die Nonnen sehen zu können – zum Naschen gereicht bekommen. Das Ende der mittelalterlich geschwungenen Straße, die durch die Gasse am Klostereingang einen schönen Blick ins Tal freigibt, markiert das riesige, noch heute funktionierende **Bischöfliche Seminar Giovanni XXIII,** dessen Namensgeber aus Bergamo stammte.

San Francesco, Rocca und Accademia Carrara

In der Ostecke der Oberstadt befinden sich zwei sehenswerte historische Museen: das **Museo Storico San Francesco** im wunderschön restaurierten Kloster mit seinem doppelstöckigen Kreuzgang und das **Museo Storico Rocca** in der trutzigen Festung (Öffnungszeiten beider Museen: Okt.–Mai Di–So 9–13, 14–17.30, Juni–Sept. Di–Fr 9.30–13, 14–17.30, Sa, So, Fei 9–19 Uhr).

Sehenswert in der Unterstadt, besonders schön über die Treppengasse von der Porta Sant'Agostino erreichbar, ist die **Accademia Carrara.** Bereits 1796 von Conte Giacomo Carrara gegründet, zeigt die Gemäldegalerie Meisterwerke italienischer und anderer europäischer Maler, auch von Tiepolo und Raffael, Botticelli und Signorelli, Carpaccio und Mantegna, Van Dyck und Dürer (Di–So 10–13, 14.30–18.30 Uhr).

Vom Colle Aperto nach San Vigilio

Von der nördlichen Seite der Piazza Vecchia führt die Via Colleoni zur **Citadella** im Nordwesten, wo es vom Colle Aperto (herrlicher Blick!) aus entweder mit der Drahtseilbahn, per Bus Nummer 21 oder zu Fuß hinaufgeht nach **San Vigilio:** Ganz Bergamo, Ober- und Unterstadt, liegt einem hier zu Füßen!

IAT: 24100 Bergamo, Piazzale Marconi, Tel. 035 21 02 04, Fax 035 23 01 84, www.turismo.bergamo.it. **Infobüro** in der Oberstadt, Via Gombito 13, Tel. 035 42 22 26.

Tarife an messefreien Wochenenden (s. u.) weit günstiger als sonst.

Excelsior San Marco: Piazza della Repubblica 6, Tel. 035 6 61 11, Fax 035 22 32 01, www.hotelsanmarco.com. Außen gesichtsloses, innen ständig renoviertes Hotel unterhalb der Oberstadt mit Blick auf selbige (Kongresstourismus). Fitnessraum; im Sommer **Dachterrassen-Restaurant Colonna.** 139 komfortable Zimmer, 8 Suiten, DZ/ÜF 160–250 €, an Wochenenden 99–167 €.

San Lorenzo: Piazza Mascheroni 9/a, Tel. 035 23 73 83, Fax 035 23 79 58, www.hotelsanlorenzobg.it. Modernes Hotel im Palast aus dem 17. Jh. beim Colle Aperto; Parkgenehmigung. 24 kleinere Zimmer. DZ/ÜF 100–138 €.

Agnello d'Oro: Via Gombito 22, Tel. 035 24 98 83, Fax 035 32 56 12, hotel@agnello doro.it. Enges Hotel in der Oberstadt mit **viel gerühmtem Restaurant** (s. r.). 20 einfache Zimmer; Parkgenehmigung. DZ/ÜF 91–116 €.

Il Sole: Via Colleoni 1, Tel. 035 21 82 38, Fax 035 24 00 11. Altmodisches kleineres Hotel in der Oberstadt mit **großem, beliebtem Restaurant** (s. r.). 10 einfache Zimmer. DZ/ÜF (kein Büfett!) ab 74 €.

Casa Gandini: Via San Giacomo 36, Tel. 035 22 01 35, k_gandini@yahoo.it. 2 DZ mit Frühstück in der Oberstadt. DZ/ÜF 80–120 €.

Die Restaurants der Altstadt sind relativ teuer, Reisende weichen gerne auf die einladenden **Cafés** und **Weinstuben** aus.

Bergamo

Ein kalorienreicher Genuss: Marzipan mit Schokoladenvögelchen

Agnello d'Oro: s. Hotels S. 284. Ruhetage So Abend, Mo. Kupfer-Polentakessel hängen von der Decke des einzigen Raumes. Bergamasker Küche mit Polenta; Antipasto-Degustationsmenü aus *salumi*, *lardo* und *pancetta*, hausgemachten Teigtaschen *casoncei*, *salsiccia con polenta* und der cremigen *torta del Donizetti* 36 €.

Il Sole: s. S. 284. Ruhetag Do. Traditionsreiche Trattoria mit 2 großen Räumen, Garten. Bergamasker u. a. italienische Gerichte, s. o. Agnello d'Oro, auch Risotti. Menü ab 30 €.

Cafés, Bars und Weinlokale

Vineria Cozzi: Via Colleoni 22, Tel. 0 35 23 88 36; Ruhetag Mi, sonst 10.30–15, 18.30–23.30 Uhr. Schickes historisches Weinlokal (seit 1848) mit Originalmöbeln und Marmortischen unter kleinem Gewölbe, dahinter Wintergarten. Traditionelle und kreative Gerichte wie gefüllte Teigtaschen mit Butter und Salbei, Polenta mit Steinpilzen; schöne Käseauswahl. Weine auch glasweise. Menü ab 15 €, Mo–Fr mittags 25 % Skonto.

La Cantina di Via Colleoni: Via Colleoni 5, Tel. 035 21 58 64; Mo abend, Di, 10 Tage Jan., Aug. geschl., sonst 12–14.30, 19–22 Uhr. Kleines Weinlokal, dunkle Holztische; Weinproben glasweise 3 €, *primi* 7 €, *secondi* mit Beilage 8–12 €; *aperitivi*. Weinverkauf.

Caffè del Tasso: Piazza Vecchia 3; tgl. 8–1 Uhr. Das traditionsreichste Café der Oberstadt, eine feine Adresse; nebenan mit **Gelateria Tasso.**

Caffè Funicolare: Via Porta Dipinta 1; Ruhetag Di, sonst 8–2 Uhr. Café im Jugendstilambiente der Funicolare-Station, mit herrlichem Blick auf Bergamo. Mittags festes Menü inkl. Getränk und Espresso um 12 €.

... in der Unterstadt:

Caffè Balzer: Portici Sentierone 41, gegenüber dem Teatro Donizetti; tgl. 7–24 Uhr. Traditionsreichstes Café der Unterstadt (seit 1850). Eigene Schokoladenproduktion.

Die Altstadt von Bergamo ist die reinste Verführung in Sachen **Süßigkeiten.** Viele Pasticcerie, besonders fein **Cavour** (seit 1850), Via Gombito 7A.

Wochenmarkt: Mo morgens nahe dem Bahnhof, in der Oberstadt Fr auf der Piazza Citadella (sehr klein).

Flughafen: Bergamos Flughafen Orio al Serio liegt 3,5 km entfernt, von dort Zubringerbus bzw. Taxi ins Zentrum.

Bahn: gute Anbindung im Berufsverkehr mit Mailand bzw. Brescia.

Innerstädtischer Verkehr: Bus Nr. 1 verbindet über die Unterstadt den Bahnhof mit der Oberstadt. Zur Oberstadt führt von früh bis spät auch die **Funicolare,** zum Hügel von San Viglio die **Drahtseilbahn.** Das Einfachticket gilt 75 Min. und ermöglicht die Nutzung aller Verkehrsmittel der Stadt, auch der Seilbahnen; zum Innenbezirk gehört sogar noch San Vigilio.

Vom Iseo-See über Brescia zum Gardasee

Reiseatlas S. 13/14

Die Provinz Brescia ist außerhalb Italiens fast unbekannt, nicht so ihre beiden wichtigsten Seen Iseo und Garda. Mittendrin liegt die Provinzhauptstadt Brescia, die sich bei näherem Betrachten als eine interessante und immer schöner werdende Kulturstadt entpuppt.

Der Iseo-See, selbst eine kleine Schönheit, besitzt in seiner Mitte die höchste Insel in einem europäischen Gewässer, die 600 m aufsteigende Mont'Isola, mit kleinen intakten Fischerdörfern, in denen man die frischesten Fische bekommt. Aber das gilt fast für den gesamten Iseo-See, der sich in Sachen Fischessen hervorragend zu vermarkten versteht, am allerbesten die Ortschaft Clusane beim Städtchen Iseo, das seinerseits mit einer kleinen Festung, schönen Plätzen und einer langen Seepromenade lockt. Gegenpol im wahrsten Sinne des Wortes ist das hübsche Lóvere im Bergamasker Nordwesten des Sees, das fast theatralisch vom See den Berghang aufsteigt. Kunstkenner wird es gegenüber nach Pisogne ziehen, um in der Kirche Santa Maria della Neve die wunderbaren Fresken von Romanino zu bewundern.

Brescia ist eine römische Gründung mit Kapitol und anderen Bauwerken, im Mittelalter und in der Renaissance mit Denkmälern wie einer Festung, dem alten und dem neuen Dom bereichert. Hauptattraktion dürfte das Museo Santa Giulia sein, allein durch seine Struktur eines der schönsten Oberitaliens.

Und mit dem Gardasee ist schließlich der beliebteste See Oberitaliens erreicht. Auch er ist nicht nur landschaftlich reizvoll, seine Ufer sind umgeben von kleinen Städtchen, ein jedes mit eigenem Charakter und sehenswert. Sei es das lebhafte Desenzano oder das bekannte Sirmione auf langer Halbinsel, die kleine Kreisstadt Salò im tiefen Fjord, das fast vornehme Gardone, in dem der Tourismus am See im 19. Jh. begann, gefolgt vom Doppelort Toscolano-Maderno und dem hübschen Gargnano, das alljährlich mit seiner Segelregatta zumindest ›sportliche‹ Schlagzeilen macht, doch eigentlich mit seinen Limonaie, den gestelzten historischen Zitronenhäusern werben sollte. Das schafft umso besser die nördliche Nachbarin Limone. Dann lockt, schon im trentinischen Norden, Riva mit hübscher Kulisse, auf der anderen Seite des hier schmalen Sees Tórbole, bekannt als *das* Surfrevier. Das Ostufer des Gardasees gehört politisch der Region Venetien. Mit bekannten Orten wie Malcésine und Garda, mit den südlich davon liegenden Ferienorten Bardolino und Lazise durch einen schönen Seeweg verbunden. Ein wenig ein Aschenputteldasein führt – zu Unrecht – noch immer Peschiera mit seinen imposanten Festungen.

Rund um den Iseo-See

Lóvere

Reiseatlas: S. 13, C 2

Der wirtschaftliche Hauptort des Iseo-Sees, Lóvere, liegt hübsch zwischen See und Monte Váltero. Wer enge Gassen und einfache Lokale mag, könnte sich hier ein paar Tage wohl fühlen.

Die lange **Piazza XIII Martiri** parallel zum See greift tief in den historischen Ortskern mit den unregelmäßigen Fassaden der pastellfarbenen Häuser hinein. Ein wunderbarer Platz für die Cafés und Bars, die bei schönem Wetter ihre Tische weit nach draußen rücken, als Kulisse das mittelalterliche Häuserkon-

Rund um den Iseo-See

glomerat. Der Ort war im Mittelalter gespickt mit hohen Türmen, die meisten sind früh gekappt worden, einige in spätere Häuser integriert. Einer davon dient der Pfarrkirche **San Giorgio** (14. Jh.) als Fundament, weshalb sie von der Seeseite eine so hohe nackte Wand zeigt. Im barockisierten Innenraum der Basilika schmückt ein ›Martyrium‹ des Kirchenpatrons von La Palma d. J. die Hochaltarwand. Der höchste Turm Lóveres ist der ebenfalls aus dem 14. Jh. stammende **Stadtturm,** der erst im 19. Jh. seinen Glockenaufsatz erhielt, das Wahrzeichen des Ortes.

Der größte Schatz der Stadt, die übrigens zu den ›Borghi più Belli d'Italia‹ gehört, dürfte die **Accademia di Belle Arti Tadini** sein, die neben der Kunstakademie eine bedeutende Kunstsammlung besitzt (Mai–Sept. Di–Sa 15–19, So, Fei auch 10–12, April, Okt. nur Sa 15–19, So, Fei auch 10–12 Uhr). Herzog Luigi Tadini aus Crema gründete die Kunststiftung und ließ dafür 1821 bis 1826 ein Museum errichten, den eleganten neoklassischen Palast. Darin ein Konzertsaal, eine Musikschule und die Galerie (23 Säle); die Pinakothek besitzt u. a. Werke von Bellini und Parmigianino, Tiepolo und Crespi. Neu ist die Abteilung für zeitgenössische italienische Kunst vorwiegend aus der Lombardei sowie eine Restauratorenwerkstatt.

Bei aller Schönheit des historischen Borgo hat Lóvere (5550 Ew., davon 1160 im historischen Kern) die Neuzeit nicht verschlafen: Zu seinen Neuanlagen gehören gleich zwei Sporthäfen – im Süden wie im Norden. Denn im Sommer ist hier ›der Teufel los‹. Genussmenschen kommen daher lieber im Winter, wenn der Ort zur Ruhe gekommen ist.

i IAT: 24065 Lóvere (BG), Piazza XIII Martiri (am Hafen), Tel. 035 96 21 78, Fax 035 96 25 25, www.comune.lovere.bg.it.

Continental: Viale Dante 3, Tel. 035 98 35 85, Fax 035 98 36 75, www.continentalhotel.org. Modernes, großzügiges Hotel für Geschäftsreisende mit bequemer Halle; **Restaurant,** Parkplatz, Radverleih. 42 komfortable Zimmer. DZ/ÜF 108–110 €.

Mit der Autorin unterwegs

Ein Borgo più Bello d'Italia
Lóvere, der schönste Ort am Bergamasker Ufer des Iseo-Sees (s. S. 286ff.).

Auf den Spuren Romaninos
Seine Fresken in der Kirche **Santa Maria della Neve** in Pisogne im Nordosten des Iseo-Sees beeindrucken sehr (s. S. 288f.).

Wandern auf der Mont'Isola
Um die Insel herum oder hinauf zur 600 m hoch gelegenen Wallfahrtskirche (s. S. 289f.).

Fischessen in Clusane
Die Anzahl der Fischlokale steht in keinem Verhältnis zur Größe des Fischerdorfes (s. S. 293).

Brescias Juwel
Santa Giulia, Brescias wunderschöner Museumskomplex (s. S. 295).

Unter Denkmalschutz
Limonaie, die ehemaligen Zitronenhäuser zwischen Limone und Maderno am Gardasee (s. S. 301f.).

Surferparadies Gardasee
Die rauen Winde von **Riva** und **Tórbole** sind bei Surfern beliebt (s. S. 303).

Unterwegs mit dem Boot
Am schönsten sind die kleinen Ortschaften rund um die Seen vom Wasser aus, und man braucht sich nicht um – teure – Parkplätze zu kümmern. Die Bootsfahrten so einplanen, dass man zur Mittagszeit im ausgewählten Ort ankommt, um dort Seefisch zu genießen. Im Winter reduzierten Fahrplan beachten!

Belvedere: Via Marconi 69, Tel./Fax 035 96 05 89, www.hotel-belvedere-lovere.it. Familiäres kleines Seehotel; großer Parkplatz. **Fischrestaurant mit Pizzeria.** 14 ordentliche Zimmer. DZ 45–50 €.

Vom Iseo-See über Brescia zum Gardasee

Pflichtprogramm am Iseo-See: Romaninos Fresken in Pisogne

Giardino sul Lago: Via Bergamo 10, Tel. 035 96 07 67, www.giardinolago.com. 3 Zimmer mit Frühstück am südlichen Ortsrand, nur 1 mit Bad. DZ/ÜF 56–65 €.

Al Borgo: Via Gramsci 45, Tel. 035 96 21 23, xoomar.alice.it/bb-albergo. Modernes Apartment einer Malerin mitten im historischen Zentrum, Frühstück in der Bar Caprini nebenan. DZ/ÜF 53–63 €.

Ostello Del Porto: Via Paglia 70, Tel./Fax 035 98 35 29, www.ostellodelporto.interfree.it. Moderne Jugendherberge am Hafen. 54 Betten, Familienzimmer. Bett/ÜF 16,50–19,50 €, Mahlzeit 9 €.

Almici: Piazza XIII Martiri 5, Tel. 035 96 04 20; Ruhetag Mi. Älteres familiäres Restaurant mit Pizzeria und Café, auf Touristen eingestellt, gute Qualität. *Menu turistico* mit Wahlmöglichkeit inkl. Wein um 15 €.

Cafés
Mehrere Cafés an der lang gestreckten Piazza XIII Martiri vor der Seestraße, außerdem
Caffè Centrale: an der Bootsanlegestelle; von früh bis spät geöffnet. Mit Bar, Wintergarten und Terrasse; Korbsessel; auch Kleinigkeiten zu essen wie Salate, *primi* und *panini*.

 Wochenmarkt:
Sa vormittag.

Bootsverbindungen mit den anderen Orten des Sees ganzjährig, im Sommer mit dichterem Fahrplan.

Pisogne
Reiseatlas: S. 13, C 2

In der Kirche **Santa Maria della Neve** am nordöstlichen Ortsrand erhebt sich die kleine Klosterkirche aus dem 15. Jh. (Di–So 9.30–11.30, 15–17/18 Uhr). Sie ist quasi besuchspflichtig für jeden Kunstkenner, denn sie wurde von Girolamo Romanino 1532 bis 1534 ausgemalt, an den Deckengewölben von seinen Schülern unterstützt, was man deutlich an der Qualität der Bilder erkennen kann. Romanino soll eine Gesamtfläche von 736 m² in 150–160 Tagen freskiert, dann aber wegen schlechter Bezahlung aufgehört haben. So

Rund um den Iseo-See

sind im Chor links nur ein paar Vorzeichnungen zu sehen. An der Innenwand der Westfassade ist das wandfüllende Fresko ›Kreuzigung‹ mit sehr bewegten Figuren am besten erhalten, mit einer eindrucksvollen Darstellung des Bösen rechts unten (Würfelspieler, Teufel, Hund, Folterknecht), links unten die trauernden frommen Frauen. Interessant ist am Deckengewölbe die Illusionsmalerei der vorspringenden Scheingewölbe und -gesimse mit 24 wuchtigen Figuren.

Mont'Isola
Reiseatlas: S. 13, C 2
Die größte Insel in einem europäischen See, auch Monte Isola genannt, steigt 600 m aus dem Iseo-See heraus. Bootsverbindungen gibt es zu beiden Ufern. Außer den kleinen öffentlichen Bussen (mit Biodiesel angetrieben), den beiden Dienstwagen des ärztlichen Dienstes und der Polizei sowie den leisen Mofas der Einheimischen sind motorisierte Fahrzeuge verboten. Touristen können die Busse oder ein Fahrrad benutzen, den einzigen Leihwagen mit Fahrer mieten – sonst eben zu Fuß gehen. Und das bis zum Santuario ganz oben, das außerhalb der Saison Ruhe und immer die schönsten Ausblicke auf die beiden kleinen Inseln San Paolo und Loreto direkt darunter sowie auf die Orte rings um den See bietet. **Wanderwege** insgesamt: 17 km, 5 km davon für Fahrräder befestigt, aber nicht asphaltiert, und 2,5 km speziell für Blinde ausgerüstet, mit einem Rand für den Blindenstock.

Mit knapp 5 km² Größe (450 ha) und einem Durchmesser von 9 km ist sie schnell erschlossen. Nicht einmal 1800 Menschen leben auf der Insel, die meisten von ihnen im Süden in **Peschiera Maraglio.** Hier gruppieren sich die kleinen Fischerhäuser eng um die **Pfarrkirche San Michele,** überragt vom kleinen **Castello Oldofredi.** Aber der offizielle Hauptort ist im Norden in 250 m Höhe **Siviano,** das nach dem Willen des jungen Bürgermeisters bald völlig umgekrempelt werden soll, ohne alte Strukturen zu verletzen. Genau damit kann sich Mont'Isola brüsten: Die Inseldörfer konnten ihren mittelalterlichen Charakter deshalb bewahren, weil es hier keine Genehmigung für Neubauten gibt. Nur alte Bausubstanz darf hergerichtet, saniert werden! Kein Wunder, dass Mont'Isola mit seinen elf Dörfern als Ganzes zu den ›Borghi più Belli d'Italia‹ zählt.

Junge Ölbaumplantagen fallen auf, inzwischen gibt es 15 000 Bäume auf der Insel: In die Olivenölproduktion wird ebenso wie in den Weinanbau investiert – Mont'Isola baut einen perfekt trockenen Sekt an, der so heißt wie die darauf stolze Insel.

In **Sensole** im Südwesten und in **Carzano** im Nordosten hat sich die Fischertradition erhalten, Fische erst zu salzen und dann an der Luft zu trocknen, um sie für längere Zeit haltbar zu machen. Fisch ist natürlich die Hauptsache, wenn man auf die Insel zum Essen kommt, aber auch die hiesigen Wurstwaren sind eine Delikatesse. Während der Saison ist es daher hoffnungslos, ohne Vorbestellung einen freien Tisch bekommen zu wollen.

Ufficio Turistico Monte Isola: 25050 Monteisola (BS), Via Peschiera Maraglio, Tel./Fax 03 09 82 50 88, www.tuttomontisola.it, www.lagoiseo.it.

La Foresta: Via Peschiera Mataglio 174, Tel. 03 09 88 62 10, Fax 03 09 88 64 55, laforesta@monteisola.com; Weihnachten bis 1. März geschl. Freundliche einfache Pension mit **berühmtem Restaurant** (s. u.) am See. 10 ordentliche Zimmer. DZ/ÜF 80 €.
Campeggio Monte Isola: Località Carzano, Via Croce 144, Tel. 03 09 82 52 21. Einfacher, immer voller (!) Campingplatz in bewaldeter Hanglage (10 000 m²) am See. Wohnwagen, Bungalows. Sehr gutes **Restaurant** (s. u.). Stellplatz 6 €, pro Person 10 €.

La Foresta: s. o. Ruhetag Mi, Aug. nur für Hausgäste geöffnet. Familiäre Trattoria am See, Fischspezialitäten wie hausgemachte Ravioli mit Fischfüllung, getrocknete Sardinen und Stör, gegrillter Fisch je nach Fang. Fischmenü um 40 €.
Monte Isola: s. o. Camping, Tel. 03 09 82 52 84; Ruhetag Mo (nicht im Sommer). Gepfleg-

Vom Iseo-See über Brescia zum Gardasee

tes Hüttenrestaurant auf dem Campingplatz am See, Spezialität Seefisch (schöne Antipasti) und Wurstwaren von der Insel. Fischmenü 35–40 €.

Gastronomische Woche: Mitte Sept. kulinarische Woche. Dann bieten rund zehn Restaurants und Trattorien ihre Spezialitäten an. Festpreis für *coregone* mit Beilage 35 € inkl. Wein, Wasser, Espresso.

Regelmäßige **Bootsverbindungen** mit Sulzano und Sale Marasino; sonst **Bootstaxi**. Infos: Barcaioli Monteisola Service, Tel. mobil 33 58 44 09 16, www.barcaiolimonteisola.it.
Auf der Insel umweltfreundliche **Minibusse** und **Radverleih.**

Iseo
Reiseatlas: S. 13, C 2
Der an sich bescheidene Hauptort des Fremdenverkehrs am Iseo-See mit gut 8500 Einwohnern verdient die Zuneigung seiner Gäste: Der historische Ortskern ist unauffällig saniert, im alten Schloss ein modernes Kulturzentrum mit Bibliothek, Archiv etc. eingerichtet, die Gassen sind steingepflastert, viele Häuser frisch gestrichen. Die Hotellerie ist inzwischen ausgewogen.

Aber auch kunsthistorisch betrachtet ist Iseo recht interessant, insbesondere die Pfarrkirche **Sant'Andrea** aus dem 12. Jh., mit dem Glockenturm in der sehr deutsch/nordeuropäisch wirkenden Fassadenmitte. Noch älter (11. Jh.) ist das ehemalige **Oldofredi-Schloss** (s. o.), und im Kirchlein **Santa Maria del Mercato** wurden Fresken aus dem 13. und 14. Jh. freigelegt.

Die Promenade ist eine Einladung zum Bummeln, der große Freitagsmarkt, bei dem die Altstadt zu einer einzigen Fußgängerzone voller Leben wird, eine unwiderstehliche Aufforderung, die Spezialitäten aus den umgebenden Tälern zu probieren.

IAT: 25049 Iseo (BS), Lungolago Marconi 2, Tel. 030 98 02 09, Fax 030 98 13 61, www.lagoiseo.it.

Iseolago: Via Colombera 2, Tel. 03 09 88 91, Fax 03 09 88 92 99, www.iseolagohotel.it. Große, sehr gepflegte Anlage 1 km westl. von Iseo (auch Fußweg), stilvolle Salons; **Restaurant** (kulinarische Wochen). Pool, Zugang zum See (Sassabanek, s. u.). 66 stilvolle Zimmer, Suiten. DZ/ÜF 135–172€.
Rivalago: Via Cadorna 7, 25058 Sulzano (BS), Tel. 030 98 50 11, Fax 030 98 57 20, www.rivalago.it. Lichtdurchflutetes, zauberhaftes Hotel mit 28 unterschiedlichen, eleganten Zimmern und vier Juniorsuiten; schöner Freisitz mit Pool direkt am See mit eigenem Miniatur-Bootshafen. Wunderbares Frühstücksbuffet, tagsüber Snacks, gute Restaurants in der Umgebung. DZ/ÜF 92–128 €.
Ambra: Porto Gabriele Rosa 2, Tel. 030 98 01 30, Fax 03 09 82 13 61, www.ambrahotel.3000.it. Zentral, nahe dem See, freund-

Rund um den Iseo-See

Liebe auf den ersten Blick: Peschiera, der Hauptort von Mont'Isola

lich und bescheiden. 30 Zimmer, reiches Frühstücksbüfett. DZ/ÜF 87–97 €.
Milano: Lungolago Marconi 4, Tel. 030 98 04 49, Fax 03 09 82 19 03, www.hotel milano.info. Kleines familiäres Haus an der Seepromenade; **Restaurant** (nur im Sommer). Kleine Hunde erlaubt. 15 bescheidene Zimmer. DZ/ÜF 78–88 €.
Sassabanek: Via Colombera, Tel. 030 98 06 00, Fax 03 09 82 13 60, www.sassabanek. it. Riesige Ferienanlage (30 000 m²) am See mit 2 Pools, Tennis, Bootskanal und -verleih, 250 Stellplätze; Caravans, Camping. Stellplatz 8,50–17 €, pro Person 4,30–8,10 €.

Il Volto: Via Mirolte 33, Tel. 030 98 14 62; Ruhetage Mi und Do Mittag, 2 Wochen Anfang Juli geschl. Hervorragende kleine Osteria: vorne Weinausschank mit Kleinigkeiten zu essen (10–12.30, 15–17 Uhr), hinten Speisezimmer (12.30–15, 19.30–1 Uhr). Hausgemachte Pasta, Seefisch der Saison, alles schlicht und doch perfekt; große Weinauswahl. Von Michelin mit einem Stern belohnt. Traditionsmenüs 39–77 €.
Al Gallo Rosso: Vicolo Nulli 9, Tel. 03 09 05 05; Ruhetage Mo Abend und Di. Kleine Osteria im historischen Zentrum. Risotti, Seefisch gebacken, Meeresfisch aus dem Backofen. Menü um 35 €.
Le Ciacole: Piazza Garibaldi, Tel. 03 09 84 05 37. Gemütliche kleine Trattoria mit typisch brescianischen Spezialitäten wie Rinds-Tagliata, Schnecken mit Speck, Polenta-Gerichte, hausgemachte Pasta. Menü um 25 €.
Cafés
Mehrere Cafés unter den Portici des Largo Zanardeli sowie am Hafen, z. B.

Vom Iseo-See über Brescia zum Gardasee

Richtig Reisen-Tipp: Gabriella, eine Fischköchin aus Clusane

Gabriella Bosios Augen strahlen immer. Sie ist eine zufriedene Wirtin und auch privat freut sie sich über ihre beiden Söhne, die inzwischen im wohl bekanntesten Fischlokal Clusanes mitarbeiten, im **Al Porto** (s. S. 293). Bruder Davide ist Fischer, was liegt also näher, als zuerst die Trattoria der Schwester zu beliefern, den Rest bekommt die noch immer fleißige Cooperative der Fischer von Clusane: 15 Mann, am ganzen See höchstens 25.

Gabriella führt seit Jahrzehnten die nun achtköpfige Küchenbrigade an, die am Wochenende Zuwachs bekommt, weil dann das Al Porto keinen einzigen freien Tisch hat. Spezialität: Seefisch natürlich. Berühmt geworden ist Al Porto wie ganz Clusane mit der **tinca al forno,** der mit Polenta gefüllten Schleie aus dem Backofen (2 Std. bei 160 °C). Triefend vor geschmolzener Butter, zu heißer Polenta serviert, eine Delikatesse, die man so schnell nicht vergisst!

Scardole, dem Stör ähnlich, aber trockener, sind die Fische, die am Iseo-See gerne im Winter luftgetrocknet und dann in Olivenöl eingelegt werden. Neben den üblichen Seefischen, die aber aus dem Iseo besonders kräftig schmecken, wie *coregone* (Felchen), *sarde* (Sardinen), *persico* (Flussbarsch) und *aole* (winzige Weißfische), holt Davide auch kleine grüne, sehr wohlschmeckende Krebse aus dem See (köstlich in den *spaghetti aglio olio!*). *Anguille* (Aale) werden im Winter an Land gezogen, weil sie im Sommer zu sehr im Schlamm wühlen und danach schmecken. Den *lucio* (Hecht), der oft wegen seiner feinen Gräten gemieden wird, bereitet Gabriella aber so zu, dass man vor seinem Verzehr keine Angst haben muss.

Gabriella legt viel selbst ein. Was sie nicht in der Trattoria verkauft, kommt in den neuen Delikatessenladen **(La Bottega del Porto)** nebenan, den sie sich sozusagen als Hobby zugelegt hat.

Zum Schluss verrät Gabriella noch ein Geheimnis: Die meisten Menschen bevorzugen Meeresfisch, weil er schmackhafter ist. Auch sie würde ihn lieber zubereiten, weil es einfacher ist – man braucht nicht so viele Ideen für die Rezepte. Doch genau das macht die Fischküche Gabriellas so fantasievoll und schmackhaft!

Bar Lume: tgl. 6–24 Uhr. Gepflegt, mit Eisdiele (tolle Eisbecher); Frühstück 6 €, Tellergerichte, auch vegetarische, Salate um 7 €.

 Fr großer **Wochenmarkt** mit Lebensmitteln und Textilien (s. S. 290).

Franciacorta Outlet Village: Die Shopping-Adresse in Rodengo Saiano im Süden der Franciacorta, Autobahnausfahrt Ospitaletto, www.franciacortaoutlet.it. Ein ganzes ›Dorf‹ ohne Autos, mit 70 Läden bekannter Markenartikel, die man hier bis zu 70 % billiger bekommt; mit Bar, Paninoteca, SB-Restaurant, Kinderspielplatz und rund 3000 Parkplätzen. Einkaufsvergnügen tgl. 10–20, Mai–Sept. Sa, So bis 21 Uhr.

 Wassersport auf dem See, speziell bei den Campingplätzen (s. S. 291).

Wandern rings um den See.

Bootsausflüge zu den Nachbarorten sowie auf die Mont'Isola.

Radverleih: Iseo Bike, Sale Marasino, Via Giardino 1 im Centro Camper Sebino, Tel. 03 09 82 44 60, www.centrocampersebino.it, und Franciacorta Bikes, Azienda Agricola Al Rocol, Tel. 03 06 85 25 42, www.alrocol.com.

Golf: Franciacorta Golf Club, Nigoline di Corte Franca (BS), Tel. 030 98 41 67, www.golflombardia.it. 18 Loch, 2 Pools, 2 Tennisplätze.

 Bootsverbindungen zu den anderen See-Orten und zur Mont'Isola, im

Brescia

Sommer mit regelmäßigem Fahrplan, sonst Bootstaxis (s. Mont'Isola S. 290).

Clusane

Reiseatlas: S. 13, B 2

Der kleine Fischerort platzt am Rande inzwischen aus allen Nähten, am kleinen Hafen ist die Zeit aber scheinbar stehen geblieben. Clusane rühmt sich der besten Fischlokale am See und seines Naturschutzgebietes (s. S. 294), das im Schilfdickicht allerlei Wasservögel, aber auch Insekten verbirgt.

Relais Mirabella: 25049 Clusane sul Lago (BS), Via Mirabella 34, Tel. 03 09 89 80 51, Fax 03 09 89 80 52, www.relaismirabella.it; Jan.–März geschl. Zauberhaftes Landhotel in schönster Lage über Clusane; Pool in Hanglage; **Restaurant.** 29 komfortable Zimmer und Suiten mit großer Terrasse zum See. DZ/ÜF 140, Suite 170 €.

Trattoria Al Porto: Porto dei Pescatori 12, Tel. 030 98 90 14; Ruhetag Mi (außer im Aug.). Angenehme Trattoria (seit über 100 Jahren), 2 einfache gepflegte Räume in einem Wohnhaus (Ende 19. Jh.). Spezialitäten s. S. 292. Fischmenü ab 29 €.

La Bottega del Porto: s. S. 292.

Sagra delle aole: im Juni. Überall gibt's die kleinen Fische.
Settimana della Tinca: im Juli. Alle Restaurants bieten Schleien an.

Brescia

Reiseatlas: S. 13, C 3

In Brescia, das sogar ein recht gut erhaltenes Kapitol besitzt, ist Rom allgegenwärtig. Mit fast jedem Spatenstich kommen weitere römische Funde ans Tageslicht. So ist es nicht verwunderlich, dass die Stadt reiche Sammlungen in ihren Museen aufweist. Zwar hat ihr der Faschismus mit Abrissen mittelalterlicher Bausubstanz und der Aufstellung klotziger Bauten nicht gerade gut getan, aber im Verlauf der Straßen und Gassen ist hier das Mittelalter in vielen Teilen noch präsent. Bekrönt von einer Festung in strategischer, also schöner Panoramalage.

Castello Visconteo

Das trutzige Castello Visconteo, der sogenannte Falke Italiens wegen seiner Bedeutung während der Kämpfe des Risorgimento, ist allein schon wegen seiner Panoramalage den Aufstieg (oder auch die Fahrt) hinauf wert (tgl. freier Zugang 8–20 Uhr). Es birgt heute das Waffenmuseum, **Museo Civico delle Armi,** und das **Museo del Risorgimento** zur Geschichte des Widerstands hinter seinen dicken Mauern (Juni–Sept. Di–So 10–13, 14–18, Okt.–Mai 9.30–13, 14.30–17 Uhr).

Rund um die Piazza Paolo VI

Genau in der Mitte des historischen Zentrums befinden sich die drei wichtigsten Plätze der Stadt: Piazza Paolo VI, genannt Piazza Duomo, Vittoria und Loggia. Zentrum des religiösen wie städtischen Lebens im Mittelalter war die **Piazza Duomo.** Der **Duomo Vecchio** (Alter Dom; Di–So April–Okt. 9–12, 15–19, Nov.–März 10–12, 15–18 Uhr) ist eine Rotunde aus dem 11. Jh., die auf den Grundmauern der noch älteren Kirche Santa Maria Maggiore (6. Jh.) errichtet wurde. Von ihr – und von einem römischen Haus – sind vor der Krypta (ab dem 9. Jh., mit Erweiterung auf fünf Schiffe im 12. Jh.) unter Glas noch Mosaikfußböden zu sehen. Der lang gestreckte Chor ist im 15. Jh. hinzugefügt worden. Dennoch wirkt die Rundkirche dank der Purifizierung im 19. Jh. mit ihrem unverputzten Mauerwerk harmonisch romanisch. Wunderschön ist gleich beim Eingang der reliefgeschmückte Sarkophag des Bernardo Maggi, des Bischofs und Friedensstifters zwischen Ghibellinen (rechts) und Guelfen (links) im Jahre 1298. Der rote Veroneser Marmor wurde von einem unbekannten Steinmetzmeister bearbeitet.

Der **Duomo Nuovo** nebenan ist innen ein Spätrenaissancebau, außen klassizistisch (Mo–Sa 7.30–12, 16–19, So 8–13, 16–19 Uhr). Seine auffallend hohe Kuppel von 1825 ist mit 80 m die dritthöchste Italiens.

Vom Iseo-See über Brescia zum Gardasee

Richtig Reisen-Tipp: Le Torbiere und die Franciacorta

Zwischen Iseo und Clusane beginnt eine besondere Landschaft, die unter strengstem Naturschutz steht, die **Torbiere del Sebino** *(torbiere = Torfmoor, Sebino ist der alte Name des Iseo-Sees).* Von den alten Torfstichen, die unterhalb der Hügel von Provaglio d'Iseo bis zum See reichten, sind viele kleine Seen und Teiche übrig geblieben, zwischen ihnen Inseln mit Wasserpflanzen. Insgesamt 360 ha, die man auf schmalen Wegen zu Fuß oder mit dem Fahrrad erkunden kann. Ideal für die **Vogelbeobachtung,** denn hier leben mehr als 30 Arten im Dickicht der Wasserpflanzen.

Wer nur schauen möchte, sollte den **schönsten Aussichtspunkt** über die Torbiere hinweg auf den See wählen, die Terrasse des kleinen Cluniazenserklosters **San Pietro in Lamosa.** Und nicht versäumen, in das Kirchlein aus dem 11. Jh. einzutreten (normalerweise tgl. 9–12, 14.30–17 Uhr), um seine Fresken zu bewundern.

Das Wort **Franciacorta** setzt sich zusammen aus *francia* (altertümlich: ›frei‹) und *corta* (›Hof‹) und bezieht sich auf die freien Höfe südlich des Iseo-Sees, die keinen Zehnten oder andere Steuern zu zahlen hatten und sich so, reich geworden, entwickeln konnten. Für Liebhaber sanft gewellter Hügel und hervorragender Weine ist diese Landschaft ein wahres Dorado. Hier wird neben hervorragenden trockenen **Weißweinen** auch **Sekt,** in Flaschen gereift und handgedreht, nach dem Vorbild des französischen Champagner produziert, der zu den besten Italiens zählt.

Schmale Straßen führen durch die Landschaft, in den Dörfern verlaufen sie zumeist zwischen hohen Mauern. Hier wirkt alles sauber und nobel – allerdings auch die Preise! Zahlreich sind die großen Ländereien, fast alle werden – wieder – bewirtschaftet, meist als **Weingut.** Riesige, schlossähnliche Villen gehören dazu, mit wundervollen schmiedeeisernen Gittern davor.

Berlucchi in Borgonato (mit Italiens größter unterirdischer *cantina* in alten Gewölben) und **Ca'del Bosco** in Erbusco sind große Namen von Wein- und Sektproduzenten aus der Region. Doch gerade bei den ›Kleinen‹ eine Weinprobe einzulegen, gehört zu den schönen Reiseerlebnissen. Die Associazione Strada del Franciacorta bringt alljährlich die Liste der Weinkellereien heraus, die an den Wochenenden abwechselnd Kellereibesichtigungen mit anschließenden Weinproben anbieten, zu denen es immer lokale Leckereien zu essen gibt. Spätestens freitags muss man sich anmelden für die **Cantine aperte** (Tel. 03 07 76 08 70, www.stradadelfranciacorta.it; Kostenpunkt ab 6 € pro Person).

Eine gute Idee sind **Wochenendpauschalen** (meist 2 Tage, 1 Nacht) in der Franciacorta, man hat die Wahl zwischen 5-Sterne-Hotel (ab 230 €), historischem Gebäude des 17. Jh. (ab 135 €), 4-Sterne-Hotel (ab 120 €) sowie Agriturismo (ab 80 €). Inbegriffen sind natürlich Kellereibesichtigung und Weinprobe, Schiffsfahrt auf dem See mit Besuch von Mont'Isola, eine volle Mahlzeit inkl. Franciacorta-Wein, Wasser etc.

Ein Wermutstropfen: Die **Strada del Franciacorta** ist leider nicht mehr so schön wie früher, es wurde z. T. zu viel hinzugebaut. Schön geblieben sind die Bereiche Corte Franca, Nigoline, Torbiate, Borgonato bzw. zwischen Borgonato und Monticelli Brusati mit Passirano im Zentrum.

Zwei schöne Adressen für die Weinproben: **Azienda Agricola Ricci Curbastro:** 25031 Capriolo (BS), Villa Evelina, Via Adro 37, Tel. 030 73 60 94, www.riccicurbastro.it. Historisches Weingut mit interessantem Bauern- und Weinmuseum und Ferienwohnungen sowie einem kleinen Antiquitätenladen *(granaio verde),* alles im Familienbesitz und man spricht auch Deutsch.

Azienda Agricola Il Mosnel: 25040 Camignone (BS), Tel. 030 65 31 17, www.ilmosnel.com. Moderner Betrieb in historischer Villa mit Anbauten und Park (300 Jahre alte Baumriesen!). Auch Kochkurse.

Brescia

Der **Broletto** bildete nördlich der beiden Domkirchen den profanen Gegenpart: das ehemalige Rathaus der Stadt, ein großer Komplex, der vom Ende des 12. bis zum 18. Jh. entstanden, heute Sitz der Provinzverwaltung und sonst nicht zugänglich ist – nur der Innenhof mit seinem Durchgang zur rückwärtigen Via Mazzini.

Anders als der Domplatz ist die westlich gelegene **Piazza della Vittoria** scheußlich faschistisch-überdimensioniert mit ihren monumentalen Bauten der 1930er-Jahre. Mussolini hatte hier das damalige Viertel der Diebe und Dirnen abreißen und sich selbst ein in seinem Sinne modernes, fortschrittliches Denkmal setzen lassen.

Piazza della Loggia

Am schönsten ist die Piazza della Loggia, wo samstags Markt abgehalten wird. Man fühlt sich ins Veneto versetzt: Die **Loggia**, die ab 1492 als neues Rathaus entstand, soll im Obergeschoss die Handschrift Andrea Palladios tragen, das Kuppeldach wurde aber erst 1914 nach Palladios Muster der Basilika von Vicenza aufgesetzt. Auch in der noch immer funktionierenden **Uhr** von P. Gennari (1546) mit bronzener Glocke und den hammerschwingenden *Tonne* und *Battista* an der Ostflanke des Platzes tritt uns Venedigs Vorbild (Uhrturm von San Marco) entgegen. Architektonisches Gegengewicht schaffen die flacheren Bauten an der Südseite des Platzes, insbesondere das ehemalige Leihhaus **Monte di Pietà** (1484–89) mit seiner hübschen Renaissanceloggia, an der sich das **Caffè della Stampa** etabliert hat.

Von der Via X Giornate zur Via Musei

Bei jedem Wetter angenehm ist der Bummel unter den am **Palazzo a Portici** (1595) beginnenden Arkaden direkt unter dem Uhrturm, entlang der Via X Giornate nach Süden. Unter dem Arkadengang befanden sich im Mittelalter die Werkstätten der Metallgießer, die den Ruhm und den Reichtum Brescias ausmachten. Nach dem Knick nach links wird der Bogengang doppeljochig, schließt im großzügigen Bogen kleine Kunstgalerien und das **Teatro Grande** ein. Dahinter ›versteckt‹ sich der Domplatz. Den Bogen weiter ziehend, also zurück zur Rückseite des Domplatzes, hat man die Galleria (Tunnel) unter dem Castello-Hügel im Visier, die als Luftschutzkeller gebaut und erst in den 1960er-Jahren ganz durchstoßen wurde.

Die vom Broletto nach Osten führende **Via dei Musei** ist tatsächlich von Museen umstanden. Sie entspricht fast genau dem römischen *decumanus maximus,* also der Hauptstraße, die allerdings etwa 6 m tiefer lag. Besonders gut zu erkennen ist dies linker Hand an dem großartigen Ruinenfeld des sogenannten **Capitolio** – erbaut im Jahr 73 unter Kaiser Vespasian und ein Prunkstück des römischen Brescia (Di–So Juni–Sept. 10–17, Okt.–Mai 10–13, 14–17 Uhr; z. Zeit länger geschl., aber auch von außen gut einsehbar). Das römische Theater nebenan wird noch eine Weile restauriert.

Das Capitol ist in etwa auf das römische Forum gerichtet, heute **Piazza del Foro,** die von stattlichen barocken Palästen umbaut ist. Der **Palazzo Martinengo** (16./17. Jh.) ist heute Sitz des Kultur- und Denkmalamtes und gleichzeitig Ort eines sogenannten **archäologischen Weges** hinab in das römische Brescia (Mo–Fr 9.15–13 Uhr).

Das absolute Juwel Brescias ist das **Museo Santa Giulia** mit den wichtigsten Sammlungen der Stadt im großen Klosterkomplex mit drei Kreuzgängen und drei Kirchen, von denen das zweistöckige **Oratorio Santa Maria in Solario** u. a. das kostbare Desiderio-Kreuz birgt. Die römische **Domus dell'Ortaglia** zeigt große Mosaik- und Freskenflächen. Seine Anfänge verdankt Santa Giulia dem Langobardenkönig Desiderio, der mit seiner Frau 753 das Kloster San Salvatore gründete, das später Santa Giulia geweiht wurde. So, wie sich uns der Komplex heute präsentiert, wurde er im 14. Jh. verändert (Di–So Juni–Sept. 10–18, Okt.–Mai 9.30–17.30 Uhr; bei Ausstellungen länger).

 Ufficio Comune di Brescia: 25121 Brescia, Piazza della Loggia 6, Tel. 030

Vom Iseo-See über Brescia zum Gardasee

> **Montag ist kein guter Tag …**
> … für Brescia-Entdecker: Alle wichtigen Museen sind dann geschlossen, und auch fast alle Geschäfte bleiben am Vormittag, Lebensmittelläden am Nachmittag zu.

42 40 03 57, Fax 03 03 77 37 73, www.comune.brescia.it, www.bresciatourism.it.

Vittoria: Via X Giornate 20, Tel. 030 28 00 61, Fax 030 28 00 65, www.hotelvittoria.com. Das Top-Hotel im ›Fascismo-Komplex‹ der Piazza Vittoria ist innen ein großzügiges Grand Hotel mit entsprechendem, älterem **Restaurant.** 65 Zimmer. DZ/ÜF 130–217 € (nach günstigeren Wochenendtarifen fragen).

Jolly Hotel Igea: Viale Stazione 15, Tel. 03 04 42 21, Fax 03 4 42 24, brescia@jollyhotels.com. Modernes Stadthotel (günstig für Bahnreisende); **Restaurant.** 87 sehr komfortable Zimmer. DZ/ÜF 145–245 € (nach Wochenendtarifen fragen).

Orologio: Via Beccaria 17, Tel. 03 03 75 54 11, Fax 03 02 40 48 05, www.albergoorologio.it. Angenehmes, total renoviertes Altstadthotel mit nur 16 Zimmern (davon 7 EZ), Parkservice, Frühstück mit Zeitung aufs Zimmer. DZ/ÜF 110–130 €.

Raffa: Corso Magenta 15, Tel. 03 04 90 37; Ruhetag So, Aug. geschl. Seit 1932 in Familienbesitz; hausgemachte Pasta, perfekt zubereitete Brescianer Fleischgerichte mit Polenta, freitags auf Vorbestellung Fisch. Menü ab 25 €.

Osteria al Bianchi: Via Gasparo da Salò 32, Tel. 030 29 32 28; Ruhetage Di Abend und Mi, sonst 9–14, 16–24 Uhr. Echter Weinausschank mit kleinen Gerichten und Mittagstisch an Holztischen im hinteren Raum, meistens sehr voll. Menü ab 22 €.

Due Stelle: Via San Faustino 48, Tel. 03 04 23 70; Ruhetage So Abend und Mo. Gemütliche Trattoria mit manchmal verfeinerten Brescianer Gerichten wie Risotti, Wild, Hirsesuppe, Stockfisch und hervorragender *tagliata* mit Polenta. Menü ab 25 €, Mittagstisch und Vegetarisches günstiger.

Le Carminacee: Via San Faustino 22, Tel. 03 04 29 91. Laden mit Küche, man kann außer Lebensmitteln auch alle Einrichtungsgegenstände kaufen (!). Frühstück ab 9.30 Uhr.

Bar Quo Vadis: Via Trieste 17/a, Tel. 03 03 75 53 91; Mo–Sa 8–19 Uhr. Freundliche Studentenkneipe mit riesigen *bruschette, panini, pizze* etc., alles frisch zubereitet in vielen Variationen, um 4–5 €.

Die ›Szene‹ wechselt oft, neuerdings gilt der lang gestreckte **Piazzale Arnaldo** im Osten des Zentrums als der ›In‹-Treff der – besser gestellten – Jugend. Hervorragend platziert sind das **Al Granaio** in der historischen Lagerhalle (Di–So 11.30–2 Uhr), das Bar, Restaurant und Osteria zugleich ist (man bekommt auch einzelne Gerichte), und das **Vecchio Botticino,** Enothek und Probierstube mit Küche (Di–So 10–1 Uhr), wo man – in gedrängterem Ambiente – verschiedene Gerichte und sehr leckere kleine Brötchen bekommt.

Bar Chalet Castello: zu Füßen des Castello; Di–So 11–2 Uhr. Gemütliche Bar mit Küche. Gute Aperitifs/Cocktails und Happen. Weitere Tipps unter www.brescianotte.it.

Cafés

Caffè della Stampa: Piazza Loggia 6; Ruhetag Mo, sonst 8–22 Uhr. Etwas teurer ›In-Treff‹ mit leckeren Cocktails an der schönen Piazza.

La Loggia: Piazza della Loggia 12/a; Ruhetag Mi, sonst morgens bis abends je nach Andrang. Preiswerte Bar mit einfachen Drinks und dicker Schokolade gegenüber Caffè della Stampa mit Tischen auf der Piazza.

Antiquitätenmarkt: 2. So (außer Juli/Aug.) rund um die Piazza Vittoria; etwas teurer.

Wochenmarkt: Sa auf der Piazza della Loggia, an Werktagen vormittags auf der Piazza Mercato nahe der Piazza Vittoria.

Flughafen Bergamo westlich, Verona östlich von Brescia; Bustransfer, Taxi.

Richtig Reisen-Tipp:
Die keltische Rose aus der Val Camonica

Von den drei wasserreichen Tälern in der Umgebung von Brescia verdient die Val Camonica nördlich des Iseo-Sees auch aus historischen Gründen eine besondere Erwähnung und ist für Kenner mind. einen Tagesausflug wert. Hier wandelt man auf den Spuren der Camuni, eines keltisch-alpinen Stammes, der sich wohl bereits im 5. Jh. v. Chr. hier niederließ, jagte und Handel trieb. Schutz fand er im Tal des Oglio nördlich des Iseo-Sees.

Zentrum dieses Tales ist **Capo di Ponte**, in Wissenschaftlerkreisen berühmt geworden durch das Forschungszentrum **Centro Camuno di Studi Preistorici**, das der Mailänder Professor Emmanuel Anati seit 1956 mühsam aufgebaut hat und sich selbst damit zum ›Papst der Felsenritzungen‹ machte. Es blieb kein ›Familienunternehmen‹: Anatis Ruf hat Studenten aus aller Welt nach Capo di Ponte gelockt, die bei der Freilegung der Gravuren halfen und darüber forschten. 1979 stellte die Unesco die **Felsgravuren der Val Camonica** als Welterbe der Menschheit unter ihren Schutz, noch vor dem Forum Romanum in Rom und dem ›Abendmahl‹ Leonardos in Mailand!

Zwei Punkte lohnen die Besichtigung ganz besonders: der **Parco Nazionale delle Incisioni Rupestri Naquane** bei Capo di Ponte (Di–So März–Mitte Okt. 8.30–19.30, sonst bis 17 Uhr) und in Cividate Camuno das **Museo Nazionale Archeologico della Valle Camonica** (Di–So 8.30–14 Uhr).

Die keltische Rose, eine der typischen Felsgravuren etwa in Form eines vierblättrigen Kleeblattes, wurde inzwischen zum Symbol für die gesamte Lombardei und taucht überall dort auf, wo für die Region und ihre Produkte geworben wird: auf touristischen Prospekten, auf Käse- und Wurstpackungen, als Markierung von Wanderwegen etc.

Bahn: IC-Station auf der Strecke Mailand – Verona.
Bus: gute Anbindung an die Provinz, im Berufsverkehr ca. stündlich.

Der Gardasee

Reiseatlas: S. 14, D–F 1–3

Der größte Oberitalienische See (52 km lang, bis zu 17,5 km breit) erfreut mit einem angenehmen, nicht zu kühlen und nicht zu heißen Klima, sodass hier eine für die Region eigentlich ungewöhnliche Vegetation gedeiht: Orangen und Zitronen, Agaven und Palmen, Zypressen und Feigenbäume, Magnolien und vor allem Oliven sowie Oleander in unglaublicher Blüten- und Farbenpracht. Von der lombardischen Seite des Gardasees, dem Westufer, behaupten die Einheimischen und Fans, es sei die schönste ›Küste‹ der Welt. Die nahe an den See gerückten Hänge sind üppig bewachsen mit Lorbeerbäumen und Weinbergen, Oliven und blühenden Gärten; Klatschmohn und duftende Kräuter bilden ausgedehnte Wiesen.

Der Gardasee gehört drei Provinzen bzw. drei Regionen, die sich seine Ufer teilen, um so verwunderlicher ist, dass sie hier so gut zusammenarbeiten. Mit der **Comunità del Garda** haben sie eine Institution geschaffen, die für den gesamten See zuständig ist. Auf ihren Webseiten findet man stets aktuelle Informationen und Links zu allen Orten, Hotels, Sporteinrichtungen etc. (auch in Deutsch): Via Roma 8, 25083 Gardone Riviera (BS), Tel. 03 65 29 04 11, Fax 03 65 29 00 25, www.lagodigarda.it.

 Über alle **Sportmöglichkeiten** informiert mit genauen Adressen die Inter-

Vom Iseo-See über Brescia zum Gardasee

netseite **www.lagodigarda.it,** Links zu den Themen und weiter zu ›Sport & Fun‹ (auch auf Deutsch).

Sirmione
Reiseatlas: S. 14, E 3

Der römische Dichter Catull (84–54 v. Chr.) soll Sirmione herzlich geliebt haben, weshalb die Einwohner eine römische Villa ›Grotte des Catull‹ nennen. In Wahrheit wurde die Anlage, wahrscheinlich militärisches Zwischenlager an der Römerstraße, erst 150 n. Chr. erbaut, 200 Jahre nach Catulls Tod. Wie auch immer, Sirmione ist zauberhaft, gerade deswegen von Fremden überlaufen, weshalb die Wochenenden und die hochsommerlichen Monate Juli und August zu meiden sind.

Das Tor zur Insel Sirmione, die mit dem Festland verbunden ist, dürfen per Ampelregelung nur Autos der Einheimischen sowie der Touristen passieren, die ein Zimmer auf der Insel gebucht haben. Eine herrliche Fußgängerzone ist so entstanden: Man flaniert zum ausgewählten Restaurant oder in die nächste Bar, lässt sich von den kostbaren Auslagen der Mode- oder Delikatessläden verführen und amüsiert sich vielleicht über manchen Kitsch. Im Hafenbecken schaukeln Boote, auf der **Piazza Carducci** spielt ein Orchester auf, an den kleinen Cafétischen gibt es Drinks oder riesige Eisbecher.

Das mittelalterliche Kastell, die **Rocca Scaligera** (Di–So 9–19, im Winter bis 16 Uhr), steht auf starkem Mauerwerk aus der Römerzeit, mit zinnenbekrönten Türmen und Wehrgängen. Der Blick von oben (146 Stufen!) dürfte unvergessen bleiben: über das Städtchen und die 3,5 km lange, schmale Halbinsel, die sich an ihrem nördlichen Ende mit den Grotten des Catull weit in den See schiebt.

Die geschnitzte Madonna der Pfarrkirche **Santa Maria Maggiore** mit ihrer breiten Vorhalle (15. Jh.) wird verehrt und gerne besucht, weshalb die Kirche meistens zugänglich ist. Nicht so **San Pietro in Mavino** (8./11. Jh.), was wegen der in vier Schichten übereinander liegenden Fresken wirklich schade ist. Aber allein ihre Lage beeindruckt. Kaum ist man nämlich aus dem historischen Ortskern Sirmiones heraus, steht man im Grünen. Die Blätter der Ölbäume glitzern silbern in der leichten Brise, Oreganoduft steigt in die Nase, wenn man über den leicht ansteigenden Wiesengrund zur kleinen Kirche im Olivenhain hinaufgeht. Kein Wunder, dass sie inzwischen bevorzugt als Trauungsort gewählt wird.

Nicht vergessen darf man die **Grotten des Catull** (März–Mitte Okt. Di–So 9–19, sonst bis 16 Uhr; s. links) – herrlich über weißen Klippen gelegen, die auf drei Seiten vom smaragdgrün leuchtenden See umspült werden: 20 000 m² Ruinenfeld zwischen Olivenbäumen und Rosmarinhecken. Jedenfalls auf hohem Unterbau, was auf ein Militärlager schließen lässt; es könnte aber auch eine Prunkvilla mit großen Lagerräumen gewesen sein. Ein kleines **Museum** mit ein paar dekorativen Fundstücken findet sich am Eingang.

 s. Desenzano S. 300.

Desenzano
Reiseatlas: S. 14, D 3

Der angenehme Ort mit seinem hübschen **Kanalhafen,** der einladenden Promenade am See und guten Boutiquen im kleinen Zentrum besitzt eine ausgewogene Hotellerie von einfach bis komfortabel. In der Via Crocifisso nordwestlich des Hafens steht die **Villa Romana** (Di–So 8.30–16.30/17.30, März–Mitte Okt. bis 19 Uhr), die mit ihren teilweise sehr gut erhaltenen Bodenmosaiken eine der sehenswertesten römischen Anlagen am See bildet. An der Uferpromenade versteckt sich in einem früheren Kloster zusammen mit der Städtischen Bibliothek ein interessantes Museum, das **Museo Civico Archeologico G. Rambotti** (Di–Fr 15–19, Sa/So 16.30–19.30, Juli/Aug. auch 20–23 Uhr) mit sorgfältig aufbereiteten archäologischen Funden aus Desenzano und Umgebung, vor allem aber mit einem 2,20 m langen bronzezeitlichen Holzpflug (2. Jt. v. Chr.), das älteste je gefundene Exemplar überhaupt.

Dolcefarniente in Sirmione

Vom Iseo-See über Brescia zum Gardasee

Hinter Desenzano beginnt nordwärts eine lange, fast ununterbrochene Kette von Campingplätzen, ab Padenghe schiebt sich eine breite Halbinsel in den See, die **Valténesi,** an der die Hauptstraße vorbeiführt, ohne sie zu stören. Das Ufer bleibt ruhig, Weingärten bestimmen das Bild, in denen gute Tropfen wie der Chiaretto und der Groppello gedeihen.

IAT: Desenzano (BS), 25015 Via Porto Vecchio 34, Tel. 03 09 14 15 10, Fax 03 09 14 42 09, iat.desenzano@tiscali.it.

Lido International: Via del Molino 63, Tel. 03 09 14 10 27, Fax 03 09 14 37 36, www.lido-international.com. Modernes Haus in ruhiger Lage am See. 34 kleinere Zimmer mit Balkon, 2 Suiten; **Restaurant** April.–Okt;. Pool, Parkplatz. DZ/ÜF 50–200 €.
Piroscafo: Via Porto Vecchio 11, Tel. 03 09 14 11 28, Fax 03 09 91 25 86, www.hotelpiroscafo.it. Renoviertes schlichtes Hotel in herrlicher Lage am Kanalhafen; **Café-Restaurant** unter den Portici. 32 kleine Zimmer, kein Salon. DZ/ÜF 52–70 €.
Alessi: Via Castello 3, Tel. 03 09 14 33 41, Fax 03 09 14 17 56, www.hotelalessi.com. Kleines Altstadthotel, **beliebtes Restaurant.** 18 ordentliche Zimmer. DZ/ÜF 60–70 €.

In den **Cafés** rund um den Kanalhafen und in der Fußgängerzone gibt es überall Kleinigkeiten zu essen (*primi* ab 5 €).
Osteria La Contrada: Via Bagatta 10/12, Tel. 03 09 14 25 14; Mi, Do Mittag geschl. Mit Antiquitäten dekoriertes Restaurant. Hausgemachte Pasta mit Fischfüllung, Hecht-Risotto, Schmorbraten in Valpolicella. Menü ab 30 €.

Bootsverbindungen: Ostern–Okt. Anbindung an alle anderen Orte des Sees, auch Autofähre nach Limone durch **Navigarda,** Piazza Matteotti 2, Tel. 800 55 18 01 (kostenlos), www.naviogazionelaghi.it. Ganzjährige Fährverbindung zwischen Maderno (Westufer) und Torri del Benaco (Ostufer).
Busverbindungen mit Brescia und den Orten am Brescianer Ufer sowie mit Sirmione und Verona.

Salò

Reiseatlas: S. 14, D 3

Von hier bis Limone im Norden des Brescianer Ufers gehören die Orte zur Riviera dei Limoni, dem neuesten Zusammenschluss am See. Das elegante Kreisstädtchen (gut 10 000 Ew.) liegt am Ende einer tiefen, fast fjordartigen Bucht, was die gemütliche Atmosphäre der hübschen Altstadt verstärkt. Die breite Seepromenade zieht sich am ganzen Ortskern entlang, hier reiht sich Café an Café. Hinter den Portici verbirgt sich das **Rathaus** aus dem 14./15. Jh., das durch eine hübsche Loggia mit dem **Palazzo della Magnifica Patria** (16. Jh.) verbunden ist und an die glorreiche Zeit Salòs unter Venedig erinnert.

Innen schlängelt sich die lange schmale Hauptgasse zwischen den beiden Stadttoren, im südlichen Bereich mit Boutiquen und Delikatessläden, im nördlichen mit kulturellen Einrichtungen. Hier befinden sich im Palazzo Coen die beiden Museen des Städtchens: das **Museo Civico Archeologico** (Mo–Fr 10–12, 16–18, z. T. auch Sa, So, Fei nachmittags) sowie das historische **Museo Nastro Azzuro** (Sa 10–12, 15–17, So 15–17 Uhr).

Aus dem Häusergewirr erhebt sich die Haube des Glockenturms des gotischen **Duomo Santa Maria Annunziata** (erst im Jahre 1453 begonnen; 8.30–12, 15.30–18.30/19 Uhr), in dessen Inneren man Girolamo Romanino in seinem 1560 geschaffenen Meisterwerk begegnet: ›Sant'Antonio da Padova‹, in dem er den knienden Stifter derart hässlich darstellt, dass man sich fragt, ob er dafür wohl jemals seinen Lohn erhalten hat …

IAT: 25087 Salò (BS), Lungolago Zanardelli (im Rathaus), Tel./Fax 036 52 14 23, iat@comune.salo.it.

Benaco: Lungolago Zanardelli 44, Tel. 036 52 03 08, Fax 036 52 10 49, www.hotelbenacosalo.it; Feb.–Nov. Kleines, bescheidenes Haus an der Seepromenade mit **Café.** Familiär, renoviert. 19 Zimmer. DZ/ÜF 90–110 €.
Lepanto: Lungolago Zanardelli 67, Tel./Fax 036 52 04 28; Feb.–Dez. Einfache Pension

Der Gardasee

über **beliebtem Gartenrestaurant.** 8 Zimmer, z. T. ohne Bad. DZ/ÜF 69–77 €.

La Campagnola: Via Brunati 11, Tel. 036 52 21 53; Mo und Di mittags geschl. Kulinarische Oase auf der Bergseite, im Winter in den Räumen der alten Osteria, im Sommer ruhige Gartenterrasse. Hausgemachte Pasta, Seefisch, raffinierte Pilz- und Wildgerichte mit Polenta. Menü 35–50 €.
Osteria dell'Orologio: Via Butturini 26, Tel. 03 65 29 01 58; Ruhetag Mi, im Jan. und Juli je 15 Tage geschl. Typische Enothek mit langer Theke und elegantem kleinen Restaurant. Zum Wein kleine Gerichte, hausgemachte Pasta, Aufschnitt, Salate; Menü ab 27 €.

 s. Desenzano S. 300.

Gargnano
Reiseatlas: S. 14, E 2

1918 holte sich der englische Schriftsteller D. H. Lawrence im Ortsteil Villa, mit Franziskanerkloster auf dem Hügel und kleinem Hafen, Inspiration für seinen Roman ›Lady Chatterly's Liebhaber‹. Während der sogenannten Republik von Salò (1943–45) hielten sich die Regierung und die Familie Mussolinis in zwei der Feltrinelli-Villen in Gargnano auf.

Eigentlich braucht aber Gargnano die historischen Vorbilder nicht, der geradezu fotogene Ort mit knapp 3000 Einwohnern in seinen insgesamt 14 Ortsteilen ruht wie eh und je in sich selbst. Außer vielleicht im Hochsommer, wenn allzu viele Menschen einfallen. Historisches ist wenig zu bewundern, auffällig sind die große Villa Bettoni an Bogliacos Ufer und die beiden Villen der Verlegerfamilie Feltrinelli, die eine heute Sommer-Universität, die andere das feudalste Hotel am See, das sich komplett vom Rest des Ortes abschottet. Hübsch und mit kleinen Kapitellen geschmückt, die Fische und Zitrusfrüchte tragen, zeigt sich der kleine Kreuzgang von **San Francesco** im Zentrum Gargnanos. Der Miniaturhafen ist von bescheidenen Palästen umgeben, darunter das **alte Rathaus** mit offener Loggia, die kurze Seepromenade wurde durch eine *passerella*, einen Holzsteg, nach Süden verlängert. Mehrere Lebensmittelgeschäfte, zwei Metzger, drei Friseure u. Ä. beweisen, dass Gargnano ein ganz normaler, das ganze Jahr über lebendiger Ort ist – am Gardasee nicht mehr häufig anzutreffen.

Auffallend hohe, gestelze Gebilde fallen in Gargnano auf: **Limonaie.** Sie sehen aus wie Bauruinen, sind aber spezielle Treibhäuser, in denen Gargnano bis zur Inbetriebnahme der Eisenbahn vom Süden des Landes nach Nordeuropa Zitronen für die Königshäuser und andere reiche Europäer züchtete. Im Winter wurden Glasscheiben zwischen die gemauerten Stelzen gesteckt und ein Holzdach darüber gelegt, innen die meist terrassierten hohen Räume bei Bedarf mit Holzkohleöfen beheizt. Lange Zeit galten die Limonaie als begehrte Immobilien, wurden zu Hotels und Ferienhäusern umgebaut. Nun stehen die einmaligen Gebilde unter Denkmalschutz, manche werden von ihren Besitzern noch liebevoll gepflegt und genutzt. In **Prà della Fam** beim Porto Tignale ist eine **Schau-Limonaia** zu besichtigen (ganzjährig Mi 10–12, April–Sept. Fr 15–17, So 10–12 Uhr, Tel. 036 57 14 49), eine zweite, viel kleinere in Limone (s. S. 302).

Pro Loco: 25084 Gargnano (BS), Piazza Feltrinelli 2 am Hafen, Tel./Fax 036 57 12 22. Von **Gargnano Relax** (Hotelierverinigung) an der Gardesana gegenüber der Parkgarage, Tel. 03 65 79 12 43, www.gargnanosulgarda.com.

Villa Giulia: Località San Faustino, Via Rimembranza 20, Tel. 036 57 10 22, Fax 036 57 27 74, www.villagiulia.it; April–Okt. Jugendstilvilla mit Nebengebäude in einem Park am See. 23 Zimmer, 7 Suiten; Pool, **Restaurant,** Parkplatz. DZ/ÜF 210–310 €.
Villa Sostaga: Località Navazzo, Via Sostaga 19, Tel. 03 65 79 12 18, Fax 03 65 79 11 77, www.hotelvillasostaga.it. Zauberhaftes luxuriöses Hotel in Traumlage über dem See in der früheren Sommervilla (um 1900) der Feltrinelli, 40 ha großer Park, Pool, Fitnessraum. 8 Zimmer; **Wintergarten-Restaurant** mit Terrasse. DZ/ÜF 150–200 €.

Vom Iseo-See über Brescia zum Gardasee

Mariano: Località Navazzo, Via Sasso 8, Tel./Fax 036 57 16 89, www.hotelmariano.it; Ostern–Okt. Familiäres Hotel in Traumlage über dem See, mit Pool; **Restaurant** (für Hausgäste) mit Terrasse. 10 Zimmer, z. T. sehr groß; Parkplatz. DZ/ÜF 75 €.

 Osteria al Baccaretto: Via Zanardelli 10, Tel. 03 65 79 10 24. Ruhetag Mo, im Winter auch Di, z. T. Jan./Feb. geschl. Super freundliche kleine Osteria mit Tischen am See. Diverse Aperitifs mit Knabberzeug, Snacks und Platten; ausgesuchte Weine.

 Golf: Golfplatz Bogliaco (18 Loch), Tel./Fax 03 65 64 30 06; im Winter Ruhetag Di.
Wassersport: großer Yachthafen in Bogliaco, berühmt wegen der **Regatta Centomiglia** (Sept.)
Surfschule **OK Surf** im nördlichen Ortsteil Fontanelle am Strand.

s. Desenzano S. 300.

Limone
Reiseatlas: S. 14, E 2
3 km hinter Gargnano beginnen die Tunnel der Seestrecke. Auf schmalen Serpentinenstraßen gelangt man auf die Hochebenen **Tignale** und **Tremosine,** die herrliche Ausblicke über den See garantieren, bis zum 2218 m hohen Monte Baldo, *dem* Berg des Gardasees am gegenüberliegenden Veroneser Ufer. Kurz vor der Provinzgrenze mit Trient trifft man auf die windgeschützte Bucht von Limone. Die *limonaie* (s. S. 301) sollen dem hübschen Ort an steilem Hang nicht seinen Namen gegeben haben – er soll vom lateinischen *limes* (= Grenze) kommen. Limone ist einer der am schönsten gelegenen Orte am Gardasee, doch ist er sehr touristisch vermarktet, seine Gassen ähneln im Sommer einem orientalischen Basar. Der kleine geschützte Hafen ist von Häuschen umgeben, die sehr mediterran wirken; reizvoll ist die Hanglage der Gassen, die teilweise steil aufsteigen. Oben in der Via Castello findet man

neuerdings eine kleine **Schau-Limonaia** (tgl. 10–18 Uhr).

IAT: Via Comboni 15, 12015 Limone (BS), Tel. 03 65 95 40 70, Fax 03 65 95 46 89. Während der Saison **Infokioske** (Parkhaus) an der Gardesana und am Fährhafen.

 All'Azzuro: Piazza Geradi, Tel. 03 65 95 40 00, Fax 03 65 95 43 57; April–

Der Gardasee

Surfen vor ›gewaltiger‹ Bergkulisse bei Tórbole

Okt. Weißes Haus am See, 30 Zimmer; **Restaurant.** DZ/ÜF 36–96 €.
Coste: Via Tamas 11, Tel. 03 65 95 40 42, Fax 03 65 95 43 93, www.hotelcoste.com; Dez. geschl. Freundliches Hotel in Olivenhain am Hang, Pool. 30 Zimmer. DZ/ÜF 52–100 €.

Al Pirata: Lungolago Marconi 56, Tel. 03 65 95 43 85; Ruhetag Do, sonst 12–22 Uhr. Pizzeria und Spaghettihaus. Menü um 12/13 €.

Surferparadies Gardasee
Den rauen Wind von **Riva** und **Tórbole** an der Nordspitze des Sees im Trentino wissen vor allem Surfer zu schätzen; an der Hauptstraße parken die Wagen mit Münchner oder Starnberger Kennzeichen dicht an dicht – und das nicht nur im Sommer! Während der Saison müssen die Linienboote sogar darauf achten, die Surfer nicht zu stören …

Vom Iseo-See über Brescia zum Gardasee

Malcésine
Reiseatlas: S. 14, E 2
Das östliche Ufer des Gardasees gehört südlich von Tórbole zur Provinz Verona, also zu Venetien, und ist geprägt vom **Monte Baldo,** der zwei Naturreservate und ein herrliches Wanderrevier (nur mit gutem Schuhwerk!) bietet. Ab Malcésine wird das Ostufer ›Olivenriviera‹ genannt. Tatsächlich gedeihen hier und in den schmalen Seitentälern des Monte Baldo meist kleine, sehr schmackhafte Oliven, die hervorragendes Öl liefern.

Malcésine geizt nicht mit natürlichen und architektonischen Schönheiten. Der **Palazzo dei Capitani del Lago** am Hafen, der 1405 bis 1797 als Regierungssitz (abwechselnd mit Garda und Torri del Benaco) genutzt wurde und jetzt Ausstellungen aufnimmt, zeugt ebenso wie das **Castello Scaligero** (tgl. außer Nov.–Dez. 9–18, Juli/Aug. bis 19 Uhr) auf dem steilen Felsen über dem See von der historischen Bedeutung des Ortes. Letzteres birgt mehrere **Museen** in seinen von Schwalbenschwanzzinnen bekrönten, trutzigen Mauern: zur geologischen Geschichte des Gardasees und des Monte Baldo, ein Fischer- und ein Goethe-Museum. Schließlich wurde der große Dichter hier auf seiner Italienreise 1786 als vermeintlicher Spion verhaftet.

Ufficio Informazioni: 37018 Malcésine (VR), Via Capitanato del Porto 6–8, Tel./Fax 04 57 40 03 87, www.malcesinepiu.it, Info-Tel. 04 57 40 00 44.

Ischia: Via Fornaci 4, Località Fornaci, Tel. 04 57 40 05 88, Fax 04 56 57 00 50, info@garniischia.com; Ostern–Anfang Nov. Familiäres Garni-Hotel im Olivenhain; Pool und Garage. 14 Zimmer mit Balkon. DZ/ÜF 59–80 €.

Meist sehr touristische, eher einfache Restaurants; Ausnahme:
Trattoria Vecchia Malcésine: Via Pisort 6, Tel. 04 57 40 04 69; Ruhetag Mi (nicht in der Saison. Abendlokal in einem alten Steinhaus, Terrasse mit Seeblick. Raffinierte Gerichte, von Michelin besternt. Menü ab 57 €.

 Seilbahn: mit Drehkabinen auf den Monte Baldo; dichter Fahrplan.
s. auch Desenzano S. 300; außerdem im Sommer **Fähre** nach Limone.

Torri del Benaco
Reiseatlas: S. 14, E 3
Sehr dekorativ wirkt das zinnengekrönte **Castello Scaligero** (1383, Limonaia von 1760) mit sehenswertem Museum (tgl. 9.30–12.30, 14.30–19, April, Mai, Okt. 9.30–13, 16.30–19.30 Uhr, Nov. nur auf Voranmeldung, Dez.–März So, Fei 14.30–17.30 Uhr), das den romantischen, u. a. vom früheren Palazzo del Capitano del Lago (heute Hotel) und einem kleinen Loggia-Palazzo umstandenen Hafen bewacht. Etwas für Hobbymaler und Fotografen! Die anschließende lange **Seepromenade** führt an Cafés und Restaurants vorbei zum ansehnlichen Kiesstrand im Norden, mit kleinem Hotel im Pinienhain.

Ufficio Informazioni: 37010 Torri del Benaco (VR), Viale Lavanda, Tel./Fax 04 57 22 51 20, www.torri-del-benaco.net.

Gardesana: Piazza Calderini 20, Tel. 04 57 22 54 11, Fax 04 57 22 57 71, www.hotel-gardesana.com; Nov.–Feb. geschl. Historisches Hotel am Hafen; **berühmtes Restaurant,** große Caféterrasse. 34 zumeist kleine Zimmer, sehr gepflegt. DZ/ÜF 148–338 €.
Baia dei Pini: Via Gardesana 115, Tel. 04 57 22 52 15, Fax 04 57 22 55 95, www.baiadeipini.com, Ostern–Okt. Kleines Hotel im Pinienhain am Strand, mit Designerzimmern und Jugendstil-Dependance (ingsgesamt 15 Zimmer); Terrassenrestaurant, Parkplatz. DZ/ÜF 106–160 € (inkl. Strandliegen).

Bell'Arrivo: Piazza Calderini 10, Tel. 04 57 29 90 28; Ruhetag Mo (nicht im Sommer). Schöne Lage zwischen Hafen und oberer Straße, mit Garten. Feine Seefischküche, hausgemachte Pasta. Fischmenü ab 33 €.
In den **Cafés** an der Seepromenade und in der Einkaufsstraße gibt es überall Kleinigkeiten zu essen; auch **Pizzerie.**

Der Gardasee

↔ **Autofähre:** ganzjährig nach Maderno auf der Westseite des Sees; sonst Saisonbetrieb der Boote zu den anderen Seeorten; s. auch Desenzano S. 300.

Garda

Reiseatlas: S. 14, E 3

Die Gardesana Orientale führt an der anmutigen, zypressenbestandenen Halbinsel von **San Vigilio** vorbei, auf der sich ein Renaissancejuwel, die gleichnamige **Villa San Vigilio** inmitten eines 30 000 m² großen Olivenhains, verbirgt. 1540 für den Humanisten Agostino Brenzone erbaut, ist sie heute eine edle Adresse mit kleinem Hotel und ebensolchem Restaurant am winzigen Hafen. Ein schöner Fußweg verbindet die Villa in wenigen Minuten mit Garda. Auf der Nordseite der Punta San Vigilio breitet sich der kleine, aber teuerste Strand des Gardasees aus, die **Baia delle Sirene.** Und dies vielleicht nur, weil schon Berühmtheiten wie Charles von England hier gebadet haben …

An feinen Seevillen vorbei gelangt man nach Garda. Die Namensgeberin des Gardasees mit ihrer breiten Seepromenade vor dem historischen Kern mit seinen engen Gassen ist ein beliebter Treffpunkt von Ausflüglern. Man sitzt vor den Cafés, den Blick auf den See oder auf den schönen **Palazzo dei Capitani** (14./15. Jh.) mit seinen venezianischen Fenstern gerichtet. In Garda verbergen sich einige Schätze: ein paar Paläste aus Gotik und Renaissance, z. B. der **Palazzo Fregoso,** und gegenüber der Bootsanlegestelle die ochsenblutrote **Villa Albertini** (18./19. Jh.). Sonst ähneln Gardas Gassen im Sommer einem Basar, und im Winter herrscht trübsinnige Stille. Außer ab Ende November, wenn zusammen mit der bayerischen Partnerstadt Beilngries der vermutlich einzige richtige Weihnachtsmarkt am See aufgebaut wird.

ℹ **APT del Garda** (für den gesamten veronesischen Teil inkl. Valpolicella): 37016 Garda (VR), Lungolago Adelaida 13, Tel. 04 57 27 03 84, Fax 04 57 25 67 20, iatgarda@provincia.vr.it.

Von Bardolino über Cisano nach Lazise

Reiseatlas: S. 14, E 3

Garda befindet sich in guter Nachbarschaft mit dem Weinort **Bardolino.** Im gemütlichen Ortskern sind mittelalterliche Steinhäuser aus der Zeit, als Bardolino eine freie Stadt war, zu entdecken. Den Weinanbau hat das Städtchen den Römern zu verdanken, die das Gebiet urbar machten.

Ein romanisches Kleinod ist die Kirche **San Severo** (12./13. Jh.) mit schönen Freskenresten aus der Erbauungszeit und ihrer harmonischen Apsidenlandschaft. Noch älter ist das ebenfalls freskierte, nahe **San Zeno** (8./9. Jh.) jenseits der Gardesana.

Über **Cisano** mit dem **Ölmuseum** (Mo–Sa 9–12.30, 14.30–19, So, Fei nur vormittags, 15.–31. Jan. geschl.), in dem auch regionaltypische Produkte wie Olivenöl und Olivenpaste verkauft werden, ist schnell **Lazise** erreicht. Kein Wunder, dass Venedig im Hafen eine Flotte stationierte, denn er ist gut geschützt.

Ein Stück weiter steht die ehemalige Skaliger-Burg, die Burg der Grafen Bernini, in ihrem prächtigen Park (privat). Besonders hüsch ist die Einfahrt in den Ort mit dem Boot, direkt auf das Gebäude der früheren **Dogana Veneta** zu. Auf der anderen Seite lockt die hübsche Seepromenade mit Restaurants und Hotels, im Hintergrund die hohe Fassade der klassizistischen Pfarrkirche **San Martino.**

🛏 **… in Bardolino:**
Riviera: Lungolago Lenotti 12, Tel./Fax 04 56 12 26 00, www.allariviera.it; April–Okt. Hübsches kleines Hotel in einer Villa an der Seepromenade. 32 unterschiedliche Zimmer. DZ/ÜF 78–116 €.

🍴 **… in Bardolino:**
La Formica: Piazza Lenotti 11, Tel. 04 57 21 17 05; Ruhetag Mi. Zauberhafte kleine Trattoria mit feinerem Hinterzimmer, Tische auf der Piazza im historischen Zentrum. Hausgemachte Pasta, Seefisch; auch Pizza. Menü um 25 €.

Hügellandschaft des
Tosco-Emilianischen Apennin

Kapitel 6

Emilia Romagna

Auf einen Blick: Emilia Romagna

Kunststädte, Hügel, Strände

Die Doppelregion ist in mehrfacher Hinsicht groß: flächenmäßig und in ihrer historischen wie kulturellen Bedeutung für Italien. Sie reicht von der flachen Po-Ebene im Norden bis zum Tosco-Emilianischen Apennin im Süden, vom Trébbia-Tal bei Piacenza bis ans Adriatische Meer, wo sich von der Po-Mündung bei Goro bis Cattólica an der Grenze zu den Marken eine 130 km lange Ferienlandschaft erstreckt, der bekannteste Teil der Adria.

Die Küstenprovinzen Ferrara und Ravenna im Norden sowie Rimini und Forlì-Cesena im Süden entsprechen der Romagna. Die ›Wesensgrenze‹ aber – man sagt den Romagnoli eine gewisse Hitzköpfigkeit nach – liegt etwa bei Imola, das noch romagnolisch ist, obwohl es schon zur Provinz Bologna gehört. Kompliziert ist auch das Zusammenleben der beiden Regionalteile. Die Romagnoli haben nach außen hin den Charakter der Region stärker geprägt als die Emiliani im Landesinneren.

Fast 4 Mio. Menschen leben in den neun Provinzen der Region: Bologna, Ferrara, Forlì-Cesena und Módena, Parma, Piacenza, Rimini, Ravenna und Reggio nell'Emilia. Die Region ist zwar sehr stark landwirtschaftlich geprägt, was angesichts der fruchtbaren Po-Ebene und der Apenninhügel, die sich hervorragend für Weinanbau, Milchwirtschaft (Parmesan) und Schweinezucht (Parmaschinken) eignen, kein Wunder ist. Doch greift die Industrialisierung immer weiter um sich. So ist Bologna nach Mailand das wichtigste Industrie- und Wirtschaftszentrum Italiens. Und kleinere sowie mittlere Betriebe, die meist auf alte Traditionen zurückblicken, erblühen auf dem ›flachen Land‹: etwa in Carpi mit seiner Bekleidungsindustrie oder in und um Módena, wo der berühmte Aceto

Balsamico erzeugt wird, oder Keramik in Faenza und Imola.

Highlights

11 **Comácchio und seine Lagune:** eines der schönsten ›Freilichtmuseen‹ Italiens mit Lagunenhäusern und Aalfangreusen sowie dem winzigen Rest eines einst riesigen Steineichenwaldes (s. S. 360ff.).

Empfehlenswerte Routen

Auf Verdis Spuren: von Parma zu des Musikers Geburtsort nach Róncole Verdi, zum Verdi-Denkmal nach Busseto und zur Villa in seinem Wohnort Sant'Agata, dann weiter an den Po (s. S. 319).

Canossa-Tour: auf den Spuren von Gräfin Mathilde von Canossa zu ihren Burgen in den Hügeln des Tosco-Emilianischen Apennin; von Monécchio Emilia über Rossena und Canossa zu ihrer Sommerresidenz Carpineti (s. S. 326f.).

Reise- und Zeitplanung

Die Region ist so weit auseinander gezogen und sowohl mit großen bedeutenden Städten als auch kleinen Kunstmetropolen versehen, dass man sich für sie mindestens drei bis vier Wochen Zeit nehmen sollte. Allein für Bologna sind mindestens drei Tage einzuplanen, für Ferrara zwei, für Forlì und Módena je ein Tag, für Parma zwei Tage, für Piacenza und Rimini sowie Reggio nell'Emilia je ein Tag, Ravennas Schätze erfordern mindestens zwei Tage. Bleiben die kleinen und nicht minder schönen wie interessanten Städtchen, Burgen und Schlösser, die man zu kleinen Touren verbinden kann, wie etwa von Reggio zu einer Canossa-Tour.

Für die Lagune von Comácchio mitsamt dem namengebenden Städtchen und der Abtei von Pomposa reicht ein Tag kaum. Und wer an Badeferien denkt, wird an der Adriaküste fündig und dort bleiben, so lange er kann.

Richtig Reisen-Tipps

Von Piacenza über Bóbbio nach Castell' Arquato: an den Ufern des wilden Trébbia, wo die guten Weine gedeihen, Schlösser und Burgen des Piacentiner Adels die Hügel zieren (s. S. 314).

November Porc: Bei diesem Fest steht die Provinz Parma im November Kopf – eine kulinarische Bereicherung. Alles dreht sich um die schweinernen Produkte der Region (s. S. 320).

Il Cristo del film: Als wär's ein Stück aus einem Don Camillo & Peppone-Film, so mutet der spektakuläre Streit zwischen dem Freundeskreis des Museums von Brescello und dem Dorfpfarrer des Städtchens an (s. S. 328).

Acetaia Pedroni bei Nonántola: Einführung in die Herstellung des berühmten Aceto Balsamico tradizionale di Módena mit anschließender Schlemmerei in der angeschlossenen urigen Osteria (s. S. 331).

Amarcord – ich erinnere mich ...: Erinnerungen an Federico Fellinis gleichnamigen Film und an die ersten Badeferien an der Adriaküste. Heute wartet mehr als ein Strandurlaub auf die Gäste, denn auch das Hinterland lockt inzwischen mit kunsthistorischen und kulinarischen Genüssen (s. S. 350).

Ferrara – Stadt und Provinz der Radfahrer: Insgesamt 124 km lang ist das Radwanderwegenetz der Provinz Ferrara – mit spannenden Highlights wie dem Rad- (und Fußweg) entlang der 9 km langen Stadtmauer Ferraras oder einer Teilstrecke des paneuropäischen Radwanderweges Nr. 8 am rechten Po-Ufer entlang (s. S. 367).

Die Provinzen Piacenza und Parma

Reiseatlas S. 23–24

Von ihrer Struktur her sind Piacenza und Parma die vielleicht ländlichsten Provinzen der Emilia. Hier werden wunderbarer Käse, schmackhafte Wurstsorten und süffige Weine produziert. Vom Apennin fließen reißende Bäche in den Po. Auf den Hügelkuppen wie aus der Po-Ebene erheben sich trutzige Burgen und Schlösser alter Adelsgeschlechter.

Das stille Piacenza in der Po-Ebene prahlt nicht mit markanten Sehenswürdigkeiten und besitzt sie doch. Anders als Parma, das sich u. a. mit Verdi brüstet. Trotzdem hat Parma den größten Ruhm eher seinem Schinken, dem es den Namen gab, zu verdanken. Dabei ist es doch eine ausgezeichnete Idee, auf Verdis Spuren reisend die Provinz zu erkunden.

Mit den Schlössern und Burgen alter Fürstentümer wie den Visconti und Farnese lockt die Provinz Piacenza Kenner der italienischen Geschichte nach Grazzano Visconti und ins zauberhafte Castell'Arquato, den zwei sehr ungleichen Schwestern. Oder den wilden Trébbia-Fluss aufwärts in den Apennin zur Burg von Rivalta.

Von besonderem Reiz sind die beiden Schlösser der Provinz Parma: das Wasserschloss von Fontanellato, heute Museum, und das noch immer von der Fürstenfamilie bewohnte Soragna, dessen Prunkräume besichtigt werden können. Parma bietet also nicht nur Musikfreunden die Möglichkeit, auf Verdis Spuren zu hübschen Orten zu reisen, nach Róncole Verdi, Busseto und Sant'Agata.

Piacenza

Reiseatlas: S. 23, A 1
Der Straßenverkehr ist im Verhältnis zu vergleichbaren oberitalienischen Städten mit gut 97 000 Einwohnern geradezu lahm, man findet sich auch als Fremder schnell zurecht, vor allem wenn man weiß, dass das Zentrum Fußgängerzone und außerdem recht einfach – dem römischen Muster folgend – in Rechtecke eingeteilt ist. Das Auto lässt man am Rande stehen oder in der Hotelgarage.

Ein wenig emilianisch schon, aber doch auch lombardisch wirkt das Stadtbild von Piacenza mit seinen roten Backsteinpalästen und -kirchen. Piacenza gefällt entweder gleich – oder man kann mit dieser Stadt der Kirchen und Kasernen *(Città delle chiese e caserme),* der Priester und Soldaten *(dei preti e soldati)* nichts viel anfangen.

Piacenza, das ist also römisches Zentrum, drum herum die mittelalterlichen Stadtteile, fast vollständig noch vom Mauerring aus dem 16. Jh. umgürtet, der 6,5 km lang war. *Viali,* die Alleen, folgen ihm heute als grüner Ring.

La Citadella

Von der häufig umgebauten Zitadelle, auch **Palazzo Farnese** genannt, die reich an Kunstschätzen war, blieb nicht viel stehen. Man spricht von 900 Gemälden, 300 Teppichen, kostbaren Möbelstücken etc., die von Elisabetta, der letzten Farnese, an den Golf von Neapel geholt wurden, als sie 1717 durch die Heirat mit Philipp V. Königin von Spanien und später von Neapel wurde.

Heute erstrahlt die Zitadelle mit ihrem imposanten Renaissance-Innenhof in neuem Glanz, u. a. mit **Gemäldegalerie** und **Carrozzen-Sammlung** sowie einem **Risorgimento-Museum.** In den Fürstenzimmern hängen u. a. wandfüllende Fotos der Kunstwerke, einiger Teppiche und Gemälde, die in Neapel verblieben sind. Allerdings kehrten einige Kunstwerke nach Piacenza zurück: 122 waren es bereits 1928, 1966 kamen noch einmal 24 Bilder dazu – und es sollen mehr werden!

Das kostbarste Bild der Galerie stammt von Sandro Botticelli, die ›Anbetung des Kindes durch Maria und den Knaben Johannes‹. Das sicher interessanteste Stück des Archäologischen Museums ist die bronzene Etruskerleber, die viel zur Aufklärung der etruskischen Kultur beitrug. Durch den Vergleich mit der Leber eines Opfertieres sagten die Priester die Zukunft voraus. In der Skulpturensammlung bemerkenswert ist das nur 25 cm große Kruzifix aus der Kirche von Vigo Marchese: Jesus steht auf einem menschlichen Kopf (12. Jh.; alle Sammlungen Di–Do 9–13, Fr–So auch 15–18 Uhr).

San Sisto

Am nördlichen Stadtrand hat sich in diesem Kloster die Caserma Filippo Nicolai etabliert. Ein typisches Beispiel für das ›Werk‹ Napoleons, der viele Klöster säkularisieren und zu Kasernen umfunktionieren ließ. Die **Chiesa di San Sisto** (Mo–Fr 7–10, 16.30–18.30, Sa 7–10, 15–18, So, Fei bis 17.30 Uhr) ist trotzdem eine der schönsten Kirchen Piacenzas. Bereits 874 wurde das Kloster als Benediktinerabtei gegründet; ihr heutiges Aussehen verdankt die Kirche der Frührenaissance (1499–1511). Innen vermitteln markante Seitenkapellen den Eindruck, als handle es sich um eine Halle mit einem Wald von Säulen und Pfeilern. Das Chorgestühl bezaubert durch perspektivische Intarsienarbeit, wie sie die Renaissancekünstler liebten. Am Hochaltar ist die ›Sixtinische Madonna‹ Raffaels von 1515 nur eine Kopie.

Ein Bummel über die Via San Sisto, Via Sant'Eufemia und entlang der Via Mazzini gehört zu den einfachsten Möglichkeiten, in Ruhe ein ›Stück‹ typisches Piacenza mit vielen backsteinernen mittelalterlichen Palästen und Wohnhäusern zu betrachten.

An der Via Mandelli

Interessant ist auch das noch stark mittelalterlich geprägte Stadtviertel nördlich des Zentrums. In der Via Mandelli 14 steht der **Palazzo Mandelli,** der im 18. Jh. für eine wohlhabende Mailänder Familie erbaut wurde. Der überdimensional breite, gelb stuckierte Palast gilt als einer der reichsten der

---

Mit der Autorin unterwegs

Kunstgenuss
Die **Citadella,** die trutzige Festung der Farnese in Piacenza, ist heute ein wunderbarer Komplex mit mehreren Museen (s. S. 310f.).

Zauberhaftes Castell'Arquato
Ein intaktes **mittelalterliches Miniaturdorf** mit interessanten Sehenswürdigkeiten und einladender Enoteca (s. S. 314).

Sehenswert!
Fontanellato, das Wasserschloss in der flachen Ebene, wartet mit spannenden Verteidigungstricks auf (s. S. 316).

Wohlverdiente Ruhepause
Der **Parco Ducale in Parma** bietet herrliche Ruheplätze und angenehmen Schatten an heißen Sommertagen (s. S. 321).

Von Burg zu Burg
19 Burgen und Schlösser der Provinzen Piacenza und Parma bieten gemeinsame Programme und Besichtigungshilfen an. Auf Voranmeldung kann man an **Burgfesten** teilnehmen, die mit Kulinarischem verbunden sind, also mittelalterlichen o. ä. Banketten. Infos (und kostenlose Broschüren): Associazione Castelli del Ducato di Parma e Piacenza, 43012 Fontanellato (PR), Rocca Sanvitale, Tel. 05 21 82 32 46, www.castellidelducato.it.

Meiden: die Via Emilia!
Über die **historische Römerstraße** darf man sich keine romantischen Vorstellungen machen: Schnell wird man angesichts des unaufhörlich rasenden Verkehrs die weit bequemere Autobahn parallel dazu wählen oder gleich in die Apenninhügel flüchten.

Die Provinzen Piacenza und Parma

Stadt, ist jedoch schon seit 1913 Sitz der Banca D'Italia, also nur von außen zu betrachten. An der Ecke Via Mandelli/Via San Marco befindet sich eines der am besten erhaltenen bzw. purifizierten mittelalterlichen Häuser der Stadt: die **Casa dei Visconti** (13./14. Jh.) ganz aus Backstein.

Rund um die Piazza dei Cavalli

Dort, wo einst das römische Forum im Zentrum stand, spielt sich auch heute wie im Mittelalter das eigentliche Leben der Stadt ab: auf der Piazza dei Cavalli, nach den zwei Reiterbildnissen benannt, die um 1620 zum Ruhme zweier Farneser Herzöge geschaffen wurden. Sie gelten als die vielleicht schönsten, bewegtesten Barock-Reiterbildnisse Italiens.

Die ganze Platzbreite nimmt der klassizistische **Palazzo del Governatore** mit der Galleria Borsa ein, die einen besonders schönen Durchblick auf die Piazza dei Cavalli und den Palazzo Gotico freigibt. In dieser Galerie und auf dem Platz treffen sich samstagsvormittags Handel treibende Städter und Bauern: Verträge werden noch per Handschlag besiegelt.

Der **Palazzo del Comune**, das alte Rathaus, wird wegen seiner schönen gotischen Architektur nur **Palazzo Gotico** genannt. Er ist einer der schönsten Stadtpaläste des Mittelalters und Vorbild für viele andere in Oberitalien. 1281 ließ ihn Alberto Scotto aus der ersten wichtigen Adelsfamilie der Stadt erbauen. Spitzbogig trägt die fünfjochige, weiß leuchtende Pfeilerhalle das Obergeschoss aus rotem Ziegelmauerwerk mit sechs Rundbogenfenstern. Zwischen dem zweiten und dritten Fensterbogen von rechts im Zwickel: die ›Madonna negra‹, eine Kopie des Originals, das in der Zitadelle ausgestellt ist.

Die Ostfassade des Palazzo Gotico löst sich in einer prachtvollen Rosette auf, einer Kirchenfassade gleich. Zusammen mit der Westfassade der gotischen Backsteinkirche **San Francesco** schräg gegenüber eine schöne architektonische Lösung (8–12, 14.30–18.30 Uhr).

Die Kathedrale

An San Francesco vorbei entlang der autofreien Via XX Settembre, der Einkaufs- und Flanierstraße der Stadt, gelangt man zur Kathedrale (7–12, 16–19 Uhr), die Papst Paolo III Farnese 1122 in Auftrag gab. Stifter waren die sieben wichtigsten der 40 Zünfte Piacenzas, weshalb sie sich an den ersten Rundpfeilern verewigen durften, links oben z. B. die Käser, rechts die Stoffhändler.

Die Krypta unter dem Chorraum ähnelt einem Säulenwald. Sie ruht auf 108 Stützen (davon 62 frei stehend) mit schön gearbeiteten Kapitellen, rund um den gläsernen Sarkophag der hl. Giustina von Antiochien. Am Campanile hängt in Schwindel erregender Höhe ein Eisenkäfig: Ludovico II Moro ließ ihn für Gefangene dort anbringen ...

Durch den Bischofspalast (Durchfahrt) gelangt man nach hinten zur Via Prevostura, um von außen die Chorpartie des Domes zu betrachten. Wer genauer hinschaut, erkennt die raffinierte Steinmetzarbeit, Köpfe und Fabelwesen an den Konsolen, kettenartige Friese.

Beim Teatro Municipale

Enge Gassen führen auf die breitere Via Scalabrini mit ihren großartigen Innenhöfen und Gärten, diese wiederum endet an der **Piazza Sant'Antonino** mit der gleichnamigen Kirche. Bei **Sant'Antonino** (11./12. Jh.) stößt man zuerst auf das gotische Paradiestor an der Nordseite, in dem eindrucksvolle romanische Steinmetzarbeiten aus dem 12. Jh. eingelassen sind: rechts Adam und links Eva (8.30–12, 16–19, So, Fei 8.30–12, 20–21.30 Uhr).

Langsame Annäherung

Für die Städte der Emilia Romagna gilt noch mehr als für andere in der großen Ebene Oberitaliens: Sie enthüllen ihre Reize erst bei näherem Hinsehen. Wer auf sie zufährt, wird selten mehr als ein paar Türme wahrnehmen, falls es die meist nicht gerade schönen Vororte ringsum gestatten. Innen, im Stadtkern, ist hier zum Glück sehr viel erhalten oder wiederhergestellt worden. Und fast alle historischen Ortszentren sind Fußgängern und Radfahrern vorbehalten.

Piacenza

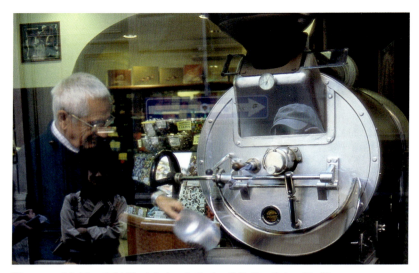

Wer mag sich hier nicht für daheim eindecken? Kaffeerösterei in Piacenza

Schräg gegenüber erhebt sich in der Via Verdi das **Teatro Municipale** von 1803/04. Das Theater wird fast durchweg privat finanziert, weshalb die Familien ihre eigenen Logen besitzen. Nur 18 sind der Stadtverwaltung vorbehalten und können im freien Verkauf angeboten werden. Konzerte, Lyrik- und Prosa-Abende haben Piacenzas Kulturstätte in ganz Italien berühmt gemacht.

Hinter dem Theater befindet sich das Museum für moderne Kunst, die **Galleria Ricci Oddi.** Die meisten Bilder stammen von italienischen Malern des 19. Jh. (Di–So 10–12, 15–18 Uhr).

IAT: 29100 Piacenza, Piazza Cavalli, Tel. 05 23 32 93 24, iat@comune.piacenza.it, www.piacenzaturismi.net für die Täler.

Generell gilt: nach günstigeren Wochenendtarifen fragen!
Grande Albergo Roma: Via Citadella 14, Tel. 05 23 32 32 01, Fax 05 23 33 05 48, www.grandealbergoroma.it. Erste Adresse Piacenzas. 75 große, komfortable Zimmer, 4 Suiten m. Whirlpool. Fitnesszentrum, Sauna, **Restaurant**; Garage. DZ/ÜF 220 €, Fr, Sa, So 180 €.
Nazionale: Via Genova 35, Tel. 05 23 71 20 00, Fax 05 23 45 60 13, www.hotelnazionale.it. Gepflegtes, renoviertes Haus. 69 komfortable Zimmer, 9 Suiten. Garage. DZ/ÜF 75–170 €.
Ostello Don Zermani: Via Zoni 38/40, Tel. 05 23 71 23 19, www.ostellodipiacenza.it. Moderne Jugendherberge mit großem Garten. Parkplatz. 60 Betten, auch EZ und DZ. DZ/ÜF 40 €, Mahlzeit 9 €.

Antica Osteria del Teatro: Via Verdi 16, Tel. 05 23 32 37 77; Ruhetage So, Mo, Aug. geschl. Feines, elegantes Restaurant im Palazzo. Kreative Küche wie in Portwein und Armagnac marinierte Entenleber, hausgemachte *tortelli dei Farnese* mit Butter und Salbei, Meeresfisch (Michelin-Stern). Erlesene Weine. Menü ab 64 €.
Osteria del Trentino: Via Castello 71, Tel. 052 32 42 60; Aug. geschl. Einst Arbeiterkneipe, heute ›echte‹ Trattoria mit lokaler Küche, auch Fisch; freundlicher Service. Menü ab 29 €.
Piccola Osteria: Corso Vittorio Emanuele 179–181, Tel. 05 23 32 63 56; Ruhetag So.

Die Provinzen Piacenza und Parma

Richtig Reisen-Tipp:
Von Piacenza über Bóbbio nach Castell'Arquato

Der wilde Trébbia hat Schluchten und Mäander in die Bergwelt geschnitten, die von dichten Wäldern voller Steineichen und Macchia bedeckt sind. Tief unten der reißende Bach, ab und zu stellt sich ein Felsgrat quer. Grünes, klares Wasser tanzt über weißen Kieseln im Kreis, trifft auf den eigenen Lauf, schließt sich wieder an, um mit größerer Geschwindigkeit auf die nächste Schleife zu treffen. An den Ufern des Flusses gedeihen im Norden, wo er gemütlich auf den Po zuströmt, die guten Weine; Schlösser und Burgen des Piacentiner Adels zieren die Hügel.

Eines der meist nur im Sommer bewohnten Schlösser, allerdings eines der schönsten, was Lage und Bausubstanz mit Renaissance-Innenhof angeht, kann man auf Anfrage besichtigen: das **Castello di Rivalta** der Landi, einer der ältesten noch existierenden Familien Piacenzas (Feb. So 15–17, März–Nov. Sa 11, 15.20, 16.40, 18, So 9–12, 15–18 Uhr). Rivalta zeigt eine typische Burganlage am Trébbia: mit einer *rocca* aus dem Jahre 1000 etwa, erweitert durch das *castello* ab dem 14. Jh.

Über viele Kurven geht es weiter bis **Bóbbio.** Das hübsche Städtchen mit enger Einkaufsmeile im historischen Zentrum besitzt die einst bedeutende Abtei **San Colombaro** (614; meist ganztags geöffnet), eine Gründung des irischen Missionars Columbar. Zu seinem Grab in der Krypta pilgern noch heute viele Iren. Am Rande Bóbbios überspannt die römische, aus Flusssteinen gebaute Brücke San Martino den hier breiteren Strom. Elf völlig verschiedene Bogen tragen sie.

Im sympathischen **Albergo Piacentino** an der Piazza San Francesco kann man mit Talblick eine geruhsame Pause einlegen, zu Mittag essen (Menü 20–37 €) oder gar sein Quartier in einem der 18 Zimmer aufschlagen (DZ/ÜF 64–85 €; Tel./Fax 05 23 93 62 66, www.hotelpiacentino.it).

Ein Stück zurück, und rüber nach Osten führen schmale Bergsträßchen über Béttola an der Valnure zur Valdarda. Zwischen beiden Tälern liegt das ›Pompei der Region‹: **Veleia,** eine einst blühende römische Stadt aus dem 1./2. Jh. Die wichtigsten Funde der Grabung wurden nach Parma ins Museum gebracht. Veleia gilt auch als der Geburtsort des Piacentiner Weines. Der dort gefundene ›Ercole Bibace‹ kam zusammen mit Vorschriften für die Herstellung des Weines (2000–700 v. Chr.) zum Vorschein, weshalb die Weinproduzenten von Piacenza diesen Herkules als Wappenfigur benutzen.

Weiter geht es den Arda-Fluss entlang Richtung Po: **Castell'Arquato** ist ein zauberhaftes Dorf mit immerhin etwa 400 Seelen im alten Kern auf dem befestigten Hügel über dem Fluss. Dem **Palazzo del Comune** gegenüber steht die romanische Kirche der **Collegiata** vom Beginn des 11. Jh., allein wegen der Chorpartie und der schönen Kapitelle der dreischiffigen Basilika sehenswert. Im Erdgeschoss des klobigen Palastes des Stadtvogts **(Palazzo del Podestà)** von 1293 befindet sich die **Enoteca,** eine Probier- und Verkaufsstube der guten Weine des Tales. Die **Rocca Viscontea** entstand 1343–1347 als Wasserburg mit tiefem Graben und Zugbrücken – ein gutes Beispiel der Verteidigungsarchitektur. Der **Wachtturm** der Farnese von 1500 war als Vorratsturm gedacht. Das interessante Naturkundemuseum der Provinz Piacenza, das **Museo Geologico** (März–Okt. 10–19, Nov.–Feb. nur Sa, So, Fei 10–13, 15–17 Uhr) befindet sich im früheren **Ospedale Santo Spirito.** Auch wenn es keine gemeinsamen Eintrittskarte mehr gibt, so wurden wenigstens die Öffnungszeiten vereinheitlicht (s. o.).

> **Pro Loco:** 29014 Castell'Arquato (PC), Via Remondini 1, Tel. 05 23 80 30 91, April–Sept.

Winziges Restaurant, eigenwillige Farben; perfekter, etwas aufgedrehter Service. Piacentiner Gerichte wie *pisarei e fasa* (hausgemachte Pasta mit Bohnen), *panzerotti* (gefüllte Crêpes), Pferdegulasch; verfeinerte Fischküche. Menü ab 20 €.
Selfservice Gotico: Via Borghetto 1, Tel. 05 23 32 19 40, nur 10.45–14.30 Uhr geöffnet; Ruhetag So. SB-Restaurant mit Wintergarten, gute Qualität. Menü um 10 €.
Cafés
Balzer: Piazza Cavalli; Ruhetag Do, sonst 7.30–24 Uhr. Der älteste Treff der Piacentiner, eigene *pasticceria*; auch Imbiss.
Bar Italia: Piazza Cavalli/Ecke Via XX Settembre, bis spät geöffnet. Traditionscafé.
Nuovo Bar: Via XX Settembre 72; Ruhetag So, sonst 7–21 Uhr. Nettes Café mit Mittagstisch (*primi* ab 4,20 €).

Bella Vita: Via Chiapponi 33. Disco Club/Kellerlokal nahe Sant'Antonino, Livemusik, am Wochenende bis spät.

Wochenmarkt: Mi und Sa überall in der Stadt.
Antiquitätenmarkt: jeden 2. So (außer Aug. und Dez.) auf der Piazza Cavalli.
La Cantina di Romildo: Via Cavour 20/b, *aperitivi* 17.30–20.30, sonst Mo–Sa 9.30–20.30 Uhr. Enothek/Weinverkauf im Innenhof der alten Börse. Mittags Aufschnitt, Pasta.

Bahnknotenpunkt auf der Strecke Turin – Parma sowie gute Verbindungen nach Mailand und Cremona/Brescia.
Busverbindungen in die Provinz und zu den näheren Provinzhauptstädten.

Auf dem Weg nach Parma

Salsomaggiore Terme
Reiseatlas: S. 23, B 2
Der emilianische Kurort der Superlative (18 800 Ew.) galt schon in vorchristlicher Zeit und bis zur Mitte des 19. Jh. als Lieferant von Speisesalz aus seiner großen Saline. 1847 wurde die erste Kuranstalt errichtet, das berühmte Kurhaus **Bezieri** erst 1923, ein wahres Juwel des Art déco. Der Architekt Ugo Giusti sowie der Maler Galileo Chini verbrachten ihre Lehrzeit z. T. in Fernost, dessen Einfluss unverkennbar ist. Auf 8000 m^2 sind liebenswürdige Details zu finden, Kunstwerke aus Marmor, Bronze, Travertin, Holz, Steingut und Stuck. Auf gigantischen Wandgemälden schweben durch Schleier nur wenig verhüllte Frauengestalten, umrankt von fruchtigen Ornamenten, bewacht von bunten, langschweifigen Vögeln. Säulen, Atrien, Vestibüle, Hallen und die feierliche Doppeltreppe vermitteln ein Hochgefühl, das Kurgästen ebenso förderlich ist wie kunstinteressierten Besuchern.

Die Eleganz dieser Architektur passt gut zum ambitionierten Kurort mit seinen 16 Kuranstalten. Die Hotels haben sich auf Gäste aller Couleur eingestellt, doch die ›besseren‹ Häuser à la Grand Hotel überwiegen.

IAT: 43039 Salsomaggiore (PR), Piazzale Berzieri, Tel. 05 24 58 02 11, Fax 05 24 58 02 19, www.turismo.comune.salsomaggioreterme.pr.it, www.salsoweb.it..

Hochsaison ist hier nur Aug.–Okt., sonst bekommt man hohe Nachlässe in den Hotels, die meist gute bis sehr gute Restaurants besitzen. Zumindest Halbpension sollte in Erwägung gezogen werden!
Grand Hotel Porro: Viale Porro 10, Tel. 05 24 57 82 21, Fax 05 24 57 78 78, www.grandhotel-porro.it. Libertystil, großer Park mit Thermalpool; Kur-/Wellnessabteilung; **Restaurant.** 77 Zimmer, 6 Suiten. DZ/ÜF 205 €.
Villa Fiorita: Via Milano 2, Tel. 05 24 57 38 05, Fax 05 24 58 11 07, www.hotelvillafiorita.it. Renoviertes, gepflegtes Liberty-Ambiente; **Restaurant.** 48 komfortable Zimmer. DZ/ÜF 110–160 €.
Carancini: Via Roma 22, Tel. 05 24 57 20 59, Fax 05 24 57 30 59, www.carancini.com. Familiäres, ruhiges Hotel im Zentrum, 12 renovierte Zimmer, **Restaurant;** Parkplatz. DZ/HP 84–170 € (nach Spezialtarifen fragen).
Cantuccio: Viale XXIV Maggio 1, Tel. 05 24 57 76 43, Fax 05 24 57 76 44, www.hotel-

Die Provinzen Piacenza und Parma

cantuccio.it. Jugendstil-Ambiente im Grünen mit Garten Richtung Tabiano Terme. 15 komfortable Zimmer (SAT-TV mit dt. Programmen!). **Restaurant**; Parkplatz. DZ/ÜF 64 €.
Albergo alle Terme: Via Roma 20, Tel. 05 24 57 33 90, Fax 05 24 57 21 19, www.albergo alleterme.it; März–Nov. Familiäres Hotel zwischen Park und Hauptstraße, nicht ganz ruhig. 20 ordentliche Zimmer. **Restaurant**; Parkplatz. DZ/ÜF 60 €.

Alle genannten Hotels verfügen über Restaurants mit guter bis sehr guter Küche (Cantuccio: tolles Vorspeisenbüfett).
La Porchetta: Viale Romagnosi 5/m, Tel. 05 24 57 41 11; Ruhetag Di, Jan./Feb. geschl. Nettes (nachgemachtes) Jugendstil-Ambiente, große gedeckte Terrasse. Frische Pasta, Pizza am Stück, Risotti 6–11 €; Tipp: Rindsfilet aus dem Holzofen, 18 €.
L'Incontro: Viale Berenini 6, Tel. 05 24 57 44 79; Ruhetag Mi, Feb. geschl. Restaurant-Pizzeria in Jugendstilatmosphäre. Frische Pasta, Pizza am Stück, Grillfleisch, Meeresfisch. Pasta und Pizzastücke je 5–8 €.

Fontanellato
Reiseatlas: S. 23, C 2

Die trutzige **Wasserburg** (Nov.–März Di–Sa 9.30–11.30, 15–17, So, Fei 9.30–12, 14.30–17, April–Okt. tgl. bis 18 Uhr) besticht allein schon durch ihre Lage: Die Piazza Castello wird im Zentrum von der Burg eingenommen, die wiederum von arkadengeschmückten, zweistöckigen Häusern umgeben ist. Der Wassergraben dient alljährlich in einer Juni-Nacht bzw. an einem Septembersonntag dem feuchtfröhlichen Wettstreit der Angler.

Francesco Mazzola, genannt Parmigianino, wurde 1523 von Galeazzo Sanvitale, dem Herren von Fontanellato, auf der Flucht vor der parmesischen Polizei aufgenommen und beauftragt, ein Zimmer seiner Frau Paola zu freskieren – heute die Hauptattraktion der Festung: Der sonst spannungserfüllte manieristische Stil Parmigianinos zeigt sich hier eher heiter. Vielleicht liegt es am Thema: der Mythos von Aktaion, der Artemis beim Bad überraschte, in einen Hirsch verwandelt und

von den eigenen Hunden zerrissen wurde.

Eine eher verteidigungstechnische Finesse ist der sogenannte **Spiegelturm,** von dem aus man durch ein ausgetüfteltes Spiegelsystem den Vorplatz betrachten kann, ohne selbst gesehen zu werden.

Ufficio Informazione Turistiche: 43012 Fontanellato (PR), Rocca Sanvitale, Piazza Matteotti 1, Tel. 05 21 82 32, Fax 05 21 82 40 42, www.fontanellato.org.

Antiquitätenmarkt: jeden 3. So im Monat im Schlossbereich.

Nachtführungen: 2. Sa Feb.–Okt.; mit Kostproben kulinarischer Spezialitäten.
Fackeln auf dem Wassergraben, Feuerwerk: letztes Juni-Wochenende.

Auf dem Weg nach Parma

Die Kuppel des Battistero in Parma – wie ein aufgespannter Schirm

›Historische‹ Festtafel: Ende Aug.
Internationaler Angelwettbewerb: Anfang Sept.; s. S. 316; Nachtangeln im Juni..

Soragna
Reiseatlas: S. 23, C 2
Mitten im hübschen Ort steht der einzige in dieser Gegend bis heute privat bewohnte und doch der Öffentlichkeit zugängliche Palast, die **Rocca Meli Lupo di Soragna** (Di–So Dez.–März 9–11, 14.30–17.30, sonst 9–11, 15–18 Uhr; bei Veranstaltungen geschl.). Ursprünglich eine Festung (1385), wurde sie ab dem 17. Jh. zu einem Palast umgestaltet: Rokoko-Eleganz vom Feinsten mit zahlreichen Prunksälen (www.roccasoragna.com).
Innenhof, Prunktreppe, die Galerie der Poeten und die zugänglichen Säle zeigen, wie kostbar sich der Adel einzurichten wusste.

In Soragna wurde eines der ersten ›kulinarischen‹ Museen der Provinz eröffnet, dem weitere gefolgt sind: **Museo del Parmiggiano** (März–Okt. Sa, So, Fei 9.30–12.30, 15–18 Uhr, sonst nur für Gruppen auf Voranmeldung; Infos unter www.museidelcibo.it).

Colorno
Reiseatlas: S. 24, D 2
Der hübsche Ort Colorno gilt als das ›kleine Versailles‹ Italiens. Im einst prunkvollen Rokokoschloss der Farnese und der Bourbonen hielt u. a. Herzogin Maria Luisa im Sommer Hof.

Die sogenannte **Reggia di Colorno** (Fühstündl. nur März–Nov. Di–Fr 10–13, 15–18, Sa, So, Fei 9.45–12.45, 14.45–18.45 Uhr, Info-Tel. 05 21 31 25 45, Fax 05 21 52 13 70) besitzt auch einen prachtvollen Garten nach

Die Provinzen Piacenza und Parma

französischem Muster, in dem man sich ergehen kann, auch wenn der Palast geschlossen ist.

Parma

Reiseatlas: S. 23/24, C/D 2/3

Sie nennt sich gerne ›Italiens heimliche Musik-Hauptstadt‹, die weniger als 165 000 Einwohner zählende Provinzhauptstadt Parma, deren Stadtbild von den mehr als 17 000 Studenten geprägt wird. Das Altstadtzentrum ist für jeglichen motorisierten Verkehr gesperrt, so bestimmen Fußgänger und viele Radfahrer die Szene. Die Lebensmittelläden gleichen kulinarischen Schatzkästchen, Mode wird in kleinen Boutiquen effektvoll präsentiert.

Die Stadt rühmt sich einiger Musiker von Rang und Namen wie Verdi und Toscanini. Hier haben sie Karriere gemacht. Mit Konzerten und musikalischen Wettbewerben wie dem internationalen Dirigentenwettbewerb ›Arturo Toscanini‹ setzt man ihnen ein Denkmal. In Parma liegt Niccolò Paganini begraben, aus dieser Gegend stammt auch die stimmgewaltige Sängerin Renata Tebaldi.

Außerhalb des mittelalterlichen Kerns ist Parma auch eine grüne Stadt. Allein die Flussauen vermitteln diesen Eindruck, aber auch die baumbestandenen *viali* entlang der geschleiften Stadtmauer, z. T. mit schönen alten Kastanienbäumen bepflanzt. Und schließlich der Parco Ducale (s. S. 321).

Der Domplatz

Die **Piazza Duomo** gilt für einen Teil der Bevölkerung als der ›Salon‹, die gute Stube der Stadt. Das allerschönste Bauwerk ist das **Baptisterium** (tgl. 9–12.30, 15–18.30 Uhr) mit seiner geradezu anmutigen Architektur: Über dem hohen Sockel stapeln sich rund um das Oktogon vier tiefe Galerien übereinander, darüber eine Reihe Blendbogen, noch eine kurze Balustrade für das relativ flache Dach und zierliche Türmchen (Tabernakel) über den Ecken. All dies ›nur‹, um zu vertuschen, dass sich innen ein überdimensional hoher Kuppelraum auf achtseitigem Grundriss öffnet. Dieses wundervolle Werk (1196–1216) begann Benedetto Antelami, der Erneuerer romanischer Steinmetzkunst, Bildhauer und Architekt zugleich, der bestimmend für Parma war. Vollendet wurde das Baptisterium erst 1260, bereits im gotischen Stil (Hochreliefs, Fresken).

Der romanische **Dom** (tgl. 9–12.30, 15–19 Uhr) nebenan und der angebaute Campanile bilden zusammen eine eindrucksvoll breite Fassade. Mit der Ausschmückung der dreischiffigen Pfeilerbasilika mit Emporen wurde bereits um 1500 begonnen. Der gesamte Innenraum ist freskiert und lässt sich durch Münzeinwurf erhellen. Das Hauptinteresse freilich gilt den Bildern der Vierung, die Parmas hoch verehrter Künstler Correggio (eigentlich Antonio Allegri), der Meister des *chiaroscuro* (Helldunkel-Malerei), von 1626 bis zu seinem Tode 1634 malte: ›Marias Aufnahme im Himmel‹. Genauso eindrucksvoll sind die mittelalterlichen Steinmetzarbeiten, etwa der figürlich geschmückte Bischofsthron aus rotem Verona-Marmor. Und aus der frühchristlichen Vorkirche in der Krypta stammt ein römisches Mosaik.

Im früheren **Bischofspalast** gegenüber dem Dom wurde das kleine, aber feine **Museo Diocesano** (tgl. 9–12.30, 15–18.30 Uhr) eingerichtet. Seine Besonderheit sind nicht nur die wunderbaren romanischen Skulpturen aus Dom und Baptisterium, sondern auch die vor Ort belassenen archäologischen Grabungen, Straßenzüge, Grundmauern, Mosaiken u.a.m., die man unter dem Bischofspalast fand – vor allem römische, spätantike und mittelalterliche.

San Giovanni Evangelista

Zwischen Campanile und Baptisterium erblickt man durch den Vicolo-Ferrari-Turm und Barockfassade von San Giovanni Evangelista (tgl. 8–12, 15.30–18/19.45 Uhr), den bedeutendsten und größten Klosterkomplex der Stadt. Schon vor der ersten Jahrtausendwende unter Bischof Siegfried II. gegründet, nach Brandverwüstung und finanziellem Niedergang 1490 wieder aufgebaut, wurde das Kloster dann Schritt für Schritt in Früh- und

Auf Verdis Spuren — Thema

Am 10. Oktober 1813 erblickte Giuseppe Verdi als Sohn eines einfachen, aber die Musik liebenden Händlers in Róncole das Licht der Welt. Nachdem der Musiker berühmt geworden war, benannte sich das Dorf in Róncole Verdi um. Das alte Bauernhaus, das Verdi so gerne abgerissen hätte, um seine armselige Herkunft zu verbergen, spricht Besucher gerade durch seine Schlichtheit an. Gegenüber, in der Pfarrkirche, wurde Giuseppe getauft, auf der Orgel spielte er seine ersten Melodien. Auf dem Vorplatz werden im Juli Verdi-Konzerte dargeboten.

In **Busseto** hatte Verdi in Antonio Barezzi einen Freund gefunden, der früh das Genie erkannte und förderte. Trotzdem gelang es auch Barezzi nicht, Verdi den frei gewordenen Platz eines Kapellmeisters zu besorgen. Die Kirchenpfleger zogen einen unbekannten Organisten vor, was Giuseppe der Stadt Busseto nie verziehen hatte.

Doch Busseto selbst verehrt Verdi heute noch. Im Salone Barezzi beispielsweise stehen manche Erinnerungen an Verdi, darunter das erste von einem Freund gemalte Porträt. In der Via Roma 76 steht die historische *Bottega,* die einst Verdis Familie belieferte. Wein, Salami, Schinken, Brot, Käse und Gebäck werden zum Kauf angeboten – zwischen allerlei Erinnerungsstücken an den Meister. Am Platz mit dem Verdi-Denkmal begeistert im Palazzo Pallavicino das kleine, der Mailänder Scala nachgebaute Theater mit roter Seide, rotem Plüsch und vergoldeten Logen, auf drei Etagen verteilt.

In **Sant'Agata** schuf Verdi seine besten Werke. Freunde seiner Musik gehen andächtig durch die vielen Räume der Villa, die Verdi durch Komponieren verdient und in der er etwa 50 Jahre gelebt hatte, bis er am 27. Januar 1901 in Mailand starb. Geführt werden die Gäste von seinen Nachkommen, der Familie Carrara-Verdi.

Giuseppe Verdi

Die **Eintrittskarte,** die man an der ersten Verdi-Stätte löst, gilt auch für alle anderen. Beste Informationen und Broschüren zum Thema (auch auf Deutsch) gibt es im **Ufficio Turistico,** 43011 Busseto (PR), Tel. 052 49 24 87, www.bussetolive.com.

Die Provinzen Piacenza und Parma

Richtig Reisen-Tipp: November-Porc

Die Provinz Parma steht im November Kopf: Beim November Porc dreht sich alles um die lokalen schweinernen Produkte und andere Schlemmereien. In den Restaurants und Trattorien werden die Spezialitäten (normalerweise als Menü zu Festpreisen) aufgetischt, an den Produktionsorten, meist kleinen Dörfern, finden **große Märkte** statt. Ein besonderer Tipp ist der Produktionsort des kostbaren **Culatello di Zibello,** des vielleicht feinsten Schinkens (als Marke geschützt) der Emilia Romagna, im dafür notwendigen Winternebel in feuchten Räumen kleiner Landfarmen gereift. Infos: www.stradadelculatello.it.

Mein Lieblingslokal in der Gegend ist ein Restaurant auf einem Landgut (Antica Corte Pallavicina) nahe beim Fluss – nach dem Essen unbedingt entlangspazieren! Im **Al Cavallino Bianco** gibt's in angenehmen Räumen immer wieder Spezialitätenwochen, nicht nur zum November Porc, zu diversen Themen wie Enten, Gänse, Po-Fische – jeweils mit Festpreismenüs um 34 € (43047 Polesine Parmense [PR], Via Sbrisi 2, Tel. 052 49 61 36, www.cavallinobianco.it; Ruhetag Di).

Im verschlafenen Zibello selbst befindet sich im Rathausgebäude unter Arkaden die Bar-Trattoria **Leon d'Oro** (43010 Zibello [PR], Piazza Garibaldi 43, Tel. 052 49 91 40; Ruhetag Mo). Die Bar und der Platz unter den Portici sind Treff der Einheimischen, dahinter liegen zwei gemütliche Trattoria-Räume. Spezialitäten natürlich rund um den Culatello, hausgemachte Pasta (ab 6 €), mehrere Risotti 8–10 €; köstlich: mit Schnecken oder Räucheraal), Tagesgerichte wie Gorgonzola mit Polenta, *cotechino* (gekochte Wurst) mit Mostarda, Pasta mit Hasenragout (um 10 €).

Im November findet an den Wochenenden in **Zibello** die wichtigste Veranstaltung zum November Porc statt, der große **Schlemmermarkt,** zu dem auch deutsche Reiseveranstalter (z. B. Teambus; im Reisebüro zu buchen) spezielle Programme anbieten.

Spätrenaissance sowie im Frühbarock (Turm und Fassade) zu einem architektonischen Juwel gestaltet. Von den drei Kreuzgängen ist der mittlere von 1400 der schönste. Ein Blick Richtung Kuppel erfasst drei Jahrhunderte: Um 1400 entstand der Kreuzgang, um 1500 die Kuppel, von 1614 stammt der barocke Turm, mit 80 m der höchste der Stadt. Der Korridor zwischen den Kreuzgängen ist 165 m lang! Die Kirche selbst dürfte heute die gepflegteste Parmas sein. Auch ihre Kuppelfresken malte Correggio 1521/23, zusammen mit seinem Schüler Parmigianino.

Seitlich am Klostergebäude, dem Domchor gegenüber, befindet sich die **historische Apotheke** (16. Jh.) mit ihren drei Räumen, deren Schatz die fast 200 kostbaren Keramikbehälter aus dem 16. bis 18.Jh. sind (Di–So 8.30–13.45 Uhr).

Camera di San Paolo

Im früheren Benediktinerinnenkloster (Di–So 8.30–13.45 Uhr) hinterließ Correggio sein Jugendwerk. Die Fresken, die er 1518/19 im Zimmer der Äbtissin malte, zeigen die Geschichte der Diana, vor allem am Deckengewölbe, wie ein in Laubenmuster aufgespannter Schirm, in den Medaillons verspielte Putten, die einen Hund streicheln, einen Stierkopf hochhalten u. Ä. Es handelt sich um die in der Kunstgeschichte berühmten **Correggio-Putten.** Diana heißt es, stelle eigentlich die Tugenden der klugen und schönen Äbtissin Giovanna Piacenza dar. Jedenfalls handelt es sich hier um eine der raffiniertesten und vielleicht schönsten Malereien der Renaissance.

Rund um die Piazza Grande

Die hübsche **Strada Cavour** führt in wenigen Schlenderminuten auf die Rückseite der schon von außen mit zierlichen Kuppeln und Skulpturen bestückten sehenswerten Kirche **Madonna della Stecca** (tgl. 9–12, 15–18 Uhr). Man betritt sie von der heimeligen kleinen Piazza Steccata aus, auf der ein Denkmal für Parmigianino steht, was nicht verwunderlich ist, schließlich hat er in dieser Kirche mit den Gräbern der Herzöge von Parma eines seiner Meisterwerke hinterlassen. Die

Parma

Sagrestia Nobile kann auf Anfrage beim Kustoden besichtigt werden; man bekommt darin Teile des Kirchenschatzes zu sehen und die wundervollen Intarsienarbeiten an den Sakristeischränken.

Der angrenzende **Palazzo del Governatore** bildet die Nordflanke der Piazza Grande genannten Piazza Garibaldi. ›Grande‹, weil sie wirklich groß ist und sich an derselben Stelle wie einst das Forum Romanum ausdehnt – mit Garibaldi-Denkmal in der Mitte. Der Palast zeigt eine klassizistische und leuchtend gelbe Fassade mit interessanter astronomischer Uhr. Und in einer Nische in der Mitte erkennt man eine Besonderheit: Jesus krönt die Mutter.

Schräg gegenüber erhebt sich der Komplex des **Rathauses,** der ab 1220 entstand und 1627/73 umgestaltet wurde.

Palazzo della Pilotta

Vor dem Parma-Fluss breitet sich der riesige Komplex des Palazzo della Pilotta (1583) aus, durch dessen Mitte der Weg zum Ponte Verdi führt. Eine schöne Grünanlage mit modernen Skulpturen ist im Laufe der Zeit davor entstanden. Für das **Teatro Farnese** (Di–So 8.30–13.45 Uhr) wurde der Palazzo 1618/28 quasi ausgehöhlt, immerhin für das größte Theater seiner Zeit, das 4500 Zuschauern in den aufsteigenden Rängen und Galerien Platz bot undheute aus Angst vor einem Brand nur selten in Gebrauch ist. 200 Jahre lang galt das Werk des Palladio-Schülers Giovanni Battista Aleotti, ganz aus Holz mit technischen Finessen (Kulissenwechsel durch Hochziehen, Wassereinlassen für Seeschlachten u. a.), als Vorbild für zahlreiche europäische Theater.

Außerdem kann man noch die **Galleria Nazionale** (Di–So 8.30–13.45 Uhr) besuchen, das **Archäologische Museum** (Di–So 8.30–14 Uhr), das **Museo Bodoniano** (mit Druckwerken Giambattista Bodonis, der als ›Fürst‹ der Grafiker Parmas gilt und hier von 1768 an die Fürstliche Druckerei leitete) und die **Biblioteca Palatina** (beide Mo–Sa 9–12 Uhr) mit mehr als 800 000 Bänden, darunter zahlreiche Manuskripte aus dem 16. Jh., u. a. der zweitgrößten Sammlung orientalischer Schriften nach dem Vatikan (!).

Parco Ducale

Über die Verdi-Brücke gelangt man in den großen, herrlichen Park mit hohen alten Bäumen, einem großen Teich und dem **Palazzo Ducale.** Der Herzogspalast dient als Carabinieri-Sitz und kann normalerweise besichtigt werden (Mo–Sa 9.30–12 Uhr, sonst anrufen, Tel. 05 21 53 76 78). Der Park bietet herrliche Ruheplätze und angenehmen Schatten an heißen Sommertagen, weshalb sich die Parmigiani dann gerne hierher flüchten.

Bei jüngsten Restaurierungsarbeiten entdeckte man im sogenannten **Palazzetto Eucherio Sanvitale** an der Südostecke des Parks Fresken, die u. a. Parmigianino zugeschrieben werden. Besonders schön, eine bewegte Szene, ist eine ›Anbetung der Hl. Drei Könige‹ von Fra' Cosimo Piazza (ca. 1560–1620; Di–So je nach Jahreszeit 10–13, 14–16/17/18 Uhr) in der Kapelle.

IAT: 43100 Parma, Via Melloni 1, Tel. 05 21 21 88 89, Fax 05 21 23 47 35, www.comune.parma.it, www.parmaitaly.com.

Jolly Hotel Stendhal: Piazzetta Bodoni 3, Tel. 05 21 20 80 57, Fax 05 21 28 56 55, parma@jollyhotels.it. Total renoviert, stilvoll; zentral und doch ruhig nahe dem Palazzo Pilotta. 62 z. T. kleine Zimmer. **Restaurant;** Garage. DZ/ÜF 175–220 €.
Verdi: Via Pasini 18, Tel. 05 21 29 35 39, Fax 05 21 29 35 59, info@hotelverdi.it. Angenehme Jugendstil-Atmosphäre, schön renoviert, beim Parco Ducale. 22 Zimmer. **Restaurant;** Parkplatz. DZ/ÜF 150–220 €.
Villa Ducale: Via del Popolo 35, Tel. 05 21 27 27 27, Fax 05 21 78 07 56, villaducale@myhotelresorts.com. Familiäres Haus in 10 000 m² großem Park am Stadtrand, frühere Villa Borri. 54 Zimmer. Restaurant für Hausgäste; Parkplatz. DZ/ÜF 89–250 €.
Ostello per la Gioventù Citadella: Parco Citadella 5, Tel. 05 21 96 14 34. Einfache Jugendherberge mit 50 Betten im Süden Parmas, nur Übernachtung. Parkplatz. Bett 12 €.

Angiol d'Or: Vicolo Scutellari 1, Tel. 05 21 28 26 32; Ruhetage Di, So Abend.

Die Provinzen Piacenza und Parma

Exklusive Atmosphäre, beliebtes Altstadtrestaurant nahe Dom; lokale Gerichte (gefüllte Teigtaschen, Parmaschinken); im Sommer abends auch Tische im Freien. Menü ab 41 €.
Ombre Rosse: Vicolo Giandemaria 4, Tel. 05 21 28 95 75; Ruhetag Di. Enoteca mit Ausschank und Imbiss in behaglicher Atmosphäre, auch im Freien. Italienische Wurstwaren, große Käse-Auswahl zu Weinen aus aller Welt. Imbiss 10–22 €.
Antica Osteria Fontana: Via Farini 24a, Tel. 05 21 28 60 37; Ruhetage So, Mo. Eines der ältesten Lokale Parmas: Weinregale, Theke mit fertigen *panini* und Wurstaufschnitt, beste Schinkensorten, diverse Pasta, gefüllte Kalbsbrust. Gerichte 7–16, Menü ca. 22 €.

Überall Läden mit **Parmaschinken** und **Parmesan.** Beliebte Einkaufsstraße ist die **Strada Cavour,** dort wird auch eigene Schokolade produziert: in der **Pasticceria Provinciali** in Nr. 23/B.

Internationales Ballettfestival: im Okt./Nov. Eintrittskarten besser per Voranmeldung: www.teatroregioparma.org oder direkt über ticket@teatroregioparma.org **Opern- und Ballettsaison** am Teatro Regio di Parma im Winter; **Konzertsaison** im Auditorium Niccolò Paganini.

Flughafen Giuseppe Verdi di Fontana 3 km vom Zentrum entfernt.
Bahnstation auf der EC-Strecke Mailand – Bologna.
Busverbindungen in die Provinz.

Abstecher nach Torrechiara

Reiseatlas: S. 23, C 3
Unter den zahlreichen Burgen und Schlössern südlich von Parma befindet sich eine Burganlage, die an Trutzigkeit kaum zu überbieten ist und zudem wundervoll in die Hügel des Apennin über dem Parma-Fluss eingebettet liegt: Torrechiara (oder Torchiara, von *torchio* = Weinpresse) vor Langhirano. 100 m hoch erhebt sich der Fels über die Hügel, darauf thront ein Monument aus Mauern, Türmen und Bastionen, mit Schießscharten und Wehrgängen, die dem wuchtigen Komplex (1448–60) mit seinen drei Mauerringen eine erstaunliche Leichtigkeit verleihen.

Eine mittelalterliche Liebesgeschichte soll sich auf der Burg zugetragen haben, in die der Marchese Pier Maria Rossi im Dienste der Visconti und Bianca Pellegrini, Ehefrau des Mailänders Melchiorre d'Arluno, verwickelt waren. Das Deckenfresko der **Camera d'Oro,** 1463 von Benedetto Bembo aus Brescia ausgemalt, zeigt die Geliebte auf der Suche nach Pier Maria, dann das Zusammenfinden, auf Lateinisch dokumentiert mit den Worten »Nunc et semper« – »jetzt und für immer« (Jan.–März/Okt.–Dez. Di–Fr 8–16, Sa, So 9–17, April–Sept. Di–So 8.30–19.30 Uhr, letzter Eintritt 45 Min. früher, Tel. 05 21 35 52 55).

Im z. T. bewohnten Torrechiara kann man wunderbar einkehren und wohnen (s. u.).

Taverna del Castello: Via del Castello 25, 43010 Torrechiara (PR), Tel. 05 21 35 50 15, Fax 05 21 35 58 49, www.tavernadelcastello.it. 5 komfortable, romantische Zimmer, Superblick. DZ/ÜF 100–120 €.
Da Gardoni: 43013 Langhirano (PR), Piazza Leoni 5, Tel. 05 21 35 51 19, Fax 05 21 35 53 10. 12 gepflegte Zimmer unter den Portici der Piazza mitten im für seine Metzgereien bekannten Ort. **Restaurant;** eigene Metzgerei. DZ/ÜF 80 €, (nur ital. Frühstück an der Bar).

Taverna del Castello: s. o.; Ruhetag Mo. 3 kleine Räume in Bruchsteinmauern-Optik, schön eingedeckt; Garten an der Schlossmauer (schöner Blick!). Lokale, kreative Küche wie Risotto mit geräucherter *pancetta* und Trüffel, hausgemachte *tortelli* mit Kräuterfüllung, Wild etc. je nach Saison. Menü ab 30 €. Auch Barbetrieb u. a. mit *crostini*.

Wettbewerb für alte Musik in Torrechiara: im Juli.
Estate in Tavola: im Aug.; Spezialitäten in den Restaurants von Langhirano (s. o.).
Fiera Mercato del Prosciutto: im Aug.; Schinkenmarkt in Langhirano.
Festa dell'Uva: im Sept.; Weinfest.

Reggio nell'Emilia und Módena

Reiseatlas S. 24

In Reggio nell'Emilia wurde die italienische Tricolore geboren, südlich davon, im Apennin, hat Mathilde von Canossa europäische Geschichte geschrieben und sehenswerte Burgen hinterlassen. Am Po wurden Don Camillo und Peppone erdacht. Módena steht in Feinschmeckerkreisen für *Aceto balsamico tradizionale,* Maranello für Formel-1-Rennen.

Wer durch die zwischen Po und Apennin gelegene Provinz Reggio nell' Emilia fährt, wird überrascht sein über die vielen kleinen Städte, die allesamt großartige Plätze und Paläste besitzen. Die alten Herzogtümer waren vom 16. bis zum 18. Jh. selbstständige Staaten, Puffer zwischen dem Este-Staat im Osten und dem Farnese-Staat im Westen, aber auch zwischen Mailand im Norden und dem Kirchenstaat im Süden, und behielten ihre feudale Bausubstanz und -struktur auch nach dem Verlust ihrer machtpolitischen Stellung.

Diese Mini-Fürstentümer wie Guastalla und Novellara, Correggio sowie Gualtieri in der Provinz Reggio, Mirándola und Carpi in der Provinz von Módena lohnen allesamt einen Besuch, auch wenn sie heute höchstens von landwirtschaftlicher Bedeutung sind. Eine Ausnahme macht Carpi, die alte Stadt der feinen Bastarbeiten und die neue der Mode-Industrie.

Für jeden Formel-1-Fan ein Begriff ist Maranello an der Staatsstraße 12, die vom Brenner durch den Tosco-Emilianischen Apennin ins toscanische Pistoia führt. Sie sollte aber keineswegs als Rennstrecke benutzt werden, dafür ist sie viel zu schön …

Reggio nell'Emilia

Reiseatlas: S. 24, E 3
Das rege Handelsstädtchen, ideal für einen Einkaufsbummel, lädt zum Verweilen ein. Speziell an den Markttagen.

Die Provinzhauptstadt (knapp 146 700 Ew., im historischen Zentrum höchstens 80 000) in der flachen Ebene entstand über einer römischen Ansiedlung, ihre Hauptachse ist identisch mit der Via Emilia, deren Bild von Palästen aus Mittelalter und Renaissance geprägt wird. Reggio war die erste italienische Stadt, die sich gegen die Österreicher erhob, kurz bevor Napoleon einmarschierte. Im Rathaus schlug am 7. Januar 1797 die Geburtsstunde der späteren italienischen Flagge in der Nachahmung der französischen Tricolore.

Stadtbummel

Die wichtigsten Sehenswürdigkeiten liegen im Zentrum und sind leicht zu Fuß erreichbar. Angefangen an der Via Emilia/Ecke Piazza del Monte mit dem mittelalterlichen, zinnenbekrönten **Palazzo del Capitano del Popolo,** der teilweise vom Hotel Posta eingenommen wird (schöner Sitzungssaal aus dem 14. Jh.). Im Gebäude des früheren **Palazzo del Monte di Pietà** (histor. Pfandleihhaus) gegenüber besitzt die neue Inhaberin, eine Bank, eine Sammlung moderner Kunst, die nur zu bestimmten Anlässen besichtigt werden kann. Sie schaut auf den großen Hauptplatz, die Piazza Camillo Prampolini, und damit auch auf das repräsentative **Rathaus.** Hier kann man auf Anfrage den Saal der italienischen Tricolore, den Ratsherrensaal und das Tricolore-Museum (Letzteres Fr 9–12, Sa, So, Fei 10–13, 15–19 Uhr) besichtigen.

Neben dem Rathaus erhebt sich der finstere Stadtturm, genannt **Torre Bordello,** weil

Reggio nell'Emilia und Módena

Parmesan ... Wer möchte hier nicht gerne Mäuschen spielen?

er früher tatsächlich das städtische Freudenhaus beherbergte.

Fast zu übersehen ist der **Dom,** weil er auf der Ostseite des Platzes in die breite Front der Paläste integriert ist. Seit seiner Entstehung 857 als romanische Basilika hat er nicht immer vorteilhafte Veränderungen erfahren, aber jede Epoche hinterließ wertvolle Kunstschätze. Aus der Entstehungszeit stammt die Altarplatte mit der Darstellung Jesu in der Mandorla und den Symbolen der vier Evangelisten (Löwe, Adler, Engel und Stier) im Chor. Skulpturen von Prosperio Spani, einem Schüler Michelangelos, sind innen wie an der Fassade erhalten, in der romanischen Krypta ein spätantikes Mosaik. Bei den letzten Restaurierungsarbeiten machte man römische Funde unter dem Dom, weshalb er für längere Zeit nur z. T. zugänglich bleiben dürfte.

Dahinter steht die Lieblingskirche der Reggianer, die des Stadtpatrons **San Prospero,** eine der ältesten der Stadt. Eine kaum erhöhte, hell gepflasterte Terrasse bildet den Vorplatz zur Kirche, bewacht von sechs Löwen (Kopien, Originale im Museo Civico). Die beiden mittleren aus rotem Veroneser Marmor sind besonders mächtig ausgefallen. Die meisten Bilder, mit denen die Kirche ausgestattet war, hat Francesco V Herzog von Módena im 18. Jh. nach Dresden verkauft (genau 100), um seine Feldzüge zu finanzieren. Heute hängen hier nur noch ein paar Kopien, wie ›La notte‹ (›die Nacht‹) von Correggio (fünfte Kapelle rechts). Die Chorapsis freskierte Camillo Procaccini (1585–87) komplett mit einem ›Jüngsten Gericht‹, bei den Reggianern gilt sie als kleine Sixtinische Kapelle. Darunter sehenswert sind das intarsierte und geschnitzte Renaissance-Chorgestühl sowie die beiden Lesepulte mit Einlegearbeiten.

Westlich vom Zentrum erhebt sich am breiten Corso Garibaldi die **Basilica della**

Reggio nell'Emilia

1852/57 mit dem großzügigen **Parco del Popolo** im Rücken errichtet, wundervoll restauriert und hervorragend erhalten, ist es zu einem berühmten Balletttheater avanciert. Zwei Ballettschulen liefern den Nachwuchs – Reggio gibt dafür viel Geld aus dem Stadtsäckel.

Musei Civici

Die Ostseite des Platzes nehmen die Städtischen Museen (Mo–Fr 9–12, Sa, So 10–13, 16–19 Uhr) ein. Sie bestehen aus mehreren Sammlungen, die viel Kostbares und Interessantes zu bieten haben: die **Naturkundliche Sammlung** des Arztes Lazzaro Spallanzani etwa und die überraschend 1970 unter dem Platz entdeckte **Münzsammlung** aus Europa und dem Orient, die ein römischer Soldat gehortet haben muss.

Naturkundliches sammelte und vermachte der Stadt auch Baron Franchetti (gest. 1932). Und in Reggio pflegt man noch heute zu sagen, falls man nicht gut bei Kasse ist: »Ich bin nicht so reich wie Franchetti!« Aus einer bedeutenden Reggianer Familie stammte der 1886 verstorbene Archäologe Gaetano Chierici, auch er erhielt hier einen würdigen Platz.

Ghiara dort, wo einst das Flussbett des Crostolo verlief *(ghiara* = Kiesweg). Sie besitzt eine wertvolle Sammlung barocker Kunstwerke der gesamten Emilia und wurde 2000 wunderbar restauriert. Am Corso Garibaldi fand man an der Ecke Via Emilia in 4 m Tiefe ein Stück der römischen Straße. Von hier ist man schnell an der überdimensionalen **Piazza della Vittoria,** an deren Ecke zuerst die **Galleria Parmiggiani** auffällt. Man glaubt sich nach Katalonien versetzt, allerdings wurde der Palast mit dem spanisch-gotischen Portal erst im 20. Jh. von Luigi Parmiggiani, einer recht abenteuerlichen Gestalt mit Sammlerleidenschaft, gebaut. Das Baumaterial des Portals ließ er Stein für Stein aus dem spanischen Valencia nach Reggio bringen (Di–Fr 9–12, Sa, So 10–13, 16–19 Uhr).

Schräg gegenüber flankiert das **Teatro Municipale Romolo Valli** die Nordseite der angrenzenden **Piazza Martiri del VII Luglio.**

IAT: 42100 Reggio nell'Emilia, Piazza Prampolini 5/c, Tel. 05 22 45 11 52, Fax 05 22 43 67 39, www.municipio.re.it.

Mercure Grand Hotel Astoria: Viale Nobili 2, Tel. 05 22 43 52 45, Fax 05 22 45 33 65, www.mercurehotelastoria.com. Exklusives Haus am Stadtpark, ruhig. 108 Zimmer, 3 Suiten. **Hervorragendes Restaurant;** Parkplatz. DZ/ÜF 118–225 €.
Posta: Piazza Del Monte 2, Tel. 05 22 43 29 44, Fax 05 22 45 26 02, www.hotelposta.re.it. Historisches Hotel im früheren Palazzo del Popolo. 33 Zimmer, 9 Suiten. DZ/ÜF 148–190 €.
Albergo delle Notarie: Via Palazzolo 5, Tel. 05 22 45 35 00, Fax 05 22 45 37 37, www.albergonotarie.it. Neuerer Bau mit Stilmöbeln nahe dem Rathaus, elegant und herrschaftlich. 48 Zimmer, 3 Suiten. **Restaurant.** DZ/ÜF 140–180 €; am Wochenende 30 % Nachlass.
Park Hotel: Via De Ruggero 1/b, Tel. 05 22 29 21 41, Fax 05 22 29 21 43, www.parkho

Reggio nell'Emilia und Módena

tel.re.it. Stadthotel am Ortsrand (gute Busanbindung). 63 Zimmer, 1 Suite. Restaurant für Hausgäste. DZ/ÜF 80–120 €.

Ostello Basilica della Ghiara: Via Guasco, Tel. 05 22 45 23 23, Fax 05 22 45 47 95. Hübsche Jugendherberge im Klosterambiente, 100 Betten, Familienzimmer. Bett/ÜF 15–18 €.

Delle Notarie: s. Hotel S. 325; Ruhetag So, Aug. geschl. Gepflegtes, elegantes Ambiente, variierte traditionelle Küche, toller Weinkeller. Menü um 40 €.

Caffè Arti e Mestieri: Via Emilia San Pietro 16, Tel. 05 22 43 22 02; Ruhetage So, Mo, Aug. geschl. Cafeteria und feines Restaurant, mittags moderat, abends teuer; in einem Innenhof im Zentrum; Themenmenüs, Kunstausstellungen. Menü 30–40 €.

Trattoria della Ghiara: Vicolo Folletto 1/c, Tel. 05 22 43 57 55; Ruhetage So, Mo. Kleines, schlicht-elegantes Restaurant mit Balsamico-Verkauf. Verfeinerte lokale Küche wie *cappelletti in brodo* (kleine Teigtaschen in Brühe), frische Pastastreifen mit Lammragout, Kalbsbacken mit Gemüse. Menü um 30 €.

Il Pozzo: Via Allegri 7, Tel. 05 22 45 13 00; Ruhetage So, Mo Mittag. Enoteca (250 Etiketten) mit dunklen Holztischen; Terrasse. Crostini, Salate, Pasta. Menü ab 27 €.

Trattoria al Carbone: Galleria Santa Maria 1/b, Tel. 05 22 45 22 87; Ruhetag So Abend. Typische Trattoria in 4 schmalen Räumen, Terrasse beim Dom. Viele Pastagerichte und Risotti, Kaninchen mit Polenta. Menü ab 20 €.

Farini: Via Farini 1/e. Das eleganteste Café (seit 1866) der Stadt; Ruhetag So, sonst 6.30–19.30 Uhr. Auch Snacks.

Markt: tgl. vor San Prospero.
Wochenmarkt: Di, Fr.

Aceto Balsamico di Reggio nell'Emilia
Reggio macht schon eine Weile dem *Aceto Balsamico tradizionale di Módena* Konkurrenz mit eigenem Essig. Viele Restaurants der Stadt verkaufen ihn. Einfach probieren!

Ballett, Oper, Prosa, Musical in den Theatern der Stadt unter der Leitung des Teatro Municipale (Infos beim IAT, unter der kostenlosen Tel.-Nr. 800 55 42 22 und www.iteatri.re.it).

Umgebung von Reggio nell'Emilia

Montécchio Emilia – Rossena – Canossa – Carpineti
Reiseatlas: S. 24, D 3/4

Im Süden der Provinzhauptstadt beginnt der Tosco-Emilianische Apennin langsam anzusteigen und lädt zu einer genüsslichen **Canossa-Tour** ein. Gerade für den deutschsprachigen Raum ist Mathilde von Canossa ein Begriff: die Gräfin, durch deren Vermittlung Heinrich IV., frierend im Büßergewand, im kalten Januar des Jahres 1077 von Papst Gregor VII. auf der Burg Canossa empfangen und vom Kirchenbann befreit wurde. Die Lehnsherrin besaß damals ein Gebiet, das von der Toscana bis nach Mantua reichte, und sie verstand es, durch ein System von wehrhaften Burgen ihr Territorium zu schützen. Fast alle diese über die Hügel des Tosco-Emilianischen Apennin verteilten Burgen sind mehr oder weniger gut erhalten geblieben, teils in Privatbesitz, zum größten Teil aber entweder als Ruine und/oder als Museum zu besichtigen.

Bei den Infostellen der Provinz erhält man kostenlos ein Faltblatt mit fünf Routenvorschlägen, die auch den Norden erfassen. Eine schöne Fahrt verspricht der ›Mathilde-Ausflug‹, der westlich von Reggio nell'Emilia über **Cavriago** nach **Montécchio Emilia** mit klobigem Hauptturm seiner Festung (So, Fei 9.30–12.30, 15–18.30 Uhr außer Aug., sonst telefonisch anmelden: 05 22 86 18 60) führt.

Weiter südwärts geht es entlang dem schönen Grenzfluss Enza zwischen Parma und Reggio mit dörflichen Ansiedlungen wie z. B. **San Polo d'Enza** mit einem Fresko von Niccolò dell'Abate in der Pfarrkirche. Von hier ist es nur noch ein – landschaftlich schöner – Katzensprung bis zur hübschen Ruine des

Umgebung von Reggio nell'Emilia

einst waffenstarrenden **Rossena** (Nov.–Feb. So, Fei 14.30–17.30, März–Okt. So, Fei 11–19, sonst Sa 15–19, So, Fei 11–19 Uhr) auf rötlichem Granit, zur Verteidigung Canossas vis-a-vis errichtet.

Im Gegensatz zu Rossena wurde **Canossa,** das in Blickweite wie ein Adlerhorst auf einem Bergkegel steht, auf dem weichen Sandstein des Apennin erbaut, weshalb die wohl berühmteste Mathilde-Burg (›Gang nach Canossa‹) eher dem Verfall preisgegeben war. Die Ruine ist dennoch sehr reizvoll und das hier eingerichtete historisch-archäologische **Museum** (Di–So 9–16.30, im Sommer 9–12.30, 15–19 Uhr) aufschlussreich. Unterhalb der Ruine sind die typischen *calanchi* zu sehen, ausgewaschene Grate – eine, wenn auch fotogene Umweltzerstörung, die den Boden immer mehr der Erosion preisgibt.

Mathilde pflegte ihre Residenz im Sommer, wenn es in Canossa zu schwül wurde, zu verlassen und hügelaufwärts nach **Carpineti** (April, Mai, Sept. So, Fei 15–19, Juni Sa, So, Fei 15–19, Juli Di–Sa 15–19, So, Fei auch 10–12.30, Aug. Di–Fr 15–18.30, Sa, So, Fei auch 10–12.30 Uhr, 8.–20. Aug. tgl.) zu ziehen. Hoch ragt der viereckige, mächtige *maschio* der Festung aus dem wie angeknabbert wirkenden Gemäuer. Die romantische Ruine ist zwar nicht die berühmteste Mathilde-Burg, war aber ihre bedeutendste, in der immerhin zwei Konzile stattfanden. Nach gründlicher Restaurierung wurde darin ein **Gästehaus** mit elf Betten sowie ein **Restaurant** eingerichtet (Infos: Tel. 05 22 61 82 61, copsorge@tin.it).

 Im Internet: www.castellireggiani.it

Brescello

Reiseatlas: S. 24, D 2

Ein Nest mit starkem Wohlstandsgefälle zwischen reichen Großgrundbesitzern und armen Bauern wurde als Schauplatz der allseits bekannten Filme nach dem Roman von Giovanni Guareschi (aus dem nahen Róncole Verdi) um den kommunistischen Bürgermeister Peppone und den nicht immer gottesfürchtigen Pfarrer Don Camillo weltberühmt.

Mit der Autorin unterwegs

In Correggios Heimatstadt
Im herrlichen verschlafenen Correggio (18 km südl. von Reggio) sollte man den schönen Renaissance-**Palazzo del Principe** (Sa 15.30/16–18.30/19.30, So 10–12,30, 15.30–18.30 Uhr) aufsuchen und sein Quartier im **Albergo dei Medaglioni** aufschlagen (Corso Mazzini 8, Tel. 05 22 63 22 33, Fax 05 22 69 32 58, www.bestwestern.it/medaglioni), das sich im Libertystil präsentiert: 35 komfortable Zimmer (plus 22 im Anbau), 3 Suiten; Restaurant. DZ/ÜF 90–130 €. Und sich am Abend in der angenehmen **Trattoria Tre Spade** verwöhnen lassen (Via Roma 3/a, Tel. 05 22 64 15 00; Ruhetage Di ganztags, Fr und So Abend), u. a. mit Zucchini aus dem Backofen, *tortelli* mit Kürbisfüllung, Kalbsragout. Menü ab 25 €.

Apennintour
Auf den Spuren der **Mathilde von Canossa:** von Reggio nell'Emilia zu den Burgen von Montécchio Emilia, Rossena, Canossa und zu ihrer Sommerfrische in Carpineti (s. links).

Für Autofreaks
Informationen über alle **Auto- und Motormuseen** (bislang 15) in der Region Emilia Romagna findet man unter www.motorsite.it. Es werden sogar Kurzaufenthalte in der Kombination ›Autos – Kulinarisches‹ angeboten. Die neueste Errungenschaft ist das 2006 als Museum eröffnete **Geburtshaus von Enzo Ferrari** in Módena, Via Paolo Ferrari 85.

Gesucht wurde ein beschauliches Dorf, dessen Rathaus und Kirche sich so gegenüberstanden, dass die hinreißenden Auftritte zwischen der Obrigkeit und der Kirche mithilfe der Kamera ins Bild gesetzt werden konnten. Wichtig war auch die Po-Landschaft. Brescello liegt genau an diesem Schicksalsfluss, doch erst ab dem dritten Film wurde der Flecken auch namentlich erwähnt.

Heute wirbt der Ort mit dem amüsanten **Museo di Peppone e Don Camillo** (werk-

Reggio nell'Emilia und Módena

tags 10–12, 14.30–18, Sa, So, Fei 9.30–12, 14–19 Uhr) und Bronzefiguren der Filmhelden auf der Piazza. Im Museum sind Filmaufnahmen und Bilder, die von der Bevölkerung während der Dreharbeiten geschossen wurden, sowie alle fünf Filme auf Video zu sehen.

Und gemütlich kann man es sich in einer der beiden **Bars** am Dorfplatz machen: entweder im Don Camillo oder im Peppone ...

Brixellum: 42041 Brescello (RE), Via Cavallotti 58, Tel. 05 22 68 61 20, Fax 05 22 96 28 71, www.hotelbrixellum.com. Modernes Hotel am Ortsrand. 30 komfortable (Nichtraucher-)Zimmer. **Restaurant;** Parkplatz. DZ/ÜF 95–105 €.

Módena

Reiseatlas: S. 24, F 3

Mancher Italienreisende sieht in Módena nur die Heimat des gepriesenen *Aceto balsamico*

Richtig Reisen-Tipp: Il Cristo del film!

Als im Sommer 1989 das **Museum von Brescello** eröffnet werden sollte, kam es zu einem spektakulären Streit zwischen dem Freundeskreis des Museums und dem Dorfpfarrer – als wär's ein Stück vom richtigen Film: Nachdem man so ziemlich alle wichtigen Requisiten der fünf Filme beisammen hatte, auch einen russischen Panzer, der nun vor dem Museum steht, wollte man natürlich auch das Kruzifix haben, das zu Don Camillo (Fernandel) gesprochen hatte. Don Giuliano Cugini aber, der Dorfpfarrer, sträubte sich, den ›Herrgott‹ herauszurücken. Der pfiffige Priester hatte sich ausgerechnet, mit dem so **berühmt gewordenen Kruzifix** für die Kirche selbst ein gutes Geschäft zu machen: mit Postkarten- und Aufkleberverkauf, auf denen Filmszenen zu sehen sind – und einer Zeichnung im Heiligenbildchen-Format, die tatsächlich ›Il Cristo di Don Camillo‹ zeigt.

tradizionale und dreier italienischer Edel-Autos: Maserati, Lamborghini, Ferrari. Der alte Ferrari sagte einmal von Módena, dies sei »ein Land der Rebellen, von Leuten, die nicht immer ruhig sind. Blut und Verstand sind hier gut vermischt. Es ist ein hartnäckiger, fähiger und verwegener Menschenschlag, genau der Typ, den man braucht, um Rennwagen zu bauen ...«

Bei näherem Hinsehen jedoch entpuppt sich Módena mit knapp 179 000 Einwohnern durchaus als besuchenswerte Stadt – und als Schlemmerdorado. »Eine einfache Stadt, eine echte Stadt, meine Stadt«, sagte einmal Luciano Pavarotti, der Tenor, der bekennt, ein »überzeugter Módeneser« zu sein.

Mehrere Kanäle (heute nur noch an den Straßennamen zu erkennen), wie der Canalgrande, durchflossen einst das Zentrum und verbanden Módena mit dem Po und damit auch mit der Lagune und Venedig. Erst 1850 wurden die Wasserstraßen zugeschüttet bzw. überbaut. Geblieben sind die typischen Paläste, die einst die Kanäle umstanden, und die Enge. Und so hat sich die Stadt etwas Heimeliges bewahrt, außer an der **Piazza Grande** auf der Südseite des Domes: Hier wurden alle kleinen Geschäfte und Buden, die den Dom umstanden, im Zuge seiner Restaurierung 1984 ›zwangsversetzt‹ in Richtung Markthalle. Geblieben ist ein großer, seelenloser Platz, früher das Herzstück der Stadt. Geblieben sind auch die *portici*, anfangs nicht mehr als Wetterdächer vor den Geschäften des Erdgeschosses, auf Säulen oder Pfeiler gestützt. Dann überbaute man diese, um zusätzlichen Wohnraum zu gewinnen. Als dritte Stufe folgte die Ausschmückung der so entstandenen Bogengänge, oft mit burlesken Motiven – ein städtebauliches Kunstwerk.

An der Piazza Grande

Die ursprünglich romanische **Kathedrale** (Grundsteinlegung 1099) hat außen ihren Backsteincharakter bewahrt, rotbraun wie fast die ganze Stadt. Nur die schöne Fassade mit der wie mit Kordeln verzierten abgetreppten Portaleinfassung und der großen

Módena

Don Camillo grüßt zur Kirche von Brescello hinüber

Rosette ist marmorverkleidet. Wie der Campanile (s. u.), der etwas deplatziert an der Nordostecke bei den Chorapsiden steht.

Innen (tgl. 7–12.30, 15.30–19.30 Uhr) hat man den Dom mit seinen auffälligen Frauenemporen (Matronäen) von den Barockverkleidungen und dem Kalkweiß befreit. Der großartige Lettner mit den romanischen Steinmetzarbeiten Campioneser Meister wurde wieder zusammengefügt; sein farblich gefasster Marmor soll wie das Material der Kanzel von römischen Bauten stammen. Einem Säulenwald ähnelt die weite Krypta mit dem Grab des in Módena heiß geliebten San Sigismondo.

Der 88 m hohe **Glockenturm,** genannt ›Ghirlandina‹, Wahrzeichen der Stadt, steht etwas schief und gilt als einer der bedeutendsten Türme Oberitaliens. Zusammen mit dem Dom 1099/1100 begonnen und erst 1319 vollendet, überragt er Módena und diente als Wachtturm und Aufbewahrungsort wichtiger kommunaler Urkunden und Privilegien. Auch der hölzerne Eimer *(la secchia rapita)* wurde im Turm aufbewahrt. 1325 raubten die Módeneser diesen Eimer den Bolognesern als Beweis dafür, dass sie sich aus der verfeindeten Nachbarstadt alles holen könnten, wenn sie nur wollten. Heute wird er immer wieder von Bologneser Studenten entwendet und gegen symbolische Ablöse zurückgegeben. Die *secchia* kann im ersten Stock des **Palazzo Comunale** bestaunt werden (Mo–Sa 8–19, So, Fei 15–19 Uhr; Aug. geschl.). Ebenso wie die mit Tugendbildern freskierte Sala del Vecchio Consiglio (17. Jh., heute Trausaal) und die Sala del Fuoco (mit dem großen Kamin).

Die **Rathausuhr** von Lodovico Gavioli (1867) wird übrigens jeden Morgen mit einem riesigen Triebel aufgezogen – ihr Werk bedient gleichzeitig die 40 m entfernte Uhr über der gemütlichen Piazzetta delle Ova!

Palazzo Ducale

An der **Piazza degli Estensi** (früher Piazza Roma) breitet sich der immense Fürstenpalast aus, der wohl schönste Sitz einer Militärakademie Italiens, der bedeutendsten des

Reggio nell'Emilia und Módena

Landes. Mit Prunksälen und Ausstellungsräumen, die man besichtigen kann (Führungen So 9.30–12.30 Uhr; anmelden: Tel. 05 92 03 26 60 oder 059 22 00 22). Damit ist ein wichtiges Beispiel profaner Architektur des 17. Jh. der Öffentlichkeit zugänglich gemacht, allen voran der *cortile d'onore,* der Ehrenhof mit seinen beiden Arkadenreihen. Man kann sich gut vorstellen, mit welchem Prunk große historische Persönlichkeiten wie Napoleon, Papst Pius VII., König Vittorio Emanuele, Carlo Felice, natürlich auch Garibaldi und König Umberto von Italien am Hof der Estensi und in ihrer Nachfolge empfangen wurden.

Schräg gegenüber breitete sich im Mittelalter das jüdische Ghetto aus. In der Via Farini steht die **Chiesetta di San Giorgio,** die vom selben Baumeister wie der Palazzo Ducale gebaut wurde, aber mit ihrer niedrigen Kuppel in schlichterem Barock der an sich bäuerlichen Struktur der Stadt besser angepasst ist. Kein Wunder, dass dies die Hochzeitskirche der Módeneser ist. In der ehemaligen Drogerie hat sich 1910 links vom Kirchlein die dunkel getäfelte **Caffeteria Giusti** etabliert, eine der beliebtesten der Stadt, mit Bar. Überhaupt ist die Via Farini eine gute Altstadtadresse, hier wohnen alteingesessene Familien, finden sich feine Modeläden und beginnen die **Portici del Collegio,** die elegantesten und schönsten Arkadengänge Módenas.

Abstecher nach Maranello

Enzo Ferrari, dem Gründer und Namengeber, verdankt die Automobilmarke mit dem sich aufbäumenden Pferd als Symbol ihre Erfolgsgeschichte seit 1947. Formel-1-Rennen sind schließlich ohne die roten Flitzer kaum vorstellbar. Seit 1990 können Automobilfans in der edlen **Galleria Ferrari** am Fabrikationsort Maranello südlich von Módena die schönsten Wagen bestaunen und die Geschichte der erfolgreichen Firma kennen lernen (und im Shop Modelle kaufen; tgl. 9.30–18 Uhr, www.galleria.ferrari.com).

Auf dem Weg nach Maranello kommt man an der Staatsstraße 12 fast unbemerkt am **Parco archeologico e Museo all'Aperto della Terramara di Montale** vorbei. Hier befindet sich eines der wenigen Freilichtmuseen Oberitaliens, die Ausgrabungen vor Ort besitzen. Mit viel Einsatz haben junge Archäologen das Leben der frühen Bewohner rekonstruiert. Pfahlbauhütten, Handwerke wie Eisengießerei zum Nachvollziehen. Alle 3–4 km gab es zwischen Piacenza und Bologna solche Siedlungen, ca. 200 an der Zahl. Gefunden wurde nur diese eine! 1996 begann man mit dem Graben, 2004 wurde das Museum eröffnet. Wunderbar lässt sich an den gegrabenen Schichten ablesen, wie eine *terramara* um das Jahr 800 entstand: Mit dem Aushub der Wassergräben schichtete man eine trockene, bewohn- und bewirtschaftbare Insel auf. Zuerst ca. 3 m hoch, später wuchs die Insel auf 6 m Höhe. Bis 1200 wurde in der Padania so gewirtschaftet, dann waren die Terramare verschwunden. Warum, ist noch nicht geklärt (April–Juni, Sept. So, Fei 10–13.30, 14.30–19, Okt. bis 18 Uhr; Juli, Aug. nur auf Voranmeldung, Tel. 059 53 20 20, www.parcomontale.it).

IAT: 41100 Módena, Piazza Grande 14, Tel. 05 92 03 26 60, Fax 059 20 66 59, www.turismo.comune.modena.it.
Modenatur: Via Scudari 10, Tel. 059 22 00 22, www.modenatur.it. Organisiert Hotels, Restaurants, Stadtführungen, Konzertkarten, Transportmittel, thematische Rundreisen; *Acetaia*-Besuch.

Real Fini San Francesco: Piazzetta San Francesco, Tel. 05 92 05 75 11, Fax 05 92 05 75 90, hotelsanfrancesco@hrf.it. Perfekte Kombination von modern und stilvoll, kostbare Materialien, wunderbare Atmosphäre. 30 edle Zimmer, Suiten. Das **berühmte Restaurant Fini** ist nur durch eine Schiebetür getrennt (s. S. 331). DZ/ÜF ab 470 €.
Canalgrande: Corso Canalgrande 6, Tel. 059 21 71 60, Fax 059 22 16 74, www.canalgrandehotel.it. Älteres Hotel in historischen Mauern, schöne Räume, 18 Suiten; **Restaurant** (Aug. geschl.). DZ/ÜF 176 €.
Libertà: Via Blasia 10/Piazza Mazzini, Tel. 059 22 23 65, Fax 059 22 25 02, www.hotel

Módena

Richtig Reisen-Tipp: Acetaia Pedroni bei Nonántola

Seit 1862 und in der fünften Generation wird im kleinen **Rubbiara,** 5 km südlich von Nonántola, *Aceto Balsamico tradizionale di Módena* produziert (auf den Begriff *tradizionale* kommt es an). Die Besichtigung (nach Voranmeldung) führt den Neugierigen in die mühsame Herstellungsweise des Balsamessigs ein, man versteht schnell, warum die besten Produkte so teuer sind, u. a. weil sie mind. 25 Jahre lang beobachtet, umgefüllt, versorgt werden müssen. Die Pedroni besitzen rund 1700 Fässer, jeweils in sogenannter Fünfer-Familie (fünf Fässer braucht man zum Umfüllen der jeweiligen Essigcharge), die an die 150 Jahre alt sind. Immer wenn ein Kind geboren, eine Hochzeit in der Familie abgehalten wird, legt man traditionell neue ›Balsamico-Familien‹ an.

In der urigen **Osteria** (3 winzige Räume und Freisitz) kann man mittags wunderbar schlemmen – z. B. hausgemachte Pasta mit verschiedenen Saucen, Hähnchen in Lambrusco – und dabei die hauseigenen Produkte kosten (Ruhetag Di; Menü inkl. Wein/Wasser ab 18 €, Fr, Sa Abend, So Mittag festes Menü 31 €; Einkauf im Laden vorne).

Achtung: Den echten *Balsamico tradizionale di Módena* gibt es nur in 100-ml-Fläschchen, dickbäuchig mit schwerem rechteckigen Boden! Ein zwölf Jahre alter Balsamessig kostet 45 €, ein extra alter 80–250 € (Infos unter www.acetaiapedroni.it).

---

liberta.it. Zentrales, z. T. modernisiertes Stadthotel. 50 Zimmer. Garage. DZ/ÜF ab 110 €.
Centrale: Via Rismondo 55, Tel. 059 21 88 08, Fax 059 23 82 01, www.hotelcentrale.com. Zentrales Stadthotel. 39 ordentliche Zimmer. Garage. DZ/ÜF ab 90 €.
Cervetta5: Via Cervetta 5, Tel./Fax 059 23 84 47, www.hotelcervetta.com. Renoviertes Hotel im Zentrum. 42 Zimmer. Garage. DZ/ÜF 85 €.
Ostello San Filippo Neri: Via Sant'Orsolo 48–52, Tel./Fax 059 23 45 98, hostelmodena@hotmail.com. Jugendherberge mit 50 Betten in historischem Palazzo im Zentrum. Bettpreis 15,50–17 €.

Fini: Piazzetta San Francesco/Rua Frati Minori 54, Tel. 059 22 33 14; Ruhetage Mo, Di, im Juli So, Mo sowie Weihnachten/Neujahr und Aug. geschl. Das klassisch-elegante Restaurant gehört in jeder Hinsicht der Luxusklasse an. Wunderbare *bolliti misti* im Winter; raffinierte Fischküche. Degustationsmenü 68 €.
Hostaria Giusti: Vicolo Squallore 46, Tel. 059 22 25 33; Ruhetage So, Mo, sonst nur mittags geöffnet, Aug., Dez. geschl. Winzige Osteria mit módenesischen Gerichten hinter der Salumeria Giusti (seit 1605!) im früheren Ghetto; echter Geheimtipp, nur auf Vorbestellung! Módeneser Spezialitäten wie *maccheroni* mit Entenragout, Kalbsbacken in Weißwein. Menü ab 48 €.
Oreste: Piazza Roma 31, Tel. 059 24 33 24; Ruhetage So Abend und Mi, drei Wochen im Juli geschl.; abends nur auf Vorbestellung. Berühmt gute Küche mit hausgemachter Pasta wie *maltagliati* mit weißen Bohnen; *bolliti misti*, Kalbsbraten in Sangiovese. Menü ab 28 €.
Morsichino: Piazza degli Estensi/Roma 5, Tel. 059 24 34 82; Ruhetag Do. Unkompliziertes Lokal. 30 verschiedene *bruschette*, 40–120 cm lang, am Stück zu bestellen. Netter Jugendtreff mit Enoteca und Tischen auf der Piazza vor dem Palazzo Ducale. 40 cm lange Bruschetta ab 5 €, *piadine* ab 4,50 €.

Caffè dell'Orologio: Piazzetta delle Ova 4. Auch kleine, preiswerte Gerichte; schöne Lage an der heimeligen Piazzetta.
Caffeteria Giusti: Via Farini 83. Seit 1910 beliebt, mit **Bar.**
Caffè Concerto: Piazza Grande, im Palazzo Comunale, Tel. 059 22 22 32, tgl. 7–3 Uhr.

Reggio nell'Emilia und Módena

Salumeria – eine Augenweide

Mittagsbüfett (Menü mit Getränken um 15 €), Aperitif, **Abendrestaurant, American Bar** sowie So zum Brunch (15 €). Ab und zu Dichterlesungen und Konzerte.
Compagnia del Taglio: Via Taglio 12. Ruhetag So, sonst 10–2 Uhr. **Enoteca** mit Aperitif und kalten Platten (5,50–10 €).
Alle **Diskotheken** liegen außerhalb der Stadt; gute Musikgruppen in der kleinen Disco **Vox** in Nonántola nordwestl. der Stadt.

Gute Einkaufsmöglichkeiten in der **Via Emilia** und ihren Seitenstraßen (Mode, Kulinaria). Berühmte Feinkost-Metzgereien von **Fini** (Piazza San Francesco) und **Giusti** (Salumeria, seit 1605), Vicolo Squallore 6, direkt bei San Giorgio. Überall gibt es Aceto Balsamico tradizionale di Módena (*tradizionale* ist wichtig!), u. a. bei **Sapori e Saperi di Módena,** Via Santa Eufemia 22, und bei **Nonántola,** im Nordwesten Módenas (s. S. 331).

Carpi

Reiseatlas: S. 24, F 3
Die **Straße** Nr. 413 **von Módena nach Carpi** zählt in Teilen zu den schönsten der Provinz, gleicht einem grünen, sich schlängelnden Tunnel aus *carpine:* Hainbuchen mit großen schweren Blättern, über der Straße zusammengewachsen, im Wechsel mit Platanen.

Der Ruhm ihrer Strickwaren eilt Carpi voraus, doch seine Fabrikhallen sind außerhalb angesiedelt, geben 20 000 der mehr als 63 000 Einwohner Arbeit. 17 % der in Italien hergestellten Textilien stammen noch immer aus Carpi, trotz Rezession. Drei große (Carma, Fontana Pignati, Umberto Severi) sowie 1200 kleine Unternehmen haben die Stadt zu dem gemacht, was sie heute ist. Und diese im Grunde sanfte Industrialisierung hat dem schönen alten Zentrum nicht geschadet, es im Gegenteil mit neuem Leben erfüllt.

Carpi

Stadtbummel

Unglaublich wirkt die Weite der **Piazza dei Martiri,** mit 276 x 60 m einer der größten Plätze Italiens! Die Schmalseiten nehmen im Norden die ausladende Fassade der Kathedrale und im Süden der Portico del Grano mit dem Rathaus ein. Die östliche Breitseite bildet die fast monströse Ziegelfront der Festung, die man Palazzo Pio nennt, zusammen mit dem hübschen Teatro Municipale mit seinen kannelierten Säulen. Die gegenüberliegende lange Westseite wird eingenommen von nicht enden wollenden *portici*: 24 Bogen in Domnähe, ein höherer Bogen als Durchfahrt für die Via Guaitoli und nochmals 27 Bogen nach Süden, insgesamt auf 210 m Länge. Keine Frage, dass die Piazza dei Martiri auch eine der schönsten Italiens ist. Und das war wohl auch so geplant, als sich der intellektuelle Renaissancefürst Alberto Pio III (1475–1531) vornahm, hier einen Fürstensitz der Renaissance zu schaffen.

Im **Castello Pio** (Sa, So, Fei 10–12.30, 15.30–19 Uhr) mit diversen Sammlungen lernt man im **Museo Civico** u. a., dass die Stuckierung der Altartafeln in Carpi geboren wurde: Marmor war zu teuer, Imitate kamen in Mode, traten ihren Siegeszug in Richtung Toscana und Lombardei an. Ebenfalls dokumentiert wird, wie die Bauernfrauen Weiden zu feinen Zöpfen zu flechten und zu zarten Hüten oder Taschen zusammenzunähen verstanden. Eine Fertigkeit, die sie später für die Stoffbearbeitung nutzen konnten.

Ein Mahnmal gegen die Unmenschlichkeit der Kriege ist das **Museo del Deportato** (der aus politischen und rassischen Gründen Deportierten; Fr, Sa, So, Fei 10–13, 15–19, im Sommer 10–13, 16–20 Uhr) in einem Teil der Festung, in deren Innenhof man in Form von Stelen mit den Namen aller europäischen Orte des Grauens gedenkt.

Das Kleinod Carpis steht fast versteckt hinter dem Castello am Piazzale Re Astolfo: **Santa Maria in Castello** (Do 10–12, Sa, So auch 16.30–19 Uhr, im Sommer kürzer), liebevoll ›La Sagra‹ genannt. Will man der Legende glauben, ist sie Carpis älteste Kirche und Anlass für die Stadtgründung: Lango-bardenkönig Astolfo soll auf der Jagd seinen Falken aus den Augen verloren haben. Erst ein paar Tage später entdeckte er ihn auf einer Hainbuche *(carpine)*. Zum Dank für den wiedergefundenen Falken, der ihm sehr viel bedeutete, ließ Astolfo an jener Stelle eine Kirche bauen. Urkundlich wurde der Grundstein 751 gelegt, die Legende spricht von 752. Von der ersten Kirche ist gerade noch der Grundriss erhalten. 1184 wurde der zweite Bau eingeweiht, den allerdings Alberto Pio III 1514 um sage und schreibe 19 m kürzen ließ, um seinem festungsartigen Palast mehr Freiraum zu geben. Heute misst der Kirchenraum nur noch 8 m. Trotz dieser Verstümmelung ist die Kirche sehenswert, mit schönen Steinmetzarbeiten an den Apsiden außen, am weißmarmornen Sarkophag Manfredo Pios und an der Kanzel mit den vier Evangelistensymbolen von 1140 sowie zarten Freskenresten aus Romanik und Gotik (besonders schön: die restaurierten, giottesken Fresken in der Capella di Santa Catarina).

Qui Città: Via Berengario/Ecke Piazza dei Martiri, Tel. 059 64 92 13, Fax 059 64 92 40, www.carpidiem.it.

Da Giorgio: Via Giuseppe Rocca 1/3/5, Tel. 059 68 53 65, Fax 059 68 55 06, www.dagiorgiocarpi.it. Zentrales Stadthotel, 15 Zimmer. **Restaurant** (s. u.). DZ/ÜF 50–70 €.

Da Giorgio: s. o.; Ruhetag So Abend. Nettes Restaurant; reiches Vorspeisenbüfett, lange *primi*-Liste wie ausgebackener *gnocco*, *cappelletti in brodo* (kleine Teigtaschen in Brühe), gemischte Grillplatte inkl. Beilagen. Menü um 30 €.

Speziell Strickwaren in **Outlets** am Stadtrand (Infos bei Qui Città, s. o.).
Wochenmarkt: Do und Sa auf der Piazza.
Lambrusco, *der* Wein der Gegend, in vielen *enotece* und *cantine* z. B. der **Azienda Vitivinicola Pancaldi,** Via Griduzza 1/e (Mo–Sa 10–19 Uhr). Infos für den Einkauf von Käse, Aceto Balsamico, Marmeladen etc. über www.terrepiane.net.

Bologna und Umgebung

Reiseatlas S. 25, 31

Sie ist eine der schönsten Großstädte Oberitaliens, zu Recht *rossa, dotta e grassa* tituliert: ›Rot‹ steht für die Ziegeldächer und die Bauten aus roten Backsteinen – und die politische Richtung; ›gebildet‹ für die erste Universität des Kontinents; ›fett‹ für den fruchtbaren Boden um sie herum und für die hervorragende Küche.

Rot, gebildet und fett! – Letzteres könnte auch für das Betragen der Stadt stehen, sich seit Jahrhunderten wohlig im Erreichten zu räkeln. Das ist auch ihren Bewohnern (rund 373 500) anzumerken, die man zu den großen Genießern Italiens zählt. Und zu den meist konsequent links wählenden.

Wer das im Jahr 2000 von der Unesco zur Kulturhauptstadt erklärte Bologna endlich erreicht hat und ins Zentrum vordringt, wundert sich: Dies soll die geschäftige Wirtschaftsmetropole sein? Seinen mittelalterlichen Charakter hat das Herz der Stadt sich nämlich durch strenge Sanierungskonzepte wundervoll erhalten können, hat menschliche Dimensionen behalten dürfen. Und dass es auch bei schlechtem Wetter (oder gleißender Sonne) nicht ungemütlich wirkt, dafür sorgen die mehr als 40 km Bogengänge *(portici)*: Eng sind die mittelalterlichen Arkaden, aber hoch: Nach einer Bestimmung aus dem 13. Jh. musste die Höhe Ross und Reiter genügen, also mindestens 2,66 m betragen. Gebaut wurden die ersten Laubengänge, um den großen Zustrom von Studenten und entlassenen Leibeigenen aufnehmen zu können: Über den *portici* wurden dafür die oberen Stockwerke jeweils um die Tiefe der Bogengänge vergrößert.

Auffällig sind die dunkelroten Stoffrollos vor den Fenstern, die grünen, braunen oder grauen Fensterläden und die roten *(rosso bolognese)* oder ockerfarbenen Häuserfronten, wenn sie nicht nacktes Backsteinrot zeigen. Die Zeit weniger gut überdauert hat der bröckelnde Sandsteinschmuck an den meisten Ziegelfassaden. Schuld trägt der Smog über Bologna, den zu bekämpfen sich die Stadtverwaltung mithilfe von autofreien Zonen zum Ziel gesetzt hat – bereits mit einigem Erfolg.

Geschäftsleuten bietet Bologna eine ausgewogene Hotellerie. Von Messekunden allein lebt Bologna schon recht gut, gibt es doch im Jahr mindestens sieben internationale Veranstaltungen (Schuhe und Delikatessen, Kosmetik, Kinderbücher und Keramik, Motorshow im Dezember und vor allem die Mustermesse im Juni) sowie mehr als ein Dutzend sporadische Messen.

Freunde Lukullus' lassen sich von Bolognas Restaurants gerne verführen, auch wenn die Pastasauce *à la bolognese* nicht jedermanns Geschmack sein mag! Serviert wird in nüchtern-modernen Hallen oder eng-heimeligen historischen Gebäuden, oft mit begrünten, nach Rosen duftenden Innenhöfen.

Außerhalb der Metropole locken das kastellbewachte, bemalte Dozza mit Schlemmerlokalen und Enoteca sowie das benachbarte Imola mit der Formel-1-Rennstrecke.

Bologna

Cityplan: S. 336

Die Regionalhauptstadt der Emilia Romagna lässt sich wunderbar zu Fuß erkunden: Die Altstadt innerhalb des ersten Mauerrings ist fast durchgehend Fußgängerzone. In der Mitte liegt die Piazza Maggiore, umgeben von den ältesten und vielleicht fotogensten Architekturdenkmälern der Stadt. Um einen so großen Platz zu gewinnen, wurden allein acht kleine Kirchen abgerissen, von den vielen mittelalterlichen Häusern ganz zu schweigen. In Erwartung des neuen Jahres versammeln sich die meisten Bolognesi am 31. Dezember ab 22 Uhr auf ihrem Lieblingsplatz zu einem großen Fest, das von der Stadt finanziert wird: Die Glocke des Arrengo-Turmes läutet, wie bei allen Festlichkeiten, die im ›Salon‹ Bolognas gefeiert werden, Sektkorken knallen. Hier findet am 14. August auch das Festival Canzone Emiliano statt, zum Gedenken an das Bombenattentat am Bahnhof, das am 2. August 1980 nicht nur Bologna erschütterte.

Piazza Maggiore

An der von Arkadenbogen umgebenen Piazza Maggiore nimmt die wichtigste Kirche der Stadt fast ihre gesamte Südseite ein: nicht der Dom, der fast versteckt in der Via Indipendenza um die Ecke zu finden ist, sondern **San Petronio** [1] mit seiner im oberen Bereich unvollendeten Backsteinfassade; nur das untere Drittel der Fassadenhöhe ist marmorverkleidet.

An der dreischiffigen Kirche (1390–1673) hat man aber sonst nicht gespart, große Künstler wie der Toscaner Jacopo della Quercia (Portalskulpturen 1425–38) und Giovanni da Módena (in der Kapelle des reichen Seidenhändlers Bolognini: die ›Reise der drei Könige nach Bethlehem‹, vierte Kapelle links, 1420) wurden für die aufwendigste gotische Ausstattung einer Kirche in Italien verpflichtet. Eine raffinierte Sonnenuhr kann hier außerdem bewundert werden: Im linken Seitenschiff kurz vor der Vierung öffnet sich ein kleines Loch zum Himmel. Bei entsprechendem Stand der Sonne fällt ihr stark gebündelter Strahl diagonal durch das Seitenschiff zum Boden und gleitet nach Westen entlang einer Messingschiene, beleuchtet, je nach Tages- und Jahreszeit, die in den Fußboden eingelassenen Tierkreiszeichen. Es ist, als ob sich die Zeit materialisiere …

Neben San Petronio steht der geradezu zierliche gotische **Palazzo dei Notai** [2],

Mit der Autorin unterwegs

In Bologna nicht verpassen!
San Petronio: die Lieblingskirche der Bolognesi, dem Stadtpatron geweiht (s. links).
Musei del Palazzo Comunale: großartige Sammlungen im Rathaus (s. S. 337).
Teatro Anatomico: der gruselig-schöne Anatomiesaal der ersten Universität Italiens (s. S. 337).

Einkaufsstadt Bologna
Größte Verführerinnen sind die **Via Rizzoli** zwischen Piazza Maggiore und den beiden schiefen Türmen, die **Galleria Cavour** sowie die längste der Stadt, die **Via dell'Indipendenza.** Bolognas ›Magneten‹ sind Kleidung und Schuhe, aber auch Schmuck und Design. Kaum ein berühmter Name fehlt. Im Süden der Piazza Maggiore dehnt sich die autofreie **Via d'Azeglio** mit Buchläden und Spielwarengeschäften, Galerien und Bars aus. Für Feinschmecker-Einkäufe gibt es ein ganzes Stadtviertel: die Fußgängerzone der **Via Pescherie Vecchie** und ihre Nebengassen, der sogenannte **Mercato di Mezzo.**

Dozza mit Enoteca Regionale
Das **bemalte Dorf** mit einer großartigen Enoteca im trutzigen Castello (s. S. 342f.).

Schlemmen in Dozza
Einkehren in einer der **kulinarischen Oasen** der Festungsstadt (s. S. 342f.).

Formel-1-Rennen in Imola
Die Rennstrecke überhaupt (s. S. 343)!

1287 bis 1442 Sitz der Notare von Bologna, aber in der heutigen Form im 14./15. Jh. entstanden. Im zweiten Obergeschoss deuten die großen Biforienfenster bereits an, dass sich dahinter der Prachtsaal befindet (privat).

Die gesamte Westseite des Platzes nimmt der immense, in den ältesten Teilen festungsgleiche Rathauskomplex des **Palazzo Comunale** [3] ein, auch Palazzo d'Accursio

Bologna und Umgebung

Bologna: Cityplan

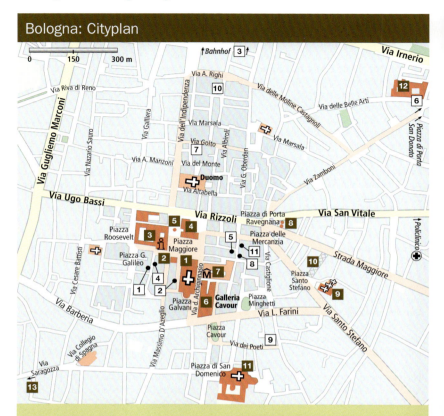

Sehenswürdigkeiten
1. San Petronio
2. Palazzo dei Notai
3. Palazzo Comunale
4. Palazzo di Rè Enzo
5. Nettuno
6. Palazzo dell'Archiginnasio
7. Museo Civico Archeologico
8. Torre Garisenda
9. Santo Stefano
10. Corte Isolani
11. San Domenico
12. Pinacoteca Nazionale
13. Santuario di San Luca

Übernachten
1. Al Capppello Rosso
2. Dei Commercianti
3. AC10 Bologna
4. Roma
5. Albergo delle Drapperie
6. Ostello della Gioventù Due Torri

Essen und Trinken
7. Franco Rossi
8. Trattoria Gianni
9. Osteria de'Poeti
10. Trattoria al Biassanot
11. Tamburini

Bologna

genannt. Der im 13. und 14. Jh. errichtete Palast mit der großen bronzenen Statute von Papst Gregor XIII. an der Fassade wurde hervorragend restauriert. Von oben genießt man eine grandiose Aussicht auf die Piazza Maggiore. Das Obergeschoss ist quasi der museale Teil des Palastes, denn hier befinden sich zwei bedeutende Sammlungen: die **Collezioni Comunali d'Arte** (Städtische Kunstsammlungen, Di–Fr 9–15, Sa, So, Fei 10–18.30 Uhr) und das **Museo Morandi** (Di–Fr 9–15, Sa, So, Fei 10–18.30 Uhr, Eintritt frei, www.museomorandi.it), benannt nach dem Bologneser Maler, der seine Sammlung der Stadt vermacht hatte.

In der Mitte des Doppelplatzes Maggiore/Nettuno steht der hübsche Gebäudekomplex des **Palazzo di Rè Enzo** 4 (1244/46), in dem 1249 bis zu seinem Tod 1272 Renzo, der illegitime Sohn Kaiser Friedrichs II., gefangen gehalten wurde. Durch Abriss eines Gebäudes 1440 konnte der Palast mit dem **Palazzo del Podestà** (13. Jh.) mit Loggia und Freitreppe im Innenhof verbunden werden. Markant sind der hohe Turm und die Schwalbenschwanzzinnen ringsum. Wechselnde Ausstellungen ermöglichen den Besuch.

Davor steht auf der Piazza Nettuno, dem kleineren Part der Piazza Maggiore, der kraftvolle bronzene **Nettuno** 5 von Giambologna, sein Meeresgott Neptun. Er gilt zusammen mit den beiden schiefen Türmen (s. u.) als das Wahrzeichen Bolognas.

Hinter der Ostflanke der Piazza Maggiore verbirgt sich in den **Vecchie Pescherie** und ihren Nebengassen Bolognas ›Bauch‹.

An der Piazza Galvani

An der Chorseite von San Petronio beginnt die lang gestreckte Piazza mit dem Denkmal für den Bologneser Physiker Luigi Galvani, der Ende des 18. Jh. u. a. das nach ihm benannte Galvanisieren per Elektrolyse entdeckte.

Die Ostseite des hübschen Platzes nimmt der lang gestreckte **Palazzo dell'Archiginnasio** 6 (Mo–Fr 9–18.45, Sa bis 13.45 Uhr) ein, in der Renaissance (16. Jh.) als Folgebau der mittelalterlichen Universität errichtet. Ein prachtvoller Gebäudekomplex, in dem die **Biblioteca Comunale** eingerichtet wurde, eine der großartigsten und umfangreichsten Sammlungen von Handschriften. Die Immatrikulationsbücher sind seit 1289 erhalten und beweisen die Internationalität der Lehranstalten Bolognas, die sich zunächst auf die Jurisprudenz spezialisiert hatten. Mit allen Fakultäten und rund 60 000 Studenten ist sie eine der großen Universitäten Europas.

Der Innenhof des alten Universitätsgebäudes ist im Sommer der heimelige Rahmen für *Bologna sogna,* ›Bologna träumt‹: Serenaden und Konzerte im kleinen Rahmen, um die sich die Bologneser reißen.

Zwei Treppen führen im Innenhof hinauf: rechts für die *Legisti*, die Juristen im zivilen und kanonischen Recht, links für die *Artisti*, Studenten der schönen Künste. Besucher kommen über die Treppe der *Artisti* zum **Teatro Anatomico,** dem berühmten, mit Holz verkleideten Anatomie-Vorlesungssaal aus dem 17. Jh. Am 29. Januar 1944 sprengte eine Bombe die Uni in die Luft, der Anatomiesaal wurde in Schutt und Asche gelegt. Mühsam war die Arbeit der Restauratoren, aber sie hat sich gelohnt! Von besonderer Eindringlichkeit sind die beiden Holzfiguren rechts und links der Kanzel: enthäutete Menschengestalten, an denen man genau Muskeln, Sehnen, Nerven erkennen kann.

Die **Via dell'Archiginnasio** wirkt im Erdgeschoss, auch vor der alten Universität, wie eine Aneinanderreihung von Schatzkästen: Nobelgeschäfte und Boutiquen in schönen, blank geputzen Holzrahmen.

Neben dem Universitätspalast steht Richtung Piazza Maggiore das **Museo Civico Archeologico** 7 (Di–Fr 9–15, Sa, So, Fei 10–18.30 Uhr), das Archäologische Museum. Es besitzt u. a. eine der größten Sammlungen von Funden aus der Villanova-Kultur, also von den Vorgängern der Etrusker. (Villanova ist ein Vorort von Bologna, wo zum erstenmal die nach ihm benannte Kultur spatenweise ans Tageslicht gebracht wurde.)

Rund um die schiefen Türme

An der Piazza Ravegnana erheben sich die beiden schiefen Türme Bolognas (1109–19).

Bologna und Umgebung

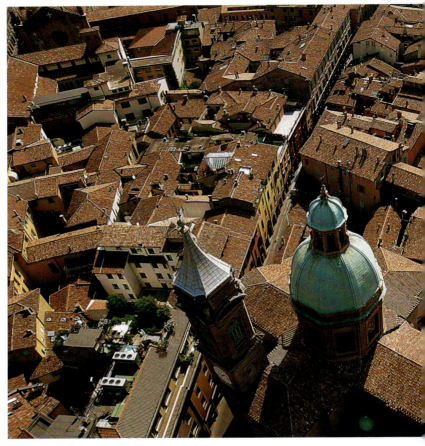

Das ›rote‹ Bologna aus der Vogelperspektive

Sie neigen sich aufeinander zu, als suchten sie aneinander Halt. 97,6 m hoch ist die **Torre Asinelli** mit einer Neigung von 1,2 m, nur 47 m hoch die **Torre Garisenda** 8, die sich bereits beim Bau zu neigen begann, weshalb sie nach etwa 200 Jahren gekürzt wurde und jetzt eine Neigung von 3,2 m aufweist. Von solchen Geschlechtertürmen soll es in Bologna im Mittelalter an die 500 gegeben haben, heute sind noch weitere 20 im Stadtkern zu sehen. Wer gut zu Fuß ist, kann die Torre Asinelli erklimmen: über etwa 500 Stufen! Er wird mit dem grandiosesten Rundblick über ganz *La Rossa* belohnt (tgl. 9–17/18 Uhr).

Rund um die Piazza Santo Stefano

Hinter den schiefen Türmen beginnt an der **Piazza della Mercanzia** mit dem alten Handelspalast die mittelalterlich-enge Via Santo Stefano, die sich erst an der dreieckigen Piazza Santo Stefano weitet. Jedes zweite Wochenende findet dort bis weit in die benachbarten Gassen hinein ein gut besuchter Anti-

Bologna

in den letzten Jahren in Bologna gebildet, die sich um erhaltenswerte historische Bausubstanz kümmern und etwa Paläste zu Hotels umbauen oder die *corti,* Innenhöfe von Wohnblöcken, miteinander zu Passagen verbinden. Ein besonders schönes Beispiel ist der **Corte Isolani** 10, der sich hinter dem Palazzo Bolognini an der Piazza Santo Stefano versteckt. Aus mehreren mittelalterlichen und Renaissancegebäuden mit ihren Höfen entstand eine wunderschöne ›Pausenecke‹ mit Cafés und Geschäften, die sich bis zur römischen *Via Emilia,* der heutigen Strada Maggiore, hinzieht.

San Domenico

Im Süden des historischen Kerns gehören die *portici,* die die **Via Castiglione** ab der Ecke Via Farini in Richtung Porta Castiglione säumen, sicherlich zu denen, die man sich unbedingt anschauen sollte. Ein besonders schöner Abschnitt der 35 km Arkadengänge, zuzüglich den 5 km hinaus zur Madonna di San Luca (s. S. 340), die Bologna sein eigen nennt.

Schnell ist man südlich der Via Farini beim Kloster San Domenico an der gleichnamigen Piazza. Am 25. Juli 1256 proklamierte der Rechtsgelehrte Rolandino de Passegeri, dessen Grabmahl neben der Kirche steht, die ›Legge Paradiso‹: das Gesetz zur Befreiung der Sklaven. 1632 wurde die bronzene San-Domenico-Statue auf hohem Sockel vor der Kirche aufgestellt, segnend scheint er über dem ruhig wirkenden Platz zu schweben. Dem Gründer des gleichnamigen Ordens, der in Bologna am 6. August 1221 starb, wurde bereits 1226 eine spätromanische Kirche errichtet. Innen schon gotisch, wurde **San Domenico** 11 (tgl. 8–12.30, 15.30–18.30 Uhr) dann im 18. Jh. von Francesco Dotti barockisiert. Die größte Kostbarkeit ist das Grabmal des Heiligen: Die Reliefs des Marmorsarkophages schufen keine Geringeren als Nicola Pisano und Arnolfo di Cambio, Fra Guglielmo und der jugendliche Michelangelo.

quitätenmarkt statt – eine schönere Kulisse hätte man kaum finden können: die reich verzierten Renaissancepaläste der wohlhabendsten Senatoren der Stadt und der mehrteilige Kirchenkomplex von **Santo Stefano** 9. Seit alters her ist dies *der* heilige Platz Bolognas. Zuerst stand hier ein Tempel der Göttin Isis, heute besteht der Bereich aus fünf Kirchen, durch die man sich einen ruhigen Gang gönnen sollte (9–12, 15.30–18 Uhr).

Mehrere Kooperativen aus Denkmalpflegern, Architekten und Geldgebern haben sich

Pinacoteca Nazionale

An der Via delle Belle Arti Richtung Porta San Donato befindet sich ganz im Nordosten des

Bologna und Umgebung

Altstadtkerns Bolognas Pinakothek 12 (Di–So 9–19 Uhr), die als eine der reichsten Europas gilt. Ihr Schwerpunkt ist natürlich die Bologneser Malerei vom 13. bis 18. Jh.; aber auch andere bedeutende italienische Meisterwerke sind zu sehen wie von Giotto und Raffael.

Santuario di San Luca

Derselbe Dotti, der San Domenico barockisierte, baute 1674 den fast 5 km langen Bogengang nach Südwesten auf die Ausläufer des Tosco-Emilianischen Apennin zu: 660 Bogen bis in 298 m Höhe zum Zentralbau der Wallfahrtskirche 13 (Okt.–Feb. 7–12.30, 14.30–17, März bis 18, April–Sept. bis 19 Uhr, So, Fei durchgehend). Trockenen Fußes bei Regen und im Schatten bei Sonnenschein gelangen die Bolognesi hierher. Die weithin sichtbare Kirche wurde 1723 über dem bereits vorhandenen Heiligtum aus dem 11. Jh. errichtet.

Schön von hier oben: der Blick auf die Metropole und über sie hinweg bei klarem Wetter bis ans Meer und in entgegengesetzter Richtung auf die Bergkette des Apennin.

IAT: 40124 Bologna, Piazza Maggiore 1/Palazzo del Podestà, Tel. 051 24 65 41, Fax 05 16 39 31 71, www.comune.bologna.it/IAT. **Informationsbüros** am Bahnhof und am Flughafen. Für die Provinz: **Assessorato al Turismo,** www.provincia.bologna.it.

Al Cappello Rosso 1: Via de'Fusari 9, Tel. 051 26 18 91, Fax 051 22 71 79, www.alcappellorosso.it. Saniertes historisches Haus mit 33 Zimmern, z. T. hübschen Mansarden; ohne Halle. DZ/ÜF ab 220 €.
Dei Commercianti 2: Via Pignattari 11, Tel. 05 17 45 75 11, Fax 05 17 45 75 22, www.bolognarthotels.it. Ein Juwel unter Bolognas Hotels, in Palast des 13. Jh., Himmelbetten, 32 komfortable Zimmer, 22 Suiten mit Blick auf San Petronio. Garage. DZ/ÜF 195–350 €.
AC Bologna 3: Via Sebastiano Serlio 28, Tel. 051 37 72 46, Fax 051 37 70 78, www.achotels.com. Supermodern am Stadtrand Richtung Messe. 125 komfortable Zimmer, 2 Suiten. **Restaurant;** Garage. Minibar/Bar (alkoholfrei) in der Halle kostenlos! DZ/ÜF ab 165 €.

Roma 4: Via d'Azeglio 9, Tel. 051 22 63 22, Fax 051 23 99 09, www.hotelroma.biz. 86 z. T. sehr schön renovierte Zimmer in freundlichem Stadthotel, 5 Suiten (große Bäder). **Restaurant;** Garage. DZ/ÜF 160–170 €.
Albergo delle Drapperie 5: Via delle Drapperie 5, Tel. 051 22 39 55, Fax 051 23 87 60, albergodelledrapperie@libero.it. Kleines Hotel im ›Bauch‹ Bolognas, Jugendstilpalazzo (1.–4. Stockwerk, Aufzug ab der ersten Etage). 21 komfortable Zimmer. DZ/ÜF 85, zu Messezeiten 145 €.
Ostello della Gioventù Due Torri – San Sisto und San Sisto 6: Via Viadagola 5 bzw. 14, 40127 San Sisto/Bologna, Tel./Fax 051 50 18 10. Zwei gepflegte Jugendherbergen etwa 6 km nordöstlich vom Bahnhof Bologna, Busanbindung. San Sisto in renovierter Villa (31 Betten), Due Torri San Sisto in einem modernen Gebäude (85 Betten). Bett/ÜF 15,50–18 €, Mahlzeit (nur für Gruppen) 9,50 €.

Franco Rossi 7: Via Goito 3, Tel. 051 23 88 18; Ruhetag So (außer Feb.–Mai und Sept.–Dez./Messezeiten). Gemütliches kleines Restaurant in schön saniertem, historischer Ecke; verfeinerte lokale Küche (Fleischgerichte, hausgemachte Pasta), persönlicher Service durch den polyglotten Franco Rossi. Menü ab 30 €.
Trattoria Gianni 8: Via Clavature 18, Tel. 051 22 94 34; Ruhetag So. Winzige Trattoria, freundlich, tagsüber etwas hektisch. Hervorragende Küche, große Portionen; *crostini misti, tagliatelle al ragù, gnocchi di zucca;* überbackene Kutteln mit weißen Bohnen, Schweinefilet in Schinken-Kraut-Kleid. Menü ab 32 €.
Osteria de'Poeti 9: Via De'Poeti 1/b, Tel. 051 23 61 66; Ruhetag Mo, sonst 9.30–3 Uhr, z. T. auch Musik. Kellerlokal (17. Jh.) mit nettem Gewölberaum; Kamin. Hausgemachte Pasta, gefüllte *triangoli* (Pastadreiecke), gegrillte Lammspieße. Menü ab 20 €.
Trattoria al Biassanot 10: Via Piella 16, Tel. 051 23 06 44; Ruhetag So. Einladende Trattoria in 2 Räumen, auch Tische unter den Arkaden. Lamm in Weißwein, Wildschwein mit Polenta, *tortelli al brodo* (in Brühe aus Huhn,

Bologna

Genüssliches Ausruhen in den netten Arkadencafés

Kalb und Kalbsknochen), hausgemachtes Eis. Schönes Degustationsmenü 25 €, sonst 25–30 €.
Tamburini 11: Via Caprarie 1, Tel. 051 23 47 26; Ruhetag So. SB-Imbiss in historischer Metzgerei mit Delikatessladen. Frische Pasta, Salate, Wurst und Käse, Aufschnittplatten. Mittags je Gericht 5–7 €, Aufschnitt 7–9 €.

Caffè della Galleria: Galleria Cavour, edel und teuer; beliebter Treff bis spät in die Nacht.

Bologna und Umgebung

Caffè Zanarini: Piazza Galvani/Ecke Via Farigi; tgl. 7–22 Uhr. Seit 1930, jetzt supermodern mit Onyx-Theke. Aperitif mit Büfett.
Il Caffè della Corte: Corte Isolani 5/b; Ruhetag So. Einladendes Café in der Passage.
Im **Studentenviertel** entlang der Via Zamboni und westlich davon bis zur Via Righi zahlreiche Kneipen, die kommen und gehen … Schon länger dabei sind:
The Irish Times Pub: Via Zamboni 18/b; Mo–Fr ab 12, Sa, So 14.30–2 Uhr. Irischer Pub wie aus dem Bilderbuch.
Musikveranstaltungen, Jazz u. a. z. B. im **Al Chet Baker Jazz Club** (Via Polesine 7) oder im **Blue Inn Café** (Via dei Fornaciai 9).

 Bologna sogna (›Bologna träumt‹): im Sommer, Serenaden und Konzerte im Innenhof der Universität.
Novena Petronio: 25. Sept.–5. Okt.; Patronatsfest für San Petronio.
Neujahrsfest: Silvester ab 22 Uhr riesiges Fest auf der Piazza Maggiore mit Musik und Feuerwerk.

Flughafen Marconi 6 km nordwestl. der Stadt gelegen; gute Busanbindung, Taxi.
Bahnknotenpunkt auf den EC-Strecken (ca. alle 2 Std.) zwischen Mailand und Venedig sowie über Verona nach Bozen, zum Brenner, nach Innsbruck und München.

Unterwegs in Richtung Adria

Dozza

Reiseatlas: S. 31, A 2
An der römischen Heeres- und Handelsstraße, der **Via Emilia** (lat. *Aemilia),* standen etwa alle 30 km wichtige Militärstationen, die heute in florierenden Städten und Städtchen ihre Nachfolge gefunden haben. Fährt man von Bologna die Via Emilia parallel zur Autobahn nach Südosten, ragt rechter Hand kurz vor Imola auf grünem Hügel die Burg von Dozza aus der Ebene. In der schön restaurierten **Rocca Sforzesca** (13.–15. Jh.) mit zwei wuchtigen Rundbastionen wurde im Untergeschoss die **Enoteca Regionale Emilia Romagna** untergebracht, wo man in sehr schönem Rahmen die guten Weine der Region probieren und kaufen kann. Außerdem befindet sich in den Obergeschossen die **Pinacoteca,** in der u. a. die abgenommenen Fassadenbilder bedeutender Künstler zu sehen sind (beide Di–Sa 10–12.30, 15–17/18.30, So, Fei 10–13, 15–18/19.30 Uhr).

Hinter dem Tor gegenüber der Festung versteckt sich ein zauberhafter mittelalterlicher Ort mit sanierten Gassen, den Künstler für sich entdeckt haben. Die meisten Gebäude sind mit fantasievollen Malereien geschmückt (s. auch S. 343). Das hat neues Leben ins Dorf gebracht. Und noch etwas hat Dozza entdeckt: Dass man mit guten Restaurants zumindest Italiener für die Wochenenden aufs Land locken kann. Urlauber tun gut daran, auf die Wochentage auszuweichen.

Fondazione Dozza Città d'Arte: 40050 Dozza (BO), Rocca, Tel. 05 42 67 82 40, www.comune.dozza.bo.it.

Cané: Via XX Settembre 27, Tel. 05 42 67 81 20, Fax 05 42 67 85 22, www.ristorantecanet.net; Jan. geschl. Freundliches Hotel in Panoramalage im Dorf. 12 ordentliche Zimmer. **Restaurant** (s. u.). DZ/ÜF 96 €.

La Scuderia: Piazza Rocca, Tel. 05 42 67 81 03; Ruhetag Di. Einladendes Restaurant in den früheren Stallungen (noch Originaleinrichtung) der Festung, mit Veranda. Fleisch vom Holzkohlengrill, handgemachte Pasta (mit dem Wellholz), Dinkel vom Apennin; an der Bar auch Kleinigkeiten wie *piadine* und Aufschnitt. Menü inkl. Wein 15–30 €.
Cané: s. o. Gepflegtes, bekannt-gutes Restaurant in herrlicher Panoramalage; Wintergarten, große Terrasse; Ruhetag Mo, Jan. geschl. Diverse Antipasti und *misto di bruschette, tagliatelle al ragù,* Lammkotelett, Grillgerichte. Menü um 30 €.
Piccola Osteria del Borgo: Via XX Settembre 19, Tel. 05 42 67 82 00, www.osteria

Unterwegs in Richtung Adria

dozza.it, Ruhetag Mo, sonst 7–24 Uhr. Osteria mit dunklen Tischen; kleine Terrasse, Enoteca. Kunst an den Wänden, Platz für Livemusik. Wenige Gerichte, z. T. hausgemachte Pasta, *crostini, piadine,* Aufschnittplatten. Menü 16–20 €.

 Frühlingsfest: im April, mit kulinarischen Veranstaltungen.
Sagra dell'Albana (für den Albana-Wein): 1. Juni-So.
Biennale del Muro Dipinto (der bemalten Mauer): in den ungeraden Jahren (2009, 2011 etc.) etwa Mitte Sept. 3 Tage lang (Fr–So), mit Beteiligung italienischer wie ausländischer Künstler.

Imola

Reiseatlas: S. 31, A/B 2

»Das Irrenhaus Italiens« hieß Imola, bis man 1978 im ganzen Stiefelland begann, die geschlossene Psychiatrie abzuschaffen. Fünf ›Irrenanstalten‹ prägten das Leben der Stadt (»Du gehörst nach Imola«, sagt man noch heute, wenn man jemanden für verrückt erklären will). Stadt des Rennsports – das hören die Imoleser schon lieber und sind stolz auf die Formel-1-Rennstrecke vor ihren Toren. Wenn am ersten Maisonntag im **Autodromo Enzo e Dino Ferrari** das Rennen ›Großer Preis von San Marino‹ läuft und schon eine Woche vorher Rennsportbegeisterte zum Proberennen kommen, ist im großen Umkreis kein Zimmer frei, die 65 800-Einwohner-Stadt steht einfach Kopf. Und die im September stattfindende Ersatzteilmesse für Oldtimer gleicht eher einem Volksfest denn einem Markt.

Imola hat sich außerdem zu einem wichtigen Agrarzentrum entwickelt, das in der Umgebung angebaute Obst wird hauptsächlich nach Deutschland exportiert. Die Industrie lebt von kleinen und mittleren Betrieben, abgesehen von der großen Cognitex, die Maschinen und Geräte für die Stoff- und Modeindustrie herstellt. Haushalts- und Industriekeramik haben eine mehr als 120-jährige Tradition, Möbelherstellung (Castelli), Erdbaumaschinen, elektrische Kabel und mechanische Werkzeuge sind wichtige Produktionszweige, wie auch die Dentalgeräte – und der Wein.

Blitzblank sind die Straßen des historischen Stadtkerns, wo Altes ebenso gehütet wird wie die etwas unpassend hinein gequetschten Bauten des Faschismus, die Alte Apotheke von 1763 im früheren Bischofspalast ebenso wie die Patrizierhäuser des 15. Jh.

Die wuchtige **Rocca** (1250) begrüßt einen schon vor den Toren der Stadt. Die **Sammlungen** (meistens Sa, So zugänglich) zeigen u. a. Porträts und Familienbilder der bedeutendsten Burgbesitzer wie Pirro und Emilio Malvezzi, außerdem Originalmöbel (16./17. Jh.); der Gesamtkomplex ist heute ein Schmuckstück, in dem sommers manchmal Freiluftkonzerte stattfinden.

IAT: Via Mazzini 14/16, Tel. 05 42 60 22 07, Fax 05 42 60 23 10, www.comune.imola.bo.it.

Donatello Imola: Via Rossini 25, Tel. 05 42 68 08 00, Fax 05 42 68 05 14, www.imolahotel.it. Freundliches Haus in ruhiger Wohngegend südlich vom Zentrum. 150 geräumige Zimmer; **Restaurant**, Parkplatz. DZ/ÜF 90–180 €.
Moderno: Via XX Settembre 22, Tel. 054 22 31 22, Fax 054 22 30 92, alessandromorigi@virgilio.it; je 1 Woche Jan./Aug. geschl. Einfaches Stadthotel im Zentrum, ruhig. 7 Zimmer. **Restaurant** (s. u.). DZ/ÜF 65–80 €.

Moderno: s. o.; Ruhetage So Abend, Mo Mittag. Kleines Restaurant, lokale Küche, *tagliatelle* mit Schinken und Steinpilzen, mit *radicchio rosso* gefüllte *mezzelune* (Halbmonde), gebackene Kalbshaxe. Menü 20–30 €.

Bacchilega: Via Emilia 167/Piazza Matteotti; Ruhetag Mi, sonst 6–24 Uhr. Historisches Café mit eigener Konditorei.
Caffè della Rocca: gegenüber der Rocca; Jan./Feb. geschl., sonst tgl. 7–24, im Sommer bis 2 Uhr. Rocca-Blick, Aperitifs mit Büfett ab 18 Uhr. **Livemusik, Jazzkonzerte etc.**

Von Faenza bis zur Adria

Reiseatlas S. 31–32

Faenza lockt den Gast mit feinen Keramiken, Ravenna gilt als bedeutendste Fundstätte der von Byzanz beeinflussten Mosaiken, im Tosco-Emilianischen Apennin laden sehr eigenständige Städtchen wie Brisighella mit seiner ›Eselgasse‹ ein. Und an der Adria führen Rimini, Riccione, Milano Maríttima und Cesenático die Riege der Badeorte an.

Wie mit dem Lineal gezogen setzt sich die Via Emilia nach Südosten fort, rückt dabei immer näher an den Tosco-Emilianischen Apennin, bis sie mit Rimini die Adria erreicht. Faenza, die Stadt der feinen Keramik, gehört zur Provinz Ravenna. Die Hauptstadt ganz im Nordosten nahe dem Meer ist berühmt wegen ihrer byzantinischen Mosaiken. Zur Provinz gehört im Süden ein wunderschönes Stück des Apennin mit einem so zauberhaften Städtchen wie Brisighella.

Die Doppelprovinz Forlì-Cesena dürfte eine der bescheidensten der Region sein. Sie besitzt im Tosco-Emilianischen zwar ein recht großes Gebiet, das die Toscana-Grenze erreicht, und das hübsche Bertinoro mit seiner Friedenssäule, an die sich früher Besucher des Ortes sozusagen anzumelden pflegten. Aber zum großen Leidwesen der Provinzverwaltung und zum Schaden der lokalen Wirtschaft ist Forlì-Cesena als Badeort nur Cesenático geblieben. Rimini (mit Riccione und Cattólica) hat sich als eigenständige Provinz absplitten können. Nun bieten Rimini & Co. *den* Adriastrand schlechthin.

Auf dem Weg zur Küste

Faenza
Reiseatlas: S. 31, B 2
Dass Faenza (54 000 Ew.) für die zartesten Fayencen steht, verrät schon der Name. Hier wird keine Billigware hergestellt; wer echte Keramik aus Faenza erstehen möchte, sollte lieber nur ein einziges, dafür aber besonders schönes Stück erwerben. Wie die feine Keramik von Faenza hergestellt wird, zeigen einige Werkstätten im historischen Stadtkern. Zu den wichtigen Industrien der Stadt gehören ferner Türschlösser, Strumpfhosen und technologische Bauteile aus Keramik; doch an erster Stelle steht noch immer die Landwirtschaft. Arbeitslosigkeit ist hier fast ein Fremdwort, man schätzt sie auf ca. 2 %, in der gesamten Emilia Romagna sind es ohnehin nur 5 %, gilt sie doch auch deshalb als die fleißigste Region Italiens.

Mit dem Wiederaufbau der Stadt nach dem Zweiten Weltkrieg hat man sich große Mühe gemacht. Sie gehört wieder zu den stillen Schönen der Region. Cafés und Restaurants haben sich in alten Kellergewölben oder restaurierten Palazzi eingenistet, man kann hier die wirklich typische Küche der Romagna kosten. Faentiner lieben die Gemütlichkeit und laden dazu ein, es ihnen gleichzutun.

Die **Piazza del Popolo** und in ihrer nördlichen Verlängerung die **Piazza della Libertà** (auch ›delle Erbe‹ genannt) sind lang gestreckt und arkadengeschmückt, ein richtiger ›Salon‹. Fast alles, was von kunsthistorischer Bedeutung ist, steht hier: **Monumentalbrunnen** (1621) und **Dom** (1474–1511), **Loggia degli Orefici** und Uhrturm am Rathaus, der alten Residenz der Manfredi (**Palazzo del Podestà**, 13. Jh.), auch **Theater** (1780–85) und **Palazzo Laderchi** (1780–90). Die kulturelle Tradition (Musik, Theater, Kunsthandwerk) wird in Faenza seit Jahrhunderten ge-

Auf dem Weg zur Küste

pflegt und brachte der Stadt den Beinamen ›Athen der Romagna‹ ein.

Das **Museo Internazionale delle Ceramiche** (Nov.–März Di–Do 9.30–13.30, Fr–So, Fei 9.30–17.30, April–Okt. Di–So, Fei 9.30–19 Uhr) am Viale Baccarini Richtung Bahnhof ist eines der schönsten und auch modernsten Keramikmuseen, obwohl es seit 1908 besteht. Ein Ende der Ausbauphase ist kaum abzusehen. Denn mit jedem internationalen Wettbewerb **(Concorso Internazionale della Ceramica d'Arte Contemporanea)**, der alle zwei Jahre – 2009, 2011 etc. – ausgetragen wird, kommen noch mehr zeitgenössische Kunstwerke hinzu. Der Rundgang beginnt bei präkolumbianischen Keramiken, geht über die klassische Antike, über Fernost und Orient zur Entwicklung der Keramik in Faenza vom Spätmittelalter bis zur Renaissance. Didaktisch hervorragend aufbereitet, beschäftigt sich das Museum auch mit der Gegenwart.

Eine weitere Sehenswürdigkeit von Rang ist der **Palazzo Milzetti** in der Via Tonducci 15 (Mo 8.45–13.30, Di–Sa auch 14.15–16.30 Uhr). Er gilt als das beste Beispiel des Neoklassizismus in der Emilia Romagna überhaupt. Erstmals wird hier in der Innenarchitektur ausgiebig mit der Perspektive gespielt. Dennoch wirkt der Palast sehr wohnlich, hat intime Ecken wie ein *Gabinetto d'Amore* oder den mit pompejanischer Malerei auf schwarzem Grund dekorierten Vorraum des Badezimmers, außerdem ein Schlafzimmer mit gemalten Vorhängen und Putten.

Pro Loco: Piazza del Popolo 1, 48018 Faenza (RA), Tel./Fax 054 62 52 31, www.prolocofaenza.it.

Vittoria: Corso Garibaldi 23, Tel. 054 62 15 08, Fax 054 62 91 36, www.hotel-vittoria.com. Zentrales Stadthotel in Jugendstilpalazzo. 49 unterschiedliche, z. T. renovierte Zimmer. **Restaurant** mit Innenhof; Garage. DZ/ÜF Fr–So 86, Mo–Do 165 €.
Ca'd'Arte: Via Firenze 145, Tel./Fax 054 62 13 78, www.cadarte.it. 1 km vom Zentrum, Villa der Keramikkünstlerin Susanna Vassura,

Mit der Autorin unterwegs

Strada del Sangiovese
Ein handliches Heft mit Dutzenden von Adressen entlang der **Weinstraße** südlich von Faenza sollte auf der Reise im Gepäck sein: Kellereien mit Probierstube oder nur Verkauf, Agriturismo, Restaurants, Informationsstellen. Erhältlich beim jeweiligen Pro Loco, Infos auch unter www.stradadelsangiovese.it.

Fest der Gastfreundschaft
Wer sich traut, kann eine Einladung von der ›Säule der Gastfreundschaft‹ am Rathaus von Bertinoro (bei Cesena) annehmen und sich von einer gastfreundlichen Familien einladen lassen. Am 1. Sonntag im September findet das **Fest der Gastfreundschaft** statt (ab 20 Uhr Tanz auf der Piazza; Uffico turistico, Tel. 05 43 46 92 13, www.comune.bertinoro.fo.it).

Terre Malatestiane
Das gleichnamige Faltblatt zeigt, wo sich im Hinterland der Adriaküste die Herrscherfamilie aus Rimini in **Burgen** und **befestigten Dörfern** (z. B. San Leo, Sant'Arcangelo, Verucchio) verewigt hat. Infos auch zu den Hügeln mit Malatesta-Orten: www.signoriadeimalatesta.it.

Vergnügungsparks & Delfinarien
Nirgendwo an der Adria findet man so dicht beisammen so viele Vergnügungs- und Themenparks wie hier (in den Hotels oder Infobüros nach kostenlosen Zubringerbussen fragen). Dazu gehören das **Delfinario** von Rimini (www.delfinariorimini.it), das riesige und auch didaktisch interessante Areal des **Parco Le Navi** in Cattólica (www.lenavi.it). **Fiabilandia** ist ein Vergnügungspark für Familien in Rivazzura (www.fiabilandia.it); **Italia in miniatura** zeigt Italiens schönste Denkmäler im Miniaturformat (www.italiainminiatura.com).
Dann gibt es noch diverse Wasser-Vergnügungsparks, und südlich von Ravenna liegt **Mirabilandia** (www.mirabilandia.it), der Vergnügungspark der Superlative.

Von Faenza bis zur Adria

3 Zimmer (9 Betten) mit Stilmöbeln, großer Garten. Fahrräder. DZ/ÜF 46–52 €.
Ca'de'Gatti: Località San Mamante in Oriolo, Via Roncona 1, Tel./Fax 05 46 64 22 02. Agriturismo südöstl. von Faenza auf historischem Landgut, Pool in toller Lage. 3 DZ/ÜF 60–80, 2 Apartments 70–110 €.
La Sabbiona: Località Oriolo dei Fichi, Via di Oriolo 10, Tel. 05 46 21 42, Fax 05 46 64 23 55, www.lasabbiona.it. Landgut in schöner Lage; **Restaurant** (Juli, Aug. auch HP möglich), ital. Frühstück; Pool. 6 Zimmer, 2 Apartments. DZ/ÜF 58–70.

Marianza: Via Ti orricelli 21, Tel. 05 46 68 14 61; Ruhetag Mi, Mitte Juli–Mitte Aug. geschl. Trattoria mit Holzkohlengrill, an dem typisch romagnolisch erst nach der Bestellung Fleisch (Leber, Hammel, Rindersteak, Würste) gegrillt wird. Hausgemachte Pasta. Große Weinkarte. Menü ab 24 €.
Osteria del Mercato: Piazza Martiri Libertà 13, Tel. 05 46 68 07 97. Großes Kellerlokal, extra Raucherzimmer. Lokale Fleischküche, *Menu Strada del Sangiovese* (5 Gänge) 18 €; auch Pizza. 3-Gang-Mittagsmenü inkl. Wein/Wasser, Kaffee 11 €.

Corona Wein Café: Corso Saffi 5/ Piazza Martiri della Libertà; Ruhetag So (nur Winter), sonst 7.30–2 Uhr. Aperitif mit sehr üppigem Büfett 18.30–21 Uhr.
Enoteca Astorre: Piazza della Libertà 16/a; Ruhetag So. Mittags und abends Restaurant, 18.30–21 Uhr Aperitifbar.
Osteria del Giardino: Corso Mazzini 92. Cocktailbar mit Garten; sommerliche Dichterlesungen, abends ab 19 Uhr Aperitif, auch Abendessen; bis spät geöffnet.

Palio del Niballo: 3. Juni-Wochenende und 4. Juli-So; Kampf gegen einen hölzernen Hannibal mit farbenprächtigem Umzug.

Wochenmarkt: Di, Do, Sa Vormittag auf der Piazza del Popolo mit Kleidung, auf der Piazza Martiri della Libertà dahinter Lebensmittel- und Kleidermarkt.

Keramik: aktuelle Adressen der Werkstätten mit Stadtplan beim Pro Loco (s. S. 345), mehrere am Corso Mazzini/Corso Baccarini. Bei vielen kann man beim Arbeiten zusehen.

Keramikkurse: Auskunft beim Pro Loco (s. S. 345) und bei **Ente Ceramica Faenza,** www.enteceramica.it, Tel./Fax 054 62 11 45.

Brisighella
Reiseatlas: S. 31, B 3

Wer Märkte liebt, sollte den Besuch von Brisighella am Mittwochmorgen einplanen, wer schöne Anblicke sucht, einen sonnigen Nachmittag. Dann streichelt das warme Licht der Sonne die gebogene, rot und ocker bemalte Häuserfront an der Piazza Guglielmo Marconi. Das erste Stockwerk kennzeichnen 16 halbrunde, breite Öffnungen. Steigt man die Treppe hinauf zur **Antica Via degli Asini,** so findet man sich unvermutet hinter diesen Bogen und geht über eine mittelalterliche, steingepflasterte ›Eselstraße‹ (1152), die früher mit unterirdischen Gängen verbunden gewesen sein soll. Schwere Holzbalken tragen die Decken, kleine Läden und Wohnungen verstecken sich hinter alten Türen, dort, wo einst die Lager waren – eine Straße im Obergeschoss! Darunter öffnen die Lokale meistens erst am Abend, dann ist die Stimmung besonders romantisch.

Das gerade einmal 7700 Einwohner zählende Städtchen besitzt fast 30 Restaurants – ist also ein wahres Schlemmernest und produziert ein berühmt-gutes Olivenöl, *Il Brisighello,* das erste Öl der EU mit Herkunftsgarantie. Außerdem ist Brisighella ein Kurort mit Schwefel- und Brom-Jodsalzquellen.

An der Piazza Marconi unter der Eselstraße zeigt man stolz das **Museo della Grafica,** dem Aquarellmaler und Lithografen Giuseppe Ugonia (1881–1944) aus Brisighella gewidmet, dessen Sammlung hier eindrucksvoll präsentiert wird (Winter Sa 15–18.30, So, Fei auch 10–12, Sommer Fr, Sa, So, Fei 10–12, 15.30–19.30 Uhr). In der engen **Rocca** (1310 und 1503/09) befindet sich das **Museo della Civiltà Contadina,** das Mu-

Auf dem Weg zur Küste

seum für das bäuerliche Leben (Sa, So, Fei auf Anfrage).

IAT/Pro Loco: 48013 Brisighella (RA), Piazzetta Porta Gabolo 5, Tel./Fax 054 68 11 66, www.comune.brisighella.ra.it.

Relais Torre Pratesi: Località Fognano, Via Cavina 11, Tel. 054 68 45 45, Fax 0 54 68 45 58, www.torrepratesi.it. Agriturismo-Haus mit Turm aus dem 16. Jh., 3 Einzelhäuschen, herrliche Alleinlage. Obstbäume, Pool (Poolbar kostenlos!). 3 Zimmer, 4 Suiten, alle verschieden. **Spezialitätenrestaurant.** DZ/ÜF 180–220 €.
Gigiolè: Piazza Carducci 5, Tel. 054 68 12 09, Fax 054 68 12 75, www.gigiole.it. Historisches Hotel am Ortseingang. 9 Zimmer, 1 Suite. **Bekanntes Restaurant** (s. u.). DZ/ÜF 95–105 €.
La Rocca: Via delle Volte 10, Tel. 054 68 11 80, Fax 054 68 02 89, www.albergo-la-rocca.com. Familiäres Hotel in der Altstadt, 19 freundliche Zimmer. **Restaurant** (s. u.). DZ/ÜF 57 €.
Tre Colli: Via Gramsci 5/7, Tel. 054 68 11 47, Fax 054 68 12 03. Moderner Familienbetrieb zwischen historischem Zentrum und Therme. 9 komfortable Zimmer. **Gute Küche.** DZ/ÜF 55 €.

Gigiolè: s. o.; Ruhetage So Abend, Mo. Das Top-Restaurant des Städtchens seit über 40 Jahren (ein *Buonricordo*) in großen Räumen, z. T. Gewölbe. Romagnolische Küche, Spezialität: Hammel in Sangiovese mit Kartoffelgnocchi. Werktags Tellergerichte 8 €, Business Lunch 18 €, vegetarisches Menü 29 €, Traditionsmenü 37 €, z. T. inkl. Getränke.
La Rocca: s. o. Nettes Restaurant mit Panoramaterrasse. Romagnolische Küche (hausgemachte Pasta, Fleischgerichte, im Winter Trüffel). Menü 25–30 €.
La Grotta: Via Metelli 1, Tel. 054 68 11 80; Ruhetage Mo, Di Mittag. Das zweite Top-Restaurant des Ortes im historischen Kern mit preiswerterem (auch vegetarischem) Mittagsmenü um 12 €.

Il Pozzo: Via Fossa 2, Tel. 054 68 05 21; Ruhetag Mi. Einfache Pizzeria-Trattoria. Mittagsmenü 10 €.

 Liturgisches Fest auf dem höchsten Punkt des Ortes, dem Santuario della Beata Vergine del Monticino; 1.–11. Sept.
Sagra del Tartufo: Ende Nov.; Fest des weißen Trüffels.
Sagra dell'Olivo: 1 Dez.-So; mit kulinarischen Veranstaltungen.

Cesena

Reiseatlas: S. 31/32, C/D 3

Als aus der berühmten Dynastie der Malatesta (Rimini) Galeotto 1377 die Macht übernahm, begann Cesenas lange währende Blütezeit. Den Malatesta hat die Stadt eine der größten Sehenswürdigkeiten der Region zu verdanken: die Biblioteca Malatestiana (s. u.).

Einladend ist die **Piazza del Popolo** mit der **Fontana Masini** (1589), benannt nach ihrem Erbauer. Vor dem **Rathaus** mit offener Loggia wird Mittwoch und Samstag Markt abgehalten. Über dem Platz thront die **Rocca Malatestiana** (Di-Sa 9–12, 16–19, So, Fei 10–13, 16–19 Uhr) mit ihrem großen Park. Von der stark befestigten, bereits 1357 begonnenen Rocca bzw. ihren Wehrgängen kann man herrliche Blicke auf die Stadt genießen. Im Innenhof der Festung finden im Sommer Konzerte statt, außerdem lockt das **Museo della Civiltà Contadina** (Bauernmuseum).

Wieder unten an der Piazza del Popolo, führt ein kurzer Weg über die Via Zeffirino Rè zwischen Bogengängen zum fast unscheinbaren, aber großen **Palazzo Ridotto.** Er ist Sitz der **Galleria Comunale d'Arte** und der **Biblioteca Malatestiana** (Mo-Sa 9–12.30, 14.30–17.30/im Sommer 16–19, So, Fei 10–12.30 Uhr). Baumeister Matteo Nuti, der zur selben Zeit auch in Rimini (s. S. 351) den Tempio Malatestiano schuf, wurde 1447 mit dem Bau dieser Bibliothek im Kloster der Minoritenmönche beauftragt. 1452 wurde die Bibliothek bereits eingeweiht. Zwei Reihen mit je 29 Lesepulten aus dunklem Holz füllen den Raum, das grüne Deckengewölbe sorgt für eine sanfte Lichtbrechung. Die kleinen Fens-

Von Faenza bis zur Adria

Pures Strandvergnügen entlang der Adria, ordentlich in ›bagni‹ aufgeteilt

ter lassen ohnehin nur ein diffuses Licht durch, denn die kostbaren Handschriften sollen vor zu starkem Licht geschützt werden. Die *codices*, noch immer angekettet und an ihrem angestammten Platz unter den Bänken, sind von unschätzbarem Wert, weshalb sie nur ungern gezeigt werden (zeitweise Ausstellungen im Vorraum). 340 intakte, handgeschriebene Bücher sind es, teilweise mit Miniaturzeichnungen geschmückt. Die ältesten stammen aus der Zeit um 800.

IAT: 47023 Cesena (FC), Piazza del Popolo 11, Tel. 05 47 35 63 27, Fax 05 47 35 63 29, www.comune.cesena.fc.it.

Alexander: Piazzale Marx 10, Tel. 054 72 74 74, Fax 054 72 78 74, www.albergoalexander.it. Modernes Hotel gegenüber dem Bahnhof. 31 Zimmer, 1 Suite. **Restaurant;** Parkplatz. DZ 94–114 €.
Cappello: Viale Mazzoni 1, Tel. 054 72 10 16, Fax 054 72 11 58, www,.hotelcappello.com. Garni-Hotel, 13 Zimmer. DZ 57 €.

Osteria Michiletta: Via Fantaguzzi 26, Tel. 054 72 46 91; Ruhetag So. Die älteste Osteria des Ortes und Künstlertreff, mit angenehmem Innenhof. Mit Vorliebe veränderte traditionelle Gerichte wie Risotto, Polenta, Dinkelspeisen; Käsewagen. Menü ab 25 €..
Gianni: Via Dell'Amore 9, Tel. 054 72 13 28; Ruhetag Do. Zentral, Sommerterrasse; romagnolische Küche (Fleisch und Fisch) sowie Pizza. Menü ab 22 €.

An der Adria

Rimini

Reiseatlas: S. 32, E 3/4

Rimini mit knapp 132 000 Einwohnern kennt jeder, Rimini mit seinem nostalgischen Grand Hotel und der baumbestandenen Promenade am Meer, seinen *bagni* (rund 230) und seinen Freiluftcafés und -restaurants am 15 km langen Strand, seinen Diskotheken und Tanzlokalen. Rimini ist der Inbegriff von Ferien an der Adria, mit 1150 Hotelbetrieben (ca. 40 000 Betten), dazu an die 370 Restaurants und Pizzerien jeder Kategorie. Rund 50 Eissalons im Ort stellen ihr eigenes Eis her! – Doch es bleibt nicht beim Tourismus allein: Rimini hat sich dank seines 2001 eröffneten, supermodernen **Quartiere Fieristico** (Messezentrum) zu einer bedeutenden Messestadt entwickelt. Ebenfalls im Norden entstand mit **Marina di Rimini** ein Yachthafen der Superlative, mit 460 Anlegeplätzen und sicherer Zufahrt über den Kanalhafen. Und Rimini ist inzwischen auch Universitätsstadt mit sechs Fakultäten.

> **Info book Riviera di Rimini**
> Von seltener Qualität und Ausführlichkeit ist das jährlich erscheinende Handbuch (ca. 240 Seiten; Italienisch/Englisch) mit allen denkbaren Informationen für die gesamte Provinz: Strände, Ausgehen, Vergnügungsparks, Shopping. Nachtleben, Restaurants etc. Für die Hotels gibt es einen Spezialkatalog. Beide Publikationen gibt es beim APT in Rimini.

Von Faenza bis zur Adria

Richtig Reisen-Tipp:
Amarcord – ich erinnere mich …

Das romagnolische ›amarcord‹ nahm Federico Fellini als Titel für seinen Film über die Nachkriegsgeneration – und er drehte ihn in Rimini, seiner Stadt. Dieser Film machte den Badeort und damit die gesamte Küste wieder interessant. Der Tourismus hatte hier bereits 1843 begonnen: mit der ersten Badeanstalt, einem veritablen italienischen *bagno,* der in Rimini so farbenfrohe Nachahmer finden sollte. Die Idee dazu stammte von den Brüdern Baldini und einem Arzt namens Claudio Tintori, der auf die gesunde und wohltuende Wirkung des Badens im Meer schwor. Drei Kabinen für die Damen, drei für die Herren – das war die erste Ausstattung. Den Segen erteilte ihnen und den ersten Badegästen der Kardinal Luigi Vannicelli Casoni persönlich. Und läutete damit das Badezeitalter an der Adria offiziell ein.

Und heute: Mindestens 130 km mit über 500 Badeanstalten in 43 Orten, die zu den romagnolischen Provinzen Ferrara und Ravenna, Forlì-Cesena und Rimini gehören. 3,5 Mio. Menschen verbringen ihre Sommerferien hier und machen die Region zum wichtigsten touristischen Zentrum Italiens. Bei den deutschen Urlaubern galt die Adria – und soll es wieder werden, wie man hier hofft – als ihre ›liebste Badewanne‹.

›Amarcord‹ – auch ich erinnere mich gerne an meine ersten Sommerferien an der Adria, an die erste Pizza aus dem Holzofen, dazu einen prickelnden Rotwein, der leicht zu Kopfe stieg, an die ersten Tanzschritte unter italienischem Sternenhimmel, mit schwingendem Petticoat, an die ersten Flirts. So haben viele Nordlichter gelernt, die Sonne der Südländer, ihr Temperament, ihre ans Herz gehenden Liebeslieder, die man später als schnulzig bezeichnen wird, zu genießen. Wie viele erlagen dem Charme der *bagnini,* der Bademeister, die bald *papagalli* genannt wurden von denen, die vielleicht neidisch waren ob des leichten Spiels, das die braungebrannten und muskulösen Südländer bei den blonden *signorine* hatten. Total italienverrückt wurden viele, Millionen machten es sich zur liebsten Pflicht, ihren Sommerurlaub an der Adria zu verbringen. Familien verabredeten sich immer wieder für das nächste Jahr. Ganz wie die Italiener selbst, die ihren Stamm-*bagno* haben, ihre Stamm-Pensionsmama, ihre Stamm-Trattoria. Und das gibt es tatsächlich noch immer.

Was die erste Generation der ausländischen Adria-Urlauber übersah und zum großen Teil noch heute viele nicht zur Kenntnis nehmen, das ist der kulturelle Reichtum, sind die kunsthistorischen Sehenswürdigkeiten, die eine Reise an die Adria auch und erst recht außerhalb der Badesaison so schön machen. Vor allem in Verbindung mit den lukullischen Angeboten des Gebietes.

Noch nie gab es an der Adria und in ihrem Hinterland so viele gute bis exzellente Trattorien und Restaurants, teure und preiswerte, touristisch aufgemachte und ganz typische wie heute. Noch nie wurde so bewusst – wieder – romagnolisch gekocht, die Weinkultur gepflegt.

Nette kleine Hotels und Pensionen sind ebenso zu finden wie Grand Hotels und – zugegeben – auch weniger schöne Betonklötze. Die Infrastruktur ist hoch entwickelt und wird qualitativ noch verbessert: Um nicht mehr allein von der Meeresqualität abhängig zu sein, wurden eine Menge Pools gebaut, das Sportangebot erhöht, wobei Golf, Tennis, Reiten und Wassersportarten längst eine Selbstverständlichkeit sind. Und auch das Hinterland erfährt eine stärkere Förderung, insbesondere durch das Ausflugsprogramm der Ferienorte an der Küste, die das Hinterland als willkommene Ergänzung ihres Urlaubsangebotes betrachten.

An der Adria

Rimini ist eine liebenswürdige Stadt mit historischem Ortskern, schön saniert und bei der einheimischen Bevölkerung wie bei den Gästen beliebter Treffpunkt zur *passeggiata*-Zeit. Hier die **Piazza Cavour** zwischen **Palazzo dell'Arengo** mit Rathaus und alter Fischhalle **(Peschiera),** dort aus der Römerzeit entlang der Consolarstraße auf der einen Seite die **Tiberiusbrücke,** auf der anderen der **Augustusbogen.** Mittendrin der bildschöne **Tempio Malatestiano** (tgl. 9–13, 15.30–18/19, im Winter 7.50–12.50, 15.30–18/18.50 Uhr). Das großartige Renaissancewerk des 15. Jh. bekam vom Toscaner Leon Battista Alberti eine weißmarmorne Fassade mit feinsten Details vorgesetzt. Damit sollte an der einst schlichten gotischen Franziskanerkirche signalisiert werden, welche neue Bedeutung sie damals bekam: als Grabkirche der Herrscherfamilie Malatesta. Innen überrascht die Harmonie zwischen den gotischen Spitzbogenfenstern und der Großzügigkeit der Renaissancekapellen. Zu den größten Kostbarkeiten der Kirche gehören ein gemaltes Kruzifix von Giotto (um 1300) und das von Vasari um 1548 gemalte Bild, das den hl. Franziskus zeigt.

Alt-Rimini bietet noch mehr: die **Rocca Malatestiana** (oder **Castel Sigismondo**) von 1446, die eine ethnologische Sammlung besitzt, aber meist nur zu Ausstellungen zugänglich ist. Und schließlich das im ehemaligen Jesuitenkloster (18. Jh.) eingerichtete **Museo della Città** (Sommer Di–Sa 10–12.30, 16.30–19.30, So, Fei nur 16.30–19.30, Winter Di–Sa 8.30–12.30, 17–19, So, Fei 16–19 Uhr), das inzwischen zu den schönsten Museen der Region zählt. In aufgelösten Kirchen abgenommene Fresken, sakrale Gemälde, flämische Wandteppiche (17. Jh.), Skulpturen aus dem 16./17. Jh. sind bereits ausgestellt, weitere Sammlungen wie die archäologische in Vorbereitung.

Im alten Fischerviertel von Rimini jenseits der Tiberiusbrücke, dem **Quartiere San Giuliano,** hat sich ein Klein-Montmartre entwickelt. Die ehemaligen Fischerhäuser sind frisch verputzt, ihre Fassaden mit Motiven vor allem aus Fellini-Filmen bemalt, in einigen haben sich nette Lokale eingerichtet (s. r.).

APT: 47900 Rimini, Piazzale Fellini 3, Tel. 05 41 43 01 11, www.comune.rimini.it, www.riminiturismo.it.

Infobüros: am Bahnhof und am Flughafen. Im **Internet:** www.turismo.provincia.rimini.it, www.urlaubinrimini.com, www.riminibeach.it.

Grand Hotel Rimini: Parco Fellini 2, Tel. 054 15 60 00, Fax 054 15 68 66, www.grandhotelrimini.com. Wunderschönes Traditionshotel von 1908, Zuckerbäckerstil, prachtvolle Räume, dem Strand gegenüber. Beheizter Pool im Park; Tennis. Große Badeanstalt am Meer. 165 elegante Zimmer, 3 Suiten. **Restaurant,** Parkplatz. DZ/ÜF 230–320 €.
De Londres: Viale Vespucci 24, Tel. 054 15 01 14, Fax 054 15 01 68, www.hoteldelondres.it. Britisches Ambiente in ›zweiter Reihe‹, freundliches Personal. 44 komfortable Zimmer, 1 Suite. Parkplatz. DZ/ÜF 128–189 €.
King: Viale Vespucci 139, Tel. 05 41 39 05 80, Fax 05 41 39 06 56, www.hotelkingrimini.com. Einfacheres Stadthotel, ideal für kurzen Aufenthalt. Z. T. renovierte 42 Zimmer. **Restaurant.** DZ/ÜF 60–110 €.
Villa Luigia: Viale Tripoli 258, Tel. 05 41 39 09 10, Fax 05 41 39 07 26, www.hotelvillaluigia.com. Elegantes kleines Hotel. 35 eher schlichte, total renovierte ordentliche Zimmer. **Restaurant.** DZ 60–100 €.
Villa Merope: Viale Trento 3, Tel. 054 15 30 43, Fax 0 54 12 75 36, www.hotelvillamerope.com. Familiäres, renoviertes Hotel in strandnahem Wohnviertel. Restaurant für Hausgäste Juni–Sept.; Parkplatz. 30 ordentliche Zimmer. DZ 60–76 € inkl. Strandservice.

Guido: Lungomare Spadazzi 12, Miramare di Rimini (südl.), Tel. 05 41 37 46 12; Ruhetag Mo, Nov.–Feb. geschl. Sommerlokal (seit 1946), große Veranda. Alles aus dem Meer! Fischmenü ab 35 €.
Osteria dë Börg: Via Forzieri 12, Tel. 0 54 15 60 71; Ruhetag Mo. Alteingesessene Osteria im alten Stadtteil San Giuliano. Handgemachte Pasta, Piadina, gebratenes Kaninchen, Lamm aus dem Ofen. Menü ab 25 €.

Von Faenza bis zur Adria

Ristorante dei Marinai: Largo Boscovich 2, Tel. 054 12 87 90; Ruhetag Mo. Gutes Fischlokal nahe Strand und Kanalhafen; verglaste Veranda. Garantiert fangfrische Fische, Meeresfrüchte, Krustentiere. Kleines Menü 28 €, opulentes Degustationsmenü mit Hauswein (kaum zu schaffen!) 45 €.

Il Veliero: Via Tripoli 218, Tel. 05 41 39 14 29; Ruhetag Mi. Terrassen-Fischlokal nahe der Bahnunterführung. Nur feste Menüs inkl. Wasser, Wein, Kaffee, Digestif 20–30 €.

Chi burdlaz: Viale Vespucci 63, Tel. 05 41 70 99 00; Ruhetag Mo. Osteria mit Terrasse. Handgemachte Pasta, Tagliata, Fleisch-Gemüse-Spieß. Pizza ab 5 €, Menü ab 20 €.

Osteria Grotta Rossa: Via Grotta Rossa 13, Tel. 05 41 75 17 07. Typische Osteria des Hinterlandes, nur 4 km von Rimini Richtung San Marino (alte Straße). Außen schlicht, innen gemütlich. Spezielle Menüs inkl. Hauswein: kleines Menü aus Piadine, Crostini, Schinken etc. 13 €, Degustationsmenü der Hügel (also fleischlastig) 25 €, Fischmenü 37 €.

Bars und Sommerlokale in der **Altstadt** und **San Giuliano** wie auch an der Strandpromenade in den *bagni,* z. B. **Kiosko** beim *bagno 63* oder Südsee-Atmosphäre im *bagno 26,* in Gabrieles **TIKI** mit Disco-Bar (18–1 Uhr).

›Reine‹ **Abendlokale in der Altstadt:**

Osteria Tiresia: Viale XX Settembre 41, Tel. 05 41 78 18 96; Ruhetag Mo, sonst 19–2 Uhr. Romagnolische Küche (Fleisch vom Grill). Menü ab 20 €, auch Kleinigkeiten zum Wein.

Mescita dei Vini 365: Corso d'Augusto 184; tgl. 17–4 Uhr. Weinlokal, extra Raucherzimmer. Aperitif mit großem Büfett (ab 3,50 €), Salate, *piadine,* Crostini, Aufschnittplatten.

Wassersport aller Art, auch in den *bagni* zu buchen. Alles über Segeln, Kurse, Yachthafen unter www.blurimini.com.

Flughafen Miramare (Saisonbetrieb) 5 km vom Zentrum, im Sommer gute Verbindungen mit europäischen Flughäfen. Im Sommer dichte **Bahn-** und **Busverbindungen** mit den anderen Adriabadeorten.

Riccione und Cattólica

Reiseatlas: S. 32, E 4

Die gut 34 000 Einwohner zählende Gemeinde möchte **Riccione** zur schönsten Urlaubsstadt an der Adria zu machen. Eine Ferieninsel für Wohlhabende soll der Badeort (sogar mit einem *bagno* nur für Damen: Nr. 134) im Gegensatz zum ›volkstümlichen‹ Rimini werden.

Streng sind die Ordnungshüter von **Cattólica** (knapp 16 000 Ew.) ganz im Süden der Regionalküste. Der Ort mit den – auf die Bettenkapazität umgerechnet – meisten Papierkörben und Mülltonnen hat sich auf Sauberkeit spezialisiert. Tatsächlich ist kaum eine Zigarettenkippe auf Cattólicas Straßen zu finden, die Strandpromenade ist einladend sauber, die Farben hell und freundlich.

IAT: 47838 Riccione (RN), Piazzale Ceccarini 10, Tel. 05 41 69 33 02, Fax 05 41 60 57 52, www.riccione.it; 47841 Cattólica (RN), Piazza I Maggio, Tel./Fax 05 41 96 66 87, www.cattolica.net.

... in Riccione:

Savioli Spiaggia: Viale D'Annunzio 6, Tel. 05 41 64 85 14, Fax 05 41 64 83 24, www.hotelsaviolispiaggia.it; Ostern–Anfang Nov. Renoviertes Paradehaus an Strand und Hafen. 95 komfortable Zimmer und Suiten, beheizter Pool, Strandservice. **Restaurant,** Wellness- und Fitnessabteilung. DZ 150–220 €.

Novecento: Viale D'Annunzio 30, Tel. 05 41 64 49 90, Fax 05 41 66 64 90, www.hotelnovecento.it; Nov. geschl. Art-déco-Hotel (1927), schön renoviert, Strandnähe. 29 komfortable Zimmer, 7 Suiten; z. T. große Balkone. Dachterrasse, Fitnessabteilung, Strandservice. **Restaurant;** Parkplatz. DZ/ÜF 100–120 €.

Strand Hotel: Viale D'Annunzio 92, Tel. 05 41 64 65 90, Fax 05 41 64 34 88, www.hotelstrand.net. Familiäres Strandhotel. Restaurant (Mai–Sept.) für Hausgäste; Parkplatz. 47 komfortable Zimmer. DZ/ÜF 60–114 €.

... in Cattólica:

Sole: Via Verdi 7, Tel. 05 41 96 12 48, Fax 05 41 96 39 46, www.hotel-sole.it. Familiäres Hotel in ›zweiter Reihe‹, 46 helle Zimmer. DZ 42–88 €.

Unterwegs nach Ravenna

Badevergnügen bis zum Abwinken in den Wasserparks an der Adria

🍴 Generell speist man meist sehr gut in den gebuchten Hotels bei HP oder VP.
Il Casale: Viale Abruzzi in Riccione Alta, Tel. 05 41 60 46 20; Ruhetag Okt.–Mai Mo. Terrassenlokal in Panoramalage im Grünen. Nur Fleischgerichte. Menü ab 30 €.
Protti: Via Emilia Romagna 185 in Cattólica, Tel. 05 41 95 81 61; Ruhetag Sept.–Mai Mo. Freundliche Atmosphäre, gute Fischküche. Menü ab 27 €.

Unterwegs nach Ravenna

Cesenático

Reiseatlas: S. 32, D 3
Das Städtchen hat es durch seinen schönen historischen Ortskern um den **Kanalhafen** leicht zu gefallen. In diesem Hafen, den Leonardo da Vinci geplant haben soll, entstand in seinem oberen Teil landeinwärts ein **Schiffsmuseum.** Das einzige Freilichtmuseum dieser Art in Italien zeigt die Entwicklung der Schifffahrt an der Adria und in ihren Lagunen.

Cesenático (22 600 Ew.) bietet mit seiner überproportional hohen Anzahl Hotels und Privatbetten sowie Ferienwohnungen eine gute touristische Infrastruktur auch für weniger Betuchte. Den flach abfallenden Sandstrand hat man durch Wellenbrecher gebändigt, er ist ideal für Kleinkinder und Nichtschwimmer.

Am Kanalhafen und den dahinter liegenden Gassen sollte man sich Zeit nehmen, in einem der Cafés oder Restaurants einzukehren, in den kleinen Kunsthandwerksbetrieben, die Glasmalerei, Stoffdruck und Keramik vorführen und verkaufen, herumzustöbern. Und man sollte nicht versäumen, auf der **Piazza delle Conserve,** wo im Sommer täglich vormittags ein Blumen- und Gemüsemarkt stattfindet, nach eben jenen *conserve* Ausschau zu halten, die dem Platz den Namen gaben: den ersten ›Kühlhäusern‹ der Fischer von Cesenático aus dem 16. bis 19. Jh.

ℹ **IAT:** 47042 Cesenático (FC), Viale Roma 112, Tel. 05 47 67 32 87, Fax 05 47 67 32 88, www.cesenatico.it

Unterwegs nach Ravenna

 Grand Hotel Cesenático: Piazza Andrea Costa 1, Tel. 054 78 00 12, Fax 054 78 02 70, www.grandhotel.cesenatico.fo.it; April–Okt. Renoviertes Grand Hotel (von 1929) am Strand. 78 unterschiedliche Zimmer und Familienapartments. **Elegantes Restaurant.** DZ/ÜF 135–165 €.

Zeus: Viale Carducci 46, Tel./Fax 054 78 02 47, info@hotelzeus.it; Mitte Nov./Anfang Dez. geschl. Renoviertes sympathisches Hotel, 28 komfortable Zimmer. Restaurant für Hausgäste. DZ/ÜF 73–90 €.

Folgende Restaurants liegen in Cesenáticos Fußgängerzone, haben Terrassen und sind auf Fischgerichte spezialisiert:

Al Gallo: Via Baldini 21, Tel. 054 78 10 67; Ruhetag Do, im Winter z. T. geschl. Klassisches Ambiente. Menü ab 35 €.

L'Angolo Divino: Piazza Ciceruacchio/Porto Canale, Tel. 05 47 67 30 66; Ruhetag Di. Osteria-Ambiente. Mittagsgerichte 7–8 €, 4-Gang-Degustationsmenü 25–36 €.

San Marco: Piazza Fiorentini 6, Tel. 054 78 00 75; Ruhetag Mi. Einfaches Trattoria-Ambiente in der alten Fischerkneipe. Muschelgerichte, Fleisch vom Grill. Menü um 30 €.

Piadina Time: Piazza Pisacane 1. Die *piadine* werden auf Bestellung frisch gebacken und nach Wunsch gefüllt – zum Mitnehmen. Ab 3,50 €.

Wassersport an den langen Sandstränden nördl. und südl. der Stadt, mit *bagni*.

Cérvia

Reiseatlas: S. 32, D 3

Einst besaß die Stadt (26 400 Ew.), die bereits zur Provinz Ravenna gehört, ausgedehnte Salinen, die ihren Reichtum begründeten. Fast dem Verfall überlassen, werden zumindest die Lagerhäuser saniert und sollen kulturellen Zwecken dienen. Alles scheint sich rings um die lebhafte **Piazza Garibaldi** abzuspielen: Jeden zweiten Donnerstag ist

**Durchblick:
Schiffsmuseum in Cesenático**

Kräuter-, jeden zweiten Samstag Flohmarkt, Donnerstagabend wird während der warmen Jahreszeit eine Musikbühne installiert.

Am Kanalhafen zwischen Meer und den Salinen liegt Lokal an Lokal, das ist sozusagen die Schlemmerecke Cérvias (s. u.).

Im Stadtteil **Milano Maríttima** schätzen vor allem Familien den breiten, feinen Sandstrand, die netten Hotels, Tanzlokale und Cafés und lange, baumbestandene Alleen. Vor allem die dunkelgrünen Schirmpinien sind hoch und breit gewachsen, Schatten spendend, gerade recht für den Spaziergang nach einem sonnenheißen Badetag am Meer.

Da Milano Maríttima zu Cérvias gehört, haben beide zusammen an die 500 Hotels und Pensionen, 5000 Betten in Ferienwohnungen und in Privatquartieren und insgesamt rund 13 km schönsten, gepflegten Sandstrand.

IAT: 48016 Cérvia/Milano Maríttima (RA), Viale Matteotti 39/41, Tel. 05 44 99 34 35, Fax 05 44 99 32 26, www.milano.marittima.it; im Sommer Büro auch in Cérvia.

 Grand Hotel Cervia: Lungomare Graza Deledda 9, Tel. 05 44 97 05 00, Fax 05 44 97 20 86, www.grandhotelcervia.it. Liberty-Hotel von 1930, große Räume, Terrasse zum eigenen Strandbad. 88 eher kleine Zimmer. Restaurant für Hausgäste. DZ/ÜF inkl. Strandservice 150–230 €.

Garni Isabella: Milano Maríttima, IX Traversa 152, Tel. 05 44 99 40 68, Fax 05 44 99 50 34, www.isabellagarni.it; Ostern–Mitte Okt. Neues, schlichtes familiäres Hotel. 31 komfortable Zimmer. DZ/ÜF 50–86 €. Im selben Familienbesitz: **Hotel Majestic** und **Hotel Solemare.** DZ/ÜF 80–100 €.

Nautilus – da Franco: Cérvia, Via Nazaro Sauro 116, Tel. 05 44 97 64 86; Ruhetag Mo. Uriges Fischlokal gegenüber der Fischhalle. Menü ab 27 €.

La Pantofla: Cérvia, Via Nazaro Sauro 1, Tel. 05 44 97 38 89; Ruhetag Di. *Die* Kneipe der Fischergenossenschaft, Treff der pensionierten Fischer. Großer Innenraum, Terrasse mit langen Holztischen. Tagesmenü (tgl. wech-

Von Faenza bis zur Adria

selnd) 24/25 €; man bekommt aber auch Einzelgerichte *(cozze alla marinara, risotto alle vongole, grigliata mista* oder *fritto misto)* oder einfach ein Glas Wein.

Am Viale Gramsci/Piazza I Maggio von Milano Maríttima (im Sommer von 20 bis 24 Uhr Fußgängerzone) befinden sich zwei berühmte Eiscafés: **La Perla** und **Sporting**, *der* Treff am Abend.

Sant'Apollinare in Classe
Reiseatlas: S. 31/32, C/D 2

Auf dem Weg nach Ravenna ist der runde Glockenturm der Basilika, die dem Ort ihren Namen gab, nicht zu übersehen, erhebt er sich doch aus der völlig flachen Ebene. Die erste **Basilica di Sant'Apollinare in Classe** (Mo–Sa 8.30–19.30, So, Fei 13–19 Uhr) wurde bereits im 6. Jh. dem hl. Apollinaris geweiht, der hier nach seinem Märtyrertod um 180 begraben wurde. Der zylindrische Campanile daneben kam erst im 10. Jh. hinzu.

Beim Betreten der dreischiffigen Basilika auf eleganten Marmorsäulen mit byzantinischen Kapitellen staunt man über ihre Weite und wird, da sie innen ganz leer ist, sofort vom hellen Grün der Chorapsis angezogen. Das ist der Grundton der zarten Mosaikbilder, die den hl. Apollinaris in einer paradiesischen Gartenlandschaft zeigen, von weißen Lämmern umgeben. Den Triumphbogen gestalten ebenfalls weiße Lämmer als Symbol der zwölf Apostel, während der Himmelsstreifen darüber von Christus als Weltenbeherrscher eingenommen wird, umgeben von den vier Symbolen der Evangelisten.

Ravenna

Reiseatlas: S. 31, C 2

Die Unesco hat die Provinzhauptstadt (gut 139 000 Ew.) als Welterbe der Menschheit fast komplett unter Denkmalschutz gestellt bzw. alles, was mit der Mosaikkunst zu tun hat, gilt die Stadt doch als Hochburg der Mosaiken, als das Byzanz des Abendlandes. Zwischen Orient und Okzident, zwischen Meer und Festland – ›Ravenna Felix‹, ›Glückliches Ravenna‹, hieß es schon in der Antike. Rom zeitweise überlegen, Byzanz ebenbürtig, erlebt es heute durch den Industriehafen von Porto Corsini und den Tourismus einen neuen Aufschwung. Der Tourismus hat zwei Gesichter: das eine der Strandurlauber, die das kulturelle Ravenna nur am Rande interessiert, wenn überhaupt, das andere der Studienreisenden: Nirgendwo sonst in Europa und auf der Welt findet man eine solche Ansammlung frühchristlich-byzantinischer Mosaiken und Kunstdenkmäler.

Stadtbummel
Die Sehenswürdigkeiten im historischen Zentrum sind sehr gut ausgeschildert, man kann sich nicht verlaufen. Eine Besichtigung der im verkehrsberuhigten historischen Zentrum geradezu beschaulichen Stadt sollte an der zentralen **Piazza del Popolo** mit Palazzo Comunale und Palazzetto Veneziano beginnen, um am pulsierenden Leben mit Cafés und Bars teilzuhaben. Früher hieß die Piazza ›Platz der Männer‹, weil hier im Winter per Handschlag und ohne Ansehen der ›Ware‹ Vieh verkauft wurde. Und noch immer wird Mittwoch und Samstag jeweils vormittags Markt gehalten.

Rings um San Vitale
Die größte Sehenswürdigkeit ist ohne Zweifel im Nordosten der Komplex um die Kirche San Vitale, der zu einem fast verträumten Garten gestaltet wurde. Man betritt die **Basilica di San Vitale** (tgl. 9–17.30/19 Uhr) inzwischen durch das im aufgelassenen Benediktinerkloster eingerichtete Nationalmuseum. In der Kirche (526–547/48) steigt man erst einmal ein paar Stufen abwärts – und sieht sich Christus als Weltenrichter gegenüber, der übergroß zwischen San Vitale und dem Kirchengründer Ecclesius aus der Apsis auf die Besucher schaut. Die Seitenwände schmücken Szenen aus dem Alten Testament. Die Farben sind leuchtend, obwohl wenig Licht durch die Fenster ins Innere gelangt: Schräg eingesetzte Mosaiksteinchen rufen diesen Effekt hervor.

Das enge **Mausoleo di Gallia Placidia** (9–17.30/19 Uhr, nur in kleinen Gruppen)

Ravenna

wurde ca. 425 für Gallia Placidia, die für ihren minderjährigen Sohn regierte, geschaffen. Es fasziniert allein schon durch die kleine Dimension, durch die totale Auskleidung mit Mosaiken und durch seine Dunkelheit. Über dem Eingang steht ein jugendlicher, bartloser Christus als ›Guter Hirte‹ zwischen sechs Schafen (Symbole für die Gläubigen) in einer lebendigen Natur, Symbol für das Paradies. Die blaugrundigen, dunklen Mosaiken des Tonnengewölbes, z. T. mit achtblättrigen Blüten bedeckt, sollen als Vorlage orientalische Teppiche gehabt haben.

Ravennas jüngste Entdeckung hat man bei der kleinen Kirche Sant'Eufemia ganz in der Nähe gemacht und ihr den treffenden Namen **Domus dei Tappeti di Pietra,** Haus der Steinteppiche, gegeben (Mo–Fr 10–17.30, Sa 10–16.30 Uhr, im Winter z. T. kürzer): 14 byzantinische Mosaikböden aus dem 6. Jh., 3 m unter Straßenniveau; pflanzliche und geometrische Motive, aber auch ganze Bilder wie der beschwingte ›Tanz der Jahreszeitengötter‹ oder der von einem Zopfmuster umrahmte ›Gute Hirte‹.

Am Domplatz

Neben dem **Dom,** der als Sehenswürdigkeit mit dem Ravenna der Mosaiken nicht mithalten kann, steht das **Battistero Neoniano** (tgl. 9/9.30–17.30/19 Uhr) mit Mosaiken, die zu den frühesten in Ravenna zählen. Das schönste zeigt die Taufe Christi im Jordan, umgeben von den zwölf Aposteln.

Gegenüber befindet sich in der historischen Bischofsresidenz (vor 396 errichtet) das **Erzbischöfliche Museum** (tgl. 9/9.30–17.30/19 Uhr) mit einer kostbaren Sammlung sakraler Kunst; integriert ist die erzbischöfliche Kapelle aus dem 5. Jh. mit einem wunderbaren, mosaikgeschmückten Kuppelgewölbe (6. Jh.), das die vier Erzengel zeigt.

Im Osten der Stadt

Wie das Battistero Neoniano, das als die Taufkapelle der Katholiken/Orthodoxen gilt, war das **Battistero degli Ariani** (tgl. 8.30–19.30 Uhr; frei zugänglich) die Taufkirche der arianischen Ketzer. Das Kuppelmosaik zeigt

> **Sammeltickets**
> Für den Besuch der zahlreichen Sehenswürdigkeiten Ravennas gibt es Sammeltickets, z. B. für San Vitale, Sant'Apollinare Nuovo, Baptisterium, Mausoleo di Gallia Placidia und Bischöfliches Museum. Ein anderes für das Nationalmuseum, Sant'Apollinare in Classe und das Mausoleum Theoderichs.

die Taufe Christi im Jordan (5./6. Jh.). Christus ist jugendlich und nackt dargestellt, den Jordan symbolisiert ein mit Meerestieren geschmückter alter Mann, darüber die Taube als Symbol des hl. Geistes.

Über die Via Roma erreicht man **Sant' Apollinare Nuovo** (tgl. 9.30–17.30/19 Uhr), mit seinem hohen runden Glockenturm und seiner breiten Loggia nicht zu übersehen, das wichtigste Bauwerk aus der römisch-kaiserlichen Zeit in Ravenna. Schließlich handelt es sich um die Palastkirche Theoderichs (Anfang 6. Jh.), der ein Arianer war, was im Sinne der katholischen Kirche ›ketzerisch‹ bedeutete. In der dreischiffigen Basilika ist etwas Einmaliges zu sehen: sowohl Bilder aus der katholischen, also westgotischen, als auch aus der arianischen, also ostgotischen Liturgie, die als ketzerisch eingestuft wurde (in der katholischen Lehre ist Christus wesensgleich mit Gott, in der arianischen nur wesensähnlich). Im Zentrum ursprünglich die Verherrlichung Theoderichs, des Arianers, nach seinem Ende katholisch angepasst: Dort, wo die Mosaiken völlig unmotiviert Hände an den Säulen zeigen, standen wahrscheinlich Theoderich und Mitglieder seiner Familie; sie wurden durch Mosaikvorhänge ersetzt (darüber sind noch schemenhaft Köpfe zu erkennen). Auch eine alte Ansicht von Ravenna ist wunderbar erhalten, die älteste bekannte.

Ausflug ins Po-Delta

Die Provinzen von Ravenna und Ferrara teilen sich das wundervolle Gebiet des Po-Parks (Infos: www.parcodeltapo.it). Es sind u. a. **18 thematische Wanderwege** durch den Park markiert, so die ›Welt des Aals‹ in

Von Faenza bis zur Adria

den nördlichen Valli di Comácchio (s. S. 361), ein Spaziergang auf den Brücken von Comácchio (s. S. 360.) oder der ›Flug der Flamingos‹, der bei der schönen Abtei von Pomposa beginnt und über Lido di Volano nach Lido delle Nazioni führt. Wichtig: Moskito-Abwehrmittel nicht vergessen!

IAT: 48100 Ravenna, Via Salara 8/12, Tel. 054 43 54 04, Fax 054 48 26 70, www.turismo.ravenna.it.

Cappello: Via IV Novembre 41, Tel. 05 44 21 98 13, Fax 05 44 21 98 14, www.albergocappello.it. Edeladresse im Renaissancepalast: 7 unterschiedlich große Zimmer/Suiten im OG; **Restaurant,** kleiner Innenhof, Cafeteria/Osteria. DZ/ÜF 150–200 €.
Centrale Byron: Via IV Novembre 14, Tel. 054 43 34 79, Fax 054 43 41 14, www.hotelbyron.com. Zum Designhotel umgebauter Stadtpalazzo, in der Fußgängerzone. 54 komfortable Zimmer, 2 Größen. DZ/ÜF 90–110 €.
Villa Santa Maria in Foris: Via Pasolini 61, Tel. 05 44 21 21 63, Fax 05 44 21 18 05, www.villaforis.it. Kleine Stadtresidenz mit Innenhof und edlem Salon. 13 unterschiedliche, wunderschöne Zimmer, 1 Suite. Fahrräder können kostenlos ausgeliehen werden. DZ/ÜF 81–99 €.
Ostello Galletti Abbiosi: Via di Roma 140, Tel. 054 43 13 13, Fax 05 44 21 11 96, www.galletti.ra.it. Sehr ansprechend restaurierte Herberge in historischem Waisenhaus für Mädchen, 32 z. T. große Zimmer, große Aufenthaltsräume, Kapelle. Parkplatz im Kreuzgang. DZ/ÜF 69–100 €.
Ostello per la Gioventù Dante: Via Aurelio Nicolodi 12, Tel./Fax 05 44 42 11 64, www.hostelravenna.com. Einfache Jugendherberge, 140 Betten, Familienzimmer; **Restaurant.** Bett/ÜF 14–21 €, Mahlzeit 9,50 €.

Chilò: Via Maggiore 62, Tel. 054 43 62 06; Ruhetag Mo. Seit 1929, modernisiert, mit Innenhof. Sehr gute romagnolische Küche: hausgemachte Suppen, Fleisch vom Grill, zur Saison Pilze und Wild, Trüffel. Mittagsmenü 13 €, sonst um 25 €.

Vecchia Ravenna: Via Pasolini 41, Tel. 05 44 21 51 35; Ruhetag So. Schlichtes kleines Restaurant (an den Wänden alte Veduten) mit Tischen auf der Gasse. Lokale Fisch- und Fleischküche. Tagesmenüs inkl. Getränke mit Fleisch (z. B. Wachteln) 15 €, mit Fisch ab 20 €.
Oste Bacco: Via Salara 20, Tel. 054 43 53 63; Ruhetag Di. Familiäre Trattoria, gute Weinkarte. *Spaghetti allo scoglio* (mit Meeresfrüchten) als Hauptgang, Hammelkotelett vom Grill. Menü ab 22 €.
Ca'de Ven: Via Ricci 24, Tel. 054 43 01 63; Ruhetag Mo. Uriges Weinlokal in historischem Palazzo von 1542 mit Innenhof. Auch nur Einzelgerichte wie Käse- und Aufschnittplatten, hausgemachte *piadine* (1–3,50 €) unterschiedlich belegt/gefüllt, hausgemachte Pasta (6–7,50 €). Menü mit Wein ab 18 €.
Ristoro Sant'Apollinare Nuovo: bei der Kirche; 12.30–14.30 Uhr. Nettes SB-Restaurant,

Ravenna

Fischerhäuser im Po-Delta

Holztische mit echt-romagnolischen Leinendecken. Wechselndes *menu turistico* 7,50 €.
Bizantino: im Mercato Coperto (s. r.) an der Piazza Costa; Ruhetage Sa, So. Hervorragendes SB-Restaurant, Menü 7,50 €, Pizza-Menü mit Getränk 6,50 €.

Zahlreiche Cafés aller Preisklassen auf den Plätzen und in der Fußgängerzone, z. B. **Caffè Corte Cavour** an der Via Cavour mit großem Innenhof, ringsum feine Boutiquen; gedeckte Terrasse mit gemütlichen Rattanmöbeln. Tgl. 7–20, im Sommer bis 24 Uhr; auch kleine Gerichte: Pasta, *piadine*, Salate etc.

Mosaiken gibt es überall, fertige oder zum Selbstbasteln, z. B. bei **Luciana Notturini,** Via Negri 14, oder **annafietta,** Via Argentario 5, vor San Vitale.

Mercato Coperto: Piazza Costa. Preiswerte Kulinaria, Obst und Gemüse.

Ravenna Bella di Sera: Juli/Aug.; mit Märkten im historischen Zentrum, Musik, Spektakel. Infos: www.turismo.ravenna.it. 2. Sept.-So: Eine Delegation aus Florenz bringt **Olivenöl für die Lampe in Dantes Grabmal;** feierliche Zeremonie.

Fahrräder gibt es in Ravenna an vielen Stellen zu leihen, zeitweise werden sie auch von der Stadt kostenlos zur Verfügung gestellt (bei den Infostellen fragen).
Strände: Ravennas Küste ist 35 km lang und besitzt so unterschiedlich strukturierte Badeorte wie die einfacheren nördl. zwischen Casal Borsetti und Lido di Classe bis zum feineren Milano Maríttima; allesamt mit breiten langen Sandstränden und guter Infrastruktur.

Provinz Ferrara

Reiseatlas S. 25–26

Flach, aber keineswegs langweilig ist das Gebiet der Provinz Ferrara zwischen den Flüssen Reno und Po. Höhepunkte sind landschaftlicher wie urbaner Art: die Valli di Comácchio und die Valle di Bertuzzi im Parco del Delta del Po, Comácchio selbst und Ferrara. Sakraler Gipfel: die einmalige Abtei von Pomposa.

Es ist die einzige Provinz der Emilia Romagna, die nur flaches, meist in Schwerstarbeit den Sümpfen abgetrotztes Land besitzt: Bonifica Valle del Mezzano im Süden, Grande Bonifica Ferrarese im Norden, von Kanälen zerfurchtes Land zwischen Lagunen und Obstgärten. Überall sieht man riesige Pumpstationen zur Trockenlegung des Gebietes für die Landwirtschaft, besonders eindrucksvoll nahe Molinella bei Marmorta (Bonifica Renana) und bei Campotto (Oasi di Campotto), einem großen Naturschutzgebiet mit herrlichen Feuchtbiotopen, in denen wieder Kormorane nisten. Die Kommune Argenta pflegt das Gebiet und organisiert auf Anfrage auch Exkursionen (www.comune.argenta.fe.it).

Was nicht im Po seinen Abfluss findet, füllt die beiden Lagunen der Provinz (hier *valli* genannt, weil sie kultiviert und landwirtschaftlich genutzt sind) mit Süßwasser auf: **Valle Bertuzzi** im Norden und die **Valli di Comácchio** mit dem sehr hübschen, gleichnamigen Städtchen, das sich einer dreifachen Brücke rühmen kann, im Süden. Zwischen den Lagunen und der Hauptstadt der Provinz, Ferrara, breitet sich ein endloser Obstgarten aus, im Frühjahr ein Meer duftender Blüten.

11 Comácchio und seine Lagune

Reiseatlas: S. 26, E 3/4
Früher stand das Fischerstädtchen im Meer, auf 13 Inselchen als wichtige Handels- und Hafenstadt gebaut. In der Schönheitsskala der Lagunenstädte mit Kanälen, Brücken und Palästen nimmt Comácchio eine gute Position ein. Der ruhige Ort hat inzwischen ein großartiges archäologisches Museum rund um ein ausgegrabenes römisches Boot und, ganz neu, in der historischen Aalkonservierungsfabrik ein interessantes Museum zum Thema Aalfang.

Die berühmte, unzählige Male fotografierte Brücke namens **Treponti** (1634; Parkplatz in der Nähe) eignet sich hervorragend als Einstieg in das hübsche Fischerstädtchen. Sie besteht aus drei Brücken mit je fünf Bogen und Treppenaufgängen im Zusammenfluss von drei Kanälen. Schon ist man am Canale della Peschiera: Auf der rechten Seite befindet sich die niedrige Fischhalle, ihr gegenüber mimmt der Palazzo Bellini (1870) eine lange Zeile ein, in der sich quasi das kulturelle Herz Comácchios befindet. Zentrum ist das **Museo della Cultura Umane nel Delta del Po, Sezione Navigazione Antica** (Juni–Aug. tgl. 10–13, 15–19, Sept.–Mai Mo–Sa 9.30–13, 15–18.30, So, Fei 10–13, 15–19 Uhr) mit dem römischen Schiff, das noch immer in der Konservierungskammer steht. Doch alles, was man an Bord gefunden hat, ist hier großartig präsentiert, besonders hübsch sind die aus Bleiblättern geformten Votivtempelchen.

Der Bummel entlang der Kanäle bereitet Vergnügen, Mittelpunkt ist die erstaunlich weite **Piazza XX Settembre**. Auf dem Weg den Corso Mazzini stadtauswärts kommt

Comácchio und seine Lagune

man an vielen einfachen Fischerhäusern mit tiefen Innenhöfen vorbei, auf denen sich noch immer das normale Alltagsleben abspielt. Kurz vor der Wallfahrtskirche Santa Maria in Aulia Regia (1665), hinter dem langen Portico der Kapuziner, ist der Durchschlupf zum Museum in der historischen **Manifattura dei Marinati** (Marinadenfabrik; normalerweise Di–So 9.30–13, 15–18.30/19 Uhr, Eintritt frei) zu finden. Hier wurden früher die Aale aus der Lagune gekocht und eingelegt. Eine mühsame Arbeit, die heute im als Museum aufgemachten Komplex mit drei Hallen z. T. wieder aufgenommen wurde (Nov.–Dez. kann man zuschauen und Eingelegtes einkaufen).

Die Lagune

Der Ausflug führt in die Lagune bzw. in die **Valli di Comácchio.** Mit 14 000 ha Kanälen, Seen, Sümpfen und Flussarmen gehört sie zu den eindrucksvollsten Europas, als Freilichtmuseum mit restaurierten Hütten der Lagunenfischer, mit den symmetrischen Leit- und Fangvorrichtungen für die Aale, noch heute die wichtigste Ressource der Lagune.

Beim **Rundgang** erfährt man viel über das Leben der *lagunari,* der Lagunenfischer, die Aalzucht und die Fischverarbeitung generell. Erst seit 1988 dürfen die *valli* von Touristen auf geführten Bootsausflügen von zwei Stunden bis zu drei Tagen intensiv erlebt werden, leider nicht immer mit sogenannter Durchführungsgarantie. Im Sommerhalbjahr gibt es aber auch begleitete, kostenlose Wander- oder Radtouren, die jeweils um 9.30 und 16 Uhr beginnen; Startpunkt ist die Stazione Foce (Infos: Parco del Delta del Po, Via Mazzini 200, 44022 Comácchio (FE), Tel. 05 33 31 40 03, www.parcodeltapo.it).

Zusammen mit der kleineren, nördlich gelegenen **Valle Bertuzzi** und dem winzigen Rest des einst riesigen Steineichenwaldes der Este **(Bosco della Mésola)** bilden die Valli di Comácchio ein großes Naturschutzgebiet, den wichtigsten Teil des Parco del Delta del Po. Besonders streng wird auf den

Lagunenfischer bei ihrem harten Tagwerk

Provinz Ferrara

Ein Magnet, nicht nur für Fotografen: die Treponti in Comácchio

Naturpark von Mésola geachtet, Fremde dürfen nur an bestimmten Tagen und nur unter Aufsicht den schönen Wald betreten.

IAT: 44022 Comácchio (FE), Via Mazzini 4, Tel. 05 33 31 41 54, Fax 05 33 31 92 78 www.comune.comacchio.fe.it.

In Comácchio sind sehr hübsche Unterkunftsmöglichkeiten auf B&B-Basis entstanden (im Winter z. T. geschl.) wie:
Al Ponticello: Via Cavour 39, Tel./Fax 05 33 31 40 80, www.alponticello.it. 3 Zimmer im 1. OG eines gepflegten Stadthauses. DZ/ÜF 85 €.
La Pescheria: Via Foglio 99, Tel./Fax 053 38 15 97, www.bblapescheria.it. 3 einfache Zimmer in engem Haus. **Restaurant** della Peschiera s. unten. DZ/ÜF 70 €.

La Comacina: Via Fogli 21/23, Tel. 05 33 31 15 47; Ruhetag Di. Fisch vom Grill oder schwimmend ausgebacken. Menü ab 20 €.
Trattoria della Pescheria: Via Fogli 93, Tel. s. o. Hotels, Ruhetag Di. Kleine Trattoria mit Terrasse über dem Kanal. Tagesmenü inkl. Wein 15 €, sonst gibt es gemischte Grillplatte oder Aal für rund 15 €.

Sagra dell'Anguilla: 1. und 2. Okt.-Wochenende *das* Aalfest mit Musik u. a. Darbietungen sowie ›Aal satt‹.

Pomposa

Reiseatlas: S. 26, E 2

Die größte architektonisch-sakrale Sehenswürdigkeit der ganzen Provinz Ferrara ist die **Abtei Pomposa**. Fast 50 m hoch ragt der Turm von 1063 auf quadratischem Grund aus der flachen Ebene, weithin sichtbar: neun Stockwerke, von Lisenen, Rundbogen und durch viele Klangöffnungen gestaltet. Wie ein Ausrufezeichen steht er im Weg, so zwingend, dass es wohl kaum jemand geschafft hat, Pomposa einfach links liegen zu lassen.

So auch Dante nicht. Mehrmals reiste er, wie viele Pilger von Norden kommend, Richtung Rom auf der Via Romea und machte hier Station. Pomposa war damals eine berühmte Pilgerstation und ein Ort der Kultur. Die Benediktiner boten in ihren Klosterzellen vielen Denkern und Dichtern ihrer Zeit Platz. Neben Dante weilten hier u. a. auch Guido d'Arezzo, der im 11. Jh. die Vorform der Notenschrift erdachte, und 1177 Friedrich I. Barbarossa. Die wichtigsten Funktionen der Abtei dürften Landgewinnung, Urbarmachung und Kultivierung der Tiefebene gewesen sein. Ganz nach der Devise der Benediktiner, *ora et labora*, »bete und arbeite«. 1317 gehörten den Benediktinern von Pomposa 49 Kirchen und 18 Diözesen in weiten Gebieten Italiens.

Fünf Bauteile sind vom einst blühenden, im 17. Jh. verlassenen Benediktinerkloster übrig geblieben: Kirche und *campanile*, Kapitelsaal und Refektorium sowie das etwas abseits stehende Verwaltungsgebäude, der **Palazzo della Ragione**, jetzt mit Ausstellungsräumen. Die Kirche (8./9. sowie 10./11. Jh.) besitzt Fresken aus dem 14. Jh. und einen schönen Fußboden in mosaikähnlicher Einlegearbeit. Die Vorhalle wurde im 11. Jh. angebaut, ihre Fassade mithilfe von verschiedenfarbenen Backsteinen, kleinen Marmorstücken, bunt glasierten Terrakottaschalen und langobardisch anmutenden Kleinskulpturen zu einem architektonischen Juwel gestaltet.

Zum Kulturzentrum gehört auch das **Museo Pomposiano** im ehem. Dormitorium (Gesamtkomplex tgl. 8.30–19, So, Fei ab 13 Uhr, Besuch der Kirche kostenlos).

Mit der Autorin unterwegs

Die Brücke von Comácchio
Dreigeteilt erschließt sie perfekt den Zugang in die von Kanälen gestaltete Stadt (s. S. 360).

Fischessen in Porto Garibaldi
Die besten Fischlokale findet man in den Fischereihäfen an der vorgelagerten Küste wie in Porto Garibaldi, wo sogar in den Strandbädern frischer Fisch serviert wird, z. B. im **Europa** (Viale dei Mille 8, Tel. 05 33 32 73 62, Ruhetag Fr, Sept. geschl.; familiäres Fischlokal ohne Schnörkel; Fischmenü um 40 €).

Sakraler Gipfel
Pomposas Benediktinerabtei gehört mit ihren schönen Steinmetzarbeiten zu den größten Sehenswürdigkeiten der Region (s. links).

Card Musei in Ferrara
Mit der Karte kann man ein Jahr lang alle städtischen Museen besichtigen. Kostenpunkt: 14 €. Infos unter www.ferrarainfo.com.

Stadt der besten Brote Italiens
Ferraras Brot ist viel gelobt: *Il corno* beispielsweise erinnert an vier zusammengewachsene Hörner und ist in ganz Italien eine Spezialität. Oder *pampepato*, ein würziges Pfefferbrot.

Ferrara

Reiseatlas: S. 25, C 2

Die Provinzhauptstadt (gut 131 000 Ew.) ist von ihrem historischen Wall in Form eines ungleichmäßigen Trapezes umgeben. Den einzigen nennenswerten Durchbruch gibt es im Südwesten in Höhe des in den 1930er-Jahren gebauten Mussolini-Viertels, ›Quartiere Giardino‹ genannt. Die Wälle sind Joggingroute ebenso wie die liebste Radstrecke der Ferraresi. Ein Nebenarm des Po, der Po di Volano, verläuft im Süden an der Stadt vorbei und ist durch einen 5 km langen, schiffbaren Kanal mit dem großen Strom verbunden.

Provinz Ferrara

Ferraras Blütezeit war die Epoche der Este, deren Geschlecht eines der ältesten Italiens war (ab 10. Jh. bis zur Renaissance). Sie bauten Ferrara zu ihrer Residenz und einem wichtigen Handelsplatz aus, holten die größten Dichter der Zeit an ihren Hof (Ariosto und Torquato Tasso).

Ferrara blieb bis ins 19. Jh. hinein ein Ort der Maler und Bildhauer, ein bedeutendes kulturelles Zentrum, das es nun mithilfe der mehr als 600 Jahre alten Universität wieder zu werden versucht. Ein Erzähler, der zu den leisen Europas gehört, war der 1916 in Bologna geborene und 2000 in Rom verstorbene Giorgio Bassani. Er machte Ferrara zur heimlichen Heldin seiner Bücher (›Ferrareser Geschichten‹ oder ›Gärten der Finzi-Contini‹). Der Träger des Nelly-Sachs-Preises (1969) wendet sich als jüdischer Bürger der Stadt Ferrara gerade an die Leser in Deutschland, »das Herz des tragischen, schuldbeladenen und schmerzvollen Europa«, wie er es nennt.

Stadtbummel

Mitten in der wunderschönen Stadt aus roten Backsteinen mit roten Dachziegeln, großartigen Palästen und breiten Straßen liegt die Festung der Este, die im Mittelalter außerhalb des Zentrums stand. Doch Ercole d'Este passte die Randlage nicht, also ließ er ab 1492 die Stadt kurzerhand auf das Doppelte erweitern. Im Zentrum blieb damit viel Platz, genug für großzügige Gärten hinter den Palästen und geräumige Innenhöfe; hier leben heute rund 41 000 Menschen.

Sehr schön lassen sich die beiden Teile unterscheiden: der mittelalterliche Kern mit seinen engen, verwinkelten Gassen südlich des Kastells und der Renaissanceteil mit seinen geraden, rechtwinklig angelegten Straßen.

Rund um das Castello Estense

Das Castello Estense wurde 1385 als Wasserburg mit Eckbastionen errichtet, später durch Balkone und eine marmorne Balustrade aufgelockert, einige Räume wurden prunkvoll ausgeschmückt und mit dem **Palazzo Ducale** zusammengelegt. Von besonderer Pracht sind der Wappensaal, der Regierungssaal sowie der sogenannte Saal des Spiegel. Interessant ist das kleine *salotto dei giochi* mit einem Deckenfresko, das Spiele von der Kindheit bis ins Erwachsenenalter zeigt, u. a. nackte Ringkämpfer. Dank einer Idee der Museumsverwaltung kann man diese ohne den Nacken zu verbiegen betrachten: durch schräg aufgestellte, riesige

Ferrara

Weist eine kunstvolle dreiteilige Marmorfassade auf: der Dom von Ferrara

Spiegel. Michelangelo-Schüler Sebastiano Filippi, genannt il Bastianino aus Ferrara (ca. 1532–1602), malte diese Fresken.

Den mächtigen Löwenturm, den ältesten der Festung, kann man über 122 Stufen erklimmen. Ein hängender Garten und ein kleines Studio mit Bacchusszenen runden den Besuch des Komplexes ab (Di–So 9.30–17.30 Uhr).

Vor dem Castello steht die würdevolle Statue von Savonarola, 1452 in Ferrara geboren. Er machte in Florenz als fanatischer Prediger Furore und fand dort den Tod auf dem Scheiterhaufen. An der Piazza della Cattedrale erhebt sich der **Dom** (werktags 7.30–12.15, 15–18.30, So, Fei 7.30 –12.30, 15.30–19.30 Uhr), im unteren Bereich noch romanisch (1135 geweiht), darüber bereits gotisch. Ein

Provinz Ferrara

etwas merkwürdiger Bau, dessen drei Schiffe eine gleich hohe Fassade zeigen, über dem mittleren Portal eine Madonna von 1427. Im reich ausgestatteten Inneren begegnet man u. a. wieder Bastianino (3. Kapelle rechts: ›Jungfrau Maria mit der hl. Barbara und der hl. Katherina‹).

Via delle Volte

Ganz und gar mittelalterlich zeigt sich die Via delle Volte (südwestl. von Kastell und Dom) mit ihren zugespitzten, niedrigen Bogen zwischen den schmalen Häusern, in denen so manches Restaurant, so manche Werkstatt Platz gefunden hat. Interessant ist die Bauweise der *casseri,* der typischen Häuser im Viertel, deren Breite von 4,5 m der Länge eines Holzbalkens entspricht. Ein richtiges Ferrara-Haus verfügte über je zwei Fenster und einen Kaminzug in der Mitte. Heute sind es begehrte Immobilien in der lebenswerten Stadt.

Corso Ercole d'Este

Schnurgerade führt der breite Corso, die Prachtstraße der Herzöge von Ferrara, vom Castello nach Norden. In der gesamten Altstadt ist Baustopp erlassen, doch entlang dem mit Flusskieseln (z. Z. der Este mit Tonziegeln) belegten, verkehrsberuhigten Corso Ercole d'Este darf nicht einmal ein Geschäft eröffnen. Alles soll so edel bleiben, wie es von ihrem Namensgeber geplant war.

Der Corso führt an Nobelpalästen vorbei und durch die Mauern hindurch ins Freie, zum Jagdschloss der Este. Etwa in der Mitte aber, Ecke Corso Rossetti, steht einer der Prachtbauten Ferraras, der **Palazzo dei Diamanti,** sogenannt wegen seiner Front mit den akkuraten Diamantquadern. Innen beherbergt er die **Pinacoteca Nazionale** (Di–Sa 9–14, Do bis 19 Uhr) und die **Galleria d'Arte Moderna e Contemporanea,** die nur für wechselnde Ausstellungen geöffnet ist. In der Pinakothek verweisen die Ferrareser gerne auf ein kleines Ölbild (57 x 37 cm), das sie ›Madonna mit den lächelnden Augen‹ nennen (anonymer Maler, 15. Jh.; im hintersten Raum links).

Nebenan befindet sich das **Museo Michelangelo Antonioni** (Di–So 9–13, 15–18 Uhr), dem großen Filmregisseur gewidmet, der 1912 in Ferrara zur Welt kam und 2007 hier zu Grabe getragen wurde. Zu seinen berühmtesten Filmen gehören L'Avventura (1960), Deserto (1964) sowie Blow up (1966).

Palazzo Schifanoia

Die Residenz der Este (1476/67), deren Name signalisieren soll, dass sie ›gegen die Langeweile‹ errichtet wurde, ist Sitz einiger städtischer Sammlungen wie Teile des **Museo Civico di Arte Antica** (Museum Alter Kunst; Di–So 9–18 Uhr). Trotz seiner Lage etwas weit im Südosten, aber noch immer innerhalb der Stadtmauer, sollte es bei einem Ferrara-Besuch nicht fehlen, schon allein wegen der Fresken im Saal der Monate (Salone dei Mesi). Die Meisterwerke der Renaissance (ca. 1470) zeigen prächtige höfische Szenen in warmen Erdtönen, kleine Szenen wie Frauen beim Spinnen, Weben und Sticken. An der Handschrift ist zu erkennen, dass sie von unterschiedlichen Malern stammen.

Unvollendet blieb der Palazzo di Ludovico Il Moro (16. Jh.), auch **Palazzo Costabili** genannt, ein Stück weiter ganz im Südosten der Altstadt. Das dort untergebrachte **Museo Archeologico Nazionale** (Di–So 9–14 Uhr) enthält eine der schönsten Sammlungen etruskischer und griechischer Funde aus der Nekropole von Spina bei Comácchio.

Ferraras Backsteinmauern

Die 1492 bis 1520 errichteten, 9 km langen Mauern aus Backstein mit zahlreichen Bastionen und der dicht bewachsene Wall dienten Ferrara nicht nur zu militärischen Zwecken, sie boten auch Schutz vor der ständigen Bedrohung durch Überschwemmung. Dieser Grüngürtel war schon immer Ferraras Treffpunkt von Liebespaaren und Familien für den Sonntagsspaziergang – heute ist er die Arena der Radfahrer und Jogger. Kein Wunder, dass Ferrara im Verhältnis zur Bevölkerungszahl die meisten und erfolgreichsten Vertreter des Laufsports in Italien aufweist.

Ferrara

IAT: 44100 Ferrara, Castello Estense, Tel. 05 32 29 93 03, Fax 05 32 21 22 66, www.comune.ferrara.it; Provinz: www.provincia.fe.it.

Duchessa Isabella: Via Palestro 68/70, Tel. 05 32 20 21 21, Fax 05 32 20 26 38, www.duchessaisabella.com. Aug. geschl. Stilvolles Hotel in Renaissancepalast im Altstadtzentrum. Antiquitäten, freskierte Räume, Garten. **Restaurant;** Parkplatz. 27 Zimmer, 1 Suite. DZ/ÜF 264–299 €.
Principessa Leonora: Via Mascheraio 39, Tel. 05 32 20 60 20, Fax 05 32 24 27 07, www.principessaleonora.it. Kleiner Palast des 16. Jh. mit 2 Anbauten, Garten; zentral. 22 unterschiedliche Zimmer. DZ/ÜF 154–190 €.
Europa: Corso Giovecca 49, Tel. 05 32 20 54 56, Fax 05 32 21 21 20, www.hoteleuropaferrara.com. Traditionsreiches, schlichteres Haus (seit 1880) nahe dem *castello*. 44 z. T. geräumige Zimmer, 2 Suiten. DZ/ÜF 115 €.
Dolcemela: Via Sacca 35, Tel. 05 32 76 96 24, Fax 05 32 71 10 07, www.dolcemela.it. Nettes B&B in einem schmalen Altstadthaus, Innenhof mit Brunnen. 6 Zimmer, 1 Apartment. Designmöbel. Fahrräder. DZ/ÜF 100 €.
Hotel de Prati: Via Padiglioni 5, Tel. 05 32 24 19 05, Fax 05 32 24 19 66, www.hoteldeprati.com. Renoviertes Hotel (Anfang 20. Jh.), gepflegte Atmosphäre. 15 Zimmer, 1 Suite. DZ/ÜF 90–110 €, am Wochenende 75 €.

La Romantica: Via Ripagrande 38, Tel. 05 32 76 59 75; Ruhetage Mi, So Abend. Gemütliches Ambiente mit Holzbalkendecken und Bogen. Verfeinerte Ferrareser Küche wie mit Kürbis gefüllte Teigtaschen mit Nusssauce, Jungschwein in Calvados. Menü ab 30 €.
Ripagrande: Via Ripagrande 21, Tel. 05 32 76 53 10. Gepflegte Atmosphäre, Innenhof. Ferrareser Küche wie *cappelletti*, *bolliti misti* vom Wagen, *salama al sugo* (gekochte Weinpresswurst) *con purè*. Menü ab 25 €.
Buca San Domenico: Piazza Sacrati 22, Tel. 05 32 20 00 18; Ruhetag Mi. Nettes Lokal, 3 schmale Räume, Holzbalkendecken. Hausgemachte Pasta, gefülltes Jungschwein aus dem Pizzaofen mit Rosmarinkartoffeln. Menü ab 20 €; Pizza Fr–Mo abends ab 5 €.
Il Mandolino: Via Mayr 83, Tel. 05 32 76 00 80; Ruhetage Mo Abend und Di. Kleine Trattoria mit Eingang auch an der Via delle Volte. Hausgemachte Pasta, *salama con purè*. Menü ab 20 €.

Mi ab 21 Uhr trifft sich die Jugend traditionell **am Domplatz,** im Freien und in den Bars oder Weinstuben (s. u.).
Enoteca Al Brindisi: Via degli Adelardi 11, Tel. 05 32 20 91 42; Ruhetag Mo. Älteste Weinstube Ferraras (seit mindestens 1435).
La Borsa del Vino: Corso Ercole I d'Este 1, Tel. 05 32 24 33 63; Ruhetag Mo. Enoteca im Innenhof der früheren Börse.

Palio: Normalerweise an allen Mai-Wochenenden. Das älteste Pferderennen der Welt (seit 1259), auf der Piazza Ariostea. Der ganze Monat Mai ist mit Umzügen und Wettbewerben Vorbereitung auf den Schlusstag. Infos: www.paliodiferrara.it.

Richtig Reisen-Tipp: Stadt der Radfahrer

»Ferrara e le Biciclette« heißt die Aktion, die Stadt und Umland sportlicheren Gästen schmackhaft machen will. Die Einheimischen legen fast alle Wege mit dem ›Drahtesel‹ zurück. Über das Touristenamt kann man Fahrräder (auch Tandems) leihen, manche Hoteliers stellen diese ihren Gästen kostenlos zur Verfügung. Besonders attraktiv sind geführte Stadtrundfahrten mit dem Fahrrad! An wichtigen touristischen Punkten sind Spezialständer zu finden, um die Räder ›parken‹ zu können. Mietadressen s. Infostelle, S. 366. Ein **Faltblatt der Provinz** zeigt Radwanderwege mit detaillierten Beschreibungen für Routen von insgesamt 124 km; ein Stück des Paneuropäischen Radwanderwegs Nr. 8 führt am rechten Po-Ufer entlang, mit Zusatztouren beispielsweise rings um die Valli di Comácchio.

Anlegeplatz der Gondeln am Markusplatz in Venedig

Kapitel 7

Venetien

Auf einen Blick: Venetien

Kunststädte, Alpenriesen, Traumstrände

Viele Reisende setzen Venetien mit Venedig gleich. Als gäbe es in dieser großen, vielfältigen Region keine andere Stadt außer der *Serenissima,* außer der Lagune von Venedig keine weitere sehenswerte Landschaft. Vielleicht noch Verona – wegen der Arena und ihrer Opernsaison. Und dass der Gardasee zur Hälfte im Venetischen liegt, kümmert ohnehin niemanden, der an den schönen See fährt.

Dabei hat Venetien eine Fülle von weiteren Kunststädten zu bieten: die Palladiostadt Vicenza mit ihren zahlreichen Villen und Parks. Padua, die Stadt des hl. Antonius und der Scrovegni-Kapelle mit Giottos wunderbaren Fresken. Das von Kanälen umflossene Treviso kennen eher Gourmets wegen seines kostbaren Radicchio.

Dann Kleinodien wie das von langen Mauern umarmte Maróstica mit seinem ›lebenden Schachspiel‹ und Bassano del Grappa mit der schönen Etsch-Brücke. Fast unbekannte Schönheiten sind Feltre mit großartig freskierten Fassaden und Castelfranco Veneto in intakten Mauern, ebenso wie die kleine Rivalin Venedigs, Chióggia am Südende der gemeinsamen Lagune.

In den Bergen haben sich im Schutze der Trentiner wie der Belluneser Alpenriesen Kultur- und Sprachinseln erhalten wie Sette und Tredici Comuni, in fast unberührten Landschaften, die allein schon eine Reise wert sind.

Auch an Weingärten und -bergen ist die Region reich, vom Gardasee mit Valpolicella und Bardolino über Soave und die Euganeischen Hügel südlich von Padua bis zum Weinanbaugebiet des weltberühmten Prosecco zwischen Valdobbiádene und Conegliano.

Die schönsten, langen Strände liegen vor Venedig, wie Perlen an einer Schnur zwi-

schen Punta Sabbioni und Bibione an der Grenze zu Friaul-Julisch Venetien.

Highlights

12 Vicenza und die Palladiovillen: die Provinz mit der größten Dichte an Villen des genialen Palladio und seiner Nachfolger (s. S. 380ff.).

13 Venedig: Die Lagunenstadt ist eine der schönsten Metropolen der Welt, es gibt wohl niemanden, der sie nicht einmal besucht haben wollte (s. S. 400ff.).

14 Feltre: Ganze Straßenzüge zeigen freskierte Fassaden aus der Renaissance (s. S. 428ff.).

Empfehlenswerte Routen

Abstecher zu den Kurorten in den Euganeischen Hügeln: Hügelromantik pur bietet das Bäderdreieck zu Füßen der Euganeischen Hügel südlich von Padua mit den Kurorten Abanao, Galzignano, Montegrotto und Battaglia Terme (s. S. 393f.).
Po-Delta: unterwegs in einer Landschaft für Abenteurerseelen und Naturliebhaber (s. S. 398f.).
Brenta-Kanal: von Padua nach Venedig entlang der villenreichen Wasserstraße (s. S. 415ff.).

Reise- und Zeitplanung

Für eine Rundreise durch Venetien – den Gardasee und seine Urlaubsorte ausgeschlossen, die sich ja für einen Erholungsurlaub (mit Kulturausflügen) eignen – sollte man mind. zwei Wochen, besser aber drei einplanen. Verona ›kostet‹ mind. einen Tag, Venedig schon eher drei, für die wichtigsten Villen von Vicenza und Umgebung benötigt man mindestens drei Tage, für die nördlichen Hochebenen mit den Sprachinseln jeweils einen Tag.

Um den Norden, also Belluno, zu erkunden, sollte man zwei bis drei Tage einplanen, weil es hier viele Überraschungen gibt. Rovigo und Adria erfordern zusammen mit der

Richtig Reisen-Tipps

Rundfahrt durch die Valpolicella: Die zauberhafte Hügellandschaft ist eines der **wichtigsten Weinanbaugebiete Venetiens.** Die Rundfahrt mit Auto oder Fahrrad führt zu den Weingütern und -städtchen zwischen Verona und den Monti Lessini. Wer mag, kann auch auf einem der drei Wege bei Molina wandern gehen. Zahlreiche Villen zieren die schöne Landschaft (s. S. 379).

Riviera Bérica: Abstecher zu den beiden wichtigsten Palladiovillen in unmittelbarer Nähe Vicenzas am östlichen Rand des Monte Bérico, der **Villa Valmarana ai Nani** und der Villa Almerico Capra, auch ›**La Rotonda**‹ genannt (s. S. 382).

Rundtour durch die Colli Euganei, die Euganeischen Hügel: Von Ort zu Ort (Praglia – Tramonte – Luvigliano – Faedo – Arqua Petrarca – Valsanzibio) führt die Route durch die vulkanische Hügellandschaft bei Padua. Den schönsten Überblick über den Naturpark genießt man vom **Rifugio Monte Rua** aus (s. S. 394).

Das Weinland des Prosecco: Die Lage der Weinhügel ist lieblich, die Weingüter, auf denen der vorwiegend ausgezeichnete, in Deutschland sehr beliebte Prosecco produziert wird, liegen relativ nahe beieinander: 15 Gemeinden dürfen sich der Produktion des **Prosecco DOC** auf insgesamt 18 000 ha Land rühmen (s. S. 429).

Provinz und ihren Villen mind. zwei Tage, in Chióggia sollte man sich Zeit lassen, auch für die Fahrt über die Lidi nach Venedig. Neugierige sollten Portogruaro nicht aussparen, das mit Umgebung mindestens einen Tag abverlangt.

Verona und Umgebung

Reiseatlas S. 14, 15

Im Norden von Verona bilden die Ausläufer der Lessinischen Alpen mit dem Hügel von Castell San Pietro eine hübsche Kulisse, im Süden steht, noch fast vollständig erhalten, die Stadtmauer der Skaliger zwischen dem Ponte Scaligero im Westen und dem Ponte Aleardi im Osten. Insgesamt sind es zehn Brücken, die innerhalb der zweiten erhaltenen, bastionenbewehrten Mauer von 1530 über die Etsch führen.

Verona

Cityplan: S. 374/375

Piazza Brà

Vom Bahnhof kommend gelangt man durch das Doppeltor **Portoni della Brà** in der schön erhaltenen, zinnenbewehrten Stadtmauer der Skaliger auf die **Piazza Brà,** Veronas Visitenkarte mit der Arena rechts und der breiten Promenade mit Cafés und Restaurants links.

Goethe saß im September 1786 auf dieser Piazza und beobachtete gegen Abend die flanierenden Veroneser (heute 258 000). Er war glücklich, endlich etwas Bedeutendes der »alten Zeit«, der Antike also zu sehen, um deren Monumente willen er sich auf den Weg nach Italien gemacht hatte: das römische **Amphitheater** 1. Er bewunderte die »Simplizität des Ovals« und erkannte bald, dass die Arena eigentlich nur »voll von Menschen« die richtige Wirkung erzielen könne (Besichtigung: Di–So 8.30–19.30, Mo 13.45–19.30 Uhr; kürzer während der Festspiele).

Rund um die Piazza dei Signori

Über die Via Anfiteatro, die zur Via Stella wird, ist leicht die **Casa di Giulietta** 2, das Haus der Julia zu finden. Und zweifelt man noch so sehr an seiner Authentizität: Kaum jemand dürfte ohne eine gewisse Rührung den kleinen Innenhof mit dem efeuumrankten Haus betreten, das in Shakespeares ›Romeo und Julia‹ eine zentrale Rolle spielt. Darin steht eine bronzene Statue, eine zarte Mädchengestalt. Nach allzu vielen Zetteln und Ritzungen mit Liebesbekundungen an den Hauswänden hat man dies inzwischen verboten. Wenige besuchen auch das kleine gotische Haus (13. Jh.), das nicht unbedingt das Wohnhaus der legendären Julia sein muss, aber aus derselben Zeit stammt (Di–So 8.30–19.30, Mo 13.30–19.30 Uhr).

Einer der schönsten Winkel in der anmutigen Innenstadt dürfte der kleine Platz mit der romanischen Kirche **Santa Maria Antica** und den **Arche Scaligere** 3 sein. Hinter einem schön gearbeiteten Schmiedeeisengitter mit dem Skaliger-Wappen liegen deren Hochgräber (ganzjährig von außen zu bewundern).

Schon Goethe war aufgefallen, wie lebensfroh und südländisch die Veroneser wirken, vor allem auf den Märkten der Stadt, etwa auf der **Piazza delle Erbe.** Inzwischen hat die Stadtverwaltung den bereits verkitschten Markt saniert, d. h. es soll hauptsächlich Obst und Gemüse angeboten werden, die Stände müssen abends und an den Wochenenden verschwinden, um dem Platz seinen historischen Charakter wiederzugeben.

Die großzügige **Piazza Dante** oder **Piazza dei Signori** (durch den Bogen mit der berühmten Mammutrippe hindurch erreichbar) mit dem Dante-Denkmal in der Mitte wird flankiert vom **Skaliger-Palast** 4 (heute Präfektur) und dem prachtvollen **Palazzo della Ragione** 5 mit seiner Renaissancefassade. Seine gotische Freitreppe im Innenhof und der Blick vom Lamberti-Turm sind echte Attraktionem! Auch die **Loggia del Consiglio** 6 aus der Frührenaissance, von Statuen großer Veroneser der Antike gekrönt, steht am Dante-Platz. 3,5 m darunter sind unter Glas die freigelegten Teile des römischen Forums zu sehen. So manche Verona-Besucher gehen darüber hinweg, im wahrsten Sinne des Wortes …

Sant'Anastasia und der Dom

Ein eindrucksvolles Relikt aus der Zeit vor den großen Überschwemmungen der Etsch ist die Via Sottoriva (= unter dem Ufer) an der Kirche **Sant'Anastasia** 7, wo einst die Handelslager standen und heute kleine Antiquitätenläden zu finden sind. Die niemals vollendete backsteinerne Kirche (1290–1481) vermittelt mit ihren Strebepfeilern fast den Eindruck einer Festung, aufgelockert durch das in Italien seltene gotische Doppelportal aus Marmor. Auch innen wirkt die dreischiffige Bettelordenskirche mit großem Querschiff und fünf Apsiden gewaltig und birgt u. a. zwei Kostbarkeiten: das Fresko Altichiero Altichieris (1375) in der Cappella Cavalli (rechte Chorkapelle) und eines Pisanellos (1430–35) über dem Bogen der Cappella Pellegrini.

Im äußersten Norden am Scheitelpunkt der Etschschleife steht der **Dom** 8, der mit seiner Mischung aus Romanik und Gotik seine Entstehungsgeschichte (ab 12. Jh.) bereits von außen zu erkennen gibt. Das prächtige Portal von 1138 verziert u. a. das Relief ›Thronende Madonna mit Kind‹. Obwohl dreischiffig, vermittelt das Innere den Eindruck einer Hallenkirche. Reich geschmückt ist die Taufkapelle, in der das achteckige Taufbecken von 1200 aus einem einzigen Block Veroneser Marmor gehauen wurde, mit plastisch ausgearbeiteten Reliefs (Di–Sa 10–13, 13.30–16, So, Fei 13–17 Uhr, im Sommer werktags 10–17.30, So, Fei 13.30–17.30 Uhr).

Teatro Romano und Museo Archeologico

Kaiser Augustus ließ im 1. Jh. v. Chr. in Hanglage am nördlichen Etschufer das halbkreisförmige **Teatro Romano** 9 bauen, das lange

---

Mit der Autorin unterwegs

Zu Fuß ein Genuss!
Eine empfehlenswerte **Tiefgarage** befindet sich zwischen Bahnhof und Zentrum, auch Bahnanreisende haben es bequem (kurzer Fußweg, Bus).

Opernabend
Am sichersten fährt, wer sich einer **organisierten Reise nach Verona** anschließt. Dann sind Hotel und Sitzplatz garantiert. Es werden auch Busreisen ohne Übernachtung angeboten: Die Nacht verbringt man auf der Rückreise fahrend im Bus.

Sammelticket …
für alle wichtigen Kirchen Veronas nehmen (Nachlass für Schüler und Senioren)!

Essen gehen
Veronas Restaurants sind meist sehr teuer, aber gut bis sehr gut wie **Tre Marchetti** oder **Bottega del Vino** (s. S. 376). Preiswert sind noch immer traditionelle Osterie im Altstadtzentrum. Es gibt auch einfache sowie feinere kleine Bars, die Snacks anbieten.

Die Valpolicella
Wo die Trauben für den gleichnamigen, meist perlenden Wein gedeihen (s. S. 377ff.).

Zeit durch Überflutungen, Erdbeben und Überbauung verschollen war und erst ab 1959 kontinuierlich ausgegraben wurde. Heute wird es wieder als Freilichttheater benutzt, und oberhalb wurde im früheren Kloster San Girolamo (steile Treppe und Aufzug) ein kleines aber interessantes **Museo Archeologico** eingerichtet, das allein schon wegen der schönen Ausblicke und zauberhaften kleinen Kreuzgang einen Besuch wert ist (Di–So 8.30–19.30, Mo 13.30–19.30 Uhr).

Castelvecchio und San Zeno

An der Etsch entlang gelangt man von der Piazza Arsenale über den imposanten Ponte

Verona und Umgebung

Verona: Cityplan

Sehenswürdigkeiten
1. Amphitheater
2. Casa di Giulietta
3. Santa Maria Antica / Arche Scaligere
4. Skaliger-Palast
5. Palazzo della Ragione
6. Loggia del Consiglio
7. Sant'Anastasia
8. Dom
9. Teatro Romano
10. Castelvecchio
11. San Zeno

Übernachten
1. Accademia
2. Verona
3. Ciopeta
4. Ostello della Gioventù Villa Francescatti
5. Campeggio Castel San Pietro

Essen und Trinken
6. Tre Marchetti
7. Bottega del Vino
8. Al Carro Armato
9. Brek
10. Osteria Verona
11. Osteria Antica

Scaligero (14. Jh.) zum **Castelvecchio** 10. Eine echte Schönheit (13. Jh.), die den Skaligern als Fluchtburg diente – vor allem vor den Veronesern ... Hier ist das **Civico Museo d'Arte** (Di–So 8.30–19.30, Mo 13.30–19.30 Uhr) untergebracht, das vor allem mittelalterliche Skulpturen zeigt. Die steinerne Brücke, auf der sich zum Sonnenuntergang Liebespärchen ein Stelldichein geben, haben die Veroneser nach der Zerstörung im Zweiten Weltkrieg Stein für Stein wieder aufgebaut.

Nach der verheerenden Überschwemmung vom 17. September 1882 wurden die erhöhten Uferpromenaden als Schutzwall gegen die Fluten des oft reißenden Flusses gebaut. Hier liegt geschützt auch **San Zeno** 11, die fast vollständig freskierte Lieblingskirche der Veroneser (im Sommer Mo–Sa 8.30–18, So, Fei 13–18 Uhr). Weißer Tuff und roter Ziegel ergab die schöne Struktur der Kirchenfassade im frühromanisch-langobardischen Stil. Die Doppelsäulchen des romanisch-frühgotischen Kreuzganges sind aus dem rosa Marmor von Sant'Ambrogio in Valpolicella gehauen. Die wundervollen Bronzetüren sind vor zu starker Sonneneinstrahlung durch ›Vortüren‹ geschützt (von innen zu sehen).

Am Hochaltar hängt eine ›Madonna mit Heiligen‹ von Mantegna (1456–59), die erste ›Botschaft‹ der Perspektive in Verona. Links vom Altar steht eine bemalte Marmorgestalt: San Zeno, der 380 verstorbene, heilig ge-

Verona

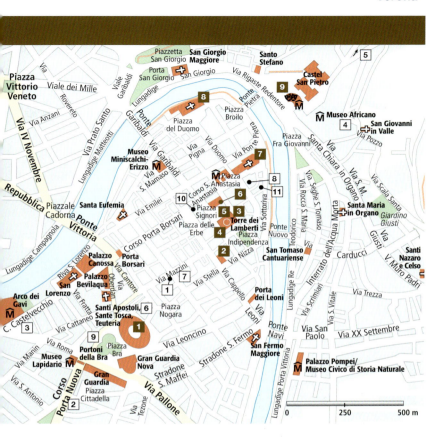

sprochene Bischof von Verona, dem diese schöne Kirche geweiht ist. Sein Unterkörper wirkt merkwürdig kurz: Ursprünglich stand der ›lächelnde San Zeno‹ *(San Zeno surride)* an erhöhter Stelle und sah – perspektivisch verschoben – normal aus. Sein Lächeln, sagen die Veroneser, habe ihr Wesen bestimmt, weshalb sie als besonders freundlich gelten.

APT: 37100 Verona, Piazza Brà (in der Skaliger-Mauer), Tel. 04 58 06 86 80, Fax 04 58 00 36 38, www.tourism.verona.it. **Infobüros** am Bahnhof und am Flughafen.

Accademia 1: Via Scala 12, Tel. 045 59 62 22, Fax 04 58 00 84 40, www.accademiavr.it. Feines Altstadthotel. 87 Zimmer, 7 Suiten; **Restaurant,** Parkplätze. DZ/ÜF 260 €.

Verona 2: Corso Porta Nuova 47/49, Tel. 045 59 59 44, Fax 045 59 43 41, www.hotelverona.it. Renoviertes, schlichtes Stadthotel. 27 Zimmer. DZ/ÜF 100–188 €.

Ciopeta 3: Vicolo Teatro Filarmonico 2, Tel. 04 58 00 68 43, Fax 04 58 03 37 22, www.ciopeta.it. Ordentliches Stadthotel. 18 Zimmer ohne Bad. **Restaurant.** DZ/ÜF 50–80 €.

Ostello della Gioventù Villa Francescatti 4: Via Fontana del Ferro 15, Tel. 0 45 59 03 60, Fax 04 58 00 91 27. Schöne Jugendherberge in einer Villa im Grünen mit Familienzimmern, **Restaurant.** Bett/ÜF 15 €.

Verona und Umgebung

Die Piazza Brà dient bei der Oper ›Aida‹ als Kulisse

Campeggio Castel San Pietro 5 : Via Castel San Pietro 2, Tel./Fax 0 45 59 20 37, www.campingcastelsanpietro.com. Mitte Mai–Mitte Okt. Kleiner Platz oberhalb der Stadt auf dem San-Pietro-Hügel. Stellplatz 6,50–8,50 €, pro Person 6,50 €.

Tre Marchetti 6 : Vicolo Tre Marchetti 19/b, Tel. 04 58 03 04 63; Ruhetag Mo Juli/Aug., sonst So. Kleines Traditionslokal, Veroneser Küche, fleischlastig. Menü ab 50 €.
Bottega del Vino 7 : Via Scudo di Francia 3, Tel. 04 58 00 45 35; 9–15, 17.30–24 Uhr; Ruhetag Di, während der Opernsaison tgl. bis 4 Uhr. Osteria mit vielleicht bestem Weinkeller Veronas. Teure Gerichte aus dem Veneto (Menü um 50 €), Kleinigkeiten an der Theke zur Weinverkostung.
Al Carro Armato 8 : im Geviert Vicolo Gatto 2/Via Due Stelle/Via San Pietro Martire, Tel. 04 58 03 01 75; Ruhetag Mo, sonst 11–14.30, 18–24 Uhr. Urige, bei jungen Leuten beliebte Osteria: einfache Veroneser Küche (Kutteln, Polenta mit Pilzen und Käse, *baccalà*, *pasta*

Nördlich von Verona

Häppchen, die es auch vor dem Lokal an den überdachten Piazzatischen gibt. Sehr freundliche Atmosphäre, beste Weine der Gegend!
Osteria Sottoriva 11: Via Sottoriva 9; Ruhetag Mi, sonst 11–14/15, 17–24 Uhr. Winzige, einfache Osteria unter Lauben, mit Snacks.

Die meisten Besucher zieht es in die Arena zu den **Opernfestspielen** Ende Juni–Anfang Sept. (Tel. 04 58 00 51 51, Fax 04 58 01 32 87, www.arena.it), zur winterlichen Konzertsaison eher die Experten, die ein großes konzertantes Programm – **Stagione sinfonica** – geboten bekommen, z. B. im Teatro Filarmonico (Tel. 04 58 00 28 80). Winters auch **Jazzveranstaltungen** in der Arena.
Karneval: großer Umzug, Stadtteilfeste.

Beste Einkaufsstraße: Via Mazzini zwischen Piazza Brà und Piazza delle Erbe mit teuren Modemarken. Weitere Infos im Internet: www.veronashopping.it.
Markt: werktags, Piazza delle Erbe.
Antiquitätenmarkt (mit Kunsthandwerk): 3. Sa des Monats, Piazza San Zeno.

Flughafen Valerio Catullo bei Villafranca, 14 km entfernt; mehrmals tgl. Flugverbindungen mit deutschen Flughäfen (Air Dolomiti), Tel. 045 80 95 66, www.aereoportoverona.it. Bus in die Stadt, Air Terminal am Bahnhof Verona Porta Nuova, sowie Taxi.
Bahnstation auf der EC-Strecke München – Innsbruck – Bozen – Verona mit guter Busanbindung an die Altstadt (Nummer 11, 12, 13). Etwa stündliche **Busverbindungen** mit den anderen Städten Oberitaliens (in Italien kostenlose Auskunft 7–21 Uhr unter Tel. 848 88 80 88) sowie in die Provinz bzw. zum Gardasee (Tel. 04 58 05 79 11/12, www.aptv.it).

e faggioli, freitags *gnocchi*) und offene lokale Weine. Menü 15–20 €.
Brek 9: Piazza Brà 20, Tel. 04 58 00 45 61; tgl. 11.30–15, 18.30–22 Uhr. Schnellimbiss mit besten italienischen und Veroneser Spezialitäten für Eilige, ebenso für Familien mit Kindern geeignet. Auch Tische im Freien auf der Piazza Brà. Tellergericht ab 6 €.

Osteria Verona 10: Piazza Erbe 34; Ruhetag Di, sonst von früh bis spät. Kleine Osteria, Weintheke mit stets frischen

Nördlich von Verona

Reiseatlas: S. 14/15, F/A 3
Im Nordwesten von Verona gedeiht in der **Valpolicella** der gleichnamige, meist leicht perlende Wein. **Soave** gab einem berühmten Weißwein seinen Namen: ein hübsches

Verona und Umgebung

Städtchen hinter völlig intakten Mauern aus dem Mittelalter, von Türmen und Schloss überragt, dessen Anlage zu den besterhaltenen Italiens zählt.

Hinter dem Weinland und dem Monte Baldo erstreckt sich die **Riviera degli Olivi** (Olivenriviera) des **Gardasees,** wo die köstlich schmeckenden kleinen Oliven gedeihen und kleine Ortschaften zu den bekanntesten Ferienorten Italiens zählen wie **Malcésine** und **Garda** (s. S. 304f.).

Weiter in den Norden führen mehrere, fast parallel zueinander verlaufende Täler von Verona zu den **Monti Lessini.** Langsam steigt das Gebirge von etwa 100 auf rund 1700 m an, dann wird die Hügellandschaft immer bizarrer, noch bestimmen Weiden das Bild, grün und saftig.

In **Giazza** wird alles gesammelt, was irgendwo über die einst dreizehn Gemeinden altbayerischer Zimbern (daher der Sammelname ›Tredici Comuni Veronesi‹), die im 13. Jh. hierher kamen, geschrieben oder mündlich überliefert wurde. Genauere Erklärungen gibt es im anschaulichen **Museo dei Cimbri** (im Sommer Di–So 9.30–12.30, 15.30–18.30 Uhr, besser nach Absprache, Tel. 04 57 84 70 50) am Hauptplatz, das gleichzeitig Kulturzentrum des Zimberntales ist.

Bolca, auf schmalem Bergsträßchen mit Haarnadelkurven zu erreichen, ist das Mekka für Fossiliensammler, egal ob sie selbst ans Werk gehen oder nur das großartig eingerichtete **Museo dei Fossili** (März–Okt. Di–So 9–13, 14–18.30, Nov.–Feb. 10–12, 14–17 Uhr) besichtigen wollen. Hier bekommt man alles erklärt, was mit dem Thetysmeer (s. S. 18f.) zusammenhängt, das vor 70–40 Mio. Jahren große Flächen Europas bedeckt hatte, und aus dem sich die Lessinischen Berge erhoben hatten – daher die zahlreichen Fossilien.

Soave

Reiseatlas: S. 15, B 4

Das nur 6800 Einwohner zählende Weinstädtchen gehört zu den zauberhaften kleinen, stark befestigten Ortschaften Venetiens. Vom Castello in erhöhter Lage ziehen sich die Mauern abwärts ins Tal. Der Ort besteht aus der Via Roma mit feinen Palazzi des 12. bis 15. Jh. und dem Corso Vittorio Emanuele II mit einfacheren Häusern. Kleine Lokale und Kellereien locken mit Weinproben, natürlich von Soave-Weinen.

Das ebenfalls hervorragend erhaltene Bilderbuch-**Castello** (10. Jh.) mit hohem Bergfried bietet einen herrlichen Blick auf die ›Unterstadt‹ (Di–So April–14. Okt. 9–12, 14–16.30, sonst besser anrufen, Tel. 04 57 68 00 36; Anfang März 2 Wochen geschl.).

Pro Loco: Piazza Antenna 2, 37038 Soave (VR), Tel./Fax 04 57 68 06 48, www.comunesoave.it.

Roxy Plaza: Via San Matteo 4, Tel. 04 56 19 06 60, Fax 04 56 19 06 76, www.hotelroxyplaza.it. Modernes Hotel nahe der Stadtmauer. 36 Zimmer, 7 Suiten. Parkplatz. DZ/ÜF 94–125 €.
Relax a Soave: Via Bassano 5, Tel. 04 57 68 04 41, Fax 04 56 19 83 71. Schlichtes B&B mit herrlichem Castello- und Soave-Blick. Parken im Olivenhain. Apartment mit Küche, bis 3 Pers. 80–120 €.
Al Gambero: Corso Vittorio Emanuele II 5, Tel. 04 57 68 00 10, Fax 04 56 19 83 01. Schön restaurierte Poststation. 12 rustikale Zimmer, **großes Restaurant.** DZ/ÜF 55 €.

Enoteca Il Drago: Piazza Antenna, Tel. 04 57 68 06 70, Ruhetag Mo, sonst 9–14, 17.30–2 Uhr. Café, Enothek, Restaurant unter der Loggia des historischen Justizpalastes. Pasta, *panini*; Mittagessen um 15 €.

Mehrere Weinkellereien im Zentrum: **Coffele** (Via Roma 5), **Pieropan** (Via Camuzzoni 3), **Cantina al Castello** (Corte Pittora 5). Jeden 3. So im Monat **Antikmarkt**

Mittelalterliches Volksfest rund um den Weißwein: 3. Mai-So.
Soave Festival: Mitte Aug.–Mitte Sept. mit Theater und Musik im Palazzo del Capitano und auf der Burg.
Winzerfest (seit 1929, das erste in Italien!): 3. Sept.-So.

Durch die Valpolicella

Richtig Reisen-Tipp: Durch die Valpolicella

Die zauberhafte Hügellandschaft ist eines der wichtigsten Weinanbaugebiete Venetiens, mit tiefen Tälern, im Norden durch die Monti Lessini vor rauen Winden beschützt. Außer dem Wein bilden die großen Marmorvorkommen den wichtigsten Wirtschaftsfaktor, die den Wohlstand des Gebietes noch festigen. Zahlreiche Villen zieren die schöne Landschaft.

Fahrzeit: mit dem Wagen 2–3 Std., mit dem Fahrrad je nach Kondition
Länge: 25 km, aber auch 40 km und mehr, je nachdem, wie oft man ›vom Weg abweicht‹
Charakter: leicht
Markierung: Strada Valpolicella Classico
Einkehr: Restaurants und Enotheken in Sant'Ambrogio, San Giorgio, Fumane u.a.m.

Beginnen wir die Rundfahrt (Schilder an allen wichtigen Kreuzungen) beim lebhaften Hauptort **Sant'Ambrogio** (180 m), wo Kunstfreunde sich als erstes Ziel 1 km weiter **San Giorgio** vornehmen – und den gleichnamigen Klosterkomplex in zauberhafter Lage (375 m) mit dem hoch aufragenden Glockenturm. Die langobardisch-romanische Pfarrkirche (7.–12. Jh.) mit zwei Chören besitzt im dreischiffigen Inneren ein kleines Ziborium aus der Langobardenzeit, das 1923 aus Teilen des Kreuzganges (s. u.) zusammengefasst worden sein soll. Die Kapitele des zauberhaften Kreuzgangs (Ruine) thronen auf vielen kleinen, schlanken Säulen und konisch geformten Rechteckpfeilern, und zeigen Tiermotive und christliche Symbole.

Parallel zur Etsch steigt die Serpentinenstraße ab ca. 200 m weiter hinauf auf die Monti Lessini zu, die knapp 1800 m Höhe erreichen.

Abstecher nach **Molina** mit seinen Wasserfällen im wunderschönen Naturpark mit drei ausgewiesenen Wanderwegen (im Winter nur an Wochenenden zugänglich) und einer sympathischen Kneipe an der Kasse. Am Progno-Bach wieder abwärts bis Fumane und weiter zum Weinort **Negrar** (190 m), der für seinen Recioto, aber auch für die Kirschen berühmt ist: Erstens sind es große Früchte, zweitens wird (z. T. noch immer) das Holz für die kleinen Weinfässer zur Reifung des Amarone, des eigentlichen Stars unter den Weinen der Valpolicella, verwendet. Erste Besucherpflicht ist die **Villa Rizzardi,** genauer ihr großartiger Park (Giardino di Poiega), der eine Rarität besitzt: ein ›grünes Theater‹. Das Halbrund der Ränge ist aus Buchsbaum geformt, ringsum Statuen (kann nach Voranmeldung oder im Sommer dreimal wöchentlich, normalerweise Do, Sa 15–18 Uhr, besichtigt werden).

Infos: Vivi la Valpolicella, Tel. 04 56 86 11 33 und www.valpolicellatourism.it.

Vicenza und Umgebung

Reiseatlas S. 15–16

Ihren Ruhm verdanken Vicenza und seine Provinz dem genialen Architekten Andrea Palladio, der, wie auch seine Nachfolger, hier seine berühmtesten Villen errichtete. Im Norden besitzt die Provinz mit der Hochebene von Asiago eine begehrte Sommerfrische, im Süden die waldreichen Monti Bérici, wiederum mit einigen Landvillen und Schlemmerlokalen.

Vicenza hat seinen Ruhm der Harmonie seiner Straßen und Paläste, vor allem aber Andrea Palladio zu verdanken, der mit seinen Villen und dem Teatro Olimpico Architekturgeschichte schrieb. Doch Vicenza bedeutet mehr als Palladio: Schöne Plätze, Gassen und Paläste schmücken die Stadt.

Weit im Norden erhebt sich der Altopiano dei Sette Comuni, benannt nach den ›sieben Gemeinden‹, die einst eine Sprach- und Kulturinsel bildeten und heute quasi unter Schutz stehen, um die interessanten Traditionen nicht in Vergessenheit geraten zu lassen. Mittelpunkt der Hochebene ist Asiago, außerhalb Venetiens eher für seinen Käse bekannt.

Südlich von Vicenza locken die Monti Bérici nicht nur Wochenendausflügler in die guten ländlichen Restaurants. Auch hier besitzen einige Landgüter großartige Villen.

Vicenza gehört zu den wenigen Hauptstädten Italiens, die ihrer Provinz (insgesamt rund 740 000 Einw.) die Freiheiten ließ und lässt, die diese für eine eigenständige Entwicklung braucht.

Vicenza

Reiseatlas: S. 15, C3

Vicenzas wichtigster Architekt, Andrea Palladio (1508–80), hieß eigentlich Andrea di Pietro dalla Gondola und war ursprünglich Steinmetz. Er sollte bestimmend werden für die Villenarchitektur der Hochrenaissance in Venetien und Friaul-Julisch Venetien.

Im Falle Vicenza hat Palladio *seine* Stadt geschaffen, ihr Gesicht durch Sanierung und Verschönerung verändert. Wer vom Monte Bérico hinabschaut, wird die imponierende Basilika Palladios und die Kathedrale, beide mit grünspanigen Kupferdächern, als bestimmend empfinden – und das war städtebaulich auch so gemeint!

Vicenza, das heute etwa 110 400 Einwohner hat, gilt als das wichtigste Zentrum der Goldverarbeitung in Europa, vielleicht sogar weltweit, mit mehr als 700 Betrieben und sowohl traditionellen wie sehr avantgardistischen Designern. Aber auch in der Verarbeitung von Silber, Kupfer, Schmiedeeisen, Keramik und Stilmöbeln hat sich Vicenza einen Namen gemacht. Kleine und mittlere Betriebe sind die Stärke in der gesamten Provinz, das gilt auch in der Landwirtschaft: Geflügel- und Schweinezucht, Milch- und Käseproduktion, Soja- und Weinanbau.

Wer schöne Stadtbilder liebt, wird immer wieder besondere Winkel und Straßenzüge entdecken. Etwa den Rione oder **Contrà Barche,** vom Retrone durchflossen, der einst bis zur Adria nach Chióggia schiffbar war. Natürlich waren hier Handwerker und Schiffswerften angesiedelt, dann verkam die Contrà Barche zum Dirnenviertel, bis sie 1970 von der Stadt aufgekauft und dem Architekten Francesco Chiozzi anvertraut wurde, der daraus eine Art Klein-Montmartre ohne Nachtleben schuf. So findet man heute wieder kleine Werkstätten und Läden, darüber die Wohnungen.

Vicenza

Ein weiteres Beispiel schöner Stadtarchitektur bilden die Häuserzeilen entlang der **Contrà Riale** und hinein in die **Contrà Porti**/Ecke Corso Andrea Palladio. Zwei schöne Beispiele für gotische Häuser sind der Palazzo Thiene-Cavalloni (früher Antica Trattoria Tre Visi) in der Contrà Porti 6 und der Palazzo Garzadori an der Contrà Piancoli 4, wo Goethe im September 1786 zu Gast war. Übrigens: *Contrà* bedeutet im Venetischen Straße, ist die typische Bezeichnung der alten Gassen Vicenzas.

Rund um die Piazza Signoria

Ein Stadtrundgang beginnt am besten an der **Piazza delle Biade** oder der lang gestreckten **Piazza Signoria**, Mittelpunkt der Stadt. Hier steht die **Basilica** – keine Kirche, sondern der gotische Justizpalast, den Palladio in seinem Stil änderte, indem er ihm eine neue, weiß marmorne, durch Arkaden aufgelockerte Fassade vorsetzte. Tatsächlich wurde die Basilica aber erst 1614, 34 Jahre nach Palladios Tod, vollendet, allerdings strikt nach seinen Bauplänen. Mit dem angegliederten Stadtturm, backsteinrot, sehr schlank und im Aufsatz wunderbar aufgelockert, wirkt der Komplex tatsächlich sehr sakral. Gegenüber die ebenfalls palladianische **Loggia del Capitano** und daneben der lang gestreckte Bau des **Monte di Pietà**. Der Eleganz des Platzes setzen zwei Säulen, je eine an einem Ende, einen Schlussakkord; eine trägt die Statue des Erlösers, die andere macht eine Verbeugung vor Venedig – mit dem Markuslöwen.

Rund um die Piazza Matteotti

Die Straßen folgen von hier aus dem Lauf der beiden Flüsse, halb römisches, halb mittelalterliches Stadtmodell. Die schönen Perspektiven entlang der Häuserfassaden sollen Vincenzo Scamozzi, der nach Palladios Tod 1580 die Arbeiten am **Teatro Olimpico** übernahm, Modell für das *palcoscenico*, die Bühne des Theaters, gestanden haben. Wer im Zuschauerraum sitzt, schaut in die Gassen der Theaterkulisse, erhält den Eindruck tiefer Perspektive, wie im richtigen Vicenza

> ## Mit der Autorin unterwegs
>
> ### Palladiovillen
> Nirgendwo gibt es ›so viel Palladio‹ wie in der Provinz Vicenza. Allein 16 Villen stehen im Vicentinischen, die höchste Dichte in Venetien. Fast alle stehen als Welterbe unter Unesco-Schutz. Die **Villa Rotonda** ist das vollkommene Meisterwerk Palladios (s. S. 382).
>
> ### Durch die Monti Bérici
> Auf der Suche nach versteckten Villen und kulinarischen Höhepunkten (s. S. 384f.).
>
> ### Schachspiel in Maróstica
> Das lebende Schachspiel wird alle zwei Jahre auf dem Schachbrett der unteren Piazza nachgespielt; Maróstica verwandelt sich dann wieder in ein Renaissancestädtchen (s. S. 385f.).
>
> ### Wochenmärkte Hochebene von Asiago
> Dienstag: in **Enego**, ganzjährig; Mittwoch: in **Roana** und **Treschè Conca**, Juli/Aug.; Donnerstag: in **Gallio**, Juli/Aug.; Freitag: in **Canove** und **Cesuna**, Juli/Aug.; Samstag: in **Asiago**, ganzjährig; Sonntag: in **Lusiana**, ganzjährig.

(Di–So 9–17 Uhr). Heute finden im Teatro Olimpico begehrte Veranstaltungen statt (s. S. 383).

Schräg gegenüber erhebt sich der ausladende weiße **Palazzo Chiericati** (1855) mit dem **Museo Civico** (Di–So 9–17 Uhr): im Erdgeschoss mittelalterliche Skulpturen und Gemälde (12.–16. Jh.), im Obergeschoss eine der vollständigsten Sammlungen lokaler und regionaler Malerei Venetiens, außerdem Zeichnungen und Entwürfe von Palladio (im Kupferstichkabinett).

Monte Bérico

Eine Art Triumphbogen markiert am südlichen Stadtrand den Beginn des langen Treppenaufgangs (192 Stufen), weiter oben liegt der

Vicenza und Umgebung

Richtig Reisen-Tipp: Riviera Bérica

Am östlichen Rand des Monte Bérico beginnt der kurze Abschnitt der Staatsstraße 247, die ›Riviera Bérica‹ genannt wird. Sie führt von Vicenza zu den beiden wichtigsten Villen in unmittelbarer Stadtnähe: zur Villa Valmarana ai Nani und zur sogenannten La Rotonda.

Als erstes zweigt die Via dei Nani durch ein hübsches Villenviertel zur Villa **Valmarana ai Nani** ab, unschwer an den 17 Gnomen *(nani)* über der Mauer zu erkennen. Dahinter erkennt man durch das schöne schmiedeeiserne Tor die fast bescheidene Villa mit ihrer links davon über Eck angeordneten *foresteria*, dem Gästehaus. Ihren Ruhm verdankt die Villa der Ausmalung durch Giamattista und Giandomenico Tiepolo (1775). Am schönsten ist die Geschichte der Iphigenie im Krieg zwischen Griechen und Trojanern: Agamemnons Segelschiffe bekommen keinen Wind, er will seine Tochter Iphigenie opfern, um die Göttin Artemis (Diana) gnädig zu stimmen. Diese hat Erbarmen und schickt eine Hirschkuh als Opfer, der Windgott Äolus bläst die Segel auf (5.3.–5.11. Di–So 10–12, 15–18, sonst 10–12, 14–16 Uhr).

Ein schöner Fußweg *(stradella Valmarana)* führt zur **Villa Almerico Capra**, genannt ›**La Rotonda**‹, man kann aber auch, der Riviera Bérica/SS 247 folgend, dorthin gelangen. Der Inbegriff einer palladianischen Villa erhebt sich auf einem sanften Hügel über der noch heute landwirtschaftlich genutzten Ebene. Der vollkommene Zentralbau (Palladio 1566–70, vollendet von Vincenzo Scamozzi) besitzt vier gleiche Fassaden mit Säulenvorhallen und breiten Treppen in völliger Harmonie.

Das Innere wurde erst 1620 von Scamozzi (der u. a. für die reiche barocke Stuckierung sorgte) vollendet und außerdem 1725 bis 1740 radikal verändert. Um den kreisförmigen Hauptraum unter der – im Gegensatz zu Palladios Plänen – flachen Kuppel gruppieren sich rechteckige Nebenräume, in den verbliebenen Zwickeln verbergen sich die Treppen zu Ober- und Untergeschoss. Die Ausmalung der Wände mit mythologischen Themen und Grotesken haben ebenfalls diverse Künstler ausgeführt, von 1599 (Kuppeldecke) bis ins 18. Jh.

Goethe sagte über diese Villa, sie sei wohnlich, aber nicht bewohnbar ... Palladio, kontert man wiederum, wollte für den reichen Paolo Almerico, der als Prälat aus Rom in seine Heimatstadt zurückgekehrt war, tatsächlich kein Haus für die Menschen, sondern eines für die Götter bauen (15.3.–14.11. von außen Di–Do 10–12, 15–18 Uhr, Fr–So falls Personal verfügbar, innen nur Mi).

700 m lange Pilgergang, der unter 150 Arkaden von 1747 zum Monte Bérico mit dem gleichnamigen **Santuario** (werktags 6.15–12.30, 14.30–19.30, So, Fei 6.15–20 Uhr) führt.

Die große Terrasse vor der Kirche bietet den schönsten Blick über ganz Vicenza und Umland; im Refektorium (spezieller Seiteneingang) hängt ein besonderes ›Abendmahl‹ von Paolo Veronese (1572), das ›Cena di San Gregorio Magno‹ genannt wird: kein Fresko, sondern ein Ölbild, das Papst Gregor als Gastgeber Christi zeigt.

i **APT:** Piazza Matteotti 12 (beim Teatro Olimpico, mit Infobüro auf der Piazza dei Signori), 36100 Vicenza, Tel. 04 44 32 08 54, Fax 04 44 32 70 72, www.comune.vicenza.it, www.vicenzanews.it.
Vicenza è: Via fermi 134, Tel. 04 44 99 47 70, Fax 04 44 99 47 79, www.vicenzae.org. Infos für den Aufenthalt in und um Vicenza.
Die **Vicenza Card** für 8 € ist drei Tage lang für fast alle Eintritte in der Stadt gültig.

 Campo Marzio: Viale Roma 21, Tel. 04 44 54 57 00, Fax 04 44 32 04 95,

Vicenza

www.hotelcampomarzio.com. Renoviertes Hotel zwischen Bahnhof und Altstadt, 35 geschmackvolle Zimmer. Parkplatz; **gutes Restaurant.** DZ/ÜF 95–245 €, am Wochenende am preiswertesten.
Castello: Contrà Piazza del Castello 24, Tel. 04 44 32 35 85, Fax 04 44 32 35 83, www.hotelcastelloitaly.net. Renoviertes Hotel (Palazzo des 19. Jh.) im Zentrum. 18 Zimmer, Dachterrasse. DZ/ÜF 80–149 €.
Giardini: Viale Giuriolo 10, Tel./Fax 04 44 32 64 58, www.hotelgiardini.com. Renoviertes, freundliches Stadthotel beim Teatro Olimpico. 17 Zimmer. Parkplatz. DZ/ÜF 114 €.
Cristina: Corso San Felice 32, Tel. 04 44 32 37 51, Fax 04 44 54 36 56, www.hotelcristinavicenza.it. Renoviertes Hotel, zentrumsnah. 33 komfortable Zimmer, auch Familienzimmer. Parkplatz. DZ/ÜF 90–170 €.
Ostello Olimpico: Viale Giuriolo 9, Tel. 04 44 54 02 22, Fax 04 44 54 77 62, www.ostellovicenza.it, geöffnet 16 März–15. Nov. sowie 1.–8. Jan. Moderne Jugendherberge im Herzen der Stadt; wunderbare Aussicht von den Terrassen; auch Familienzimmer. Bett pro Nacht 17,50 €, im DZ 20–23 €. Mahlzeiten in bestimmten Lokalen zum Sonderpreis.

Tre Visi: Corso Palladio 25 (Eingang Seitengasse), Tel. 04 44 32 48 68; Ruhetage So Abend und Mo. Seit 1882 bestehendes Restaurant mit gemütlicher Ausstattung (dunkles Holz), Sommergarten. Traditionelle Vicentiner Küche (Stockfisch mit Polenta, *bigoli* mit Entenragout, Grillspezialitäten von Fisch und Fleisch). Menü ab 30 €.
Osteria i Monelli: Contrà Ponte San Paolo 13, Tel. 04 44 54 04 00; Ruhetag Mo. Kleine Osteria südlich der Basilica. Lokale Küche auf Fleischbasis und *baccalà*. Menü ab 15 €.
Righetti: Piazza Duomo 3/Rückseite Corso Cesare Battisti, Tel. 04 44 54 31 35; Ruhetage Sa, So. Snackbar, Selbstbedienung und Restaurant, gemütliche Räume; auch Tische draußen. Menü ab 12 €, auch einzelne Gänge; abends alles frisch vom Grill.
Antica Casa della Malvasia: Contrà delle Morette 5, Tel. 04 44 54 37 04. Nettes Ambiente mit kleinen Holztischen, auch im Freien; Enothek (Glas Wein 1,50–2,50 €) mit Trattoria: Antipasti 5 €, Hauptgänge um 8 €, *tagliata* 13 €, Käse- und Salamiplatte mit einem Glas Wein rund 6,50 €.

Nett sind u. a.: **Bar Italia** am Corso Palladio, **Caffè degli Artisti** am Teatro Olimpico. Das beste Eis der Stadt gibt es (nur zum Mitnehmen) bei **Tutto Gelato,** Contrà Frasche del Gambero 26 (zwischen Dom und Basilika).
Hostaria Grottino: Piazza delle Erbe 2; Ruhetag Mo, sonst werktags 16–2, Sa, So 14.30–2 Uhr. Meist gedrängt volle Abendkneipe in Grotten-Ambiente unter der Basilica. Cocktails, Wein etc.; Snacks.

Infos für alle Veranstaltungen unter www.comune.vicenza.it.
Jazzfestival: Mai.
Klassische Musik im Teatro Olimpico (s. u.): Mai/Juni.
Konzerte in Vicentiner Villen: Juni, Juli, Aug.
Licht und Klang: Juli; unter der Stadtmauer der Skaliger am Viale Mazzini.
Klassisches Theater im Teatro Olimpico: Sept., Okt. Karten an der Abendkasse oder (sicherer wegen der hohen Nachfrage) im Büro der Settimane Musicali al Teatro Olimpico, Contrà San Pietro 67, 36100 Vicenza, www.olimpico.vicenza.it.

Goldschmiedekunst; außerdem besonders schön verpackte Vicentiner Köstlichkeiten wie Pralinen, süßes Gebäck z. B. in der traditionellen **Pasticceria Venezia** in der Contrà Pescaria 4/Piazza delle Erbe; *mostarde*, Senffrüchte, z. B. seit 1971 im Spezialitätenladen **Il Ceppo,** Corso Palladio 196 (schräg gegenüber der Casa Cogollo).
Wochenmarkt: Di, Do, an der Basilica.
Wäschemarkt: Do, Campo Marzo.

Bahn: Vincenza ist zur Hauptverkehrszeit etwa stdl. mit Verona und Padua bzw. Venedig verbunden; auch Bahnverbindungen mit Thiene und Treviso.
Busverbindungen mit den wichtigsten Orten der Provinz; Busse zur Rivera Bérica (Villa

Vicenza und Umgebung

Palladios sogenannte Basilica in Vicenza

Valmarana und La Rotonda): Nr. 8 und 13.
Parken: Von den beiden Großparkplätzen der Via Bassano und Via Cairoli fahren Pendelbusse ins Zentrum (gratis); vom kostenlosen Parkplatz an der Via Farini geringe Gebühr.

In den Monti Bérici

Reiseatlas: S. 15, B/C 3/4
Wer Zeit hat, sollte in die hübschen Hügel der Monti Bérici aufbrechen. Die Sommerfrische (bis 444 m) mit ihren Wäldern und Landgütern, meist mit Rinder- oder Hühnerzucht, hat auch köstlichen Wein zu bieten, allen voran den rubinroten Tocai Rosso. Wer Zeit hat, sollte sich in den hübschen Hügeln zwischen Vicenza im Norden und Noventa Vicentina im Süden einfach verfahren! Man kann aber auch eine Rundtour planen, in etwa im Uhrzeigersinn ab **Longare** am Bacchiglione, in dessen Vorort **Costozza** einer der romantischsten Parks Venetiens besucht werden kann: die **Azienda Agricola Costozza** der Grafen Schio. Der Park mit seinen Terrassen und wie Kaskaden angeordneten Treppen, Statuen und Nischen,

Gartenhäusern und Grotten ist auch eine architektonische Augenweide. Die **Villa da Schio** selbst lehnt an ein großes Grottensystem, aus dem schon die Römer Baumaterial holten. Die kalte Luft, die von den Grotten über die insgesamt drei Villen der Schio strömt, wurde und wird noch heute in den Gebäuden für natürliche Kühlung genutzt: durch raffiniert geführten Luftzug (Parkbesichtigung nach tel. Absprache Di–So 9.30–12.30, 15.30–19.30 Uhr; Tel. 04 44 55 50 99).

Von besonderer Schlichtheit ist die von Palladio geplante **Villa Pojana** in **Pojana Maggiore**, die neben der Rotonda als eine seiner schönsten gilt. Sein Serliana- oder Palladiomotiv ist hier besonders flach ausgefallen, streng wie die Lebenseinstellung des Bauherrn Bonifacio Pojana, eines hohen Militärs in Diensten Venedigs. Den Rundbogen über dem Eingang zieren fünf ganz einfache *oculi*, Rundlöcher, das flache Giebelfeld darüber drei Skulpturen. Den niedrigen Treppenaufgang flankieren Zeus und Neptun. Das Baujahr 1550 ist noch immer umstritten, sicher aber das Jahr der Freskierung: 1563. Fortuna ist das Hauptthema der Fresken von Bernardino India und Anselmo Canera (Di–So 10–12.30, 14–17, im Sommer bis 18 Uhr; besser vorher anrufen, Tel. 04 44 89 85 54).

In **Orgiano** erhebt sich die zauberhafte **Villa Fracanzan Piovene** (1710) des bedeutenden Vicentiner Architekten Francesco Muttoni inmitten eines 40 ha großen Parks. Eine Treppenbrücke verbindet das Hauptgeschoss der isoliert stehenden Villa mit der Straße. Ziemlich einmalig ist der *granaio*, der über der Loggia mit ihren vier nackten Backsteinsäulen auch architektonisch sichtbar wird. Im Obergeschoss führen vom Piano nobile, einem schlichten großen Raum, vier der sechs stuckierten Portale in die Privatgemächer, u. a. in die Sala del Cinese mit den beliebten Chinoiserien. In der riesigen Küche stammen die Einrichtungsgegenstände wie z. T. auch Geschirr aus der Erbauungszeit der Villa.

Unter der langen Loggia der Barchessa betritt man das nette **Museo della vita quotidiana e del lavoro in Villa,** das das Alltagsleben auf einem solchen Landgut demonstriert: Schreinerei und Lagerräume, *cantine* und Wurstkammer mitsamt spezieller Vorrichtung zur Abwehr der Mäuse; im Obergeschoss finden sich Wäscherei und die Kammern der Bauern und Handwerker. Und über den Deckenbalken wurden Netze für die Seidenraupenzucht gespannt (1. März–1. Nov. mit Führung So, Fei 15–19 Uhr oder nach Voranmeldung, Tel./Fax 04 44 87 45 89).

Im Norden von Vicenza

Maróstica

Reiseatlas: S. 15, C 2

Zwischen Vicenza und **Breganze** erstreckt sich das gleichnamige hügelige **Weinanbaugebiet,** in dem herbe Weiß- und vollmundige Rotweine produziert werden. In der Ebene gedeihen die dickfleischigen Kirschen von Maróstica, die *marostegane.*

Aus dieser Ebene zieht sich die trutzige Skaliger-Mauer von Maróstica (13 200 Ew.) den Berghang wie ein Reptil hoch, umarmt das obere Schloss, umklammert im Tal das untere. Dazwischen breitet sich der große Platz mit seinem Schachbrettmuster aus – wichtig für das **historische Schachspiel,** das in geraden Jahren stattfindet, am zweiten (und manchmal auch am ersten) Wochenende im September. Seine Geschichte geht auf das Jahr 1545 zurück: Zwei Edelleute, Rinaldo d'Angarano und Vieri Vallonara, liebten Lionora, die Tochter des Burgkastellans. Sie wollten sich duellieren, doch der Kastellan

---

Bérici für Feinschmecker

Die Meisterköche der Bérici veranstalten häufig **Schlemmerwochen,** dann werden in jedem Lokal Vicentiner Spezialitäten zubereitet. Infos: Pro Loco dei Bérici Basso Vicentino, Nanto, Piazza Simposio, Tel. 04 44 63 81 88, www.colliberici.it. Achtung: Während der Goldmessen sind die Trattorien in den Monti Bérici völlig ausgebucht: Die treue Stammkundschaft pflegt hier ihre Geschäfte zu begießen.

Vicenza und Umgebung

verbot den Zweikampf. Seine Tochter sollte demjenigen zur Frau gegeben werden, der die Schachpartie mit lebenden Figuren auf dem großen Platz vor dem Kastell gewänne.

Beim Spektakel (seit 1923) wird Maróstica in helles Fackellicht getaucht, 500 Teilnehmer ziehen in historischen Kostümen durch die Gassen, fröhlich musizierend und tanzend. Auch ohne das Fest macht es Spaß, durch das Städtchen mit seinen Arkaden und Laubengängen zu schlendern, mit netten Geschäften und Bars, aus denen die köstlichen Düfte der süßen Spezialitäten Maróstica erfüllen.

Pro Loco Maróstica: Piazza Castello 1, 36063 Maróstica (VI), Tel. 042 47 21 27, Fax 042 47 28 00, www.marostica scacchi.it.

Due Mori: Corso Mazzini 73, Tel. 04 24 47 17 77, Fax 04 24 47 69 20, www. duemori.it. Restauriertes Hotel in Palazzo des 18. Jh. 10 Zimmer. DZ/ÜF 110–130 €.
La Rosina: Località Valle San Floriano 3 km nördl., Tel. 04 24 47 03 60, www.larosina.it. Gemütliches, gepflegtes Landhotel, 12 Zimmer; **Restaurant** (s. u.). DZ/ÜF 80–90 €.

Rund um die untere Hauptpiazza liegen rund zehn Cafés/Bars, die alle zur Mittagszeit Salate und *primi* servieren, wie das **Caffè Mazzini** oder **Dall'Angelo e Divolo**; s.a. Hotel **Due Mori.**
Ristorante al Castello Superiore: Via Cansignorio della Scala 4, Tel. 042 47 33 15; Ruhetage Mi, Do Mittag. Trattoria im oberen Kastell mit solider Küche auf Fleischbasis. Menü ca. 25 €.
La Rosina: s. o., Ruhetage Mo, Di. Elegantes Ambiente, großer offener Kamin. Verfeinerte lokale Küche. Menü ab 25 €.

Kirschmarkt: Juni; auf der Piazza. Es werden diverse Kirschsorten verkauft, allen voran die schmackhaften großen *marostegane,* gefolgt von den *duroni, roane* und *sandre.*
Partita a Scacchi: 2. Sept.-Wochenende (Fr–So). ›Lebendes Schachspiel‹ auf der Piazza vor der unteren Festung; alle zwei Jahre mit geraden Jahreszahlen.

Bassano del Grappa
Reiseatlas: S. 16, D 2

Grappa heißt der Berg über Bassano, Grappa heißt aber auch das hochprozentige Getränk, das den Ort bekannt gemacht hat. Dabei verdient Bassano (fast 41 000 Ew.) allein wegen seiner Lage an der hier breiten Brenta einen Besuch. Und außerdem wegen der hölzernen Brücke, dem **Ponte degli Alpini.** Mehrfach zerstört, im Krieg in die Luft gesprengt, von den Bewohnern Bassanos wieder aufgebaut. Wohnlich wirkt diese schöne, holzgedeckte Brücke, wie ein Schattenspiel ihre dunklen Holzpfosten, dazwischen ergeben sich Ausblicke wie durch eine lange Fensterreihe auf den Fluss, die Berge, die beiden Stadtteile.

Weit über Italiens Grenzen hinaus berühmt ist die **Grapperia Nardini** am östlichen Brückentor: Hier kann man in gemütlicher Atmosphäre die Grappa-Hausmarken kosten und kaufen. Dasselbe gilt für die neu in alten Mauern eingerichtete **Grapperia Poli** mit einer Art **Grappa-Museum** gegenüber (s. S. 387). Ein schönes Museum leistet sich Bassano für seine Keramik und für Majoliken: das **Museo della Ceramica** im Palazzo Sturm an der Via Schiavonetti (Eingang; April–Okt. Di–Sa 9.30–12.30, 15–18.30, So 10–12.30, 15.30–18.30 Uhr).

IAT: 36031 Bassano del Grappa (VI), Largo Corona d'Italia 35, Tel. 04 24 52 43 51, Fax 04 24 52 53 09, iat.bassano@ provincia.vicenza.it.

Belvedere: Piazzale Giardino 14, Tel. 04 24 52 98 45, Fax 04 24 52 98 49, belvederehotel@bonotto.it. Seit 1878 erste Adresse. 87 Zimmer, Suiten am Zentrumsrand. DZ/ÜF 76–152 €. **Viel gelobtes Restaurant** (s. u.).
Al Castello: Piazza Terraglio 19, Tel./Fax 04 24 22 86 65, info@hotelcastello.it. Renoviertes Stadthotel beim Dom. 11 Zimmer z. T. mit Stilmöbeln. Bar/**Cafeteria.** DZ/ÜF 75–90 €.
Ostello Don Cremona: Via Chini 6, Tel. 04 24

Im Norden von Vicenza

Lauter Panoramafenster: der Ponte degli Alpini in Bassano

21 91 37, oscar.onlus@tin.it. Jugendherberge 300 m vom Zentrum. 2- und Mehrbettzimmer in einem früheren Waisenhaus (1870). Großes Ausflugs- und Sportangebot, Mahlzeiten auf Vorbestellung. DZ mit Bad ab 44 €.

 Tipp: Im Frühjahr unbedingt den **Spargel von Bassano** probieren!

Belvedere: Via delle Fosse 1, Tel. 04 24 52 49 88; Ruhetag So. Buonricordo-Restaurant im Hotel Belvedere. Meeresfisch und Fleisch klassisch zubereitet; freundlicher Service. Menü ab 34 €.

Al Sole – da Tiziano: Via Vitorelli 41/43, Tel. 04 24 52 32 06; Ruhetag Mo, Mitte Juli–Mitte Aug. geschl. Rustikaler Raum, kreative Küche; Spargelspezialist. Menü 30–39 €.

 Keramik: Faltblatt mit Adressen im Infobüro.

Grappa von Nardini in der **Grapperia Nardini** im Brückenkopf des Ponte degli Alpini oder gegenüber bei **Poli** im eigenen Grappa-Museum.

Kostbares **Papier und Drucke** bekommt man bei der **Grafica Tassotti,** Via Santi Fortunato e Lazaro 103.

Wochenmarkt: Sa 8–13 Uhr an der Piazza Garibaldi.

 Bahnverbindungen u. a. nach Citadella und Padua, Castelfranco Veneto und Venedig alle 30–60 Min.

Busse mit dichtem Fahrplan ab dem Bahnhof nach Maróstica und Vicenza, rund ein Dutzend Mal auf die Hochebene von Asiago.

Asiago

Reiseatlas: S. 15, C 1

Asiago in 999 m Höhe liegt vor den sogenannten **Kleinen Dolomiten,** ist Wintersportort und Sommerfrische zugleich, mit guter Infrastruktur und herrlich frischer Bergluft. Auch ein wichtiges landwirtschaftliches Zentrum für die Produktion von Milch, Butter und dem berühmten Asiago-Käse, im Geschmack zwischen Butterkäse und Emmentaler, leicht mürbe und sanft. Auch *Kranebet,* ein Wacholderbitter kommt von hier.

13 Kriegsfriedhöfe zählt man allein um Asiago, zahlreiche Museen und Gedenkstätten zum Thema. Darunter das **Sacrario Militare** am Ortsrand, in dessen Beinhaus die sterblichen Überreste von 51 000 Soldaten

Vicenza und Umgebung

aus den Schlachten des Ersten Weltkrieges liegen (tgl. Okt.–15. Mai 9–12, 14–17, 16. Mai–Sept. bis 18 Uhr).

Im Vorort **Cesuna** befindet sich das vorerst einzige, nette Pfeifenmuseum Italiens, das **Museo dei Cuchi** mit mehr als 5500 Pfeifen aus Terrakotta, die aus aller Welt stammen (tgl. 10–12, 15–19 Uhr; Tel. 04 24 69 42 83).

Abstecher in die Sette Comuni

Das nahe Asiago gelegene, hübsch herausgeputzte **Roana** (3760 Ew.) ist Zentrum der **Sette Comuni** der Zimbern (s. auch Tredici Comuni im Veronesischen, S. 378). Per Dekret abgesichert, konnte sich die eigenständige Kultur der Alt-Bayern und ihrer Nachkommen entfalten. Es wird auf die Tradition geachtet und in das **Istituto della Cultura Cimbra,** das Institut für die zimbrische Kultur mit Museum, investiert (Juli, Aug. tgl. 16–18 Uhr, sonst auf Vorbuchung, Tel. 042 46 60 47, 042 46 61 06). In der Kirche singt der Chor zimbrisch – immerhin sind es hier noch 300–400 Menschen, die diese Sprache sprechen.

Ufficio Informazioni Turistiche Altopiano di Asiago/Sette Comuni: 36012 Asiago (VI), Piazza Stazione 5, Tel. 04 24 46 22 21, Fax 04 24 46 24 45, www.altopianoasiago.com.

Typisch für die Hochebene sind Apartmenthäuser für Selbstversorger, jedoch auch in der Kombination mit Zimmern, für die es ÜF, HP oder VP gibt.
Locanda Aurora: Via Ebene 71, Tel. 04 24 46 24 69, Fax 04 24 46 05 28, aurora@telemar.net. 5 Apartments für Selbstversorger, 8 Zimmer neben dem Skipisten; **viel gelobtes Restaurant** (s. u.); Parkplatz. DZ/ÜF 54–76 €.
Residence Des Alpes: Via Rendola 43, Tel. 04 24 46 01 10, Fax 04 24 46 33 94, www.asiagoland.it. Großzügige Apartmentanlage am Ortsrand, Holz-Ambiente; für Selbstversorger (Einheiten für bis zu 7 Pers.) mit Bar-**Restaurant** und Tiefgarage. Normalerweise nur wochenweise zu mieten, Apartment für 2–3 Personen im Sommer 230–400 €/Woche, im Winter teurer.

Tre Fonti: Via Rodighieri 16, Tel. 04 24 46 26 01; Ruhetage Mo und Di Mittag. Kleines Restaurant mit verfeinerter traditioneller Küche im Vorort Rodighieri. Berühmt für *baccalà*-Gerichte vom Stockfisch (aber 2007 Besitzerwechsel). Handverlesene Käsesorten, dazu passende Weine auch glasweise; Olivenölkarte, Pasta und Süßspeisen hausgemacht. Menü ab 32 €.
Osteria Europa: Corso IV Novembre 65/67, Tel. 04 24 46 26 59; Ruhetag Mo. Gemütliches Lokal mit mehreren Räumen; Weinlokal im Untergeschoss; Caféterrasse auf der Piazza davor. Tagsüber diverse Salate und leichte Tagesgerichte, sonst eher deftige Fleischgerichte. Menü ab 20 €.
Locanda Aurora: s. o.; Ruhetag Mo. Typisches Menü vor allem mit dem berühmten Asiago-Käse, den begehrten Kartoffeln aus Rotzo, dem Sellerie aus Rubbio, Speck, Schinken u. a. typischen Fleischprodukten, Kuchen mit den vielen Honigsorten der Hochebene. Ab 25 €.

Berühmt ist der **Käse von Asiago,** meist halbreif zu haben unter der einfachen Bezeichnung *Formaggio Asiago*. Ganz lecker sind auch die hiesige Butter sowie der *Tosela*, ein Frischkäse von der Kuh. Ein guter Tipp: der Käse vom **Caseificio Pennar** Richtung Echar bzw. Bassano.

Fiera di Giugno: 1. Mi im Juni; großer Markt im historischen Zentrum.
L'Altopiano in Cucina: Aug.–Nov.; gastronomische Wochen mit lokalen Spezialitäten in vielen Restaurants der Hochebene.
Fiera di San Matteo: 21. Sept.; großer Markt im historischen Zentrum.

Mountainbiking auf ausgewiesenen Routen. Eine Karte mit genauen Angaben über Weglänge, Steigungen, Schwierigkeitsgrade etc. ist beim Infobüro erhältlich:

Busverbindungen mit Bassano und Maróstica, Vicenza sowie den anderen Orten der Hochebene, besonders häufig mit Gallio.

Die Provinzen Padua und Rovigo

Reiseatlas S. 16, 25–26

Padua ist die Stadt des hl. Antonius, für Kunstreisende die Stadt mit einem Hauptwerk Giottos, den Fresken der Scrovegni-Kapelle. Die Provinz prägten die Carrara, die blühende Schlösser und Burgdörfer hinterließen. Die Euganeischen Hügel dürften die bekanntesten der Region sein, weniger die Provinz Rovigo ganz im Süden.

Padua, die Provinzhaupt- und Universitätsstadt, mit zahlreichen gotischen Palästen geschmückt, zeigt im Straßenbild viele junge Gesichter. Sie ist eine lebhafte Handels- und Kulturstadt. Kunstschätze von Rang locken in ihr historisches Zentrum: das wundervolle Baptisterium, der großartige Justizpalast (Salone), die Wallfahrtskirche Sant'Antonio und schließlich auf dem Feld des römischen Theaters die kostbare Cappella degli Scrovegni, in der sich Giotto verewigt hat.

Die Euganeischen Hügel mit ihrer Thermalzone sind Anziehungspunkt für gesundheitsbewusste Menschen, aber auch für diejenigen, die das Gebiet als Ausgangspunkt für Ausflüge in weite Teile des Veneto schätzen.

Fast unberührt vom Tourismus ist die südlichste Provinz Venetiens, Rovigo. Sie zieht sich zwischen den Flüssen Etsch und Po fast in der Gesamtbreite der Region von West nach Ost bis zum Adriatischen Meer hin. Dort bilden die diversen Arme des Po zusammen mit der Etsch ein riesiges Deltagebiet.

Im Sommer zeitweise unerträglich heiß, sind im Winter beide wasserreichen Provinzen häufig durch Nebel geplagt, aus dem höchstens die Euganeischen Hügel herausragen.

Padua

Reiseatlas: S. 16, D 4

»Gehen wir zum Santo«, sagen die Padovaner, nicht zu Sant'Antonio, nicht zur Basilica di Sant'Antonio. Für sie gibt es eben nur diesen einen Heiligen, dessen Kirche sich ausnimmt, als wollte sie der Hagia Sophia oder einer anderen orientalischen Kuppellandschaft Konkurrenz machen. Im Kern hat Padua seine mittelalterlichen Strukturen mit gewundenen Straßen und langen Laubengängen behalten. Beim Flanieren fallen die vielen Studenten auf – Padua ist eine bedeutende Universitätsstadt. Mit der Stiftung der Universität (1222) begann die eigentliche Bedeutung Paduas, die im Humanismus gipfelte. Den geistigen Größen, die an dieser Hochschule lehrten, begegnet man noch heute im Palazzo Bo. In keiner anderen Stadt Italiens hat sich die Universität in das tägliche Leben so integriert wie in Padua, das mitsamt Vororten 209 000 Einwohner (davon 70 0000 Studenten) zählt.

Vom Prato della Valle zu Sant'Antonio

Also, auf zum Santo! Seine Grabkirche steht nur ein paar Schritte entfernt vom **Prato della Valle,** nach dem Roten Platz in Moskau und der Place de la Concorde in Paris mit 88 620 m^2 der drittgrößte Platz Europas und samstags Ort eines Marktes rings um das Wechselspiel von Kanal und Brückchen, 78 Statuen sowie venezianischen Palästen und Laubengängen. Am Rande **Santa Giustina**, Spätrenaissance mit bescheidener Backsteinfassade, aber einem wundervollen geschnitzten Chorgestühl und einer ›Marter der hl. Justina‹ von Paolo Veronese (etwa 1575).

Über die schräg verlaufende Via Belludi kommt man zum Santo. Vor seiner Kirche

Die Provinzen Padua und Rovigo

breitet sich ein großzügiger Platz aus, Souvenirstände versperren an manchen Tagen den Blick auf Fassade und **Reiterdenkmal** links davor. Was schade ist, denn es handelt sich nicht nur um ein Meisterwerk Donatellos in Bronze, 1453 geschaffen zu Ehren des venezianischen Feldherrn Gattamelata, sondern auch um das erste gegossene Reiterstandbild Europas.

Il Santo, die Grabkirche Sant'Antonios, ist eine großzügige, kostbar ausgestattete Pfeilerbasilika. Links befindet sich die Grabkapelle mit marmornen Hochreliefs, die zu den Meisterwerken der italienischen Renaissance zählen und Darstellungen aus dem Leben des Heiligen zeigen. Der Kirchenschatz mit kostbaren Goldschmiedearbeiten ist hinter dem Hochaltar in der Reliquienkapelle zu sehen.

Links vom Hochaltar befindet sich die erst 1988 vom bedeutendsten Restaurator Italiens, Professor Gianluigi Colalucci (von den Vatikanischen Museen) restaurierte **Capella Luca Belludi,** über und über von Giusto Menabuoi freskiert: In der Kreuzigungsszene sieht man im Hintergrund Jerusalem mit dem Ölberg. Das vielleicht berühmteste Bild Paduas, links vom Altar: Der hl. Franziskus verkündet dem hl. Antonius, die Stadt werde bald von der Tyrannei des Ezzelino befreit.

Auf dem Kirchplatz rechts vom Santo befindet sich das kleine **Oratorio di San Giorgio** (1377). Die von Altichiero di Verona (1384 vollendet) geschaffenen Fresken erzählen u. a. die Geschichte der Heiligen Georg, Katharina von Alexandria und Lucia. Der Andrang ist selten groß, ebenso wie in der rechts angebauten **Scuola del Santo,** die im ersten Stockwerk immerhin Fresken zu bieten hat, die teilweise dem jungen Tizian zugeschrieben werden (z. B. ›Der Wächter der Bruderschaft, Nicola da Strà, teilt das gesegnete Brot aus‹, 1511). Also: anschauen!

Entlang der ›Riviera‹

Riviera Tito Livio und Riviera dei Ponti Romani bilden einen langen Straßenzug, der die römische Stadt im Osten begrenzt. Dort, wo sie zusammentreffen, steht die sehr venezianische **Ca'd'Oro** mit hübschen gotisch-venezianischen Fenstern. Ihr gegenüber erhebt sich im kleinen Park die **Tomba Antenore,** die dem Platz ihren Namen gab: ein Hochsarkophag (1283–85) für Antenore, den legendären Gründer Paduas.

Der **Palazzo Bò** ganz in der Nähe ist quasi der Urkern der Universität. Der Name stammt vom lateinischen *bovis,* den Ochsenschädeln, die den Innenhof des einstigen Gasthauses zieren, ein beliebtes Dekorationsmittel der Renaissance.

Im Palazzo Bò befindet sich auch das **Teatro Anatomico** (Tel. 04 98 27 30 44 47) von 1594, der erste Anatomiesaal der Welt, in dem die Medizinstudenten erstmals die damals noch verbotenen anatomischen Lehrstunden genossen. Einmalig in der Enge und Höhe seiner Holzkonstruktion, die sechs Reihen des Ovals für 300 Zuschauer so eng, dass kaum ein Student in Ohnmacht fallen konnte.

Einer der bedeutendsten Lehrer an der Universität von Padua war Galileo Galilei, den die Studenten so verehrten, dass sie ihm in rührend-simpler Zimmermannsarbeit ein hohes Lehrpult bauten, das noch heute zu bewundern ist. Berühmt gewordene Studenten sind u. a. Kopernikus und der deutsche Mediziner Werner Rolfink (1599–1673).

Rund um die Piazza delle Erbe

Zusammen mit der Einrichtung der Universität zeigte sich der freiheitsliebende Geist Paduas, der Beginn der Demokratie im Bau des **Palazzo della Ragione,** des Justizpalastes und damals größten Gebäudes Europas an der Piazza delle Erbe. Der *salone,* wie ihn die Padovaner nennen, birgt unten Marktgänge und -buden, davor Obst- und Gemüsestände, oben erstaunt ein einziger, durchgehender Saal mit einem wundervoll geschwungenen Holzgewölbe in der Art eines umgekehrten Bootskiels, eine Spezialität Venetiens.

Der *salone,* die **Piazza delle Erbe** davor und die **Piazza Frutta** dahinter sowie die angrenzende **Piazza Signori** bilden zusammen mit den umliegenden, schmalen Gassen der Altstadt das pulsierende Herz Paduas. Hier sollte man sich Zeit nehmen für einen Espresso oder eine *ombra* (s. S. 391).

Richtung Rathaus steht das weltberühmte **Caffè Pedrocchi**: Giuseppe Jappelli war der Architekt, Antonio Pedrocchi hieß der Geldgeber, der dieses zur Institution gewordene Kaffeehaus am 9. Juni 1831 feierlich eröffnen ließ. Eher wirkt der helle klassizistische Bau wie ein Theater, durch einen neugotischen Teil 1838 erweitert. Aus dem einstigen Literaten- und Studentencafé – während der Unruhezeit des Risorgimento und später in den Weltkriegen auch eine antifaschistische Zentrale – ist eine städtische Kulturinstitution mit **Museum** (Di–So 9.30–12.30, 15.30–18 Uhr) geworden – doch das Café selbst wurde leider seelenlos modernisiert.

Piazza Duomo

Die Piazza Duomo ein kleines Stück westlich wird von der Piazza Signori nur durch den massigen Bau des **Palazzo Monte Pietà** getrennt. **Dom** und **Baptisterium,** vor allem Letzteres, heute ein Museum (tgl. 10–18 Uhr), sind unbedingt einen Besuch wert: in der Mitte das Taufbecken, rechts vom Eingang eine Apsis mit dem Altar. Alles, Kuppel inbegriffen, ist freskiert. Man braucht eine genaue Beschreibung, um die Details zu erkennen.

Grandios ist nicht nur die Höhe der Kuppel, auch ihre Fresken sind es. Man liest sie von Maria aus nach rechts, also ab der ›Erschaffung Evas aus der Rippe‹. Christus als Weltenbeherrscher in der Mitte (von Alpha bis Omega), fünf Reihen himmlischer Heerscharen, die größte Ansammlung von Musikinstrumenten des Trecento (14. Jh.): 40 an der Zahl! Der Nacken wird ordentlich strapaziert!

Die Scrovegni-Kapelle

Das vielleicht bedeutendste Kunstwerk Paduas sind Giottos Fresken in der **Capella degli Scrovegni,** die nur durch die interessanten **Musei Civici Eremitani** mit einer reichen venetischen Pinakothek und der archäologischen Sammlung zur Frühgeschichte ab dem 7. Jh. v. Chr. (tgl. 9–19 Uhr, im Sommer 9–22 Uhr; nur nach Voranmeldung: Tel. 04 92 01 00 20, www.capellascrovegni.it) zu betreten ist. Man verlässt sie über die römische **Arena,** heute ein einladender kleiner Park. Achtung:

Mit der Autorin unterwegs

Wunderbarer Freskenzyklus
In der kleinen **Cappella degli Scrovegni** in Padua hat sich Giotto verewigt (s. l.).

»Gehen wir zum Santo!«
In der **Wallfahrtskirche des hl. Antonius** in Padua befindet sich sein wunderbar gearbeitetes marmornes Grabmal (s. S. 390).

Ombra und Sponcion
In Padua ist es Sitte, nach dem Shopping oder bei der Begegnung mit Freunden auf ein Glas Wein, die *ombra,* einzukehren, dazu einen *sponcion* zu knabbern, traditionelle kleine Speisen wie Schinken, Wurstwaren, Hackfleischbällchen, Schnecken, ausgebackenes Gemüse, *crostini* mit Stockfisch oder Hering.

PadovaCard
Für 14 € können ein Erwachsener und ein Kind unter zwölf Jahren 48 Stunden lang oder Fr–So die wichtigsten Sehenswürdigkeiten der Stadt besichtigen, die öffentlichen Verkehrsmittel benutzen und kostenlos auf den Plätzen am Prato della Valle (Piazza Rabin), Stazione FS (Bahnhof, ex Guidovie) und Via Sarpi (ex Canova) parken. Die PadovaCard kann an den genannten Parkplätzen gekauft werden oder bei den Infostellen. Infos: www.turismopadova.it, Tel. 04 98 76 79 27.

Museum der Großen Flüsse
Das didaktisch großartig aufgebaute Museum in **Rovigo** lohnt den Besuch unbedingt; macht auch Kindern Spaß (s. S. 397).

Durch die Lagune des Po-Deltas
Italiens größtes zusammenhängendes, naturgeschütztes Deltagebiet lockt mit reicher Fauna und interessanter Flora (s. S. 398f.).

Die Zahl der Kapellenbesucher ist begrenzt, d. h. man muss sich rechtzeitig anmelden.

Enrico Scrovegni erwarb die kleine Kapelle am Rande der römischen Arena um 1300 und

Die Provinzen Padua und Rovigo

Einmalig: das Teatro Anatomico, der erste Anatomiesaal der Welt

gab Giotto den Auftrag, diese auszumalen. Dante schrieb, er habe den Vater des reichen Fürsten, den Wucherer Reginaldo, in der Hölle getroffen … Und der Sohn, erzählt die Geschichte, habe diese Privatkapelle wohl als Sühne für die Sünden des Vaters so herrlich zum Ruhme Gottes ausmalen lassen. Giotto verstand die Plastizität der Gestalten hervorzuheben, spielte mit Gebärden, nutzte das natürliche Licht im Raum. Die Originalfarben von 1303/05 wurden bei den Restaurierungen im 20. Jh. nur gereinigt und teilweise fixiert, ihre Leuchtkraft ist hervorragend erhalten.

In 38 Bildern in drei Reihen erzählt Giotto (man beginnt oben rechts vor dem Chor) die Geschichten aus dem Leben Christi und Mariä, außerdem findet sich an den Seitenwänden noch eine untere Reihe mit Allegorien der Laster und der Tugenden. Eindringlich ist in der zweiten Reihe links am Triumphbogen ›Der Verrat des Judas‹ dargestellt.

APT: Stazione FS (Bahnhof), 35100 Padova, Tel. 04 98 75 20 77, www.apt.padova.it, www.turismopadova.it.

Grand'Italia: Corso del Popolo 81, Tel. 04 98 76 11 11, Fax 04 98 75 08 50, www.hotelgranditalia.it. Palazzo im Libertystil mit modernem Komfort. 61 stilvolle Zimmer, 3 Suiten. DZ/ÜF 130–216 €.

Majestic Toscanelli: Via dell'Arco 2, Tel. 049 66 32 44, Fax 04 98 76 00 25, www.toscanelli.com. Zentrales, traditionsreiches Stadthotel. 34 renovierte, unterschiedliche Zimmer und Suiten. Schöne **Bar.** DZ/ÜF 156–172 €.

Al Cason: Via Frà Paolo Sarpi 40, Tel. 049 66 26 36, Fax 04 98 75 42 17, www.hotelalcason.com. Familiäres Hotel in Bahnhofsnähe. 48 ordentliche Zimmer. Modernes **Restaurant.** DZ/ÜF 105 €.

Città di Padova: Via Aleardo Aleardi 30, Tel. 04 98 75 22 19, Fax 049 65 42 10, www.ostellopadova.it. Jugendherberge nahe Prato della Valle. 112 Betten, auch Familienzimmer. Fahrradverleih, Parkplätze, **Cafeteria, Restaurant.** Bett/ÜF 17 €, im Familienzimmer 22 €, Mahlzeit (nur für Gruppen) 11 €.

La Vecchia Enoteca: Via San Martino e Solferino 32, Tel. 04 98 75 28 56; Ruhetage So, Mo Mittag, eine Woche im Aug.

geschl. Beliebtes Lokal mitten im Ghetto, mit viel Atmosphäre; venetische Fisch- und Fleischküche. Menü um 40 €.

Trattoria San Pietro: Via San Pietro 95, Tel. 04 98 76 03 30; Ruhetag Juni–Sept. Sa, So, sonst nur So (Weihnachten und Juli geschl.). Stimmungsvolle Trattoria, tgl. wechselnde Karte, alles hausgemacht. Menü ab 32 €.

Osteria dei Fabbri: Via dei Fabbri 13, Tel. 049 65 03 36; Ruhetage So, Fei. Restaurant mit Atmosphäre. Vorwiegend Fleischküche. Nach dem Abendessen Drinks. Menü ab 25 €.

Godenda: Via Squarcione 4/6 (Gasse von der Piazza delle Erbe Richtung Ghetto), Tel. 04 98 77 41 92; Ruhetag So, sonst 8-15, 17.30 Uhr bis spät nachts geöffnet. Moderne Weinbar, Frühstück bis 10.30 Uhr; fantasievolle kleine Speisen (sfizi), Weinproben, gelegentlich Veranstaltungen. Feinkost und Weine auch zum Mitnehmen. Menü ca. 25 €, Käseplatte oder Salami ab 6 €, Snacks 3 €, Glas Wein ab 3 €.

Primo Piano: Piazza del Santo 21/Ecke Via Cappelli, Tel. 04 98 76 19 19; April–Okt. durchgehend geöffnet (gegenüber Il Santo). Nettes Restaurant mit Terrasse, auch kleine Speisen, panini. Tagesmenü mit Getränk ab 13 €.

Brek: Piazza Cavour 20, Tel. 04 98 75 37 88, 11.30–15, 18.30–22.30 Uhr. Großes und doch angenehmes SB-Restaurant mit lokalen Gerichten; eigenes Bier. Tellergerichte ab 5 €.

Spizzico: Corso del Popolo s/n, Nähe Bahnhof, Tel. 04 98 75 08 22. Durchgehend geöffnetes einfacheres SB-Lokal mit Sandwiches, Pizza und Crêpes. Snacks ab 4 €.

 Markt: Mo–Sa vormittags, auf der Piazza delle Erbe/Piazza della Frutta; Markthalle unter dem Palazzo della Ragione. **Antiquitäten** und große Auswahl an **Stoffen** gibt es in den Gassen des früheren Ghettos.

Infos: www.apt.padova.it, Stichwort ›Today/Happening‹.

Tag des hl. Antonius: 13. Juni, der wichtigste Feiertag der Stadt mit Messen, Prozessionen und bunten Märkten.

 Mit dem **Boot** auf dem Bacchiglione rund um die Stadt; mit dem Boot über den Brenta-Kanal nach Venedig (s. S. 403ff.); Infos: www.deltatour.it, www.padovanavigazione.it, www.ilburchiello.it, www.antoniana.it/battellidelbrenta.

 Flug: Der nächste Flughafen ist der Aeroporto Marco Polo in Venedig. Zum Flughafen und von dort fährt die SITA auf der Linie Padua – Venedig – Flughafen von Mo–Fr jede halbe Stunde, Sa, So, Fei stdl.

Busverbindungen innerhalb der Stadt und in die Umgebung sind vorbildlich.

Abstecher in die Euganeischen Hügel

Reiseatlas: S. 15/16, C/D 4

Hügelromantik pur bietet das Bäderdreieck zu Füßen der Euganeischen Hügel südlich von Padua mit den Kurorten **Abano, Galzignano, Montegrotto** sowie **Battaglia Terme** und erfreut sich der Gunst von Gesundheitstouristen aus dem deutschsprachigen Raum. Dabei ist das traditionsreiche Zugpferd Abano selber ein gesichtsloser Ort, aber mit perfekt geführten Hotels, die fast alle über eigene Kurabteilungen verfügen, den berühmten Fango inbegriffen.

Das größte Plus der Thermen ist die zauberhafte Kulisse der Euganeischen Hügel. Die vulkanischen Miniaturkegel erheben sich bis zu mehr als 600 m aus der flachen **Pianura.** In einer Linie in nordwestlicher Richtung von Abano aus stehen drei sehenswerte Klöster bzw. Kirchen: San Daniele, Madonna della Salute und Praglia, außerdem die Villa Emo Capodilista.

Ein schmaler, gepflegter Wanderweg führt zum Kloster **San Daniele,** wo man auch im Winter in der kleinen Bar (mittags geschl.) einkehren und die typischen Naturprodukte aus befreundeten Klöstern (Honig, Pollen und kosmetische Artikel daraus) erwerben kann.

Vor der Wallfahrtskirche **Madonna della Salute** (1435–97) in **Monte Ortone** geht es ein paar Stufen abwärts zu einer heißen Quelle, die bereits den Römern bekannt war und der Kirche den Namen gab: Kurz vor ih-

Die Provinzen Padua und Rovigo

Richtig Reisen-Tipp:
Rundtour durch die Colli Euganei

Die Euganeischen Hügel erstrecken sich über eine Fläche von rund 19 000 ha, ihre höchste Erhebung ist 601 m hoch **(Monte Venda)** und der Umfang der elliptischen Form beträgt 65 km. (Infos: Via Rana Ca' Mori 8, 35042 Este, [PD], Tel. 04 29 61 20 10, Fax 04 29 60 13 68, www.parcocollieuganei.it).

Den schönsten Überblick über den Naturpark, mit dem Thermaldreieck zu Füßen, genießt man vom **Rifugio Monte Rua,** knapp unterhalb des nur 416 m hohen gleichnamigen Berges mit seinem Kloster.

Von **Praglia** aus geht es hügelauf und hügelab nach **Tramonte,** zu dessen Füßen die hübsche dreistöckige, altrosafarbene **Villa delle Rose** (18. Jh., privat) von außen zu betrachten ist.

Wenige Kilometer westlich liegt **Luvigliano** und dort auf einsamem Hügel mit Weingärten die harmonische **Villa dei Vescovi** (1529–38). Sie wurde für die Bischöfe von Padua als Sommerfrische errichtet.

Vorbei am Weingut Mirabello mit seinen akkuraten Rebreihen und kleinem Pavillon biegt man Richtung Castelnuovo ab. Am **Passo Roverello** schweift der Blick über Hügelketten und Weingärten hinweg nach Süden, vereinzelt setzen Zypressen Akzente. Nach **Faedo** geht es wieder abwärts, vorbei am Weingut Monte Fasolo – überall wird direkter Weinverkauf angeboten, aber nicht überall gibt es Verkostung.

Biegt man zur SP 99 Richtung Cinto Euganeo ab, lockt am **Monte Gemola** links der Hinweis zur **Villa Beata Beatrice d'Este.** Vom Parkplatz geht es zu Fuß weiter. Die zweigeschossige, einfache Landvilla besitzt ein nettes Naturkundemuseum. Der ummauerte Park ist am Wochenende ein beliebtes Ausflugsziel (im Winter Sa 14–18, So, Fei 9–13, 14–18, im Sommer Sa 15–19, So, Fei 10–13, 14–19 Uhr; Infos Tel. 049 60 11 77 oder 049 64 71 57).

Im Westen ragt ein kleiner Kegelberg aus dem kompakten Konglomerat der Colli Euganei heraus, der kreisrunde **Monte Lozzo** (327 m) oberhalb von **Lozzo Atestino.** Auf seiner Rückseite erhebt sich aus der hier wieder flachen Landschaft das hübsche rechteckige **Castello di Valbona** (frühes 13. Jh.) und spiegelt sich im Wasser eines schmalen Kanals.

Der hübsche Bergort **Arquà Petrarca** (s. Foto S. 396) trägt den Namen eines der größten Dichter Italiens, der hier 1369 bis zu seinem Tod 1374 lebte: des toscanischen Humanisten Francesco Petrarca. Der Besuch seines sehr hübschen gotischen Wohnhauses **(Casa di Petrarca)** inmitten eines leicht verwilderten Lorbeergartens gehört zu den angenehmsten Pflichten auf einer Venetienreise. Das kleine Haus mit den gotischen Fenstern und der Eingangsloggia hatte Petrarca von den Carrara als Geschenk bekommen (Di–So März–Okt. 9–12.30, 15–19, sonst 9–12.30, 14.30–17.30 Uhr).

Auf der Rückseite des Monte Ventolone (408 m) befindet sich in **Valsanzibio** die **Villa Barbarigo Pizzoni Ardemani** mit ihren raffinierten Wasserläufen im herrlichen Park, der zu den schönstens Italiens zählt (Mitte des 17. Jh.). Mit riesigen Hecken, 16 Brunnen, fünf Fischteichen, drei Wasserspielen, Kanincheninsel und zahlreichen Statuen im Park wie vor der Villa ist er einfach überwältigend. Auffällig ist die Vorliebe des Besitzers für die Farbe Weiß: weiße Schwäne, weiße Rosen, weiß blühende Hecken.

Ein 1,5 km langer Weg führt durch das **Labyrinth** aus dem 17. Jh., das ängstliche Naturen besser nicht betreten sollten (Parkbesichtigung März–Nov. tgl. 10–13, 14 Uhr bis zum Sonnenuntergang; Tel. für Anmeldung 04 98 05 92 24, www.valsanzibiogiardino.it. Die Villa selbst wird bewohnt und ist nicht zu besichtigen; im kleinen Laden gibt es lokale Souvenirs).

rem Bau soll ein Soldat ein Madonnenbild aus dem Wasser gezogen haben und daraufhin von der Pest geheilt worden sein.

Gegenüber dem wunderschönen Golfplatz von **Montecchia di Selvazzano** steht auf bewaldetem Hügel die **Villa Emo Capodilista.** Ein Kleinod der venetischen Villenarchitektur, 1568 als Jagdschlösschen errichtet, ein Zentralbau mit vier Ecktürmchen, dazwischen zweigeschossige Loggien, und innen engen, zart freskierten Räumen. Besonders hübsch sind die ›Drei Grazien‹ (Besuch normalerweise leider nur für Gruppen nach Voranmeldung: Tel. 049 63 72 94). Weinverkauf und Vermietung von drei Apartments gegenüber.

Im Schatten des Monte Lonzina breitet sich auf einer großen Wiese (daher der ursprüngliche Name *Pratalea* von *prati,* Wiesen) das **Monasterio di Praglia** aus, eine ausladend große, noch heute funktionierende und zu Recht gern besuchte Benediktinerabtei, die seit 1080 existiert und mit immerhin noch 40 Mitgliedern Italiens größtes Benediktinerkloster ist. Es besitzt u. a. vier Innenhöfe, eine Bibliothek mit rund 500 000 Bänden und ein Refektorium mit einem großen Kreuzigungsfresko von Bartolomeo Montagna (1490–1500; außer Mo und an hohen Feiertagen nachmittags halbstdl. kostenlose Führungen, im Sommer 15.30–17.30, im Winter 14.30–16.30 Uhr, Spende erwünscht; Klosterladen; 10–12, 15–17/18 Uhr).

IAT: 35031 Abano Terme (PD), Via Pietro d'Abano 18, Tel. 04 98 66 90 55, Fax 04 98 66 90 53, www.termeeuganee.net.

Die Hotels verfügen meist über so gute Restaurants, dass die Kur- u. a. Gäste mindestens Halb-, wenn nicht gar Vollpension buchen. Wer auswärts speisen will, tut dies normalerweise ›in den Hügeln‹ – und ist gut damit beraten. Die Hotels bieten Kurpauschalen an, die sich bei längerem Aufenthalt lohnen; viele Häuser haben eigene Benessere-Zentren (Schönheits- und Wellnesspakete).

Fünf der besten Hotels Abanos in der Fünf- sowie Vier-Sterne-Kategorie haben sich zu den GB-Thermae-Hotels zusammengeschlossen (Preise jeweils pro Person im DZ): das **Abano Grand Hotel** (105–202 €), das historische **Grand Hotel Trieste & Victoria** (80–148 €), das **Terme Due Torri** in einer venezianischen Villa des 17. Jh. (80–168 €), das etwas plüschige **Residence** (70–107 €) sowie das moderne **Metropole Terme** im grünen Garten (70–132 €). Infos und Buchung: Via Pietro d'Abano 1, Tel. (kostenlos) 008 00 88 11 88 11 oder 04 98 66 58 00, Fax 04 98 66 97 79, www.gbhotels.it (sehr informativ).

Verdi: Via Flavio Busonera 200, Abano, Tel. 049 66 76 00, Fax 049 66 70 25, www.abanoverdi.com. Modernes Kurhotel in ruhiger Wohngegend. VP/Pers./DZ 55–70 €.

Terme Milano: Via delle Terme 169, Abano, Tel. 04 98 66 94 44, Fax 04 98 63 02 44, www.termemilano.it. Nettes, bei italienischen Gästen beliebtes Kurhotel (mit Tennis) in der Fußgängerzone. VP/Pers./DZ 57–66 €.

s. o. Hotels.

La Montecchia: Via Montecchia 12, 35030 Selvazzano (PD), Tel. 04 98 05 53 23; Ruhetage Mo, Di. Modernes, feines Restaurant im Clubhaus des gleichnamigen Golfplatzes. Für verwöhnte Feinschmecker Degustationsmenü *dalla terra* 50 €, *dal mare* (aus dem Meer) 80 €.

Fünf **Golfplätze** gibt es im Gebiet der Euganeischen Hügel: bei Abano in Monte Ortone und Montecchia, weiter westlich in Frassanelle, in Battaglia Terme sowie westlich davon bei Valsanzibio.

Monselice

Reiseatlas: S. 16, D 4

Das recht lebendige Städtchen (17 500 Ew.) umgeben von einer fast vollständig erhaltenen Stadtmauer zu Füßen der stark befestigten *rocca* ist eine Gründung des berühmt-berüchtigten Ezzelino, den die Carrara im 14. Jh. als Herrscher ablösten. Im Ortszentrum lohnt sich der Besuch des **Castello Cini** mit der **Ca'Marcello,** bekannt wegen der Waffensammlung und der einmaligen Kamine (Füh-

Die Provinzen Padua und Rovigo

Arqua Petrarca trägt den Namen eines der größten Dichter Italiens

rungen März–Mitte Nov. Di–So stdl. 9–11, 14/15–16/17 Uhr). Danach führt der Schlossweg steil hinauf, an in Gärten versteckten Villen vorbei, weiter oben mit stetem Talblick zur Rechten. Auf der linken Seite folgt das Sanktuarium der **Sette Chiese**, sieben Kreuzwegstationen mit kleinen offenen Kapellen. Die letzte Station, die fast immer offene kleine Wallfahrtskirche **San Giorgio**, steht Wand an Wand mit der klassisch-schönen **Villa Duodo** (Forschungszentrum; von außen zu bewundern), deren Baumeister Vincenzo Scamozzi war und deren Park (meist tagsüber zugänglich) sich den Berghang hinaufzieht.

i IAT: Via del Santuario 1, 35043 Monselice (PD), Tel./Fax 04 29 78 30 26. www.monseliceturismo.it.

Palazzo Tassello: Via Santo Stefano 33, Tel./Fax 04 29 78 31 25, www.venetianhostel.it. Wunderschöne Jugenherberge in renoviertem historischen Palazzo (16. Jh.), Garten. 90 komfortable Betten, auch 2- und 3-Bett-Zimmer. DZ/Bad 45 €.

Rovigo

Reiseatlas: S. 25/26, C/D 1

Die Provinzhauptstadt (50 800 Ew.) ist ein wichtiges Landwirtschaftszentrum, Mittelpunkt der **Polesine** und gerade einmal 7 m über Meereshöhe. Dennoch sind ihre Türme im historischen Zentrum schon von weitem zu erkennen. Die sogenannten **Torri Donà**, Reste des Castello, bezeugen Rovigos Geschichte, als 954 Bischof Paolo aus Sicherheitsgründen von Adria hierher umzog.

Heute liegt der hübsche **Parco Grimani** um die beiden recht schiefen Türme herum und ist ein beliebter Treffpunkt der Jugendlichen (tgl. im Sommer 8–20, im Winter 8–18 Uhr).

Wenige Schritte nach Süden steht fast versteckt im engen Häusergewirr der Altstadt der **Dom** (1696). Leider ist er nur zu Messezeiten geöffnet, birgt er doch u. a. ein Fresko aus der Vorgängerkirche (15. Jh.) sowie mehrere Altarbilder aus dem 16. Jh. wie ›La Vergine delle Grazie‹ sowie eine ›Auferstehung Christi‹ von Palma il Giovane.

Rovigo

Im Westen der großzügigen, trapezförmigen **Piazza Vittorio Emanuele II** steht der **Palazzo Roverella** (1475), seit 2005 Sitz der **Pinacoteca dell'Accademia dei Concordi** mit reichen Sammlungen von Gemälden aus dem 14. bis 18. Jh. Hier sind u. a. Giambattista Tiepolo und Alessandro Longhi, Bellini und Palma il Vecchio vertreten (Mo–Fr 9.30–12, 15.30–18.30, Sa, So 10–12 Uhr).

Jenseits der jetzigen Via Laurenti hat Sanmicheli den **Palazzo Roncale** (16. Jh.) errichtet. Auf derselben Platzseite erhebt sich das mit einem Uhrturm geschmückte **Rathaus**, das aus der **Loggia dei Notai** hervorgegangen ist. Um die Ecke steht der sehr hohe und doch nur zweistöckige **Palazzo dell'Accademia dei Concordi,** von Conte Gaspare Campo 1580 als Treffpunkt von Literaten und Studenten gegründet.

La Rotonda und das Museum der Großen Flüsse

An der großen, schattigen Piazza XX Settembre (mit Parkplätzen) steht Rovigos wichtigster Sakralbau, **La Rotonda,** die Chiesa della Beata Vergine del Soccorso, ein beliebter Wallfahrtsort. Der oktogonale Zentralbau mit ebenfalls oktogonalem Umlauf wurde zwischen 1594 und 1613 von Francesco Zamberlan errichtet, einem Schüler Palladios. Innen zeigt sich eine wahre Pinakothek, Bilder in drei Reihen übereinander, vorwiegend vom Ende des 16. bis zum Ende des 18. Jh. Die meisten verherrlichen die venezianischen Stadtvögte in Padua, Rovigo etc., doch einige zeigen etwa die ›Anbetung der Hirten‹, eine ›Himmelfahrt Mariä‹, ›Maria und Elisabeth‹, im Hintergrund die Rotonda. Der Hochaltar birgt das wundertätige Bild der ›Madonna del Soccorso‹, ein Fresko eines unbekannten Malers (Ende 16. Jh.). Es zeigt eine bäuerlich steife Madonna im smaragdgrünen Umhang über dem roten Kleid, auf ihrem rechten Knie sitzt das nackte Jesuskind, das ihr eine Rose überreicht (tgl. 8–12, 16–20 Uhr).

Die neueste Errungenschaft Rovigos ist das **Museo dei Grandi Fiumi** im großartig restaurierten Olivetanerkloster der Kirche San Bartolomeo an der gleichnamigen Piazza ganz im Südosten des Altstadtrings. Modernste Multimedia-Einrichtungen und fortschrittliche Ideen für den didaktischen Aufbau prägen das ›Museum der Großen Flüsse‹. Flüsse aus Glas fassen Europas Kulturen zusammen, die über Ströme verbunden waren. Rekonstruktionen von Pfahlbauten zeigen, wie die Menschen früher an den Flüssen und im Wasser der Lagunen und im Delta lebten. Auf Luftaufnahmen entdeckt man ›begrabene Flüsse‹, also solche, die verschwunden sind und doch eine Geschichte haben. Und immer wieder taucht das globale Thema Europa auf: Flüsse als Handelswege, Schmuck aus Bernstein *(ambra)* für den Beweis des Warenaustausches mit dem Norden (Di–Fr 9–13, Sa, So 10–13, 16–19 Uhr; mit perfekten Einrichtungen für Besucher mit Handicap; www.museograndifiumi.it).

APT: Via Oberdan 17/a, 45100 Rovigo, Tel. 042 52 57 95; für die Provinz: Via Dunant 10, Tel. 04 25 38 62 90, Fax 04 25 38 62 70, www.provincia.rovigo.it.

Cristallo: Viale Porta Adige 1, Tel. 042 53 07 01, Fax 042 53 10 83, www.bw cristallo.ro.it. Modernes komfortables Best-Western-Hotel am nördlichen Stadtrand. 48 Zimmer. **Restaurant,** Parkplätze. DZ/ÜF 70–135 €.
Granatiere: Corso del Popolo 235, Tel. 042 52 23 01, Fax 042 52 93 88. Kleineres Stadthotel, zentral. 23 Zimmer, DZ 67–88 €.
Villa Regina Margherita: Viale Regina Margherita 6, Tel. 04 25 36 15 40, Fax 042 53 13 01, www.hotelvillareginamargherita.it. Stilvolles Hotel in Libertyvilla im Norden. 22 Zimmer. **Restaurant.** DZ/ÜF 88–96 €.

Tavernetta Dante ›Dai Trevisani‹: Corso del Popolo 212, Tel. 042 52 63 86; Ruhetag So, zweite Aug.-Hälfte geschl. Zwei Säle unter niedrigen Holzbalkendecken, kleiner Garten. Gepflegte Trevisaner Küche, Weinkeller. Zur Radicchio-Zeit typische Risotti und Gnocchi mit Radicchio. Menü 26–35 €.
Due Torri: Corso del Popolo 136, Tel. 042 52 57 94; Ruhetag Do. Nette Pizzeria in zentraler Lage, auch andere Gerichte; Pizza ab 6 €.

Die Provinzen Padua und Rovigo

Caffè Borsa: Piazza Garibaldi 2, Tel. 042 52 19 99; tgl. 7.30–2 Uhr. Holzgetäfeltes Café im Palazzo der Handelskammer.
Enoteca Conti Silvestri: Via Silvestri 6, Tel. 042 52 76 01. Gemütliche Caffè-Enoteca im gleichnamigen, gepflegten Palast unter originaler Kassettendecke. Fantasievolle Drinks.
Tavernetta Dante: s. S. 397, zur Aperitifzeit 10.30–12 und ab 18 Uhr bis zum Abendessen sowie nach 23 Uhr Häppchen zum Wein.

Bahnknotenpunkt auf der Strecke Padua – Ferrara bzw. Adria – Verona.
Busverbindungen mit der gesamten Provinz.

Rundfahrt durch das Po-Delta

Reiseatlas: S. 26, E/F 2

1604 haben die Venezianer die Po-Mündung nach Süden umgeleitet, um die Versandung der Lagune zu stoppen. Erst danach bildete sich das große Delta zwischen der nördlichen Etsch und dem südlichsten Po-Arm, genannt **Po di Goro.** Nirgendwo erlebt man so großartige, tiefrote und violette Sonnenuntergänge wie hier, auch wenn es ratsam ist, sich ordentlich gegen Moskitos zu wappnen!

Man fährt auf oder neben schmalen Dämmen, überquert auf engsten Brücken zahllose Kanäle, nimmt eine kleine Autofähre, die sich nur einmal um sich selbst dreht und schon das andere Ufer erreicht. Es ist eine Landschaft, die auch für Abenteurerseelen etwas bietet. Erst recht für Naturliebhaber, die hier eine große Vielfalt an Pflanzen (unterschiedliche Arten von Halophyten, je nach Salzgehalt des Wassers) und viele Vogelarten finden.

Am besten beginnt man eine geruhsame Fahrt durch das Po-Delta an der **Ca'Vendramin** westlich von Porto Tolle, von weitem an ihrem 60 m hohen backsteinernen Schornstein zu erkennen. Hier erfährt man im didaktisch einladend aufgebauten **Museo Regionale della Bonifica di Ca'Vendramin** innerhalb der historischen Pumpstation von 1900 (also im Jugendstil) alles, was man über das Delta und seine Urbarmachung wissen möchte. Die alten, mit Dampf betriebenen Motoren des Pumpwerks sind noch funktionsfähig. Je mehr Wasser abgepumpt, Land trocken gelegt wurde, desto mehr Dämme zum Schutz vor Überschwemmungen mussten errichtet werden. Bis 1938 funktionierte diese – wichtigste – Pumpstation, die auch Strom erzeugte. Doch im 20. Jh. wurde in der ohnehin unter Meeresspiegel liegenden **Isola di Ariano** (bis nach Taglio di Po) mit der Gewinnung von Methan begonnen, weshalb der Boden auf 7 bis 8 m unter Meeresniveau absackte. Die Methangewinnung ist inzwischen unterbunden worden (März–Okt. Mo–So 9.30–12.30,15–18 Uhr, Eintritt frei; weitere Infos: www.deltapoadige.it).

Maisfelder, auch Äcker mit Soja, Getreide und Mangold begleiten den Weg zum reinen ›Schlafort‹ **Porto Tolle,** wo eine neue Brücke über den **Po di Venezia** nach Ca'Venier führt. Von den Dämmen sieht man auf Teiche und Lagunen mit Seerosen hinab, eine unwirtliche und doch verwunschene Natur, die von Menschenhand gezähmt wurde. Die **Via dei Valli** führt zu Aussichtstürmen, überall gibt es Ausflugslokale und Fischteiche für Sportfischer. In der Valle Leonardo werden Meeresfische gezüchtet, also nichts für Angler. Aber sonst dürfen sie mit Genehmigung, die von den Ferienorten ausgestellt werden, in der Lagune fischen.

Bei **Barchessa Ravagnan** locken die **Oasi Val Pisani** mit dem gleichnamigen Restaurant, das normalerweise nur nach Vorbestellung mit einem festen Menü verwöhnt (s. S. 399). Und immer wieder Kanäle, Schleusen und kleine Pumpstationen, sehr schmale Dämme und Sträßchen, Maisfelder und Weiden, viele Picknickplätze und Radfahrer – und Moskitos!

Von Barchessa Ravagnan führt ein Dammweg nach **Porto Levante,** einem kleinen Fischernest mit neuer Marina, einer Werft und auch Booten, die man mieten kann. Neuerdings gibt es eine ständige Fährverbindung über den **Po di Levante** und damit eine direkte Verbindung zur **Isola di Albarella,** dem Inbegriff privater Feriensiedlungen mit Hotel, Yachthafen, Villen mit eigenen Bootsgaragen,

Rundfahrt durch das Po-Delta

Golfplatz u. a. Sportarten auf insgesamt 4 x 1,5 km Fläche.

Umständlicher ist es, nach **Rosolina Mare**, dem bei Italienern sehr beliebten, gemütlich-schlichten Ferienort mit seinem nördlichen ›Ableger‹ **Rosapineta** zu gelangen (über Rosolina und Ca'Morosin): Nur im Sommer gibt es eine direkte Bootsverbindung zwischen den beiden Urlaubsorten. Unterwegs zwischen den Valli stehen viele *casoni,* die reetgedeckten Fischerhütten, die ansehnliche Größe haben können, weil sie Schlafplatz, Küche, Lager u.v.m. waren. Baracken, die manche schöne Lagunenecke verschandeln, zeigen an, wo *vongole* gezüchtet werden, die kleinen Venusmuscheln.

Der **Giardino Botanico Litoraneo** von **Porto Caleri** ist genau der richtige Ort für Leute, die Liebhaber ursprünglich gebliebener Natur sind und sich an der Pflanzenvielfalt der aus Sand und Buschwerk bestehenden Küstenlinie erfreuen. Es gibt geführte Touren (10.30 und 16.30 Uhr), oder man folgt den drei vorgeschlagenen Wegen A–C: Pinienwald mit seinem Unterholz voller Brombeeren und Asparagus, die Macchia mit dichtem Wacholderbestand, Wildoliven und Liguster, duftenden Wildkräutern und -rosen, Strandvegetation und schließlich Feuchtgebiete mit Liliengewächsen wie Schilf, echten Binsen, Geißblatt und verschiedenen Gräsern (April–Sept. Di, Do, So 10–13, 16–19 Uhr). Badezeug mitnehmen, denn hinter dem Garten breiten sich herrliche Sandstrände aus!

IAT: Viale Marconi 2, 45010 Rosolina Mare (RO), Tel. 04 26 66 45 41, Fax 04 26 66 45 43.

Capo Nord: auf der Insel Isola di Albarella, Tel. 04 26 33 01 39, Fax 04 26 33 01 37, Vermittlung über das Reisebüro der Inselsiedlung, www.albarella-touristik.de. Ferien total auf der ganzen Insel, ca. Ostern–Mitte Sept. Viel Sport, Kinderclub, mehrere **Restaurants** etc. HP/Pers./DZ 50–125 €.
Centro Airone Residence: Via Colombo 37, 45014 Porto Viro, Località Porto Levante (RO), Tel. 33 56 86 59 91 (Handy), www.centroairone.it. Reihenbungalows, verwunschene Oase der Ruhe für Moskito-Resistente und Naturliebhaber am Rande von Porto Levante; naher Reithof, Hausbootvermietung (s. u.). **Restaurant.** Apartment 75–110 €.
Olympia: Località Rosapineta, Viale dei Pini 41, Tel. 042 66 80 57, Fax 042 66 82 84, www.hotelolympia.ro.it; Mai–Sept. Gepflegtes Hotel in Pinienwald am Meer, im obersten Geschoss modernisierte Zimmer; Pool. Freundlich, familiär. **Restaurant.** DZ/ÜF 58–75 €.
Camping Villaggio Turistico Rosapineta: Strada Nord 24, Località Rosapineta, Tel. 042 66 82 12, Fax 042 66 81 05, www.rosapineta.it. Mitte Mai–Mitte Sept. Riesiger Ferienkomplex an feinsandigen Strand mit unterschiedlichen Unterkunftsmöglichkeiten, auch Camping; viel Sport, Animation, mehrere **Restaurants.** Stellplatz 5–14,70 €, pro Person 4,10–6,50 €.

Oasi Val Pisani: Via Ca'Pisani 23, Porto Viro (RO), Tel. 042 68 51 94. Kleines Lokal mitten im Valli-Gebiet; große offene Feuerstelle, grobe Holztische, Blick auf den eigenen Angelsee, Fischzucht. Festes Menü inkl. Getränke um 40 €.
Agriturismo San Gaetano: Via Moceniga 22, Tel. 04 26 66 45 89; Fr–So offen, Juli/Aug. tgl. Schön dekoriertes Restaurant, einfach gedeckte Tische in einem historischen Kuhstall nahe Rosolina mit kleinem Zoo, Kinderspielplatz, Viehzucht, Obst- und Gemüseanbau; fast alles, was serviert wird, ist Eigenanbau; Grillspezialitäten. Menü des Hauses ohne Getränke 20 €. Außerdem 4 einfache **Zimmer** mit notwendigstem Komfort (DZ/ÜF 57 €).

Houseboat Holidays Italia: Centro Airone, Adresse s. o.; www.houseboat.it. Hausboote unterschiedlicher Größe, die man auf den Flüssen und in den Lagunen auch ohne Bootsführerschein fahren darf, allerdings höchstens 5–6 Knoten. Wochenpreis je nach Saison und Bootsgröße ab ca. 1000 €.
18 Loch-Golfplatz, Yachthafen, Segeln, Surfen, Tennis, Reiten, Bogenschießen etc. auf der Isola Albarella.
Wassersport auch in den Ferienorten.

399

Die Provinz Venedig

Reiseatlas
S. 16, 17, 26

Serenissima, die Erlauchteste oder Strahlendste, keine andere Stadt trägt einen solchen Titel, auch noch mit solcher Gelassenheit. Fast eine Konkurrentin ist das kleine, überschaubarere Chióggia am südlichen Rand der Laguna Veneta. Vorgelagerte Lidi sowie die Strände von Jésolo und Cáorle locken Sonnenanbeter, unbekannte Schönheiten wie Portogruaro Kunstkenner an.

In der schönen, aber nicht unproblematischen Lagunenstadt Venedig, der Provinzhauptstadt sowie Metropole der Region Venetien, kann man sich kaum satt sehen an den filigranen Fassaden der gotisch-venezianischen Paläste – am schönsten ist dies natürlich bei einer Gondel- oder Bootsfahrt entlang des Canal Grande. Ihre Kirchen und *scuole,* die Museen sind voller Kunstwerke von unschätzbarem Wert. Die Hotels und Restaurants machen den Aufenthalt in der Lagunenstadt zwar teuer, doch Venedig muss man einfach gesehen und erlebt haben!

Vorgelagert sind die Lidi, auf der Meeresseite mit langen, feinsandigen Stränden, die sich nach Norden fortsetzen und mit Jésolo wie Cáorle zu den begehrtesten Ferienorten gehören.

In der von Inseln übersäten Lagune von Venedig liegen die Glasbläserinsel Murano, die Insel der Spitzenklöpplerinnen Burano, sowie das historisch-kunsthistorisch bedeutende Torcello. Ganz im Süden der ausladenden Laguna Veneta blitzt die kleine und – nicht wirkliche – Konkurrentin Venedigs auf ihrer Halbinsel aus dem Wasser: das hübsche Chióggia.

Zu den interessantesten Ausflugszielen im Hinterland gehören eine Fahrt über den Brenta-Kanal mit seinen großartigen Villen, also eine Tour von Venedig nach Padua (oder umgekehrt) sowie ein Abstecher ins hübsche Städtchen Portogruaro.

Chióggia

Reiseatlas: S. 26, E 1

Viele nennen es ›Klein-Venedig‹, das kleine Städtchen (im Zentrum knapp 10 000 Ew.) zwischen der Lagune und den Flussmündungen von Brenta, Bacchiglione, Etsch und Po. Es ist richtig gemütlich, mit kleinen Brücken und niedrigen Palästen, einer breiten, edel mit großen Steinplatten belegten Fußgängerzone, mit Fischmarkt im Zentrum und Muschelbänken in der Valle di Brenta. Die Altstadt nimmt wie in Venedig ein Konglomerat von Inseln ein, vorgelagert ist Sottomarina Lido mit seinem Anhängsel Isola Verde, die ›Strand-Stadt‹ mit vielen Hotels, Ferienwohnungen und Campingplätzen, eine relativ preiswerte Alternative zu den venezianischen Lidi – und viel einfacher zu erreichen.

Am **Campo Marconi** steht im aufgelassenen Kloster **San Francesco** mit seiner Kirche (14. Jh.) das wunderschöne **Museo Civico della Laguna Sud,** das die südliche Lagune von Venedig zum Hauptthema hat. Ferner zu sehen: Chióggia-Veduten lokaler Künstler des 20. Jh. sowie sakrale Bilder aus hiesigen Kirchen und dem Rathaus. Da bis 1950 jeder Fischer seine für ihn persönlich gearbeitete Tabakpfeife besaß, ist auch eine hübsche Sammlung von sogenannten *pipe chioggiotte* zusammengekommen (geöffnet 12. Juni.–31. Aug. Di–Sa 9–13, Do–So auch 19–23.30, 1. Sept.–11. Juni. Di–Sa 9–13, Do–So auch 15–18 Uhr).

Chióggia

Schräg gegenüber steht am kurzen Canale Perottolo die meistverehrte **Madonna del Refugium Peccatorum** der Chioggiotti unter ihrem wie aus Spitzenwerk gearbeiteten Baldachin. Neben dem dreischiffigen barocken **Duomo Santa Maria Assunta** (1632–74) ragt der Campanile mit schlanker Kuppel, ein Wahrzeichen der Stadt, in den Himmel (14. Jh.; tgl. 9.30–11.15 Uhr).

Der Schriftsteller Malaparte nannte den **Corso del Popolo**, die 830 m lange Hauptschlagader Chióggias, »das größte Caféhaus Europas«. Tatsächlich ist die breite Fußgängerzone eine Augenweide, ein ›Salon‹ der Genüsse. Geschmückt ist sie mit niedrigen Palazzi aus dem 17./18. Jh., dem **Rathaus** (19. Jh.) in seiner Mitte und dahinter dem **Fischmarkt** im historischen Kornspeicher von 1322, dem Granaio (tgl. außer Mo).

Den Schlusspunkt des Corso am Meer markiert auf der **Piazzetta Vigo** eine Marmorsäule mit dem Markuslöwen, nebenan steht das einladende Hotel Grande Italia, dahinter die Anlegestelle der *vaporetti* zu den Lidi und nach Venedig. Über die Brücke die Calle Santa Croce hinunter, kommt man zur hoch aufragenden Kirche **San Domenico** auf der gleichnamigen Insel. Bereits im 13. Jh. in lombardisch-venezianischem Stil errichtet, erlebte sie bis ins 18. Jh. hinein mehrere Veränderungen. Eindrucksvolle Kunstwerke lohnen den Abstecher, vor allem das Bild des stigmatisierten hl. Paulus in rotem Überwurf von Vittorio Carpaccio (1520) und die vier Darstellungen der Wunder des hl. Domenikus von Pietro Damiani (1617–19) rechts und links vom Eingang (tgl. 8.30–12, 14.30–17 Uhr).

Am **Canale San Domenico** stehen die großen Fischerboote, auf der Stadt abgewandten Seite zieht sich parallel die lange **Isola Cantieri** mit dem Fischgroßmarkt hin. Und über die **Isola dell'Unione** hin verbindet eine lange Brücke das historische Chióggia mit **Sottomarina**, dem Strand-Vorort. Ähnlich wie auf den Lidi vor Venedig besitzt auch Sottomarina mächtige *murazzi*: Die sanft ins Meer abfallenden, starken Mauern ließ die

Mit der Autorin unterwegs

Urige Fischerkneipe in Chióggia
Die **Trattoria San Marco** unter niedriger Holzbalkendecke mit ein paar Tischen auf der Fondamenta vor den großen Fischerbooten war bis vor kurzem *der* Treffpunkt der Fischer und Pensionierten, um Karten zu spielen oder preiswert zu essen, doch noch immer bietet das Lokal ein besonderes Ambiente. Und für weniger als 20 € wird man satt (Fondamenta San Domenico 1121, Tel. 041 40 33 07; Ruhetag Mo, sonst 6.30–20 Uhr).

Der Brenta-Kanal
Eine Villa reiht sich entlang des knapp 20 km langen Kanals zwischen Padua und Venedig an die andere (s. S. 415ff.).

Riviera Infiorita
Am zweiten Septembersonntag wird die ›blühende Riviera‹ gefeiert, das aufregendste Fest am Brenta-Kanal. Zwischen Malcontenta und Strà befahren dabei Hunderte **prächtig geschmückter Boote** mit Insassen in historischen Kostümen den Kanal, an dessen Ufern kulinarische u. a. Stände zum Schlemmen und Feiern verlocken (www.riviera-brenta.it).

Lidi di Venezia
So nennen sich die sieben Strandorte vor Venedig, die gemeinsam werben. Zu ihnen gesellt sich sogar – jenseits der Regionalgrenze und der Etschmündung – ganz im Süden Rosolina Mare, dann von Süd nach Nord Chióggias Sottomarina, Lido di Venezia, Jésolo, Eraclea Mare, das zauberhafte Cáorle mit seinem alten Kern und kurz vor dem Friaul Bibione. Zusammen bieten sie für jeden Geschmack und Geldbeutel **Strandferien** entlang der 100 km langen Küste aus meist feinstem Sand und mit dem zerrissenen Land der Lagunen, Flussmündungen und Inseln.

Inselhüpfen
Fahrt zu den Laguneninseln **Murano, Burano** und **Torcello** (s. S. 411f.).

Die Provinz Venedig

Quirliges Chióggia: an der Pescheria

Republik Venedig bauen, um die Gewalt anstürmender Wellen abzumildern und die dahinter liegenden Häuser zu schützen.

APT: Lungomare Adriatico 101, 30019 Sottomarina di Chióggia (VE), Tel. 041 40 10 68, Fax 04 15 54 08 55, www.chioggia tourism.it, www.tuttochioggia.it.

Grande Italia: Piazzetta Vigo 1, 30015 Chióggia (VE), Tel. 041 40 05 15, Fax 041 40 01 85, www.hotelgrandeitalia.com; Feb.–Dez. Restauriertes Grand Hotel von 1914, 58 unterschiedliche Zimmer und Suiten; **Fischrestaurant.** DZ/ÜF 100–180 €.
Ambasciatori: Lungomare Adriatico 30, Sottomarina, Tel. 04 15 54 06 60, Fax 04 15 54 46 60, www.ambasciatorivenezia.com. Gesichtsloses, jedoch familienfreundliches Hotel gegenüber dem Strand (Eintritt im Preis enthalten). **Restaurant;** Parkplatz. DZ/ÜF 90–150 €.
Caldin's: Piazzale Peretolo 30, Tel. 041 40 35 82, Fax 041 40 24 03, becaldin@tin.it. Einfacheres Stadthotel nahe der Kathedrale; Parkplatz. DZ 45–65 €.

Tenuta Santa Grazia: Via Isamar 9, 30010 Sant'Anna di Chióggia, Isolaverde (VE), Tel. 04 15 53 58 11, Fax 041 49 04 40, www.villa gioisamar.com; April–Sept. Feriendorf mit Bungalows, Caravans und Camping am Meer, Pools zwischen Etsch- und Brenta-Mündungen. Reitzentrum. Bungalow für 4 Personen 75–157 €.

Die Restaurants sind auf Fisch und Meeresfrüchte spezialisiert, die meisten am Corso del Popolo oder in den nahen Seitengassen, z. B.:
Mano Amica: Piazzetta Vigo 1340, Tel. 041 40 17 21; Ruhetag Mo. Familiäres, gepflegtes Lokal am Ende des Corso, mit Tischen im Freien; in Frühjahr und Herbst *molecche* (›nackte‹ Krebse), sonst *grigliata mista* (Fischplatte) immer zu empfehlen. Fischmenü ab 26 €.
Osteria Penzo: Calle Larga Bersaglio 526, Tel. 041 40 09 92; Ruhetage Mo Abend und Di. Winzig kleine Trattoria beim Grande Italia, dekoriert mit historischen Chióggia-Aufnahmen. Chióggia-Spezialitäten wie gefüllte Calamari oder schwarze *tagliolini*. Wein auch glasweise. Tagesmenü ab 20 €.

El Fontego: Piazzetta XX Settembre 497, Tel. 04 15 50 09 53; Ruhetag Mo. Restaurant mit Pizzeria im früheren Lagerhaus, holzgetäfeltes Ambiente, Wintergarten. Lokale Fleisch- und Fischspezialitäten. Menü ab 20 €.

Einladende Bars/Cafés mit Tischen im Freien am **Corso del Popolo,** im Sommer z. T. bis tief in die Nacht geöffnet. Etwas Besonderes ist **Florian,** Corso del Popolo 1236: Feine Süßigkeiten und guten Kaffee sowie Drinks in Jugendstilambiente; zur Aperitifzeit (11.30–14, 18.30–20.30 Uhr) mit *cicheti*, Knabbereien, stets frisch aus der Küche. *Aperitivo della casa* ab 2,50 €.

Wochenmarkt: Do 8.30–12.30 Uhr, in der Altstadt.

Palio della Marciliana: 3. Juni-Wochenende; Chióggias schönstes Fest mit 500 Teilnehmern in historischen Kostümen auf dem Corso del Popolo.
Fischfestival: 3. Juli-Wochenende, viele Stände.
Le Baruffe in Calle: 4 Tage Anfang August; Theater und Musik in den Gassen von Chióggia.

Boote: *vaporetti* etwa stdl. über Pellestrina und Alberoni (Busverkehr) zum Lido (Fahrzeit 1 Std. 20 Min.) und weiter nach Venedig, praktisch rund um die Uhr. **Spezialtickets:** für 12 Std., 24 Std., 3-Tage-Ticket, Wochenkarte und Tageskarte für Familien!
Busse: nach Venedig und Padua mehrmals am Tag.

13 Venedig

Cityplan: S. 404/405
Venedig, das ist für viele die schönste Stadt der Welt. Die wichtigste Epoche der Republik hat einen eigenen Stil in der Baugeschichte hervorgebracht, die sogenannte venezianische Gotik mit ihren spitzbogigen Fenstern und Arkaden.

Die richtige Anreise
Venedig muss man sich vom Wasser her erobern. Das ist ideal für Gäste, die mit dem Flugzeug anreisen und dann per Wassertaxi in die Stadt fahren. Autoreisende lassen den Wagen nahe dem Bahnhof von **Mestre** stehen (Bahnverbindungen im Viertelstundentakt) oder auf der **Parkinsel Tronchetto** vor der Stadt, denn das Parkhaus am Piazzale Roma (Busbahnhof) ist wohl das teuerste der Welt! Von Tronchetto fahren *vaporetti* in die Stadt: einmal durch den Canal Grande, einmal durch den Canale della Giudecca. Vorschlag: Die **Giudecca-Strecke** wählen, dann kommt man an der Stege an der Riva degli Schiavoni an und betritt den ›Salon‹ der Stadt von seiner schönsten Seite: der Piazzetta San Marco. Den **Canal Grande** extra befahren!

Vielleicht 60 000 Menschen leben heute noch auf den wahrscheinlich 118 Inseln, die Venedigs historisches Zentrum ausmachen, durch etwa 450 Brücken miteinander verbunden und durch 180 Kanäle getrennt. Die *terraferma,* das Festland-Venedig, zählt etwas mehr als 210 000 Einwohner.

Venedig platzt vor allem in der unerträglich heißen Jahreszeit im Juli und August aus allen Nähten. So mancher Bürgermeister hatte gar erwogen, eine Art Touristenzoll zu kassieren, um die überhand nehmenden Rucksacktouristen abzuschrecken. Die Hoteliers jedenfalls glauben, übersteuerte Preise rechtfertigen zu können und wundern sich, wenn die Betten außerhalb der sommerlichen Hochsaison und zum Karneval, vielleicht noch im Herbst, leer bleiben. Dabei ist Venedig zu keiner anderen Jahreszeit so schön wie im Winter. Ob es regengrau ist, Hochwasser den Spaziergang zu einem ängstlichen Trippeln über die Stege macht oder sich der blaue Himmel mit ein paar weißen Wolkenfetzen föhnig-sonnig zeigt. Wie einer schönen Frau steht Venedig praktisch alles: zarter Nebel, aus dem Kuppeln und Türme herausragen, und der eine fast schmerzliche Melancholie verbreitet – oder die Winter-

Die Provinz Venedig

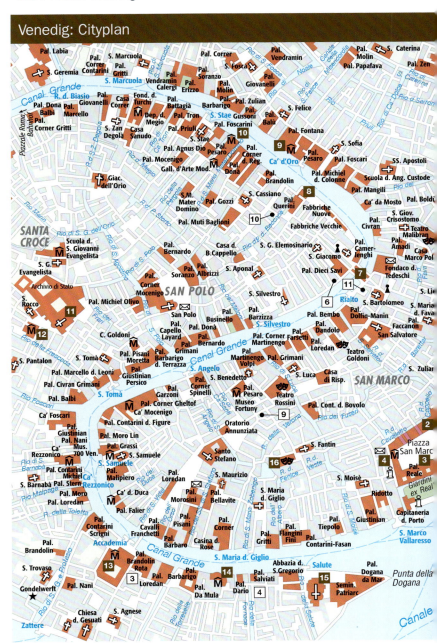

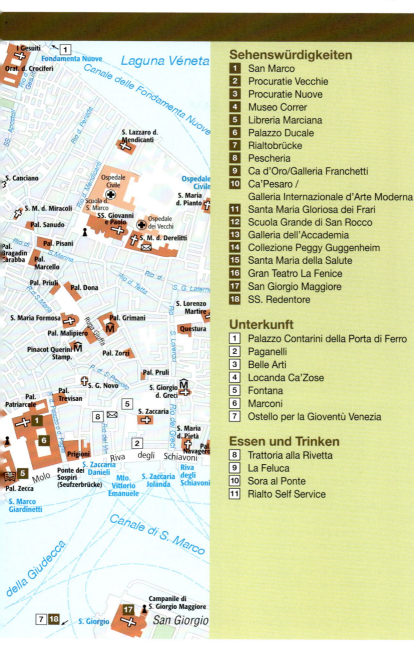

Cityplan

Sehenswürdigkeiten
1. San Marco
2. Procuratie Vecchie
3. Procuratie Nuove
4. Museo Correr
5. Libreria Marciana
6. Palazzo Ducale
7. Rialtobrücke
8. Pescheria
9. Ca d'Oro/Galleria Franchetti
10. Ca'Pesaro / Galleria Internazionale d'Arte Moderna
11. Santa Maria Gloriosa dei Frari
12. Scuola Grande di San Rocco
13. Galleria dell'Accademia
14. Collezione Peggy Guggenheim
15. Santa Maria della Salute
16. Gran Teatro La Fenice
17. San Giorgio Maggiore
18. SS. Redentore

Unterkunft
1. Palazzo Contarini della Porta di Ferro
2. Paganelli
3. Belle Arti
4. Locanda Ca'Zose
5. Fontana
6. Marconi
7. Ostello per la Gioventù Venezia

Essen und Trinken
8. Trattoria alla Rivetta
9. La Feluca
10. Sora al Ponte
11. Rialto Self Service

Die Provinz Venedig

Hier zeigt die *Serenissima* ihre ganze Pracht: am Markusplatz

sonne, die die Farben erstrahlen und die Alpenränder so nahe an die Lagune rücken lässt, als wollten sie die Schöne in ihre Arme nehmen. Der Winter ist die Saison für Museumsbesuche, für Freunde der Musik und des Theaters. Auch jetzt sind in den Cafés nur wenige Stühle frei, sitzt man doch fast ausnahmslos im dekorativen Inneren. Man erwärmt sich am Espresso oder lässt sich beschwingen vom Prosecco, dem herben, leicht perlenden Wein des Veneto, den man eisgekühlt aus schmalen hohen Gläsern trinkt.

Rund um die Piazza San Marco

Kaum ein anderer Platz demonstriert so sehr wie **Piazzetta** und **Piazza San Marco** die Selbstdarstellung einer Stadt. Der venezianischen Gotik verdankt die Nachwelt jene zerbrechlichen Fassaden, die wie Burano-Spitzen aussehen. Wohl dem, der die Mosaiken an der Fassade von **San Marco** [1] bei untergehender Sonne erlebt, wenn sie in Gold zu erstrahlen scheinen. Venedigs Kirche San Marco, die zu den vornehmsten und reichsten der christlichen Welt zählt, hat ihre Pracht dem Untergang ihres Vorbildes, der Apostelkirche in Konstantinopel, zu verdanken: Als Venedig 1204 zusammen mit Kreuzfahrern Konstantinopel erobern konnte und zu plündern begann, wurde viel Beutegut gerade für die Ausschmückung der 829 begonnenen und immer wieder erneuerten Kirche von San

Venedig

Marco verwendet. Hoch über der Fassade stehen Kopien der vier bronzenen Pferde; die Originale des einzigen erhaltenen Viergespanns des Altertums sind in der Schatzkammer zu besichtigen.

Im Inneren der Basilika überwältigen Marmor, Säulen, Bilder und Halbedelsteine, in den Kuppeln und Bogen glitzernde, goldgrundige Mosaiken mit Szenen aus dem Alten und dem Neuen Testament. Zu den größten Kostbarkeiten zählt die **Pala d'Oro,** der goldene Altaraufsatz auf der Rückseite des Hochaltars: eine feingliedrige byzantinische und venezianische Goldschmiedearbeit mit Schmuckedelsteinen, Perlen, Emaillen und Ikonen, im Zentrum der Pantokrator (Mo–Sa 9.45–16.30/17.30, So 14–16 Uhr).

Vor San Marco erhebt sich der 97m hohe **Campanile,** der eine Totale Venedigs aus der Vogelperspektive ermöglicht (tgl. 9.30–16.15 Uhr, im Sommer bis Sonnenuntergang).

Ringsum laufen die Laubengänge der Piazza San Marco mit ihren Gardemaßen (175 m lang und bis zu 82 m breit). Die Breitseiten im Norden und Süden nehmen die Amtsgebäude ein: den Norden die **Procuratie Vecchie** [2] von 1514, ein schönes Beispiel der venezianischen Frührenaissance, den Süden die **Procuratie Nuove** [3], von Scamozzi 1584 begonnen und heute Sitz des Archäologischen Museums. Die westliche Schmalseite ließ Napoleon 1810 einfügen. Sie ist heute Sitz des **Museo Correr** [4], das der Bildenden Kunst und Geschichte Venedigs gewidmet ist.

Piazzetta San Marco und Palazzo Ducale

Die Arkaden setzten sich auf zwei Seiten der **Piazzetta San Marco** mit den beiden Granitsäulen fort. Die eine Seite nimmt die **Libreria Marciana** [5] ein, Sansovinos architektonisches Hauptwerk (ab 1536), deren Innenräume große Renaissancemaler wie Tizian (Deckengemälde), Tintoretto und Veronese ausschmückten. Gegenüber aber breitet sich platzbestimmend der **Palazzo Ducale** [6] (Dogenpalast; tgl. 9–17/19 Uhr) aus, Venedigs prachtvollster Profanbau: ein rosa-weiß gemusterter und 71 m langer Marmorpalast, dessen spitze Quadriforien und Marmorgestalten auf dem Dach ihm eine große optische Leichtigkeit verleihen. Heute als Museum zu besichtigen und unbedingt eine Pflichtübung! Allein schon wegen der **Sala del Maggior Consiglio,** des großen Rates, mit 54 x 24 m Größe und 15,5 m Höhe, mit den Bildnissen aller 76 Dogen von 804 bis 1559 und dem größten Ölgemälde der Welt, Tintorettos ›Paradies‹ an der Eingangswand.

Die **Seufzerbrücke** zum ehemaligen Gefängnis leicht schaudernd zu betreten, gehört ebenfalls zum Besichtigungsprogramm des Dogenpalastes, sie von außen, von der kleinen Paglia-Brücke an der Riva degli Schiavoni zu betrachten, ist angenehmer.

Von den Mercerie zur Rialtobrücke

Wo links von der Fassade San Marcos die beiden Bronzemohren von 1497 die bronze Glocke auf dem **Uhrturm** schlagen, beginnt ein Stück fast orientalisches Venedig: die **Mercerie,** die engen Ladengassen, einem Basar ähnlich, aber inzwischen eröffnen hier auch immer mehr besonders feine Läden. Diese Ladengassen reichen fast bis zur **Rialtobrücke** [7], Venedigs schönster und berühmtester (1588–92). Auch hier finden sich ringsum kleine Geschäfte und Restaurants aller Couleur, auf der gegenüberliegenden Seite beginnt der **Fischmarkt** (Di–Sa 7–13 Uhr), am schönsten natürlich unter den Arkaden der alten **Pescheria** [8].

Ca'd'Oro und Ca'Pesaro

Aus allen Palästen nördlich der Rialtobrücke sticht die **Ca d'Oro** [9] heraus, ein graziler gotischer Palast mit filigranem Maßwerk und zierlichen offenen Loggien in den oberen Stockwerken (15. Jh.). Er beherbergt die **Galleria Franchetti** mit zahlreichen Kunstwerken des 15. bis 18. Jh. Einer der optischen Höhepunkte ist der ›hl. Sebastian‹ in der kleinen Palastkapelle, ein Werk von Andrea Mantegna (1431–1506). Im zweiten Obergeschoss ist Vittorio Carpaccio mit einer ›Verkündigung‹ vertreten, Tintoretto mit

Die Provinz Venedig

dem ›Bildnis des Prokurators Nicolò Priuli‹ und Tizian mit der etwas beschädigten ›Venus im Spiegel‹ (Di–So 8.15–19.15, Mo 8.15–14 Uhr).

Venedigs schönstes Barockpalais, die **Ca' Pesaro** 10 mit Diamantquadern, Säulen und Löwenköpfen sowie wunderbar restaurierten klassischen Deckengemälden, birgt die **Galleria Internazionale d'Arte Moderna,** eine der wichtigsten Sammlungen moderner Kunst in Italien (19./20. Jh.). Allein die Aufzählung der Namen berühmter Künstler signalisiert das Erlebnis eines Besuchs: Kandinsky, Miró, Max Ernst, Matisse, Marc Chagall, Paul Klee und Max Liebermann. Empfangen wird man auf dem Treppenabsatz von Auguste Rodins mächtiger Skulptur ›Der Denker‹ von 1880 (Di–So 10–17/18 Uhr).

Im Stadtteil San Polo

Gleich drei wichtige Sehenswürdigkeiten stehen rund um die ineinander übergehenden Plätze Dei Frari und San Rocco. **Santa Maria Gloriosa dei Frari** 11 ist eine schlichte, aber mächtige Backsteinkirche der Franziskaner (Mitte 14. Jh.) mit einem 70 m hohen Campanile. Die dreiteilige Fassade in venezianischer Spätgotik wirkt vor allem durch die zwei mit spitzen Türmchen gekrönten senkrechten Mauerstreifen als strebe sie dem Himmel zu. Innen werden die drei Schiffe mit Kreuzrippengewölbe durch zwölf klobige Rundpfeiler gestützt. Auf der rechten Seite zwischen dem ersten und zweiten Pfeiler steht das marmorne Tizian-Mausoleum; der Künstler starb 1576 an der Pest. Auf der linken Seite zeigt das Altarbild Tizians ›Madonna della Ca'Pesaro‹ (1526). Tizian ist auch in der Hauptapsis mit der großformatigen ›Assunta‹ (1516) vertreten. Spektakulär war, dass dem Künstler die schwarzhaarige Dorazia, Venedigs schönste Dirne, für Marias Himmelfahrt Modell stand. In der Sakristei darf man sich das gefühlvolle, zarte Triptychon von Giovanni Bellini, die ›Jungfrau mit Heiligen und musizierenden Engeln‹ nicht entgehen lassen (Mo–Sa 9–18, So 13–18 Uhr).

Die **Scuola Grande di San Rocco** 12 aus dem 16. Jh. ist Venedigs reichste Scuola, wurde von Napoleon geschont und ist mit 500 Mitgliedern bis heute tätig. In einer *scuola* (Schule, Bruderschaft) schlossen sich wohlhabende Bürger zusammen. Ihr Hauptanliegen war, karitativ tätig zu sein. Sie halfen armen Bürgern, unterstützten Landsleute bei der Suche nach Arbeit oder Angehörige desselben Berufs. Außerdem förderten sie Künstler. Seit dem 15. Jh. durften sich nur religiöse Bruderschaften *scuola grande* nennen. Etwa 400 solcher *scuole* gab es in Venedig, 1806 löste Napoleon die meisten von auf.

Die Scuola Grande di San Rocco ist stolz auf ihre ca. 60 Gemälde von Tintoretto, darunter ›Triumph des hl. Rochus‹ (1564–68), besonders aber geht der ›Kindermord zu Bethlehem‹ zu Herzen – Tintoretto hatte während der Arbeit einen Sohn verloren (tgl. 9/10–16/17.30 Uhr).

Gleich neben der *scuola* steht die **Kirche von San Rocco** (1489–1508), für den in Venedig sehr verehrten Pestheiligen, dessen Überreste sich über dem Hochaltar in einer Urne befinden. Die meisten Bilder der Kirche schildern Leben und Leiden des hl. Rochus, dem sich vor allem Tintoretto gewidmet hatte (tgl. 8–12.30, 14/15–16/17.30 Uhr).

Zwischen Accademia und Santa Maria della Salute

Die weltberühmte **Galleria dell'Accademia** 13 zeigt mehr als 800 Bilder venezianischer und venetischer Künstler des 14. bis 18. Jh. Wegen der Fülle des Angebots ist zu raten, sich auf wenige Werke zu konzentrieren oder einen speziellen Führer zur Hand zu nehmen. (Di–So 8.15–19.15, Mo 8.15–14 Uhr).

Venedigs bedeutendste Sammlung moderner Gemälde und Skulpturen befindet sich in der **Collezione Peggy Guggenheim** 14 im nie ganz fertig gestellten Palazzo Venier dei Leoni. Hier lebte Peggy Guggenheim (1898–1979) seit 1949 mitten in ihrer Sammlung, in der alle berühmten Namen der Moderne vertreten sind, u. a. Max Ernst, Chagall, Picasso, Klee, Miró, Braque, Mondrian, Kandinsky, Dalí, Vasarely, Henry Moore (Mi–Mo 10–18, Uhr, während Ausstellungen länger).

Begriffslexikon

Venedig ist anders — Thema

Logisch, dass die Organisation des Lebens in Venedig andere Anforderungen stellt als in einer Festlandsstadt. Schließlich ist die schöne Stadt mitten in die Lagune hineingebaut worden, auf winzig kleinen Inseln und mit Millionen von Stützen, die für einen gewissen Halt sorgen. Genau wie die kleinen und größeren Brücken.

Autoverkehr ist nur bis zum Piazzale Roma möglich, dann geht es entweder zu Fuß weiter oder mit einem *vaporetto,* dem städtischen ›Bootsbus‹, oder mit Taxi bzw. Gondel – falls man über das nötige Kleingeld verfügt. Ganz billig sind nur die Gondelfähren über den Canal Grande, die großspurig *traghetto* genannt werden (verbinden gegenüberliegende Punkte).

Die Straßen heißen nicht *via* wie auf dem Festland (oder *strade* wie im Lombardischen), sondern *calle*.

Salizzada kommt von *selicata,* fast schwarzen Steinplatten, mit denen die Gassen gepflastert sind; früher wurde *cotto* (Backstein) in Fischgrätmuster verwendet. *Ruga* geht zurück auf das französische *rue,* also Straße.

Riva (Ufer) heißen nur die steinernen Uferstraßen am *bacino,* dem Lagunenbecken, die Riva degli Schiavoni und ihre Fortsetzung vor San Marco.

Rio nennt man einige Kanäle, die befestigte Ufer (Kais) auf beiden Seiten haben, und *fondamenta* bezeichnet eine dem Meer durch Pfähle abgetrotzte Uferstraße.

Rio Terra heißt ein zugedeckter Kanal, der jetzt also eine Gasse ist.

Zattere wird entlang der ›Halbinsel‹ gegenüber der Insel Giudecca benutzt und entspricht *riva* und *fondamenta.* Der Begriff bezeichnet eine Floßlände, weil hier die Holzstämme über Brenta und Etsch ankamen.

Piscina kennzeichnet eine Stelle, an der sich früher Fischteiche befanden.

Mit *ramo* (Zweig) ist eine Kanalabzweigung gemeint.

Außer dem Piazzale Roma darf sich nur ein Platz Piazza nennen: der von San Marco, ebenso die kleinere Piazzetta. Sonst heißen die mühsam freigehaltenen kleinen Plätze *campielli* (Singular: *campiello*). Da sie zudem meistens noch eine Funktion als Wasserspeicher haben, steht in der Mitte der *campielli* immer ein Brunnen aus Travertin. Mit diesem hellen Stein ist normalerweise auch der Platz belegt, der vom Brunnen aus zu den Seiten wie ein flaches Dach abfällt und ein paar größere Löcher aufweist: Hier wird das kostbare Regenwasser gesammelt und intern der Zisterne zugeführt. So erhielten die Venezianer früher ihr Trinkwasser. Jetzt kommt es über Leitungen vom Festland.

Ca' (von *casa*) nennt man einen venezianischen Palast.

Parrochia (Pfarrei) und *sestiere* (Stadt-Sechstel) sind an allen Plätzen zu lesen. Nur so kann man sich in Venedig orientieren, denn die Hausnummern sind innerhalb eines Sechstels fortlaufend, fangen also immer bei eins an und erreichen leicht die Tausend!

Die Orientierung in Venedig mag ohne einen Stadtplan schwierig sein, aber an Brücken, Straßenkreuzungen und Plätzen sind Hinweise zu den fünf wichtigsten Ausgangspunkten angebracht: Ferrovia (Bahnhof), Rialto, San Marco, Accademia und Piazzale Roma.

Die Provinz Venedig

Warten auf Passagiere: Gondeln vor San Giorgio Maggiore

An der Spitze der beschaulichen Halbinsel Dorsoduro erhebt sich die Kirche **Santa Maria della Salute** 15, 1631 auf 1 Mio. Eichenpfeilern erbaut. In der Sakristei der Rundkirche befinden sich ihre bedeutendsten Kunstwerke: Tizians ›San Marco‹ mit weiteren Heiligen (1512) sowie Tintorettos ›Hochzeit zu Kanaa‹, der sich selbst als der erste Apostel links dargestellt hat (tgl. 9–12, 15–18 Uhr).

Gran Teatro La Fenice

Mitten im Stadtteil San Marco liegt fast versteckt im engen Häusergewirr Vendigs bedeutendstes Opernhaus, das **Gran Teatro La Fenice** 16. 1996 legten Handwerker im weltberühmten Theater Feuer, um die durch Terminschlamperei fällige Konventionalstrafe zu vermeiden. Am 14. Dezember 2003 konnte La Fenice (dt. ›Phönix‹) endlich wieder eröffnen, die erste Oper ein Jahr später aufgeführt werden. Originalgetreu sind der Schmuck des mit Gold verzierten Stucks und die himmelblaue Kuppel über dem Zuschauerraum, durch architektonische Tricks konnte der Zuschauerraum von 840 auf 990 Plätze erweitert werden (www.teatrolafenice.it).

San Giorgio Maggiore und La Giudecca

Die Kirchen auf den vorgelagerten Inseln erreicht man von der Station Zaccaria aus mit dem Vaporetto Nr. 82 Richtung Tronchetto. Erste Station ist die 1566 von Palladio begonnene, für venezianische Vorstellungen strenge Kirche **San Giorgio Maggiore** 17 auf der gleichnamigen Insel. Aus der Reihe der

Venedig

Kunstschätze ragt hier Tizians ›Ausgießung des Heiligen Geistes‹ (1546, 3. Kapelle links) heraus, in der dritten Kapelle rechts ist es Luca Giordanos ›Geburt der Jungfrau‹ von 1674. Im Chor hat sich Jacopo Tintoretto gleich zwei Mal verewigt: rechts vom Hauptaltar mit dem eigenwilligen ›Abendmahl‹, links mit dem ›Mannahregen‹, ein fast romantisches Bild mit einer Quelle in der Wüste und fleißigen Sammlern. Links vom Chor führt eine Tür zum Campanile (1726, Lift), der einen überwältigenden Blick über Venedig und die Lagune bietet (tgl. 9–12.30, 14.30–18.30, im Winter 9–12.30, 14.30–16.30 Uhr).

Nach kurzer Weiterfahrt mit der Linie 82 ist die **Insel Giudecca** mit der Votivkirche **SS. Redentore** 18 erreicht, 1576 von Palladio begonnen, von den Venezianern als Dank für die Befreiung von der Pest (1576) in Auftrag gegeben. Über die große Freitreppe erreicht man den hellen, einschiffigen Innenraum. Die Bilder zeigen das Leid des Mensch gewordenen Heilandes, seinen Opfertod und die Auferstehung in einem Zyklus, der in den drei Kapellen der rechten Seite beginnt (Mo–Sa 17 Uhr).

Canal Grande

Der Canal Grande, der sich anders als die anderen ohne ›e‹ schreibt, ist als Fortsetzung der Brenta das einzige Fließgewässer Venedigs. Er bietet die Möglichkeit, die Paläste der Wasserstraße von ihrer schönsten, der Schauseite her zu betrachten.

Die wichtigsten Paläste vom Bahnhof aus: Wagners Sterbehaus, der **Palazzo Vendramin Calergi** (links) von 1509. Der schönste Barockpalast Venedigs, die **Ca'Pesaro** von 1710 mit der Galleria Internazionale d'Arte Moderna (s. S. 408) und dem Museo Orientale. Venedigs zierlichster gotischer Palast, die **Ca' d'Oro** aus dem 15. Jh., heute Galleria Giorgio Franchetti (s. S. 407). Die **Rialtobrücke** ist im ursprünglichen Zustand noch auf Carpaccios Bildern (in der Accademia) zu bewundern. Links der Hochrenaissance-Palast **Grimani** (16. Jh.) von Sammichele (heute Gericht) und der **Palazzo Corner-Spinelli** aus der Frührenaissance. Rechts der gotische **Palazzo Pisani Moretta** (15. Jh.) und links vier **Mocenigo-Paläste** sowie der **Palazzo Contarini** (15. Jh.), gegenüber die **Ca' Foscari** (14. Jh.) und die **Ca'Rezzonico** mit dem Museo del Settecento Veneziano (des 18. Jh.). Ihm gegenüber wiederum, also links, der **Palazzo Grassi** von 1745. Die Präfektur ist links im **Palazzo Corner** von 1536 untergebracht, gegenüber die **Collezione Peggy Guggenheim** (s. S. 408). Ebenfalls auf der rechten Seite des Canal Grande steht die Kuppelkirche **Santa Maria della Salute** (s. S. 408f.) von 1630, mit der Goldkugel weithin sichtbar und ein Zeichen des Dankes für die Erlösung von der Pest.

Die Inseln und die Lidi

»Le Isole«, die Inseln, sagen die Venezianer, wenn sie von den kleinen Nachbarinnen in

Die Provinz Venedig

> **Traghetti-gondole**
> Gondelfähren verkürzen die sonst langen Fußwege zwischen den einzelnen Stadtteilen erheblich und bieten zudem eine kleine Kostprobe für diejenigen, die, genauso wie die Venezianer, auf eine teure Gondelfahrt über den Canal Grande verzichten können.

der Lagune von Venedig sprechen: Murano, Burano und Torcello, alle drei per Boot von den Fondamente Nuove im Nordosten Venedigs über die Friedhofsinsel San Michele erreichbar. Schon sechs Jahrhunderte alt ist die Glasbläsertradition von **Murano,** eine schöne Insel für einen Bummel – auch sie mit einem Canal Grande. Einen guten Überblick über die gläserne Kunst Muranos verschafft das **Museo del Vetro** (Do–Di 10–17/18 Uhr).

Burano lohnt allein wegen seiner kleinen, recht farbkräftig bemalten Häuser schon einen Besuch. Auch diese Insel hat wie Murano eine große handwerkliche Tradition, und zwar die der Klöppelspitzen. Ähnlich wie auf Pellestrina, in Cáorle und Chióggia, entstand diese Kunstfertigkeit auch hier aus dem Knüpfen der feinmaschigen Fischernetze. Aber in Burano hat sie sich besser gehalten. Wenngleich viele der angebotenen Spitzenkleidchen und Deckchen aus Fernost kommen. Aber in der Schule für Spitzenarbeiten wird dieses Kunsthandwerk gelehrt. Hübsch ist das dazu passende **Museo del Merletto** (Mi–Mo 10–16/17 Uhr) an der Piazza Galuppi, wo man auch Informationen über Läden mit Originalspitzen erhält.

Torcello, Hemingways Lieblingsinsel, auf der er leidenschaftlich gerne auf die Jagd nach Wasservögeln ging. Für Reisende in Sachen Kunst aber ein echtes Kleinod in der Lagune: **Santa Maria Assunta** (11. Jh.); die Kirche, vor allem ihre Mosaiken, ist ein schönes Beispiel des venezianisch-byzantinischen Stils (10.30–16.30/17 Uhr). Außen interessant sind die steinernen Fensterläden des Langhauses. Die Kirche **Santa Fosca** (geweiht 639, denn schon 638 war Tircello Bischofssitz) nebenan ist ein Zentralbau mit umlaufendem Arkadengang (11. Jh.; 10–16.30 Uhr, im Sommer kürzer). Sehenswert ist das Museum sakraler Kunst, das **Museo di Torcello** (Di–So 10.30–17/17.30 Uhr) in zwei mittelalterlichen Gebäuden.

Die Lidi. Schon zur Zeit der Dogen ließen die venezianischen Adelsfamilien ihre Sommerhäuser auf dem 12 km langen Sandstreifen namens **Lido** direkt vor der *Serenissima* bauen. Seit Beginn des 20. Jh. ist Lido, was Strand bedeutet, der Inbegriff von Badeferien – freilich für die ›bessere Schicht‹. Was man leicht an den Nobelhotels erkennen kann.

Südlich davon liegt die noch schmalere und gleich lange Insel **Pellestrina,** ein Dorado für Einsamkeitsfanatiker und Radfahrer sowie eine gute Adresse für Fischliebhaber.

Cavallino nördlich des Lido und ebenfalls 12 km lang, aber schon fast 1 km breit, ist das Camperparadies von Venedig. Und da es mit **Lido di Jésolo** auf dem Festland durch eine nur kurze Brücke verbunden ist, auch eine angenehme Anfahrtstelle für Venedig: Man lässt den Wagen in Treporti auf dem Parkplatz stehen (tagsüber bewacht) und setzt mit dem Boot von Punta Sabbioni nach San Marco über.

APT/IAT: 31000 Venezia, Giardini Ex Reali, Nähe Linienschiffstation San Marco, Tel. 04 15 22 51 50, tgl. 10–18 Uhr; San Marco, Calle dell' Ascensione 71, Tel. 041 52 29 87 11, tgl. 9–15 Uhr. www.turismovenezia.it und www.provincia.venezia.it.

Palazzo Contarini della Porta di Ferro [1]: Castello 2926/San Francesco della Vigna s/n, Tel. 04 12 77 09 91, Fax 04 12 77 70 21, www.palazzocontarini.com. Palazzo am Kanal, 17 stilvolle Zimmer, Apartments (mit Küche), Suiten; großzügige Salons, hübscher Innenhof. DZ/ÜF 235–405 €.
Paganelli [2]: Riva degli Schiavoni 4182, Tel. 04 15 22 43 24, Fax 04 15 23 92 67, www.hotelpaganelli.com. 21 komfortable Zimmer zur Lagune oder zum Campo San Zaccaria, Innenhof mit Garten. DZ/ÜF ab 200 €.
Belle Arti [3]: Dorsoduro, Rio Terra Foscarini s/n, Tel. 04 15 22 62 30, Fax 04 15 28 00 43,

Venedig

www.hotelbellearti.com. Sehr gepflegt, 67 komfortable Zimmer, große Gartenterrasse. DZ/ÜF 150–215 €.
Locanda Ca'Zose ④: Dorsoduro, Calle del Bastion s/n, Tel. 04 15 22 66 35, Fax 04 15 22 66 24, www.hotelcazose.com. Hübsche Pension (17. Jh.), ruhig. 13 geschmackvolle Zimmer. DZ 80–225 €.
Fontana ⑤: Campo San Provolo s/n, Tel. 04 15 22 05 79, Fax 04 15 23 10 40, www.hotelfontana.it. Originelles kleines, familiäres Hotel (früher Kloster). 15 Zimmer, kleiner Frühstücksraum/Bar. DZ/ÜF 85–180 €.
Marconi ⑥: San Polo/Riva del Vin, Tel. 04 15 22 20 68, Fax 04 15 22 97 00, www.hotelmarconi.it. Gemütliche Atmosphäre, Rialto-Blick. 26 komfortable Zimmer. DZ/ÜF 145–259 €.
Ostello per la Gioventù Venezia ⑦: Giudecca, Fondamenta Zitelle 86, Tel 04 15 23 82 11, Fax 04 15 23 56 89, venezia@ostellionline.org. Gepflegte Jugendherberge gegenüber San Marco; **Restaurant.** Bett/ÜF 20–24 €, Mahlzeit 9 €.

Fast überall in Venedig werden hohe Zuschläge verlangt; für ein *coperto* (Gedeck) mehrere Euro, für Service bis zu 15 %. Hier ein paar peiswerte Adressen:
Trattoria alla Rivetta ⑧: Ponte San Provolo 4625, Tel. 04 15 28 73 02; Ruhetag Mo. Vorwiegend frischer Fisch, mittags auch *chichetti* (Häppchen). Menü ab 27 €.
La Feluca ⑨: Calle della Mandorla s/n, Tel. 04 15 23 56 78. Stilvolle Einrichtung. Menü á la carte ab 25 €.
Sora al Ponte ⑩: San Polo, hinter dem Fischmarkt beim Campo delle Becarie, Tel. 041 71 82 08; Ruhetag Mo, sonst 8–21 Uhr. Urige Osteria; an der Bar *cicheti*. Tagesmenü ab 15 €, Pizza ab 6 €.
Rialto Self Service ⑪: Riva del Carbon s/n, Tel. 04 15 23 11 55; Ruhetag Do, sonst durchgehend 11–21 Uhr. Selbstbedienung mit guter Qualität: Pasta ab 6 €, Hähnchen, Fleisch und Fisch ab 10 €.

Modische **Boutiquen** rund um die Piazza San Marco, **Gold** und **Juwelen** sowie **Spitzenarbeiten** unter den Arkaden des Platzes. Erlesene **Mode** sowie feine und schwere handgewebte **Stoffe,** perfekt und modisch gearbeitete **Lederwaren** sind u .a. in der Salizzada San Moisè, der Calle Vallaresso sowie der Calle Larga XXII Marzo zu finden, ebenso in den Mercerie, zudem **Souvenirs** und **Süßigkeiten.**
Wunderschönes **venezianisches Papier,** die berühmte *carta veneziana,* die im 15./16. Jh. ihre Blütezeit erlebte, und allerlei Gebundenes daraus, handgemacht, gibt es wie Goldschmiedearbeiten in kleinen Werkstätten, in größeren Ateliers **Holzskulpturen** und **Keramik.**
Überall und immer mehr: **Glassouvenirs** aus Murano (aber auch erlesene Kunstwerke aus Glas) und **Masken.**

 In der Hauptsaison mehrere Diskotheken am **Lido.** Im Zentrum Venedigs beschränkt sich das Nachtleben auf bis weit nach Mitternacht geöffnete Bars und Restaurants mit Livemusik, vor allem an der **Piazza San Marco,** in der **Strada Nuova** und am **Campo Santa Margherita.** Junge Leute treffen sich gerne in den kleinen Pubs im **Accademia-Viertel.**

Konzerte, Theater, Ballett und Opern im **Gran Teatro la Fenice** (s. S. 410).
Carnevale: Karneval mit den berühmten venezianischen Masken, hinter denen sich jedoch nur noch die wenigsten Venezianer ver-

---

VeniceCard

Sie berechtigt zum Besuch folgender Museen: Palazzo Ducale, Museo Civico Correr, Museo Archeologico, Biblioteca Marciana, Palazzo Mocenigo, Ca'Rezzonico, Museo del Merletto (Burano) und Museo Vetrario (Murano). Außerdem sind im Preis (hängt von der Dauer ab) der Transport mit öffentlichen Verkehrsmitteln und der Besuch öffentlicher Toiletten inbegriffen. VeniceCard (gratis für Kinder bis vier Jahre) gibt es für 12 oder 48 Stunden und für 7 Tage (Call Center 041 24 24, www.venicecard.it).

Die Provinz Venedig

Ein teurer Spaß: Gondelfahrt auf dem Canal Grande

stecken, weil es zu einer Touristenattraktion geworden ist …
Biennale d'Arte: Juni–Okt./Nov. Das große Ereignis ist alle zwei Jahre (2009, 2011 etc.) die internationale Kunstausstellung.
Im Sommer gehören **Orgelkonzerte** im Markusdom zu den kulturellen Höhepunkten, sonst, vor allem im Sept., Konzerte in mehreren Kirchen.

Festa del Redentore: 3. Juli-So; Prozession über speziell dafür gebaute Pontonbrücken zur Kirche auf der Giudecca. Alle Bootsbesitzer Venedigs bilden mit ihren lampiongeschmückten Booten eine Brücke zur Erlöserkirche auf Giudecca, wo sie sich mit Freunden und Verwandten treffen, sauer eingelegte Fische essen, dazu Wein trinken – und gegen Morgen zum Lido fahren, um den Sonnen-

Fahrt über den Brenta-Kanal

dung des venezianischen Staatsschiffes, Wettrennen der Gondeln und der *caorline,* die, aus Cáorle stammend, als Transportschiffe für Fische und Früchte dienten. An diesem Nachmittag tragen die *gondolieri* historische Renaissancekostüme.

Regata delle Repubbliche Marinare: alle vier Jahre (unregelmäßig, kann sich durch besondere Ereignisse verschieben); Bootswettbewerb zwischen den vier ehemaligen Seerepubliken Venedig, Genua, Pisa, Amalfi.

Flüge: tgl. Verbindungen von Europas wichtigsten Städten zum Flughafen Marco Polo, 13 km nordöstl. von Venedig, Verbindungen zur Stadt per Bus oder Wassertaxi.

Bahn: direkte Bahnverbindungen vom Norden Europas via Brenner, auch mit Schlafwagen. Bequemer Pendelverkehr zwischen Mestre (Parkplätze) und Venedig in dichtem Takt.

Boote: *vaporetti* ab Parkhaus auf der Insel Tronchetto oder ab Piazzale Roma bis zur Riva degli Schiavoni und zu den Giardini; regelmäßige Verbindungen auch zu den Lidi und den Inseln. Dichter Bootsverkehr innerhalb der Stadt entlang des Canal Grande und durch den Canale della Guidecca.

Fahrt über den Brenta-Kanal

Reiseatlas: S. 16, D/E 3/4

Von Mitte März bis Ende Oktober kann man mit dem alten oder neuen Schiff namens ›Burchiello‹ (auch mit anderen) wie Goethe und Goldoni, D'Annunzio, Byron und Casanova eine Bootsfahrt über den Brenta-Kanal buchen oder ein Fahrrad nehmen; die Radwege sind hervorragend ausgeschildert! Die Fahrt mit dem Wagen entlang der stark frequentierten Landstraße Nummer 11 hingegen bereitet kein Vergnügen.

Der klassisch schöne Säulenportikus der **Villa Foscari,** besser bekannt als **La Malcontenta,** ›die Schlechtgelaunte‹, spiegelt sich im trägen Wasser des Kanals. Man kann den schönen Park sowie die freskierten

aufgang zu erleben. Am Sonntag darauf zündet man in der Kirche Kerzen an.

Mostra Internazionale del Cinema: Ende Aug./Anfang Sept. auf dem Lido; Internationales Filmfestival.

Regata Storica: 1. Sept.-So das farbenprächtigste profane Fest der Stadt auf dem Bacino. Parade der schönsten Gondeln zusammen mit dem ›Bucintoro‹, der Nachbil-

Die Provinz Venedig

Regatta auf dem Brenta-Kanal, gefeiert wird die ›blühende Riviera‹

Räume des *piano nobile* besichtigen. Immerhin handelt es sich hier um die einzige tatsächlich von Palladio 1556 geplante Villa am Kanal. Ihr Freskenzyklus von Giambattista Zelotti und Franco Battista zeigt Episoden aus Ovids ›Metamorphosen‹ sowie den ›Sturz der Giganten‹ (April–Nov. Di, Sa 9–12 Uhr).

In **Mira** stehen gleich drei besuchenswerte Villen. Die **Villa Widmann** wurde 1719 in eher bescheidenen Dimensionen erbaut. Sie besticht durch ihre ›Wohnlichkeit‹ auf zwei Ebenen rund um den beide Stockwerke umfassenden, mit mythologischen Themen freskierten Zentralraum (Di–So März, April, Okt. 10–17, Mai–Sept. 10–18, Nov.–Feb. nur an Wochenenden und Feiertagen 10–17 Uhr).

Jenseits von Straße und Kanal steht die **Barchessa Valmarana**. Nachdem die *Serenissima* Mitte des 19. Jh. hohe Steuern auf die Prachtbauten der Venezianer erlassen hatte, wurden zahlreiche Villen kurzerhand abgerissen – man verlegte den nach außen nun nicht mehr sichtbaren Luxus in die Barchessen, die Seitenflügel. Nur das Gästehaus kann heute besichtigt werden, das allerdings im Hauptsaal einen großen Freskenzyklus birgt, den Michelangelo Schiavoni, genannt Chiozzotto (1712–72), wie spä-

Fahrt über den Brenta-Kanal

ter Tiepolo malte: die übliche Glorifizierung der Auftraggeber (März–Okt. tgl. 10–18 Uhr, im Winter nur für Gruppen auf Anmeldung).

In der **Barchessa Alessandri** im Zentrum von Mira durften sich die Venezianer ihrer Spielsucht hingeben, die in Venedig verboten war. In privaten Kasinos wie diesem konnte man maskiert, also unerkannt spielen. Die Fresken von Gianantonio Pellegrini (1701–08), einem Wegbereiter für Tiepolo, erzählen Geschichten aus Ovids ›Metamorphosen‹ (längere Zeit wegen Restaurierung geschl.).

Die **Villa Nazionale Pisani** in **Strà** ist die prächtigste und größte in Venetien überhaupt und steht im weitläufigsten Park am Brenta-Kanal, ein Nationalmonument. Barocker Prunk verbindet sich in diesem Palast (114 Räume), der den Höhepunkt der Architektur des 18. Jh. bildet, harmonisch mit der Einfachheit des Klassischen. Die Prunksäle wurden mit Stukkaturen und Fresken von den besten Künstlern ihrer Zeit ausgestattet. An erster Stelle Giambattista Tiepolo, der zusammen mit seinem Sohn Giandomenico, zuständig für die mythologischen Szenen in Grisailletechnik (Grau in Grau), den Tanzsaal zur Glorifizierung der Familie Pisani ausmalte (1761/62). Das Deckengemälde gilt als eines seiner berühmtesten Werke. Im immensen Park liegt der aufregendste Irrgarten Italiens. Ein langer Kanal verbindet die Rückseite mit den Stallungen bzw. dem Zitronenhaus, Statuen säumen die Wege und bekrönen Balustraden (Di–So April–Sept. 8.30–19, Okt.–März 9–16 Uhr).

Die **Villa Foscarini Rossi** ist ein Glücksfall für modisch interessierte Venetienreisende: Sitz des **Schuhmuseums** des erfolgreichen Fabrikanten Luigino Rossi (*Rossimoda*). Die köstliche Ausstellung enthält historische Schuhmodelle und u. a. die Designerkollektion von Andy Warhol (1928–87), der seine Karriere in den USA als Schuhdesigner begonnen hatte (!). Hier lernt man nebenbei: An die 850 Schuhmacher arbeiten noch immer in und um Strà. Die ursprüngliche Architektur der Villa (17. Jh.) stammt von Palladios Nachfolger Vincenzo Scamozzi, wurde jedoch im Zuge einer intensiven Renovierung von Giuseppe Jappelli, dem Erbauer der Mailänder Scala, in neoklassischer Art verändert (April–Okt. Di–Do 9–12.30, 14.30–18, Fr 10–12.30, 14.30–18, Sa 11–18, So nur eine Führung um 14.30 Uhr, im Aug. So geschl.).

APT Venezia: Villa Widmann, 30030 Mira Porte (VE), Via Nazionale 420, Tel. 041 42 48 73, www.riviera-brenta.it. Auch Verkauf des **Pass Ville** für die fünf berühmtesten Landsitze am Kanal.

 In Mira; nach Spezialangeboten fragen.

Die Provinz Venedig

Villa Franceschi: Via Don Minzoni 28, Tel. 04 14 26 65 31, Fax 04 14 15 60 89 96, www.villafranceschi.com. Kleines Villenhotel des 16. Jh. in schönem Park, ruhige Straße am Kanal. 6 großzügige Suiten in der Villa, 24 kleinere, sehr hübsche Zimmer im Nebengebäude; Salon, Frühstücksraum, Abendrestaurant für Hausgäste. Parkplatz. DZ/ÜF 175–240 €.
Villa Margherita: Via Nazionale 416/417, Tel. 04 14 26 58 00, Fax 04 14 26 58 38, www.villa-margherita.com. Zauberhaftes ›Romantikhotel‹ in einer restaurierten Villa (ab 17. Jh.) mit freskierten Räumen. 19 Zimmer. Parkplatz. DZ/ÜF 155–185 €.
Riviera dei Dogi: Via Don Minzoni 33, Tel. 04 142 44 66, Fax 041 42 44 28, www.rivieradeidogi.com. Einfacheres Hotel in einer Parkvilla (17. Jh.), Ende 19. Jh. das erste Hotel an dieser Riviera. Holzbalkendecken, Terrazzo-Böden, Stilmöbel. 43 Zimmer. Parkplatz. DZ/ÜF 80–143 €.

Margherita: Via Nazionale 312, Tel. 041 42 08 79; Ruhetage Di Abend und Mi. Top-Restaurant am Kanal in gediegener Atmosphäre und Sommerservice im Garten. Meeresfrüchte und Fischspezialitäten. Feinschmeckermenü 40–65 €.
Nalin: Via Argine Sinistro Novissimo, Tel. 041 42 00 83; Ruhetage So Abend und Mo; Weihnachten/Aug. geschl. Seit 1914, familiäres Lokal in einer Art Wintergarten an einem Seitenkanal der Brenta. Frische Meeresfrüchte und Fisch aus der nahen Adria, auch Rohes (nach den *molecche* fragen). Passende leichte Weißweine, auch offen. Fischmenü ab 30 €.
Trattoria Alla Vida: Via Don Minzoni 31, Tel. 041 42 21 43; Ruhetag Fr. Urgemütliche Trattoria, Holztäfelung, historische Bilder. Hausgemachte Pasta, ausgebackenes Gemüse, *sfilacci di cavallo* (›zerrupftes‹ trockenes Pferdefleisch) mit Polenta. Menü um 20 €.

Bahn: ca. stdl. Züge zwischen Venedig und Padua nördl. von Brenta-Kanal und Autobahn, mit Stationen bei Dolo bzw. Mira.
Busse: ca. stdl. Verbindung entlang der Staatsstraße 11 zwischen Venedig und Padua, mit vielen Haltepunkten.

Boote: Spezielle Reisebüros offerieren mit ihren Ausflugsbooten Fahrten meist nur von Strà bis Venedig; alle Büros in Padua:
I Battelli del Brenta della Antoniana Viaggi: Via Porciglia 34, Tel. 04 98 76 02 33, www.batellidelbrenta.it; **Delta Tour:** Via Toscana 2, Tel. 04 98 70 02 32, www.deltatour.it. **Il Burchiello:** SITA, Divisione Navigazione, Via Orlandini 3, Tel. 04 98 20 69 10, www.ilburchiello.it.

Portogruaro

Reiseatlas: S. 17, B 2
So weit im Hinterland ein Ort mit Hafen …? Tatsächlich war das Flüsschen Lémene bis zur Lagune von Cáorle schiffbar und Portogruaro bildete daher einen sicheren Hafen und Vorposten Venedigs weit im Binnenland. Das Stadtbild wird von Palästen im besten venezianisch-gotischen Stil geprägt, alles eine Nummer kleiner als in Venedig und dadurch heimeliger, gemütlicher. Portogruaro ist eine ruhige Beamtenstadt (gut 25 000 Ew.), Mittelpunkt des **Veneto Orientale,** also Ost-Venetiens.

Das **Rathaus** gehört zu den schönsten gotischen Profanbauten Venetiens mit sehr breiter abgetreppter Backsteinfassade, von Schwalbenschwanzzinnen gekrönt, und einer einladenden Freitreppe. Gleich hinter dem Rathaus fließt der Lémene durch zwei **Wassermühlen** (von 1477) hindurch und an der kleinen **Loggia** mit Fischhalle vorbei. Es ist eine zauberhafte Ecke, die zeigt, wie viel Grün das Städtchen bewahren konnte.

Portogruaros Prachtstraße ist die **Via Martiri della Libertà** zwischen der Porta San Giovanni im Süden und der Porta San Gottardo im Norden, die parallel östlich des Flusses verläuft. Die ruhige Via Seminario lockt mit zwei Museen. In Nummer 5 befindet sich im zweiten Obergeschoss des **Palazzo Comunale** das **Museo Archeologico Michele Gortani** (Mo–Sa 10–12 Uhr; Eintritt frei), eine Fossiliensammlung mit mehr als 500 Exponaten, die über 500 Mio. Jahre Erdgeschichte dokumentiert. In Nummer 22 wurde 1885 der

Portogruaro

Bau in Form einer Basilika speziell für das **Museo Archeologico Nazionale Concordiese** errichtet (tgl. 9–19/20 Uhr), um die reichen Funde aus dem benachbarten Concordia Saggitaria (s. u.) unterzubringen. Besonders hübsch sind einige *bronzetti,* darunter eine Diana auf der Jagd aus dem 2./3. Jh.

Abstecher nach Concordia Saggitaria

Die römische Kolonie Julia Concordia (ab 40 v. Chr.), das heutige Concordia Saggitaria, war das Zentrum Roms für die Produktion von Pfeilspitzen, daher der Beiname *saggitaria* (›die Schützin‹).

Das Städtchen mit rund 15 000 Einwohnern besitzt eine großartige Ausgrabungsstätte unter und am sakralen Platz mit Kathedrale (15. Jh.) und winzigem Baptisterium mit Fresken in byzantinischem Stil (11./12. Jh.). Die **Area Archeologica** mit großen Moaikflächen und Museum ist tgl. von 9 bis 19 Uhr geöffnet (Eintritt frei).

APT: 30026 Portogruaro (VE), Via Martiri della Libertà 19, Tel. 042 17 35 58, Fax 042 17 22 35, www.portogruaroturismo.it (auch für Ostvenetien, Bibione und Cáorle).

Antico Spessotto: Via Roma 2, Tel. 042 17 10 40, Fax 042 17 10 53, www.hotelspessotto.it. Historisches Hotel im Zentrum zwischen Fluss und Hauptstraße. 46 komfortable Zimmer. **Restaurant;** Parkplatz. DZ 69–78 €.

Alla Botte: Viale Pordenone 46, Tel. 04 21 76 01 22, Fax 042 17 48 33, www.alla-botte.it. Älteres, familiäres Hotel im Norden Richtung Pordenone. 28 ordentl. Zimmer. **Ausgezeichnetes Restaurant;** Parkplatz. DZ 70 €.

Tre Scalini: Via Molini 2, Tel. 042 17 13 18; Ruhetage Mo Abend, Di, 2. Sept.-Woche bis 1. Okt.-Woche geschl. Mit Bildern dekorierte kleine historische Räume, auch Tische am Fluss vor den Mühlen. Fisch- und Fleischküche, viele hausgemachte Gerichte (Eingelegtes, Pasta); preiswerte lokale Weine. Menü ab 20 €.

Al Campanile: Via Roma 13/15, Tel. 042 17 49 97; Ruhetag Mo, sonst ganztägig geöffnet. Enothek/Café in zentraler Lage, Tische im Freien. Kleinigkeiten zu essen (*crostini* um 2 €), mittags und abends auch komplette Mahlzeiten.

Osteria alla Barchessa: Calle Bovoloni, Tel. 042 17 13 05; Ruhetag Mo, sonst 10.30–15, 17–1 Uhr geöffnet. Urig-dunkle, sympathische Osteria mit Küche; lange Holztische unter dunklen Holzbalkendecken, auch im Freien am Fluss. Lokale Rotweine (Cabernet und Refosco) und Weißweine; Wurst, Schinken und Käse sowie frisch Gebackenes auf Holzbrettern. Wein auch glasweise ab 1 €, *bruschette* und *crostini caldi* rund 3 €; mittags und abends auch kleine Menüs.

Wochenmarkt: Do; vor dem hübschen Rathaus.

 Musikalische Wochen: Juli/Aug.–Sept.; mit Wettbewerb junger Musiker. Überall erklingt Musik in der Stadt, da werden kleine Mühlen und Innenhöfe zu Übungsräumen, Kirchen und Paläste, aber auch der Ratsherrensaal zu Konzerträumen. Geboten wird vor allem klassische Musik.

Fischergottesdienst: 15. Aug. Am Abend wird in der geschmückten und sanft beleuchteten Kapelle der Fischer ein Festgottesdienst abgehalten. Danach landen einige Boote aus Cáorle *(caorline)* und Concordia *(batèe)* an, deren Mannschaften in ihrer typischen Fischerkleidung Früchte des Meeres, der Lagune und des Landes Ostvenetien in die Hauptstadt dieser Region bringen. An den festlich geschmückten Ufern des Lémene sind Tribünen für die zahlreichen Festbesucher der Stadt aufgebaut, denn danach wird gesungen, Fisch gegessen und viel Weißwein getrunken.

Fiera di Sant'Andrea: Ende Nov.; der bedeutendste Markt des Städtchens vor dem Rathaus und im gesamten historischen Zentrum. Ursprünglich ein Entenmarkt, weshalb zum Abschluss das ›Spiel der Gans‹ vor dem Rathaus aufgeführt wird, der ›Gioco dell' Oca‹.

Die Nordprovinzen Treviso und Belluno

Reiseatlas S. 6, 16

Der Piave durchfließt beide Nordprovinzen von Nord nach Süd, hat zu Beginn eine tiefe Furche durch die Bergwelt gegraben. Treviso ist die Stadt der Kanäle, in ihrem Norden wird der berühmte Prosecco angebaut. Zu Füßen der Belluneser Dolomiten liegt Feltre mit bemalten Fassaden, nahe den Sextner Dolomiten kam Tizian zur Welt.

Die Provinz Treviso ist durch das breite Tal des Piave geprägt. Nur wenige Hügel ragen aus der Landschaft, z. B. einer mit dem hübschen Asolo, das durch die Schauspielerin Eleonora Duse berühmt wurde. Hügelig ist auch das Weinland des Prosecco zwischen Valdobbiádene und Conegliano.

Flach und von Kanälen durchzogen ist das freundliche Treviso, dessen Ruhm es weit über die Grenzen Italiens hinaus einem Gemüse verdankt: dem kostbarsten Radicchio. In der Nähe befindet sich eine der schönsten venetischen Villen im kleinen Fanzolo kurz vor Castelfranco Veneto, das noch immer dem hier geborenen Giorgione huldigt.

Anders die Landschaft im Bellunesischen, wo die Provinz zum größten Gletscher der Ostalpen, dem großartigen Marmolada, bis auf 3343 m aufsteigt und durch die Sextner Dolomiten vom Trentino getrennt wird. Die Dolomiten bieten gute Wintersportmöglichkeiten (Cortina d'Ampezzo) und Sommerfrischen. Die Orte des Cadore am Lauf des jungen Piave sind von besonderem Zauber – dort, wo der geniale Maler Tizian das Licht der Welt erblickte und seine Spuren hinterließ.

Naturgeschützt sind die sogenannten Dolomiti Bellunesi im südlichen Westen, zu deren Füßen sich Feltre räkelt mit langen Palastreihen, deren Fassaden in der Renaissance ihren Freskenschmuck erhielten und die Stadt zu einer Art Freilichtmuseum machen.

Treviso

Reiseatlas: S. 16, E/F 2
Die Provinzhauptstadt (82 500 Ew.) besitzt einen Festungswall aus dem 15./16. Jh., wird von Sile und Bottenigá durchflossen und von Kanälen mit tief hinabhängenden Weiden durchschnitten. Die Häuser, einige mit bemalter Fassade, spiegeln sich im Wasser; Laubengänge machen Treviso auch zu einer Bummelstadt bei Sommerhitze wie bei Regen, eine ruhige Oase. Lebhaft geht es allerdings in der restaurierten Pescheria zu, auf dem Fischmarkt, der eine eigene kleine Insel im Bottenigá-Bach einnimmt.

Stadtbummel
Zu den Highlights Trevisos gehört der **Ponte Fra'Giocondo,** eine großartige Ingenieurleistung: gemeinsame Schleusenvorrichtung für drei Wasserläufe, eine Bewässerungsregulierung für die umgebenden Felder. Wasserstraßen bestimmen noch heute das Stadtbild. So ist ein geruhsamer Spaziergang entlang der kleinen Kanäle, den *buranelli,* zu empfehlen. Wer Städtisches sucht, findet prunkvolle Paläste an der **Piazza dei Signori,** so den **Palazzo dei Trecento** (1213), eines der ältesten erhaltenen Verwaltungsgebäude Italiens. Über Eck nimmt der mächtige **Palazzo del Podestà** (1874) die Breitseite des Platzes ein, Sitz der Präfektur.

Auf dessen Rückseite steht die kleine **Loggia dei Cavalieri,** ab 1276 Versammlungsort

Treviso

der Adligen, weshalb ihre Fassade Freskenreste mit berittenen Recken zeigt.

Westlich von der Piazza dei Signori steht der **Dom** (12.–19. Jh.), schon von weitem an seinen fünf Kuppeln zu erkennen. Sein dreischiffiges Langhaus wird durch drei Querarme durchschnitten. Die **Cappella dell'Annunziata** am Ende des rechten Schiffes schmückt eine ›Verkündigung‹ Tizians in wundervollen Farben. Die dreischiffige Krypta stützt sich auf 68 Säulen (9.–12. Jh.; Mo–Sa 7.30–12, 15.30–19, So, Fei 7.30–13, 15.30–20 Uhr).

Ganz im Südwesten lohnt auch **San Nicolò**, eine reich geschmückte Bettelordenskirche (14. Jh.) einen Besuch. Doch eigentlich kommt man hierher, um zum **Kapitelsaal** zu gelangen. Denn hier hinterließ Tomaso da Módena 1352 40 Freskenbilder von Dominikanerbrüdern, -heiligen und -päpsten. Viele von ihnen, mit breikrempigen Hüten, sitzen in ihren Schreibstuben, einer von ihnen, Kardinal Hugo von Provence, trägt eine Brille, die erste Darstellung eines Menschen mit doppelten Augengläsern (im Sommer 8–18, im Winter 8–12.30, 15–17.30 Uhr).

ℹ️ IAT: Piazzetta del Monte di Pietà 8, 31100 Treviso, Tel. 04 22 54 76 32, Fax 04 22 41 90 92, iat.treviso@provincia.treviso.it.

🛏️ **Locanda alla Colonna:** Via Campana 27, Tel. 04 22 54 48 04, Fax 04 22 41 91 77, info@ristorantelacolonna.it. Kleines Haus in günstiger Stadtlage, 9 individuelle Zimmer. **Restaurant.** DZ 100 €.
Il Focolare: Piazza G. Ancilotto 4, Tel./Fax 042 25 66 01, www.albergoilfocolare.net. Gepflegtes Altstadthotel hinter der Piazza dei Signori, 14 Zimmer, DZ 95 €.

🍴 **Antico Ristorante Beccherie:** Piazza Ancilotto 10, Tel. 04 22 54 08 71; Ruhetage So Abend und Mo. Gediegenes Restaurant, bei Einheimischen beliebt. Spezialitäten: *faraona al forno* (Perlhuhn aus dem Backofen), *baccalà con polenta* (Stockfisch mit Polenta). Menü 34–46 €.
Al Cavallino: Borgo Cavour 52, Tel. 04 22 41 28 01; Ruhetage Di, Mi. Historische Trattoria,

Mit der Autorin unterwegs

Weekend a Treviso
Da die Provinzhauptstadt Treviso auch eine rege Handelsstadt ist, wird sie hauptsächlich an Werktagen von Geschäftsleuten besucht; an den Wochenenden bleiben viele Hotelbetten leer. Das von den Hoteliers aufgelegte Programm ›Weekend a Treviso‹ bietet **preiswerte Unterkunft** und interessante Rahmenprogramme an. Infos beim IAT (s. l.).

Ombralonga in Treviso
Am Sonntag um den 20. Oktober findet die **Eröffnung des Weinbrunnens** Fontana delle Tette in der Altstadt statt. Aus beiden Brüsten der Fontanabüste fließt jeweils roter und weißer Wein. Einheimische und Besucher binden sich eine Schürze um, nehmen ein Glas in die Hand und ziehen mit Start am Brunnen von Schänke zu Schänke. In den etwa 30 ausgewählten Trattorien und Bars gibt es typische Gerichte und leckere *cicheti* (Appetithäppchen) sowie lokale Weine, aber auch den in Venetien beliebten *spritz*, einen Aperitif aus Wein und Aperol oder Campari. Am vorausgehenden Samstag sorgen auf mehreren Plätzen Jazzgruppen für gute Stimmung (www.trevisoweb.it).

Palladio auf der Spur
Die **Villa Emo** ist eine der schönsten Villen Andrea Palladios in der Provinz Treviso (s. S. 423f.).

Lokale Aalspezialitäten
Quinto di Treviso am schmalen Sile-Fluss ist bei Feinschmeckern berühmt (s. S. 423).

Bestechend schön!
Belluno, die Stadt auf hohem Felssporn (s. S. 430ff.).

Wolkenmuseum
Auf dem Gipfel des Monte Rite hat Reinhold Messner sein **Museo delle Nuvole** dem Alpinismus gewidmet (s. S. 433).

Die Nordprovinzen Treviso und Belluno

Treviso, Stadt der Kanäle

ab 16 Uhr Osteria (nur Wein und *cicheti*), gemütliche Atmosphäre, viele Antiquitäten. Freundlicher Service, fantasievolle Küche, Spezialitäten: *sopa coada* (Täubchensuppe), *sepie nere con polenta* (schwarzer Tintenfisch mit Maisbrei). Menü um 30 €.
La Colonna: Via Campana 27, Tel. 04 22 54 48 04; im Sommer nur abends geöffnet, Ruhetage So Abend, Mo, Aug. geschl. Rustikales Restaurant mit Enoteca (bis 2 Uhr nachts). Lokale Küche, 34 Vorspeisen (!). Menü um 30 €.
Toni del Spin: Via Inferiore 7, Tel. 04 22 54 38 29; Ruhetage So, Mo Mittag, Mitte Juli–Mitte Aug. geschl. Einfache, typische Trattoria, auch kleine Speisen, Wein glasweise. Menü 24 €.
Trattoria Dai Nanetti: Vicolo Broli 2 (Piazza Indipendenza), kein Tel.; außer Aug. Ruhetage So und Mi nachmittags, sonst 8.30–14, 17–20.30 Uhr. Stimmungsvolle Osteria im Lebensmittelladen, kleine Delikatessen, Wurst und Käse (60 Sorten), Schinken von Wildschwein und Hirsch, große Weinauswahl, preisgünstig.

Treviso und Umgebung sind bekannt für **Käse, Wurst, Schinken** und **Weine**; aus Cimadolmo kommt ein begehrter **Spargel**.
Fischmarkt: Mo–Sa, in der histor. Pescheria.
Wochenmärkte: Di und Sa.
Antiquitätenmarkt: 4. So des Monats (außer Juli); ›Cose d'altri tempi‹ im Borgo Cavour.

Concorso Internazionale per Cantanti: Sept.; ›Toti dal Monte‹: lyrische Gesänge im Teatro Eden (Tel. 04 22 51 33 00).
Internationales Orgelfestival: Sept.; ›Città di Treviso e della Marca Trevigiana‹: Orgelkonzerte in den Kirchen von Treviso und Umgebung.
Mostra del Radicchio rosso di Treviso/Radicchio in Piazza: So vor Weihnachten; Ausstellung, Verkauf und Verkostung des für Treviso typischen, sehr kostbaren Wintersalats.

Schifffahrt auf dem Sile (s. S. 423) und in die venezianische Lagune: Falli Stefanato, Casale sul Sile (östl. Treviso), Via Ga-

ribaldi 11, Tel./Fax 04 22 78 86 63, www.tragol.it (Link zu *escursioni*).
Galopprennen etc.: Ippodromo Sant'Artemio, Viale Felissent 39, Tel. 04 22 30 31 20.
Rudersport für Aktive, an Touristen Verleih der *caicci*, alte Ruderboote mit Holzbank und fest montierten Rudern. Verband Cp.F.I.C., Viale V. Emanuele 83, Tel. 04 22 37 90 64.

Bahnverbindungen nach Venedig, Udine mit Verbindung nach Triest und Vicenza sowie Mailand. Info-Tel. 147 88 80 88.
Bus: Treviso – Venedig mind. stdl. Info-Tel. 04 15 28 78 86.

Die Provinz Treviso

Sile-Naturpark
Reiseatlas: S. 16, E 2/3
Den Süden der Provinz Treviso bestimmt die Landschaft des schmalen Flusses Sile. Rund 3 km südwestlich von Treviso findet man beim Vorort **Quinto di Treviso,** bei Feinschmeckern berühmt für die Aalspezialitäten seiner Wirte, den besten Zugang zum **Parco Naturale del Fiume Sile.** Er erstreckt sich bis zu dem einzigen Punkt, an dem die Provinz von Treviso Zugang zum Meer bzw. über einen Kanal in die Lagune hat: **Portegrandi** nordöstlich von Venedig.

Der Eingang zur **Oasi del Mulino Cervara,** dem bedeutendsten Teil des Naturparks, befindet sich im kleinen Santa Cristina, mitsamt Café, Picknickplatz und Informationsstelle. Das 250 000 m² große Areal grenzt an ein 15 000 m² großes Sumpfgebiet, mit dem zusammen es eine großartige Vielfalt an Fauna und Flora bietet. Es gibt Beobachtungstürme und -hütten, eine rekonstruierte Fischaufzucht aus Schilfrohr, eine Schmetterlingswiese, einen Garten mit lokalen Heilkräutern sowie ein Museum, das bald eine wertvolle didaktische Station bilden soll. Auch ein Bauernmuseum soll angeschlossen werden und ein frei zugänglicher Naturlehrpfad von insgesamt 5 km ist ebenso in Vorbereitung wie die Restaurierung der Getreidemühle. Doch allein das Schlendern am Sile entlang, an feuchten Stellen oder über einem kleinen Quellgebiet über Brücken ist ein Erlebnis. Im Frühjahr kann man brütende Reiher beobachten, von denen an die 200 Nester von drei Arten gezählt werden. Auch andere Wasservögel sind hier heimisch, ebenso Spechte, die sich hier anders als etwa in Deutschland mit Saalweiden als Nistplatz begnügen. Erlen und Pappeln bilden die Hauptvegetation neben rund 50 anderen Pflanzenarten.

Der streng geschützte Flusspark wird von jungen Leuten bewacht, die hier auch Führungen sowie Bootsfahrten entlang dem Sile anbieten. So schön ein natürlich belassenes Sumpfgebiet ist – ohne Stechfliegen geht es nicht! Natürlich darf hier nicht gespritzt werden, also müssen sich empfindliche Besucher entsprechend wappnen …

Oasi Cervara: Tel. 04 22 43 17 62, Fax 04 22 43 17 62, www.oasicervara.it. Im Winter nur Sa 14–17, im Sommer bis 19, So 9.30–17/19 Uhr, Juni–Sept. z. T. auch Do und Fr nachmittags.

Locanda Righetto: Via Ciardi 2, 31055 Quinto di Treviso (TV), Tel. 04 22 47 00 80, info@locandarighetto.it; Ruhetag Mo. Seit Generationen in Familienbesitz, eine rustikale und doch in Küche und Service feine Adresse für lokale Aalspezialitäten. Menü ab 31 €. Nette **Zimmer** im Haus (DZ/ÜF 65 €), **Apartments** in der Nähe.

Villa Emo in Fanzolo
Reiseatlas: S. 16, D/E 2
Im unscheinbaren Vedelago biegt man nach Norden Richtung **Fanzolo** ab, wo vor dem kleinen Ort die prachtvolle Villa Emo steht, wohl die schönste Villa Palladios in der Provinz Treviso. Die Landschaft, in die sie eingebettet liegt, ist fast so geblieben, wie zu ihrer Entstehungszeit um 1555.

Das nach den bewusst schlichten Plänen von Andrea Palladio errichtete Gebäude zeigt durch die imposant breite Rampe, die auf einen offenen Säulenportikus im Stil eines klassischen Tempels führt, wahre Grandezza. Das dreieckige Giebelfeld schmückt das Wappen

Die Nordprovinzen Treviso und Belluno

der Emo, gehalten von zwei Siegesgöttinnen. Die Seitenflügel, die Barchessen mit ihren je elf Rundbogen, enden mit einem Türmchen (früher *colombare,* also Taubenschläge) und dienten als Weinlager (*cantine*), Heuschober, Stallungen etc. (heute mit Bauernmuseum sowie Räumen für gastronomische u. a. Veranstaltungen, zeitweise auch Restaurant).

Giovanni Battista Zelotti, einer der begabtesten Mitarbeiter von Paolo Veronese, verstand es, mithilfe der Illusionsmalerei die Architektur Palladios zu vervollkommnen. Bühnenbildhaft setzte er volkstümliche Figuren in lichtdurchflutete Landschaften, stellte mythologische Themen dar, Allegorien und historische Begebenheiten, wie es eben die Menschen der Renaissance liebten, hier speziell fokussiert in der Darstellung der Eigenschaften, die zu Reichtum und Frieden führen.

Im 19. Jh. veränderte man den Renaissancegarten im Sinne der Romantik, der freilich gelitten hat, seit die neue Eisenbahnlinie durch die Pappelallee führt (Nov.–März außer 18.–25., 31. Dez.–1. Jan. Mo–Fr 14–16, Sa, So, Fei bis 17.30 Uhr bzw. April–Okt. Mo–Sa 15–18.30, So, Fei 10–12.30, 15–18.30 Uhr; So Führung um 15.30 Uhr).

Castelfranco Veneto

Reiseatlas: S. 16, D 2

Das zauberhafte, von Mauern umgebene Städtchen entstand 1195 als Bastion Trevisos gegen Padua und Vicenza. Man flaniert heute gemütlich durch das relativ verkehrsberuhigte Zentrum innerhalb der 930 m langen und bis zu 17 m hohen mittelalterlichen, backsteinroten Stadtmauer. Viele Häuser kleben an der Innenseite der Mauer, die von einem breiten Wassergraben umgeben ist.

In seinen Außenbezirken hat sich Castelfranco (rund 32 600 Ew.) zu einer kleinen Industriemetropole entwickelt, mit überwiegend ›weißer‹ Industrie wie Brillengestelle, Mode, Gartengeräte und Ähnliches.

Zwei Tore sind original erhalten: die **Porta Maggiore** von 1499 mit venezianischem Löwen und Uhr sowie Glockenaufsatz (18. Jh.) Richtung Treviso und die einfachere **Torre Civica** Richtung Vicenza (12. Jh.) mit Freskenresten aus dem 14. Jh., die zweimal das Wappen der Carraresi zeigen. Im Borgo Treviso schmiegt sich der weitläufige Park (nach 1852) der **Villa Revedin Bolasco,** ein Werk Scamozzis (17. Jh.), an die Stadtmauer. Hier bauen Maler bei schönem Wetter ihre Staffeleien auf dem satten Grün der Parkanlage zwischen Mauer und Wassergraben auf.

Die städtische Flaniermeile ist die **Piazza Giorgione** (mit ausreichend Parkplätzen), ein herrliches, breites Forum mit Cafés und Bars in historischen Palazzi.

Im puppenstubenhaft kleinen Zentrum erhebt sich der klassizistische **Duomo Santa Maria Assunta,** den Francesco Maria Preti (1701–74) entworfen hatte. Der Dombau entstand über einer früheren Kirche und erhielt 1893 seine Fassade mit den mächtigen Halbsäulen. Zum Glück wurde vom Ursprungsbau wenigstens eine Kapelle gerettet, weil man schon damals den Wert ihres Altarbildes von Giorgio da Castelfranco, genannt Giorgione (1478–1510), erkannte: der ›Pala di Giorgione‹. Sie zeigt eine geradezu raffaelisch zarte, thronende Madonna mit Kind, zu deren Füßen die Heiligen Franziskus (rechts in Mönchskutte) und Liberalis (links in Rüstung mit Standarte). Hinter der Madonna schaut man weit in eine liebliche, fast sonnig-helle Landschaft mit einer Festung, die Ezzelinos Burg zeigt. Diese Farbgebung war 1504/05, als das Bild entstand, eine kleine Revolution in der Malerei.

Das ebenfalls von Preti gebaute **Teatro Accademico** (1754) wurde erst im 19. Jh. vollendet. Es gilt als das erste Theater seiner Art, das von der Republik Venedig auch in kleineren Ortschaften geduldet wurde. Die Leute von Castelfranco nennen ihre kleine Schaubühne liebevoll *coccolo,* im Venezianischen steht das für ›ganz süß‹, ›intim‹ (Besichtigung Mo–Fr 9–12, 14–18 Uhr).

IAT/Pro Loco: Via Preti 66, 31033 Castelfranco Veneto (TV), Tel. 04 23 49 14 16, Fax 04 23 77 10 85, iat.castelfranco veneto@provincia.treviso.it.

Roma: Via Fabio Filzi 39, Tel. 04 23 72 16 16, Fax 04 23 72 15 15, www.

Die Provinz Treviso

albergoroma.com. Hervorragend geführtes Stadthotel mit Blick auf die Piazza Giorgione, restauriert mit 80 Zimmern, z. T. mit Stilmöbeln, z. T. attraktive moderne Zimmer und Suiten. **Restaurant;** Parkplatz. DZ/ÜF 88–110, Suiten für 2–4 Personen 162 €.

Alla Torre: Piazzetta Trento-Trieste 7, Tel. 04 23 49 87 07, Fax 04 23 49 87 37, www.hotel allatorre.it. Einladendes Hotel an der Torre Civica im restaurierten Palazzo (17. Jh.), 54 moderne Zimmer. Frühstücksterrasse, **Restaurant.** DZ/ÜF 105 €, Juniorsuiten ab 120 €.

Barbesin: 31033 Salvarosa (TV), 3 km nordöstl. von Castelfranco an der SS 53, Via Montebelluna 41, Tel. 04 23 49 04 46; Ruhetage Mi Abend, Do, Aug. geschl. Herrschaftliche Räume mit rustikalem Ambiente. Lokale Küche mit Radicchio-Spezialitäten. Radicchio-Menü ab 21 €; auch 18 Zimmer, DZ/ÜF 61 €.

Festa di San Liberale: Ende April/Anfang Mai; Fest des Patrons von Castelfranco, mit Messen, Sport- und Musikveranstaltungen, gastronomischen Abenden.
Prosa- und Musiksaison: Juli/Aug.

Bahnknotenpunkt von/nach Venedig, Treviso, Bassano del Grappa, Padua, Citadella und Vicenza.

Asolo

Reiseatlas: S. 16, D 2

Eines der zauberhaftesten Städtchen Venetiens klammert sich in schönster Panoramalage (190 m) inmitten der stets grünen **Colli Asolani** an seinen von der Rocca aus dem 12. Jh. bekrönten Haushügel. Es bietet seinen rund 8200 Einwohnern eine wunderschöne Bleibe und seinen Gästen eine herrliche Sommerfrische. Kein Wunder, dass sich in vielen der Paläste und Bürgerhäuser aus der Zeit des Mittelalters über die Renaissance bis zum Barock Touristisches eingenistet hat wie Enotheken, Antiquitätenläden und Hotels.

Seinen Ruhm verdankte Asolo vor allem Caterina Cornaro (1454–1510), der nach dem Tod ihres Mannes abgedankten Königin von Zypern, die von Venedig im Gegenzug die Ländereien um Asolo bekam. Hier hielt sie im **Castello della Regina** prunkvoll Hof und versammelte Literaten und Gelehrte um sich. Seine zweite Ruhmesphase verdankt Asolo der nicht nur in Italien berühmten Schauspielerin Eleonora Duse (1858–1924), die hier ihre letzte Ruhe fand (Monumentalgrab auf dem Friedhof).

Man beginnt den Rundgang an der **Piazza Maggiore** (auch Piazza Garibaldi genannt). Sie ist mit einem großen Renaissancebrunnen versehen, den ein venezianischer Löwe krönt. Eine Treppe tiefer findet man den **Duomo Santa Maria Assunta,** der auf den Fundamenten einer Therme errichtet, 1747 verändert wurde und Ende des 19. Jh. seine Fassade erhielt. Lorenzo Lotto hinterließ innen mit der ›Himmelfahrt Mariä‹ (1506) eine der wenigen Madonnen, die eine alte Frau darstellen. Neben dem Dom steht die **Loggia del Capitano** (Ende 15. Jh., 1560 freskiert), in der seit 1878 das **Museo Civico** untergebracht ist. Es beherbergt eine archäologische Sammlung sowie Gemälde, Skulpturen und Erinnerungsstücke an die beiden großen Frauengestalten der Stadt, Caterina Cornaro und Eleonora Duse (unregelmäßig geöffnet).

Im **Castello della Regina,** der Residenz der abgedankten Königin von Zypern, in der man auch eine Terrassen-Bar findet, wurde das historische Theater (18. Jh.) Leonora Duse gewidmet. Die Reste der oberen **Rocca** lassen sich nur von außen besichtigen, aber man genießt von ihr aus einen sehr schönen Asolo-Blick.

IAT: 31011 Asolo (TV), Piazza Garibaldi 73, Tel. 04 23 52 90 46, Fax 04 23 52 41 37, iat.asolo@provincia.treviso.it.

Villa Cipriani: Via Canova 298, Tel. 04 23 52 34 11, Fax 04 23 95 20 95, villacipriani@sheraton.com. Berühmtes Hotels der feinen/teuren Kette Small Luxury Hotels in wundervoll restaurierter venezianischer Villa (16. Jh.), großzügiger Park, Panoramalage am Ortsrand. 31 Zimmer. Sehr gutes **Panorama-Restaurant.** DZ ab 284 €.

Die Nordprovinzen Treviso und Belluno

Die Villa Barbaro, ein Pflichtbesuch für ›Villensammler‹

Al Sole: Via Collegio 33, Tel. 04 23 52 81 11, Fax 04 23 52 83 99, www.albergoalsole.com. Stilvoll restaurierte Villa, familiär. 23 Zimmer z. T. mit freigelegten Fresken. Parkplatz trotz Zentrumslage; Restaurant nur für Hausgäste. DZ/ÜF 145–208 €.

Generell sind die meist kleinen und sehr verlockenden Lokale Asolos teuer. Man kann in den Osterien und Vinotheken aber auch nur Kleinigkeiten essen, z. B. in der:
Enoteca alle Ore: unter den Portici der Piazza Garibaldi. Gemischte Platte (Käse, Schinken und Wurst) auf dem Holzbrett ab 11 €, ein Glas Wein für 3–4 €.

Hosteria Ca'Derton: Piazza D'Annunzio 11, Tel. 04 23 52 96 48; Ruhetage So Abend, Mo Mittag. Osteria in angenehmer Atmosphäre nahe dem Rathaus. Einzelgerichte mit Beilage, Menü ab 35 €.

Ai Due Archi: Via Roma 55, Tel. 04 23 95 22 01; Ruhetage Okt.–Juni Mi Abend, Do. Gepflegtes Restaurant beim Hauptplatz. Lokale saisonale Gerichte. Menü ab 23 €.

 Antiquitätenmarkt: jeden 2. So im Monat.

 Asolo Filmfestival: letzte Sept.-Woche; www.asolofilmfestival.it.

Die Provinz Belluno

neren wird man mit einem der schönsten Freskenzyklen von Paolo Veronese entschädigt. Wie so oft werden in den mythologischen Szenen und den Ideallandschaften die Auftraggeber verherrlicht, z. T. mit erfrischenden Details. – Der kleine Zentralbau schräg gegenüber der Villa, der innen prächtig stuckiert ist, gilt als Palladios letztes Werk (1580), das er ganz im Sinne des römischen Pantheons als Hauskapelle schuf.

Parco Nazionale delle Dolomiti Bellunesi
Reiseatlas: S. 6, D/E 3/4

Eine blaue Glockenblume, die *Campanula morettiana,* die nur hier vorkommt, wurde zum Symbol des streng geschützten Naturparks nördlich von Feltre (32 000 ha). Ein dünn besiedeltes, bergiges Land, beschützt von den rund 2200 m hohen Monte Pizzocco, Monte Pizzon und den Bergen an der Grenze zum Trentino (bis 2550 m). Kein Wunder, dass der Nationalpark darunter von den Nordwinden geschützt bleibt und daher eine besondere Flora gedeihen kann.

Im Besucherzentrum (s. S. 428) gibt es handliche Prospekte der Naturpfade, z. B.: **Sentiero Val Falcina** nördlich von Sospirolo (4 km lang, 1,25 Std.) oder **Val di Canzoi** westlich davon (8,4 km, 3–4 Std.). Knapp und anschaulich werden Geologie, Flora und Fauna beschrieben und der Wegverlauf auf einer Karte genau erläutert. Ebenfalls kostenlos ist eine kleine Broschüre über die typischen Kapellen und Bergkirchen zu Füßen des Naturparks (›Chiesette pedemontane‹).

Neben der schönen Flora aus rund 1500 Arten und einer reichen Fauna genießt man hier auch eine große landschaftliche Vielfalt: die Dolomiten mit ihren ausgedehnten Geröllhalden, Karstmulden und grasbedeckten Berggipfeln, tiefen Klammen und Schuttrinnen, steilen Kämmen und Felszacken, Wasserfällen und bewaldeten Abhängen. In den inneren Dolomiten überwiegen Laubwälder aus Buchen und Eichen, teilweise durchmischt mit Nadelbäumen. In den beiden Tälern Grisol und Cajade gedeihen wunderbare Weißtannen und an den steilen, trockenen

Die Provinz Belluno

Masèr
Reiseatlas: S. 16, D 2

Im Norden des unscheinbaren Ortes befindet sich die **Villa Barbaro,** ein Pflichtbesuch für ›Villensammler‹ (März–Okt. Di, Sa, So, Fei 15–18, Nov.–Feb. Sa, So, Fei 14.30–17 Uhr oder vorher anmelden: Tel. 04 23 92 30 04, www.villadimaser.it).

Bei dieser Villa hatte Andrea Palladio Konzessionen machen müssen, denn die Bauherren Daniele und Marcantonio Barbaro bestanden darauf, die väterliche Vorgängervilla in den Neubau von 1560 zu integrieren. Im In-

Die Nordprovinzen Treviso und Belluno

Hängen Kiefern. An den Südhängen gestalten weite Wiesen die Landschaft, interessant vor allem deshalb, weil sie von der Vergletscherung während der Eiszeit verschont blieben und hier so die ältesten Pflanzen in ihrer ursprünglichen Form erhalten geblieben sind.

Centro Visitatori: 32034 Pedavena (BL), Piazza 1 Novembre 1, Tel. 03 39 30 44 00, www.dolomitipark.it; freier Eintritt. Didaktisch perfekt aufgebautes Besucherzentrum des Nationalparks (März–Mai, Okt., Dez. Sa, So, Fei 9.30–12.30, 15–18, Juni, Sept. Sa, So, Fei 9.30–12.30, 16–19, Juli, Aug. Do, Fr 16–19, Sa, So, Fei 9.30–12.30, 16–20 Uhr).

14 Feltre
▼ **Reiseatlas:** S. 16, D 1

Die Römer befestigten den Ort an der wichtigen Via Augusta Altinate, doch erst als freie Kommune erlebte Feltre eine Blütezeit. 1404 wurde sie von Venedig als wichtiger Teil der Terraferma für den Abbau von Eisen, Kupfer und Silber einkassiert. Während der Kämpfe der Liga von Cambrai gegen Venedig wurde Feltre 1509 und 1510 von den Truppen Kaiser Maximilians I. dem Erdboden gleichgemacht, danach in nur wenigen Jahrzehnten wieder aufgebaut. Das ist die Erklärung für die kompakte Renaissance-Bauweise, die aus Feltre mit seinen meist auch außen freskierten Palazzi eine ›Città Serenissima‹ macht, wie sie sich gerne selbst tituliert.

Die sogar an den Markttagen (Dienstag und Freitag) recht ruhige Stadt in 325 m Höhe (knapp 20 000 Ew.) lebt von diversen Universitätsfakultäten und anderen Instituten sowie vor allem vom Kunsthandwerk.

Das historische Zentrum, die sogenannte **Citadella** (600 Ew.), ist fast theatralisch aufgebaut zwischen dem Park am Viale Marconi und dem Dombereich mit den archäologischen Ausgrabungen im Tal. Dazwischen liegt die großartige Piazza Maggiore, Treppen verbinden fußgängerfreundlich und z. T. sogar überdacht die unterschiedlichen Straßenniveaus innerhalb der Altstadt.

Die **Porta Imperiale** ist der Auftakt für einen der großartigsten Straßenzüge Venetiens, der **Via Mezzaterra** quer durch die Altstadt bis zur Piazza Maggiore und darüber hinaus. An deren Ende steht das zweite historische Stadttor, die **Porta Oria**. Die Paläste entlang der Straße sind außen meist freskiert oder mit Sgraffitti (grau gehaltene Ritzungen im Putz) versehen; die Fassaden zeigen mythologische oder philosophische Motive vielfach aus der Hand des sogenannten Morto da Feltre (s. r.). Balkone und Loggien sorgen zusätzlich für eine optische Auflockerung.

Nahe der **Chiesa San Giacomo** (15. Jh.) mit ihrem Renaissanceportal steht linker Hand einer der schönsten Paläste der Stadt, der Palazzo **Salce Aldovini Mezzanotte** (16. Jh.), dessen freskierte Fassade sowohl römische als auch griechische Szenen zeigt. An der kleinen **Piazza delle Biade** wurde im früheren **Palazzo della Ragione** ganz im palladianischen Stil das **Teatro della Senna** bereits 1684 in den Ehrensaal hineingebaut. 1834 haben es die Erbauer des Fenice in Venedig verändert, weshalb die Feltriner von ›Klein-Fenice‹ sprechen. 1729 bis 1730 debütierte hier schon Carlo Goldoni.

In der Fortsetzung der Hauptader durch die Altstadt, an der **Via Luzzo**, stehen weitere, meist freskierte Paläste der Renaissance, darunter der **Palazzo Villabruna** mit **Museo Civico** über einem gotischen Wohnhaus aus dem 14. Jh. Es birgt im Erdgeschoss die archäologische Sammlung mit römischen und mittelalterlichen Stücken, im ersten Obergeschoss eine private Schenkung mit geschnitzten Möbeln aus dem 18. und 19. Jh. sowie die Rekonstruktion einer historischen Küche. Außerdem Werke von Andrea Bustolon, dem ›Michelangelo der Holzschnitzer‹. Das zweite Obergeschoss mit teilweise freskierten Räumen, u. a. vom Morto da Feltre (Landschaft, von Grotesken umgeben), ist der Pinakothek venetischer Malerei vorbehalten (Di–Fr 10.30–12.30, 16–19, Sa, So 9.30–12.30, 16–19 Uhr, im Winter nachmittags je 1 Std. früher, also 15–18 Uhr).

Der wunderschöne Stadtpalast **Palazzo De Mezzan** am Beginn der Via Paradiso darf,

Die Provinz Belluno

Richtig Reisen-Tipp: Das Weinland des Prosecco

Die Lage der Weinhügel ist lieblich, die Weingüter, auf denen der vorwiegend hervorragende Prosecco produziert wird, liegen relativ nahe beieinander, denn es sind kleine Produzenten. Streng bewacht vom **Consorzio Tutela del Vino Prosecco di Conegliano e Valdobbiádene,** dürfen sich 15 Gemeinden der Produktion des Prosecco DOC auf insgesamt 18 000 ha Land rühmen: Valdobbiádene, Vidor, Farra di Soligo, Pieve di Soligo, Refrontolo, San Pietro di Feletto, Conegliano, Susegana, San Vendemiano, Colle Umberto, Vittorio Veneto, Tarzo, Cison di Valmarino, Follina und Miane (www.prosecco.it).

Immer liegen die Weingärten an den Südhängen der Hügel, die Nordhänge sind bewaldet und schützen vor Nordwind.

Die Rebstöcke der Prosecco-Traube brachten die Venezianier um 1750 aus dem benachbarten Friaul mit; den dortigen Winzern war diese Traube zu ›einfältig‹. Doch auch hier gelang es erst zu Beginn des 20. Jh. durch eine zweite Fermentierung, einen Vino Spumante zu erzeugen, der die Konkurrenz des Champagners nicht zu scheuen braucht. Allerdings muss er jung getrunken werden, denn er verliert nach ein bis anderthalb Jahren seine fruchtige, blumige Frische. Da die Prosecco-Flaschen normalerweise (außer den ganz hochwertigen) keine Angaben zum Jahrgang machen, ist der Kauf also reine Vertrauenssache. Der größte Anteil am Prosecco-Export geht übrigens seit Jahren nach Deutschland (70 %).

---

obwohl privat, gerne besichtigt werden, aber nach Voranmeldung über das Info-Amt. Er ist im 16. Jh. auf einem Teil des zerstörten Kastells entstanden, die Fresken wurden erst 1990 unter Putz entdeckt!

Im Sockelbereich der Eingangshalle stehen monochrome *talamoni* (Atlanten) von 1572, zwischen ihnen Landschaftsbilder. Grotesken über den Fenstern zeigen, dass man die ›römische Unterwelt‹ *(Domus aurea)* bereits gekannt hatte: Sie stammen vom sogenannten Morto da Feltre, wie man den Feltriner Maler Lorenzo Luzzo (Geburtsjahr unbekannt, gest. 1526) nannte. Seinen Namen ›Morto da Feltre‹, der ›Tote von Feltre‹, erhielt er, weil er sich in den römischen Katakomben herumtrieb ... Er gilt als der Entdecker der Grotesken, der zierlichen, verspielten antiken Motive, die so beliebt werden sollten, dass sie kaum noch in einem Palast der Renaissance fehlten.

Im Obergeschoss besonders schön sind an der Fassaden-Innenwand eine Venus und an der Kaminwand die Darstellung der Entstehung Feltres. Die Fresken im Schlafzimmer der Besitzer sind die ältesten (1510–12) und zeigen die ›Anbetung der Könige‹.

Ufficio Informazioni: Piazzetta Trento e Trieste 9, 32032 Feltre (BL), Tel. 04 39 25 40, feltre@infodolomiti.it.

Casagrande: Via Belluno 47, Tel. 04 39 84 00 25, Fax 04 39 84 07 83, www.hotelcasagrande.it. Modernes Hotel mit 33 großzügigen Zimmern und ebensolchen Aufenthaltsräumen. **Restaurant;** Parkplatz. DZ/ÜF 60–95 €.

Doriguzzi: Viale Piave 2, Tel. 04 39 20 03, Fax 043 98 36 60, www.hoteldoriguzzi.it. Neueres Hotel in Bahnhofsnähe. 23 komfortable Zimmer. DZ/ÜF 64–95 €.

Belle Époque: Piazza Maggiore/Ecke Via Luzzo, Tel. 043 98 01 93; im Sommer tgl. geöffnet. Nette Bar im Erdgeschoss mit Tischen unter der Loggia, im Obergeschoss Restaurant. Mittagstisch inkl. Getränke 18 €, abends Menü ab 25 €.

Die Nordprovinzen Treviso und Belluno

Grün in allen Schattierungen: Weinberge an der Strada del Prosecco

Mostra Regionale dell'Artigianato: letzte Juni-/erste Juliwoche (4 Tage); Kunsthandwerksmesse unter Einbeziehung vieler Paläste, die dann besichtigt werden können. Infos: www.mostraartigianatofeltre.it.
Palio di Feltre: 1. Aug.-Wochenende; historisches Pferderennen zwischen den vier Stadtteilen.
Giro della Mura: letzter Aug.-Sa; ca. 8 km langer Staffellauf um die Stadtmauer.

Markt: Di, Fr; zwischen Altstadt und Domplatz entlang dem Alleenring (dann Parkplatzprobleme).

Belluno

Reiseatlas: S. 6, E 4
Die Lage des historischen Zentrums der Provinzhauptstadt (rund 35 400 Ew.) ist bestechend schön: auf einem Hügel in 383 m Höhe thronend, vom Piave und seinem Zufluss Ardo um- bzw. durchflossen, von Zweitausendern vor kalten Westwinden beschützt.

Man parkt den Wagen am besten im Südwesten auf dem Parkplatz von **Lamboi** (mit WC und Gepäckaufbewahrung) und fährt die Rolltreppe hinauf. Sie endet direkt im Zentrum Bellunos (3500 Ew.), und zwar an der **Piazza Duomo** mit Kathedrale und Präfektur.

Die Fassade des **Domes** (ab 7. Jh., 1517 und im Barock völlig umgestaltet) blieb außer dem Tympanon hoch oben unverputzt, klare Lisenen, die nicht wie üblich bis nach unten zum Sockel reichen, gestalten sie. Der barocke, 68 m hohe Glockenturm gilt mit seiner geschwungenen Zwiebelhaube als einer der schönsten seiner Zeit (18. Jh.) in Italien. Zu den Kostbarkeiten der Kathedrale zählen Altarbilder von Palma il Giovane und Jacopo Bassano. Gegenüber dem Dom besitzt das **Baptisterium** von 1520 (im 19. Jh. verändert) ein schönes Taufbecken mit einer kleinen Sta-

Die Provinz Belluno

tue von Andrea Bustolon. An der Piazza Duomo richtig imposant ist aber die **Präfektur** im früheren **Palazzo dei Rettori** (ab 1409, 1802 völlig abgebrannt und wieder aufgebaut) mit seinem Uhrturm (1536–46; interessante Uhr), den Rundbogenfenstern, den Portici der Renaissance und langen Steinbalkonen.

Von der Terrasse der **Piazza Castello** hinter dem Domplatz genießt man einen herrlichen Blick über das Piave-Tal.

An der mittelalterlich krummen Via Duomo steht ganz in der Nähe das **Museo Civico**, 1876 in einem geradezu wohnlich wirkenden Palast eingerichtet. Besonders interessant: ein frühvenetischer Kultschlüssel mit sechs Ketten, um im Frühjahr damit den Boden für neue Pflanzen zu ›öffnen‹ (7. Jh. v. Chr.); im ersten Geschoss die hübsche Sammlung von weiblichem Haarschmuck aus Gold- oder Silberfäden; im zweiten Obergeschoss in der Pinakothek 15 für Blinde ›lesbare‹ Bilder. Außerdem ein ergreifendes Kruzifix, das den noch lebenden, leidenden Christus darstellt (Mai–Sept. Di–So 10–13, 16–19, Okt.–April Mo–Sa 9–13, Do–So 15–18 Uhr, http://museo.comune.belluno.it/).

In der Fortsetzung der Via Duomo gelangt man im Nu zur kleinen **Piazza Erbe,** sozusagen den ›Magen‹ Bellunos (Mo–Sa vormittags Markt), umgeben von einem sehr wohnlich wirkenden Stadtteil mit langen Portici-Reihen unter den Palazzi. Über die kurze Via Rialto ist die **Piazza Vittorio Emanuele II** erreicht, der ›Salon‹ Bellunos, an dem, sagen die Einheimischen, man sich früher zu verloben pflegte. Mit Cafés unter den Portici der meist sorgfältig restaurierten Paläste. Die **Piazza dei Martiri** mit ihren hübschen schmiedeeisernen Laternen und dem schattigen, 1930 angelegten Park in der Mitte bildet die grüne Fortsetzung, auch sie mit Cafés – zwei besonders einladende und sogar bereits histo-

Die Nordprovinzen Treviso und Belluno

rische rechts und links von der Kirche **San Rocco** von 1561 **(Manin** und **Deón).**

Ausflug ins Alpago
Reiseatlas: S. 6, F 4

Östlich von Auto- und Eisenbahn lockt die Hügellandschaft des **Alpago** mit ihren kleinen Dörfern, den dichten Nadel- und vor allem lichten Laubwäldern, die im Herbst eine unglaublich goldgelbe Färbung annehmen. Auf dem **Lago di Santa Croce** (knapp 400 m hoch) kann man Ruderboote mieten.

IAT: Piazza Duomo 2, 32100 Belluno, Tel. 04 37 94 00 83, Fax 04 37 95 87 16, www.infodolomiti.it.
Infobüro: Piazza Martiri 8

Cappello e Cadore: Via Ricci 8, Tel. 04 37 94 02 46, Fax 04 37 29 23 19, www.albergocappello.com. Renoviertes Hotel von 1843 im historischen Zentrum. 32 komfortable Zimmer mit unbehandeltem Holz eingerichtet; **Restaurant.** DZ/ÜF 50–100 €, Minisuite ab 105 €.
Delle Alpi: Via Jacopo Tasso 13, Tel. 04 37 94 05 45, Fax 04 37 94 05 65, www.dellealpi.it. Zentrales Stadthotel. 38 große Zimmer, 2 Suiten; **Restaurant.** DZ/ÜF 75–145 €.

Delle Alpi: s. o., Tel. 04 37 94 03 02; Ruhetag So. Klassisches Restaurant ohne Schnörkel (seit 1965), viel gelobte Fischküche. Menü ab 30 €.
Cappello e Cadore: s. o. Wechselnde Tagesmenüs ab 18 €.

Enoteca Mazzini: Piazza Mazzini 6, Tel. 04 37 94 83 13; Ruhetag Mi, sonst 10–15, 16–2 Uhr. Enothek mit Küche unter den Portici, holzgetäfelter kleiner Raum, Theke, Tische auf der Empore; mit Snacks.
Caffè Manin und **Deón:** Piazza Vittorio Emanuele II, rechts und links von der Chiesa San Rocco. Historische Cafés im selben Besitz.

Obst- und Gemüsemarkt: Mo–Sa; Piazza delle Erbe.
Blumenmarkt: Sa; Piazza Duomo.

Pieve di Cadore
Reiseatlas: S. 6, F 3

Das herzförmige **Cadore** im äußersten Nordosten Bellunos bietet landschaftliche Schönheiten sowie zauberhafte historische Städtchen und Dörfer mit intakter Architektur und noch funktionierender bäuerlicher Tradition. Das Cadore ist stolz auf den hier geborenen Tizian, aber auch auf seine Brillenindustrie, und hat wegen der schönen und gesunden Umgebung viele reiche Industrielle aus Norditalien als Neubürger angezogen.

Der Hauptort **Pieve di Cadore,** ein sehr hübsches Städtchen (878 m, gut 4000 Ew.) mit breiten Treppengassen und einigen Renaissancepalästen, wird optisch vom **Palazzo della Magnifica Comunità** beherrscht (1525). Darin arbeitet unter reich geschnitzten Holzbalkendecken noch immer die Nachfolgerin der historischen *Magnifica Comunità di Cadore.* Sie kontrollierte das zivilrechtliche Zusammenleben der Menschen im Cadore.

Im gepflegten Palast befindet sich eine **Pinakothek zeitgenössischer lokaler Maler** sowie eine **archäologische Sammlung** mit Funden aus der Umgebung (Juni–Sept. Di–So 9.30–12.30, 16–19 Uhr, Aug. tgl.).

Auf der **Piazza Tiziano** vor dem Palast steht die würdevolle Bronzestatue Tizian Vecellios (1477–1576) von Antonio Dal Zotto (1880). Seine Blickrichtung deutet auf sein bescheidenes Geburtshaus schräg gegenüber, die **Casa Tiziano,** die im Kern aus dem 15. Jh. stammt. Hier hatte Tizian seine ersten Malversuche unternommen, bevor er nach Venedig ging. Das Haus vermittelt einen guten Eindruck von der Lebensweise seiner Zeit (normalerweise Juni–Sept. Di–So 9.30–12.30, 15.30–19 Uhr, Aug. tgl.; sonst auf Anfrage, Tel. 043 53 22 62).

In der nahen Pfarrkirche **Santa Maria Nascente** (1859–76) hängt in der linken Kapelle vor dem Chor ein Bild Tizians (›Muttergottes mit Kind und den Heiligen Andrea und Tiziano‹, auf dem er sich mit dem gleichnamigen Heiligen abgebildet hat; es zeigt einen langbärtigen Mann mit Malerkappe.

Im kleinen Vorort **Tai di Cadore** westlich von Pieve befindet sich in einem Holzhaus das **Museo dell'Occhiale**. Eine wunderbare Ausstellung, mehr als 2600 Brillen vom Mittelalter bis zu unserer Zeit, die teilweise zu den Meisterwerken der Schmuckindustrie gezählt werden können (Mo–Sa 8.30–12.30, Juni–10. Sept. sowie So, Fei, auch 16.30–19.30 Uhr).

APT: 32040 Pieve di Cadore (BL), Via Nazionale 45, Tel. 043 53 16 44, Fax 043 53 16 45, www.pievedicadore.it.

Villa Marinotti: Via Manzago 21, Tai di Cadore, Tel. 043 53 22 31, Fax 043 53 33 35, www.villa.marinotti.com. Familiärer Betrieb am oberen Ortsrand, herrliche, ruhige Lage. 6 Zimmer. **Restaurant.** DZ/ÜF 75–115 €.

Il Ristorantino: in der Villa Marinotti (s. o.), Tel. 04 35 50 11 49; Ruhetag Mi. Kleines Restaurant, lokale und Wildgerichte. Do, Fr frischer Fisch. Menü ab 25 €.
Caffè Tiziano: Piazza Tiziano 1, Tel. 043 53 00 85; Ruhetag Mo, im Sommer tgl. 7.30–2 Uhr. Unter den Arkaden des Palazzo der Magnifica Comunità; gemütlicher Hauptraum unter schwerer Holzbalkendecke. Die Einheimischen sagen: »Gehen wir zu Tizian.«

Cibiana di Cadore
Reiseatlas: S. 6, F 3
Die Fassadenbemalung seiner Häuser machte den bäuerlichen Ort (985 m, knapp 700 Ew.) zu Füßen des 2181 m hohen Monte Rite zu einem Freilichtmuseum – mit Sicherheit zu einer der großen Attraktionen des Cadore. Ende des 19. Jh. existierten in Cibiana noch eine Erzmine und rund 70 kleine Werkstätten für die Produktion von Schlüsseln. Ein Handwerker schaffte nur einen einzigen Schlüssel am Tag, so aufwendig war die Arbeit. Heute arbeiten in der modernen, weltberühmten Schlüsselfabrik ErreBi 40 Handwerker und produzieren am Tag mind. 2000 Schlüssel.

Als im 20. Jh. die Erzvorkommen der Mine versiegt waren, begannen viele der Bewohner Eis herzustellen. Die Eiskonditoren von Cibiana wanderten im Sommer über die Alpen in den Norden Europas und hatten bald die gesamte Speiseeisproduktion fest im Griff. Das Dorf aber verwaiste zusehends. 1980 hatte jemand die Idee, die Geschichte des Ortes und ihrer Menschen auf die Hauswände malen zu lassen. Der Einfall zog sowohl italienische als auch ausländische Maler an, bot man ihnen doch während der Arbeit freie Kost und Logis. Manchen gefiel das so gut, dass sie anboten, auch Malkurse abzuhalten.

Die zweite Attraktion: Über den Passo Cibiana geht es per Jeep (nur auf Voranmeldung: um 8.30 Uhr hinauf und um 18.30 Uhr wieder abwärts, Tel. 04 35 89 09 96, Handy 32 87 53 68 42) oder zu Fuß auf den **Monte Rite** (drei verschiedene Wege von 1,5 bis 3 Std.). Auf der Festung unter dem 2181 m hohen Gipfel hat Reinhold Messner 2002 sein **Museo delle Nuvole** (Juni–Sept. 10–18 Uhr), sein Wolkenmuseum zur Geschichte der Dolomiten eingerichtet; ohne Erläuterungen der Vitrinen – die Besucher sollen allein durch die Exponate angesprochen werden: u. a. historische Fotos, Gemälde, Versteinerungen und Fossilien. Ein Erlebnis ist auch der Rund-um-Blick vom Dach der italienischen Festung aus dem Kampf gegen die Österreicher (1914).

Remauro: Via Pianezze 16, 32040 Cibiana (BL), Tel. 043 57 40 04, Fax 043 57 42 94, www.remauro.it (auch Infos zum Ort). Familiäres Hotel in hübscher Hanglage über dem Dorf. 22 von Malern geschmückte Zimmer; **Restaurant.** DZ/ÜF ab 60–94 €.
Rifugio Dolomites: Monte Rite, Tel. 043 53 13 15, www.dolomites.com. Herberge in der Festung unterhalb des Museums. 35 Betten, z. T. mit DZ/Bad, hervorragender Ausblick; **Restaurant.** DZ/ÜF 60–70 €, pro Person im Mehrbettzimmer 25–30 €.

Remauro: s. o.; Ruhetag Do. Sehr gute lokale Küche u. a. mit Wild und Pilzen. Degustationsmenü ›Tavola d'Autore‹ 22 €.

Settimana internazionale dei Murales: Juli; neue Fassaden werden bemalt, alte restauriert; auch 2-Tage-Kurse für Freskotechnik und Restaurierung.

Piazza della Libertà in Udine

Kapitel 8

Friaul-Julisch Venetien

Auf einen Blick: Friaul-Julisch Venetien

Eine Metropole, Berge und Badeorte

Deutsch ist hier die erste Fremdsprache, die Hauptstadt Triest ist eine fast österreichisch-charmante Metropole. Kunsthistorisch interessante Städtchen liegen verstreut über die Region, in den Hügeln gedeihen kostbare Weine, die Berge im Norden sind sogar wintersporttauglich, und die beiden Lagunenorte Grado und Lignano laden zum Baden ein.

Piccolo Mondo, kleine Welt, oder *Piccolo Universo,* kleines Universum, nennen die Friulaner ihre charaktervolle Region. Von allem ist etwas dabei, Berge mit Almen, kleinen Seen und dichten Wäldern, Hügel und weite Ebenen, Flüsse, die gelegentlich unter dem Kiesbett zu verschwinden pflegen, und das Meer. Die Kulturdenkmäler sind geprägt von der römischen Rationalität, von christlicher Ethik, langobardischer Herrschaft, habsburgischen Sitten und venezianischer Urbanität. Lebendige Spuren hinterließen die Römer in Aquileia, das Christentum wundervolle Mosaikböden. Als Erbe der Langobarden sind in Cividale Gold- und Silberschmiedearbeiten sowie prächtige Baudenkmäler erhalten.

Von allem etwas hat Triest zu bieten, dem ein gewisser Hang zur Dekadenz nachgesagt wird: römische Architektur und frühchristliche Basiliken, Barock und Liberty, österreichische Kaffeehaustradition und riesige Büropaläste. Gorízia schließlich steht als Bewahrerin der Tradition eines kulturellen Schmelztiegels, der ›Cultura mitteleuropea‹.

Allein die Sprache rückt die Region für Reisende aus dem deutschsprachigen Raum besonders nahe. Außerdem bietet sie eine sowohl bodenständige wie feine Küche. Und ebensolche Weine.

Highlight

15 Grado: Der nette historische Lagunenort lädt mit feinsandigen, flachen Stränden zum Baden ein. Traumhaft: eine Inselumrundung oder eine Fahrt bei Sonnenuntergang über die Lagune (s. S. 458ff.).

Empfehlenswerte Routen

Durch den slowenischen Karst: von Triest über die großartige Grotta Gigante entlang der Grenze und über sie hinweg durch den macchiabedeckten und von Weinbergen übersäten slowenischen Karst nach Gorízia (s. S. 477).

Mit dem Boot von Grado nach Aquileia: durch die inselreiche Laguna di Grado und durch den Kanal von Aquileia zur römischen Gründung mit den frühchristlichen Mosaiken (s. S. 458, 460).

Reise- und Zeitplanung

Auch ohne einen längeren Aufenthalt braucht man für eine Reise zum intensiven Kennenlernen der Region sicher zwei Wochen. Für Triest sollte man sich zwei bis drei Tage Zeit nehmen, um auch etwas von der Kaffeehaustradition zu erschnuppern und einen Ausflug ins südlich gelegene Múggia und nach Norden zum Castello di Miramare oder nach Duino einzubauen.

Für die übrigen größeren Städte reicht jeweils ein Tag, ob für Gorízia oder Udine bzw. Pordenone. Kleinere Ortschaften lassen sich gut zu einer Tagestour verbinden, wie Grado mit Aquileia, Palmanova, Córmons, Gradisca und über Monfalcone im Osten zurück.

Von Udine sind im einst erdbebenerschütterten Gebiet die neu aufgebauten, zauberhaften Städtchen Gemona, Venzone, auch Tolmezzo erreichbar, über die Autobahn ist man schnell wieder zurück. Von Udine aus kann man auch einen Tag für Codroipo mit Besuch der Villa Manin bei Passariano einplanen und den breiten Tagliamento entlang nach Spilimbergo fahren. Ein Kapitel für sich ist Karnien (ital. Carnia), das Bergland im äußersten Nordwesten der Region, wo man zum Wandern gleich mehrere Tage verbringen könnte.

Eigentlich ist Friaul-Julisch Venetien eine Autofahrerregion, gut erschlossen durch die Autobahn Villach–Udine, Knotenpunkt Palmanova, dann nach Osten Richtung Triest und nach Westen Richtung Venedig. Das Schöne an der Reise sind freilich die Nebenstrecken, die natürlich mehr Zeit erfordern. Doch man kommt auch mit der Bahn recht weit, zumindest in die größeren Städte: nach Triest und Gorízia, Udine mit Abstecher nach Cividale bzw. nach Norden Richtung Österreich mit Halt sogar in Gemona und Venzone. Auf der Strecke Udine–Pordenone halten die Züge in Codroipo, nach Pordenone wird Sacile erreicht. Eine Nebenstrecke bindet auch Spilimbergo an das Bahnnetz an.

In keiner der Städte benötigt man wirklich öffentliche Verkehrsmittel, denn die sehenswerten historischen Zentren sind fast ausnahmslos Fußgängerzonen. Einziger Flughafen der Region ist Ronchi die Legionari bei Monfalcone, mit guter Busanbindung u. a. an Triest. Leihwagen sollte man vorher bestellen.

Richtig Reisen-Tipps

Via Julia Augusta: Der Handelsweg aus der Zeit des römischen Kaisers Augustus kann wieder nachgefahren werden, über den Plöckenpass nach Italien bis zum schönen Tolmezzo (s. S. 441).

Fahrt über den Pura-Pass: auf einer Alm in atemberaubend schöner Berglandschaft sein Quartier aufschlagen und sich verwöhnen lassen (s. S. 442).

Riserva Naturale Regionale della Valle Cavanata: nicht nur für Vogelliebhaber interessant, das 327 ha große Naturschutzgebiet in der Lagune zwischen Grado und Lignano (s. S. 457).

Karnien und der Norden

Reiseatlas S. 7

Von Österreich, über Villach kommend, sollte man spätestens ab Tolmezzo die Landstraße befahren. Da die Autobahn nur wenige Ausfahrten hat, würde man Tolmezzo und das unberührte Karnien mit Sáuris und Forni ebenso verpassen wie weiter südlich Venzone und Gemona, erdbebenerschüttert wie ein Phönix aus der Asche wieder auferstanden.

Eilige mögen von Norden kommend auf der Autobahn bleiben. Sie tun **Tarvis** (Tarvisio) mit den kleinen Fusine-Seen zwar Unrecht, könnten aber dann mit relativ gutem Gewissen, ›außer Natur‹ wenig zu verpassen, an den lockenden Schluchten und Flusstälern abseits der Autobahn vorbeifahren. Viele Abfahrten gibt es nicht, also muss man vorher die Reiseroute genau planen. Übrigens folgt man auf dieser Strecke zwischen Tarvis und Tolmezzo der römischen **Via Julia Augusta**, die einerseits Villach und Tarvis mit Tolmezzo verband, andererseits über den Plöckenpass und den Felbertauern Lienz in Kärnten über Tolmezzo, weil sich die Straße in der Nähe gabelte, an Aquileia im Süden anschloss.

Karnien

Tolmezzo

Reiseatlas: S. 7, C 3

Das Städtchen in 323 m Höhe (10 600 Ew.), das in der Beuge zwischen dem breiten Tagliamento und dem Torrente Bût, also einem Wildbach, liegt, nach Norden von den Julischen Alpen abgeschirmt wird und sich nach Süden dem breiten Tagliamento-Tal öffnet, ist nach den Restaurierungen eine kleine Schönheit geworden. Halb ländlich, halb urban, mit engen Gassen, die sich durch das Tal winden. In den schmalen Häusern haben unten kleine Läden, oben wieder Wohnungen Platz gefunden. Nette Hotels wurden auf den neuesten Standard gebracht, zwei im Zentrum an der mit ihren Portici besonders einladenden Bummelmeile, der Via Roma, sogar mit den beliebten Apartments für Selbstversorger.

Um den Hauptort Karniens kommt man nicht herum, ganz gleich, wohin man hier reisen möchte. So hat man in einem gepflegten Palazzo aus dem 17. Jh. das **Museo delle Arti e Tradizioni popolari** (Di–So 9–13, 15–18 Uhr, im Winter evtl. kürzer) an der Via Vittoria eingerichtet, eine der interessantesten volkskundlichen Sammlungen Friauls. Sie dokumentiert Leben und Kunsthandwerk Karniens vom 13. bis 19. Jh. Am ausführlichsten ist das 17. Jh. vertreten, die Blütezeit in Kunst und Kultur. Auf die römische Vergangenheit verweisen u. a. **Reste römischer Inschriften** an der Via Cavour Nr. 4.

Tausende Besucher lockt jeden ersten Sonntag im Monat der **größte Markt Karniens** in die Stadt. Er zeigt, wie lebendig die Handwerkstradition noch ist: Terrazzo-Leger, Steinmetze, Holzschnitzer etc. oder die seit dem 17. Jh. belegte mechanische Industrie, aus der sich die neuzeitliche entwickelte. Und schon seit dem 18. Jh. wird in Kleinbetrieben eifrig für große Modehäuser gestickt.

Von Ampezzo nach Sáuris

Reiseatlas: S. 7, B 2/3

Eine zumindest kurze Schlenderpause lohnt **Ampezzo** (560 m, gut 1200 Einw.). Hier stehen noch einige der traditionellen karnischen Häuser (z. B. an der Via della Posta). Klein und doch trutzig wirken sie durch ihre klaren

Karnien

Steinbogen im Erdgeschoss: halb Wohnraum, halb Straße.

Durch enge Tunnel führt die Bergstraße immer weiter ansteigend erst zum gestauten **Lago di Sáuris,** an dem ein großes Hotel entsteht. Bereits 1212 m hoch liegt das kleine, beschauliche **Sáuris di Sotto** mit einem berühmten, guten Restaurant in einer alten Poststation. Mitsamt der kleinen Pfarrkirche eine Bilderbuchidylle! Hier kann man sich in recht komfortablen Apartmenthäusern einmieten für wunderbare Wanderferien. Und sich satt essen am leckeren, leicht geräucherten, mageren rohen Schinken von Sáuris, eine lokale Spezialität.

Etwa 2 km entfernt, in rund 1400 m Höhe, liegt **Sáuris di Sopra** mit seinen verstreuten Häusern in einem wundervollen Alm- und Wandergebiet. Auch hier stehen hübsche Bauernhäuser, ein einfühlsamer Architekt hat in einigen großartig ausgebaute Ferienwohnungen geschaffen, die den Dorfcharakter keineswegs verändert haben. Sáuris di Sopras Spezialität ist das selbstgebraute Bier.

Insgesamt leben in den zusammen mit Lateis und Maina nahe dem See vier Ortsteilen von Sáuris wenig mehr als 400 Menschen. Aber diese wohl recht gut, wie man überall an den properen Häusern erkennen kann. »Eine Insel der Seligen« nennen sie manche Hoteliers anderer Gebiete des Friauls, die Dörfer von Sáuris, die es verstanden hätten, die richtige Klientel zu finden. Eben Naturfreunde – und Leckermäuler.

Und noch etwas: In Karnien wird noch eine altdeutsche Mundart gesprochen, die der Region zusätzlich etwas Urtümliches verleiht. So heißt Sáuris im Dialekt *Zahre*, di Sotto *di Sot* und di Sopra *di Sôra*; Ampezzo heißt *Dimpe*, Tolmezzo *Tumie* etc.

Forni

Reiseatlas: S. 7, A/B 3

Vom Haupttal des jungen Tagliamento führt die Staatsstraße 52 in das Paralleltal von Forni (und weiter nach Venetien), zu dem wie im Fall Sáuris zweigeteilten Ort mit Unter- und Oberdorf. Die Dolomiten rücken hier beson-

Mit der Autorin unterwegs

Schöner Marktplatz
Tolmezzo, die Handwerker- und Handelsstadt als Einfallstor nach Carnia mit ihren Bogengängen vor den restaurierten Häusern hat wieder zu ihrer Rolle als wichtiger Marktplatz gefunden (s. l.).

Bilderbuchidyllen
Sáuris di Sotto und Sáuris di Sopra: 1212 und 1400 m hoch gelegen, sind die beiden Schwesterdörfer ideale Sommerfrischen für Wanderer, Faulenzer und Schlemmer. Außer speziellem Schinken wird hier auch ein eigenes Bier produziert und gerne getrunken (s. l. und S. 441).

Auf der Alm wohnen
Morgens Milch und Frischkäse vom Senner, dann wandern, die Seele baumeln lassen und Käse für zu Hause einkaufen (s. S. 442).

Phönix aus der Asche
Gemona: Besonders hübsch in Hanglage, mit einem riesigen Christophorus an der Kirchenfassade und einem schiefen Glockenturm, der im wahrsten Sinne des Wortes das Erdbeben ›überstanden‹ hat (s. S. 444).

Für den Naturfreund
Eine besondere Empfehlung für Reisen durch Karnien ist die dickleibige Veröffentlichung (in deutscher Sprache!) ›Straßen des Geschmacks und Gäste-Höfe in der Karnischen Region‹ (vor Ort erhältlich). Darin zu finden sind Adressen und Beschreibungen von Bauernhöfen und Almen, die Gäste aufnehmen, sowie von Berghütten. Besonders interessant sind die **thematischen Routen für Wanderer** (und für Autofahrer).

Agriturismo
Generelle Informationen über die vielfältigen Agriturismo-Betriebe, Almen u. Ä. unter www.agriturismofvg.it und über die Alpenhütten/Rifugi unter www.assorifugi.it.

Karnien und der Norden

ders nahe heran, das Gestein ist von dunkelgrauer bis brauner Farbe. Oben führt eine Aufstiegshilfe in fast 2000 m Höhe in das Skigebiet am 2417 m hohen Monte Tifarin. In **Forni di Sotto** (777 m, ca. 700 Ew.) sind die alten Bauernhäuser mit ihren durchlaufenden Holzbalkonen sehenswert, auch das Dorfzentrum mit dem Marmorbrunnen. **Forni di Sopra** (907 m, rund 1100 Ew.) sollte nach dem Willen seiner Bewohner lieber ›Pietra Viva‹ heißen, wegen der traditionellen Steinmetzarbeiten. Es besitzt jedenfalls einen ganz eigenen Zauber. Seine Häuser mit den durchgehenden Holzbalkonen sind zwar oft schmal, aber von erstaunlicher Höhe.

AIAT Carnia: Piazza XX Settembre 9, 33028 Tolmezzo (UD), Tel. 043 34 48 98, www.carnia.it, www.tolmezzo.it.

Ufficio Turistico: Terminal 91, 33020 Sáuris di Sotto, Tel. 043 38 60 76, in Italien kostenlos Tel. 800 24 99 05, sauris@infocarnia.it.

... in Tolmezzo:
Roma: Piazza XX Settembre/Via Roma 14, Tel. 04 33 46 80 31, Fax 043 34 02 40, www.albergoromatolmezzo.it. 16 renovierte Zimmer, 6 Mini-Apartments. DZ/ÜF 82–100 €.

... in Sáuris:
Schneider Meublè: Piazzale Kursaal 92/a, Sáuris di Sotto, Tel./Fax 043 38 62 20. Einfache Pension, 8 Zimmer; **Restaurant Alla Pace** (s. S. 441). DZ/ÜF 60–78 €.

Il Borgo di S. Lorenzo: Sáuris di Sopra, Tel. 043 368 62 21, Fax 043 38 62 42, http://albergodiffuso.carnia.org/slorenzo. Zauberhafter Dorfhäuserkomplex, komfortable Aparments, auch Kurzaufenthalte buchbar, 2 Übernach-

Auf der Fahrt von Tarvisio nach Tolmezzo: im Tal der Dogna

Karnien

Richtig Reisen-Tipp: Via Julia Augusta

Dieser Handelsweg wurde im 1. Jh. gebaut, um gewisse Rechte Roms zu sichern wie Abbau und Transport reicher Bodenschätze im heutigen Kärnten und wegen des guten Marktes für Sklaven, Rinder und Leder. Der Weg verband Aguntum (heute Lienz) mit Aquileia und wurde natürlich nicht nur einseitig genutzt. Während man aus dem Norden die Bodenschätze nach Rom brachte, schafften die römischen Händler ihre Waren (Keramik, Wein, Olivenöl) nach Norden.

Auf italienischem Gebiet führte die Hauptstrecke der Via Julia Augusta von Norden über den Plöckenpass kommend über Tolmezzo nach Gemona del Friúli, passierte Tricesimo (röm. Ad Tricesimum) und kam nach Udine, wo es eine Abzweigung nach Cividale del Friúli (röm. Forum Julii) gab; die Hauptstrecke führte weiter nach Aquileia, dessen Hafen durch einen Kanal mit der Lagune verbunden war (heute wieder befahrbar.)

Zum Nachfahren: Von Deutschland aus erreicht man die Via Julia Augusta bzw. ihre Streckenführung über München und die Felbertauernstraße nach Lienz, von dort nach Oberdrauburg, weiter die Landstraße B 110 nach Kötschach-Mauthen im Gailtal. So kommt man über den Plöckenpass nach Italien und dort über die Staatsstraße 52bis entlang des Bût-Baches über Arta Terme und Zuglio nach Tolmezzo.

Ein Projekt der Europäischen Union hat 2005 eine neue Initiative ermöglicht: Mit einem speziellen Bus werden die interessantesten Abschnitte der Via Julia Augusta abgefahren, mit Beiprogramm wie Einkehren und Zubringer innerhalb Karniens sogar aus dem fernen Sáuris. (www.iulia-augusta.com).

---

tungen für 2 Pers. 110–150 €. Frühstück bzw. Halbpension in der benachbarten **Pizzeria Pame Stifl** möglich.

… am Passo di Pura, Ampezzo:
Schene Welde: Tel. 33 33 71 75 90 (Handy); nur Mitte Juni–Ende Sept. Rustikale Bergalm, 5 Zimmer, **Schlemmerlokal**, großartige Panoramalage. DZ/ÜF 60–66 €.

Rifugio Tita Piaz: Tel. 043 38 61 61, www.assorifugi.it; Juni–Sept. tgl., Mai, Sept. nur Sa, So. Berghütte mit Holzbalkonen, 14 einfache Zimmer, **einladendes Restaurant,** große Wiese. DZ 42–48 €.

… in Sáuris:
Alla Pace: Sáuris di Sotto, Via Roma 38, Tel. 043 38 6010; Ruhetag Mi außer im Sommer. Schönstes Haus des Dorfes, gemütlich, seit 1804 im Familienbesitz. Unverfälschte lokale Küche: Schinken und Wurstwaren von WOLF (s. r.), hausgemachte Pasta, gebratener Bergradicchio, *ciarsòns* (mit Kräutern und Quark gefüllte Teigtaschen), geschmorte Kalbsbacke; gute Weinkarte. Menü um 25 €.

Pame Stifl: Tel. 04 33 86 63 31. Restaurant mit Pizzeria in Sáuris di Sopra, gemütlich innen, urig draußen, mitten im Dorf. Pizza ab 5 €.

Zahre Beer: in Sáuris di Sopra produziertes, nicht pasteurisiertes und nicht gefiltertes sehr schmackhaftes Bier.

Prosciuttificcio WOLF Sáuris: Mo–Sa 8.30–12.30, 15–18, So 10–12, 15–19 Uhr im Sommer. Leicht geräucherter magerer Rohschinken, Speck, diverse Salami etc.

Käse von div. Almen in der Umgebung wie von der **Malga Alta Carnia** in Lateis (Ende Juni–Mitte Sept. 9–13, 15–18.30 Uhr) oder auf der **Pura-Alm** (nahe Schene Welde, s. l.).

Andar per Malghe: Im Juli mehrere Termine für den begleiteten Besuch von Almen; sonst geführte Wanderungen mit Suche nach Wildkräutern. Anmeldung beim Ufficio Turistico in Sáuris, Tel. 043 38 60 76.

Karnien und der Norden

Richtig Reisen-Tipp: Fahrt über den Pura-Pass

Am Ostende des Stausees von Sáuris beginnt in 977 m Höhe eine sehr enge Straße. Sie startet mit der Brücke über den Wildbach Lumiei und führt sofort in einen finsteren Tunnel hinein, der noch eine ganze Weile dunkel und feucht bleibt. Dann fährt man durch dichten Mischwald, immer weiter hinauf, nur ab und zu gibt es Durchblicke. Und plötzlich tut sich eine Alm auf. Hier oben, am Passo di Pura, steht in 1417 m Höhe ein einladendes **Rifugio** (s. S. 441), wo man übernachten, auf jeden Fall aber einen Halt einlegen sollte; man kann einfache Gerichte oder eine Schinkenplatte bestellen, sich vors Haus setzen und genüsslich in die Sonne blinzeln. In der Nähe befindet sich ein **Forschungszentrum für Alpenflora** – kein Wunder bei der Blütenpracht!

Ein paar Meter weiter weist ein Schild zur Alm (Malga ›Schene Welde‹) hin. Unbedingt folgen! Man kann das Auto am Pass stehen lassen und die kurze Strecke zu Fuß weitergehen. Noch schöner ist von hier (1428 m) der Blick auf den Monte Sesilis (1812 m) und zurückschauend auf den rund 2500 m hohen Kamm der Grenzberge zu Venetien. Kein Wunder, dass die Alm hier **Schene Welde** (s. S. 441), heißt, wo man wiederum übernachten könnte, auf jeden Fall einkehren sollte, so man etwas für deftige Kost in großen Portionen übrig hat. Nebenan lebt von Juni bis September ein Senner, der allmorgendlich frischen Käse produziert und auch ein wenig gelagerten verkauft. Man bekommt zum Frühstück natürlich täglich frische Milch.

Abwärts fahrend durch dichten Wald mit windzerzausten Kiefern und Lärchen kommt man unten in Ampezzo an. Insgesamt sind es rund 15 km wunderschöne Fahrt. Man kann die Tour auch von Tolmezzo aus unternehmen, den Abstecher nach Sáuris inkl. sind es dann rund 40 km.

Im Sommer verkehren die **Busse** von GiraCarnia zwischen allen Ortschaften der karnischen Täler. Man kann wegen des dichten Fahrplans viele Unternehmungen einplanen, ohne den eigenen Wagen benutzen zu müssen. So sind auch Ausflüge von Tal zu Tal möglich, zu Museen und gastronomischen Festen etc.

Der Norden von Friaul

Venzone

Reiseatlas: S. 7, C 3

Auf der Ostseite des Tagliamento hat das Erdbeben 1976 besonders schlimme Spuren hinterlassen, speziell die Nachbarstädtchen Venzone und Gemona hart getroffen. Venzone mit seinen 650 Einwohnern im Kern dürfte das einzige Städtchen Friauls sein, das sich seinen ursprünglichen Charakter bewahren konnte. Innerhalb seiner Mauern wurde es deshalb zum italienischen Nationalmonument erklärt – nur ein Jahr vor dem Erdbeben. Glück im Unglück: Schon sieben Tage nach der Erdbebenkatastrophe – die nur vier Häuser überstanden hatten! – begannen Einheimische und Zurückgekehrte mit den Aufräumarbeiten, legten gleich alles so beiseite, Haus für Haus, Kirche für Kirche, dass der Wiederaufbau systematisch betrieben werden konnte. Denn es galt nicht nur, die Häuser wieder aufzurichten, sondern auch, Fresken und Bauplastik zu restaurieren. An manchen Gebäuden kamen Kunstschätze zum Vorschein, die man seit Jahrhunderten weder gekannt noch gesehen hatte. Um sie wiederherzustellen, kam altes Handwerk wieder zu Ehren: Metallverarbeitung, Steinmetz-, Schreiner- und Zimmermannskunst.

Die Architektur von Venzone, einstiger Grenz- und Zollposten Friauls, zeigt eine Art venezianische Renaissance. Mit Materialien gebaut, die hier landesfremd sind, etwa dem Marmor für die Fenster- und Türrahmen. Denn es waren reiche Familien, die sich ih-

Der Norden von Friaul

ren Besitz so verschönern konnten. Ihre *palazzi* sind zwar niedriger, dörflicher als im Veneto, dafür aber auch für heutige Maßstäbe wohnlich. Im 18. Jh., als die Auswanderungswelle im Friaul begann, waren sie dem Verfall preisgegeben. Aufgehalten hat ihn tatsächlich das zerstörerische Erdbeben.

Der Platz war schon um 500 v. Chr. besiedelt und für die Römer eine wichtige Station an der Via Julia Augusta. Für die Patriarchen von Aquileia wurde Venzone ab 1077 eine unentbehrliche Kontrollstation für ihre Handelswege. Aus dieser Zeit ist ein Adelspalast erhalten geblieben, die **Casa Marcurele** mit Basreliefs an den rundbogigen Biforienfenstern (gleich beim Südtor). Das ummauerte, ganz flache und recht kleine Venzone wirkt wie eine intakte Stadt am Übergang zwischen Gotik und Renaissance; spitzbogig ist das Stadttor der doppelten Mauer, rund sind die Bogen der bescheidenen Paläste.

Im Zentrum des Städtchens mit seinen zahlreichen Handwerksläden steht an der **Piazza Municipio** mit dem großen Renaissancebrunnen der **Palazzo Comunale,** das Rathaus (14./15. Jh.): oben mit gotischen Maßwerkfenstern, hinter denen sich der prächtige Ratsherrensaal verbirgt, unten mit offener, rundbogiger Loggia der Renaissance. Eine imposante Freitreppe führt hinauf (werktags auf Anfrage zugänglich). Der Palazzo demonstriert wie die **Casa Radiussi** gegenüber mit ihren gotisch-zarten Fenstern verspielte venezianische Gotik (Anfang 15. Jh.).

Der eindrucksvolle romanisch-gotische **Dom Sant'Andrea Apostolo** (14. Jh.; nach dem Erdbeben völlig rekonstruiert) zeigt, wie mächtig und reich Venzone einst war. Das Städtchen besaß und unterhielt allein 13 Kirchen, von denen die meisten noch auf den Wiederaufbau warten.

Die **Mumien von Venzone** – ›natürliche Mumifizierungen‹ aus dem 14. Jh., hervorgerufen durch einen besonderen Schimmelpilz namens *Hipa Bombycina Pers*, der das Gewebe des Leichnams innerhalb eines Jahres völlig austrocknet – ruhen nun in der kleinen runden Friedhofskapelle San Michele (13. Jh.) hinter dem Dom. Tickets für das Drehkreuz am Eingang sind in den meisten Geschäften und Lokalen zu haben (Okt.–März 9–17, April–Sept. 9–19 Uhr).

In Forni di Sopra

Karnien und der Norden

Von Teilen der wieder aufgebauten Stadtmauer genießt man einen herrlichen **Blick über das Städtchen** an seinem Hausberg Pláuris (1959 m). Unten im Westen fließt der Tagliamento, auf ihn eilt im Norden das Flüsschen Venzonassa von Osten her zu.

Pro Loco: 33010 Venzone (UD), Via Glizoio di Mels (nahe Piazza Municipio), Tel./Fax 04 32 98 50 34, www.venzone.org.

Locanda al Municipio: Via Glizoio di Mels 4, Tel./Fax 04 32 98 58 01, locanda_al_municipio@libero.it. Kleiner ruhiger Gasthof, 4 Zimmer; **Osteria** und Bar in historischen Mauern. DZ/ÜF 54 €.

Locanda al Municipio: s. o., *Osteria con cucina*, also kleines Restaurant (Ruhetag Mo). Einfache Tagesgerichte ab 8 €.

Caffè Vecchio: Via Mistruzzi 2 (beim Rathaus um die Ecke), seit 1945 *der* Treff Venzones.

Festa della Zucca: Bräuche der Renaissance, kulinarische Spezialitäten, auch rund um den Kürbis (*zucca*); Ende Okt.

Gemona del Friúli

Reiseatlas: S. 7, C 3

Südlich von Venzone, durch die Ausläufer des 1710 m hohen Chiampón verdeckt, erhebt sich die einstige Rivalin Venzones, der zweite Phönix aus der Asche. Das im Kern gotische Gemona (insgesamt 11 000 Ew.) mit seinen Renaissance-Erweiterungen wurde nach den Restaurierungsarbeiten schöner, als es vorher war. Außerdem funktioneller, auch den modernen sanitären Ansprüchen gerecht.

Während Venzone relativ flach gebaut ist und im Tal des Tagliamento in 230 m Höhe liegt, klettert Gemona vom Tagliamento-Tal bis auf 272 m den Hang hinauf, besitzt also eine Ober- und eine Unterstadt. An oberster Stelle bewacht das **Castello,** das noch immer restauriert wird, die Stadt. Darunter, in ebenfalls aussichtsreicher Lage, steht der dreischiffige romanisch-gotische **Duomo Santa Maria Assunta** (12.–14. Jh.) mit einer 7 m hohen Christophorusstatue an der Fassade. Die Rundpfeiler der schmalen, dreischiffigen Basilika wurden genau so, wie sie links zum Mittelschiff hin geneigt waren, wieder aufgebaut. Nur dass sie nun eine erdbebensichere, tiefe Betonfortsetzung im Fels haben. Dieser Dom, ein Werk von Maestro Giovanni, der auch den Dom von Venzone gebaut hatte, macht einen wohltuend ruhigen Eindruck, architektonisch wie in der Harmonie seiner Farben: ein helles Grau mit bräunlichen Tönen. An seiner Fassade ist, außer Christophorus, die große, stark in sich verschlungene Rosette mit ihren beiden Nebenrosetten zu bewundern. Der einzeln stehende Glockenturm links vom Dom fiel beim Erdbeben völlig in sich zusammen und wurde originalgetreu wieder aufgebaut.

Vom Dom aus führt die Hauptgasse, die für die historische Handelsstadt charakteristische Via Giuseppe Bini, mit ihren niedrigen Bogengängen ins profane Zentrum mit dem hübschen **Renaissance-Rathaus** (1502) inmitten einer Häuserzeile. Über seiner dreibogigen offenen Eingangsloggia hängt der Repräsentationsbalkon, den der Bürgermeister bei entsprechenden Anlässen durch die dreiteilige Bogenöffnung betritt. Fast alle bedeutenden Paläste Gemonas befinden sich an der Via Bini, so auch der Palazzo Elti mit dem **Museo Civico** (So, Fei 11–12.30, 15–19 Uhr oder auf Anfrage zu besichtigen) mit den sakralen Werken aus den nicht wieder aufgebauten Kirchen Santa Maria delle Grazie und San Giovanni (soll ins frühere Pfarrhaus am Domplatz verlegt werden).

Pro Loco: Piazza del Municipio 5, 33013 Gemona del Friúli (UD), Tel./Fax 04 32 98 1441, www.gemonaweb.it.

Al Duomo: Via Giuseppe Bini 44, Tel. 04 32 97 17 77, Ruhetag Di. Café mit Freisitz vor dem Dom, Eisdiele, Pasticceria und Bar, in der Taverne Abend-Restaurant mit innovativer friulanischer Küche (auf Voranmeldung!), gepflegte Gastlichkeit. Menü mit Aperitif um 25 €.

Wiederaufbau als Chance

Heimsuchung: das Erdbeben und seine Folgen

Thema

Der Norden der Region ist geprägt von der ständigen Angst vor Erdbeben und deren Folgen. Doch die letzte große Erschütterung 1976 brachte im Nachhinein erfolgreiche strukturelle wie wirtschaftliche Veränderungen. Sie bescherte vor allem der karnischen Region ganz im Norden auch eine touristisch interessante Umorientierung.

Es ist unglaublich, wie schnell sich die Region vom verheerenden Erdbeben erholt hat, das sie zuletzt am 6. Mai 1976 erschütterte. Zwar nur 55 Sekunden lang, aber mit einer Wucht, die der Kraft mehrerer Hiroshima-Bomben entsprach. Zusammen mit den nachfolgenden vom 11. und 15. September waren dies die schwersten Beben, die Europa bis dato heimgesucht hatten. Das Zentrum lag im Gebiet um Venzone, Gemona di Friúli und Osoppo, doch fast die gesamte Region war betroffen. 989 Menschen verloren ihr Leben, 2300 wurden schwer verletzt, 150 000 obdachlos; 75 000 Wohnungen waren beschädigt, 18 000 völlig zerstört. Hinzu kamen 1540 Gebäude von historischem, kulturellem und/oder künstlerischem Wert. Geschätzter Schaden: umgerechnet 3 Mrd. €.

Im Restaurierungsplan stand an erster Stelle die Rekonstruktion von Straßen, Brücken und der Kanalisation, also der Infrastruktur. Bereits 15 Jahre später waren 95 % der Schäden beseitigt, Häuser, die meisten Kirchen, Kunstschätze restauriert, ganze Ortschaften wieder aufgebaut. Andere entstanden völlig neu, weil von ihnen nichts übrig geblieben war: Osoppo beispielsweise. Hier hat man dem Wiederaufbau der Industrie Vorrang gegeben, um erst einmal Arbeitsplätze zu schaffen. Die niedrigen Reihenhäuser mit ihren hübschen Pastellfarben, die nahe der dick ummauerten Festung von Osoppo die alten Wohnhäuser des Ortes ersetzen, wirken auch nach vielen Jahren noch etwas verloren. Widerum andere Städtchen sind wie ein Phönix aus der Asche in großer Schönheit wieder auferstanden. Manche Stadtkerne wurden von verschandelnden Zusätzen der letzten Jahrhunderte befreit, die mittelalterlichen und Renaissancestrukturen sorgfältig herausgeschält. Eine Jahrhundertaufgabe für italienische Restauratoren und Architekten, die hier den technischen Fortschritt mit der traditionellen Friulaner Formensprache zu verbinden verstanden. Aber eben für ihre alten Bewohner noch immer ungewohnt, ja z. T. noch immer fremd. Vor allem wenn man hinter manche Kulisse schaut und sehr viel stabilisierenden Beton erkennt.

Wie auch immer: Nun präsentieren sich manche Ortschaften wie kleine architektonische Juwele, Tolmezzo etwa, Venzone und Gemona. Und auch in den äußersten Nordwesten flossen finanzielle Mittel zur Restaurierung und für die Infrastruktur, die sichtbar gut angelegt wurden.

Das gilt vor allem für den Ausbau des Tourismus, der stark gefördert wurde und wird, was auch der einheimischen Bevölkerung zugute kommt, so beispielsweise der Ausbau der Buslinien. Oder die Veröffentlichung von Broschüren und Katalogen zu interessanten Themen wie kulinarischen oder historischen Routen als Wandertipps oder Rad- bzw. Autotouren. Tipps für Übernachtung und Einkehr inbegriffen.

Rund um Udine und ans Meer

Reiseatlas S. 7–8, 17–18

Die Provinzhauptstadt Udine liegt in verkehrsgünstiger Lage inmitten sehenswerter Städtchen wie etwa Cividale und San Daniele, Spilimbergo und Palmanova zwischen den Flüssen Natisone und Tagliamento. Im Süden der großen Provinz öffnet sie sich zur Doppellagune von Grado und Marano mit den Badeorten Grado und Lignano.

Udine, die stolze Provinz- und Hauptstadt Friauls (nicht der ganzen Region), zeigt sich recht venezianisch, ja hat sogar einige Baulichkeiten Venedigs für ihr schönes historisches Zentrum kopiert. Hauptstadt Friaul-Julisch Venetiens wollte sie werden, doch Triest bekam den Zuschlag. Dafür ist Udine eine richtig schöne Einkaufsstadt mit langen Bummelmeilen – den Fußgängern vorbehalten.

Ziel aller Schinkenliebhaber ist natürlich San Daniele del Friúli, das zu seinen zahlreichen Schinkenfabriken und guten Restaurants auch noch einige Sehenswürdigkeiten von Rang zu bieten hat. Spilimbergo lohnt wegen der schönen Außenfresken des Castello einen Besuch. Dies gilt erst recht für das wunderbar am Natisone-Fluss gelegene Cividale del Friúli im Osten, mit der Hinterlassenschaft der Arianer beispielsweise.

Palmanova ist eine Festungsstadt, die in der Renaissance als Garnison aus dem Boden gestampft wurde – dabei musste sie sich niemals wirklich verteidigen ...

Udine

Reiseatlas: S. 8, D 4
Als Friaul-Julisch Venetien zu Italien kam, wurde Udine, der alten Hauptstadt, der Zuschlag als Regionalmetropole verwehrt, obwohl sie von der zentralen Lage her ideal gewesen wäre. Triest, am äußersten Südostzipfel der Region, erhielt den Zuschlag, was die Bewohner beider Städte nicht gerade zu Freunden gemacht hat! Von den gut 96 000 Einwohnern sind rund 90 % Friulaner, die gerne ihren – ladinischen – Dialekt pflegen. Höchstens 15 % der Einwohner leben im historischen Stadtkern, weil dort erstens die Wohnungen fast unbezahlbar sind und zweitens das Parken praktisch unmöglich ist.

Die Stadt gruppiert sich in der Ebene im Halbkreis um ihr Castello auf kleinem Moränenhügel, das die Udinesi gerne als ›Simbolo della Friulanità‹ bezeichnen. Erst jüngst restauriert, bietet der Burgberg einen großartigen Rundblick, aber vor allem einen Blick hinunter auf die schöne Stadt.

Die dokumentierte Entstehungsgeschichte Udines beginnt im Jahre 983 mit Kaiser Otto II., der *castrum utini* dem Patriarchat von Aquileia einverleibte. Damit begann die mehr als tausendjährige Geschichte der Stadt, die sich gerne als ›Piccola Patria‹, kleines Vaterland der Friulaner, versteht.

Von der Piazza della Libertà zum Burgberg

Die Nachahmung Venedigs zeigt sich an der wunderschönen **Piazza della Libertà** mit den klassischen Statuen von Herkules und Cacus, dem Brunnen, der Friedens-Allegorie und der Säule der Gerechtigkeit. Für die **Loggia Municipale** (1441), auch **Loggia del Lionello** genannt, nach einem Brand 1876 wieder aufgebaut, stand der venezianische Dogenpalast Pate, ebenso der Markuslöwe auf hoher Säule. Der Loggia des Rathauses gegenüber erhebt sich der **Uhrturm** (1527) mit

Udine

den beiden glockenschlagenden, bärtigen Bronzefiguren, fast originalgetreu dem Vorbild in Venedig nachempfunden. Er scheint aus der breiten **Loggia di San Giovanni** von 1533 aufzusteigen. Links davon öffnet sich der vom Markuslöwen bekrönte **Arco Bollani**, durch den man die **Salita al Castello**, den kopf- und kieselsteingepflasterten Aufgang zum Burgberg erreicht.

Für den **Burgberg** sollte man sich Zeit nehmen. Gleich rechts vor dem Plateau steht die erste langobardische Kirche Udines, **Santa Maria di Castello** (tagsüber meist geöffnet), mit Fresken aus dem 13. Jh. und einer Renaissancefassade. Das mächtige **Schloss** ist der zweite Bau, der erste wurde 1511 beim Erdbeben zerstört und ab 1517 nach Plänen des lombardischen Architekten Giovanni Fontana wieder aufgebaut. Ein kompakter Baukörper mit geraden Fensterreihen im typischen lombardischen Renaissancestil, der klare Formen bevorzugte. Seit 1906 befinden sich darin die **Musei Civici** (die Städtischen Museen) mit Sammlungen zur Geschichte (Archäologie) und zur Kunst Udines, u. a. mit Fresken von Pellegrino da San Daniele (s. S. 451), und dem Salone del Parlamento, wo sich früher das Friulaner Parlament versammelte (Di–Sa 9.30–12.30, 15–18 Uhr, So nur vormittags).

Piazza Matteotti

Wieder auf der Piazza della Libertà, die immer für eine Kaffeepause gut ist, führt die **Via Mercato Vecchio** zur Piazza Marconi. Die Straße besitzt noch die original-mittelalterlichen, eng beisammenstehenden Häuser und ist eine belebte wie beliebte Einkaufsmeile der Udinesi. Parallel zu ihr wiederum liegt die **Piazza Matteotti**. Ein Platz mit einem völlig anderen Charakter als die prächtige (venezianische) Piazza della Libertà, besonders wohnlich trotz der immensen Größe, von unterschiedlich hohen, schmalbrüstigen Häusern in Ockertönen umrahmt, mit Cafés, Geschäften – und viel Leben.

Am frühen Abend sollte man es den Udinesi nachmachen. Dann treffen sie sich gerne mit Freunden auf dem Platz zum Aperitif, am

Mit der Autorin unterwegs

Willkommen in Udines ›Salon‹ …
… dem Hauptplatz der Stadt, der **Piazza della Libertà**, mit venezianisch anmutendem Uhrturm und Rathaus (s. S. 446f.).

Die Teufelsbrücke von Cividale
Mit einem Fuß im Natisone schwingt sich die kühne Brücke über den Fluss (s. S. 450).

Die Genüsse in San Daniele …
… sind sowohl kulinarischer als auch künstlerischer Art. In **Sant'Antonio Abate** sollte man Pellegrinos schönste Fresken bewundern (s. S. 451). Und anschließend unbedingt den wunderbar zarten rohen Schinken probieren (s. S. 451f.).

Sternförmige Festungsstadt
In **Palmanova** im Kreuzpunkt wichtiger Straßen nördlich von Grado sollte man eine Kaffeepause einlegen – am wunderschönen Hauptplatz im Herzen der kleinen Festungsstadt.

Ein kunsthistorisches Erlebnis
Die **Bodenmosaiken von Aquileia** bedecken den Fußboden der Kathedrale und gelten als die schönsten frühchristlichen Mosaiken (s. S. 456f.).

Bootsfahrt über die Doppellagune von Marano und Grado
Mit einem Halt auf einer der kleinen Inseln, um ein **casone,** eine typische Schilfhütte der Fischer, zu besichtigen (s. S. 458, 460).

Einladung auf ein ›tajut‹
In den Osterie und Enotheken verlangen die Friulaner ein *tajut,* übersetzt ›Schnitt‹, womit ein Gläschen Wein gemeint ist: als Aperitif von 11 bis 13 sowie ab ca. 18 Uhr. Dazu gibt es manchmal einen kleinen Imbiss: Crostini, Fleischbällchen, eine belegte Schnitte Polenta und andere Leckereien – unbedingt probieren!

Rund um Udine und ans Meer

Kunst vorm Bau: Piazza della Libertà

späten Abend aber auch mit der Familie zu einem Drink bis in die Nacht hinein. Kinder toben auf der Piazza, junge Leute stehen in Gruppen herum ...

Eine Madonnensäule von 1487 und ein großer Brunnen von Giovanni da Udine (1543) stehen auf der Piazza Matteotti. Seit dem 15. Jh. fungierte er als Markt, auf drei Seiten ist er arkadengeschmückt, auf der vierten Seite steht die Kirche **San Giacomo,** eine der ältesten der Stadt (von 1378, mit einer lombardischen Fassade von Anfang des 16. Jh.). In deren Fassadenmitte unter dem Glockenaufsatz befindet sich eine Uhr, darunter ein Balkon als Freiluftaltar: Hier wurde samstags die Messe zelebriert, damit die Gemüsefrauen und Ladenbesitzer gleichzeitig ihren Geschäften nachgehen konnten.

Palazzo Arcivescovile

Kein Abschied von Udine ohne einen Besuch des Palazzo Arcivescovile, des Bischofspalastes von Domenico Rossi (1707/08). Allein schon wegen seiner Ausmalung durch den damals zwar noch jungen, aber bereits bekannten venezianischen Maler Giambattista Tiepolo, der in Udine große Werke hinterlassen hat, nachdem ihn der Patriarch Dionisio Delfino 1726 in die Stadt berufen hatte.

Der riesige Palast beherbergt außer den von Tiepolo ausgemalten Räumen die patriarchalischen und bistümlichen Archive Udines sowie das **Diözesanmuseum** (Mi–So 10–12, 15.30–18.30 Uhr). Schon über der prunkvollen Ehrentreppe gilt es, den Kopf in den Nacken zu legen und Tiepolos ›Vertreibung der aufständischen Engel‹ zu betrach-

Udine

ten, ein sehr bewegtes Bild! Über eine elegante Wendeltreppe erreicht man im zweiten Geschoss die prunkvolle Bibliothek und nach dem Blauen Saal mit Fresken von Giovanni da Udine den Roten oder Gerichtssaal. Dessen Decke hat Tiepolo fast raumfüllend mit einem ›Salomonischen Urteil‹ bemalt. Hinter dem Thronsaal und der Palatinischen Kapelle ist endlich die sogenannte **Galleria del Tiepolo** erreicht: Wände und Decke des schmalen Ganges – weshalb man sich mit der Betrachtung etwas schwer tut – hat Tiepolo mit den biblischen Geschichten von Abraham, Isaak und Jakob verziert.

AIAT: Piazza I Maggio 7, 33100 Udine, Tel. 04 32 29 59 72, Fax 04 32 50 47 43, www.udine-turismo.it.

Astoria Hotel Italia: Piazza XX Settembre 24, Tel. 04 32 50 50 91, Fax 04 32 50 90 70, www.hotelastoria.udine.it. Renoviertes Traditionshaus, 75 stilvolle Zimmer, 3 Suiten; **bekannt-gutes Restaurant,** Garage. DZ 130–186 €.
Friúli: Viale Ledra 24, Tel. 04 32 23 43 51, Fax 04 32 23 46 06, www.hotelfriuli.udine.it. Modernes Hotel am Rande des Zentrums, rund 100 Zimmer, 2 Suiten, **gutes Restaurant** (Ruhetag So), Parkplatz. DZ 76–113 €.
Principe: Via Europa Unità 51, Tel. 04 32 50 60 00, Fax 04 32 50 22 21, www.principe-hotel.it. Bahnhofsnähe und doch ruhig, einfache, gepflegte 26 Zimmer. DZ 75–99 €.

Hostaria alla Tavernetta: Via di Prampero 2, Tel. 04 32 50 10 66; Ruhetage So und Mo. Dunkles Holzambiente, viele Weinkisten, deftige Friulaner Küche wie Schweinshaxe aus dem Backofen, gute Weinauswahl. Menü rund 30 €.
Al Marinaio: Via Cisis 2/Ecke Via Grazzano, Tel. 04 32 29 59 49; Ruhetag Di (außer im Aug.), Juli geschl. Alte Osteria in einem arkadengeschmückten Anwesen (17. Jh.); reines Fischlokal. Fischessen 25–30 €.
Alla Vedova: Via Tavagnacco 9, Tel. 04 32 47 02 91; So Abend, Mo, Mitte Aug. geschl. Traditionsreiches Restaurant, lokale Spezialitäten (v. a. vom Grill) und Weine. Menü ab 26 €.
Al Vecchio Stallo: Via Viola 7, Tel. 043 22 12 96; Ruhetag So. Ehemals Stall einer Poststation; Theke mit vielen Häppchen zum Aperitif, bei Tisch echt Friulanisches wie Spinatspätzle *(sfregolòz)* oder Kartoffelnudeln mit Fleischsauce, Bohnen und Gerste *(mignàculis);* guter Hauswein. Menü 20–25 €.
Caffè San Marco: Palazzo Comunale, Piazza della Libertà. Traditionsreiches Café seitlich an Udines schönstem Platz.

 Sa schöner **Wochenmarkt** auf der Piazza Matteotti.

 Bahnstation auf der EC-Strecke Klagenfurt–Triest.
Busverbindungen in die Provinz und zum Flughafen bei Monfalcone.

Rund um Udine und ans Meer

Im Norden von Udine

Cividale del Friúli
Reiseatlas: S. 8, D 4

Eng wirkt das knapp 11 400 Einwohner zählende Städtchen (138 m) am Natisone, mittelalterlich in seiner Struktur und sich seiner historischen Bedeutung offensichtlich bewusst. Die insgesamt 25 000 Einwohner von Cividale und den zehn Orten der **Valli di Natisone** haben jedoch auch teil an einer behutsamen handwerklich-industriellen Entwicklung des Ostens der Region. Hier werden Süßigkeiten hergestellt (*gubane* sind die köstlichen Hefeteigkuchen Cividales, in ganz Italien beliebt), Holz verarbeitet und spezielles Handwerkszeug aus Metall sowie schmückendes Kunsthandwerk und Steinmetzarbeiten produziert.

Cividale heute, das ist auch der Ort der ›**Concerti Cividalesi**‹, die im Allgemeinen im April und September stattfinden. Und natürlich ein Ort der Erforschung langobardischer Kultur: 186 Vokabeln der italienischen Sprache stammen noch aus dem Langobardischen, einer Zeit, die im Kern von 568 bis 774 dauerte, einer Friedenszeit mit großem Reichtum. Das war auch die Geburtsstunde der bedeutendsten Baudenkmäler der Stadt, die ihr sogar Weltruhm als ›langobardische Stadt‹ einbrachten.

Kein Wunder, dass sich im früheren Palazzo del Provveditore (hinten am Platz links vom Dom) das **Museo Archeologico Nazionale di Cividale** etabliert hat (Di–So, Fei 8.30–19.30, Mo 9–14 Uhr). Angeblich hat Palladio diesen würdevollen Palazzo konzipiert. Er beherbergt die reichste Sammlung an Funden aus der Langobardenzeit sowie Mosaiken, Stelen u. a. aus dem römischen *forum julii*. Eines der berühmtesten Werke der mittelalterlichen Bildhauerkunst, der **Ratchis-Altar**, ist im sogenannten **Christlichen Museum** (Mo–Sa 9.30–12, 15–18, So, Fei 15–18/19 Uhr; Eintritt frei), einem Anbau des **Doms** aus dem 15. Jh., zu sehen. Der Altar ist auf allen Seiten mit Darstellungen aus dem Neuen Testament in bester langobardischer Steinmetzkunst behauen: ›Triumph Christi‹ vorne, an den Seiten ›Besuch‹ und ›Anbetung der Heiligen Drei Könige‹. Zu den größten Kostbarkeiten des Museums gehört auch das achteckige **Taufbecken des Callistus,** des ersten Patriarchen von Aquileia, der seinen Sitz nach Cividale verlegt hatte. Kurz nach 737 aus älteren Teilen zusammengesetzt, zeigt er eine ausgeprägte Plastizität der acht schlanken Säulen.

Das **Tempietto Langobardo** hoch über dem Natisone erinnert an eine Höhlenkirche. Dieses Oratorium des früheren Klosters Santa Maria in Valle muss an der Wende vom 8. zum 9. Jh. entstanden sein und zeigt die Symbiose zwischen der blühenden Kunst am Hofe der letzten Langobardenherzöge und der neuen, aristokratischen Kultur der Karolinger. Alabasterfenster lassen nur gedämpftes Licht durch und verleihen dem Ganzen einen Hauch von Orient, verstärkt durch die sechs Frauengestalten, die dem Eintretenden in hellem Sandstein entgegenleuchten. Die feinen Stuckarbeiten stammen aus dem 13. Jh. (Mo–Sa 9.30–12.30, 15–17, So 9.30–12.30, 14.30–18 Uhr, im Sommer länger).

Etwas gruselig, jedenfalls immer feucht, ist das **Ipogeo Celtico,** eine keltische Grabstätte (330–100 v. Chr.) unterhalb eines Wohnhauses der Via Monastero Maggiore. Man kann es fast immer besichtigen (Schlüssel in der **Bar All'Ipogeo** nebenan).

Ein architektonisches Kunstwerk ist die sogenannte **Teufelsbrücke** als Eingangstor in die Altstadt vom Süden (15. Jh.). Ihren mittleren Fuß setzt die Brücke über den Natisone auf einen Felsen mitten im Fluss, die beiden anderen scheinen aus den felsigen Ufern zu wachsen. Die Bevölkerung soll sie mithilfe des Teufels gebaut haben, dessen Mutter Felsen in die Mitte des Flusses warf. Den schönsten Blick auf die 50 m lange und 22 m hohe Brücke und die Altstadt genießt man vom **Belvedere sul Natisone,** einem kleinen Park hinter der Kirche San Martino am Südende der Brücke. Cividale ist insgesamt eine hübsche kleine Stadt mit engen Gassen zwischen mittelalterlichen Häusern, vielen *pasticcerie* und einem historischen **Rathaus** mit einladendem Café unter seiner offenen Loggia (s. r.).

Im Norden von Udine

APT: Corso Paolina d'Aquileia 2, 33043 Cividale del Friúli (UD), Tel. 04 32 71 04 22, www.cividale.net (mit sehr guten Seiten, auch in deutscher Sprache!).

Antica Trattoria Dominissi: Via Stretta J. Stellini 18, Tel. 04 32 73 37 63; Ruhetag Mo. Trattoria-Ambiente, lokale, fleischbetonte Küche; mit **Zimmern.** Degustationsmenü ab 20 €.

Taverna Longobarda: Via Monastero Maggiore 8, Tel. 04 32 73 16 55; Ruhetag Mi. Dunkle Taverne beim Ipogeo. Fleischmenü inkl. Wein 18 €.

Caffè San Marco: Largo Boiani 7. Unter der Rathausloggia, gute Drinks, Kleinigkeiten zu essen (*panini*).

Gubana, das wichtigste Gebäck der Stadt, eine Art Marmorkuchen, sehr zu empfehlen von der **Pasticceria Catarossi Vincenzo** nahe der Teufelsbrücke.
Wochenmarkt: Sa vormittags.

Messa dello Spadone: 1. So nach dem 6. Jan. Ursprünglichstes Fest Cividales, die ›Schwertmesse‹, nach einem um 1500 schriftlich festgehaltenen Ritus. Dieser stammt ebenso wie das gefeierte Schwert aus dem Jahre 1366. An die 500 Menschen in historischen Kostümen ziehen nach der Messe durch die Stadt.

Mittelfest: internat. Festival für Theater, Musik, Tanz und visuelle Künste, Mitte Juli rund eine Woche lang. Weit und breit ist dann kein freies Gästebett zu haben!

San Daniele del Friúli

Reiseatlas: S. 7, C 4
Der hübsche und für seine Schinkenproduktion weltbekannte Ort (252 m, knapp 8000 Ew.) an der gerne als ›Straße der Schinken und der Kastelle‹ genannten Route liegt etwa 150 m über dem Tagliamento. Schon bei der Anfahrt fallen die zahlreichen Werbeplakate und die Fabrikationshallen für den *Prosciutto di San Daniele* auf, einen besonders sanften, schmackhaften rohen Schinken. Doch seinen Wohlstand hat der Ort auch dem hier gefertigten Modeschmuck zu verdanken, der internationale Anerkennung gefunden hat: Große Modeschöpfer wie Pierre Cardin, Mila Schön und Ted Lapidus lassen ihn hier passend zu ihren Kollektionen produzieren.

Man sollte vor lauter Schinken und Delikatessengeschäften nicht versäumen, sich das – im Kern winzige und in wenigen Schritten durchquerte – Städtchen anzusehen. Hauptplatz ist die **Piazza Vittorio Emanuele** vor dem weißen barocken **Dom,** u. a. mit Werken von Pordenone (Fassade 18. Jh.), und dem ersten Rathaus der Stadt, dem **Antico Palazzo Comunale** in klaren Renaissanceformen (15. Jh.). Darin befindet sich im ersten Obergeschoss (Treppe auf der Domseite) eine der beiden größten Kostbarkeiten San Danieles: die **Biblioteca Guarneriana,** zusammen mit der weit berühmteren von Cesena (s. S. 347f.) die älteste erhaltene öffentliche Bibliothek Italiens. Sie besitzt in wundervollen Holzregalen wertvolle Handschriften und Bücher sowie andere frühe Druckwerke vom 10. bis 17. Jh. Darunter auch eine der ältesten Handschriften von Dantes ›Hölle‹ (auf Anmeldung Di–Fr 9–12, 15–18 Uhr zu besichtigen, Tel./Fax 04 32 95 49 34 oder Tel. 04 32 95 79 30, schmalen Via Garibaldi, ist umgeben von gotischen und später errichteten Wohnpalästen und wird nur noch zu Repräsentationszwecken genutzt. Ihm gegenüber, fast zu übersehen, wurde die kleine Kirche **Sant'Antonio Abate** zum Museum umfunktioniert, um die herrlichen Fresken von Pellegrino da San Daniele, eigentlich Martino da Udine (1467–1547) zu schützen. Der Bilderzyklus (Kreuzigungsgruppe, das Leben des Kirchenpatrons, Anbetung der Heiligen Drei Könige, Georgs Kampf mit dem Drachen) gilt als der bedeutendste aus der Renaissance in der ganzen Region. Immerhin hat Pellegrino von 1497 bis 1522 daran gearbeitet (tgl. meist durchgehend ca. 9–19 Uhr).

Ufficio Turistico: 33038 San Daniele del Friúli (UD), Via Roma 3 (unter dem ersten Rathaus), Tel./Fax 04 32 94 07 65, www.infosandaniele.com.

Rund um Udine und ans Meer

Berühmt und dauernder Prüfung unterzogen: der Prosciutto di San Daniele

Alla Torre: Via del Lago 1, Tel./Fax 04 32 95 45 62, www.hotelallatorre fvg.it. Familiäres Hotel, 26 freundliche Zimmer. DZ/ÜF 104 €.

In San Daniele wollen die meisten den berühmten Schinken in passendem Ambiente genießen:
Al Cantinon: Via Cesare Battisti 2, Tel. 04 32 95 51 86; Ruhetag Do, im Winter auch Fr Mittag. Rustikale Kellergewölbe in historischem Palast. Menü ab 31 €.
L'Osteria di Tancredi: Via Monte Sabotini 10, Tel. 04 32 94 15 94; Ruhetag Mi, 2 Wochen im Juni geschl. Moderne Osteria im Palazzo. Lokales wie Kartoffel-Gnocchi mit Salsiccia und Tomaten, Hackbraten mit Gemüse *(polpettone);* sehr gute Weinkarte. Menü um 25 €.
Al Municipio: Via Garibaldi 21, Tel. 04 32 95 50 12; Ruhetag Sa. **Sehr gutes Café** im aufgelösten Rathaus, klassisches Ambiente, hervorragender Sommelier; San-Daniele-Schinken u. a. Wurstwaren sowie Käse zum Wein. Platte um 10 €.

Aria di Festa: Am 3. Juni-Wochenende Internationales Schinkenfest, bei dem es um den zarten Schinken geht, der laut EU-Norm eine eigene Herkunftsbezeichnung besitzt, also ein DOP-Produkt ist. Daher: beim Einkauf auf die genaue Bezeichnung achten.

Im Norden von Udine

Spilimbergo

Reiseatlas: S. 7, B 4

Am Westufer des Tagliamento, im 11. Jh. als Kontrollstation einer der wichtigsten Furten des Flusses gegründet, hat sich das lebhafte Städtchen (12 000 Ew.) in den letzten Jahren zu einer kleinen Schönheit gemausert: Der historische Ortskern aus Borgo di Mezzo und Borgo Nuovo wurde mitsamt dem abseits stehenden Borgo Vecchio mit Dom und Kastell zur Fußgängerzone erklärt. Der **Borgo di Mezzo** präsentiert sich mit langen Bogengängen unter Häusern, die aus der Gotik stammen, aber in der Renaissance bemalt wurden, mit guten Geschäften und einladenden Cafés.

Die schönste Außenfreskierung erhielt der **Palazzo Dipinto,** der ›gemalte Palast‹ im Innenhof der am Ortsrand stehenden Burg (ab 12. Jh., 1390 und später). Der Burghof ist frei zugänglich. Am Palast wechseln sich klare Renaissancebogen mit dreifach-spitzbogigen im Stil der venezianischen Gotik ab, große Bogen, kleine Bogen, auch gerade Fenster – und wirken doch harmonisch. Die Renaissancefresken von Andrea Bellunello (15. Jh.) sind eine wunderbare Dreingabe zur Architektur, in zarten Erdfarben und Lindgrün, mit Architekturmalerei ebenso wie Szenen und Personen in Medaillons.

Der 1284 begonnene romanisch-gotische **Dom Santa Maria Maggiore** (8–12, 14.30–19, So, Fei 8–19 Uhr), durch einen Graben von der Burganlage getrennt, hat seine herrlich gearbeitete Schauseite im Norden: filigrane Steinmetzarbeit am Eingang und an den umlaufenden Friesen. Seine Westfassade zieren gleich sieben Rosetten, was in Friaul einmalig ist. Innen wurde die dreischiffige Basilika im 14. Jh. über und über freskiert, auch ihre Stützen. Szenen schmücken den Chor, geometrische Motive die Seitenschiffs- und die Bögen der Apsiden. Besonders prächtig sind die Fresken der Chorabsiden: im Zentrum Szenen aus dem Alten und dem Neuen Testament sowie die Kirchenlehrer und die Evangelisten; links u. a. Geburt Christi und die Reise der Heiligen Drei Könige – in der rechten Apsis befindet sich ein Taufbecken von 1492 und der Abstieg in die Krypta. Auch diese dreigeteilte Unterkirche ist voller Freskenbilder, übrigens wie alle Wandmalereien des Domes im 18. Jh. übertüncht und erst 1954 wieder freigelegt.

Besonders stolz ist man in Spilimbergo auf die bereits 1922 gegründete **Mosaikschule,** deren Meister und Schüler in aller Welt gefragt sind. Sie restaurierten u. a. sogar die Mosaiken des Felsendomes von Jerusalem. Man kann die interessante Sammlung der Schule, so u. a. Vorlagenkartons, auf Anfrage besichtigen (Tel. 04 27 20 77).

Pro Loco: 33097 Spilimbergo (PN), Piazza Castello, Tel. 04 27 22 74, www.prospilimbergo.org.

Da Afro: Via Umberto I 14, Tel./Fax 04 27 22 64, www.spilimbergo.com/afro. 8 schön renovierte Zimmer, ruhige Lage; mit **Restaurant,** s. u. DZ/ÜF 95–110 €.
Michielini: Via Barbacane 3, Tel./Fax 042 75 04 50, michielini@libero.it. Einfaches Haus, 37 Zimmer; mit **Restaurant** (Menü für Hausgäste 10 €). DZ/ÜF 54 €.

La Torre: Piazza Castello 8, Tel. 042 75 05 55; Ruhetage So Abend und Mo. Winziges Lokal in den Gewölben des Palazzo Dipinto, fein-rustikales Ambiente, verfeinerte lokale Spezialitäten. Menü ab 31 €.
Da Afro: s. o. Unterkunft; Ruhetag So. Familiäre Osteria, Spezialitäten: Risotti mit frischem Gemüse, Kräuter-Frittata, Bohnen- und Kuttelsuppe, gebratenes Täubchen, *bollito misto* (gemischtes Siedfleisch), riesige Weinauswahl. Menü um 30 €.

Pordenone

Reiseatlas: S. 17, A/B 1

Eine ungewöhnliche Landschaft breitet sich jenseits des Grenzflusses zwischen den Provinzen Udine und Pordenone im Westen aus! Da laufen ein paar Bäche munter zu einem breiten Fluss zusammen, verschwinden etwa westlich von Maniago plötzlich im kiesigen Erdreich und tauchen als Meduna-Fluss kurz vor Pordenone wieder auf. Was-

Rund um Udine und ans Meer

ser ist landschaftsbestimmend, auch im ›zerrissenen‹ Gebiet um das venetische Portogruaro, das weder Land noch Wasser ist, mit der Valle Zignago und ihren Ausläufern bis zum Adria-tischen Meer zwischen Bibbione und Cáorle.

Das nur 24 m hoch gelegene Pordenone, seit 1968 Provinzhauptstadt mit mehr als 51 000 Einwohnern, könnte man als *città dipinta*, bemalte Stadt bezeichnen. Weil die meisten ihrer Paläste in der Altstadt, der Contrada Maggiore, z. T. noch wunderbar freskierte Fassaden aufweisen. Die Heimat des Malers Giovanni Antonio de Sacchi, genannt *Il Pordenone* (1483/84–1539), der hier viele Werke hinterlassen hat, ist eine ganz besonders liebenswürdige und gepflegte Stadt. Den Grundstock legte man in der Gotik, fortgeführt in der Renaissance und bis ins 17. Jh. Die Architektur gotischer Städte bringt es mit sich, dass sie trotz großer Ordnungsliebe nicht steril wirken: *Portici*, Bogengänge mit ungleichmäßigen Formen und Höhen, machen solche Städte wohnlich – in diesem Fall den 600 m langen Corso, eine reine Fußgängerzone.

Pordenone ist ein Agrar- und Wirtschaftszentrum. Zwischen 1850 und dem Zweiten Weltkrieg galt die Stadt als ›Klein Manchester‹, also Zentrum der Wollindustrie (ähnlich Prato in der Toscana). Heute hat trotz leichter Rezession eine ›eherne‹ Industrie das Sagen: die Haushaltselektrofabriken rund um Zanussi. Vom Erdbeben von 1976 ist im historischen Zentrum kaum mehr etwas zu sehen, ganz im Gegenteil: Übertünchte Backsteinwände und Fresken, vor allem an den Fassaden entlang dem **Corso Vittorio Emanuele II** wurden danach freigelegt. Unter seinen Portici locken Cafés zum Verweilen, wer aber die schönen Fassaden bewundern möchte, muss in der Mitte schlendern.

> **Unbedingt probieren!**
> Das lokale Bier namens **Birra Pordenone** gehört zu den besten der in Italien gebrauten Bieren!

Altstadtbummel

An der Piazzetta Calderani im Süden des historischen Zentrums steht das **Rathaus**; der untere, neuzeitliche Teil wirkt steril, die übrigen sieben Bauteile stammen aus verschiedenen Epochen. Krönender Abschluss: der älteste Teil von 1291 bis 1365 mit der offenen **Loggia Comunale** und großen Dreipassfenstern. Zum Corso hin erhielt die Loggia 1542 einen Vorbau, eine Art Schauseite mit einem sehr venezianischen Uhrturm zwischen den beiden gotisch spitzen Türmchen. Die trotz der verschiedenen Baustile harmonisch wirkende Breitseite des Rathauskomplexes mit ihren in geometrischen Mustern freskierten Wänden schaut auf die kleine Piazza Duomo mit dem außen weiß getünchten Dom.

Die sogenannte **Concatterale San Marco** (7.30–12, 15–19, Juli/Aug. bis 22.30 Uhr), in romanisch-gotischem Stil Ende 14. bis Mitte 15. Jh. errichtet, im 18. sowie 20. Jh. etwas verändert, besitzt im Inneren unter vielen anderen Kunstwerken vor allem Fresken von Pordenone. Eines zeigt ihn sogar persönlich: ein Selbstbildnis am rechten Vierungspfeiler in der Gestalt des hl. Rochus. Man erkennt einen ansehnlichen Mann mit langen rotblonden Haaren, auf einen Stock gestützt. Folgt man seinem Blick, kommt man gegenüber in die kleine Grabkapelle, die **Cappella Montereale Mantica** mit dem Sarkophag der hier bestatteten Luisa Mantica aus der bedeutenden Adelsfamilie. Diese Kapelle hat der von Pordenone inspirierte Calderati (eigentlich Giovanni Maria Zaffoni) 1554/55 ausgemalt; Thema: das Leben Mariä und die Kindheit Jesu. Pordenone selbst werden folgende Werke im Dom zugeschrieben: die unvollendete ›Pala di San Marco‹ in der Apsis, ›Madonna della Misericodia‹ mit Maria in der Mitte, von Josef und Christophorus eingerahmt – die Auftraggeber wie üblich zu Füßen, eingebettet in eine typisch venezianische Landschaft. Und natürlich der hl. Rochus (s. o.).

Dieser Dom ist durch seinen 72 m hohen, im unteren Teil noch romanischen backsteinernen **Glockenturm** (1291–1347) mit seinem gotischen Spitzdach weithin sichtbar. Der Campanile erschien den Österreichern 1813 absturzgefährdet, sie wollten ihn abreißen. Aber der Widerstand der Bevölkerung rettete ihn, sogar das letzte Erdbeben hat er überstanden.

Im nahen (Renaissance-)Palazzo Ricchieri am Corso ist das **Museo Civico d'Arte** (Di–Sa 15–19, So auch 10–13, Juli/Aug. Do auch 20.30–22.30 Uhr) untergebracht, die Pinakothek Pordenones. Innen kann man gleichzeitig mit dem Museumsbesuch den großen Palast der wohlhabenden Adelsfamilie Ricchieri kennen lernen, der im Laufe der Jahrhunderte auf mehrere Gebäudeteile angewachsen war (15.–17. Jh.). Aus dem festungsartigen Wohnhaus wurde ein eleganter Palast mit einigen freskierten Räumen, großem Salon und imposanter Treppe. Den Grundstock der Sammlungen machte 1870 der Nachlass des Malers Michelangelo Grigoletti, von dem selbst seine charaktervollen Portraits bemerkenswert sind. Die Hauptrolle spielen aber die Werke Pordenones (s. auch Dom und Corso), der zunächst Pellegrino da San Daniele zum Vorbild hatte, später aber mehr auf den Venezianer Giorgione ausgerichtet war und vor allem Fresken in kräftigen Farben hinterlassen hat. Eine kleine, aber bedeutende Sklupturensammlung bereichert das Museum, speziell die bemalten und vergoldeten Holzskulpturen ab dem 13. Jh. Aus dem Domschatz stammen die wunderbaren sakralen Goldschmiedearbeiten.

Über die kurze Seitengasse Via del Castello kommt man zur Via Motta, an der sich im renovierten Palazzo Amalteo (16. Jh.) das **Museo Civico delle Scienze** (Di–Sa 15–19, So auch 10–13, Juli/Aug. Do auch 20.30–22.30 Uhr) eingerichtet hat, das Naturgeschichtliche Museum.

Die archäologische Sammlung mit Fundstücken aus der gesamten Provinz von Pordenone hat einen schönen Platz im **Museo Archeologico** im mittelalterlichen **Castello di Torre** erhalten (Bauzeit 1839–43; ehem. Baumwollspinnerei; Fr, Sa 15–18/19, So auch 10–12 Uhr) ganz im Nordosten der Stadt am Moncello-Fluss.

AIAT: 33170 Pordenone, Corso Vittorio Emanuele II 38, Tel. 043 42 12 18, Fax 04 34 52 38 14, www.pordenone-turismo.com.

Park Hotel: Via Mazzini 43, Tel. 043 42 79 01, Fax 04 34 52 23 53, www.bwparkhotel-pn.it. Freundliches Best-Western-Hotel, zentrale Lage, 66 z. T. große, komfortable Zimmer, Parkplatz. DZ 80–135 €.

La Vecia Osteria del Moro: Via Castello 2, Tel. 043 42 86 58; Ruhetag So, Aug. 2 Wo geschl. Gemütliche Osteria in einem Kloster (13. Jh.). Spezialitäten: Radicchio mit Bohnen *(fasoi)*, Schnecken, Tintenfisch, *baccalà, bollito misto.* Menü ab 18 €.

Enoteca al Campanile: Piazza Duomo/Vicolo del Campanile 1, Tel. 04 34 52 06 28. Für den gemütlichen Ausklang des Abends, gute Weine, Kleinigkeiten zu essen; Snacks ab 3 €.

Im Sommer bleiben an **jedem Do** die Geschäfte der Altstadt bis 24 Uhr geöffnet. Außerdem werden dann die unterschiedlichsten musikalischen Darbietungen geboten.

Rallye Motonautico: Seit 1970 findet um den 10./12. Sept. ein Bootsrennen zwischen Venedig und Pordenone statt, das über die verschlungenen und miteinander verbundenen Flüsse und Kanäle führt. Ein lautstarkes Spektakel über 170 km – sozusagen eine moderne *Regata Storica.*

Von Udine ans Meer

Lignano

Reiseatlas: S. 17, C 2

Ernest Hemingway, der bekanntlich ganz schön herumgekommen ist, hat Lignano, das erst im 20. Jh. aus dem Nichts zum größten Bade- und Kurort der Region wurde, den Beinamen ›Florida Italiens‹ verliehen. Er ist dreigeteilt: An der Spitze der fast 7 km langen Halbinsel liegt **Lignano Sabbiadoro,** dann

Rund um Udine und ans Meer

mit kleinem Abstand **Lignano Pineta**, wirklich im Pinienwald, und schließlich **Lignano Riviera** zum Tagliamento hin. Hier findet Urlaub total statt – für jeden Geschmack. Der feine, lange Sandstrand ist frei zugänglich und nicht nur an den *bagni* gepflegt. Bootsbesitzer und -freunde haben eine große Auswahl an Liegeplätzen und Wohnungen oder Hotels. 80 000 Touristen finden Platz in Lignano, eine perfekte Ferienmaschinerie …

Nicht nur für Familien mit Kindern ein besonderes Vergnügen ist der wunderbare **Parco Zoo Punta Verde** – tatsächlich in viel Grün eingebettet, wie der Name verheißt. Auf insgesamt 10 ha Land finden 900 Tierarten in 63 Gehegen nahezu artgerecht Platz, auch Großkatzen wie Löwen, Tiger, Panther, Pumas und Jaguare (April–Sept. 9–19 Uhr, Feb., März, Okt. nur Sa oder Sa, So., www.parcozoo puntaverde.it; Restaurant, Picknickplätze).

AIAT: 33054 Lignano Pineta (UD), Via dei Pini 53, Tel. 04 31 42 21 69, Fax 04 31 42 26 16, www.aiatlignano.it.

Die meisten Hotels Lignanos sind nur von Ende März–Anfang Nov. geöffnet. Die meisten Gästebetten bietet Lignano in Ferienwohnungen und Aparthotels an, die normalerweise über Reiseveranstalter bzw. Agenturen gebucht werden, z. B. über **Ausonia Agenzia:** Corso delle Nazioni 64, Lignano Riviera, Tel./Fax 04 31 42 85 18, oder Online-Buchung von Hotels, Ferienhäusern und Wohnungen u. a. über das **Consorzio LTL**, www.ltl.it (auch in deutscher Sprache).
President: Lignano Riviera, Calle Rembrandt 2, Tel. 04 31 42 41 11, Fax 04 31 42 42 99, www.hotelvillapresident.com. Feines Hotel im Grünen, beheizbarer Pool, 27 komfortable Zimmer; Restaurant nur für Hausgäste; Golfplatz in der Nähe. DZ/ÜF 164–204 €.
Smeraldo: Lignano Riviera, Viale della Musica 4, Tel. 04 31 42 87 81, Fax 04 31 42 30 31, www.hotelsmeraldo.net. Renoviertes Hotel in ruhiger Wohngegend, mit Pool, 59 freundliche Zimmer, großer Salon; mit **Restaurant.** DZ/ÜF 86–136 €.
Esperya Aparthotel: Via Udine 74, Lignano Sabbiadoro, Tel./Fax 03 41 72 20 66, www.hotelesperya.it. Aparthotel nahe dem Meer mit Privatstrand und Garage. 27 moderne Wohnungen, klimatisiert, mit Sat-TV. Apartment für 2–3 Personen 58–129 €.
Camping Girasole Park: Via Lignano sud 52, Lignano Sabbiadoro, Tel./Fax 043 15 39 00, www.campinggirasole.it. Modernes Ferienzentrum mit großzügig bemessenen Stellplätzen, Bungalows und Apartments, mit Minimarkt, Kinderspielplatz, flutlichtbeleuchteten Tennisplätzen, 2 Pools u. a., Unterhaltungsprogramm, Bootsanlegestelle am Kanal zum Meer. Stellplatz 10–11 €, pro Person 6,50–7 €, Zimmer 50–60 €, Apartment/Bungalow 350–595 € je Woche.

Überall sind Pizzerien und große Restaurants zu finden, die sich auf preiswertere Touristenmenüs spezialisiert haben. Gehobene Gastronomie ist selten, Ausnahme:
Bidin: Lignano Sabbiadoro, Viale Europa 1, Tel. 043 17 19 88, Ruhetag im Sommer Mi Mittag, sonst ganztags. Elegantes Restaurant und rustikale Enothek; Spezialitäten: Meeresfische und Grillgerichte. Menü ab 35 €.

Aquileia
Reiseatlas: S. 18, D 2
Die SS 352 führt schnurstracks zum Meer. Wer nicht aufpasst, könnte Aquileia glatt durchfahren und das, was das Städtchen berühmt gemacht hat, im wahrsten Sinne des Wortes links liegen lassen: die römischen Ausgrabungen mit dem Forum und den Kirchenkomplex um den **Dom** (Basilika und Krypta, tgl. im Sommer 8.30–19, im Winter 8.30–12.30, 14.30–17.30 Uhr). Schräg gegenüber jenseits der Hauptstraße, also von Norden kommend rechts, befindet sich das **Archäologische Museum** (Mo 8.30–14, Di-So 8.30–19.30, im Winter z. T. nur bis 14 Uhr) mit sehenswerten Funden und zauberhaftem Garten.

Aquileia gilt historisch und kunsthistorisch als einer der bedeutendsten Orte Oberitaliens. 181 v. Chr. wurde er von den Römern als Vorposten gegen die Karner gegründet. Begünstigt durch ein ausgetüfteltes Straßen-

Von Udine ans Meer

netz und die Verbindung zum Meer durch den Flusshafen, wuchs es zu einer blühenden Handelsstadt, der wichtigsten im Golf von Triest. 319 errichtete Bischof Theodorus eine Kirche, den Dom, dessen **Bodenmosaiken** heute das Ziel von Touristen aus aller Welt ist, denn es gibt keine größeren und vielfältigeren mit ihren menschlichen Figuren und Tieren, Pflanzen und christlichen Symbolen. Die Diözesen Aquileias gewannen an Einfluss in einem riesengroßen Gebiet, vom heutigen Bayern bis nach Österreich und Ungarn. Logisch, dass sich die frühchristlichen Kirchenbauten von diesem Zeitpunkt an nach denen Aquileias richteten! Um 400 stießen die Westgoten vor und zerstörten Aquileia, die Hunnen mit Attila an der Spitze vertrieben 452 die Veneter vom Festland auf vorgelagerte Inseln. Der geistig-religiöse Einfluss Aquileias aber blieb, auch als der politische verwirkt war.

Pro Loco: 33051 Aquileia (UD), Piazza Capitolo 4, Tel./Fax 043 19 10 87, www.prolocoaquileia.it

Ai Patriarchi: Via Giulia Augusta 12, Tel. 04 31 91 95 95, Fax 04 31 91 95 96, www.hotelpatriarchi.it. Einfaches Hotel, 23 schlichte Zimmer (Zimmer nach hinten buchen); **Restaurant,** Parkplatz. DZ/ÜF 74–90 €.
Alla Basilica: Viale della Stazione 2, Tel. 04 31 91 74 49, Fax 04 31 91 72 17. Freundliches Haus, 14 ordentliche Zimmer, Parkplatz; mit **Restaurant** (Menü um 13 €). DZ/ÜF 65–70 €.
Ca'Ospitale: Via Beligna 107, Tel./Fax 04 31 91 74 23, www.caospitale.com. Gepflegtes Agriturismo mit Pool ca. 2 km von Aquilea Richtung Grado, 14 komfortable, rustikal eingerichtete Zimmer; Stellplätze für Caravans. Mitte März–Okt. DZ/ÜF 67–76 €.
Ostello Domus Augusta: Via Roma 25, Tel. 043 19 10 24, Fax 04 31 91 51 05, www.ostelloaquileia.it. Moderne Jugendherberge in historischen Mauern, 92 Betten, 6 DZ, DZ/ÜF 37 € (ohne Handtücher!); Radverleih.
Camping Aquileia: Via Gemina 10, Tel. 043 19 10 42, Fax 04 31 91 95 83, www.campingaquileia.it. Ruhiger Platz auf 32 000 m² Fläche Richtung Gorízia/Triest, mit Pool und Restaurant. Mitte Mai–Mitte Sept. Stellplatz je nach Größe 7,80–20,40 €, pro Person 4,80–6,90 €.

Richtig Reisen-Tipp

Valle Cavanata
Unter den vielen unter Naturschutz stehenden Gebieten in der schönen und interessanten Lagune zwischen Grado und Lignano ist die **Riserva Naturale Regionale della Valle Cavanata** normalerweise am einfachsten zu erreichen. Ihr Besucherzentrum befindet sich, von Grado kommend, an der Provinzialstraße 19 Richtung Monfalcone: Hinter der Brücke über den Canale Proimero biegt man rechts ab Richtung Fossalon, dann sind es noch 600 m. Öffnungszeiten: April–Sept. Mo, Mi, Fr 9–12.30, Sa 14–18, So, Fei 10–18 Uhr; Okt.–März Di, Do 9–12.30, So, Fei 10–16 Uhr; Tel. 043 18 82 72, www.parks.it.

Das 327 ha große Naturschutzgebiet ist vor allem für Wasservögel ein Paradies: 263 Vogelarten wurden hier bereits beobachtet, etwa 80 von ihnen nisten im Reservat, dessen Symbol die Wildgans ist, die hier erfolgreich wieder angesiedelt werden konnte.

Auch landschaftlich ist das Reservat schön, gegliedert in Kanäle und Becken der früheren Fischzucht, Inseln, Feuchtwald, Wiesen und Strandbereiche. Entsprechend vielfältig ist auch die Flora. Der schönste der angelegten Wege ist 1500 m lang und schließt sich direkt an den Radweg von Grado an, ein anderer ist 2 km lang und führt ans Meer.

Cjapitol: Nettes Café (der Name ist Friulanisch) vor dem Infobüro, Snacks. Ruhetag Do; im Winter bis ca. 20 Uhr, im Sommer bis nach Mitternacht geöffnet.

Juli/Aug. begehrte **Konzerte** im archäologischen Gebiet.

Busstation an der Landstraße vor dem Kirchenkomplex; werktags Busse im Berufsverkehr ca. stdl. nach Grado.

Rund um Udine und ans Meer

Grado

Reiseatlas: S. 18, D 2

Ähnlich wie Venedig liegt Grado zwischen Festland und dem offenen Meer am Rande der Lagune, ist heute aber über zwei Dämme erreichbar. Dennoch: Nur mit dem Boot lässt sich der Reiz dieses Städtchens erfassen. Sei es auf einer Inselumrundung, einer Fahrt über die Lagune, am schönsten kurz vor Sonnenuntergang, oder auf dem Weg durch die Lagune in den Natissa-Fluss hinein Richtung Aquileia. Das alte Zentrum ist auch heute noch das pochende Herz des Städtchens, das sich zu einem großen, schönen See- und Kurbad entwickelt hat.

Gleich drei sakrale Bauten stehen auf der Insel mit dem historischen Zentrum eng beisammen und sind tagsüber meist geöffnet: der **Dom Sant'Eufemia** mit schönem Mosaikfußboden und der romanischen Kanzel; das **Baptisterium** und **Santa Maria delle Grazie,** als Übergangskirche gebaut, bis der Dom fertig gestellt war – alle in der klaren Bauweise der Frühromanik, mit sehr menschlichen Dimensionen. Um sie herum gruppieren sich niedrige Wohnhäuser und Lokale, in der warmen Jahreszeit stehen die Tische im Freien und verleihen Grado ein sehr südliches Flair.

Grado ist inzwischen auch ein beliebter Kongressort (hauptsächlich Ärztekongresse). Und Familien mit kleinen Kindern wissen den Komfort des gepflegten, abgeschlossenen Badestrandes mit eigenem Babyclub zu schätzen, wo man den Nachwuchs am flachen, feinen Sandstrand ohne Gefahr sich selbst überlassen kann. Für 25 000 Touristen hat Grado Platz, 10 000 davon auf Campingplätzen; kostenlose Parkplätze findet man auf der gesamten Isola della Schiusa und entlang des Canale della Schiusa, kostenpflichtige nahe dem Palazzo Congressi. In Grado leben knapp 9000 Menschen ständig, auch im Winter.

Der Ort verfügt über die viertgrößte Fischereiflotte der Adria (nach San Benedetto del Tronto, Chióggia und Cáorle). Auf den winzigen Inseln der Lagune stehen die Schilfhäuser der Fischer, die *casoni,* wie eh und je.

Nur dass sie nicht mehr alle von Fischerfamilien bewohnt werden. Es ist inzwischen schick, eine Laguneninsel zu besitzen, das Wochenende dort zu verbringen, mit Freunden und Verwandten, die zu weinseligen Festen eingeladen werden.

AIAT Grado, Aquileia, Palmanova: 34073 Grado (GO), Viale Dante Alighieri 72, Tel. 04 31 87 71 11, Fax 043 18 35 09,

Von Udine ans Meer

Fischer im Kanalhafen von Grado

www.gradoturismo.info., für die Gemeinde www.grado.info.

Die meisten Hotels bieten während der Hochsaison nur Halb- oder Vollpension an. Die Hotelküche in Grado ist gut bis hervorragend, also ruhig akzeptieren.

Grandhotel Astoria: Largo San Grisogono 3, Tel. 043 18 35 50, Fax 043 18 33 55, www.hotelastoria.it; Jan.–Mitte Feb. geschl. Historisches Hotel, 120 komfortable Zimmer und 6 Suiten, beheizter Pool, Fitnesszentrum, Parkplatz; **Dachgarten-Restaurant.** DZ/ÜF 88–150 €.

Ville Bianchi: Viale Dante Alighieri 50, Tel. 043 18 01 69, Fax 04 31 87 70 00, www.villebianchi.it; April–Okt. 5 wunderschön restaurierte Villen (von 1900) mit 48 geschmackvollen und komfortablen, hohen Zimmern; **Restaurant,** Parkplatz. DZ/ÜF 140–180 €.

Rund um Udine und ans Meer

Metropole: Piazzetta San Marco 15, Tel. 04 31 87 62 07, Fax 04 31 87 62 23, www.gradohotel.com; Mitte Jan.–Mitte Feb. geschl. Renoviertes Hotel am Kanalhafen, 19 ordentliche Zimmer, die vorderen z. T. durch Verkehrslärm belästigt. DZ/ÜF 94–126 €.
Adria: Viale Europa Unita 18, Tel. 043 18 00 37, Fax 043 18 35 19, www.hoteladria.info; April–Anfang Okt. Ruhiges Haus zwischen historischem Zentrum und Promenade; **gutes Restaurant,** Parkplatz. DZ/ÜF 94–j120 €.
Villa Romana: Viale Dante 20, Tel./Fax 043 18 26 04, www.grado.it/villaromana; Mai–Sept. Zentrales Stadthotel mit 13 ordentlichen Zimmern. DZ/ÜF 66–73 €.
Villaggio Turistico Europa: Via Monfalcone 12, Tel. 043 18 08 77, Fax 043 18 22 84, www.villaggioeuropa.com; April–Sept. Meernah und im Grünen gelegenes Feriendorf mit Pool, **Restaurant** und Bungalows; Hunde erlaubt. Stellplatz 8–20 €, pro Person 5,50–10 €, Bungalow ab 55 €.

Außer den vielen Pizzerien, aber auch Cafés und Bars, die allesamt Kleinigkeiten und auch mehr zu essen anbieten, hat sich in Grado eine sehr gute, höherpreisige Gastronomie etabliert.
All'Androna: Calle Porta Piccola 6, Tel. 043 18 09 50; Ruhetag Di (außer im Sommer). Winziges Restaurant mit kleinem Freiplatz in der Altstadt; Fischspezialitäten. Feines Fischmenü 46–59 €.
Locanda alla Fortuna Da Nico: Via Marina 10, Tel. 043 18 04 70; Ruhetag Do (außer Juni–Sept.). Sympathische Trattoria im historischen Zentrum, sehr gute Fischgerichte. Im Winter Treff der Gradenser. Komplettes Fischmenü um 40 €.

Flippige **Boutiquen** und feine **Modegeschäfte** mit den üblichen Marken in der weitläufigen Fußgängerzone, vor allem entlang dem Viale Europa Unita und am Beginn der Via Dante Alighieri.

Madonna di Barbana: 1. Juli-So. Das schönste Fest der Fischer in der Lagune von Grado, das mit einer feierlichen Meeresprozession zur kleinen Barbana-Insel begangen wird.
Santi Ermacora e Fortunato: 12. Juli; Fest der Madonnenträger zu Ehren der Schutzheiligen der Lagune von Grado (mit kostenlosem Fisch und Wein für alle).
Festa dei Rioni: Anfang Aug.; großes Fischerfest mit Bootswettbewerb und -corso.

Natürlich steht **Wassersport** an erster Stelle, Bootsbesitzer finden zentrumsnahe Liegeplätze.
Grados langer schöner **Sandstrand** direkt vor der Stadt bietet – gegen Eintrittsgebühr – alle Annehmlichkeiten sowie Restaurant und Sportmöglichkeiten; ideal für Familien (Infos zu allen Aktivitäten am Strand unter www.gradoit.it.).
Parco Termale Acquatico: Eintritt ganztags 10,80 €, nachmittags 6,70 €. 1515 m² großes Meerwasser- und Erlebnisbecken am Hauptstrand von Grado u. a. mit 50 m langer Wasserrutsche, Sprungbrettern, Unterwassermassage-, Wand- und Sitzbänken, Wasserfällen und Whirlpool.
Bootsausflüge: Zahlreiche Agenturen und Bootsbesitzer bieten ihre Dienste an, regelmäßig und sicher u. a. Motonave Cristina mit regelmäßigen Ausflügen Mo–Sa in die Lagune, nach Porto Buso, zu den Inseln mit *casoni* oder So Lagunentour mit Halt in Porto Buso; Bootsfahrten rund um Grado zum Sonnenuntergang etc. (Dave Tours, Tel./Fax 043 18 14 12) oder Società Navigazione Motoscafisti Gradesi mit täglichen Ausflügen vom Canale della Schiusa aus durch die Lagune oder nur zur Insel Barbana mit der Wallfahrtskirche (Tel. 043 18 01 15, Fax 043 18 21 84).

Häufige **Busverbindungen** mit Cervignano, von dort auch Bahn in die Region (nach Triest etc).
Linienschiffe (über die lokalen Agenturen zu buchen) verbinden im Sommer Grado u. a. mit Lignano und Triest (Tirrenia Navigazione). Die Strecke Grado – Triest fährt von Juni bis Aug. die Linea Marittima ab, mit Halt beim Schloss Miramare/Grignano.

Rund um Gorízia

Reiseatlas S. 18

Die Provinzhauptstadt Gorízia, das alte und zum Teil noch sehr österreichisch anmutende Görz mit seinem schönen Burgberg, hat auch eine slowenische Variante namens Nova Gorica. Die Stadt thront über dem Schlaraffenland des Collio, das jedem Weinkenner wegen seiner guten Tropfen bekannt sein dürfte.

Endlich ist auch Slowenien in Europa ›angekommen‹ – seit 2007 ist es Mitglied der EU. Damit auch die ›zweite Seele‹ der Doppelstadt Nuova Gorica. Doch noch immer hat sich diese Ecke der italienischen Region nicht wirklich von ihrer Grenzsituation befreien können – eher im Gegenteil. Waren es früher Identitätsprobleme, sind es nun echte wirtschaftliche geworden. Denn durch die Öffnung der Grenze hat Gorízia für die Slowenen an Attraktivität verloren: Alles, was es früher bei ihnen nicht zu kaufen gab, finden sie jetzt zu Hause, und das auch meist preisgünstiger. Als Folge davon ist das Gebiet in eine gewisse Agonie gefallen. An der Schönheit der Landschaft, der Qualität des Weines und der Gastronomie ändert das freilich nichts.

Gorízia ist eine angenehme Bummelstadt, in der im großen Stil restauriert wird; das sanft gewellte **Collio-Gebiet** lädt zu gemütlichen Rundfahrten, auch mit dem Fahrrad, ein. Und zu Weinproben in den vielen Kellereien …

Gorízia (Görz)

Reiseatlas: S. 18, E 1
Am 30. April 2004 wurde die gemeinsame große Piazza vor dem wunderbar restaurierten Bahnhof auf slowenischer Seite anlässlich des Beitritts Sloweniens in die EU eingeweiht. Geschaffen hat den grau gestreiften neuen Platz der in Slowenien geborene und in Triest lebende Künstler Franco Vecchiet. In der Mitte wurde ein Mosaik mit Stücken des zerstörten Grenzsteins aus Metall eingelassen. Dieser Platz ist das neue Symbol der Stadt, so wie er lange Zeit Symbol ihrer Zerrissenheit war.

36100 Menschen leben in Gorízia, in der gesamten Provinz 120000. Der Ostteil des bis 1918 österreichischen Görz wurde erst nach dem Zweiten Weltkrieg Jugoslawien zugesprochen. Gorízia liegt zwischen den Karsthügeln, dem ›Vorhof des Meeres‹, wie man hier sagt, und dem Isonzo, dort, wo er in die friulanische Ebene mündet. Es ist eine grüne Stadt mit vielen Gärten und ringsum bewachsenen Hügeln, die weit ins Zentrum reichen. Mittendrin liegt der 148 m hohe Burghügel mit seiner schönen, von drei Mauerringen umgebenen Festung und den Gebäuden der heutigen Provinzialmuseen.

Bedeutend wurde Gorízia erst im Mittelalter mit den Grafen von Pustertal und Lurngau, die sich ab 1122 Grafen von Görz nannten. Nur ein Jahr dauerte 1509 die Besatzungszeit der *Serenissima*, dann wurde die Stadt österreichisch, was sie mit kurzen Ausnahmen während der drei französischen Besatzungs-

---

Über die Grenze nach Slowenien
Noch brauchen auch EU-Bürger einen Personalausweis oder Pass, um über die Grenze nach Slowenien zu fahren. Im Verlauf des Jahres 2008 sollen die **Grenzkontrollen** entfallen, daher am Aufenthaltsort nach dem aktuellen Stand der Dinge erkundigen.

Rund um Gorízia

zeiten bis 1918 blieb. Traurige Berühmtheit erlangte Görz durch die Isonzo-Schlachten 1915 bis 1917. Im Norden der Stadt erinnern das weithin sichtbare **Ossario** für 60 000 gefallene Italiener auf dem Soldatenfriedhof von Oslavia daran und Richtung Triest das Kriegsmuseum sowie die alten Kampfstellungen am Monte San Michele – in der Stadt selbst das Kriegsmuseum auf dem Burgberg.

Die Stadt brüstet sich noch immer der modernsten Zollstation zwischen Ost und West, lebt auch vom Handel mit landwirtschaftlichen Produkten (Obst, Baumwolle und natürlich Wein) sowie von der Möbel-, Seiden- und Papierindustrie. Auch der Tourismus bemüht sich redlich, hier Fuß zu fassen, was ihm allmählich gelingen könnte. Denn Gorízia geht noch immer einen recht ruhigen, nostalgischen Gang, wird allmählich im Kern zur schönen Fußgängerzone. Auch Hotellerie und Gastronomie haben Zuwachs bekommen. Gerade erlebt die Stadt eine auffällige Verjüngungskur, seit immer mehr Studenten sich an den beiden neuen Fakultäten der Universitäten von Udine und Triest einschreiben. Sie bringen eine gewisse Heiterkeit nach Gorízia, prägen bereits das Stadtbild.

Stadtspaziergang

Man beginnt eine Stadtbesichtigung zwar selten an ihrem höchsten Punkt, aber bei Gorízia bietet es sich aus zwei Gründen an: Erstens liegt die Keimzelle der Stadt auf ihrem **Burgberg** und zweitens hat man von dort oben einen herrlichen Blick über die Stadt und ihre Umgebung, kann sich also den ersten Überblick verschaffen.

Während der zwölf blutigen Isonzo-Schlachten zerstört, wurde das **Castello** Stein für Stein im Originalzustand mit eindrucksvollen Rundbastionen wieder aufgebaut und eingerichtet: Sinnbild der Feudalherrschaft der Grafen von Görz, ein Stück Bilderbuch-Mittelalter mit Brunnen und Gewölben, klar gezeichneten Biforien, runden Bastionen und groben Zinnen. Neben der Burg befindet sich das Konglomerat aus drei Adelssitzen mit den bedeutendsten Museen der Provinz: das **Museum des Großen Krieges** (gemeint ist der Erste Weltkrieg), u. a. mit der eindrucksvollen Darstellung des Lebens in der Stadt während der Kriegshandlungen; das **Museum der Mode,** u. a. mit einer interessanten Ausstellung über das noch immer lebendige Glas- und Keramikkunsthandwerk; die **Archäologische Sammlung** (Funde vom Ende der Altsteinzeit bis zum Ende der Neusteinzeit ca. 450 000–3000/2500 Jahre v. Chr.); das **Völkerkundemuseum,** u. a. mit einer kompletten Schmiedewerkstatt – allesamt Di–So 9–19 Uhr geöffnet. Das Castello selbst beherbergt das **Museum des Görzer Mittelalters** (April–Sept. 9.30–13, 15–19.30 Uhr, Okt.–März kürzer).

Unterhalb des Burgberges erheben sich an der **Piazza della Vittoria** die barocke Jesuitenkirche **Sant'Ignazio** (1654, im 18. Jh. vollendet), deren beiden hübschen Glockentürmen je eine ›Zwiebelhaube‹ aufgesetzt ist, und der mächtige Palazzo der heutigen **Präfektur.** Über die Via Rastello, die noch typische kleine Geschäfte nach dem Geschmack Sloweniens aufweist, kommt man nach Süden schlendernd schnell zur Piazza Cavour mit dem **Dom** (ursprünglich 14. Jh.). Piazza Cavour und Piazza Sant'Antonio bilden zusammen mit dem Dom, dessen Glockenturm markant in den Himmel ragt, das Herz der Altstadt. An der lang gestreckten Doppelpiazza mit dem Konvent von Sant'Antonio fallen besonders zwei Adelspaläste auf: der **Palazzo Strassoldo** aus dem 18. Jh., Residenz der letzten Bourbonen Frankreichs, aus der 2005 ein schönes Hotel wurde (Entourage), sowie der komplexe **Palazzo Lantieri,** der seit dem Ende des 13. Jh. den befestigten Südeingang in die Stadt bildete. Er ist zum privaten Kulturzentrum mit Kunstinstallationen, Ausstellungen, Lesungen etc. sowie B&B-Adresse für Leute, die Ruhe und den Atem der Geschichte schätzen, ausgebaut worden (s. rechts).

Besonders stolz sind die Bewohner auf ihre **Synagoge** in der Via Ascoli 19 nördlich der Piazza Vittoria. Schon die enge Straße selbst ist sehenswert. Hier haben sich viele der typischen schmalen Häuser des früheren Ghettos bewahrt, mit schönen Steinportalen und -fenstern sowie schmiedeeisernen Balkonen (z. B. Haus Nr. 8, 12, 14 und 20).

Die hinter einer zweibogigen Scheinfassade verborgene Synagoge von 1756 mit ihrem großartig restaurierten, lichten Betraum im Obergeschoss (beachtenswert: die beiden schmiedeeisernen Kronleuchter und der umlaufende Balkon für die Frauen) wurde bis 1969 benutzt. Im Erdgeschoss ist ein **Museum zur Geschichte des Judentums und der Diaspora** sehenswert sowie die Sammlung von eindrucksvollen Bildern des jüdischen Görzers Carlo Michaelstaedter (im Sommer Mo, Fr, Sa 16–19, Di, Do 18–20, So 10–13, sonst Mo, Fr, Sa 16–19, Di, Do 17–19, jeden zweiten So 10–13 Uhr; Führung nach Voranmeldung, Tel. 04 81 53 21 15).

Rundfahrt in der Antica Contea

›Alte Grafschaft‹ nennt sich der Zusammenschluss der sehenswerten Orte im früheren Patriarchenland zwischen Gorízia und Cividale del Friúli, Cormóns und Gradisca d'Isonzo, Palmanova und Aquileia im Landesinneren sowie dem am Meer gelegenen Grado. Auf wenigen Kilometern präsentieren sich urbane Kleinode mit interessanten Sehenswürdigkeiten, schöne Landschaften, Kellereien mit köstlichen Weinen, Restaurants mit traditionellen Spezialitäten. Infos und Tipps für Rundreisen in einer kompakten Broschüre bei den jeweiligen Infostellen erhältlich.

AIAT: 34170 Gorízia, Corso Italia 9, Tel. 04 81 53 57 64, Fax 04 81 38 62 77, www.gorizia-turismo.it, für die gesamte Provinz www.provincia.gorizia.it.

Park Hotel Dante: Via Brigata Pavia 56, Tel. 04 81 53 34 81, Fax 04 81 53 26 77, www.parkhoteldante.it. Neues Hotel in restauriertem Palazzo, Pool im ruhigen Park, Wellnessabteilung, Parkplatz. DZ/ÜF 90 €, Juniorsuite 130 €.

Grand Hotel Entourage: Piazza Sant'Antonio 2, Tel. 04 81 55 02 35, Fax 048 13 01 38, www.entouragegorizia.com. Neu eingerichtetes Hotel im historischen Palazzo Strassoldo, 40 individuelle, mit Stilmöbeln einge-

---

Mit der Autorin unterwegs

Grandioses Panorama
Das **Castello von Gorízia** bietet ein grandioses Stadt- und Umlandpanorama (s. l.).

Der Friedenswein von Cormóns
In der Kellerei der Winzergenossenschaft liegen riesige, von bekannten Künstlern bemalte Holzfässer für den ›Friedenswein‹ (s. S. 464).

Weinprobe
Historische Kellereien können im Zuge einer Weinprobe besichtigt werden (s. S. 464 und 466).

Slowenische Spezialitäten
Absolut empfehlenswert: das **Al Cacciatore – della Subida** in Córmons (s. S. 465f.)!

›Spritz‹ trinken …
… auf der Piazza von **Gradisca d'Isonzo**: es den Einheimischen nachmachen und zum Aperitif Typisches ausprobieren (s. S. 466).

---

richtete Zimmer, herrlicher Park, Parkplatz. DZ/ÜF 140–180 €, Juniorsuite 245 €.

Palazzo Lantieri: Piazza Sant'Antonio 6, Tel./Fax 04 81 53 32 84, contatto@palazzolantieri.com. Historischer Palastkomplex (s. S. 462.); 1 DZ und 2 Suiten, herrlicher Park, Parken im Burghof. DZ 130–150 €, bei längerem Aufenthalt Ermäßigung.

Internazionale: Viale Trieste 173, Tel. 04 81 52 41 80, Fax 04 81 52 51 05, www.hotelinternazionalegorizia.it. Mod. Ambiente am Stadtrand, 43 komfortable Zimmer, 6 Suiten, Pool; Restaurant, Weinstube. DZ/ÜF 80–90 €.

Rosenbar: Via Duca d'Aosta 96, Tel. 04 81 52 27 00; Ruhetage So und Mo. Nettes Bistrot mit Garten, kreative Küche, tgl. wechselnd. Menü ab 32 €.

Majda: Via Duca d'Aosta 71/73, Tel. 048 13 08 71; Ruhetage Di und Sa Mittag, im Sommer Sa Mittag und So. Historische, elegante Trattoria mit Tischen im Hof, abends auch

Rund um Gorízia

Enothek. Traditionelle, slowenisch beeinflusste Küche, vorwiegend Fleischgerichte. Menü 20–40 €.

 Caffè del Teatro: Via Roma/Ecke Via Rotta. Jugendtreff beim Teatro Verdi, mit Tischen auf dem Bürgersteig.
Caffè Vittoria: Piazza Vittoria. Einladendes Café ganz modern in Rot und Schwarz, mit Tischen im Innenhof vor dem beliebten Cinema Vittoria.
Bastione: die In-Bar für den Aperitif, aber auch für den späteren Abend; im Innenhof des Castello auf dem Burgberg.
HIT Casino: Delpinova 7a, 5000 Nova Gorica, Slowenien, www.hit.si. Viel besuchtes Casino im slowenischen Teil der Stadt.

 Teatro Tenda: Filmfestival auf dem Burgberg (und in anderen Kinosälen der Stadt), letzte Juli-Dekade.
Festival Mondiale del Folklore: internationales Folklorefestival 4–5 Tage Ende Aug. auf dem Burgberg und in einigen anderen öffentlichen Räumen der Stadt.

Cormóns

Reiseatlas: S. 18, E 1
Südlich von Cividale führen die Staatsstraße 356 und ihre Nebensträßchen durch die sanft gewellten Hügel des Collio, der **Colli Orientali,** die sich, über die Grenze hinweg, nach Slowenien hinein erstrecken. Der Hauptort Cormóns ist für Weinliebhaber eine wichtige Station. Das Collio-Gebiet gilt in Sachen Wein als Aushängeschild für die Region Friaul-Julisch Venetien. Allerdings wurde selten eine Landschaft südlich der Alpen so sehr dem angepasst, was auf ihr wachsen soll: Um 1980 hat man die nicht genügend lieblichen Hügel mit Planierraupen ihrer Spitzen und anderer Unebenheiten beraubt, aus ihnen derart abgerundete Hügel gemacht, dass sie sich nun charakterlos wie ein Ei dem anderen gleichen. Das Ganze, um konstante Konditionen für den Weinbau zu schaffen. Der Erfolg gibt den Weinbauern jedoch Recht.

Sicher haben die Initiatoren des ›**Friedensweines**‹ **von Cormóns** an die Grenzsituation gedacht, als sie für ihre Aktivitäten einen Namen suchten und in ›Vino della Pace‹ fanden, der aus Reben, die aus aller Welt stammen, produziert wird. Je drei Flaschen von diesem speziellen Weißwein gehen per Flugzeug an alle Präsidenten der Welt. Auch der Papst wird bedacht. 1983 wurden die ersten Reben gepflanzt, 1985 der erste ›Friedenswein‹ gekeltert. 40 weltberühmte Maler und Bildhauer bemalten die 10 000-Liter-Holzfässer aus istrischer Eiche oder schufen Skulpturen zum Thema. So entstand eine Art Freilichtmuseum im Hof der Kellereigenossenschaft von Cormóns und eine *cantina* mit der einzigen Bildergalerie auf Fässern (auf Anfrage zu besichtigen, s. S. 466).

Cormóns

Weingut in der Colli Orientali bei Cormóns

Ufficio Turistico: in der Enoteca Comunale, Piazza XXIV Maggio 21, Tel. 04 81 63 03 71, www.comune.cormons.go.it.

Felcaro: Via San Giovanni 45, Tel. 048 16 02 14, Fax 04 81 63 02 55, www.hotelfelcaro.it. Ruhiges Hotel, 58 unterschiedliche Zimmer in restaurierter Villa (19. Jh.), mit Dependance sowie **gutem Restaurant.** DZ/ÜF 89–120 €.
La Subida: Località La Subida 22 (2 km nordöstl.), Tel. 048 16 05 31, Fax 048 16 16 16, www.lasubida.it. 10 rustikale, komfortable Häuschen am Waldrand, viel Auslauf, Reitstall, Pool, Tennis, Radverleih. Häuschen für 2 Personen 90–140 €; nach Spezialangeboten inkl. Degustationsmenü im **berühmten Restaurant** fragen.

La Boatina: Via Corona 62 (2,5 km südl.), Tel. 04 81 63 93 90, Fax 04 81 80 81 24, www.paliwines.com. Weingut im Herzen des Collio, 5 einfache Zimmer; **Restaurant** mit lokalen Wurst- und Käsesorten. DZ/ÜF 80 €.

Cormóns besitzt wenige, relativ teure, aber hervorragende Restaurants, auch in den Hotels (s. o.). Hervorzuheben sind:
Al Cacciatore – della Subida: s. o.; Ruhetage Di, Mi und mittags außer Sa, So. Eines der besten Restaurants des Collio in historischem Landhaus, warmherzige Atmosphäre. Rustikale Trattoria (im Winter mit Focolar-Feuer) mit Pergola und Wintergarten; traditionelle slowenische Spezialitäten. Lohnend: eines der Degustationsmenüs, Aperitif inbegriffen (ab 48 €), dazu die eigenen Weine von

Rund um Gorízia

Josko Sirk. Unbedingt probieren: *frico di montasio* (kross ausgebackener Käse zum Aperitif), *slikrofi* (Teigtaschen mit würziger Kartoffelfüllung und Montasio-Brocken), vorweg den viel gerühmten Schinken von Osvaldo, zum Abschluss beste Schnäpse.

Al Giardinetto: Via Matteotti 54, Tel. 048 16 02 57; Ruhetage Mo, Di, Juli geschl. Kleines, feines Restaurant mit kleinem Vorgarten mitten in Cormóns, mit drei einladenden **Suiten** (DZ/ÜF 100 €); verfeinerte Friulaner Küche mit Wild u. a. Fleischgerichten. Menü ab 30 €.

Osteria de la Subida: Località Monte 21/a, Tel. 048 16 16 89; Ruhetag Do, sonst je nach Saison bis spät abends geöffnet. Uriges Weinlokal vor den Ferienhäuschen (s. o.) mit Kleinigkeiten zu essen wie Wurst- und Käseplatten. Menü um 35 €.

Cantina Produttori Cormóns: Via Vino della Pace (südl. der Bahnlinie), Tel. 048 16 05 79, www.cormons.com, Mo–Sa 8.30–12.30, 15–19 Uhr; s. S. 464.

Enoteca di Cormóns: Piazza XXIV Maggio 21. Im Palazzo Locatelli mit dem Rathaus und der Infostelle haben die Weinproduzenten des Städtchens einen würdigen Rahmen für Degustationen und den Verkauf gefunden.

Gradisca d'Isonzo

Reiseatlas: S. 18, E 1

Der typisch venezianisch gebliebene Ort südwestlich von Gorízia, natürlich mit Markuslöwen auf der Säule am Hausfluss Torrione, gilt als das Vorzimmer der Görzer, ihr ›Salon‹.

Spritz und leckeres Eis

Am Markuslöwen vor dem schattigen städtischen Park von Gradisca laden Cafés zum Verweilen ein. Entweder man setzt sich auf einen Aperitif oder bestellt ein leckeres Eis. Am Schönsten im **Caffè Centrale:** *spritz* aus Tocai bestellen und sich über die vielen Variationsmöglichkeiten freuen! Berühmt ist das leckere Eis der nahen **Gelateria Pian.**

Aber auch die Leute von Grado fliehen an manchen Sommerabenden hierher, um den Aperitif in kühlerer Luft zu genießen und sich bei einem Bummel durch das zauberhaft unaufdringliche Städtchen oder in dessen Park den nötigen Hunger zu holen …

1471 bis 1488 baute Venedig gegen die wiederholten türkischen Einfälle ein Bollwerk auf der kleinen Anhöhe von Gradisca über dem Isonzo, mit starken Mauern und sieben Bastionen. Leonardo da Vinci kam im Auftrag der *Serenissima*, um neue Waffen und Verteidigungswerke zu installieren. 1511 ging Gradisca an Österreich verloren, auch in den Kriegen von 1615 bis 1617 konnte Venedig die stark befestigte Stadt nicht zurückerobern, 1797 zog Napoleon ein, 1815 ging die Festung an Österreich zurück, das es förderte und ausbaute, 1921 schließlich fiel es an Italien.

Was im Friulanischen aus Reben produziert wird, kann man in Gradisca – auch zu kleinen Leckereien wie Schinken, Wurst- und/oder Käseplatte – probieren und erstehen: in den gemütlich eingerichteten Renaissanceräumen der **Enoteca Regionale Permanente La Serenissima** (s. u.).

Al Ponte: Viale Trieste 122, 34072 Gradisca d'Isonzo (GO), Tel. 04 81 96 11 16, Fax 048 19 37 95, www.albergoalponte.it. Modernes Hotel in guter Lage für Autofahrer (2 km südwestl.), 42 helle, großzügige Zimmer, Wellnesszentrum, Parkplatz; **gutes Restaurant.** DZ/ÜF 145 €.

Franz: Viale Trieste 45, Tel. 048 19 92 11, Fax 04 81 96 05 10, www.hotelfranz.it. Gepflegtes Hotel, 50 komfortable Zimmer, Parkplatz; **gutes Restaurant,** beliebt bei Geschäftsreisenden. DZ/ÜF 110 €.

Enoteca Regionale Permanente La Serenissima: Palazzo Torriani, Via Battisti 26, Tel. 048 19 95 98, Di–Sa 17–22.30 Uhr. Allein die Räume des Renaissancepalastes lohnen den Besuch. Mit Probierstube, in der man auch Kleinigkeiten zu essen bestellen und natürlich einkaufen kann: Wein und andere lokale kulinarische Spezialitäten.

Triest und sein Karst

Reiseatlas S. 18

Triest, die Regionalhauptstadt Friaul-Julisch Venetiens, ist eine wahre Metropole mit prachtvollen Palästen. Viele von ihnen sind im Besitz großer Versicherungsgesellschaften, andere private Stiftungen mit den wichtigsten Museen der Stadt. Als schönste Ausflugsziele gelten der Karst, die Schlösser von Duino und Miramare sowie das hübsche Múggia.

Nirgends in Oberitalien fühlt man sich so sehr als *mitteleuropeo* wie in Friaul-Julisch Venetien, und hier nirgends so sehr wie in Triest. Europa im Rücken, das Mittelmeer im Visier, ein Scharnier zwischen Ost und West. Eigentlich eine günstige Ausgangsposition für Macht und Pracht, steingeworden in den Palästen der großen Versicherungsgesellschaften. Doch hat es Triest selten einfach gehabt, war immer Spielball der Geschichte.

Die Triestiner galten früher als besonders melancholisch, heute als sportlich, sie lieben das Meer: Jeder dritte Erwachsene soll ein eigenes Boot besitzen. Werften, Bootsanlegeplätze, Segelschulen u. Ä. gelten als sicheres Geschäft, ebenso wie das Versicherungsgewerbe. Die Universität sorgt für eine gewisse Verjüngung in einer der – von der Bevölkerungsstruktur her – ältesten Städte Italiens. Triest besitzt eine der längsten und intaktesten Meerespromenaden Italiens, ein Palast reiht sich an den anderen. Und es ist berühmt für seine schönen Plätze, allen voran die Piazza Unità d'Italia. Darüber thront der Burghügel San Giusto, der Urkern der Stadt.

Zu den beliebtesten Ausflugszielen zählen das Hinterland, also der Karst mit der Grotta Gigante, und – trotz fehlender Strände – die Küste. Und hier die beiden Schlösser: Duino und Miramare bei Grignano. Schließlich noch das hübsche Städtchen Múggia hart an der südlichsten Grenze zu Slowenien.

Triest (Trieste)

Cityplan: S. 473

Zur Zeit der römischen Cäsaren war Triest eine kleine Stadt, aus *Tergeste* auf dem Hügel erwachsen als militärisches Lager, 56 v. Chr. wurde die Garnison zur *colonia* erklärt, 33 durch solide Mauern befestigt. Viele Zeugnisse stammen aus dieser Zeit, die eindrucksvollsten an den augusteischen Mauern, im Inneren der Kirche San Giusto sowie das römische Theater. Alles konzentrierte sich auf den sogenannten Burghügel, der auch später, als christlich-religiöses Zentrum, bedeutend blieb und heute die imposante Terrasse namens **Castello di San Giusto** über der Stadt bildet.

Triest ist eine Handels- und Seemannsstadt, die mit dem Edikt Kaiser Karls VI. vom 18. März 1719 Standort eines großen Freiha-

**Prächtiges Triest:
Lloyd Triestino und Kreuzfahrtschiff** ▷

FVG-Card

Das Regionalticket zu 15 € für 48 Stunden, in allen Infobüros erhältlich, lohnt sich: Es bietet freie Eintritte in alle regionalen Museen, freie Fahrt mit den öffentlichen Verkehrsmitteln in der Provinz Triest, in Udine und Lignano Sabbiadoro. Darüber hinaus gewährt das Ticket Nachlässe beim Einkaufen, Theaterbesuch u.a.m. Informationen erhält man unter www.friuliveneziagiulia.info.

Triest und sein Karst

fens für den neu erstandenen Vielvölkerstaat der Habsburger wurde und zu einem internationalen Zentrum der Kulturen erblühte: tolerant, gebildet, weitblickend. Auch die Infrastruktur nahm Formen an, wurde vor allem unter Maria Theresia ab 1740 ausgebaut und ließ die Bevölkerung der Stadt von nur 4000 Einwohnern im Lauf der nächsten 150 Jahre auf rund 180 000 anwachsen.

Ab dem Ersten Weltkrieg machte Triest alles durch, was Italien politisch und wirtschaftlich zu erleiden hatte. Der Zweite Weltkrieg machte dem kein Ende: Der Friedensvertrag 1947 in Paris sah einen Freistaat Triest vor, den es de facto nie gegeben hat. 1954 wurde Triest durch das Memorandum von London Teil Italiens, was die Nachbarstaaten erst 1975 endgültig anerkannten. Schon 1964 erhielt die Region Friaul-Julisch Venetien mit Triest als Hauptstadt ihre Autonomie. – Und der Weg in die wirtschaftliche Sanierung begann. Aber 60 bis 70 % der Triestiner sind älter als 60 Jahre, Triest leidet in Italien unter dem höchsten Schwund an Einwohnern: 1960 lebten in der Stadt etwa 300 000 Menschen, heute sind es, nach dem Rückgang auf 217 000 in den 1980er-Jahren, nur noch an die 209 000.

Borgo Teresiano

Vom Bahnhof kommend, trifft man zuerst auf diesen Stadtteil, den Kaiserin Maria Theresia nach festgelegten Normen auf den ehemaligen Salinen errichten ließ. Einst war das Viertel von Kanälen durchzogen, von denen nur der Canal Grande bestehen blieb. Streng in Rechtecke eingeteilt, liegen die Straßen des alten Handelszentrums zueinander, und doch fühlen sich hier Einheimische wie Fremde gleichermaßen am wohlsten. Ursprünglich galt die Formel ›Haus und Laden‹: im Erdgeschoss der Laden, darüber die Wohnung des Kaufmannes, im zweiten Stock die Büroräume. Später wurde aufgestockt – für die Wohnungen der Angestellten.

Kunsthandwerk und bildende Kunst florierten Ende 18./Anfang 19. Jh.; berühmte Künstler, einheimische wie auswärtige, hinterließen in der Stadt ihre Spuren. Am stärksten ist Triest also vom Klassizismus geprägt, was schon am **Palazzo Carciotti** [1] (1802–1905; nur zu besonderen Anlässen zugänglich) gut zu erkennen ist. Demetrio Carciotti war eine typische Triestiner Persönlichkeit des frühen 19. Jh., ein griechischer Geschäftsmann. Seinen Stadtpalast in Ocker und Weiß mit grünspaniger Kuppel baute einer der bekanntesten Architekten seiner Zeit, Matthäus Pertsch. Typisch ist die Wahl der Baustelle: am Kanalhafen Ecke Meerespromenade. Typisch auch die Architektur: Die Fassade zieren sechs ionische Säulen, die eine Attika mit marmornen Statuen tragen. Dahinter verbergen sich das fürstliche Treppenhaus mit Statuen und die von Gian Battista Bison freskierte Kuppel.

Gegenüber erstreckt sich, ebenfalls am Kanalhafen, der vor allem durch seine rosa und weißen Graffiti auffällige **Palazzo Gopecevich** [2], in dem sporadisch Ausstellungen stattfinden. Das Ende des Kanalhafens markiert eindrucksvoll der Portikus der Kirche **Sant'Antonio Nuovo** [3] (1842).

Triest hat eine besondere Vorliebe für die Musik. Für das nahe, am Borgo Teresiano errichtete **Opernhaus Giuseppe Verdi** [4] stand die Mailänder Scala Pate. Wen wundert es, war doch Matthäus Pertsch ein Schüler Piermarinis, Architekt der Scala. Auch hier wurde wie in Mailand im linken Flügel ein Theatermuseum etabliert, nach dem Mailands das zweitgrößte und -wichtigste Italiens. Verdi weilte eine Zeit lang in Triest und schrieb für dessen Opernhaus 1848 ›Il Corsaro‹ und 1850 ›Stiffelius‹.

Gegenüber dem Eingang des Opernhauses lohnt ein Blick in das Geviert der **Galleria Tergeste** [5], in der das gleichnamige historische, aber total veränderte Café von 1838 und schöne Auslagen locken. An der kleinen Piazza Tommaseo befindet sich das historische **Caffè Tommaseo** [6] (s. S. 476).

Piazza Unità d'Italia

Bei der weiten, prächtigen Piazza Unità spricht man vom sogenannten Wiener Stil des 19. Jh., ein etwas kühler steinerner ›Salon‹, der sich zum Meer hin öffnet und zu den größ-

Triest

ten Plätzen Italiens zählt. Von 1999 bis 2001 vom französischen Architekten Huet umgestaltet, erstrahlt er wieder in neuem alten Glanz. Von der Meerespromenade aus blickt man vorbei am barocken Brunnen von 1754 auf die breite Front des **Palazzo Comunale** **7**, an dem 1875 mehrere Stilelemente zu einer erstaunlichen Symbiose fanden: aus Renaissance, Manierismus und Barock. Die Triestiner nennen den Palast mit seinen tiefen Arkaden und spangrünem Uhrturm *sipario*, ›Vorhang‹. Wie ein Theatervorhang wirkt er für sie, um das dahinter liegende Viertel zu verstecken, das vom Burghügel überragt wird.

Von der Wasserfront gesehen, begrenzt links der **Palazzo del Governo** **8** die Piazza, der Regierungspalast mit zarten, vergoldeten Mosaiken an der Fassade (1905). Im **Palazzo Stratti** nebenan befindet sich das berühmte, auch historische **Caffè degli Specchi** **9**, das leider einer totalen Modernisierung zum Opfer gefallen ist.

Gegenüber erhebt sich das frühere Gebäude der Versicherungsgesellschaft **Lloyd Triestino** **10** von 1883, heute Sitz der Regionalregierung. Daneben befindet sich das einstmals erste Haus am Platze, das **Hotel Duchi d'Aosta** **11**. Leider hat ihm die Stadtverwaltung den hübschen Vorbau auf der Piazza inzwischen verboten, die Kaffeehaustische dürfen aber wieder ins Freie.

Museen im Südwesten

Hinter der Riva Nazaro Sauro zeigt sich der Bildungshunger der Triestiner gleich in mehreren Museen, allesamt Stiftungen großer Bürger. Die vielleicht bedeutendste Schenkung hat Pasquale Revoltella, u. a. Generaldirektor der Generali-Versicherung, 1869 der Stadt gemacht. Sein Wohnpalast, der mit seiner wunderbar erhaltenen Originaleinrichtung das Leben einer der wohlhabendsten Familien der Stadt dokumentiert, und seine Sammlung moderner Kunst in den speziell dafür erworbenen Nachbarpalästen Brunner und Basevi bilden den Kern des **Museo Civico Revoltella** **12** (Mo, Mi–Sa 9–13.30, 16–19, 19. Juli–1. Sept. Do–Sa 9–14, 16–24, So 10–19 Uhr). Darin ist die Pinakothek untergebracht, vor allem aber die Sammlung moderner Kunst, zu der auch eine interessante Abteilung zur Plakatmalerei gehört, die in Triest einige bedeutende Künstler hervorgebracht hat.

Auch das **Civico Museo Sartorio** **13** geht auf eine Schenkung (von 1944) zurück: eine Gemäldesammlung vom Barock bis zum

---

Mit der Autorin unterwegs

Nicht verpassen!

Borgo Teresiano: Maria Theresia von Österreich ließt diesen Vorort, jetzt schon historisches Zentrum, nach einem strengen Muster errichten (s. S. 470).

Piazza Unità d'Italia: Triests Hauptplatz, von grandiosen Palästen umgeben, zum Meer hin geöffnet (s. S. 470f.).

Castello di San Giusto: der Burgberg in Panoramalage, mit Resten aus der Römerzeit und des Mittelalters (s. S. 474).

Miramare: Im lichtdurchfluteten Schloss bei Grignano hat man fast aus jedem Fenster einen herrlichen Seeblick (s. S. 477f.).

Schloss von Duino: noch immer von den Thurn und Taxis bewohntes Schloss, das z. T. besichtigt werden kann (s. S. 479).

Triest genießen …

… **seine Kaffeehäuser** (s. S. 475f.) und das frühere Ghetto als einladendes **Viertel für den Abendbummel** und einen Drink. Zwischen der Via del Teatro Romano und der Galleria Tergeste wurde das ehemalige Ghetto wieder belebt, in dessen engen Gassen zwischen fünf- und sechsstöckigen Häusern sich kleine Handwerksläden und In-Kneipen eingenistet haben.

Eintrag ins Buch der Rekorde

In der größten Karsthöhle der Welt (100 m hoch, 280 m lang, 65 m breit), in der **Grotta Gigante,** würde der Petersdom bequem Platz haben (s. S. 477).

Kulinarischer Höhepunkt

In **Múggia** Fisch essen (s. S. 479).

Triest und sein Karst

19. Jh. und Porzellan sowie eine reichhaltige Bibliothek im ehemaligen Palazzo der Familie Sartorio. Der Palast wird komplett umgebaut, sodass man bislang nicht weiß, welche Sammlungen dort zu sehen sein werden.

Das **Museo di Storia Naturale** 14, das 1846 gegründete Städtische Museum für Naturgeschichte (Di–So 8.30–13.30 Uhr), informiert über Geologie und Paläontologie, Mineralogie, Zoologie und Botanik der Stadt und ihrer Umgebung. Im selben Gebäude an der Piazza Hortis sind auch die bedeutende **Städtische Bibliothek Attilio Hortis** mit mehr als 400 000 Bänden sowie das **Svevo-Museum** (Mo–Sa 10–13, So 10–12 Uhr) untergebracht, das dem Andenken an den bedeutenden Triestiner Schriftsteller Italo Svevo gewidmet ist. Im August finden auf der vorgelagerten Piazza abendliche Veranstaltungen zu Themen rund um den Dichter statt.

Der Burghügel

Zur Römerzeit stand der **Burghügel** 15 noch am Meer. Der Aussichtsbalkon und Urkern der Stadt ist bei den Triestinern weniger wegen seiner Geschichte denn seiner schönen Lage als Bummelplatz beliebt. Dabei konzentrierte sich früher alle politische Macht auf diesem Hügel, der schon als – vorvenetisches – *Tergeste* existierte. Übrig geblieben sind bereits auf dem Weg hinauf der markante **Arco di Riccardo,** ein Torbogen. Oben auf dem Burghügel sind Reste des römischen Forums mit Basilika und Tempel freigelegt worden und frei zugänglich, in die Kathedrale und in den Kirchturm mit eingebaut sind die Reste eines imposanten Heiligtums (im Buchladen darin zu erkennen), das wohl zum kapitolinischen Tempel mit zwei Propyläen (Vorbauten) und Zeremonialtreppe gehörte. Das **römische Theater** (Durchmesser 64 m, Höhe 15 m) liegt am Abhang des Burghügels, wo es erst 1937/38 aus den darüber errichteten Häusern ausgegraben wurde. Nun wartet es schon länger auf eine neue Funktion.

Besonders schön ist der Aufstieg über die **Via della Cattedrale,** die in eine breite, baumbestandene Stufengasse übergeht und direkt auf die mit einer großen Rosette geschmückte

Triest: Cityplan

Sehenswürdigkeiten
1. Palazzo Carciotti
2. Palazzo Gopecevich
3. Sant'Antonio Nuovo
4. Opernhaus Giuseppe Verdi
5. Galleria Tergeste
6. Caffè Tommaseo
7. Palazzo Comunale
8. Palazzo del Governo
9. Caffè degli Specci
10. Lloyd Triestino
11. Hotel Duchi d'Aosta
12. Civico Museo Revoltella
13. Civico Museo Sartorio
14. Museo di Storia Naturale
15. Burghügel mit Castello di San Giusto

Übernachten
1. Grand Hotel Duchi d'Aosta
2. Jolly Hotel
3. Novo Hotel Impero
4. Porta Cavana
5. James Joyce
6. L'Albero Nascosto

Essen und Trinken
7. Ai Fiori
8. Montecarlo
9. Capriccio

Triest

Triest und sein Karst

Kunst am Kanal: die Kuppelkirche Sant'Antonio am Canal Grande des Borgo Teresiano

Fassade der Kathedrale führt, an deren linken Seite der klobige Glockenturm steht. Ihn kann man durch den kleinen Souvenirladen hindurch (gegen Gebühr) besteigen.

Beim mittelalterlichen **Castello di San Giusto,** das aus Sicherheitsgründen und wegen Renovierung längere Zeit geschlossen bleibt, sonst Di–So 9–13 Uhr, entstand später auch das christliche Zentrum mit der **Kathedrale San Giusto** (Mo–Fr 7.30–12, 14.30–18.30, Sa bis 19.30, So, Fei 8–13, 15.30–20 Uhr) – ohne Zweifel das bedeutendste Monument der Stadt. Dafür wurden im 14. Jh. zwei ältere Kirchen zusammengelegt. Großartig sind die wenigen noch erhaltenen Fresken und Mosaiken aus dem 13. Jh., die in den letzten Jahren behutsam restauriert wurden. Das Hauptschiff aus dem 14. Jh. verbindet die früheren, der hl. Jungfrau (links) und dem hl. Justus (rechts) geweihten Vorgängerkirchen. Vor dem Presbyterium sind noch Spuren eines Mosaikbodens aus dem 5. Jh. zu erkennen, die beiden älteren Kirche besitzen Mosaiken aus dem 12. und 13. Jh., während die Apsis neuzeitliche Mosaiken zieren. Der Freskenzyklus zeigt Geschichten aus dem Leben des hl. Justus.

AIAT: 34121 Triest, Piazza Unità d'Italia 4/e, Tel. 04 03 47 83 12, Fax 04 03 47 83 20, www.triestetourism.it.

Grand Hotel Duchi d'Aosta [1]: Piazza Unità d'Italia 2, Tel. 04 07 60 00 11, Fax 040 36 60 92, www.magesta.com. Renoviertes Traditionshotel, 53 Zimmer, 2 Suiten, Terrasse auf der Piazza; **berühmtes Restaurant Harry's Grill** (Ruhetag So). DZ/ÜF 240–370 €.
Jolly Hotel [2]: Corso Cavour 7, Tel. 04 07 60 00 55, www.jollyhotels.it. Renoviertes, luxuriöses Stadthotel in guter Lage, 174 Zimmer und 4 Suiten; Zimmer zum Corso meiden; mit **Restaurant.** DZ/ÜF 170–250 €. Nach Wochenendtarifen fragen!
Novo Hotel Impero [3]: Via Sant'Anastasio 1, Tel. 040 36 42 42, Fax 040 36 50 23,

Triest

www.fenicehotels.it. Schlichtes älteres Hotel nahe dem Bahnhof. DZ/ÜF 90–140 €.

Porta Cavana [4]: Via Felice Venezian 14, Tel. 040 30 13 13, Fax 04 03 22 02 62, www.hotelportacavana.it. Stadthotel im historischen Zentrum im 1. und 3. Stockwerk, ohne Aufzug, aber mit sehr gepflegten 17 Zimmern. DZ/ÜF 75–95 €.

James Joyce [5]: Via Cavazzeni 7, Tel. 040 31 10 23, Fax 040 30 26 18, www.hoteljamesjoyce.it. Kleines Hotel mit steiler Wendeltreppe. 12 einfache Zimmer. DZ/ÜF 80–95 €.

L'Albero Nascosto [6]: Via Felice Venezian 18, Tel. 040 30 01 88, www.alberonascosto.it. Hotel-Residence in schön restauriertem Stadthaus, 10 Mini-Apartments mit Küche. DZ/ÜF 105–135 €.

Jugendherberge: s. Miramare S. 478.

Ai Fiori [7]: Piazza Hortis 7, Tel. 040 30 06 33; Ruhetag So, Juni/Juli auch Mo. Familiäres Restaurant mit fantasievoller Fischküche; gute Weinkarte. Touristenmenü 25–30 €.

Montecarlo [8]: Via San Marco 10, Tel. 040 66 25 45. Ruhetage So Abend, Mo. 4 kleine Säle auf 2 Stockwerken, schöner Innenhof für das Sommerrestaurant, lokale Fleisch- und Fischspezialitäten. Menü ab 25 €.

Capriccio [9]: Piazza della Libertà 2/c, Tel. 040 37 00 18; Ruhetag So, Aug. geschl. Nettes Restaurant mit Pizzeria, Holzofen, gute offene Weine, leckere Vorspeisen und Pastagerichte. Pizza ab 6 €, Menü ab 15 €.

Triestiner Cafés: Hier haben sich Triests Literaten getroffen, Zeitung gelesen und neue Themen erdacht. Für normale Studenten sind sie allerdings längst viel zu teuer. Als Tourist sollte man sich den Besuch aber gönnen. Man kann hier in der Regel auch eine Kleinigkeit essen; die meisten bleiben von früh bis Mitternacht geöffnet.

Caffè degli Specchi: Piazza Unità 7. Leider modernisiert, aber die schöne Lage bleibt.

Caffè Audace: Piazza Unità d'Italia, neben Hotel Duchi d'Aosta. Modern, sehr beliebt wegen guter Aperitifs mit Häppchen.

Triest und sein Karst

> **Triestiner Buffets**
> Von den berühmten Arbeiterlokalen der Stadt sind noch einige übrig geblieben, was erfreulich ist, denn es gibt hier (meist nur werktags geöffnet) üppiges und gutes Essen für wenig Geld: Mittagsmenü normalerweise ab 10 € inklusive Hauswein!
> **Buffet da Mario:** Via Torrebianca 41.
> **Buffet da Siora Rosa:** Piazza Hortis 3.
> **Buffet Birreria Rudy:** Via Valdirivo 32.

San Marco: Via Battisti 18. Ein noch im Libertystil intakt erhaltenes ›historisches Lokal‹ (seit 1918), in dem junge Freiheitskämpfer Schutz fanden und Literaten einkehrten.

Tommaseo: Piazza Tommaseo 4/c. Die Räume sind mit Originalstuck geschmückt, die Einrichtung intakt, die Spiegel von 1830, die Marmortische ruhen auf schmiedeeisernen Gestellen. Hier trafen sich schon Befürworter des italienischen Risorgimento ebenso wie Literaten, was oft das Gleiche war.

Neben den vielen Cafés der Stadt sind die ebenfalls einladenden **Bars** zu nennen, in denen die Einheimischen zu jeder Tageszeit einen *spritz* zu bestellen scheinen, einen leichten kühlen Weißwein mit Sprudel, Eis und Zitronenscheibe. Dazu gibt's Knabberzeug.

Osteria da Marino: Via del Ponte 5/a; Mo–Sa 10–15, 18.30–4, So 18.30–4 Uhr. In-Kneipe im Ex-Ghetto, enges Holzambiente, Weinflaschen-Dekoration; zu essen gibt es kalte Platten mit Käse oder Schinken.

Discoteca Mandracchio: Piazza Unità d'Italia, an den Wochenenden ab Mitternacht.

Colonial Café: Via Casa di Risparmio nahe dem Tommaseo (s. o.).

Makaki: Via XX Settembre 39. Kleine Diskothek, Treff nach Mitternacht, wo es auch Kinos und Eisbars gibt.

Antiquitäten- und Flohmarkt: So Sept./Okt. im Ex-Ghetto.

Im Sommer finden auf der Piazza Unità d'Italia sehr gut besuchte **Konzerte** statt, meist Pop oder Jazz.

Im Sommer **Operettenfestival,** im Winter **Konzertsaison** am Teatro Giuseppe Verdi.

Den ganzen Sommer **Regatten** u. a. sportliche Wettbewerbe auf dem Wasser vor der Stadt.

Italo-Svevo-Rundgang: Mit Zitaten aus Svevos Werken bereichert, führt ein interessantes Faltblatt des Touristenamtes auf den Spuren des Dichters durch seine Stadt, z. B. zum Geburtshaus am Viale XX Settembre 16 oder zur jüdischen Volksschule an der Via del Monte 3. – In derselben Reihe sind auch Faltblätter für **Spaziergänge** mit **Umberto Saba** und **James Joyce** erschienen.

Flughafen: Ronchi dei Legionari, Tel. 04 81 77 33 27, www.aeroporto.fvg.it. Regelmäßige Verbindung mit München mehrmals tgl. (air dolomiti); direkte Busanbindung.

Bahn: Bahnhof Piazza della Libertà 11, Call Center, einheitliche Rufnummer in Italien Tel. 89 20 21, für SMS 48 20 21, www.trenitalia.it. Regelmäßige Verbindungen, tagsüber alle 1–2 Std. mit den Metropolen Oberitaliens; gute Anbindung an Udine und weiter nach Norden nach Tarvis und Villach/Kärnten. Im Regionalverkehr Haltepunkte entlang der Küste in Grignano/Miramare, Aurisina und Duino auf der Strecke nach Monfalcone.

Bus: Busbahnhof Piazza della Libertà 11 am Bahnhof, Tel. 040 42 50 20, für Fernverkehr nach Grado, Lignano, Udine, Kroatien und Slowenien. Busse verbinden Triest mit allen wichtigen Orten der Region; Haltepunkte entlang der Küste wie bei der Bahn (s. o.).
Innerstädtisch dichter Busverkehr, was vor allem für die Fahrt auf den Burghügel interessant ist (Bus Nr. 24); Infos in Italien kostenlos Tel. 800 01 66 75, www.triestetrasporti.it.

Schiffsverkehr nach Albanien, Kroatien, Griechenland, Slowenien und in die Türkei (bei den Schiffsagenturen erfragen).

Boote nach Grado und Lignano mit Halt in Miramare; Triest – Múggia vom Molo Pescheria, Tel. 040 30 30 35 40; mind. 6 x tgl., Fahrtzeit 30 Min.; nach Sistiana-Duino und Monfalcone, Tel. 800 01 66 75.

Rund um Triest

Karst und Grotta Gigante
Reiseatlas: S. 18, F 2/3

Von Monfalcone bis Múggia südlich von Triest zieht sich der Golf von Triest mit seinen zahlreichen und doch für die sportlichen Triestiner nicht ausreichenden kleinen Bootshäfen. Das Hinterland bildet zum größten Teil der Karst, die Städtchen und Dörfer dort blieben im Charakter slowenisch. Man versteht zwar Italienisch, spricht es aber nicht. Etwa in Doberdó und in Opicina sind die Straßenschilder zweisprachig, der Unterricht in den Schulen ebenso. Man hat die Wahl. Im Karst ist die Mehrheit slowenisch, in Triest italienisch. Im Karst isst man eine slowenische Hausmannskost und trinkt den Terrano, einen derben Rotwein. Dann erzählen die Einheimischen, falls man sie versteht, gerne gruselige Geschichten, z. B. von den *foibe*. *Foiba* ist das Schreckenswort im Karst: offene Schlunde, die nach unten breiter werden. Fällt jemand hinein, kommt er aus eigener Kraft nicht mehr heraus. In der Nachkriegszeit war der Karst Rückzugsgebiet der Partisanen, von denen viele in den *foibe* ihr Leben ließen.

Mit Wagen oder Fahrrad den Karst diesseits und jenseits der Grenze zu erkunden, ist eine gute Idee, man muss nur darauf achten, wo man wieder über die Grenze darf, was allerdings bald unproblematisch sein wird. Eine schöne Strecke führt von Gorízia nach Nova Gorica, in Slowenien nach Süden parallel zur Grenze nach Miren, östlich nach Kostanjevica, Komen, Gorjansko und wieder über die Grenze nach San Pelagio, Sgonico und nach Borgo Grotta Gigante/Villa Opicina (s. r.).

Die Pflanzenwelt des weißen Karstes ist bei näherem Hinsehen von besonderer Pracht. Karstgehölz, Karstheide, Karstwiese lauten die botanischen Schlagworte. Die *macchia*, das Unterholz, darf nicht fehlen. Das ganze Jahr über wechseln sich die schönsten Blumen in ihrer Blütenpracht ab: z. B. Aurikel und Lilie, Karstenzian und Fingerkraut, gemeine Pfingstrose und etrurisches Geißblatt, Zistrose und Fingerhut und, und, und. Der Karst ist das Land der glühenden weißen Steine im heißen Sommer, wo sich kantige Felsen, von stacheligem Wacholder übersät, außer zu den bereits genannten *foibe* zu tiefen Grotten und Höhlen auftun. Die berühmtesten sind die Grotta Gigante vor Triest diesseits und die Höhlen von Postojna jenseits der Grenze.

Die **Grotta Gigante** bei Villa Opicina ist der größte bekannte unterirdische Hohlraum der Welt. Weshalb sie auch im Guinness-Buch der Rekorde zu finden ist. Der Petersdom würde bequem im mehr als 100 m hohen, 280 m langen und 65 m breiten Raum Platz finden. 12 °C beträgt die konstante Lufttemperatur, ideal für mancherlei technische Messgeräte, die hier zu wissenschaftlichen Zwecken aufgestellt sind.

Entdeckt wurde diese Prachthöhle 1840, als man nach dem unterirdischen Lauf des Timavo suchte, seit 1908 wird sie als Schauhöhle benutzt. Heute finden in ihr zeitweise auch Konzerte statt, was besonders eindrucksvoll ist. Doch schon die normale Besichtigung (rund 50 Min.) begeistert jeden. Was nach Umbauten geblieben ist, sind 360 Stufen der gigantischen Treppe, das aufrecht aufgestellte Bärenskelett, das hier gefunden wurde, ein 12 m hoher und 4 m dicker Stalagmit, die 7 m hohe ›Palme‹ und der Palazzo delle Ninfe – ein Meer von Stalagmiten und Stalaktiten (Führungen April–Sept. Di–So, Juli, Aug. tgl. halbstdl. 10–18, März, Okt. stdl. 10–16, im Winter 10–12, 14–16 Uhr; www.grottagigante.it, anregende Bilder und Beschreibungen, vorerst nur ital.).

Miramare
Reiseatlas: S. 18, E/F 2

Grignano steht für Schloss Miramare, das weiß und verlockend schon von weitem auf hohem Felsen über der Costiera, der Küstenstraße, leuchtet. ›Miramare‹ – weil man tatsächlich von fast jedem Fenster aus das Meer bewundern kann! Erzherzog Maximilian von Habsburg ließ es 1856 bis 1860 in einer Mischung aus Neugotik und mittelalterlich-schottischem Stil bauen, seinen besonderen Zauber erhielt es durch den blendend weißen istrischen Baustein. Beachtenswert ist vor al-

Triest und sein Karst

Kunstvoller Kalk: in der Grotta Gigante

lem die reiche **Bibliothek,** die man leider nur zu kurz zu sehen bekommt. Im Gegensatz zum prunkvollen **Thronsaal** wirkt das aufwendig gearbeitete Geländer des Treppenhauses geradezu ländlich. Der prächtige **Park** mit mehr als 2000 Pflanzenarten, Teichen und Lauben gehört zu den romantischen Flecken um Triest (Besichtigung des Schlosses tgl. ganzjährig 9–19, Besichtigung des Parks 8–19, Okt., März 8–18, Nov.–Feb. 8–17 Uhr).

Schloss und Park liegen nahe der **Via Costiera,** wie die 32 km lange Küstenstraße von Duino nach Triest genannt wird, die zu den schönsten Straßen der Welt zählt.

Riviera e Maximilian's: 34010 Grignano (TR), Strada Costiera 22, Tel. 040 22 45 51, Fax 040 22 43 00, www.hotelriviera emaximilian.com. Hotel (Anfang 20. Jh.) mit modernem Anbau über der Küste (Aufzug hinab), 70 Zimmer und 6 Suiten; **Terrassenrestaurant,** Blick auf Miramare. DZ/ÜF 125–240 €.

Tergeste: 34014 Grignano (TR), Viale Miramare 331, Tel./Fax 040 22 41 02, www.ostelli online.org. **Jugendherberge** in fantastischer Lage am Meer beim Schloss Miramare. 68 Betten, pro Bett (im DZ) inkl. Frühstück 14–20 €, Mahlzeit 9,50 €.

Rund um Triest

 Grignano und **Marina** heißen die beiden exklusiven Badeanstalten vor Miramare, strandlos zwar, aber mit Pools. An der **Bar Principe di Metternich** trifft man sich zum Aperitif, um zu sehen und gesehen zu werden.

Duino

Reiseatlas: S. 18, E 2

Rilke hat Duino mit den ›Duineser Elegien‹ berühmt gemacht. Sie sind ›schuld‹ daran, wenn jetzt italienische Schulklassen über den holprigen **Rilkeweg** hoch über der Riviera gejagt werden, um den Dichterworten nachzuspüren. Touristen, vor allem deutschsprachige, legen sich diese Pflicht freiwillig auf. Auch Dante soll schon in der früheren *rocca* an derselben Stelle gewesen sein, weshalb ein Fels im Meer nach ihm benannt wird.

Das befestigte **Schloss** (ab 14. Jh.) auf hohem Felssporn sah viele illustre Gäste wie Gabriele D'Annunzio und Hugo von Hofmannsthal und natürlich Rainer Maria Rilke. Es wird von seinen Besitzern, der Familie von Thurn und Taxis, bewohnt und teilweise, vor allem der Park, für Besichtigungen freigegeben (Mi–Mo März–Sept. 9.30–18.30, Okt. bis 17.30, im Winter nur Sa, So, Fei 9.30–16 Uhr).

Múggia

Reiseatlas: S. 18, F 3

An den Neubauten großer Versicherungsgesellschaften, an Straßenbrücken und nervenaufreibenden Kreuzungen geht es vorbei rund um die **Baia di Múggia** Richtung ex-jugoslawische Grenze und dann in einem Schlenker nach rechts: Múggia (13 200 Ew.) ist ein Muss – und der schönste Punkt, um auf Triest blickend von der Stadt und ihrer Küste Abschied zu nehmen. Múggia ist aber selbst so zauberhaft südeuropäisch, dass es allemal auch nur für sich allein einen Besuch wert ist.

Das kleine romanische Kirchlein von Múggia Vecchia gilt als die beliebteste Hochzeitskirche der Triestiner. Bei einigem Glück findet man sie – in Hochzeitsvorbereitung – offen. In Múggia selbst sitzt man am kleinen Hafenbecken, das die Einheimischen *sacchetto*, das Säckchen, nennen, schlemmt fangfrischen Fisch und Muscheln und kann den Blick von Triest nicht lassen. Die Badenixen am kleinen felsigen Strand neigen sich der gleißenden Sonne zu und beweisen, dass sich die Triestiner wenig um die Unkenrufe kümmern, das Wasser in ihrer Bucht lasse an Qualität zu wünschen übrig …

Múggias Altstadtzentrum überrascht durch die heimelige Architektur bescheidener, teils noch gotischer Paläste (z. B. in der Via Giordano Oberdan 25). Und durch die Fassade des venezianisch-gotischen **Domes**, die beweist, dass sich das kleine Múggia – im Gegensatz zu Triest – venetisch erhalten hat, im Stil seiner Architektur jedenfalls. Und in der Lebensfreude: Karneval wird hier gleich zweimal jährlich gefeiert, im Sommer und im Winter. Am kleinen **Rathaus** (links vom Dom) trägt der venezianische Löwe ein geschlossenes Buch, nicht ein offenes wie dort, wo sich Venedig seiner Besitzungen sicher war. Eben zum Zeichen der Unsicherheit einer Grenzsituation.

Informationsbüro: 35015 Múggia (TR), Via Roma 20, Tel. 040 27 32 59, nur Mai–Sept., www.muggia.info.

Trattoria Risorta: Riva De Amicis 1/a, Tel. 040 27 12 19; Ruhetage So Abend, Juli/Aug. So ganztags. Rustikale Trattoria mit Terrasse am Meer; Fischspezialitäten. Fischmenü ab 40 €.

Antica Caffetteria Al Municipio: Piazza Marconi 1, Tel. 04 09 27 87 31; tgl. 8–24 Uhr. Frühstück, Mittagssnack, Aperitifs und Cocktails, abends feines Essen bei Kerzenschein. Fr und Sa Abend Pianobar.

 Múggia sotto le stelle: Den ganzen Sommer über finden Veranstaltungen mit Musik und gastronomischen Ständen an verschiedenen Orten der Gemeinde statt, meist ab 21 Uhr.
Winter- und Sommer-**Karneval** (Feb./Juli).

Regelmäßiger **Bus-** und **Bootsverkehr** mit Triest (s. l.).

Register

Abano 393
Abbiategrasso 255
Adria 60, 309, 344, **349ff.**
Aigue du Midi 135
Alassio 190, 191, 203, **209**
Alba 161, **166ff.**
Albenga 190, 203, **207f.**, 229
Alberti, Leon Battista 34, 267, 351
Albisola 203f.
Albissola Marina 204
Alfieri, Vittorio 162, 164
Alpago 432
Alta Pianura 17
Alta Via 228f.
Amati, Andrea 262
Amati, Nicola 262
Ampezzo 438
Anati, Andrea 297
Andrea della Robbia 234
Angera 181
Anreise 63f.
Antica Contea 463f.
Antonio da Pordenone 260
Aosta-Stadt 122ff.
Aosta-Tal 26, 33, 57, **118ff.**
Apricale 203, 217
Aquileia 436, 437, **456ff.**
Arma di Tággia 212
Arnolfo di Cambio 339
Arona 177, **180**
Arqua Petrarca 371, 394
Ärztliche Versorgung 74
Asiago 380, 381, **387f.**
Asolo 425f.
Asti 161
Auer (Ora) 101
Ausrüstung 73
Autobahngebühren 64
Avio 117
Avise 132
Aymavilles 128

Bajardo 191, 203, **217**

Balzi Rossi (Höhlen) 217
Barbagelata 228
Barchessa Ravagnan 398
Bardolino 286, **305**
Barolo 149, 163, **168f.**
Bassano del Grappa 370, 386f.
Battaglia Terme 371, 393
Bellágio 272, 273, 276, **277f.**
Bellini, Giovanni 35, 244, 408
Bellini, Jacopo 34, 287
Belluno 371, 420, 421, 427ff., **430ff.**
Bereguardo 239, 250, 251, 255
Bergamo 239, 272, 273, **281ff.**
Bertinoro 344, **345**
Besenello 116
Bisuschio 185
Blumenriviera 203, **211ff.**
Bóbbio 309, 314
Bologna 308, **334ff.**
Bordighera 215f.
Borromäische Inseln 176, 177, **178f.**
Botschaften 54
Botticelli 245, 284, 311
Bozen 88ff.
Brà 170
Bramante 245, 246, 247, 253, 256, 277
Breganze 385
Brenta-Kanal 371, 401, **415ff.**
Brescello 309, **327f.**
Brescia 239, 286, 287, **293ff.**
Breuil-Cervinia 136
Brisighella 344, **346f.**
Brixen **83ff.**, 87
Bruneck (Brunico) 86
Brusson 137, 138

Burano 411, 412
Burggrafenamt 94
Bussana Vecchia 191, **214**
Busseto 309, 310, 319

Ca'Venier 398
Cadore 432
Camógli 190, **218f.**, 228
Canossa 309, 327
Canossa, Mathilde von 267, 309, 322, 326, 327
Cáorle 400, 418
Capo di Ponte 297
Cappelletta 222
Caravaggio 66, 194
Carpaccio 284, 401, 407
Carpi 323, **332f.**
Carpineti 309, **327**
Carrara 389
Casella 193
Castel Noarna 117
Castelfranco Veneto 424
Castell'Arquato 309, 310, 311, 314
Castello di Aglié 157
Castello di Beseno 117
Castello di Moncalieri 157
Castello di Racconigi 157
Castello di Rivoli 157
Castello Sabbionara 117
Cattólica 308, **352f.**
Cavallino 412
Celle Ligure 204
Cembra 111
Cembratal 108ff.
Cernóbbio 276
Certosa di Pavia 250, 251, **257f.**
Cérvia 355f.
Cervo 203, **211**
Cesena 347ff.
Cesenático 344, **353ff.**
Cesuna 388
Chabodey 132

480 Der Haupteintrag ist **fett** hervorgehoben.

Challant-Ayas-Tal 139
Cherasco 161, 163, **169f.**
Chióggia 370, 371, **400ff.**
Ciampi, Carlo Azeglio 15
Cibiana di Cadore 433
Cinque Terre 190, 191, **227ff.**
Cisano 305
Cividale del Friúli 446, 447, **450f.**
Cividate Camuno 297
Cles 107
Clusane 286, 287, 292, **293**
Cogne 121, 122, 123, **129f.**
Colle di Cadibona 229
Colle di Nava 229
Colli Asolani 425
Colli Orientali 464
Colorno 317
Comácchio 309, **360ff.**
Comer See 19, 238, **272ff.**
Commessagio 265
Como 272, **273ff.**
Concordia Saggitaria 419
Conegliano 420
Cormóns 463, **464ff.**
Corniglia 219, 227
Correggio 35, 318, 320, 324, 327
Costozza 384
Courmayeur 121, **133f.,** 141
Cremona 239, **259ff.**
Crespi 287
Cuneo 149, 161, 163, **172ff.**

Dante, Alighieri 363, 392, 451
Desenzano 286, **298**
Dolceácqua 191, 203, 205, 217, 229
Dolomiti Bellunesi 420
Donatello 390
Donizetti 244, 284
Donnas 137, **139f.**

Doria 196, 197, 217
Doria, Andrea 197, 204, 211, 221, 233
Dozza 335, **342f.**
Duino 479
Durazzo 196
Dürer, Albrecht 81, 109, 196, 284
Dürerweg 109

Eco, Umberto 165
Einreisebestimmungen 63
Eisacktal 82ff.
Emilia Romagna 26, 58, **306ff.**
Entrèves 134
Eppan a. d. Weinstraße (Appiano) 98
Erdpyramiden von Segonzano 109, 111
Ernst, Max 163, 408
Este 364, 366
Etsch (Adige) 94
Etschtal 94ff.
Euganeische Hügel 371, **393ff.**, 394, 389

Faedo 371, 394
Faenza 344ff.
Fanzolo 423
Fauna 20ff.
Fellini, Federico 309, 350
Feltre 371, 420, **428ff.**
Fénis **136,** 137, 138
Ferrara 309, 360ff., **363ff.**
Ferrari, Enzo 327, 330
Feste 32f.
Fieschi 196
Finalborgo 206
Finale Ligure 206
Finale Marina 206
Finale Pia 206
Flora 20ff.
Fontanellato (Schloss) 310, 311, **316**

Forlì-Cesena 344
Forni 438, **439ff.**
Forni di Sopra 440
Forni di Sotto 440
Forte di Bard 136, 137, 139
Fra Guglielmo 339
Franciacorta 239, 294
Fremdenverkehrsämter 52ff.
Friaul-Julisch Venetien 26, 59, **434ff.**

Gadertal 86f.
Galilei, Galileo 390
Galzignano 371, 393
Garda 286, **305,** 378
Gardasee 16, 19, 238, 286, **297ff.**, 370
Gardone 286
Gargnano 286, **301f.**
Garibaldi, Giuseppe 233, 281, 321, 330
Garlate 280
Geigen 262, 263
Gemona 438, 439, 445
Gemona del Friúli 444
Genua 190, 191, **192ff.,** 218
Geologie 18f.
Geschichte 15, 28f.
Gesellschaft 30ff.
Giazza 378
Gimillan 130
Giorgione 35, 45, 420, 424
Giotto 34, 340, 351, 370, 389, 391, 392
Goethe, Johann Wolfgang von 90, 113, 304, 372, 382, 415
Golf der Poeten 227ff.
Golf von Tigullio 218ff.
Gonzaga 266
Gorízia 47, **461ff.**
Goro 308

Register

Gradisca d'Isonzo 466
Grado 437, 446, 447, **458ff.**
Gran Paradiso 22f., 122, 129
Gressoney-la Trinité 144
Gressoney-St-Jean 141
Gressoneytal 121, 136, 137, **140f.**
Grimaldi 196, 199
Großer Sankt-Bernhard-Pass 121
Großes Sankt-Bernhard-Tal 122
Grotta Azzura 233
Grotta dei Colombi 233
Grotta Gigante 477
Grotten von Toirano 205, **207**
Gualtieri 323
Guarini, Guarino 36, 152, 155
Guarneri 259, 260, 261, 262
Guastalla 323

Haderburg 101
Hemingway, Ernest 412, 455, 209
Hochwasser 17
Hofer, Andreas 96
Höhenwanderweg 1 121, 141

Il Pordenone 454, 455
Imola 308, 335, **343f.**
Impéria 211, 229
Informationen 52ff.
Iseo 239, **290ff.**
Iseo-See 17, 19, 238, 239, 259, **286ff.**
Isera 117
Isola Bella 177, **178ff.**
Isola Comacina 276
Isola dei Pescatori 176, 177, **180**

Isola di Albarella 398
Isola di Ariano 398
Isola Madre 177, **178**
Isolabona 217
Issogne 136, 137, **139**

Jésolo 400
Juvarra, Filippo 38, 157

Kaffeehaus 158
Kalterer See 98f.
Kaltern a. d. Weinstraße (Caldaro) 98
Kandinski, Wassilij 163, 408
Karneval 32
Karnien 438ff.
Karst 437, 467, 477
Kastelruth (Castelrotto) 88
Kinder 61f.
Klee, Paul 163, 408
Kleiner Sankt-Bernhard-Pass 121
Klima 17, 73
Kloster Neustift (Novacella) 85
Kloster Säben (Sabiona) 85
Kofer Joch 87
Kolumbus, Christoph 197, 228
Komen 477
Konsulate 54f.
Kopernikus 390
Kunst 34ff.
Kunst-Biennale 33
Kurtasch a. d. Weinstraße (Cortaccia) 99
Kurtinig a. d. Weinstraße (Cortina) 101

La Morra 168
La Spezia 218, 219, **233ff.**
La Thuille 122, 133
Lac de Pana 140
Lac de Serva 140

Lago di Santa Croce 432
Lago Maggiore 19, **176ff.**, 238
Laiguéglia 210
Langhe 42, 149, 161
Lawrence, D. H. 235, 301
Lazise 286, 305
Le Nôtre, André 157
Lecco 272, **280f.**
Lémene 418
Lenteney, Wasserfall 132
Leonardo da Vinci 240, 241, 245, 246, 253, 257, 277, 353, 466
Lérici 191, 218, 233, **235**
Lévanto 226
Lido di Jésolo 412
Lignano 446, **455f.**
Lignano Pineta 456
Lignano Riviera 456
Lignano Sabbiadoro 456
Ligurien 26, **188ff.**
Ligurische Alpen 228
Lillaz 130
Limone 286, **302f.**
Lombardei 26, 58, **236ff.**
Lomellina 250, 251, 255
Longare 384
Lórsica 229
Lóvere 286ff.
Lozzo Atestino 394
Ludovico II Moro 28, 171, 245, 257, 312
Luganer See 19
Luvigliano 371, 394

Madonna del Sasso 186
Magreid a. d. Weinstraße (Magrè) 101
Mailand 240ff.
Malcésine 286, **304,** 378
Malé 107
Manarola 219, 227, **231**
Manta 172

482

Der Haupteintrag ist **fett** hervorgehoben.

Mantegna, Andrea 34f., 245, 267, 284, 407
Mantua 239, 259, 261, **266ff.**
Manzoni, Alessandro 164, 238, 280
Maranello 323
Marano 447
Marconi 224
Maróstica 33, 370, 381, **385f.**
Masèr 427
Matterhorn 136
Menággio 276ff.
Meran 94ff.
Mésola, Naturpark 361
Messner, Reinhold 421, 433
Michelangelo 245, 339
Milano Marittima 344
Mincio 259, 261, 266
Mira 416
Miramare 471, **477ff.**
Mirándola 323
Módena 323, **328ff.**
Molina 379
Monasterio di Praglia 395
Mondovi 174f.
Monéglia 225f.
Monferrato 161
Monselice 395f.
Mont Blanc 16, 122, **134f.**
Mont'Isola 239, 286, 287, **289**
Montà 161
Montallegro 224
Mont-Blanc-Tunnel 121
Monte Avic, Naturpark 121, 140
Monte Baldo 302, 304
Monte Bregnano 272
Monte Cervino 136
Monte Gemola 394
Monte Legnone 272
Monte Lozzo 394
Monte Mottarone 177

Monte Ortone 393
Monte Rosa 136
Monte San Michele 462
Monte Váltero 286
Montécchio Emilia 326
Montegrotto 371, 393
Monterosso al Mare 227, **230**
Monti Bérici 380, 381, **384f.**
Monti Lessini 378, 379
Montjovet 138
Morazzone 194
Morgex 132f.
Morimondo 25
Mozart, Wolfgang Amadeus 90, 113, 114, 115, 116
Múggia 467, **479**
Murano 400, 411, 412
Mussolini, Benito 211, 301

Nachtleben 70
Nationalparks 22f.
Natisone 446, 447
Natur 16f.
Naturpark Schlern 87
Naturparks 22f.
Negrar 379
Neumarkt (Egna) 101
Nogaredo 116
Noli 191, 203, **205f.**
Nonántola 331
Notruf 74
Novellara 323

Oasi Val Pisani 398
Oberitalienische Seen 16f., 60
Oglio 259, 266
Oltrepò Pavese 250, 258
Oneglia 211
Orgiano 385
Orta San Giulio 186
Orta-See 176, **185ff.**
Osoppo 445

Ossúccio 276
Ötzi-Museum 83, 90

Padania 17, 259
Padua 370, **389ff.**
Paesana 173
Paganini, Niccolò 195
Palazzina di Caccia Stupinigi 157
Palazzo Salmatoris 169
Palladio, Andrea 36, 295, 371, 380, 381, 382, 385, 411, 415, 421, 423, 427
Pallavicini 197
Palmanova 446
Palmaria 233
Palmenriviera 203ff.
Parco del Delta del Po 360
Parco Natura della Valle del Ticino 23, 255, 256
Parco Naturale del Monte Avic 140
Parco Naturale del Ticino 23, 255, 256
Parco Naturale dell'Adamello 20, 23
Parco Naturale Regionale di Portofino 222
Parco Nazionale del Gran Paradiso 20, 132
Parco Nazionale delle Cinqueterre 227
Parco Nazionale delle Dolomiti Bellunesi 20, 22, **427f.**
Parco Nazionale delle Incisioni Rupestri Naquane 297
Parma 23, 310, **318ff.**
Parmigianino 36, 287, 316, 320
Passeiertal 95, **96**
Pavia 239, **250ff.**
Pellegrino da San Daniele 447, 451, 455

Register

Pellestrina (Insel) 412
Peschiera 286
Peschiera Maraglio 289
Petrarca 192, 394
Piacenza 309, **310ff.**
Pian del Re 173
Piano, Renzo 193, 199
Pianura 393
Piave 420
Piemont 26, 57f., **146ff.**
Piero della Francesca 245
Pieve di Cadore 432f.
Pinè-Cembra 108
Pisogne 286, 287, **288f.**
Po **23,** 148, 150, 173, 239, 250, 259, 266
Po-Delta 357f., 371, 391, **398f.**
Po-Ebene 14, 17, 250, 308
Pomposa 360, **363**
Pondel 129
Pontrémoli 235
Pont-St-Martin 141
Pordenone 451, **453ff.**
Porto Garibaldi 363
Porto Levante 398
Porto Maurizio 211
Porto Tolle 398
Portofino 190, 218, 219, **221ff.**
Portogruaro 371, 400, **418f.,** 454
Portovénere 190, 191, 218, **231ff.**
Prà della Fam 301
Praglia 371, 394
Prati di Sant'Orso 129
Procaccini 194, 324
Prodi, Romano 27
Punta Hellbronner 135
Pura-Pass 437, 442
Pustertal 86

Quart 138
Quinto di Treviso 423

Raffael 67, 284, 311, 340
Rapallo 191, 224, 228
Ravenna 34, 344, **356ff.**
Reggio nell'Emilia 323ff.
Regina Montis Regalis 175
Reisezeit 73
Renzo 337
Riccione 344, **352f.**
Rifugio Monte Rua 371, 394
Rifugio Torino 135
Rimini 344, **349ff.**
Riomaggiore 219, 227, **231**
Riserva Naturale Regionale della Valle Cavanata 437
Riva 286, 287, 303
Rivarolo Mantovano 265f.
Riviera Bérica 371, 382
Riviera degli Olivi 378
Riviera di Levante 190, 218
Riviera di Ponente 190, 203
Roana 388
Rocca von Angera 177
Roero 149, 161
Romanino, Girolamo 35, 260, 286, 287, 288
Romano, Giulio 35, 260, 267, 270
Róncole Verdi 309, 310, 319
Rosolina Mare 399
Rossena 326f.
Rovereto 37, **111ff.**
Rovigo 389, 391, **396ff.**
Rubbiara 331

Sabbioneta 259, 261, **264ff.**
Sacro Monte di San Carlo 180f.
Salò 286, **300f.**
Salsomaggiore Terme 20, **315f.**
Salurn (Salorno) 101

Saluzzo 149, **170ff.,** 173
San Daniele del Friúli 446, 447, **451ff.**
San Fruttuoso **221,** 222
San Giulio 186
San Pelagio 477
San Polo d'Enza 326
San Remo 190, 191, 203, **212ff.,** 217
San Zeno 107
San-Bernardo-Tal 121
Sannazzaro 251
Sansovino 200, 407
Sant'Agata 309, 310, 319
Sant'Ambrogio 379
Sant'Apollinare in Classe 356
Santa Caterina del Sasso 181ff.
Santa Margherita Ligure 191, **223f.**
Sáuris 438
Sáuris di Sopra 439
Sáuris di Sotto 439
Savona 203, **204f.,** 229
Savonarola 365
Scamozzi, Vincenzo 36, 264, 283, 382, 407
Schloss Bramafam 138
Schloss Tirol 95f.
Schloss von Duino 467
Schloss von Miramare 467
Schloss Sigmundskron 92
Schlösser (Savoyer) 157
Schnalstal 94
Seealpen 20, 228
Seen 18f.
Segonzano 81, 109, **111**
Seis (Siusi) 88
Seiser Alm 88
Sestri Levante 191, 218, 219, **224f.**
Sette Comuni 388
Sforza 250
Sforza, Francesco 245

Der Haupteintrag ist **fett** hervorgehoben.

Sicherheit 74
Signorelli 284
Sile-Naturpark 423
Sirmione 286, **298**
Slowenien 461
Soave 377, **378**
Sonnenburg (Castelbadia) 86
Soragna (Schloss) 310, **317**
Spilimbergo 446, 447, **453**
Spinola 197
Sport 67f.
Sprache 31f.
St. Martin in Thurn 86
St-Denis 138
Stellanello 205
Sterzing (Vipiteno) 82f.
Stilfser Joch 22
Strà 416
Stradivari 239, 259, 260, 261, 262
Stresa 176ff.
St-Vincent 136ff.
Südtirol-Trentino 26, 57, **78ff.**

Tággia 203, **212**
Tagliamento 446
Tarvis 438
Terlan (Terlano) 94
Thetysmeer 18f., 378
Ticino 239, 250, 255
Tiepolo 36, 245, 284, 287, 417, 448
Tignale 302
Tinetto, Insel 233
Tino, Insel 233
Tintoretto 36, 408, 410
Tizian 35, 407, 408, 410, 420, 421
Toblach (Dobbiaco) 86
Toirano, Höhlen 205, **207**
Tolmezzo **438**, 439, 445
Torbiere del Sebino 294
Tórbole 286, 287, 303

Torcello 400, 411, 412
Torrechiara 322
Torri del Benaco 304
Tosco-Emilianischer Apennin 20, 308, 344
Toscolano-Maderno 286
Tramin a. d. Weinstraße (Termeno) 99
Tramonte 371, 394
Trébbia 308, 310
Tremezzo 276
Tremosine 302
Trentino 102ff.
Trento (Trient) 33, **102ff.**
Treviso 370, **420ff.**
Triest 436, **467ff.**
Turin 38, 149, **150ff.**

Udine 446ff.
Umwelt 16f.
Umweltschutz 23
Unterkunft 66

Val Camonica 239, 297
Val d'Ayas 136, 139
Val di Cogne 128ff.
Val Ferret 121, 122, 134
Val Veny 121, 122, 134
Valdobbiádene 420
Valgrande 22
Vallagarina 116ff.
Valle Cavanata 457
Valle di Bertuzzi 360
Valli di Comácchio 360, 361
Valsanzibio 371, 394
Valtellina 272
Valténesi 300
Valtournenche 136
Varazze 204
Varenna 273, **279f.**
Varese 176, **184f.**
Varese Ligure 225
Varigotti 190, 191, 203, 205, **206**

Vecchia 203
Veleia 314
Venedig 32, 33, 370, 400ff., **403ff.**
Venetien 26, 58f., **368ff.**
Ventimiglia 191, 216, 217
Venzone 438, **442ff.**, 445
Verdi, Giuseppe 244, 245, 309, 310, 318, 319
Vernazza 219, 227, **230f.**
Verona 370, **372ff.**
Veronese 36, 152, 194, 196, 382, 389, 407, 424, 427
Verrès 137, 138, **139**
Via Alpina 140
Via Emilia 311, 342
Via Julia Augusta 437, 441
Vicenza 370, 371, **380ff.**
Vicoforte 175
Vigévano 239, 250, 255, **256f.**
Villa Cicogna Mozzoni 177
Villa Lagarina 116f.
Villa Panza 185
Visconti 250, 259
Visconti, Galeazzo II 245, 251
Visconti, Gian Galeazzo 241, 258
Visconti, Luchino 257
Visconti, Valentina 161
Völs am Schlern (Fiè allo Sciliar) 87

Wagner, Richard 192, 277, 411
Waldbruck 88
Wandern 61, 228f.
Wein 25, 40f., 42, 294, 429
Wintersport 16
Wirtschaft 15, 24ff.
Würzjoch 83, 87

Zollbestimmungen 63

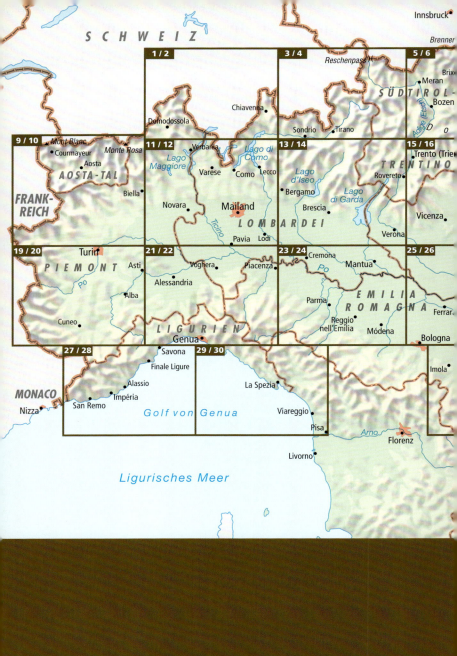

Legende

A 22	Autobahn mit Anschlussstelle
	Schnellstraße mit Anschlussstelle
12	Fernstraße mit Nummer
	Hauptstraße
	Nebenstraße
	Straße, ungeteert
= =	Straße in Bau; Straße in Planung
× × × ×	Straße für Kfz gesperrt
) (	Tunnel
	Eisenbahn
	Fähre, Schiffsverbindung
o—•—o	Seilbahn
	Staatsgrenze
	Regionsgrenze
/////	Nationalpark; Naturpark
E 70	Europastraßennummer
⚓	Hafen, Ankerplatz
✈	Internationaler Flughafen
✈	Nationaler Flughafen, Flugplatz
⊖	Grenzübergang
★	Sehenswürdigkeit
∴	Archäologische Stätte
♁ ♁	Kloster; Kirche
♜ ♜	Burg, Schloss; Burgruine
♟	Denkmal
♁ ♁	Sendeturm; Leuchtturm
⌂	Berghütte
⚐	Badestrand
⌇ ∩	Wasserfall; Höhle
▲)(	Berggipfel; Pass
C	Campingplatz

Reiseatlas Oberitalien

Lago Maggiore, Varese, Lago di Como

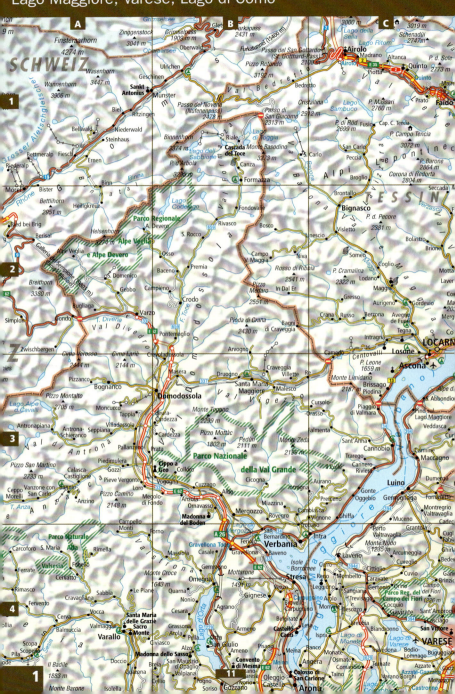

Sondrio, Bormio, Madonna di Campiglio, Vinschgau

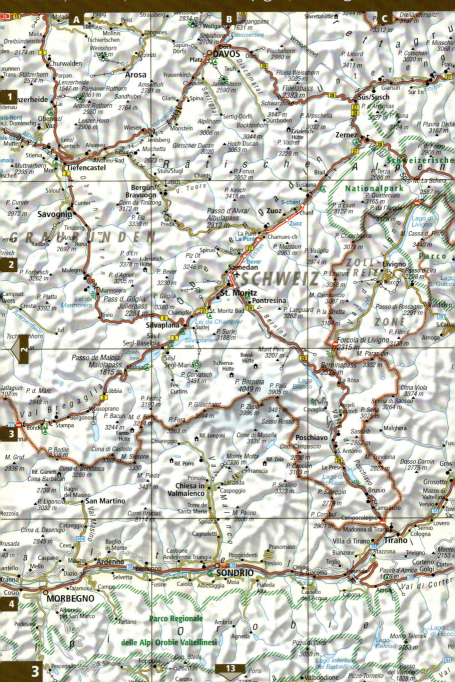

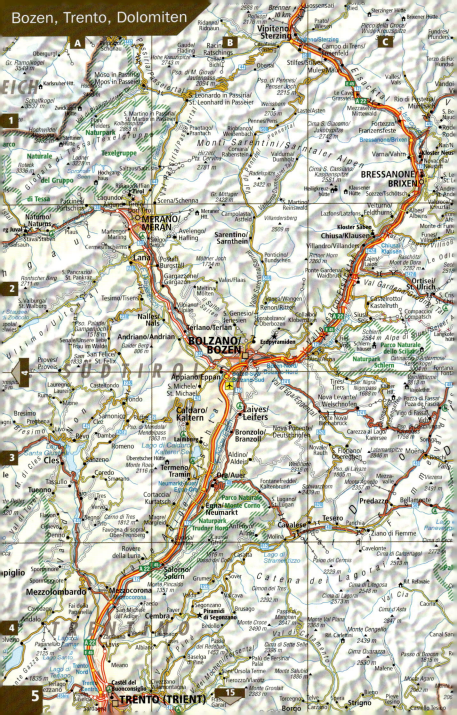

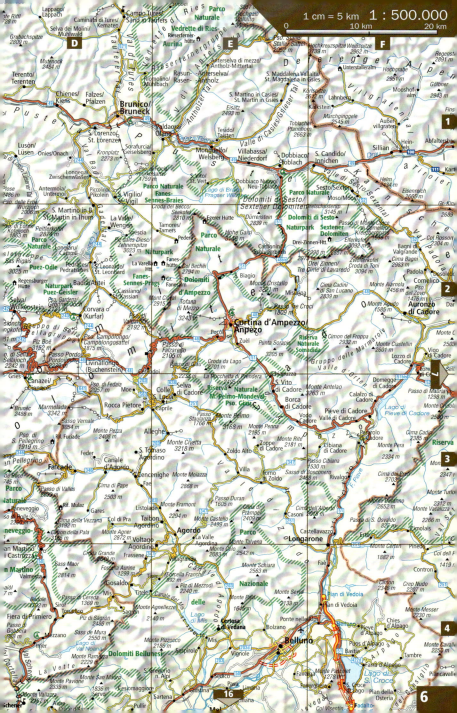

Tolmezzo, Tarvisio, Udine

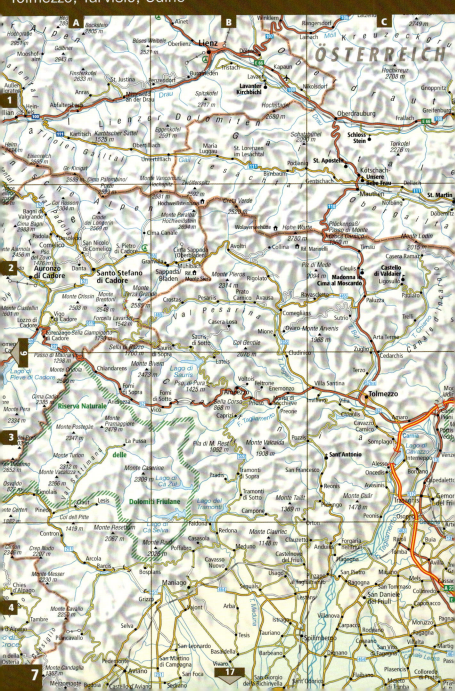

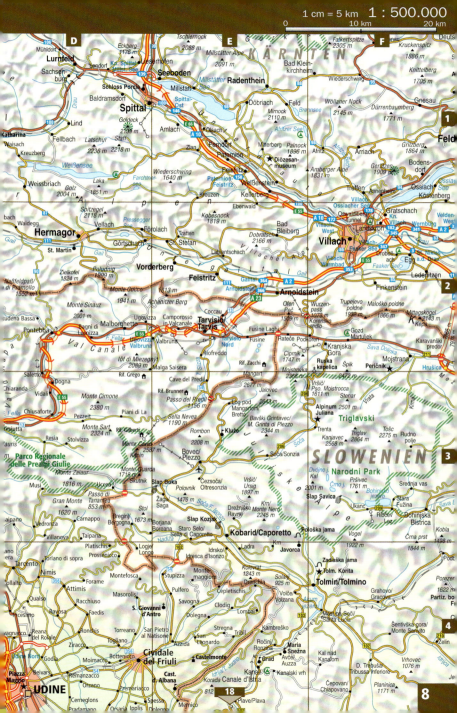

Aosta, Biella, Cuorgne

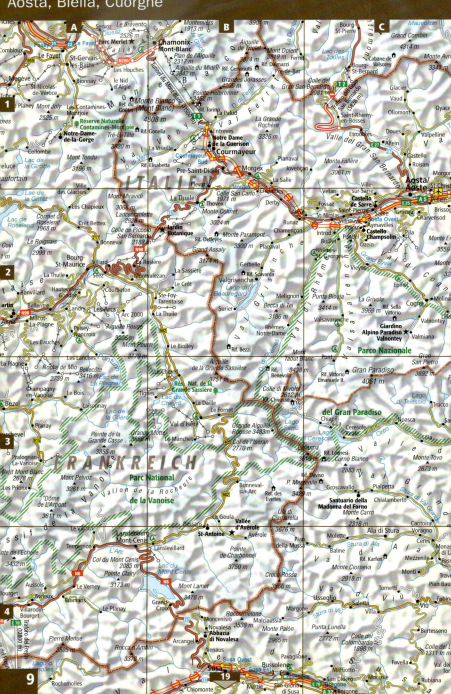

Milano (Mailand), Monza, Novara, Pavia

Bergamo, Brescia, Lago di Garda (Gardasee), Verona

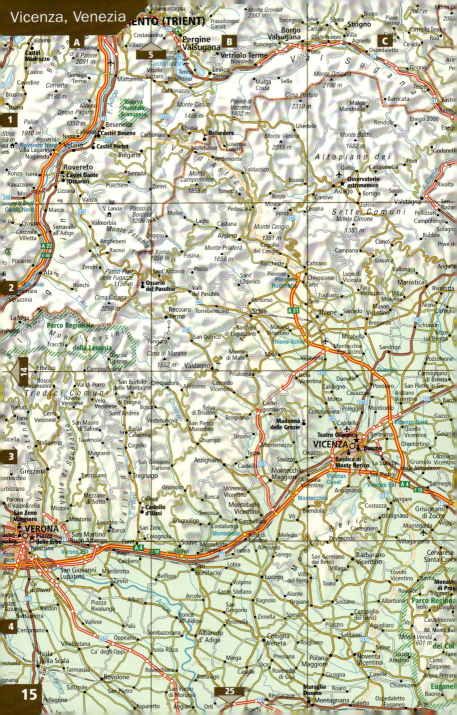

Torino (Turin), Asti, Cuneo

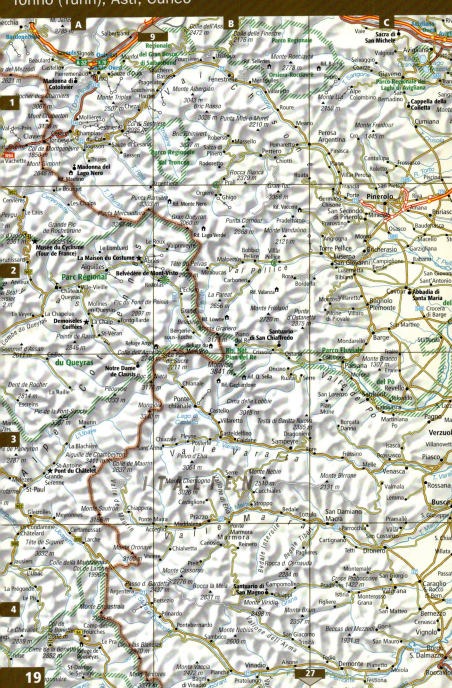

Alessandria, Voghera, Genova (Genua)

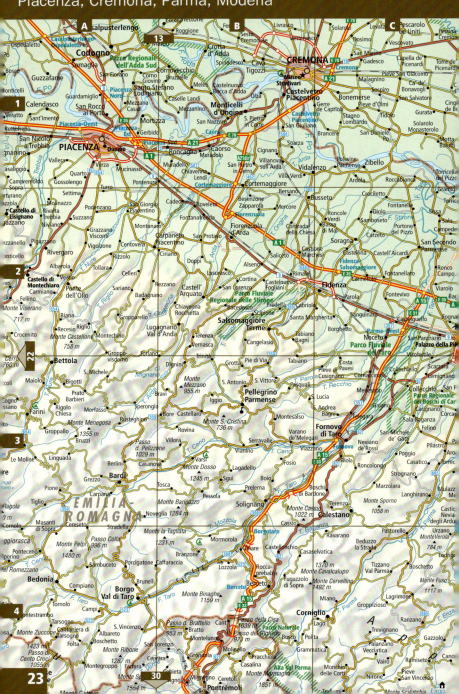

San Remo, Imperia, Riviera di Ponente

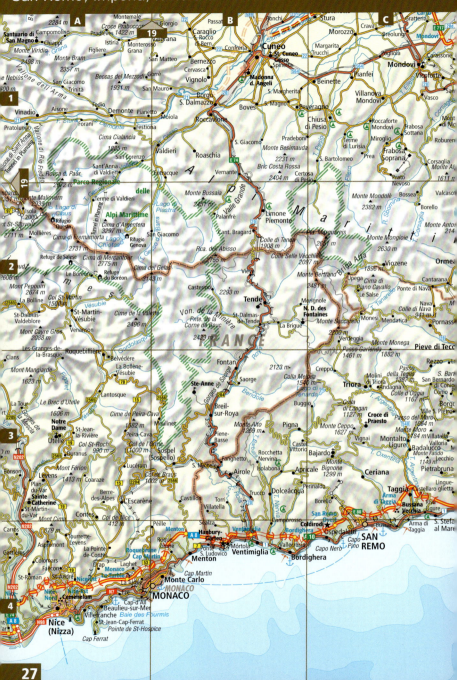

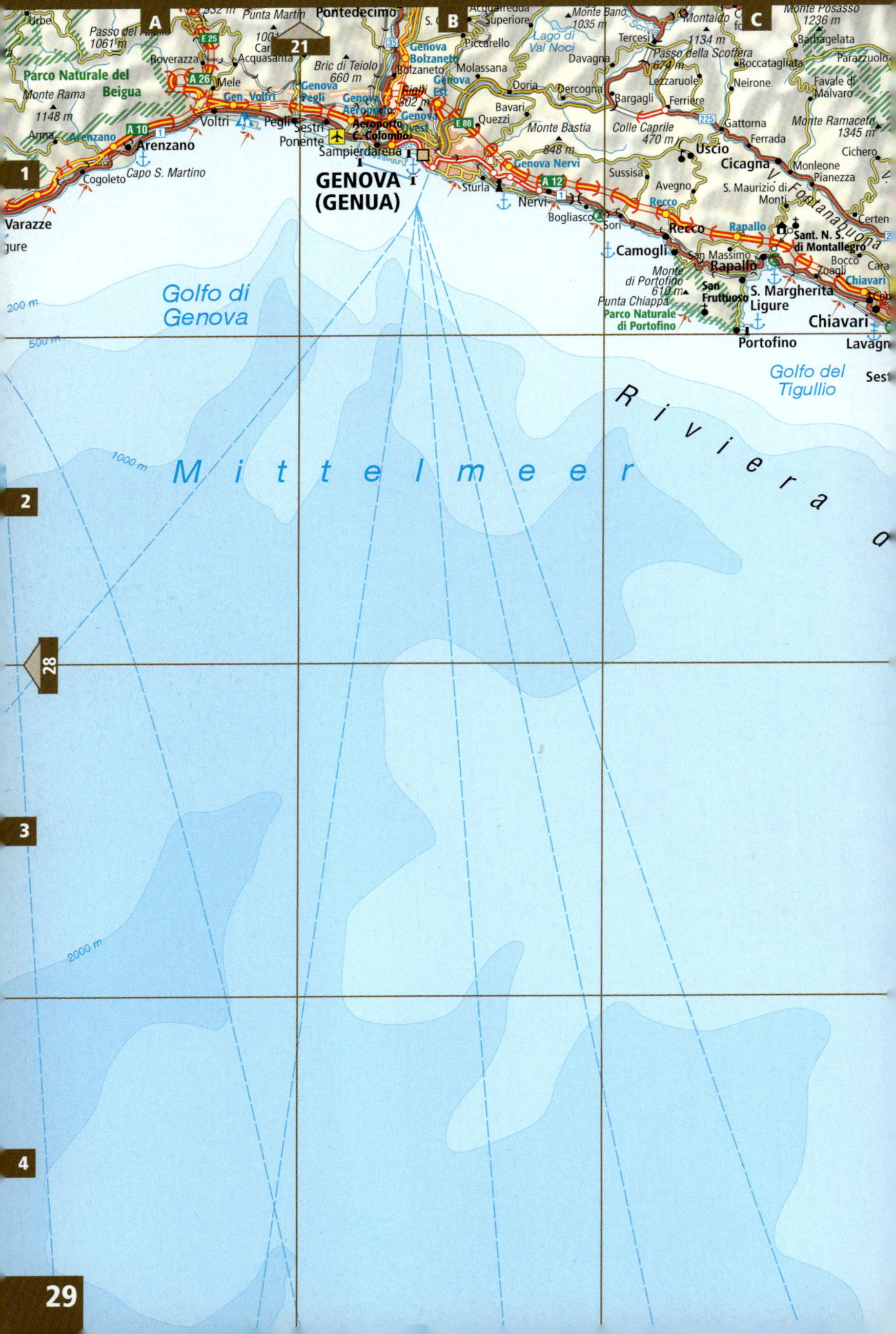
A
B
C
1
2
3
4
21
28
Urbe
Passo del Faiallo 1061 m
Punta Martin
Pontedecimo
Acquasanta
Roverazza
Parco Naturale del Beigua
Monte Rama 1148 m
Mele
Gen. Voltri
Voltri
Pegli
Sestri Ponente
Genova Pegli
Genova Aeroporto
Bric di Teiolo 660 m
Arma
Arenzano
Cogoleto
Capo S. Martino
Varazze
Aeroporto C. Colombo
Sampierdarena
GENOVA (GENUA)
Bolzaneto
Genova Bolzaneto
Genova Ovest
Genova Est
Righi 302 m
Piccarello
Molassana
Monte Bano 1035 m
Lago di Val Noci
Davagna
Doria
Bavari
Quezzi
Dercogna
Monte Bastia 848 m
Genova Nervi
Sturla
Nervi
Bogliasco
Sori
Camogli
Tercesi
Montaldo
1134 m
Passo della Scoffera 674 m
Lezzaruole
Bargagli
Ferriere
Colle Caprile 470 m
Sussisa
Avegno
Recco
Uscio
Cicagna
Gattorna
Ferrada
Neirone
Roccatagliata
Barbagelata
Monte Posasso 1236 m
Parazzuolo
Favale di Malvaro
Monte Ramaceto 1345 m
Cichero
Monleone
Pianezza
S. Maurizio di Monti
V. Fontanabuona
Certen
Sant. N. S. di Montallegro
Rapallo
San Massimo
Zoagli
Bocco
Chiavari
Monte di Portofino 610 m
Punta Chiappa
Parco Naturale di Portofino
San Fruttuoso
S. Margherita Ligure
Portofino
Lavagna
Golfo del Tigullio
Golfo di Genova
Riviera di
Mittelmeer
200 m
500 m
1000 m
2000 m
A 10
A 26
A 12
E 25
E 80

Imola, Forli, Cesena, Rimini, Riccione

1 cm = 5 km 1 : 500.000
0 10 km 20 km

Mar Adriatico
(Adriatisches Meer)

degli Estensi
o di Spina
Lidi
Foce del Reno
ellocchio
Smarlacca
**Parco Regionale
del Delta del Po**
Casal Borsetti
Marina Romea
Porto
orsini
Marina di Ravenna
Riva Verde
Punta Marina
Lido Adriano
orto Fuori
L'Apollinare
lasse
Lido di Dante
Parco Regionale
Bocca Bevano
osso Ghiaia
Ghiaia
del Delta del Po
Lido di Classe
Lido di Savio
Savio
Guarniera
Milano Marittima
**Madonna
del Pino**
Cervia
iglione
Cervia
Pisignano
asa
Pinarella
Zadina
S. Giorgio
di Cesena
Montaletto
Cesenático
rgo
Cesena
Calabrina
Villalta
Gatteo a Mare
Bagnarola
Macerone
Bellaria
Ruffio
Sant'Angelo
Idea Marina
sena
Gambettola
Gatteo
V. Mauro
Pascoli
Torre Pedrera
Calisese
Viserba
Montiano
Savignano
sul Rubicone
Rimini Nord
Longiano
RIMINI
Santarcangelo
di Romagna
Bellariva
Roncofreddo
Spadarolo
Camerano
Le Grazie
Il Fondo
Rimini S.
Miramare
ntecodruzzo
Borghi
Corpolò
Sogliano
al Rubicone
San Giovanni
in Galilea
S. Paolo
Riccione
trigara
F. Uso
Torriana
Villa
Verucchio
S. Salvatore
Misano
Adriatico
Cerasolo
Gabbice
Mare
Gabbice
Monte
Alessio
Coriano
Casteldimezzo
Pietracuta
SAN MARINO
S. Savino
Cattolica
Fiorenzuola di Focara
Montetiffi
San Marino
S. Clemente
S. Giovanni
in Marignano
Gradara
S. Marina
Secchiano
T. Conca
Villa
Imperiale
amello
Florentino
Montescudo
Morciano
di Rom.
Brescia
Pesaro
S. Leo
S. Igne
Monteleticiano
Montefiore
Conca
S. Maria
d. Monte
Tavullia
Pesaro
Urbino
Bettola
Mercatino
Conca
Riserva Naturale
Pozzo Alto
Villa Fastiggi

Mar Adriatico
(Adriatisches Meer)

Abbildungsnachweis / Impressum

Abbildungsnachweis

Aigner, Gottfried, München: S. 110, 117, 127, 135, 138, 145, 187, 204, 229, 232, 288, 313, 361, 362, 387, 402

Archiv für Kunst und Geschichte, Berlin: S. 165, 319

Bilderberg, Hamburg: S. 434/435 (Madej)

Hackenberg, Rainer, Köln: S. 440, 443

HB Verlag, Ostfildern: hintere Umschlagklappe (Bernhart), S. 10/11, 13 (Wrba), 19 (Bernhart), 25, 32, 39 (Eid), 76/77 (Wrba), 106, 146/147, 167, 178/179 (Wrba), 213, 220 (Eid), 236/237, 246/247, 256/257 (Mosler), 268/269 (Wrba), 274/275 (Mosler), 278/279 (Wrba), 282, 285, 290/291 (Mosler), 316/317, 324/325, 338/339, 341, 348/349, 410, 430/431, 448, 474/475, 478 (Wrba)

Huber/Dall'Arche, Garmisch-Partenkirchen S. 112

laif, Köln: Titelbild (Galli), vordere Umschlagklappe (Arnold), S. 9 (Zanettini), 20/21 (Kreuels), 42 (Galli), 44 (IML/Samaritani), 50/51 (Celentano), 62 (Westrich), 70 (Kreuels), 72 (Celentano), 78/79 (Piepenburg), 84 (Kuerschner), 88/89 (Lengler), 93 (Modrow), 96/97 (Kreuels), 182/183 (Krinitz), 100 (Hirsch), 118/119, 124/125 (Galli), 130/131 (Arnold), 142/142 (Galli), 154, 159 (Celentano), 162 (Eid), 170/171 (Boenning/Zenit), 188/189 (Zanettini), 196 (Arnold), 201 (Eid), 208/209 (Zanettini), 252, 262, 264/265 (Galli), 271 (Kreuels), 302/303 (Galli), 306/307 (Arnold), 329 (Galli), 332 (Celentano), 352 (Eid), 354 (Kirchner), 359 (Galli), 364/365 (Kirchner), 368/369 (Zanettini), 376/377 (Kreuels), 384, 392 (Galli), 396 (Zahn), 414/415 (Zuder), 416/417 (Zahn), 422 (Galli), 426/427 (Eid), 452 (Celentano), 458/459 (Arnold), 464/465 (Eid), 468, 469 (Zuder)

LOOK/Martini, München: S. 406

Mauritius Images/Raga, Mittenwald: S. 226/227

Thomas, Martin, Aachen: S. 299

Kartografie

DuMont Reisekartografie, Fürstenfeldbruck
© DuMont Reiseverlag, Ostfildern

Umschlagfotos

Titelbild: Im Hafen von Bardolino
Umschlagklappe vorn: Riomaggiore / Cinque Terre, Umschlagklappe hinten: Fischer am Gardasee

Über die Autorin: Nana Claudia Nenzel ist selbstständige Reisebuchautorin mit Schwerpunkt Italien. Sie lebt in München und Gargnano am Gardasee. Im DuMont Reise Verlag veröffentlichte sie außer ›Richtig Reisen Oberitalien‹ folgende Reiseführer: ›Richtig Reisen Toscana‹, die ›Reise-Taschenbücher‹ Apulien, Gardasee, Ischia/Capri/Procida, Umbrien sowie in der Reihe ›Reisen für Genießer‹ Gardasee und Toscana. 1998 wurde sie vom italienischen Staatspräsidenten für ihre Verdienste um die Verbreitung der italienischen Kultur im Ausland geehrt.

Die Autorin dankt Gottfried Aigner für seine hilfreiche Begleitung und die manchmal notwendige Motivation auf der Reise zu Bekanntem und Bewährtem sowie auf der Suche nach Neuem in der sich ständig verändernden Region.

2., aktualisierte Auflage 2009
DuMont Reiseverlag, Ostfildern
Alle Rechte vorbehalten
Grafisches Konzept: Groschwitz, Hamburg
Druck: Rasch, Bramsche
Buchbinderische Verarbeitung: Bramscher Buchbinder Betriebe